教員採用試験 *Hyper* 実戦シリーズ❷

教職教養の過去問

時事通信出版局／編

●本書の特徴●

　本書は，2023年度教員採用試験（2022年夏実施）の「教職教養」の実施問題を1冊に収録したものです。志望県の出題傾向をつかむと同時に，各自治体で実際に出題された問題を解くことで，応用力と実戦力を培ってください。また，「出題形式」「問題数」「パターン」「公開状況」「傾向＆対策」「出題領域」等を参考に，本書をより効果的に活用してください。

◆**出題形式**　　各自治体の出題形式を，マークシート式・選択式・記述式・論述式等に分類しました。

◆**問 題 数**　　教職教養の大問の数と（　）内に解答数を示しています。

◆**パターン**　　実施問題を教育原理・教育心理・教育法規・教育史・教育時事・ローカル問題の各領域に分類し，出題傾向をパターン化しました。「原理・法規＋心理・教育史・時事」のように，原理・心理・法規・教育史・教育時事・ローカル問題の各領域について，「＋」の前後で「出題の多い領域＋出題の少ない領域」という形式で分類しています。

◆**公開状況**　　問題・解答・配点の公開状況を示しています。

◆**傾向＆対策**　　自治体の出題傾向を分析するとともに，どのような対策が必要かを簡潔に記しました。

◆**出題領域**　　各領域の解答数を示しています。各領域に含まれる内容は下記の凡例を参照してください。小中（養）と高など，校種別に実施する自治体は，左段に小中（養），右段に高などと分けて示しています。

【凡例】　出題領域は下記の内容に沿って分類しています。問題の中には判断しにくいものもありますが，学習対策に役立ててください。

教育原理

教育課程・学習指導要領：教育課程の編成，学習指導要領（総則，変遷と特徴）　など

道徳教育（特別の教科　道徳）：学習指導要領（総則，道徳科），歴史　など

総合的な学習（探究）の時間：学習指導要領（目標，内容，指導計画の作成と内容の取扱い）

特別活動：学習指導要領（目標，内容，指導計画の作成と内容の取扱い）

学習指導：教育方法の変遷，教授・学習理論，学習指導の形態・組織　など

生徒指導：生徒指導の定義・意義・内容，いじめ・不登校・問題行動等，進路指導　など

学校・学級経営：学校運営，学校評議員，学校評価，学級経営　など

特別支援教育：特別支援教育の意義・目的，障害の特徴，教育機関，教育課程　など

人権・同和教育：人権教育の目標・指導，施策，歴史，国際潮流　など

その他：上記に当てはまらない項目

　　　※特別支援教育及び人権教育関連の法規及び答申等は，それぞれ教育法規，教育時事に記載

教育心理

発達：発達の理論，遺伝と環境，発達段階，発達課題，発達期の特徴　など

学習：学習の理論，記憶と忘却，動機づけ，学習曲線，学習の転移　など

性格と適応：性格の理論，性格検査，欲求・葛藤，適応と適応機制　など

カウンセリングと心理療法：カウンセリング，心理療法，教育相談　など

教育評価：教育評価，評価をゆがめる心理傾向，知能検査　など

学級集団：集団の形成，集団の測定，学級づくり　など

教育法規

教育の基本理念：教育の根本理念，教育を受ける権利，教育の機会均等，教育の目的・目標，社会教育と家庭教育　など

学校教育：義務制と無償制，教育の中立性（政治教育，宗教教育），学校の定義と種類，学校の設置者，学校教育の目的・目標　特別支援教育　など

学校の管理と運営：学校の施設・設備（図書館，保健室），学級の編制，教科書の定義，著作権，学年・学期・休業日，臨時休業，学校の保健と安全，学校給食の目標，職員会議，教育委員会制度　など

児童生徒：就学義務，就学の援助，入学・卒業，学校備付表簿（指導要録，出席簿，保存期間），健康診断と感染症予防，懲戒と体罰，出席停止，児童生徒の保護（児童虐待），いじめ　など

教職員：教職員の種類と職務，教員免許状，任用，服務，研修，分限と懲戒，勤務　など
その他：上記に当てはまらない法規

教育史

日本教育史：人物・著作・業績，教育機関，教育制度　など
西洋教育史：人物・著作・業績，名言，教育機関，思潮　など

教育時事

中央教育審議会答申・報告，文部科学省通知，環境教育，情報教育，国際理解教育，キャリア教育，食育，全国学力・学習状況調査，教育振興基本計画　など

ローカル

各自治体の教育施策・人権施策　など

CONTENTS　　　目次

北海道・札幌市……4　　青森県……17　　岩手県……23　　宮城県／仙台市……33

秋田県……42　　山形県……53　　福島県……59　　茨城県……74　　栃木県……80

群馬県……85　　埼玉県／さいたま市……93　　千葉県・千葉市……102

東京都……113　　神奈川県／横浜市／川崎市／相模原市……138　　新潟県……147

新潟市……154　　富山県……158　　石川県……163　　福井県……166　　山梨県……178

岐阜県……185　　静岡県／静岡市／浜松市……193　　愛知県……202

名古屋市……211　　三重県……218　　滋賀県……232　　京都府……240　　京都市……257

大阪府／豊能地区／大阪市／堺市……266　　兵庫県……281　　神戸市……286

奈良県……294　　和歌山県……315　　鳥取県……326　　島根県……338

岡山県……346　　岡山市……372　　広島県／広島市……380　　山口県……394

香川県……404　　愛媛県……414　　高知県……425　　福岡県／福岡市／北九州市……441

佐賀県……461　　長崎県……467　　熊本県……477　　熊本市……486

大分県……495　　宮崎県……517　　鹿児島県……543　　沖縄県……552

※　長野県と徳島県は，編集上の都合により掲載を見合わせました。
※　政令指定都市と道府県において，募集を別に行うが問題は同じである自治体は「／」で，募集を合同で行う自治体は「・」で結んでいます。
※　選択肢の出題領域が複数にわたる場合は，それぞれの項目に加算するためグラフの数と異なります。

目次

3

北海道・札幌市

実施日	2022(令和4)年6月19日	試験時間	60分（一般教養を含む）
出題形式	マークシート式	問題数	10題（解答数20）
パターン	原理・時事＋法規・心理	公開状況	問題：公開　解答：公開　配点：公開

傾向&対策

●教職教養は，大問10題の中に小問2題という出題形式。全問が「適切な語句の組合せ」「適切なものの組合せ」問題で，選択肢を迅速に読み取る即答力が必要。●教育原理は，学習指導要領と生指指導各4題，人権教育1題。学習指導要領は解説書の出題も。●教育時事は，「不登校児童生徒への支援」に関する文部科学省通知（2019年10月），「障害のある子供の教育支援の手引」（2021年6月），「学校での安全教育」（2019年3月），「令和の日本型学校教育」に関する中央教育審議会答申（2021年1月）。生徒指導及び特別支援教育に関する資料が必出。●教育法規は，学校保健安全法より学校保健計画，感染症予防のための臨時休業。児童の人権に関する宣言及び条約等も問われた。●教育心理は青年期の発達。

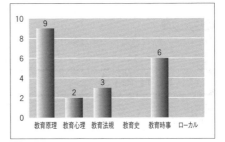

出 題 領 域

教育原理	教育課程・学習指導要領		総　則	2	特別の教科　道徳	
	外国語・外国語活動		総合的な学習(探究)の時間		特別活動	2
	学習指導		生徒指導	4	学校・学級経営	
	特別支援教育	↓時事	人権・同和教育	1	その他	
教育心理	発　達	2	学　習		性格と適応	
	カウンセリングと心理療法		教育評価		学級集団	
教育法規	教育の基本理念		学校教育		学校の管理と運営	2
	児童生徒	3	教職員		その他	
教育史	日本教育史		西洋教育史			
教育時事	答申・統計	6	ローカル			

※表中の数字は，解答数
※選択肢の出題領域が複数にわたる場合は，それぞれの項目に加算するためグラフの数とは異なる

全校種共通

☞解答&解説 p.13

1 次の文は,「不登校児童生徒への支援の在り方について（通知）」（令和元年　文部科学省）の「1　不登校児童生徒への支援に対する基本的な考え方」の一部である。これを読んで,問1,問2に答えなさい。

(2)　学校教育の意義・役割

　　（前略）また,下線部児童生徒の支援については児童生徒が不登校となった要因を的確に把握し,学校関係者や家庭,必要に応じて関係機関が情報共有し, 1 な,個々の児童生徒に応じたきめ細やかな支援策を策定することや,社会的自立へ向けて進路の選択肢を広げる支援をすることが重要であること。さらに,既存の学校教育になじめない児童生徒については,学校としてどのように受け入れていくかを検討し,なじめない要因の解消に努める必要があること。

　　また,児童生徒の 2 に応じて,それぞれの可能性を伸ばせるよう,本人の希望を尊重したうえで,場合によっては,教育支援センターや不登校特例校,ICTを活用した学習支援,フリースクール,中学校夜間学級（以下,「夜間中学」という。）での受入れなど,様々な関係機関等を活用し社会的自立への支援を行うこと。（後略）

問1　空欄1,空欄2に当てはまる適切な語句の組合せを選びなさい。

ア　1―組織的・計画的　　　2―発達の段階

イ　1―組織的・計画的　　　2―才能や能力

ウ　1―組織的・計画的　　　2―学習の状況

エ　1―多面的・多角的　　　2―発達の段階

オ　1―多面的・多角的　　　2―才能や能力

問2　下線部に関して,中学校学習指導要領解説　総則編（平成29年　文部科学省）第3章「教育課程の編成及び実施」の「第4節　生徒の発達の支援」に示されている内容として,適切なものの組合せを選びなさい。

①　不登校は,取り巻く環境によっては,どの生徒にも起こり得ることとして捉える必要がある。

②　不登校とは,多様な要因・背景により,結果として不登校状態になっているということであり,その行為を「問題行動」と捉えて対応する必要がある。

③　不登校生徒への支援の際は,不登校のきっかけや継続理由,学校以外の場において行っている学習活動の状況等について,家庭訪問も含めた継続的な把握が必要である。

④　いじめられている生徒の緊急避難としての欠席が弾力的に認められてもよく,そのような場合には,その後の学習に支障がないように配慮する必要がある。

⑤　個々の生徒の状況に関わらず,すべての生徒が登校できることを目標とし,生徒が自らの進路を主体的に捉えて,社会的に自立することを目指す必要がある。

ア　①②⑤　　イ　①③④　　ウ　①③⑤　　エ　②③④　　オ　②④⑤

2 次の表は,児童の人権に関する宣言及び条約等について年代順にまとめたものである。これを見て,問1,問2に答えなさい。

北海道・札幌市

5

1948年	1	「すべて人は，教育を受ける権利を有する。教育は，少なくとも初等の及び基礎的の段階においては，無償でなければならない。」等，人権の保障を国際的にうたったもの。
1959年	児童の権利に関する宣言	「人類は，児童に対し，最善のものを与える義務を負うものである」とうたった前文と10か条からなり，児童の権利を認識し，立法その他の措置によって権利を守るよう努力することを国際連合が要請したもの。
1979年	2	「児童の権利に関する宣言」の20周年を記念して，また，その機会をとらえて改めて世界の子どもの問題を考え，その解決のために，各国，各国民すべてが取り組んでいこうとするもの。
1989年	児童の権利に関する条約	世界の多くの児童が，今日なお，飢え，貧困等の困難な状況に置かれている状況に鑑み，世界的な観点から児童の人権の尊重，保護の促進を目指したもの。

問1　空欄1，空欄2に当てはまる適切な語句の組合せを選びなさい。

ア　1―ジュネーブ宣言　　2―国際児童年

イ　1―ジュネーブ宣言　　2―国際人権規約

ウ　1―世界人権宣言　　　2―児童憲章

エ　1―世界人権宣言　　　2―国際児童年

オ　1―世界人権宣言　　　2―国際人権規約

問2　下線部に関する内容として，適切なものの組合せを選びなさい。

① 締約国は，いかなる場合においても，児童がその父母の意思に反してその父母から分離されないことを確保する。

② 締約国は，すべての児童が生命に対する固有の権利を有することを認める。締約国は，児童の生存及び発達を可能な最大限の範囲において確保する。

③ 児童に関するすべての措置をとるに当たっては，社会全体の最善の利益が主として考慮されるものとする。

④ 締約国は，自己の意見を形成する能力のある児童がその児童に影響を及ぼすすべての事項について自由に自己の意見を表明する権利を確保する。

⑤ 締約国は，この条約において認められる権利の実現のため，すべての適当な立法措置，行政措置その他の措置を講ずる。

　　ア　①②③　　イ　①③⑤　　ウ　①④⑤　　エ　②③④　　オ　②④⑤

3　次の文を読んで，問1，問2に答えなさい。

　　アメリカの心理学者 1 （1902～1994）は，青年が自己を形成し，自分らしい生き方を実現していくための大切な要因として「アイデンティティの確立」をあげるとともに，義務に応える準備ができていない者に与えられる遅延期間を 2 とよんだ。

問1　空欄1，空欄2に当てはまる適切な語句の組合せを選びなさい。

ア　1―レヴィン　　2―ペルソナ

イ　　1—レヴィン　　　　2—モラトリアム

　　ウ　　1—エリクソン　　　2—ペルソナ

　　エ　　1—エリクソン　　　2—モラトリアム

　　オ　　1—エリクソン　　　2—アダルトチルドレン

問2　　[1]が，著書「アイデンティティ　青年と危機」の中で述べている内容として

　　適切なものの組合せを選びなさい。

　　①　青年期とは，子ども期の最後の段階であるが，その過程は，その個人が子ども期
　　　の同一化を新しい種類の同一化に従属させたときにはじめて，最終的に完結する。

　　②　青年期の終わりに確定される最終的なアイデンティティは，過去に出会った人物
　　　たちとの個々の同一化を超越したものである。

　　③　忠誠こそが青年期の自我の強さの徳と質であり，個人の人生段階と真の共同体の
　　　社会的力との相互作用の中からのみ，出現しうる。

　　④　幼児期の直後の段階である青年期には，その属する文化の道具や武器，象徴や概
　　　念への準備を形成するうえで基礎となるスキルに，自分自身を適応させることが可
　　　能になる。

　　⑤　最初の道徳的感情は，両親やおとなに対する幼児の一方的尊厳から生じ，この尊
　　　厳は，服従の道徳または他律性の道徳の形成をひきおこす。

　　　　ア　①②③　　　イ　①②⑤　　　ウ　①④⑤　　　エ　②③④　　　オ　③④⑤

4　次の文は，「生徒指導提要」（平成22年　文部科学省）第5章「教育相談」の第1節の
　「教育相談の意義」の一部である。これを読んで，問1，問2に答えなさい。

　　（前略）

　　すなわち，下線部教育相談は，児童生徒それぞれの発達に即して，[1]を育て，生活によ
　く適応させ，[2]を深めさせ，人格の成長への援助を図るものであり，決して特定の
　教員だけが行う性質のものではなく，相談室だけで行われるものでもありません。

　　これら教育相談の目的を実現するためには，発達心理学や認知心理学，学校心理学な
　どの理論と実践に学ぶことも大切です。（後略）

問1　空欄1，空欄2に当てはまる適切な語句の組合せを選びなさい。

　　ア　　1—受容的態度　　　　　2—友情

　　イ　　1—受容的態度　　　　　2—自己理解

　　ウ　　1—好ましい人間関係　　2—友情

　　エ　　1—好ましい人間関係　　2—自己理解

　　オ　　1—多様な個性　　　　　2—自己理解

問2　下線部について，「生徒指導提要」（平成22年　文部科学省）に示されている内容
　　として，適切なものの組合せを選びなさい。

　　①　これからの教育相談は，児童生徒の個別ニーズに即応できるよう，個別面接に一
　　　元化し，きめ細かく支援することができる体制を構築することが求められる。

　　②　教育相談は，表面上は特段の問題なく元気に学校生活を送っている多数の児童生
　　　徒も対象として行う。

　　③　学校における教育相談が活動をしたままで終わらないためにも，振り返り，見直

北海道・札幌市

7

し，新たな課題を見出すなど，丁寧に評価を行うことが求められる。

④ 児童生徒の不適応問題に早期に気付くためのポイントとして，学業成績の変化，言動の急変化，身体に表れる変化，児童生徒の表現物等が挙げられる。

⑤ 教育相談に関する業務は，教師の負担増加につながることから，臨床心理学の専門的な理論・技術を身に付けているスクールカウンセラーに移行していくことが望ましい。

　　ア　①②③　　　イ　①③⑤　　　ウ　①④⑤　　　エ　②③④　　　オ　②④⑤

5 次の文は，「障害のある子供の教育支援の手引　～子供たち一人一人の教育的ニーズを踏まえた学びの充実に向けて～」（令和3年　文部科学省）の第1編「障害のある子供の教育支援の基本的な考え方」の一部である。これを読んで問1，問2に答えなさい。

（前略）　 1 　の構築のためには，障害のある子供と障害のない子供が，可能な限り同じ場で共に学ぶことを目指すべきであり，その際には，それぞれの子供が，授業内容を理解し，学習活動に参加している実感・達成感をもちながら，充実した時間を過ごしつつ，生きる力を身に付けていけるかどうかという最も本質的な視点に立つことが重要である。

そのための環境整備として，子供一人一人の　 2 　を見据えて，その時点での教育的ニーズに最も的確に応える指導を提供できる，多様で柔軟な仕組みを整備することが重要である。このため，小中学校等における通常の学級，通級による指導，特別支援学級や，特別支援学校といった，連続性のある「多様な学びの場」を用意していくことが必要である。（後略）

問1　空欄1，空欄2に当てはまる適切な語句の組合せを選びなさい。

　　ア　1―インクルーシブ教育システム　　　2―就労先や進学先

　　イ　1―保護者との信頼関係　　　　　　　2―就労先や進学先

　　ウ　1―インクルーシブ教育システム　　　2―自立と社会参加

　　エ　1―保護者との信頼関係　　　　　　　2―自立と社会参加

　　オ　1―校内支援体制　　　　　　　　　　2―自立と社会参加

問2　「障害のある子供の教育支援の手引　～子供たち一人一人の教育的ニーズを踏まえた学びの充実に向けて～」（令和3年　文部科学省）で示されている「合理的配慮の決定方法・提供」の内容として，適切なものの組合せを選びなさい。

① 現在必要とされている合理的配慮は何か，何を優先して提供する必要があるかなどについて，関係者間で共通理解を図る必要がある。

② 合理的配慮の内容は，個別の教育支援計画に記載してはならないが，個別の指導計画においては活用されることが重要である。

③ 合理的配慮は，子供一人一人の障害の状態等を踏まえて教育的ニーズの整理と必要な支援の内容の検討を通して，個々に決定されるものである。

④ 合理的配慮について，各学校の設置者及び学校と本人及び保護者の意見が一致しない場合には，本人及び保護者の意向を優先すべきである。

⑤ 合理的配慮の決定・提供に当たっては，各学校の設置者及び学校が体制面，財政面をも勘案し，「均衡を失した」または「過度の」負担について，個別に判断する

こととなる。

　　ア　①②④　　イ　①③⑤　　ウ　①④⑤　　エ　②③④　　オ　②③⑤

6　次の文は，「中学校学習指導要領」（平成29年　文部科学省）第1章「総則」の「第1　中学校教育の基本と教育課程の役割」の一部である。これを読んで，問1，問2に答えなさい。

　2（前略）

　　(3)　学校における体育・健康に関する指導を，生徒の発達の段階を考慮して，学校の教育活動全体を通じて適切に行うことにより，健康で安全な生活と　1　を目指した教育の充実に努めること。特に，学校における　2　並びに体力の向上に関する指導，安全に関する指導及び心身の健康の保持増進に関する指導については，保健体育科，技術・家庭科及び特別活動の時間はもとより，各教科，道徳科及び総合的な学習の時間などにおいてもそれぞれの特質に応じて適切に行うよう努めること。

　　（後略）

　問1　空欄1，空欄2に当てはまる適切な語句の組合せを選びなさい。

　　ア　1―豊かなスポーツライフの実現　　　2―カリキュラム・マネジメントの推進

　　イ　1―豊かなスポーツライフの実現　　　2―食育の推進

　　ウ　1―豊かなスポーツライフの実現　　　2―読書活動の推進

　　エ　1―主体的・対話的で深い学びの実現　2―カリキュラム・マネジメントの推進

　　オ　1―主体的・対話的で深い学びの実現　2―食育の推進

　問2　下線部に関して，「『生きる力』をはぐくむ学校での安全教育」（平成31年　文部科学省）に示されている内容として，適切なものの組合せを選びなさい。

　　①　学校安全の領域としては，「生活安全」「交通安全」「健康安全」の3つの領域が挙げられる。

　　②　学校安全のねらいは，児童生徒等が，自ら安全に行動し，他の人や社会の安全に貢献できる資質・能力を育成するとともに，安全を確保するための環境を整えることである。

　　③　学校管理下において，児童生徒等が巻き込まれる事故等は減少しているところであるが，児童生徒等の安全の確保という点では，引き続き課題の多い状況である。

　　④　学校における危機管理は，学校，家庭，地域及び関係機関・団体等の実態に即したものでなければならない。

　　⑤　学校における安全教育は，児童生徒等の心身状態の管理及び様々な生活や行動の管理からなる対人管理，さらには学校の環境の管理である対物管理から構成される。

　　　ア　①②⑤　　イ　①③④　　ウ　①③⑤　　エ　②③④　　オ　②④⑤

7　次の文は，「小学校学習指導要領解説　特別活動編」（平成29年　文部科学省）第3章「各活動・学校行事の目標及び内容」の第1節「学級活動」の「2　学級活動の内容」の一部である。これを読んで，問1，問2に答えなさい。

　(3)（前略）

　　「キャリア形成」とは，社会の中で自分の役割を果たしながら，　1　を実現していくための働きかけ，その連なりや積み重ねを意味する。これからの学びや生き方を

北海道・札幌市

9

見通し，これまでの活動を振り返るなどして自らのキャリア形成を図ることは，これからの社会を生き抜いていく上で小学校においても重要な課題である。（中略）

　その際，活動の過程を記述し振り返ることができる教材等の作成とその活用を通して，児童自身が自己の成長や変容を把握し，主体的な学びの実現や今後の生活の改善に生かしたり，　2　を考えたりする活動が求められる。（後略）

問1　空欄1，空欄2に当てはまる適切な語句の組合せを選びなさい。

ア　1―質の高い学び　　　　　2―自己の役割

イ　1―質の高い学び　　　　　2―将来の生き方

ウ　1―自分らしい生き方　　　2―よりよい社会

エ　1―自分らしい生き方　　　2―将来の生き方

オ　1―自分らしい生き方　　　2―自己の役割

問2　下線部を活用した活動を行う意義について，「小学校学習指導要領解説　特別活動編」（平成29年　文部科学省）に示されている内容として，適切なものの組合せを選びなさい。

①　小学校から中学校，高等学校へと系統的なキャリア教育を進めることに資するということ。

②　道徳的諸価値の理解を基に，自己を見つめ，物事を多面的・多角的に考え，自己の生き方についての考えを深めること。

③　児童にとっては自己理解を深めるためのものとなり，教師にとっては児童理解を深めるためのものとなること。

④　学校の教育活動全体で行うキャリア教育の要としての特別活動の意義が明確になること。

⑤　異年齢の児童同士で協力し，学校生活の充実と向上を図るための諸問題を解決するためのものとなること。

　　ア　①②③　　イ　①②⑤　　ウ　①③④　　エ　②④⑤　　オ　③④⑤

8　次の文は，「生徒指導提要」（平成22年　文部科学省）第7章「生徒指導に関する法制度等」第1節「校則」の一部である。これを読んで，問1，問2に答えなさい。

　校則は，学校が教育目的を実現していく過程において，児童生徒が遵守すべき学習上，生活上の規律として定められており，（中略）これらは，児童生徒が健全な学校生活を営み，よりよく成長していくための行動の指針として，　1　において定められています。

　児童生徒が心身の発達の過程にあることや，学校が集団生活の場であることなどから，学校には一定のきまりが必要です。また，学校教育において，社会規範の遵守について適切な指導を行うことは極めて重要なことであり，校則は　2　を有しています。

問1　空欄1，空欄2に当てはまる適切な語句の組合せを選びなさい。

ア　1―各学校　　　　　2―道徳的価値

イ　1―各学校　　　　　2―法的拘束力

ウ　1―各学校　　　　　2―教育的意義

エ　1―教育委員会　　　2―法的拘束力

オ　1―教育委員会　　　2―教育的意義

問2　下線部に関して，「生徒指導提要」（平成22年　文部科学省）に示されている内容
として，適切なものの組合せを選びなさい。

① 児童生徒が社会規範意識を着実に身に付けることができるよう，しつけや道徳，
健康などに関する事項においては，ある程度細かい部分まで校則で定めておくこと
が望ましい。

② 校則の指導が真に効果を上げるためには，入学時までなどに，あらかじめ児童生
徒・保護者に周知するなど，その内容や必要性について共通理解を持つようにする
ことが重要である。

③ 学校を取り巻く社会環境や児童生徒の状況が変化しても，遵守すべき社会規範は
変わらないため，校則の内容の見直しはできるだけ控えるべきである。

④ 校則に違反した児童生徒に懲戒等の措置をとる場合があるが，単なる制裁的な処
分にとどまることなく，教育的効果を持つものとなるよう配慮しなければならない。

⑤ 校則に基づき指導を行う場合は，教員がいたずらに規則にとらわれて，規則を守
らせることのみの指導になっていないか注意を払う必要がある。

　　　ア　①②③　　　イ　①③⑤　　　ウ　①④⑤　　　エ　②③④　　　オ　②④⑤

9　次の文は，「学校保健安全法」（昭和33年法律第56号）の一部である。これを読んで問
1，問2に答えなさい。

第5条　学校においては，児童生徒等及び職員の心身の健康の保持増進を図るため，児
童生徒等及び職員の　1　，環境衛生検査，児童生徒等に対する指導その他保健に
関する事項について計画を策定し，これを実施しなければならない。

第20条　　2　は，感染症の予防上必要があるときは，臨時に，学校の全部又は一部の
休業を行うことができる。

問1　空欄1，空欄2に当てはまる適切な語句の組合せを選びなさい。

　　　ア　1―健康診断　　　2―学校の設置者

　　　イ　1―健康診断　　　2―校長

　　　ウ　1―健康診断　　　2―教頭

　　　エ　1―健康教育　　　2―学校の設置者

　　　オ　1―健康教育　　　2―校長

問2　下線部に関する措置として，学校保健安全法（昭和33年法律第56号），学校保健
安全法施行令（昭和33年政令第174号），学校保健安全法施行規則（昭和33年文部省令
第18号）に示されている内容として，適切なものの組合せを選びなさい。

① 学校医は，感染症の予防に関し，必要な指導及び助言を行い，並びに学校におけ
る感染症及び食中毒の予防処置に従事すること。

② 養護教諭は，感染症にかかっており，かかっている疑いがあり，又はかかるおそ
れのある児童生徒等があるときは，出席を停止させることができる。

③ 風疹にあっては，発しんが消失するまでの期間を出席停止の期間の基準とする。
ただし，病状により，医師において感染のおそれがないと認めたときはその限りで
ない。

④　校長は，感染症による出席停止があった場合，出席を停止させた理由と期間，及び児童生徒等の氏名を学校医に報告しなければならない。

⑤　校長は，学校内に，感染症の病毒に汚染し，又は汚染した疑いがある物件があるときは，消毒その他適当な処置をするものとする。

　　ア　①②③　　イ　①③⑤　　ウ　①④⑤　　エ　②③④　　オ　②④⑤

10　次の文は，「『令和の日本型学校教育』の構築を目指して　～全ての子供たちの可能性を引き出す，個別最適な学びと，協働的な学びの実現～（答申）」（令和３年　中央教育審議会）の第Ⅱ部各論「５．増加する外国人児童生徒等への教育の在り方について」の一部である。これを読んで，問１，問２に答えなさい。

(1)　基本的な考え方

　○　外国人の子供たちが将来にわたって我が国に居住し，　1　の一員として今後の日本を形成する存在であることを前提に，関連施策の制度設計を行うとともに，我が国の学校で学ぶ外国人の子供たちが急増している現状を踏まえた施策の充実を図る必要がある。（中略）

　○　加えて，日本人の子供を含め，多様な価値観や文化的背景に触れる機会を生かし，多様性は社会を豊かにするという価値観の醸成や　2　の育成など，異文化理解・多文化共生の考え方に基づく教育に更に取り組むべきである。

問１　空欄１，空欄２に当てはまる適切な語句の組合せを選びなさい。

　ア　1―共生社会　　　　　　　2―自立した個人
　イ　1―共生社会　　　　　　　2―グローバル人材
　ウ　1―共生社会　　　　　　　2―公共の精神
　エ　1―持続可能な社会　　　　2―自立した個人
　オ　1―持続可能な社会　　　　2―グローバル人材

問２　下線部を踏まえ，「『令和の日本型学校教育』の構築を目指して　～全ての子供たちの可能性を引き出す，個別最適な学びと，協働的な学びの実現～（答申）」（令和３年　中央教育審議会）に示されている内容として，適切なものの組合せを選びなさい。

①　外国人児童生徒等に対しては，学校生活に必要な日本語の学習とともに，英語と教科を統合した学習を行うなど，組織的かつ体系的な指導が必要である。

②　外国人児童生徒等のアイデンティティの確立や日本語の習得のためには，保護者の理解を得て，家庭を中心とした日本語・日本文化定着の取組が進められる必要がある。

③　きめ細かい指導・支援を行うためには，日本語指導の拠点となる学校を整備し，これらの拠点を中心とした指導体制の構築を図るなどの取組が有効と考えられる。

④　夜間中学における受入れが一層促進されるよう，外国人に対する夜間中学の入学案内の実施や，各都道府県における夜間中学の設置を促進することが必要である。

⑤　小・中・高等学校が連携し，外国人児童生徒等のための「個別の指導計画」を踏まえて必要な情報を整理し，情報共有を図るよう促すことが望ましい。

　　ア　①②③　　イ　①②④　　ウ　①④⑤　　エ　②③⑤　　オ　③④⑤

解答&解説

1 **解答** 問1 イ　問2 イ
　解説 問1　文部科学省「不登校児童生徒への支援の在り方について（通知）」(2019年10月25日)の「1　不登校児童生徒への支援に対する基本的な考え方」「(2)学校教育の意義・役割」を参照。

問2　『中学校学習指導要領解説　総則編』(2017年7月)の「第3章　教育課程の編成及び実施」「第4節　生徒の発達の支援」「2　特別な配慮を必要とする生徒への指導」「(3)不登校生徒への配慮」「①個々の生徒の実態に応じた支援（第1章第4の2の(3)のア)」を参照。

①・③・④同箇所を参照。

②正しくは「不登校とは，多様な要因・背景により，結果として不登校状態になっているということであり，その行為を『問題行動』と判断してはならない」と示されている。

⑤正しくは「不登校生徒については，個々の状況に応じた必要な支援を行うことが必要であり，登校という結果のみを目標にするのではなく，生徒や保護者の意思を十分に尊重しつつ，生徒が自らの進路を主体的に捉えて，社会的に自立することを目指す必要がある」と示されている。

2 **解答** 問1　エ　問2　オ
　解説 問1　1：世界人権宣言は，人権及び自由を尊重し確保するために，「すべての人民とすべての国とが達成すべき共通の基準」を宣言したもの。1948年12月10日に国連総会において採択され，毎年12月10日は「人権デー」として，世界中で記念行事が行われている。設問中の条文は，第26条第1項。

2：国際児童年は，児童は将来に向けた社会の尊い財産であるという主義・主張・国境を越えた真理を踏まえ，ユニセフを中心として，世界中の国々が児童の福祉向上について関心を高める活動を推進し，また，同時に児童に関する諸施設の充実を図ることを趣旨としたもの。これが後の児童の権利に関する条約の制定につながった。

問2　②児童の権利に関する条約第6条。
④児童の権利に関する条約第12条第1項。
⑤児童の権利に関する条約第4条。
①児童の権利に関する条約第9条第1項を参照。「いかなる場合においても，」は誤り。「ただし，権限のある当局が司法の審査に従うことを条件として適用のある法律及び手続に従いその分離が児童の最善の利益のために必要であると決定する場合は，この限りでない」とただし書きがある。
③児童の権利に関する条約第3条第1項を参照。「社会全体の最善の利益」ではなく「児童の最善の利益」。

3 **解答** 問1　エ　問2　ア
　解説 問1　エリクソン（1902～94）は，乳児期から老年期に至るまでを8つの段階に

北海道・札幌市

13

分け，それぞれで体験する心理社会的危機を挙げた。モラトリアムは，元来は金融機関の支払い停止や延期を意味する経済用語であったが，エリクソンが精神発達に応用し，一般に社会的成熟を達成するまでの猶予期間の呼称となっている。

問2　④青年期は児童期の次に位置付けられている。

⑤他律性の道徳を指摘したのは，ピアジェ（1896～1980）。

4 **解答** 問1　エ　　問2　エ

解説 問1　『生徒指導提要』（2010年3月）の「第5章　教育相談」「第1節　教育相談の意義」「1　生徒指導と教育相談」を参照。

問2　『生徒指導提要』（2010年3月）の「第5章　教育相談」を参照。

②「第3節　教育相談の進め方」「1　教育相談の対象，実施者及び場面」「(1)教育相談の対象」を参照。

③「第2節　教育相談体制の構築」「2　組織的な教育相談」「(4)教育相談の評価」を参照。

④「第3節　教育相談の進め方」「2　学級担任・ホームルーム担任が行う教育相談」「(1)問題を解決する（問題解決的・治療的）教育相談の進め方」「②不適応問題に気付く」を参照。

①「第2節　教育相談体制の構築」「1　教育相談の体制づくり」「(2)体制づくりの意義」を参照。正しくは「これからの教育相談は，相談室での個別面接だけでなく，特別支援教育などと連動して児童生徒の個別ニーズに即応できるよう，（中略）相談形態や相談方法の選択肢を複数用意して，多様な視点で，きめ細かく支援することができる体制を総合的に構築していくことが求められます」と示されている。

⑤「第4節　スクールカウンセラー，専門機関等との連携」「1　連携とは」を参照。正しくは「教育の専門家である教員が医療や心理の専門家と一緒に，児童生徒の問題の解決に向けて，共に協力し対話し合いながら，児童生徒に対し支援を行うことです」と示されている。

5 **解答** 問1　ウ　　問2　イ

解説 文部科学省「障害のある子供の教育支援の手引　～子供たち一人一人の教育的ニーズを踏まえた学びの充実に向けて～」（2021年6月）の「第1編　障害のある子供の教育支援の基本的な考え方」を参照。

問1　「1　障害のある子供の教育に求められること」「(2)就学に関する新しい支援の方向性」を参照。

問2　「3　今日的な障害の捉えと対応」「(3)合理的配慮とその基礎となる環境整備」「③合理的配慮の決定方法・提供」を参照。

①・③・⑤当該箇所を参照。

②合理的配慮の内容は「個別の教育支援計画に明記するとともに，個別の指導計画においても活用されることが重要である」と示されている。

④設置者及び学校と本人及び保護者の意見が一致しない場合には，「教育支援委員会等の助言等により，その解決を図ることが望ましい」と示されている。

6 解答 問1 イ 問2 エ

解説 問1 平成29年版中学校学習指導要領（2017年3月31日告示）の「第1章 総則」「第1 中学校教育の基本と教育課程の役割」の2(3)を参照。

問2 文部科学省「学校安全資料『生きる力』をはぐくむ学校での安全教育」（2019年3月改訂）の「第1章 総説」を参照。

②「第2節 学校安全の考え方」冒頭の「ポイント」を参照。

③「第1節 学校安全の意義」「2 学校安全に関する現状と今後の推進の方向性」を参照。

④「第2節 学校安全の考え方」「2 学校における危機管理の推進について」「(2)学校における危機管理の内容」を参照。

①「第2節 学校安全の考え方」「1 学校安全の定義」「(1)学校安全のねらい，領域，活動」を参照。正しくは「生活安全」「交通安全」「災害安全」の3つ。

⑤「第2節 学校安全の考え方」「1 学校安全の定義」「(2)学校における安全教育と安全管理」の①を参照。学校における安全教育は「児童生徒等自身に，日常生活全般における安全確保のために必要な事項を実践的に理解し，自他の生命尊重を基盤として，生涯を通じて安全な生活を送る基礎を培うとともに，進んで安全で安心な社会づくりに参加し貢献できるような資質・能力を育成することを目指して行われるもの」である。設問は，学校における安全管理の説明。

7 解答 問1 エ 問2 ウ

解説 問1 『小学校学習指導要領解説 特別活動編』（2017年7月）の「第3章 各活動・学校行事の目標及び内容」「第1節 学級活動」「2 学級活動の内容」「(3)学級活動『(3)一人一人のキャリア形成と自己実現』」を参照。

問2 『小学校学習指導要領解説 特別活動編』（2017年7月）の「第3章 各活動・学校行事の目標及び内容」「第1節 学級活動」「4 学級活動の内容の取扱い」「(2)学習や生活の見通しを立て，振り返る教材の活用」を参照。

①・③・④当該箇所を参照。

②・⑤当該箇所に記載なし。

8 解答 問1 ウ 問2 オ

解説 問1 『生徒指導提要』（2010年3月）の「第7章 生徒指導に関する法制度等」「第1節 校則」を参照。

問2 『生徒指導提要』（2010年3月）の「第7章 生徒指導に関する法制度等」「第1節 校則」「2 校則の内容と運用」を参照。

②・④・⑤「(2)校則の運用」を参照。

①「(1)校則の主な内容」を参照。正しくは「しつけや道徳，健康などに関する事項で，細かいところまで規制するような内容は，校則とするのではなく，学校の教育目標として位置付けた取組とすることや，児童生徒の主体的な取組に任せることで足りると考えられています」と示されている。

③「(3)校則の見直し」を参照。正しくは「学校を取り巻く社会環境や児童生徒の状況は変化するため，校則の内容は，児童生徒の実情，保護者の考え方，地域の

北海道・札幌市

状況，社会の常識，時代の進展などを踏まえたものになっているか，<u>絶えず積極的に見直さなければなりません</u>」と示されている。

9 |解答| 問1　ア　　問2　イ

|解説| 問1　1：学校保健安全法第5条を参照。「学校保健計画の策定等」の規定。

2：学校保健安全法第20条を参照。感染症予防のための「臨時休業」の規定。

問2　①学校保健安全法施行規則第22条第1項第七号を参照。「学校医の職務執行の準則」の規定。

③学校保健安全法施行規則第19条第二号のホを参照。風しんの「出席停止の期間の基準」の規定。

⑤学校保健安全法施行規則第21条第2項を参照。「感染症の予防に関する細目」の規定。

②学校保健安全法第19条を参照。感染症予防のための「出席停止」の規定。「養護教諭」ではなく「校長」。

④学校保健安全法施行令第7条を参照。「出席停止の報告」の規定。「学校医」ではなく「学校の設置者」。

10 |解答| 問1　イ　　問2　オ

|解説| 中央教育審議会答申『『令和の日本型学校教育』の構築を目指して　～全ての子供たちの可能性を引き出す，個別最適な学びと，協働的な学びの実現～』(2021年1月26日，同年4月22日更新)の「第Ⅱ部　各論」「5．増加する外国人児童生徒等への教育の在り方について」を参照。

問1　「(1)基本的な考え方」を参照。

問2　③「(2)指導体制の確保・充実」「②学校における日本語指導の体制構築」を参照。

④「(4)就学状況の把握，就学促進」を参照。

⑤「(5)中学生・高校生の進学・キャリア支援の充実」を参照。

①「(2)指導体制の確保・充実」「①日本語指導のための教師等の確保」を参照。「英語と教科を統合した学習」ではなく「日本語と教科を統合した学習」。

②「(6)異文化理解，母語・母文化支援，幼児に対する支援」を参照。正しくは「外国人児童生徒等のアイデンティティの確立や日本語の習得のためには，<u>母語や母文化の習得が重要である。このため，保護者の理解を得て，家庭を中心とした母語・母文化定着の取組が進められる必要がある</u>」と示されている。

青森県

実施日	2022（令和4）年7月23日	試験時間	60分（一般教養を含む）
出題形式	マークシート式	問題数	5題（解答数30）
パターン	法規＋原理・心理・教育史	公開状況	問題：公開　解答：公開　配点：公開

傾向＆対策

●大問5題の構成は，教育法規3題，教育原理1題，教育心理・教育史1題で小問は各6題。1題につき選択肢は4つ示される。●最も解答数が多い教育法規は，すべて空欄補充問題。教育基本法，いじめ防止対策推進法が必出で，学校教育法，地方公務員法，教育公務員特例法より。いじめ防止対策推進法と，2019年6月施行の学校教育の情報化の推進に関する法律は，独立した大問で問われた。●教育原理は，学習指導要領「総則」が必出で，「生きる力」の育成について述べた教育課程の役割の部分。●教育心理・教育史は，説明文から該当する人物や教育心理の用語を選択する問題で，教育心理はマズロー，ソシオメトリック・テスト，ラポール。教育史はヘルバルト，キルパトリック，沢柳政太郎。

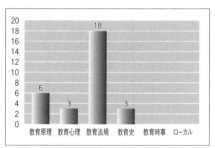

出題領域

教育原理	教育課程・学習指導要領		総　則	6	特別の教科　道徳	
	外国語・外国語活動		総合的な学習(探究)の時間		特別活動	
	学習指導		生徒指導		学校・学級経営	
	特別支援教育		人権・同和教育		その他	
教育心理	発　達		学　習		性格と適応	1
	カウンセリングと心理療法	1	教育評価		学級集団	1
教育法規	教育の基本理念		学校教育	1	学校の管理と運営	7
	児童生徒	6	教職員	4	その他	
教育史	日本教育史	1	西洋教育史	2		
教育時事	答申・統計		ローカル			

※表中の数字は，解答数

全校種共通

☞解答＆解説 p.21

1 次の文は，法律の条文の一部である。a～fにあてはまる語句を下の①～④から1つずつ選び，マークしなさい。

○ 義務教育として行われる普通教育は，各個人の有する能力を伸ばしつつ社会において（ a ）に生きる基礎を培い，また，国家及び社会の形成者として必要とされる基本的な資質を養うことを目的として行われるものとする。　　　　〔教育基本法〕

○ 教員は，（ b ）に支障のない限り，本属長の承認を受けて，勤務場所を離れて研修を行うことができる。　　　　〔教育公務員特例法〕

○ 職員が次の各号の一に該当する場合においては，これに対し懲戒処分として（ c ），減給，停職又は免職の処分をすることができる。

　一　この法律若しくは第57条に規定する特例を定めた法律又はこれに基く条例，地方公共団体の規則若しくは地方公共団体の機関の定める規程に違反した場合

　二　職務上の義務に違反し，又は職務を怠つた場合

　三　（ d ）たるにふさわしくない非行のあつた場合　　　　〔地方公務員法〕

○ 職員は，法律又は条例に特別の定がある場合を除く外，その勤務時間及び職務上の（ e ）のすべてをその職責遂行のために用い，当該地方公共団体がなすべき責を有する職務にのみ従事しなければならない。　　　　〔地方公務員法〕

○ 学校においては，別に法律で定めるところにより，幼児，児童，生徒及び学生並びに職員の健康の保持増進を図るため，（ f ）を行い，その他その保健に必要な措置を講じなければならない。　　　　〔学校教育法〕

a　①主体的　　　　②自覚的　　　　③自立的　　　　④先導的
b　①公務　　　　　②授業　　　　　③教育活動　　　④校務運営
c　①訓告　　　　　②厳重注意　　　③戒告　　　　　④禁錮
d　①国民の模範　　②公務員　　　　③社会の規範　　④全体の奉仕者
e　①集中力　　　　②注意力　　　　③実行力　　　　④判断力
f　①特定健診　　　②健康観察　　　③健康診断　　　④身体検査

2 次の文は，小学校学習指導要領，中学校学習指導要領及び高等学校学習指導要領（平成30年告示）の「総則」の一部である。a～fにあてはまる語句を下の①～④から1つずつ選び，マークしなさい。

　2　学校の教育活動を進めるに当たっては，各学校において，※1第3の1に示す主体的・対話的で深い学びの実現に向けた授業改善を通して，（ a ）を生かした特色ある教育活動を展開する中で，次の(1)から(3)までに掲げる事項の実現を図り，※2児童に生きる力を育むことを目指すものとする。

　(1)　基礎的・基本的な知識及び技能を確実に習得させ，これらを活用して課題を解決するために必要な思考力，判断力，表現力等を育むとともに，主体的に学習に取り組む態度を養い，個性を生かし多様な人々との（ b ）を促す教育の充実に努めること。(略)

　(2)　道徳教育や（ c ），多様な表現や鑑賞の活動等を通して，豊かな心や（ d ）

18

の涵養を目指した教育の充実に努めること。(略)

(3) 学校における (e)・健康に関する指導を，※2児童の発達の段階を考慮して，学校の教育活動全体を通じて適切に行うことにより，健康で安全な生活と豊かな (f) の実現を目指した教育の充実に努めること。(略)

※1 高等学校においては，「第3款」とする。

※2 中学校及び高等学校においては，「生徒」とする。

a ①多様性 ②創意工夫 ③独創性 ④地域人材

b ①共生 ②対話 ③連携 ④協働

c ①交流活動 ②ボランティア活動 ③体験活動 ④特別活動

d ①道徳性 ②信頼性 ③創造性 ④人間性

e ①体育 ②保健 ③災害 ④運動

f ①生涯スポーツ ②スポーツライフ ③健康社会 ④スポーツ環境

3 次の文は，いじめ防止対策推進法（平成25年9月施行）の一部である。a～fにあてはまる語句を下の①～④から1つずつ選び，マークしなさい。

（定義）

第2条 この法律において「いじめ」とは，児童等に対して，当該児童等が在籍する学校に在籍している等当該児童等と一定の (a) にある他の児童等が行う (b) 又は物理的な影響を与える行為（インターネットを通じて行われるものを含む。）であって，当該行為の対象となった児童等が (c) を感じているものをいう。

（学校におけるいじめの防止）

第15条 学校の設置者及びその設置する学校は，児童等の豊かな情操と道徳心を培い，心の通う (d) の素地を養うことがいじめの防止に資することを踏まえ，全ての教育活動を通じた道徳教育及び体験活動等の充実を図らなければならない。

2 学校の設置者及びその設置する学校は，当該学校におけるいじめを防止するため，当該学校に在籍する児童等の保護者，地域住民その他の関係者との連携を図りつつ，いじめの防止に資する活動であって当該学校に在籍する児童等が (e) に行うものに対する支援，当該学校に在籍する児童等及びその保護者並びに当該学校の教職員に対するいじめを防止することの重要性に関する理解を深めるための啓発その他必要な措置を講ずるものとする。

（学校の設置者又はその設置する学校による対処）

第28条 学校の設置者又はその設置する学校は，次に掲げる場合には，その事態（以下「重大事態」という。）に対処し，及び当該重大事態と同種の事態の発生の防止に資するため，速やかに，当該学校の設置者又はその設置する学校の下に組織を設け，質問票の使用その他の適切な方法により当該重大事態に係る事実関係を明確にするための調査を行うものとする。(略)

二 いじめにより当該学校に在籍する児童等が (f) 学校を欠席することを余儀なくされている疑いがあると認めるとき。

a ①人間関係 ②上下関係 ③人的関係 ④友人関係

b ①心理的 ②内面的 ③精神的 ④感情的

青森県

c　①心身の苦痛　②深刻な苦痛　③身体的苦痛　④継続的な苦痛

d　①対人関係能力　②対人交流の能力　③社会形成能力
　　④コミュニケーション能力

e　①協働的　②自主的　③能動的　④積極的

f　①３ヶ月以上の期間　②長期間　③30日以上の期間　④相当の期間

4　次の文は，学校教育の情報化の推進に関する法律（令和元年６月施行）の一部である。
a〜fにあてはまる語句を下の①〜④から１つずつ選び，マークしなさい。

（基本理念）

第３条　学校教育の情報化の推進は，情報通信技術の特性を生かして，個々の児童生徒
の能力，特性等に応じた教育，双方向性のある教育（児童生徒の主体的な学習を促
す教育をいう。）等が学校の教員による（　a　）を通じて行われることにより，各
教科等の指導等において，（　b　）を主体的に選択し，及びこれを活用する能力の
体系的な育成その他の知識及び技能の習得等（心身の発達に応じて，基礎的な知識
及び技能を習得させるとともに，これらを活用して課題を解決するために必要な思
考力，判断力，表現力その他の能力を育み，主体的に学習に取り組む態度を養うこ
とをいう。）が効果的に図られるよう行われなければならない。

2　学校教育の情報化の推進は，デジタル教科書その他のデジタル教材を活用した学
習その他の情報通信技術を活用した学習とデジタル教材以外の教材を活用した学習，
（　c　）等とを適切に組み合わせること等により，多様な方法による学習が推進さ
れるよう行われなければならない。

3　学校教育の情報化の推進は，全ての児童生徒が，その（　d　），（　e　），（　f　）
等にかかわらず，等しく，学校教育の情報化の恵沢を享受し，もって教育の機会均
等が図られるよう行われなければならない。

a　①適切な指導　②教育活動全体　③総合的な指導　④十分な研修

b　①資料及び映像　②視聴覚教材や情報機器　③情報及び情報手段
　　④コンピュータやインターネット

c　①通常行っている学習　②体験学習　③問題解決的な学習
　　④教科等横断的な学習

d　①校種　②家庭の経済的な状況　③セキュリティの状況
　　④学校の教育目標

e　①能力の差　②端末の種類　③年齢　④居住する地域

f　①障害の有無　②性別　③通信環境　④興味関心の有無

5　次の(1)〜(6)について，最も関係の深いものを下の①〜④から１つずつ選び，マークし
なさい。

(1)　アメリカ合衆国の心理学者。人間の欲求について「生理的欲求」「安全の欲求」「愛
情の欲求」「自尊の欲求」「自己実現の欲求」といった５つの階層的欲求理論を提唱し
た。欲求が欠けたときに発動する欠乏欲求と自分自身をより高めようとする能動的な
成長欲求の存在を指摘した。『人間性心理学雑誌』の創刊に関わり，アメリカ心理学
会会長も務めた。

青森県

20

①ピアジェ　　②マズロー　　③ブルーナー　　④エリクソン
(2) ドイツの教育学者。『一般教育学』のなかで,知識・技能の習得と道徳観の形成のどちらにも偏らずに両者を結合した「教育的教授」を主張した。そして品性を陶冶する上で訓練,管理,教授の大切さを説いた。さらに教授の進行過程を明瞭,連合,系統,方法の4段階に区分して説明した。この学説はツィラーやラインによって発展され,明治時代の日本にも紹介されて教育界に大きな影響を与えた。
　　①フレーベル　　②ペスタロッチ　　③ケルシェンシュタイナー　　④ヘルバルト
(3) アメリカ合衆国の進歩主義教育の代表的哲学者。デューイの後継者。生徒の探求的なプロセスを組織し,プロジェクトの遂行過程を,「目的設定―計画―実行―結果の判断」の4段階とした「プロジェクト学習」を提唱した。日本には大正時代に導入され,戦後の新教育運動における単元学習に影響を与えた。
　　①フィヒテ　　②キルパトリック　　③シュプランガー　　④ボルノウ
(4) 1917年に成城小学校を創設した。個性尊重の教育,低学年の修身科廃止などの実践で大正新教育運動の中で中心的存在となった。『公私学校比較論』『教師及校長論』と著作も多いが,中でも『実際的教育学』は当時の教育学の観念的性格を批判,教育の実際を対象とする科学的研究を主張し,衝撃を与えた。
　　①森有礼　　②手塚岸衛　　③及川平治　　④沢柳政太郎
(5) モレノによって提唱された人間関係及び集団に関する理論と方法の測定法。一般的には,「グループづくりのとき誰と一緒になりたいか」などの基準場面を設け,成員の希望調査を行い,その結果を図式によって視覚的,空間的に示して集団の構造や特徴を明らかにするものである。
　　①ソシオメトリック・テスト　　②TAT　　③YG性格検査
　　④ゲス・フー・テスト
(6) カウンセラーとクライエントの間に築かれる情緒的なつながりや信頼関係を指していう。クライエントがカウンセラーに対して,「この人なら分かってくれる」「この人なら自分の内面を語ってもいい」という信頼感や安心感を抱くことであり,カウンセリングを進めていくうえで最も基本的な条件である。
　　①カタルシス　　②アタッチメント　　③ラポール　　④モラール

青森県

解答&解説

1 解答　a—③　b—②　c—③　d—④　e—②　f—③
　　解説　a：教育基本法第5条第1項を参照。「義務教育」の規定。
　　　　　b：教育公務員特例法第22条第2項を参照。「研修の機会」のうち勤務場所を離れた研修に関する規定。
　　　　　c・d：地方公務員法第29条第1項を参照。職員の「懲戒」の規定。
　　　　　e：地方公務員法第35条を参照。「職務に専念する義務」の規定。
　　　　　f：学校教育法第12条を参照。「健康診断等」の規定。

2 解答 a—② b—④ c—③ d—③ e—① f—②

解説 平成29年版小学校学習指導要領（2017年3月31日告示）の「第1章 総則」「第1 小学校教育の基本と教育課程の役割」の2，平成29年版中学校学習指導要領（2017年3月31日告示）の「第1章 総則」「第1 中学校教育の基本と教育課程の役割」の2，平成30年版高等学校学習指導要領（2018年3月30日告示）の「第1章 総則」「第1款 高等学校教育の基本と教育課程の役割」の2を参照。

3 解答 a—③ b—① c—① d—② e—② f—④

解説 a～c：いじめ防止対策推進法第2条第1項を参照。いじめの「定義」の規定。

d・e：いじめ防止対策推進法第15条を参照。「学校におけるいじめの防止」の規定。

f：いじめ防止対策推進法第28条第1項を参照。「学校の設置者又はその設置する学校による対処」の規定。

4 解答 a—① b—③ c—② d—② e—④ f—①

解説 学校教育の情報化の推進に関する法律第3条第1項～第3項を参照。「基本理念」の規定。

5 解答 (1)—② (2)—④ (3)—② (4)—④ (5)—① (6)—③

解説 (1)②マズロー（1908～70）は，ワトソン（1878～1958）らの動物実験による研究とフロイト（1856～1939）らの精神疾患患者の研究と対比させて，健康な人の心理こそが心理学の研究対象だとして心理学の第3勢力を形成した。

(2)④ヘルバルト（1776～1841）は，教育の究極目的は「道徳的品性の陶冶」であるとし，そのための教授の段階を明瞭―連合―系統―方法の4段階に分けて考えた。

(3)②キルパトリック（1871～1965）が考案したプロジェクト・メソッド（プロジェクト学習）は，子どもが自分の活動を選択し，計画し，方向付けていく問題解決的な学習過程の理論。

(4)④沢柳政太郎（1865～1927）は，問題文のほか芸術教育の重視などの大胆な実践を行い，義務教育年限の6カ月延長にも尽力した。

(5)①ソシオメトリック・テストは，モレノ（1892～1974）が考案したテストで，「誰の隣に座りたいですか」「誰と一緒のグループになりたくないですか」というように，ある想定した場面で，集団の他の成員中で自分が好意をもつ人と拒否したい人の名前を挙げさせる。

(6)③ラポールは，カウンセリングや心理療法，心理テストなどの心理的面接場面で必要とされる，面接者と被面接者との間の信頼関係。ラポールが十分に形成できていない場合，クライエントは自己が抱えている心の問題をカウンセラーに伝えにくい。

岩 手 県

実 施 日	2022(令和4)年7月23日	試験時間	60分
出題形式	選択式	問 題 数	13題（解答数54）
パターン	時事・心理・ローカル・法規＋教育史	公開状況	問題：公開　解答：公開　配点：公開

傾向＆対策

●教育原理を除く全分野から出題。解答数54題を60分で解くので，1題≒1分の即答力が必要。●最も解答数が多い教育時事は，「令和の日本型学校教育」に関する中央教育審議会答申（2021年1月），「虐待対応の手引き」（2020年6月），「体罰の禁止」に関する文部科学省通知（2013年3月），「いじめの防止等のための基本的な方針」（2017年3月）より。●昨年度より倍増したローカル問題は，「教育委員会教育長演述要旨」（2022年2月），「令和4年度　学校教育指導指針」，「岩手県教職員コンプライアンス・マニュアル［改訂版］」（2018年8月）。●教育法規は，教育基本法，地方公務員法といった定番の法規のほか，2022年4月施行の教育職員等による児童生徒性暴力等の防止等に関する法律からも出題。

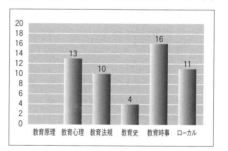

出 題 領 域

教育原理	教育課程・学習指導要領		総　則		特別の教科　道徳	
	外国語活動		総合的な学習(探究)の時間		特別活動	
	学習指導		生徒指導　↓時事		学校・学級経営	
	特別支援教育		人権・同和教育		その他	
教育心理	発　達		学　習	6	性格と適応	
	カウンセリングと心理療法	3	教育評価	4	学級集団	
教育法規	教育の基本理念	1	学校教育	1	学校の管理と運営	
	児童生徒		教職員	9	その他	
教育史	日本教育史	4	西洋教育史			
教育時事	答申・統計	16	ローカル	11		

※表中の数字は，解答数
※選択肢の出題領域が複数にわたる場合は，それぞれの項目に加算するためグラフの数とは異なる

全校種共通

☞解答＆解説 p.29

1 次の(1)～(5)の文は令和4年2月岩手県議会定例会において，岩手県教育委員会教育長が令和4年度の教育行政推進の基本的な考え方と施策の大要について述べた，「教育委員会教育長演述要旨」からの抜粋です。

文中の（ ア ）～（ オ ）にあてはまる語句を，下のA～Oから一つずつ選び，その記号を書きなさい。

(1) 学校教育では，岩手の子どもたちが，地域とともにある学校において，自ら生き生きと学び，夢を持ち，それぞれの人間形成と自己実現に向けて，知・徳・体のバランスのとれた「（ ア ）」を身に付けていく姿の実現を目指して参ります。

(2) 児童生徒の確かな学力の育成についてでありますが，児童生徒一人ひとりに基礎的・基本的な知識・技能を習得させるとともに，これらの活用に必要な力を総合的に育むため，児童生徒の学習のつまずきに対応したきめ細かな指導などの充実を図り，「（ イ ）」に向けた授業改善に取り組んで参ります。

(3) 児童生徒の豊かな人間性と社会性の育成についてでありますが，児童生徒一人ひとりが，自他の生命を大切にし，他者の人権を尊重する教育を推進するとともに，「特別の教科道徳」を中核とした道徳性の育成や，（ ウ ）と連携した自然体験・奉仕体験等への参加促進，読書活動等の充実による豊かな心の涵養などに取り組んで参ります。

(4) 児童生徒の健やかな体の育成についてでありますが，児童生徒が生涯にわたり健康的な生活を送るために必要な習慣や能力を身に付けるため，運動習慣，食習慣及び生活習慣の改善等を図る一体的な取組となる「（ エ ）」を推進して参ります。

(5) 学校と家庭・地域との協働の推進についてでありますが，地域総ぐるみで子どもの育ちと学びを支えていくため，引き続き，（ オ ）の導入を推進するとともに，学校運営への地域の参画による地域学校協働活動の充実等に取り組んで参ります。

A　客観的・相対的で深い学び　　B　新教育運動　　C　コミュニティ・スクール

D　成長する力　　E　公民啓発運動　　F　主体的・対話的で深い学び

G　GIGAスクール　　H　教育振興運動　　I　60運動

J　60プラスプロジェクト　　K　生きる力　　L　自主的・自発的で深い学び

M　経済力　　N　フリースクール　　O　60プラス運動

2 令和3年1月26日に，中央教育審議会より，「『令和の日本型学校教育』の構築を目指して ～全ての子供たちの可能性を引き出す，個別最適な学びと，協働的な学びの実現～（答申）」が示されました。

次の文は，この答申に示された，「第Ⅱ部　各論」の「4．新時代の特別支援教育の在り方について」の「(1)基本的な考え方」の抜粋です。文中の（ ア ）～（ オ ）にあてはまる語句を，下のA～Oから一つずつ選び，その記号を書きなさい。

○ 特別支援教育は，障害のある子供の自立や社会参加に向けた主体的な取組を支援するという視点に立ち，子供一人一人の（ ア ）を把握し，その持てる力を高め，生活や学習上の困難を改善又は克服するため，適切な指導及び必要な支援を行うものである。また，特別支援教育は，（ イ ）のある子供も含めて，障害により特別な支援を

必要とする子供が在籍する全ての学校において実施されるものである。

○　一方で，少子化により学齢期の児童生徒の数が減少する中，特別支援教育に関する理解や認識の高まり，障害のある子供の就学先決定の仕組みに関する制度の改正等により，通常の学級に在籍しながら（　ウ　）による指導を受ける児童生徒が大きく増加しているなど，特別支援教育をめぐる状況が変化している。

○　また，障害者の権利に関する条約に基づく（　エ　）の理念を構築し，特別支援教育を進展させていくために，引き続き，障害のある子供と障害のない子供が可能な限り共に教育を受けられる条件整備，障害のある子供の自立と社会参加を見据え，一人一人の（　ア　）に最も的確に応える指導を提供できるよう，通常の学級，（　ウ　）による指導，特別支援学級，特別支援学校といった，（　オ　）のある多様な学びの場の一層の充実・整備を着実に進めていく必要がある。

　A　ティーム・ティーチング　　B　教育的ニーズ　　C　言語障害
　D　イマージョン教育　　E　連続性　　F　デジタルトランスフォーメーション
　G　通級　　H　自立的ニーズ　　I　発達障害　　J　可塑性　　K　ICTの活用
　L　インクルーシブ教育システム　　M　依存的ニーズ　　N　適応障害
　O　柔軟性

3　次の文は岩手県教育委員会発行「令和4年度　学校教育指導指針」の「4　学校教育の重点」「⑴共通事項として取り組む内容」の中の「7　学びの基盤づくり」における「家庭・地域との協働による学校経営」に関する記述です。次の⑴～⑸の文の内容が正しいものには○印，正しくないものには×印を書きなさい。

⑴　目標達成型の学校経営の取組の推進には「学校評価」を学校経営計画の改善に生かすことが必要である。

⑵　「学校評価」を実施する際に，「まなびフェスト」とは切り離して実施すべきことに留意する必要がある。

⑶　保護者，地域住民等の学校関係者などにより構成された評価委員会等が，自己評価の結果について評価することを基本として行う評価を「学校関係者評価」という。

⑷　児童生徒や保護者等を対象とするアンケートは，「学校関係者評価」として有効である。

⑸　各学校の教職員が行う評価を「自己評価」という。

4　次の文は，「学校・教育委員会等向け虐待対応の手引き（文部科学省　令和2年6月改訂版）」の中の「学校・教職員の役割，責務」に関する記述です。次の⑴～⑸の文の内容が正しいものには○印，正しくないものには×印を書きなさい。

⑴　虐待の早期発見に努めること。

⑵　虐待を受けたと思われる子供について，市町村（虐待対応担当課）や児童相談所等へ通告すること。

⑶　児童相談所や市町村（虐待対応担当課）から虐待に係る子供又は保護者その他の関係者に関する資料又は情報の提供を求められた場合，個人情報保護の観点から一切提供することはできない。

⑷　虐待に係る保護者から情報元（虐待を認知するに至った端緒や経緯）に関する開示

の求めがあった場合は，その求めに応じ情報元等の情報を開示しなければならない。

(5) 虐待防止のための子供等への教育に努めること。

5 次の(1)～(3)の文は，心理発達に関する学習理論について説明したものです。文中の（ ア ）～（ カ ）にあてはまる語句を，それぞれ下のA～Rから一つずつ選び，その記号を書きなさい。

(1) アメリカの心理学者ソーンダイクは，「問題箱」の中に動物を閉じ込めて行う実験をとおして，「（ ア ）学習」により問題が解決するのであり，学習者に満足をもたらした行為が強められるという「（ イ ）」を主張した。

(2) アメリカの心理学者バンデューラは，人間の学習は，行動を自ら実行して何かを習得していく「（ ウ ）」と他者の行動を観察することから得られる「観察学習」（モデリング）の二つから考えられるとし，新たな「（ エ ）」を提唱した。

(3) ドイツの心理学者エビングハウスは，時間の経過とともに学習内容が失われていく様相を「（ オ ）」としてグラフに示したが，条件によっては学習直後よりも一定時間後の方が成績が良くなることがある。これを「（ カ ）」という。

A 系列位置曲線　　B ピグマリオン効果　　C 社会的学習理論
D S―R理論　　E 直接学習　　F 学習効果の転移　　G レミニセンス
H 効果の法則　　I 認知理論　　J サイン・ゲシュタルト説　　K 発見学習
L 問題解決学習　　M 忘却曲線　　N バックワード曲線　　O 試行錯誤
P 完全習得　　Q 光背効果　　R 問題解決

6 次の(1)～(4)の文は，明治時代から大正時代にかけて，日本の教育について大きな影響を与えた人物についての説明です。正しいものには〇印，正しくないものには×印を書きなさい。

(1) 成城小学校の校長を務めた沢柳政太郎は，日本の教育学研究の在り方について問う「実際的教育学」を執筆する等，教育界において重要な役割を果たした。

(2) 児童文学作家の鈴木三重吉は，雑誌「アララギ」を主宰し，日本の近代児童文学史に偉大な功績を残した。

(3) 小原國芳は日本における新教育運動の代表的な指導者であり，「八大教育主張講演会」において「系統学習論」を提唱した。

(4) 津田梅子は女子留学生として渡米した経験を活かし，自立した女性の育成のため，女子英学塾（津田塾大学の前身）を開設する等，女子高等教育のパイオニアとなった。

7 次の(1)～(4)の文は，評価について説明したものである。正しいものには〇印，正しくないものには×印を書きなさい。

(1) 「絶対評価」とは，児童生徒の学習に関する評価資料を，同じ評価を用いて得られた集団全体の評価資料の内容と対比し，児童生徒間の差異を示す評価である。

(2) 「形成的評価」とは，学習活動の途中で，児童生徒がどこまで学習の目標を達成し，どの点で不十分であったり誤っていたりしているかを示して，学習の向上を図る目的で実施される評価である。

(3) 「ポートフォリオ評価」とは，児童生徒が各自の学習活動で生み出した様々な作品，レポート成果などを蓄積し，それらの変化や進歩について，質的に分析する評価である。

(4) 「個人内評価」とは，指導開始前に，児童生徒が新しい学習に必要となる知識や学力等を有しているか調べたり，学習過程での誤りや問題点を明らかにしたりする評価である。

8 次の文は，日本におけるカウンセリングの展開に大きな影響を与えた「クライエント中心療法」を説明した文です。文中の（ ア ）～（ ウ ）にあてはまる人物名および語句を，下のA～Iから一つずつ選び，その記号を書きなさい。

「クライエント中心療法」は（ ア ）が創始した心理療法である。中心仮説は，人は自己の内部に自己理解，自己概念，基本的態度，自発的行動を変化させ成長していく資質をもっており，それを発現させるためには，クライエントとカウンセラーとの関係において，成長促進的雰囲気が必要であるとしている。そのためのカウンセラーの条件として，「自己（ イ ）」，「無条件の（ ウ ）的関心」，「共感」という3つが必要であるとしている。

A 一致　　B 肯定　　C ユング　　D 抑制　　E 開示　　F 否定
G クレッチマー　　H ロジャーズ　　I 社会

9 次の文は，「教育職員等による児童生徒性暴力等の防止等に関する法律」（令和4年4月1日施行）の条文の一部です。条文として正しいものには○印を，正しくないものには×印を書きなさい。

A	第4条　教育職員等による児童生徒性暴力等の防止等に関する施策は，教育職員等による児童生徒性暴力等が全ての児童生徒等の学習権を侵害する重大な問題であるという基本的認識の下に行われなければならない。
B	第6条　地方公共団体は，基本理念にのっとり，教育職員等による児童生徒性暴力等の防止等に関する施策について，医療関係者と協力しつつ，その地域の状況に応じた施策を策定し，及び実施する責務を有する。
C	第8条　学校の設置者は，基本理念にのっとり，その設置する学校における教育職員等による児童生徒性暴力等の防止等のために必要な措置を講ずる責務を有する。
D	第9条　学校は，基本理念にのっとり，関係者との連携を図りつつ，学校全体で教育職員等による児童生徒性暴力等の防止及び早期発見に取り組むとともに，当該学校に在籍する児童生徒等が教育職員等による児童生徒性暴力等を受けたと思われるときは，適切かつ迅速にこれに対処する責務を有する。
E	第10条　教育職員等は，基本理念にのっとり，児童生徒性暴力等を行うことがないよう教育職員等として防止に係る研修に励むとともに，その勤務する学校に在籍する児童生徒等が教育職員等による児童生徒性暴力等を受けたと思われるときは，適切かつ迅速にこれに対処する責務を有する。

10 教育基本法に関する記述として正しいものを，A～Dの中から一つ選び，その記号を書きなさい。

A 第2条では，「正義と責任，男女の平等，自他の敬愛と協力を重んずるとともに，公共の精神に基づき，積極的に社会の形成に参画し，その発展に寄与する態度を養うこと。」と規定されている。

B 第4条では，「すべて国民は，ひとしく，その能力に応じた教育を受ける機会を与

岩手県

えられなければならず，人種，信条，性別，社会的身分，経済的地位又は門地によって，教育上差別されない。」と規定されている。

C 第5条では，「国及び地方公共団体は，学校教育の機会を保障し，その水準を確保するため，適切な役割分担及び相互の協力の下，その実施に責任を負う。」と規定されている。

D 第6条では，「法律に定める学校は，公の性質を有するものであって，国，地方公共団体のみが，これを設置することができる。」と規定されている。

11 教員の服務等について，次の(1)，(2)の問いに答えなさい。

(1) 次の文は，地方公務員法の条文の一部です。条文として正しいものには○印を，正しくないものには×印を書きなさい。

A	第30条 すべて職員は，全体の奉仕者として公共の利益のために勤務し，且つ，職務の遂行に当つては，全力を挙げてこれに専念しなければならない。
B	第32条 職員は，その職務を遂行するに当つて，法令，条例，地方公共団体の規則及び地方公共団体の機関の定める規程に従い，且つ，任命権者の職務上の命令に忠実に従わなければならない。
C	第33条 職員は，その職の信用を傷つけ，又は職員の職全体の不名誉となるような行為をしてはならない。
D	第34条 職員は，職務上知り得た秘密を漏らしてはならない。その職を退いた後は，その限りではない。

(2) 平成25年3月13日に，文部科学省より「体罰の禁止及び児童生徒理解に基づく指導の徹底について」が通知されました。この通知の別紙「学校教育法第11条に規定する児童生徒の懲戒・体罰等に関する参考事例」の中で示されている次のA～Dのうち，正当な行為と考えられるものを一つ選び，その記号を書きなさい。

A 放課後に児童を教室に残留させ，児童がトイレに行きたいと訴えたが，一切，室外に出ることを許さない。

B 立ち歩きの多い生徒を叱ったが聞かず，席につかないため，頬をつねって席につかせる。

C 休み時間に廊下で，他の児童を押さえつけて殴るという行為に及んだ児童がいたため，この児童の両肩をつかんで引き離す。

D 別室指導のため，給食の時間を含めて生徒を長く別室に留め置き，一切室外に出ることを許さない。

12 次の文は，「いじめの防止等のための基本的な方針」（平成25年10月11日 文部科学大臣決定 最終改定 平成29年3月14日）の抜粋です。文中の（ ア ）～（ オ ）にあてはまる語句を，下のA～Oから一つずつ選び，その記号を書きなさい。

いじめは，どの子供にも，どの学校でも起こりうることを踏まえ，より根本的ないじめの問題克服のためには，全ての児童生徒を対象としたいじめの（ ア ）の観点が重要であり，全ての児童生徒を，いじめに向かわせることなく，心の通う対人関係を構築できる（ イ ）のある大人へと育み，いじめを生まない土壌をつくるために，関係者が一体となった継続的な取組が必要である。

岩手県

このため，学校の教育活動全体を通じ，全ての児童生徒に「いじめは決して許されない」ことの理解を促し，児童生徒の豊かな情操や（　ウ　），自分の存在と他人の存在を等しく認め，お互いの人格を尊重し合える態度など，心の通う人間関係を構築する能力の素地を養うことが必要である。また，いじめの背景にあるストレス等の要因に着目し，その改善を図り，ストレスに適切に対処できる力を育む観点が必要である。加えて，全ての児童生徒が安心でき，（　エ　）や充実感を感じられる学校生活づくりも（　ア　）の観点から重要である。

　また，これらに加え，あわせて，いじめの問題への取組の重要性について（　オ　）に認識を広め，地域，家庭と一体となって取組を推進するための普及啓発が必要である。

A　撲滅　　　B　道徳心　　　C　地域住民　　　D　全保護者　　　E　満足感
F　社会性　　G　協調性　　　H　全面解決　　　I　自立心　　　　J　向上心
K　達成感　　L　自己有用感　M　国民全体　　　N　適応性　　　　O　未然防止

13　次の資料は，「岩手県教職員コンプライアンス・マニュアル［改訂版］」（平成30年8月岩手県教育委員会）の一部です。文中の（　ア　）～（　ウ　）にあてはまる語句の組み合わせとして正しいものを，下のA～Eから一つ選び，その記号を書きなさい。

岩手の教員に求められるもの
・分かりやすい授業ができ，児童生徒に（　ア　）ことができること
・児童生徒に対する愛情を持ち，一人ひとりの児童生徒と真剣に向き合うことができること
・（　イ　）を持ち，幅広い教養と良識を身に付けていること
・教員としての（　ウ　）を持っていること

　　A　ア―確かな学力をつける　　　　イ―確かな指導力　　ウ―使命感や責任感
　　B　ア―ICT活用能力を身に付ける　　イ―豊かな人間性　　ウ―理想や適性
　　C　ア―確かな学力をつける　　　　イ―豊かな人間性　　ウ―使命感や責任感
　　D　ア―ICT活用能力を身に付ける　　イ―確かな指導力　　ウ―理想や適性
　　E　ア―確かな学力をつける　　　　イ―豊かな人間性　　ウ―理想や適性

解答＆解説

1　解答　ア―K　イ―F　ウ―H　エ―J　オ―C

解説　岩手県教育委員会「教育委員会教育長演述要旨」（2022年2月）の「Ⅱ『学校教育』及び『社会教育・家庭教育』の充実に向けた取組の推進」を参照。
　　(1)「（1　学校教育の充実）」の冒頭を参照。
　　(2)「（1　学校教育の充実）」「（【知育】児童生徒の確かな学力の育み）」を参照。
　　(3)「（1　学校教育の充実）」「（【徳育】児童生徒の豊かな人間性と社会性の育み）」を参照。
　　(4)「（1　学校教育の充実）」「（【体育】児童生徒の健やかな体の育み）」を参照。
　　(5)「（2　社会教育・家庭教育の充実）」「（地域やコミュニティにおける学校と家

庭，住民が協働して子どもの育ちと学びを支える取組の推進）」を参照。

2 解答 ア—B　イ—I　ウ—G　エ—L　オ—E

解説 中央教育審議会答申「『令和の日本型学校教育』の構築を目指して　〜全ての子供たちの可能性を引き出す，個別最適な学びと，協働的な学びの実現〜」（2021年1月26日，同年4月22日更新）の「第Ⅱ部　各論」「4．新時代の特別支援教育の在り方について」「(1)基本的な考え方」を参照。

3 解答 (1)○　(2)×　(3)○　(4)×　(5)○

解説 岩手県教育委員会「令和4年度　学校教育指導指針（幼稚園等・小学校・中学校・義務教育学校）」の「4　学校教育の重点」「(1)共通事項として取り組む内容」「7　学びの基盤づくり」「家庭・地域との協働による学校経営」「1　明確な達成目標を掲げ，家庭・地域と協働する開放的で個性的な学校づくり（目標達成型の学校経営の取組の継続とコミュニティ・スクールの推進）」「(2)学校・家庭・地域との連携・協働による教育の推進」を参照。

(1)・(3)・(5)当該箇所を参照。

(2)「まなびフェスト」を活用した「学校評価」の取組が推奨されている。

(4)児童生徒や保護者等を対象とするアンケート等は，学校が自己評価を行う上で，目標等の設定・達成状況や取組の適切さ等について評価するためのものであり，学校関係者評価とは異なる。

4 解答 (1)○　(2)○　(3)×　(4)×　(5)○

解説 文部科学省「学校・教育委員会等向け虐待対応の手引き」（2020年6月改訂版）の「【基礎編】」「3．学校・教職員等の役割」「(1)学校・教職員の役割，責務」を参照。

(1)・(2)・(5)当該箇所の囲みを参照。

(3)児童相談所や市町村（虐待対応担当課）から虐待に係る子供又は保護者その他の関係者に関する資料又は情報の提供を求められた場合，<u>必要な範囲で提供することができる</u>。児童虐待の防止等の法律第13条の4「資料又は情報の提供」も参照。

(4)保護者から情報元（虐待を認知するに至った端緒や経緯）に関する開示の求めがあった場合は，<u>情報元を保護者に伝えない</u>。文部科学省「児童虐待防止対策に係る学校等及びその設置者と市町村・児童相談所との連携の強化について（通知）」（2019年2月28日）の「1．今回事案を踏まえて対策の強化を図るべき事項」「(2)要保護児童等の情報元に関する情報の取扱い」についても参照。

5 解答 ア—O　イ—H　ウ—E　エ—C　オ—M　カ—G

解説 (1)ソーンダイク（1874〜1949）が主張した効果の法則は，満足がもたらされる反応が強められて残り，それ以外の反応は弱められていくことを示すもので，試行錯誤学習が起こる基本となっている。

(2)バンデューラ（（1925〜2021）は，子どもは直接的経験をもたなくても，他者の行動を観察することによって，攻撃性や性役割などさまざまな行動規範を獲得することができることを明らかにした。他者の行動から学ぶものを観察学習と呼ぶのに対して，学習者自身が学ぶものを直接学習という。

(3)エビングハウス（1850〜1909）は，無意味綴りを用いて記憶と忘却の実験を行い，忘却曲線（保持曲線）を発見した。

6 **解答** (1)○　(2)×　(3)×　(4)○

解説 (2)『アララギ』ではなく『赤い鳥』。鈴木三重吉（1882〜1936）は，『赤い鳥』を通して子どもの作文指導を行い，活発な児童文学活動を展開して生活綴方運動の先駆をなした。

(3)「系統学習論」ではなく「全人教育」。小原國芳（1887〜1977）は，玉川学園を創設し，宗教と芸術を根底にした人格の全円的発展を目指す全人教育の理想実現に尽くした。

7 **解答** (1)×　(2)○　(3)○　(4)×

解説 (1)相対評価の説明。絶対評価は，あらかじめ学習到達基準を定めておき，その基準と学習活動の成果を比較し，基準を達成したかどうか，どの程度達成したかで評価する方法。目標に準拠した評価とも呼ばれる。

(4)診断的評価の説明。個人内評価は，評価の基準を外部に求めるのではなく，個人の内部に求める方法で，一人の学習者個人において他の教科や過去の成績と比較する。

8 **解答** ア—H　イ—A　ウ—B

解説 クライエント中心療法は，ロジャーズ（1902〜87）によって開発されたもので，非指示的療法（非指示的カウンセリング）あるいは来談者中心療法（来談者中心カウンセリング）とも呼ばれる。クライエントの自発的な力が自らの問題解決や成長への促進として働き，カウンセラーはクライエントとの関係の中で，クライエントを心理的に受容し，クライエントのもつ感情を明確化させることによって治療を促進することを特徴とする。

9 **解答** A　×　B　×　C　○　D　○　E　×

解説 教育職員等による児童生徒性暴力等の防止等に関する法律を参照。同法は，「児童生徒性暴力等」などの定義のほか，児童生徒性暴力等の禁止，基本理念（学校の内外を問わず教育職員等による児童生徒性暴力等の根絶等），児童生徒性暴力等の防止・早期発見・対処に関する措置（データベースの整備等），特定免許状失効者等に対する免許状授与の特例等について規定されており，2021年6月4日公布，一部を除き2022年4月1日施行。

A：第4条第1項を参照。「基本理念」の規定。「学習権を侵害する」ではなく「心身の健全な発達に関係する」。

B：第6条を参照。「地方公共団体の責務」の規定。「医療関係者」ではなく「国」。

C：第8条を参照。「学校の設置者の責務」の規定。

D：第9条を参照。「学校の責務」の規定。

E：第10条を参照。「教育職員等の責務」の規定。「教育職員等として防止に係る研修に励む」ではなく「教育職員等としての倫理の保持を図る」。

10 **解答** B

解説 教育基本法を参照。

B：第4条第1項を参照。「教育の機会均等」の規定。

A：第2条第1項第三号を参照。「教育の目標」の規定。「積極的」ではなく「主体的」。

C：第5条第3項を参照。「義務教育」の規定。「学校教育」ではなく「義務教育」。

D：第6条第1項を参照。「学校教育」の規定。「国，地方公共団体のみ」ではなく「国，地方公共団体及び法律に定める法人のみ」。

11 **解答** (1)A ○ B × C ○ D ×　　(2)—C

解説 (1)地方公務員法を参照。

A：第30条を参照。「服務の根本基準」の規定。

B：第32条を参照。「法令等及び上司の職務上の命令に従う義務」の規定。「任命権者」ではなく「上司」。

C：第33条を参照。「信用失墜行為の禁止」の規定。

D：第34条第1項を参照。「秘密を守る義務」の規定。「その職を退いた後は，その限りではない」ではなく「その職を退いた後も，また，同様とする」。

(2)文部科学省「体罰の禁止及び児童生徒理解に基づく指導の徹底について（通知）」(2013年3月13日）の別紙「学校教育法第11条に規定する児童生徒の懲戒・体罰等に関する参考事例」を参照。

C：「(3)正当な行為（通常，正当防衛，正当行為と判断されると考えられる行為）」「○他の児童生徒に被害を及ぼすような暴力行為に対して，これを制止したり，目前の危険を回避するためにやむを得ずした有形力の行使」を参照。正当な行為とみなされる。

A・D：「(1)体罰（通常，体罰と判断されると考えられる行為）」「○被罰者に肉体的苦痛を与えるようなもの」を参照。体罰と判断される。

B：「(1)体罰（通常，体罰と判断されると考えられる行為）」「○身体に対する侵害を内容とするもの」を参照。体罰と判断される。

12 **解答** ア　O　イ　F　ウ　B　エ　L　オ　M

解説 文部科学省「いじめの防止等のための基本的な方針」(2013年10月11日文部科学大臣決定，2017年3月14日最終改定）の「第1　いじめの防止等のための対策の基本的な方向に関する事項」「7　いじめの防止等に関する基本的考え方」「(1)いじめの防止」を参照。

13 **解答** C

解説 岩手県教育委員会「岩手県教職員コンプライアンス・マニュアル［改訂版］」(2018年8月）の「Ⅳ　行動指針」「1　業務推進の基本姿勢」「◆私たちに求められること」「(1)岩手の教員に求められるもの」を参照。同マニュアルは，教職員一人ひとりのコンプライアンス意識の浸透に資するために作成されたもの。教職員の行動規範が示されている。

宮城県／仙台市

実施日	2022(令和4)年7月23日	試験時間	60分（一般教養を含む）
出題形式	マークシート式	問題数	16題（解答数16）
パターン	時事・法規＋原理・心理・教育史	公開状況	問題：公開　解答：公開　配点：公開

傾向＆対策

●昨年度の11題→16題に増加。●最も解答数の多い教育時事は，「部活動改革」「GIGAスクール構想」「学校の危機管理マニュアル」「不登校児童生徒への支援の在り方」「交流及び共同学習の推進」「性同一性障害」と，多岐にわたる。出典が明記されたこれらの問題のほか，「ヤングケアラー」「特定分野に特異な才能のある児童生徒に対する教育」のように出典は明記されていないが，文部科学省資料等から引用されている問題もある。●教育法規では，2022年4月施行の教育職員等による児童生徒性暴力等の防止等に関する法律，著作権法の具体的事例が問われた。●教育原理は特別支援学校のセンター的機能，教育心理はアニバーサリー効果とアパシー，教育史は近現代の日本教育史より。

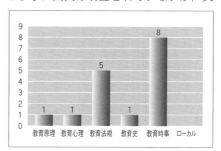

出題領域

教育原理	教育課程・学習指導要領		総　則		特別の教科　道徳	
	外国語・外国語活動		総合的な学習(探究)の時間		特別活動	
	学習指導		生徒指導	↓時事	学校・学級経営	
	特別支援教育	1	人権・同和教育	↓時事	その他	
教育心理	発　達		学　習		性格と適応	1
	カウンセリングと心理療法		教育評価		学級集団	
教育法規	教育の基本理念		学校教育		学校の管理と運営	2
	児童生徒	1	教職員	2	その他	
教育史	日本教育史	1	西洋教育史			
教育時事	答申・統計	8	ローカル			

※表中の数字は，解答数

全校種共通　　☞解答＆解説 p.38

1 「学校の働き方改革を踏まえた部活動改革について」（令和2年9月　文部科学省）で示された方策についての説明として誤りを含むものを，次の1～4のうちから1つ選びなさい。

1　部活動は教育活動の一環であるから保護者による費用負担を求めずに，地方自治体による減免措置等を行ったり，国による支援を行ったりする。

2　学校部活動から地域部活動への転換を図るために，休日の指導や大会への引率を担う地域人材を確保する。

3　地域の実情を踏まえ，都市・過疎地域については，地方自治体の判断に基づき他校との合同部活動を推進する。

4　地理的制約を越えた生徒・指導者間のコミュニケーションが可能になるように，部活動でのICT活用を推進する。

2 「教育職員等による児童生徒性暴力等の防止等に関する法律」の内容として誤りを含むものを，次の1～4のうちから1つ選びなさい。

1　公立学校の教育職員等の任命権者は，児童生徒に性暴力等をした教育職員等に対する適正かつ厳格な懲戒処分の実施の徹底を図るものとする。

2　地方公共団体は，児童生徒性暴力等対策連絡協議会を置くことができる。

3　学校は，所属する教育職員の免許状を有する者が特定免許状失効者等となったときは，その情報をデータベースに迅速に記録すること，その他必要な措置を講ずるものとする。

4　児童生徒等への性的な行為だけでなく，衣服の上から身体に触れたり，下着を撮影したりすることも性暴力である。

3 次の文は，「GIGAスクール構想の下で整備された1人1台端末の積極的な利活用等について（通知)」（令和3年3月　文部科学省）の「ICTの活用に当たっての児童生徒の目の健康などに関する配慮事項」の一部である。文中の（ a ）～（ d ）にあてはまる語句の組合せとして正しいものを，あとの1～4のうちから1つ選びなさい。

・　端末を使用する際に良い姿勢を保ち，机と椅子の高さを正しく合わせて，目と端末の画面との距離を（ a ）cm以上離すようにすること。

・　長時間にわたって継続して画面を見ないよう，（ b ）分に1回は，20秒以上，画面から目を離して，遠くを見るなどして目を休めることとし，端末を見続ける一度の学習活動が長くならないようにすること。

・　画面の反射や画面への映り込みを防止するために，画面の（ c ）や明るさを調整すること。

・　睡眠前に強い光を浴びると，入眠作用があるホルモン「メラトニン」の分泌が阻害され寝つきが悪くなることから，就寝（ d ）はICT機器の利用を控えるようにすること。

1　a　30　　b　30　　c　角度　　　　d　1時間前から

2　a　20　　b　30　　c　大きさ　　　d　直前

宮城県／仙台市

34

3　a　30　　b　60　　c　高さ　　d　直前

4　a　20　　b　60　　c　角度　　d　1時間前から

4 次の文A，Bがそれぞれ表す用語の組合せとして正しいものを，あとの1～4のうちから1つ選びなさい。

A　災害や事件・事故などを契機としてPTSDとなった場合，それが発生した月日になると，いったん治まっていた症状が再燃することをあらわす。

B　無気力，無関心を意味し，学習活動や社会的活動への関心や意欲を失ってしまう現象をあらわす。

1　A　アニバーサリー効果（反応）　　　B　アパシー

2　A　レミニッセンス（レミニセンス）　B　アニバーサリー効果（反応）

3　A　レミニッセンス（レミニセンス）　B　アパシー

4　A　アニバーサリー効果（反応）　　　B　中心化傾向

5 次の文は，教育公務員特例法第23条で定める「初任者研修」の条文の一部である。文中の（ a ）～（ c ）にあてはまる語句の組合せとして正しいものを，あとの1～4のうちから1つ選びなさい。

公立の小学校等の教諭等の（ a ）は，当該教諭等に対して，その採用の日から（ b ）の教諭又は保育教諭の職務の遂行に必要な事項に関する（ c ）な研修を実施しなければならない。

1　a　所属長　　　b　6か月間　　c　基本的

2　a　任命権者　　b　6か月間　　c　実践的

3　a　所属長　　　b　1年間　　　c　基本的

4　a　任命権者　　b　1年間　　　c　実践的

6 学校教育法施行規則の条文として正しいものを，次の1～4のうちから1つ選びなさい。

1　校長は，その学校に在学する児童等の指導要録を作成するため，指導助言しなければならない。

2　校長は，児童等が進学した場合においては，その作成に係る当該児童等の指導要録の原本又は写しを作成し，これを進学先の校長に送付しなければならない。

3　指導要録及びその写しのうち入学，卒業等の学籍に関する記録については，その保存期間は，5年間とする。

4　校長は，当該学校に在学する児童等について出席簿を作成しなければならない。

7 日本の教育について述べた次のA～Dの文を，年代の古いものから並べたものとして正しいものを，あとの1～4のうちから1つ選びなさい。

A　中学卒業時の就職者が急速に減少し，高等学校等への進学率が90％を超えた。

B　専門学校への進学者が増加し，教育機関を整備する専門学校令が公布された。

C　教科書検定が制度化され，小学校で検定済教科書が使用されるようになった。

D　学校制度改革が行われ，学校の体系が6・3・3・4年の編制に改められた。

1　C→B→D→A　　　2　B→C→A→D　　　3　A→B→D→C

4　D→C→A→B

8 次の文章は，コミュニティ・スクール（学校運営協議会制度）の主な機能について示

宮城県／仙台市

35

したものである。この条文が含まれている法令として正しいものを，あとの1～4のうちから1つ選びなさい。

　学校運営協議会は，対象学校の運営に関する事項について，教育委員会又は校長に対して，意見を述べることができる。

　学校運営協議会は，対象学校の職員の採用その他の任用に関して教育委員会規則で定める事項について，当該職員の任命権者に対して意見を述べることができる。

1　学校教育法施行規則　　　2　地方教育行政の組織及び運営に関する法律
3　教育公務員特例法　　　　4　義務教育費国庫負担法

9　次のA～Cの文は，「学校の危機管理マニュアル作成の手引」（平成30年2月　文部科学省）に示されている学校安全に関する内容を一部抜粋したものである。A～Cの文について，正誤の組合せとして正しいものを，あとの1～4のうちから1つ選びなさい。

A　けいれん，ふらつき，めまい，吐き気などは，熱中症を疑う症状であり，意識を失っている場合は，学校医に助言を得ながら応急手当を行う。

B　教育活動中に，児童生徒が命に関わるような重大事故に遭った場合は，迅速に管理職に報告し，許可を得て救急車を要請する。

C　大雨・台風，大雪などによって登下校時に危険が予測される場合は，児童生徒等の安全を確保するために臨時休業や学校待機等の措置をとることが求められる。

	A	B	C
1	正	正	誤
2	正	誤	正
3	誤	誤	正
4	誤	正	誤

10　「不登校児童生徒への支援の在り方について（通知）」（令和元年10月　文部科学省）で示されている「学校教育の意義・役割」の内容の説明として誤りを含むものを，次の1～4のうちから1つ選びなさい。

1　義務教育段階の学校は，各個人の有する能力を伸ばしつつ，社会において自立的に生きる基礎を養うとともに，国家・社会の形成者として必要とされる基本的な資質を培うことを目的としており，その役割は極めて大きいことから，学校教育の一層の充実を図るための取組が重要である。

2　児童生徒が不登校となった要因を的確に把握し，学校関係者や家庭，必要に応じて関係機関が情報共有し，組織的・計画的な，個々の児童生徒に応じたきめ細やかな支援策を策定することや，社会的自立に向けて進路の選択肢を広げる支援をすることが必要である。

3　既存の学校教育になじめない児童生徒については，なじめない要因の解消をするために専門家の協力を得る必要があるので，各学校は必ずスクールカウンセラー及びスクールソーシャルワーカーを配置しなければならない。

4　児童生徒の才能や能力に応じて，それぞれの可能性を伸ばせるよう，本人の希望を尊重した上で，場合によっては，不登校特例校やフリースクールでの受入れなど，様々

な関係機関等を活用し社会的自立への支援を行う。

11 「ヤングケアラー」の支援に向け，厚生労働省及び文部科学省が立ち上げた連携プロジェクトチームの報告の中で示された3つの柱の組合せとして正しいものを，次の1〜4のうちから1つ選びなさい。

1　早期発見・把握，支援策の推進，社会的認知度の向上
2　早期発見・把握，支援策の推進，里親制度の充実
3　早期発見・把握，里親制度の充実，社会的認知度の向上
4　支援策の推進，里親制度の充実，社会的認知度の向上

12 著作権や著作物について述べたものとして誤りを含むものを，次の1〜4のうちから1つ選びなさい。

1　小説，音楽，美術，映画，コンピュータ・プログラム等，文化的な創作活動によって表現された作品を著作物といい，それらには著作権が認められる。
2　著作物を創作する人を著作者といい，描いた絵が芸術的な価値があると認められた場合には，児童生徒などであってもその絵の著作者となる。
3　著作権法の目的は，著作者等の権利を定め，著作物の公正な利用に留意しつつ，著作者等の権利の保護を図り，文化の発展に寄与することである。
4　学校等の教育機関においては，例外的に著作権者の了解（許諾）を得ることなく一定の範囲で著作物を自由に利用することができる。

13 「学校における交流及び共同学習の推進について」（平成30年2月　文部科学省「心のバリアフリー学習推進会議」）で示されている，障害のある児童生徒等と障害のない児童生徒等との交流及び共同学習を推進するための方策として誤りを含むものを，次の1〜4のうちから1つ選びなさい。

1　児童生徒等のどのような資質・能力を育成するのかを明確にした上で，年間を通じて計画的に取組を進めていくこと。
2　児童生徒等が主体的に取り組む活動に発展させ，互いの正しい理解と認識を深め，その後の日常の生活における行動の変容を促すものにすること。
3　ICTの活用や作品交換等の間接的な交流のみにならないように，必ず同じ場で共に活動させること。
4　活動を実施した後には，児童生徒等の意識や態度にどのような変化があったのかなど，活動を多面的に評価すること。

14 特別支援学校には教育上の高い専門性を生かし，要請に応じて地域の学校等の支援を行うセンター的機能を果たすことが求められている。このセンター的機能の内容として誤りを含むものを，次の1〜4のうちから1つ選びなさい。

1　福祉，医療，労働関係機関等との連絡・調整を図るため，定期的にケーススタディを行う定例会を実施すること。
2　知的障害の生徒が在籍している地域の特別支援学級の担任に対し，特別支援学校（知的障害）の特別支援教育コーディネーターが訪問してアドバイスを行うこと。
3　地域の学校の要請に基づき，特別支援学校の特別支援教育コーディネーターが障害の理解や校内支援の在り方等について，校内研修会における講師として協力すること。

宮城県／仙台市

4 家庭での虐待や保護者の死亡などの問題で，障害を有する子供の保護が必要となった場合に，その子供を一時保護すること。

15 次の文章は，特定分野に特異な才能のある児童生徒に対する教育について述べた文章である。文中の（ a ），（ b ）にあてはまる語句の組合せとして正しいものを，あとの1～4のうちから1つ選びなさい。

米国等においては「ギフテッド教育」として，古典的には知能指数（IQ）の高さなどを基準に領域非依存的な才能を伸長する教育が考えられてきましたが，近年ではこれに加え，領域依存的な才能を伸長する教育や，特異な才能と（ a ）を併せ持つ児童生徒に対する教育も含めて考える方向に変化しています。また，才能教育というと（ b ）が過度に強調される場合がありますが，例えば国際水準の研究成果も現在は共同研究により生み出されることが多く，学際的な多様な才能が組み合わされることがブレイクスルーにつながることが注目されています。

1　a　運動能力　　b　個人
2　a　学習困難　　b　評価
3　a　運動能力　　b　評価
4　a　学習困難　　b　個人

16 「性同一性障害に係る児童生徒に対するきめ細かな対応の実施等について（通知）」（平成27年4月　文部科学省）で示されている，学校における支援の事例として誤りを含むものを，次の1～4のうちから1つ選びなさい。

1　服装については，自認する性別の制服・衣服や，体操着の着用を認める。
2　呼称の工夫については，通知表を除く校内文書は児童生徒が希望する呼称で記すが，指導要録や通知表は必ず戸籍上の氏名で記す。
3　水泳については，水着の着用に関する対応例のほか，補習として別日に実施，又はレポート提出で代替する。
4　修学旅行等については，1人部屋の使用を認め，入浴時間をずらす。

解答&解説

1 解答 1

解説 文部科学省「学校の働き方改革を踏まえた部活動改革について」（2020年9月）の「○具体的な方策」を参照。

1：「1．休日の部活動の段階的な地域移行（学校部活動から地域部活動への転換）」「（地方自治体や保護者による費用負担と国による支援）」を参照。「生徒の活動機会の保障の観点や受益者負担の観点から，保護者が負担することや地方自治体が減免措置等を講ずることが適切であると考えられるが，（中略）国による支援方策についても検討する」と示されている。

2：「1．休日の部活動の段階的な地域移行（学校部活動から地域部活動への転換）」「（休日の指導等を担う地域人材の確保）」を参照。

3・4：「2．合理的で効率的な部活動の推進（合同部活動の推進）」を参照。

2 解答 3

解説 教育職員等による児童生徒性暴力等の防止等に関する法律を参照。同法は，「児童生徒性暴力等」などの定義のほか，児童生徒性暴力等の禁止，基本理念（学校の内外を問わず教育職員等による児童生徒性暴力等の根絶等），児童生徒性暴力等の防止・早期発見・対処に関する措置（データベースの整備等），特定免許状失効者等に対する免許状授与の特例等について規定されており，2021年6月4日公布，一部を除き2022年4月1日施行。

3：第15条第2項を参照。「データベースの整備等」の規定。「学校」ではなく「都道府県の教育委員会」。なお，「特定免許状失効者等」とは，児童生徒性暴力等を行ったことにより免許状が失効した者及び免許状取上げの処分を受けた者をいう（第2条第6項）。

1：第7条第2項を参照。「任命権者等の責務」の規定。

2：第16条を参照。「児童生徒性暴力等対策連絡協議会」の規定。

4：第2条3項第四号を参照。「児童生徒性暴力等」の行為の「定義」の規定。

3 解答 1

解説 文部科学省「GIGAスクール構想の下で整備された1人1台端末の積極的な利活用等について（通知）」（2021年3月12日）の別添2「ICTの活用に当たっての児童生徒の目の健康などに関する配慮事項」「利用時の目と画面との距離・定期的な休憩・明るさの調整等」を参照。

4 解答 1

解説 A：アニバーサリー効果（反応）は，節目の時期になると誰にでも起こりうる反応である。

B：アルバイトやサークル活動は十分に行えるものの，学業に関してのみ急激に関心を失ってしまい，男子大学生に多い不適応行動であることから「スチューデント・アパシー」ともいわれる。

5 解答 4

解説 教育公務員特例法第23条第1項を参照。「初任者研修」の規定。

6 解答 4

解説 4：学校教育法施行規則第25条を参照。「出席簿」の規定。

1：学校教育法施行規則第24条第1項を参照。「指導要録」の規定。校長には作成する義務が課されている。校長に対して指導助言を行うのは都道府県教育委員会など。文部科学省「学習指導要領の一部改正に伴う小学校，中学校及び特別支援学校小学部・中学部における児童生徒の学習評価及び指導要録の改善等について（通知）」（2016年7月29日）においても，各都道府県教育委員会，各指定都市教育委員会などが，「これらの十分な周知及び必要な指導等」を行うと示されている。

2：学校教育法施行規則第24条第2項を参照。「指導要録」の規定。「原本又は写し」ではなく「抄本又は写し」。

宮城県／仙台市

３：学校教育法施行規則第28条第２項を参照。「備付表簿，その保存期間」の規定。「５年間」ではなく「20年間」。

7 **解答** 1

解説 C：1886年→B：1903年→D：1947年→A：1974年。

8 **解答** 2

解説 地方教育行政の組織及び運営に関する法律の第47条の５第６項及び第７項を参照。「学校運営協議会」の規定。

9 **解答** 3

解説 文部科学省『学校の危機管理マニュアル作成の手引』（2018年２月）の「第３章 個別の危機管理」を参照。

A：「３－２ 様々な事故への対応」「２ 熱中症への対応」「【２】事故発生時の対応について」を参照。「意識を失っている場合は，すぐに救急車を要請し，同時に応急手当を行います」と示されている。

B：「３－１ 事故等発生時の対応の基本」「１ 事故等発生直後の迅速な対応」「【２】応急手当を実施する際の留意点」を参照。「被害児童生徒等の生命に関わる緊急事案については，管理職への報告よりも救命処置を優先させ迅速に対応する」と示されている。（同様の記載は他にもあり）

C：「３－６ 気象災害への対応」の冒頭を参照。

10 **解答** 3

解説 文部科学省「不登校児童生徒への支援の在り方について（通知）」（2019年10月25日）の「１ 不登校児童生徒への支援に対する基本的な考え方」「(2)学校教育の意義・役割」を参照。

３：「既存の学校教育になじめない児童生徒については，学校としてどのように受け入れていくかを検討し，なじめない要因の解消に努める必要がある」と示されており，スクールカウンセラー及びスクールソーシャルワーカーの配置については言及されていない。

１・２・４：当該箇所を参照。

11 **解答** 1

解説 厚生労働省・文部科学省「ヤングケアラーの支援に向けた福祉・介護・医療・教育の連携プロジェクトチーム報告」（2021年５月17日）の「３ 厚生労働省・文部科学省として今後取り組むべき施策について」を参照。なお，この報告に里親制度の充実に関する記述はない。

12 **解答** 2

解説 著作権法を参照。

２：第２条第１項第二号「定義」の規定を参照。著作物を創作するものすべてが著作者に該当し，作文，レポート，絵画など児童生徒による創作物であっても著作者である。芸術性の評価にはかかわらない。

１：第２条第１項第一号「定義」，第10条第一号・第二号・第四号・第七号・第九号「著作物の例示」の規定を参照。

３：第１条を参照。この法律の「目的」の規定。

４：第35条を参照。「学校その他の教育機関における複製等」の規定。著作権者の了解（許諾）なしに自由利用できるとはいえ厳格な要件があるので，「改正著作権法第35条運用指針（令和３（2021）年度版）」（2020年12月，著作物の教育利用に関する関係者フォーラム）なども参照。

13 解答 3

解説 心のバリアフリー学習推進会議「学校における交流及び共同学習の推進について～「心のバリアフリー」の実現に向けて～」（2018年２月）の「１．交流及び共同学習の推進」「(2)現状と取組の方向性」「(取組に当たっての充実方策)」を参照。

３：「障害のある児童生徒等と障害のない児童生徒等が<u>同じ場で共に活動できない場合であっても，文通や作品の交換をしたり，コンピュータや情報通信ネットワークなどICTを活用してコミュニケーションを深めたりするなどにより，交流及び共同学習を進めることができる</u>」と示されている。

１・２・４：当該箇所を参照。

14 解答 4

解説 特別支援教育の推進に関する調査研究協力者会議（第17回）の配付資料「資料２特別支援学校のセンター的機能の具体例」を参照。

４：児童相談所等の支援内容であり，同資料では示されていない。

１：「４　福祉，医療，労働関係機関等との連絡・調整」「○1　医療機関との連携による支援」及び「○2　福祉，労働関係機関等との連携による就労移行支援」を参照。

２：「１　小・中学校等の教員への支援」「○2　特別支援学級担任への継続的な支援」を参照。

３：「５　小・中学校等の教員に対する研修協力」「○1　校内研修会の講師としての協力」を参照。

15 解答 4

解説 文部科学省「学習指導要領の趣旨の実現に向けた個別最適な学びと協働的な学びの一体的な充実に関する参考資料」（2021年３月版）の「５．児童生徒の発達の支援」「(5)特定分野に特異な才能のある児童生徒に対する指導」を参照。

16 解答 2

解説 文部科学省「性同一性障害に係る児童生徒に対するきめ細かな対応の実施等について（通知）」（2015年４月30日）の別紙「性同一性障害に係る児童生徒に対する学校における支援の事例」の表を参照。

２：「呼称の工夫」を参照。「校内文書（通知表を含む。）を児童生徒が希望する呼称で記す」と示されている。

１・３・４：当該表を参照。

宮城県／仙台市

41

秋 田 県

実施日	2022（令和4）年7月23日	試験時間	70分（一般教養を含む）
出題形式	マークシート式	問題数	20題（解答数29）
パターン	ローカル・時事＋心理・法規・原理・教育史	公開状況	問題：公開　解答：公開　配点：公開

傾向＆対策

●教育時事とローカル問題で，教職教養全体の約半数を占める。●最も解答数の多いローカル問題は，最新年度の「学校教育の指針」が必出。令和4年度版では，「ふるさと教育の推進」「環境教育の推進」「生徒指導」「不登校への対応」「特別支援教育の重点事項」から5題問われた。●教育時事は，「学習者用デジタル教科書」に関するガイドライン（2021年3月），「令和の日本型学校教育」（2021年1月）及び「学校と地域の連携・協働」（2015年12月）に関する中央教育審議会答申，「いじめの重大事態」に関するガイドライン（2017年3月）のほか，「感染症や災害の発生等の非常時」に関する文部科学省通知（2021年2月）より，学校に登校できない児童生徒の学習指導の留意事項等について問われた。

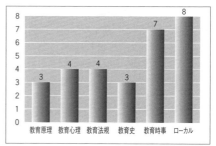

出 題 領 域

教育原理	教育課程・学習指導要領		総　則	2	特別の教科　道徳	
	外国語活動		総合的な学習(探究)の時間	1	特別活動	
	学習指導		生徒指導	↓時事ローカル	学校・学級経営	
	特別支援教育	↓法規ローカル	人権・同和教育		その他	
教育心理	発　達	3	学　習		性格と適応	
	カウンセリングと心理療法		教育評価	1	学級集団	
教育法規	教育の基本理念	2	学校教育		学校の管理と運営	
	児童生徒		教職員	1	特別支援教育	1
教育史	日本教育史		西洋教育史	3		
教育時事	答申・統計	7	ローカル	8		

※表中の数字は，解答数

全校種共通　　　☞解答＆解説 p.50

1 次は，ある人物について説明したものである。あてはまる人物名をA群から，この人物の著作をB群からそれぞれ一つずつ選べ。

アメリカにおけるプラグマティズムの哲学を創始した哲学者の一人でありのの，進歩主義教育運動を理論的にリードした教育学者でもある。1896年にシカゴ大学附属実験学校を開設し，子どもの作業活動と社会的生活経験の広がりを中心とする教育実践を行った。

「このたびは子どもが太陽となり，その周囲を教育のさまざまな装置が回転することになる。子どもが中心となり，その周りに教育についての装置が組織されることになるのである。」という有名な言葉がある。

A群　①デューイ（Dewey, J.）　　②ロック（Locke, J.）
　　　③ヘルバルト（Herbart, J. Fr.）　　④ルソー（Rousseau, J.-J.）
B群　⑤『エミール』　　⑥『学校と社会』　　⑦『一般教育学』
　　　⑧『教育に関する考察』

2 次の文中の（ ア ）～（ ウ ）にあてはまる人物名を(a)～(c)からそれぞれ選び，その正しい組合せを下の①～⑥から一つ選べ。

- （ ア ）は，近代教育と教育思想の基礎を築いた。人間の認識の根底にある直観の三要素（数・形・語：「直観のABC」とも呼ばれる）に着目した教授法（直観教授法）を考案した。

- （ イ ）は，「ドイツ田園教育舎」の創設者である。田園教育舎では，午前中の知的学習，午後の身体的活動や芸術的活動，夕食後の祈りや講話などの情操教育を基本的な日課としていた。

- （ ウ ）は，イエナ大学附属実験学校で学校改革案の「イエナ・プラン」を試行した。その特質は，教育を共同体の重要な機能と捉える見解及び生徒の自主性（自己活動）を尊重しつつ社会倫理にかなう行動の習得であった。

(a)ペーターゼン（Petersen, P.）　　(b)ペスタロッチ（Pestalozzi, J. H.）
(c)リーツ（Lietz, H.）

①	ア	(a)	イ	(b)	ウ	(c)
②	ア	(a)	イ	(c)	ウ	(b)
③	ア	(b)	イ	(a)	ウ	(c)
④	ア	(b)	イ	(c)	ウ	(a)
⑤	ア	(c)	イ	(a)	ウ	(b)
⑥	ア	(c)	イ	(b)	ウ	(a)

3 次は，地方公務員法の条文の一部である。下線部①～④のうち，正しくないものを一つ選べ。

第32条　職員は，その職務を遂行するに当つて，法令，条例，地方公共団体の規則及び地方公共団体の機関の定める規程に従い，且つ，①上司の職務上の②指示に忠実に従わなければならない。

第35条　職員は，法律又は条例に特別の定がある場合を除く外，その勤務時間及び職務

秋田県

43

上の③注意力のすべてをその職責遂行のために用い，当該地方公共団体がなすべき
責を有する職務にのみ④従事しなければならない。

4 次は，教育基本法の条文の一部である。文中の（　　）からあてはまるものをそれ
ぞれ一つずつ選べ。

　　第4条　すべて国民は，ひとしく，その能力に応じた教育を受ける（①機会　　②権利）
　　　を与えられなければならず，人種，（③思想　　④信条），性別，社会的身分，経済
　　　的地位又は門地によって，教育上差別されない。

5 「学習用デジタル教科書の効果的な活用の在り方等に関するガイドライン（平成30
年12月　令和3年3月改訂　文部科学省）の「学習者用デジタル教科書を使用した指導
上の留意点」の内容として，適当でないものを次の①～④から一つ選べ。

① 紙の教科書を使用する授業と学習者用デジタル教科書を使用する授業を適切に組み
合わせることが重要であること。

② 学習者用デジタル教科書を紙の教科書に代えて使用する授業においては，児童生徒
一人一人が，それぞれ学習者用デジタル教科書を使用すること。

③ 児童生徒が自分の考えを発表する際に，必要に応じて具体的なものなどを用いたり，
黒板に書いたりするなど，学習者用デジタル教科書の使用に固執しないこと。

④ 学習者用デジタル教科書の使用により，文字を手書きすることや実験・実習等の体
験的な学習活動が疎かになることはやむを得ないこと。

6 次は，「『令和の日本型学校教育』の構築を目指して　～全ての子供たちの可能性を引
き出す，個別最適な学びと，協働的な学びの実現～（答申）（令和3年1月26日　中央
教育審議会）」の一部である。文中の（　　）からあてはまるものをそれぞれ一つずつ
選べ。

○ 全ての子供に基礎的・基本的な知識・技能を確実に習得させ，思考力・判断力・表
現力等や，自ら学習を調整しながら粘り強く学習に取り組む態度等を育成するために
は，教師が支援の必要な子供により重点的な指導を行うことなどで効果的な指導を実
現することや，子供一人一人の特性や学習進度，学習到達度等に応じ，指導方法・教
材や学習時間等の柔軟な提供・設定を行うことなどの「（①指導の個別化　　②学習
の個性化）」が必要である。

○ 新学習指導要領において育成を目指す資質・能力のうち，「学びに向かう力，人間
性等」については，主体的に学習に取り組む態度も含めた学びに向かう力や，自己の
感情や行動を統制する力，よりよい生活や人間関係を自主的に形成する態度等を育成
することとされている。また，児童生徒が，学ぶことと自己の将来とのつながりを見
通しながら，社会的・職業的自立に向けて必要な基盤となる資質・能力を身に付けて
いくことができるよう，（③道徳教育　　④特別活動）を要としつつ各教科等の特質
に応じて，キャリア教育の充実を図ることとされている。

7 次は，「新しい時代の教育や地方創生の実現に向けた学校と地域の連携・協働の在り
方と今後の推進方策について（答申）（平成27年12月21日　中央教育審議会）」の第3章
第1節の一部である。（　ア　）にあてはまるものをA群から，（　イ　）にあてはまる語句
をB群からそれぞれ一つずつ選べ。

第1章でも述べたように，未来を担う子供たちは，厳しい挑戦の時代を乗り越え，高い志や意欲を持つ自立した人間として，他者と協働しながら未来を創り出し，課題を解決する能力が求められている。「（ ア ）」の実現に向けた学校のパートナーとして，地域の側も広く子供の教育に関わる当事者として，子供たちの成長を共に担っていくことが必要である。さらに，子供たちの成長に向けて，多くの住民が参加して地域と学校とが連携・協働していくことは，子供たちの教育環境の充実にとどまらず，地域住民の学びを起点に地域の（ イ ）を向上させるとともに，持続可能な地域社会を創っていくことにもつながる。

A群　①主体的・対話的で深い学び　　②生涯学習社会　　③学校の新しい生活様式
　　　④社会に開かれた教育課程

B群　⑤包摂力　⑥教育力　⑦指導力　⑧競争力

8 次は，「令和4年度　学校教育の指針（秋田県教育委員会）」に示された「ふるさと教育の推進」の一部である。（ ア ）にあてはまる語句をA群から，（ イ ）にあてはまる語句をB群からそれぞれ一つずつ選べ。

【ふるさと教育の目指す人間像】

　1　郷土の自然や風土を愛する人間

　2　郷土の歴史や伝統，文化を正しく受け継ぐ人間

　3　うるおいと活力に満ちた郷土を築く（ ア ）あふれる人間

　4　郷土の発展に尽くそうとする（ イ ）な人間

　5　国際社会をたくましく生き抜く人間

　　A群　①創造性　　②自主性　　③積極性

　　B群　④社会的　　⑤実践的　　⑥献身的

9 次は，「令和4年度　学校教育の指針（秋田県教育委員会）」に示された「持続可能な社会の創り手を育成する環境教育の推進」の重点事項である。（ ア ）にあてはまる語句をA群から，（ イ ）にあてはまる語句をB群からそれぞれ一つずつ選べ。

　1　各教科等を通じて横断的・総合的に取り組む環境教育の推進

　2　発達の段階に応じた豊かな（ ア ）活動等の推進

　3　校種間連携及び家庭，地域，（ イ ）等との連携を図った環境教育の推進

　　A群　①職場体験　　②自然体験　　③社会奉仕体験

　　B群　④大学　　⑤社会教育施設　　⑥企業

10 次は，「小学校学習指導要領（平成29年3月告示）」に示された総合的な学習の時間の目標である。文中の（ ア ）〜（ ウ ）にあてはまる語句の正しい組合せを下の①〜⑥から一つ選べ。

　　探究的な見方・考え方を働かせ，横断的・総合的な学習を行うことを通して，よりよく課題を解決し，自己の生き方を考えていくための資質・能力を次のとおり育成することを目指す。

⑴　探究的な学習の過程において，課題の解決に必要な知識及び技能を身に付け，課題に関わる（ ア ）を形成し，探究的な学習のよさを理解するようにする。

⑵　実社会や実生活の中から問いを見いだし，自分で課題を立て，情報を集め，（ イ ）

して，まとめ・表現することができるようにする。

(3) 探究的な学習に主体的・（　ウ　）に取り組むとともに，互いのよさを生かしながら，積極的に社会に参画しようとする態度を養う。

※「中学校学習指導要領（平成29年3月告示）」の総合的な学習の時間の目標，「高等学校学習指導要領（平成30年3月告示）」の総合的な探究の時間の目標にも同様の趣旨の記述がある。特別支援学校小学部・中学部の総合的な学習の時間の目標は，それぞれ小学校及び中学校の総合的な学習の時間の目標に，特別支援学校高等部の総合的な探究の時間の目標は，高等学校の総合的な探究の時間の目標に準ずるという記述が「特別支援学校小学部・中学部学習指導要領（平成29年4月告示）」，「特別支援学校高等部学習指導要領（平成31年2月告示)」にある。

① ア　理論　　イ　比較・分類　　ウ　協働的
② ア　理論　　イ　整理・分析　　ウ　協働的
③ ア　理論　　イ　比較・分類　　ウ　対話的
④ ア　概念　　イ　整理・分析　　ウ　協働的
⑤ ア　概念　　イ　比較・分析　　ウ　対話的
⑥ ア　概念　　イ　整理・分析　　ウ　対話的

11 「感染症や災害の発生等の非常時にやむを得ず学校に登校できない児童生徒の学習指導について（通知）（令和3年2月19日　文部科学省)」の内容として，<u>適当でないもの</u>を次の①～④から一つ選べ。

① 非常時に登校できない児童生徒が発生した際の学習指導に関し，あらかじめ可能な対応策等について，保護者等の理解を得ておくなどの取組が必要である。

② 非常時を想定して，自宅等においてもICTを活用して学習を継続できるよう環境を積極的に整えることが重要である。

③ 非常時には，学校において感染リスクが低減，あるいは安全が確保されたとしても早期の教育活動は再開させず，自宅で学習できるようにすることが重要である。

④ 非常時において，一定の期間児童生徒がやむを得ず学校に登校できない場合などには，指導計画等を踏まえた教師による学習指導と学習状況の把握を行うことが重要である。

12 「いじめの重大事態の調査に関するガイドライン（平成29年3月　文部科学省)」の「調査実施に当たっての留意事項」の内容として，<u>適当でないもの</u>を次の下線部①～⑤から一つ選べ。

• アンケートの結果については，被害児童生徒・保護者に①提供する場合があることを，予め，調査対象者である他の児童生徒及びその保護者に説明した上で実施すること。

• アンケートは，状況に応じて，②無記名式の様式により行うことも考えられる。

• 被害児童生徒や③いじめに係る情報を提供してくれた児童生徒を守ることを最優先とし，調査を実施することが必要である。

• 調査においては，④加害児童生徒からも，調査対象となっているいじめの事実関係について意見を聴取し，公平性・中立性を確保すること。

• 学校の設置者及び学校は，調査中であることを理由に，⑤誰に対しても説明を拒む

秋田県

ようなことがあってはならず，調査の進捗等の経過報告を行う。

13 次は，「令和4年度　学校教育の指針（秋田県教育委員会）」に示された生徒指導に関する記述の一部である。文中の（　ア　）～（　ウ　）にあてはまる語句の正しい組合せを下の①～⑥から一つ選べ。

3　児童生徒理解の深化と自己実現に向けた指導・援助の充実

(1)　教育相談活動の充実・強化

　　児童生徒一人一人についての（　ア　）・総合的な理解を深め，教育相談の機会を計画的に設け，（　イ　）の情報連携を生かしながら，個々の特性等に応じた指導・援助に努める。（略）

(2)　思いやりの心の育成

　　児童生徒が集団の目標達成に貢献することを通し，（　ウ　）意識や他者を思いやる心と態度を身に付けられるよう，適切な指導・援助に努める。

①　ア　共感的　　イ　教職員間　　ウ　役割
②　ア　多面的　　イ　教職員間　　ウ　規範
③　ア　多面的　　イ　校種間　　　ウ　規範
④　ア　多面的　　イ　校種間　　　ウ　役割
⑤　ア　共感的　　イ　教職員間　　ウ　規範
⑥　ア　共感的　　イ　校種間　　　ウ　役割

14 次は，「令和4年度　学校教育の指針（秋田県教育委員会）」に示された不登校への対応に関する記述の一部である。次の（　ア　）にあてはまる語句をA群から，（　イ　）にあてはまる語句をB群からそれぞれ一つずつ選べ。

3　不登校児童生徒への指導・援助の充実

(1)　（　ア　）を中心として指導・援助の計画を立案し，役割分担するなどチームによる組織的・計画的な対応を行う。

(2)　家庭との信頼関係を築き，スクールカウンセラー等と連携して保護者の気持ちの安定を考えて援助するとともに，適応指導教室やフリースクール等の関係機関と連携・協力して適切な対応に努める。

(3)　必要に応じて教室以外の（　イ　）できる場所を確保し，学校生活への適応力を高める指導・援助に努める。また，自己を見つめさせる機会を提供する。

(4)　不登校の背景に児童虐待や発達障害，家庭状況（ヤングケアラーの存在も含む）等もあり得ることに十分配慮し，スクールソーシャルワーカーや関係機関と連携して適切な指導・援助に努める。

A群　①学級担任　　②対策委員会　　③教育相談担当者
B群　④安心　　　　⑤学習　　　　　⑥活躍

15 次は，ピアジェ（Piaget, J.）が子どもの認知発達を捉えるにあたって分類した発達段階のうち，いずれかを説明したものである。（　ア　）にあてはまる語句をA群から，（　イ　）にあてはまる語句をB群からそれぞれ一つずつ選べ。

秋田県

発達段階	特徴
（ ア ）期	（ イ ）の概念を理解しはじめ，形が変わったとしても量は変化しないと考えられるようになる。また，脱中心化も起こり，自分と他の人の視点の違いを理解できるようになる。

A群　①具体的操作　　②感覚運動　　③形式的操作

B群　④継続　　⑤固定　　⑥保存

16 次は，青年心理学の研究者について説明したものである。下線部①〜④のうち，正しくないものを一つ選べ。

- シュプランガー（Spranger, E.）は，青年期を「第二の誕生」と言い，主な特徴の一つとして①「自我の発見」をあげている。

- レヴィン（Lewin, K. Z.）は，②「関係性の理論」という体系を発展させ，青年期を「一つの領域から他の領域へ移行しつつある人の状態」と捉えた。

- エリクソン（Erikson, E. H.）は，青年期は「自分とは何者であるのか」「自分はどこに行こうとしているのか」という自らの問いに対して自ら模索していかなければならない時期であるとし，③「自我同一性（アイデンティティ）」という概念を提唱した。

- ホリングワース（Hollingworth, L. S.）は，青年期に家族の管理・監視から逃れ，自立した人間になろうと駆り立てられることを意味する④「心理的離乳」という言葉を初めて使った。

17 次の（ ア ），（ イ ）は，ある教育評価について説明したものである。これらの評価の名称として正しい組合せを下の①〜⑥から一つ選べ。

（ ア ）　成果発表，実験，討論，論文，作品制作，演技，試合など，何らかの活動とその成果発表をもとに評価するもの。

（ イ ）　試験の答案，実験等のレポート，作文，作品，教師による評価や指導の記録など，児童生徒の学習活動の成果と見なし得る様々なものを総合的に評価するもの。

① 　ア　ポートフォリオ評価　　イ　パフォーマンス評価

② 　ア　ポートフォリオ評価　　イ　ルーブリック評価

③ 　ア　パフォーマンス評価　　イ　ポートフォリオ評価

④ 　ア　パフォーマンス評価　　イ　ルーブリック評価

⑤ 　ア　ルーブリック評価　　　イ　ポートフォリオ評価

⑥ 　ア　ルーブリック評価　　　イ　パフォーマンス評価

18 次は，学校教育法施行規則の条文の一部である。文中の（ ア ）〜（ ウ ）にあてはまる語句の正しい組合せを下の①〜⑥から一つ選べ。

第140条　小学校，中学校，義務教育学校，高等学校又は中等教育学校において，次の各号のいずれかに該当する児童又は生徒（特別支援学級の児童及び生徒を除く。）のうち当該障害に応じた特別の指導を行う必要があるものを教育する場合には，文部科学大臣が別に定めるところにより，第50条第1項（第79条の6第1項において準用する場合を含む。），（略）並びに第107条（第117条において準用する場合を含む。）の規定にかかわらず，特別の教育課程によることができる。

一　言語障害者

秋田県

二　（　ア　）者

三　情緒障害者

四　弱視者

五　（　イ　）者

六　（　ウ　）者

七　注意欠陥多動性障害者

八　その他障害のある者で，この条の規定により特別の教育課程による教育を行うことが適当なもの

① ア　知的障害　　イ　肢体不自由　　ウ　学習障害

② ア　自閉症　　　イ　肢体不自由　　ウ　身体虚弱

③ ア　自閉症　　　イ　難聴　　　　　ウ　身体虚弱

④ ア　自閉症　　　イ　難聴　　　　　ウ　学習障害

⑤ ア　知的障害　　イ　肢体不自由　　ウ　身体虚弱

⑥ ア　知的障害　　イ　難聴　　　　　ウ　学習障害

19　次は，「中学校学習指導要領（平成29年3月告示）」第1章総則第4に示された特別な配慮を必要とする生徒への指導に関する記述の一部である。文中の（　ア　）にあてはまるものをA群から，（　イ　）にあてはまるものをB群からそれぞれ一つずつ選べ。

2　特別な配慮を必要とする生徒への指導

⑴　障害のある生徒などへの指導

ア～ウ　（略）

エ　障害のある生徒などについては，家庭，地域及び医療や福祉，保健，（　ア　）等の業務を行う関係機関との連携を図り，長期的な視点で生徒への教育的支援を行うために，個別の教育支援計画を作成し活用することに努めるとともに，各教科等の指導に当たって，個々の生徒の（　イ　）を的確に把握し，個別の指導計画を作成し活用することに努めるものとする。（略）

※「小学校学習指導要領（平成29年3月告示）」第1章総則第4，「高等学校学習指導要領（平成30年3月告示）」第1章総則第5款にも同様の趣旨の記述がある。

A群　①労働　　②雇用　　③就労

B群　④課題　　⑤長所　　⑥実態

20　次は，「令和4年度　学校教育の指針（秋田県教育委員会）」に示された特別支援教育の重点事項のキーワードに関する記述の一部である。文中の（　ア　）～（　ウ　）にあてはまる語句の正しい組合せを下の①～⑥から一つ選べ。

個々の学習上の困難さ

　全ての教科・科目等において，一人一人の（　ア　）に応じたきめ細かな指導や支援ができるよう，（　イ　）の指導の工夫のみならず，各教科・科目等の学びの過程において生じる個々の困難さに応じた指導の工夫の意図や（　ウ　）を明確にすることが重要である。この考え方の背景や個々への配慮の例については，各教科等の学習指導要領解説に示されている。

① ア　特性　　イ　全体　　ウ　手立て

秋田県

② ア 教育的ニーズ　イ 全体　　　ウ 目的
③ ア 教育的ニーズ　イ 障害種別　ウ 目的
④ ア 教育的ニーズ　イ 障害種別　ウ 手立て
⑤ ア 特性　　　　　イ 全体　　　ウ 目的
⑥ ア 特性　　　　　イ 障害種別　ウ 手立て

解答＆解説

1 解答　A群―①　B群―⑥
解説　デューイ（1859〜1952）は，「なすことによって学ぶ」という，経験による学習を重視した新教育運動の理論的指導者で，教育とは「経験の再構成」であり，子どもの生活経験に基づき，子どもの自発的活動が中心でなければならないとした。

2 解答　④
解説　ア：ペスタロッチ（1746〜1827）は，すべての人間は共通に平等の人間性を有するという認識に立ち，人間に共通の能力を頭，心，手に分け，その調和的発達を教育の目標とした。
イ：リーツ（1868〜1919）は，自立的精神と公民としての教養を身に付けたエリートを育成するためにドイツ各地に「田園教育舎」を設立し，人文的教育に固執する伝統的なギムナジウムを批判し，将来の職業生活に適した近代的教科による教育を力説した。
ウ：ペーターゼン（1884〜1952）が考案したイエナ・プランでは，学校は生活共同体の縮図でなければならないという観点から，従来の学年制の学級を廃して低学年・中学年・高学年の3集団に再編成し，児童生徒は指導的立場と指導される立場を経験しながら集団訓練を基調とする生活共同体として学習する。

3 解答　②
解説　①・②地方公務員法第32条を参照。「法令等及び上司の職務上の命令に従う義務」の規定。②は「指示」ではなく「命令」。
③・④地方公務員法第35条を参照。「職務に専念する義務」の規定。

4 解答　①，④
解説　教育基本法第4条第1項を参照。「教育の機会均等」の規定。

5 解答　④
解説　文部科学省「学習者用デジタル教科書の効果的な活用の在り方等に関するガイドライン」（2018年12月，2021年3月改訂）の「4．学習者用デジタル教科書の使用に当たり留意すべき点について」「(1)学習者用デジタル教科書を使用した指導上の留意点」を参照。
④⑤を参照。「やむを得ない」ではなく「避ける」。
①は①，②は③，③は④を参照。

6 解答　①，④

解説 中央教育審議会答申「『令和の日本型学校教育』の構築を目指して　～全ての子供たちの可能性を引き出す，個別最適な学びと，協働的な学びの実現～」（2021年1月26日，同年4月22日更新）を参照。

①「第Ⅰ部　総論」「3．2020年代を通じて実現すべき『令和の日本型学校教育』の姿」「(1)子供の学び」を参照。

④「第Ⅱ部　各論」「2．9年間を見通した新時代の義務教育の在り方について」「(2)教育課程の在り方」「①学力の確実な定着等の資質・能力の育成に向けた方策」を参照。

7 解答 A群─④　B群─⑥

解説 中央教育審議会答申「新しい時代の教育や地方創生の実現に向けた学校と地域の連携・協働の在り方と今後の推進方策について」（2015年12月21日）の「第3章　地域の教育力の向上と地域における学校との協働体制の在り方について」「第1節　地域における学校との連携・協働の意義」を参照。

8 解答 A群─①　B群─⑤

解説 秋田県教育委員会「令和4年度　学校教育の指針」（2022年4月）の「学校教育共通実践課題」「ふるさと教育の推進　～心の教育の充実・発展を目指して」を参照。2022年度は，秋田県教育委員会が5ヵ年計画で進める「第3期あきたの教育振興に関する基本計画」の3年目であることから，「ふるさとを愛し，社会を支える自覚と高い志にあふれる人づくり」の実現に向けたこれまでの取組を振り返るとともに，一層の充実を図ることが求められている。

9 解答 A群─②　B群─⑤

解説 秋田県教育委員会「令和4年度　学校教育の指針」（2022年4月）の「第Ⅱ章　全教育活動を通して取り組む教育課題」「持続可能な社会の創り手を育成する環境教育の推進」「重点事項」を参照。

10 解答 ④

解説 平成29年版小学校学習指導要領（2017年3月31日告示）の「第5章　総合的な学習の時間」「第1　目標」を参照。

11 解答 ③

解説 文部科学省「感染症や災害の発生等の非常時にやむを得ず学校に登校できない児童生徒の学習指導について（通知）」（2021年2月19日）を参照。

③「2．非常時にやむを得ず学校に登校できない児童生徒に対する学習指導」「(1)基本的な考え方」を参照。正しくは「まずは学校において可能な限り感染リスクを低減させ，あるいは安全を確保した上で，学校運営の方針について保護者の理解を得ながら，早期に教育活動を再開させ，児童生徒が登校して学習できるようにすることが重要であること」と示されている。

①・②「1．平常時からの準備」の規定。

④「2．非常時にやむを得ず学校に登校できない児童生徒に対する学習指導」「(1)基本的な考え方」を参照。

12 解答 ⑤

秋田県

解説 文部科学省「いじめの重大事態の調査に関するガイドライン」(2017年3月)の「第6 調査の実施」「(1)調査実施に当たっての留意事項」を参照。

⑤「(調査実施中の経過報告)」を参照。「誰に対しても」ではなく「被害児童生徒・保護者に対して」。

①・②「(調査対象者，保護者等に対する説明等)」を参照。

③・④「(児童生徒等に対する調査)」を参照。

13 **解答** ③

解説 秋田県教育委員会「令和4年度 学校教育の指針」(2022年4月)の「第Ⅱ章 全教育活動を通して取り組む教育課題」「生徒指導」「3 児童生徒理解の深化と自己実現に向けた指導・援助の充実」を参照。

14 **解答** A群—② B群—④

解説 秋田県教育委員会「令和4年度 学校教育の指針」(2022年4月)の「第Ⅱ章 全教育活動を通して取り組む教育課題」「生徒指導」「不登校・いじめの解消を目指して」「不登校への対応」「3 不登校児童生徒への指導・援助の充実」を参照。

15 **解答** ア—① イ—⑥

解説 前操作期は自己中心性が大きな特徴であるが，それを脱却して脱中心化が起こることから，次の段階の具体的操作期になる。

16 **解答** ②

解説 ②「関係性の理論」ではなく「場の理論」。

17 **解答** ③

解説 ア：パフォーマンス評価は，知識やスキルを使いこなす（活用・応用・統合する）ことを求めるような評価方法。論説文やレポート，展示物といった完成作品（プロダクト）や，スピーチやプレゼンテーション，協同での問題解決，実験の実施といった実演（狭義のパフォーマンス）を評価する。

イ：ポートフォリオ評価は，児童生徒の学習の過程や成果などの記録や作品を計画的にファイル等に集積。そのファイル等を活用して児童生徒の学習状況を把握するとともに，児童生徒や保護者等に対し，その成長の過程や到達点，今後の課題等を示す。

18 **解答** ④

解説 学校教育法施行規則第140条を参照。「障害に応じた特別の指導—通級指導」を参照。

19 **解答** A群—① B群—⑥

解説 平成29年版中学校学習指導要領(2017年3月31日告示)の「第1章 総則」「第4 生徒の発達の支援」「2 特別な配慮を必要とする生徒への指導」「(1)障害のある生徒などへの指導」を参照。

20 **解答** ④

解説 秋田県教育委員会「令和4年度 学校教育の指針」(2022年4月)の「第Ⅱ章 全教育活動を通して取り組む教育課題」「特別支援教育」「重点事項のキーワード」「個々の学習上の困難さ」を参照。

山形県

実 施 日	2022(令和4)年7月23日	試験時間	80分（一般教養を含む）
出題形式	選択＋記述式	問 題 数	6題（解答数22）
パターン	法規・時事・原理＋心理・ローカル	公開状況	問題：公開　解答：公開　配点：公開

傾向&対策
●出題分野は年度によって異なる。今年度は教育史がなくなり，教育心理が復活。●最も解答数の多い教育法規は，日本国憲法，教育基本法，いじめ防止対策推進法など頻出条文の空欄補充問題。例年通り選択肢のない記述式で出典法規も問われるので，正確な知識が必要。●教育時事は，「学習指導要領の改訂」に関する中央教育審議会答申（2016年12月）より「主体的・対話的で深い学び」，「障害のある子供の教育支援の手引」（2021年6月）より就学に係る教員と外部の専門家の連携に関する空欄補充問題。●教育原理は，総則の空欄補充問題。●2年ぶりに復活した教育心理は，適応機制。●必出のローカル問題は，記述式が定番で，「山形県教員『指標』」より「山形県が採用時に求める教員の姿」。

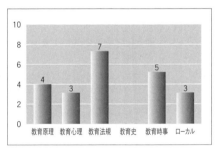

出題領域

教育原理	教育課程・学習指導要領	↓時事	総　則	4	特別の教科　道徳	
	外国語・外国語活動		総合的な学習(探究)の時間		特別活動	
	学習指導		生徒指導		学校・学級経営	
	特別支援教育	↓時事	人権・同和教育		その他	
教育心理	発　達		学　習		性格と適応	3
	カウンセリングと心理療法		教育評価		学級集団	
教育法規	教育の基本理念	2	学校教育		学校の管理と運営	
	児童生徒	3	教職員	2	その他	
教育史	日本教育史		西洋教育史			
教育時事	答申・統計	5	ローカル	3		

※表中の数字は，解答数

全校種共通

☞解答＆解説 p.57

1 「学習指導要領」（小学校　平成29年3月告示，中学校　平成29年3月告示，高等学校　平成30年3月告示）について，次の問いに答えなさい。

1　次の文章は，「第1章　総則　第1（高等学校においては第1款）」に示されている，小学校，中学校，高等学校それぞれの記述の一部である。文章中の空欄（　①　）～（　③　）にあてはまる各校種共通の語句を，それぞれ書きなさい。

小学校	学校における道徳教育は，特別の教科である道徳（以下「道徳科」という。）を要として学校の（　①　）全体を通じて行うものであり，道徳科はもとより，各教科，外国語活動，総合的な学習の時間及び特別活動のそれぞれの特質に応じて，児童の（　②　）の段階を考慮して，適切な指導を行うこと。 　道徳教育は，教育基本法及び学校教育法に定められた教育の根本精神に基づき，自己の生き方を考え，主体的な判断の下に行動し，（　③　）した人間として他者と共によりよく生きるための基盤となる道徳性を養うことを目標とすること。
中学校	学校における道徳教育は，特別の教科である道徳（以下「道徳科」という。）を要として学校の（　①　）全体を通じて行うものであり，道徳科はもとより，各教科，総合的な学習の時間及び特別活動のそれぞれの特質に応じて，生徒の（　②　）の段階を考慮して，適切な指導を行うこと。 　道徳教育は，教育基本法及び学校教育法に定められた教育の根本精神に基づき，人間としての生き方を考え，主体的な判断の下に行動し，（　③　）した人間として他者と共によりよく生きるための基盤となる道徳性を養うことを目標とすること。
高等学校	学校における道徳教育は，人間としての在り方生き方に関する教育を学校の（　①　）全体を通じて行うことによりその充実を図るものとし，各教科に属する科目（以下「各教科・科目」という。），総合的な探究の時間及び特別活動（以下「各教科・科目等」という。）のそれぞれの特質に応じて，適切な指導を行うこと。 　道徳教育は，教育基本法及び学校教育法に定められた教育の根本精神に基づき，生徒が自己探求と自己実現に努め国家・社会の一員としての自覚に基づき行為しうる（　②　）の段階にあることを考慮し，人間としての在り方生き方を考え，主体的な判断の下に行動し，（　③　）した人間として他者と共によりよく生きるための基盤となる道徳性を養うことを目標とすること。

2　「学習指導要領」の「第1章　総則　第3（高等学校においては第3款）　教育課程の実施と学習評価」には，「主体的・対話的で深い学びの実現に向けた授業改善」を行うよう示されている。

　　次の文章は，「幼稚園，小学校，中学校，高等学校及び特別支援学校の学習指導要領等の改善及び必要な方策等について（答申）」（平成28年12月21日　中央教育審議会）の一部である。あとの問いに答えなさい。

　　「主体的・対話的で深い学び」の実現とは，以下の視点に立った授業改善を行うことで，学校教育における質の高い学びを実現し，学習内容を深く理解し，資質・能力を身に付け，（　A　）にわたって能動的（アクティブ）に学び続けるようにすることである。

山形県

① 学ぶことに興味や関心を持ち，自己の（ Ｂ ）の方向性と関連付けながら，見通しを持って粘り強く取り組み，自己の学習活動を振り返って次につなげる「主体的な学び」が実現できているか。

② 子供同士の（ Ｃ ），教職員や地域の人との対話，先哲の考え方を手掛かりに考えること等を通じ，自己の考えを広げ深める「対話的な学び」が実現できているか。

③ 習得・活用・（ Ｄ ）という学びの過程の中で，各教科等の特質に応じた「見方・考え方」を働かせながら，知識を相互に関連付けてより深く理解したり，情報を精査して考えを形成したり，問題を見いだして解決策を考えたり，思いや考えを基に創造したりすることに向かう「深い学び」が実現できているか。

(1) 文章中の空欄（ Ａ ）にあてはまる語句を答えなさい。

(2) 文章中の空欄（ Ｂ ）～（ Ｄ ）にあてはまる語句の組み合わせとして最も適切なものを，次のア～カの中から一つ選び，記号で答えなさい。

ア	Ｂ	課題解決	Ｃ	議論	Ｄ	深化
イ	Ｂ	キャリア形成	Ｃ	協働	Ｄ	深化
ウ	Ｂ	課題解決	Ｃ	議論	Ｄ	探究
エ	Ｂ	キャリア形成	Ｃ	議論	Ｄ	深化
オ	Ｂ	課題解決	Ｃ	協働	Ｄ	探究
カ	Ｂ	キャリア形成	Ｃ	協働	Ｄ	探究

2 次の文章は，「障害のある子供の教育支援の手引　～子供たち一人一人の教育的ニーズを踏まえた学びの充実に向けて～」（令和３年６月　文部科学省初等中等教育局特別支援教育課）の一部である。文章中の空欄（ ① ）～（ ③ ）にあてはまる語句を，あとのア～コの中からそれぞれ一つずつ選び，記号で答えなさい。

障害のある子供一人一人の教育的ニーズや必要な支援の内容を，複数の担当者で検討したり，実態の的確な把握（アセスメント）や（ ① ）等を作成するために専門家等の活用を図ったりするなど，具体的な対応を組織的に進めることが大切である。なお，専門家等を活用した実態把握に当たっては，担当者の日々の観察・（ ② ）等が重要な資料となるので，日常生活や学習の様子，エピソード，子供の作品等などをまとめておくことが重要である。このような資料が，専門家の実態把握をより正確にし，適切な指導及び必要な支援を検討する際に有効となる。その際，留意すべきことは，学校教育における適切な指導及び必要な支援は（ ③ ）が責任をもって計画し実施するものであり，外部の専門家の指導に委ねてしまうことのないようにすることである。つまり，外部の専門家の助言や知見などを指導に生かすことが（ ③ ）の専門性であり，大切なことである。

ア	評価基準	イ	教師	ウ	教育相談	エ	個別の教育支援計画
オ	保護者	カ	出席簿	キ	教育委員会	ク	指導記録
ケ	教育振興計画	コ	学習支援員				

3 次のＡ～Ｃの文章は，防衛機制（適応機制）に関して述べたものである。Ａ～Ｃのそれぞれの名称として最も適切なものを，あとのア～クの中からそれぞれ一つずつ選び，記号で答えなさい。

山形県

55

A　そのまま表現すると社会的に容認されない行動を，容認される形にして欲求充足すること。例えば，攻撃的欲求をスポーツや芸術活動に向けること。

B　自分の欲望や本当の感情を抑え，それとは異なるふるまいをしてもとの欲求や感情の表出を防ぐこと。例えば，嫌いな相手に対して丁寧な態度で接すること。

C　もっともらしい口実を作って，自分の行動や失敗を正当化すること。例えば，野球の試合でエラーをしたのは，グローブが傷んでいたからだと，グローブのせいにすること。

　ア　抑圧　　イ　退行　　ウ　反動形成　　エ　投影（投射）　　オ　合理化
　カ　逃避　　キ　昇華　　ク　同一視

4　次の問いに答えなさい。

1　次の文は，「いじめ防止対策推進法（平成25年法律第71号）の「第1章　総則（定義）第2条」の一部である。文中の空欄（　①　），（　②　）にあてはまる語句を，それぞれ書きなさい。

　　この法律において「いじめ」とは，児童等に対して，当該児童等が在籍する学校に在籍している等当該児童等と一定の人的関係にある他の児童等が行う心理的又は（　①　）的な影響を与える行為（（　②　）を通じて行われるものを含む。）であって，当該行為の対象となった児童等が心身の苦痛を感じているものをいう。

2　次の文は，「学習指導要領」（小学校　平成29年3月告示，中学校　平成29年3月告示，高等学校　平成30年3月告示）の「第1章　総則　第4（高等学校においては第5款）」の一部である。文中の空欄（　①　），（　②　）にあてはまる語句の組み合わせとして最も適切なものを，あとのア～カの中から一つ選び，記号で答えなさい。

　　児童（中学校・高等学校においては生徒）が，自己の存在感を実感しながら，よりよい（　①　）を形成し，有意義で充実した学校生活を送る中で，現在及び将来における自己実現を図っていくことができるよう，児童（生徒）理解を深め，（　②　）と関連付けながら，生徒指導の充実を図ること。

　ア　①人格　　　　②生活指導　　　イ　①人格　　　　②進路指導
　ウ　①学習集団　　②学習指導　　　エ　①学習集団　　②進路指導
　オ　①人間関係　　②学習指導　　　カ　①人間関係　　②生活指導

5　次のA～Eの条文について，あとの問いに答えなさい。

A　すべて国民は，法律の定めるところにより，その（　①　）に応じて，ひとしく教育を受ける権利を有する。　　　　　　　　　　　　　　　　　　　　　　　〔日本国憲法〕

B　幅広い知識と教養を身に付け，（　②　）を求める態度を養い，豊かな情操と道徳心を培うとともに，健やかな身体を養うこと。　　　　　　　　　　　　　　　〔教育基本法〕

C　学校には，学校図書館の専門的職務を掌らせるため，（　③　）を置かなければならない。　　　　　　　　　　　　　　　　　　　　　　　　　　　　　　　　　〔学校図書館法〕

D　学校においては，児童生徒等の心身の健康に関し，健康相談を行うものとする。
　　　　　　　　　　　　　　　　　　　　　　　　　　　　　　　　　　　　〔　a　〕

E　すべて職員は，全体の奉仕者として公共の利益のために勤務し，且つ，職務の遂行に当たつては，全力を挙げてこれに専念しなければならない。　　　　　　　　〔　b　〕

1 空欄（ ① ）〜（ ③ ）にあてはまる語句を，それぞれ書きなさい。
2 空欄〔 a 〕，〔 b 〕にあてはまる法律の正式名称を，それぞれ書きなさい。

6 次の(1)〜(4)は，「山形県教員『指標』」（平成30年1月　山形県教育委員会）に示された「山形県が採用時に求める教員の姿」である。空欄（ ① ）〜（ ③ ）にあてはまる語句を，それぞれ書きなさい。

(1) 児童生徒への深い（ ① ）と教育に対する強い使命感，責任感のある方
(2) 明るく心身ともに健康で，高い（ ② ）観と規範意識を備え，法令を遵守する方
(3) 豊かな教養とより高い専門性を身につけるために，常に学び，自らを向上させる姿勢をもち続ける方
(4) 山形県の教員として，郷土を愛する心をもち，人とのつながりを大切にして，（ ③ ）においてよりよい学校を築こうとする方

解答＆解説

1　解答　1　①教育活動　②発達　③自立　　2　(1)生涯　(2)—カ
解説　1：平成29年版小学校学習指導要領（2017年3月31日告示）の「第1章　総則」「第1　小学校教育の基本と教育課程の役割」の2(2)，平成29年版中学校学習指導要領（2017年3月31日告示）の「第1章　総則」「第1　中学校教育の基本と教育課程の役割」の2(2)，平成30年版高等学校学習指導要領（2018年3月30日告示）の「第1章　総則」「第1款　高等学校教育の基本と教育課程の役割」の2(2)を参照。
2：中央教育審議会答申「幼稚園，小学校，中学校，高等学校及び特別支援学校の学習指導要領等の改善及び必要な方策等について」（2016年12月21日）の「第1部　学習指導要領等改訂の基本的な方向性」「第7章　どのように学ぶか ―各教科等の指導計画の作成と実施，学習・指導の改善・充実―」「2．『主体的・対話的で深い学び』を実現することの意義」「（『主体的・対話的で深い学び』とは何か）」を参照。

2　解答　①—エ　②—ク　③—イ
解説　文部科学省「障害のある子供の教育支援の手引　〜子供たち一人一人の教育的ニーズを踏まえた学びの充実に向けて〜」（2021年6月）の「第2編　就学に関する事前の相談・支援，就学先決定，就学先変更のモデルプロセス」「第6章　就学に関わる関係者に求められるもの　〜相談担当者の心構えと求められる専門性〜」「2　実態の的確な把握（アセスメント）のための連携」を参照。

3　解答　A—キ　B—ウ　C—オ
解説　いずれも自己防衛型の防衛機制（適応機制）。
A：昇華は，本能的衝動が社会的制約により抑圧され，高次の活動に変わること。
B：反動形成は，過度に抑圧した結果，無意識的な本来の欲求とは反対の態度が現れること。

C：合理化では，欲求の充足が阻止されたことに対して，負け惜しみや言い逃れをする，責任転嫁する，口実をつけることによって，自己を正当化しようとすること。

4 解答 1　①物理　②インターネット　　2　オ

解説 1：いじめ防止対策推進法第2条第1項を参照。いじめの「定義」の規定。

2：平成29年版小学校学習指導要領（2017年3月31日告示）の「第1章　総則」「第4　児童の発達の支援」「1　児童の発達を支える指導の充実」の(2)，平成29年版中学校学習指導要領（2017年3月31日告示）の「第1章　総則」「第4　生徒の発達の支援」「1　生徒の発達を支える指導の充実」の(2)，平成30年版高等学校学習指導要領（2018年3月30日告示）の「第1章　総則」「第5款　生徒の発達の支援」「1　生徒の発達を支える指導の充実」の(2)を参照。

5 解答 1　①能力　②真理　③司書教諭

2　a　学校保健安全法　b　地方公務員法

解説 A：日本国憲法第26条第1項を参照。「教育を受ける権利」の規定。

B：教育基本法第2条第1項第一号を参照。「教育の目標」の規定。

C：学校図書館法第5条第1項を参照。「司書教諭」の規定。

D：学校保健安全法第8条を参照。「健康相談」の規定。

E：地方公務員法第30条を参照。「服務の根本基準」の規定。

6 解答 ①教育愛　②倫理　③地域社会

解説 山形県教育委員会「山形県教員『指標』」（2018年1月）の「5　本県が採用時に求める教員の姿」を参照。同指標は，山形県教員が主体的に資質向上を図る際，教員としてのキャリアステージ全体を見通し，自らの職責，経験，適性に応じて，効果的・継続的な研修を行うための目安であり，山県県教育委員会が研修計画を策定する際に踏まえるべきものとされる。ただし，指標は，人事評価に用いられるものではない。

福島県

実施日	2022(令和4)年7月23日	試験時間	30分
出題形式	選択+記述式	問題数	小中:8題(解答数30) 高:6題(解答数27) 特:5題(解答数30) 養:5題(解答数30)
パターン	小中:法規+原理 高:法規+原理+ローカル 特:原理+法規+時事 養:法規+原理	公開状況	問題:公開 解答:公開 配点:公開

傾向&対策

●【小学校・中学校】【高等学校】【特別支援学校】【養護教諭】で別問題。●教育原理は,学習指導要領「総則」が必出。●教育法規は,重要条文の空欄補充問題と出典法規。●【高等学校】で必出のローカル問題は「第7次福島県総合教育計画」。●【特別支援学校】は教育時事が必出。

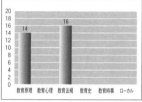
【小学校・中学校】

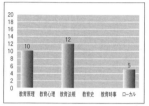
【高等学校】

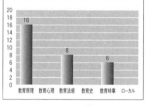
【特別支援学校】

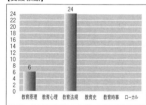
【養護教諭】

出題領域

教育原理	自立活動/保健体育	5 6	総則	8 10 11	特別の教科 道徳	3
	外国語・外国語活動		総合的な学習(探究)の時間		特別活動	3
	学習指導		生徒指導		学校・学級経営	
	特別支援教育	法規 時事	人権・同和教育		その他	
教育心理	発達		学習		性格と適応	
	カウンセリングと心理療法		教育評価		学級集団	
教育法規	教育の基本理念	3 4 2 3	学校教育	2 2	学校の管理と運営	1 2 9
	児童生徒	6 1	教職員	5 5 2 5	特別支援教育(特) その他(養)	2 3
教育史	日本教育史		西洋教育史			
教育時事	答申・統計	6	ローカル	5		

※表中の数字は,解答数

小中共通

☞解答＆解説 p.70

1 次の条文は，教育基本法の一部である。下線部 a ～ d それぞれにおいて，正しければ○，誤りであれば正しいことばを書きなさい。

第2条　教育は，その目的を実現するため，a学問の自由を尊重しつつ，次に掲げる目標を達成するよう行われるものとする。

一　幅広い知識と教養を身に付け，真理を求める態度を養い，豊かな b人間性と道徳心を培うとともに，健やかな身体を養うこと。

（第二号省略）

三　正義と責任，男女の平等，自他の c敬愛と協力を重んずるとともに，公共の精神に基づき，主体的に社会の形成に参画し，その発展に寄与する態度を養うこと。

（第四号，第五号省略）

第5条　国民は，その保護する子に，別に法律で定めるところにより，普通教育を受けさせる義務を負う。

2　義務教育として行われる普通教育は，各個人の有する d可能性を伸ばしつつ社会において自立的に生きる基礎を培い，また，国家及び社会の形成者として必要とされる基本的な資質を養うことを目的として行われるものとする。

（第3項，第4項省略）

2 次の条文は，学校教育法の一部である。文中の ア ～ エ に当てはまることばを下記の a ～ l から選び，その記号を書きなさい。

第1条　この法律で，学校とは，幼稚園，小学校，中学校，義務教育学校，高等学校，中等教育学校， ア ，大学及び高等専門学校とする。

第7条　学校には，校長及び相当数の イ を置かなければならない。

第19条　経済的理由によつて， ウ 困難と認められる学齢児童又は学齢生徒の保護者に対しては，市町村は，必要な援助を与えなければならない。

第35条　市町村の教育委員会は，次に掲げる行為の一又は二以上を繰り返し行う等性行不良であつて他の児童の教育に妨げがあると認める児童があるときは，その保護者に対して，児童の エ を命ずることができる。

一　他の児童に傷害，心身の苦痛又は財産上の損失を与える行為

二　職員に傷害又は心身の苦痛を与える行為

三　施設又は設備を損壊する行為

四　授業その他の教育活動の実施を妨げる行為

（第2項～第4項省略）

a	特別支援学校	b	別室登校	c	教職員	d	出席停止
e	学業	f	教員	g	転校	h	夜間中学校
i	教諭	j	専修学校	k	就学	l	入学

3 次の条文は，教育公務員特例法及びある法令Aの一部である。これを読んで，(1)，(2)の問いに答えなさい。

教育公務員特例法

60

第21条　教育公務員は，その職責を遂行するために，絶えず研究と　ア　に努めなければならない。

　　　（第2項省略）

第22条　教育公務員には，　イ　を受ける機会が与えられなければならない。

　　2　教員は，授業に支障のない限り，本属長の承認を受けて，勤務場所を離れて　イ　を行うことができる。

　　　（第3項省略）

法令A

第35条　職員は，法律又は条例に特別の定がある場合を除く外，その　ウ　及び職務上の注意力のすべてをその職責遂行のために用い，当該地方公共団体がなすべき責を有する職務にのみ従事しなければならない。

　　(1)　文中の　ア　～　ウ　に当てはまることばを書きなさい。

　　(2)　法令Aの名称を略さずに書きなさい。

4　次の文は，小〈中〉学校学習指導要領（平成29年3月告示）「第1章　総則　第1 小〈中〉学校教育の基本と教育課程の役割」の一部である。文中の　ア　～　エ　に当てはまることばを下記のa～lから選び，その記号を書きなさい。

※中学校は〈　〉内で読み取る。

　3　2の(1)から(3)までに掲げる事項の実現を図り，豊かな創造性を備え　ア　な社会の創り手となることが期待される児童〈生徒〉に，　イ　を育むことを目指すに当たっては，学校教育全体並びに各教科，道徳科，外国語活動〈記載なし〉，総合的な学習の時間及び特別活動（以下「各教科等」という。ただし，第2の3の(2)のア及びウにおいて，特別活動については学級活動（学校給食に係るものを除く。）に限る。）の指導を通してどのような資質・能力の育成を目指すのかを明確にしながら，教育活動の充実を図るものとする。その際，児童〈生徒〉の発達の段階や特性等を踏まえつつ，次に掲げることが偏りなく実現できるようにするものとする。

　　(1)　　ウ　が習得されるようにすること。

　　(2)　思考力，判断力，表現力等を育成すること。

　　(3)　　エ　，人間性等を涵養すること。

a	共生的	b	基礎的・汎用的能力	c	知識及び技能
d	安全・安心	e	生きる力	f	持続可能
g	学びに向かう力	h	確かな学力	i	見方・考え方
j	豊かな心	k	学習意欲	l	生きて働く力

5　次の文は，小〈中〉学校学習指導要領（平成29年3月告示）「第1章　総則　第4 児童〈生徒〉の発達の支援」の一部である。文中の　ア　～　エ　に当てはまることばを書きなさい。

※中学校は〈　〉内で読み取る。

　1　児童〈生徒〉の発達を支える指導の充実

　　　教育課程の編成及び実施に当たっては，次の事項に配慮するものとする。

　　　（(1)省略）

　　(2)　児童〈生徒〉が，自己の存在感を実感しながら，よりよい人間関係を形成し，有

福島県

意義で充実した学校生活を送る中で，現在及び ア における自己実現を図っていくことができるよう，児童〈生徒〉理解を深め，学習指導と関連付けながら，イ の充実を図ること。

((3)，(4)省略)

2 特別な配慮を必要とする児童〈生徒〉への指導

(1) 障害のある児童〈生徒〉などへの指導

(ア，イ，ウ省略)

エ 障害のある児童〈生徒〉などについては，家庭，地域及び医療や福祉，保健，労働等の業務を行う関係機関との連携を図り，長期的な視点で児童〈生徒〉への教育的 ウ を行うために，個別の教育 ウ 計画を作成し活用することに努めるとともに，各教科等の指導に当たって，個々の児童〈生徒〉の エ を的確に把握し，個別の指導計画を作成し活用することに努めるものとする。(以下省略)

((2)，(3)省略)

6 次の文は，小〈中〉学校学習指導要領（平成29年3月告示）「第3章 特別の教科 道徳 第3 指導計画の作成と内容の取扱い」の一部である。文中の ア ～ ウ に当てはまることばを書きなさい。　　　　　　　　　　　※中学校は〈 〉内で読み取る。

2 第2の内容の指導に当たっては，次の事項に配慮するものとする。

((1)，(2) 省略)

(3) 児童〈生徒〉が自ら ア を養う中で，自らを振り返って成長を実感したり，これからの課題や目標を見付けたりすることができるよう工夫すること。その際，ア を養うことの意義について，児童〈生徒〉自らが考え，理解し，イ に学習に取り組むことができるようにすること。〈省略〉

((4)～(6) 省略)

(7) 道徳科の授業を公開したり，授業の実施や ウ 教材の開発や活用などに家庭や ウ の人々，各分野の専門家等の積極的な参加や協力を得たりするなど，家庭や ウ 社会との共通理解を深め，相互の連携を図ること。

(3，4省略)

7 次の文は，小〈中〉学校学習指導要領（平成29年3月告示）「第6 〈5〉章 特別活動 第1 目標」の一部である。文中の ア ～ ウ に当てはまることばを下記のa～jから選び，その記号を書きなさい。　　　　　　　　　　　※中学校は〈 〉内で読み取る。

集団や ア の形成者としての見方・考え方を働かせ，様々な集団活動に自主的，イ に取り組み，互いのよさや可能性を発揮しながら集団や自己の生活上の課題を解決することを通して，次のとおり資質・能力を育成することを目指す。

(1) 多様な他者と協働する様々な集団活動の意義や活動を行う上で必要となることについて理解し，行動の仕方を身に付けるようにする。

(2) 集団や自己の生活，人間関係の課題を見いだし，解決するために話し合い，ウ を図ったり，意思決定したりすることができるようにする。

((3)省略)

a 集団決定　　b 学級　　c 体験的　　d 意思疎通　　e 社会

f 実践的　　　g 合意形成　　　h 自発的　　　i 協働的　　　j 民主的な国家

8 次の条文は，いじめ防止対策推進法の一部である。下線部 a ～ d それぞれにおいて，正しければ〇，誤りであれば正しいことばを書きなさい。

（定義）

第2条　この法律において「いじめ」とは，児童等に対して，当該児童等が在籍する学校に在籍している等当該児童等と a 親密な人的関係にある他の児童等が行う心理的又は物理的な影響を与える行為（インターネットを通じて行われるものを含む。）であって，当該行為の対象となった児童等が b 精神的な苦痛を感じているものをいう。

（学校及び学校の教職員の責務）

第8条　学校及び学校の教職員は，基本理念にのっとり，当該学校に在籍する児童等の保護者，地域住民，児童相談所その他の関係者との連携を図りつつ，学校全体でいじめの防止及び c 早期発見に取り組むとともに，当該学校に在籍する児童等がいじめを受けていると思われるときは，適切かつ d 迅速にこれに対処する責務を有する。

高等学校

福島県

1 次の文は，教育基本法の一部である。文中の ア ～ エ に当てはまることばを下記の a ～ l から選び，その記号を書きなさい。

第2条　教育は，その目的を実現するため， ア の自由を尊重しつつ，次に掲げる目標を達成するよう行われるものとする。

二　 イ の価値を尊重して，その能力を伸ばし，創造性を培い，自主及び自律の精神を養うとともに，職業及び生活との関連を重視し， ウ を重んずる態度を養うこと。

三　正義と責任，男女の エ ，自他の敬愛と協力を重んずるとともに，公共の精神に基づき，主体的に社会の形成に参画し，その発展に寄与する態度を養うこと。

　　a 個人　　　b 表現　　　c 法律　　　d 平等　　　e 平和　　　f 人格
　　g 郷土　　　h 学問　　　i 勤労　　　j 研究　　　k 福祉　　　l 区別

2 次の文は，高等学校設置基準の一部である。文中の ア ， イ に当てはまることばを書きなさい。

第5条　高等学校の学科は次のとおりとする。

一　普通教育を主とする学科

二　 ア 教育を主とする学科

三　普通教育及び ア 教育を選択履修を旨として イ 的に施す学科

3 次のA～Cは，それぞれある法令の条文の一部である。A～Cについて，下記の(1)，(2)の問いに答えなさい。

A　学校及び学校の教職員は，基本理念にのっとり，当該学校に在籍する児童等の保護者，地域住民，児童相談所その他の関係者との連携を図りつつ，学校全体でいじめの防止及び ア に取り組むとともに，当該学校に在籍する児童等がいじめを受けてい

63

ると思われるときは，適切かつ迅速にこれに対処する責務を有する。

B　すべて職員は，　イ　として公共の利益のために勤務し，且つ，職務の遂行に当つては，全力を挙げてこれに専念しなければならない。

C　この法律で，学校とは，幼稚園，小学校，中学校，義務教育学校，高等学校，中等教育学校，　ウ　，大学及び高等専門学校とする。

(1)　A～Cが規定されている法令の正式名称を書きなさい。

(2)　文中の　ア　～　ウ　に当てはまることばを書きなさい。

4　次の文は，高等学校学習指導要領（平成30年3月告示）「第1章　総則」の「第2款　教育課程の編成」の一部である。文中の　ア　～　オ　に当てはまることばを下記のa～lから選び，その記号を書きなさい。

2　教科等横断的な視点に立った資質・能力の育成

(1)　各学校においては，生徒の　ア　の段階を考慮し，　イ　能力，　ウ　能力（　エ　を含む。），問題発見・解決能力等の　オ　となる資質・能力を育成していくことができるよう，各教科・科目等の特質を生かし，教科等横断的な視点から教育課程の編成を図るものとする。

a	学力	b	言語	c	成績	d	道徳性	e	発達
f	情報モラル	g	情報活用	h	認知	i	表現		
j	よりよく生きるための基盤		k	学習の基盤		l	生きる力		

5　次は，第7次福島県総合教育計画における〔施策1「学びの変革」によって資質・能力を確実に育成する〕の【主な取組】である。

文中の　ア　～　オ　に当てはまることばを下記のa～lから選び，その記号を書きなさい。

施策1　「学びの変革」によって資質・能力を確実に育成する	
主な取組	□　学校段階を見通した確かな　ア　の育成 □　複雑な社会の課題を　イ　に解決する力の育成 □　ウ　活用などによる学びの変革 □　エ　あふれる人材の育成 □　オ　に基づいた教育施策の推進

a	知識・技能	b	創造性	c	主体的	d	学力
e	資質・能力	f	エビデンス（根拠）	g	ICT	h	ルーブリック
i	SDGs	j	生きる力	k	協働的		
l	カリキュラム・マネジメント						

6　次の文は，高等学校学習指導要領（平成30年3月告示）「第1章　総則」の「第5款　生徒の発達の支援」の一部である。文中の　ア　～　オ　に当てはまることばを下記のa～eから選び，その記号を書きなさい。

1　生徒の発達を支える指導の充実

(3)　生徒が，学ぶことと自己の将来とのつながりを見通しながら，社会的・職業的　ア　に向けて必要な基盤となる　イ　を身に付けていくことができるよう，　ウ　を要としつつ各教科・科目等の特質に応じて，キャリア教育の充実を図るこ

と。その中で，生徒が自己の　エ　を考え主体的に進路を選択することができるよう，学校の教育活動全体を通じ，　オ　かつ計画的な進路指導を行うこと。

a　学校行事　　　b　特別活動　　　c　知識・技術　　　d　資質・能力
e　理解　　　　　f　職員会議　　　g　見方・考え方　　h　在り方生き方
i　個別的　　　　j　自立　　　　　k　組織的
l　コミュニケーションスキル

特別支援学校

1　次のA〜Hは，ある法令の条文又はその一部である。下記の(1)〜(3)の問いに答えなさい。

A　第1条
　教育は，　ア　の完成を目指し，平和で民主的な国家及び社会の形成者として必要な資質を備えた心身ともに健康な国民の育成を期して行われなければならない。

B　第75条
　第72条に規定する視覚障害者，聴覚障害者，知的障害者，肢体不自由者又は病弱者の障害の程度は，　イ　で定める。

C　第16条
　学校の設置者及びその設置する学校は，当該学校におけるいじめを早期に発見するため，当該学校に在籍する児童等に対する定期的な　ウ　その他の必要な措置を講ずるものとする。

D　第10条
　教育職員等は，基本理念にのっとり，児童生徒性暴力等を行うことがないよう教育職員等としての　エ　の保持を図るとともに，その勤務する学校に在籍する児童生徒等が教育職員等による児童生徒性暴力等を受けたと思われるときは，適切かつ迅速にこれに対処する責務を有する。

E　第27条
　学校においては，児童生徒等の安全の確保を図るため，当該学校の施設及び設備の　オ　，児童生徒等に対する通学を含めた学校生活その他の日常生活における安全に関する指導，職員の研修その他学校における安全に関する事項について計画を策定し，これを実施しなければならない。

F　第2条
　教育は，その目的を実現するため，（　①　）の自由を尊重しつつ，次に掲げる目標を達成するよう行われるものとする。

G　第3条
　医療的ケア児及びその家族に対する支援は，医療的ケア児の日常生活及び社会生活を（　②　）で支えることを旨として行われなければならない。

H　第35条
　職員は，法律又は条例に特別の定がある場合を除く外，その勤務時間及び職務上の注意力のすべてをその職責遂行のために用い，当該地方公共団体がなすべき責を有す

福島県

る職務にのみ従事しなければならない。

(1) 条文A〜Eの ア 〜 オ に当てはまることばを下記のa〜jから選び，その記号を書きなさい。

 a 調査 b 政令 c 精神 d 面談 e 安全点検

 f 規律 g 維持管理 h 人格 i 条例 j 倫理

(2) 条文Fと条文Gの（ ① ），（ ② ）に当てはまることばを書きなさい。

(3) 条文Hが規定されている法令名を書きなさい。（略称は不可）

2 次の文は，特別支援学校小学部・中学部学習指導要領（平成29年4月告示）「第1章 総則 第3節 教育課程の編成」，特別支援学校高等部学習指導要領（平成31年2月告示）「第1章 総則 第2節 教育課程の編成 第2款 教育課程の編成」で示された内容の一部を抜粋したものである。下記の(1)，(2)の問いに答えなさい。

 2 教科等 ① な視点に立った資質・能力の育成

  (1) 各学校においては，児童又は生徒*¹の障害の状態や特性及び心身の発達の段階等を考慮し， ア ，情報活用能力（情報モラルを含む。）， イ ・解決能力等の学習の基盤となる資質・能力を育成していくことができるよう，各教科等*²の特質を生かし，教科等 ① な視点から教育課程の編成を図るものとする。

  (2) 各学校においては，児童又は生徒*¹や学校，地域の実態並びに児童又は生徒*¹の障害の状態や特性及び心身の発達の段階等を考慮し， ウ の実現や災害等を乗り越えて エ の社会を形成することに向けた現代的な諸課題に対応して求められる資質・能力を，教科等 ① な視点で育成していくことができるよう，各学校の オ を生かした教育課程の編成を図るものとする。

   ＊1 特別支援学校高等部学習指導要領では，「児童又は生徒」は「生徒」となる。

   ＊2 特別支援学校高等部学習指導要領では，「各教科等」は「各教科・科目等又は各教科等」となる。

(1) 文中の ア 〜 オ に当てはまることばを下記のa〜jから選び，その記号を書きなさい。

 a 将来   b 特色   c 言語能力 d 問題理解

 e 自立した人生 f 地域資源 g 特徴   h 次代

 i 豊かな人生 j 問題発見

(2) 文中の ① に当てはまることばを書きなさい。

3 次の文は，特別支援学校小学部・中学部学習指導要領（平成29年4月告示）「第1章 総則 第6節 学校運営上の留意事項」，特別支援学校高等部学習指導要領（平成31年2月告示）「第1章 総則 第2節 教育課程の編成 第6款 学校運営上の留意事項」で示された内容の一部を抜粋したものである。下記の(1)，(2)の問いに答えなさい。

 2 家庭や地域社会との連携及び ア と学校間の連携

  教育課程の編成及び実施に当たっては，次の事項に配慮するものとする。

  (1) 学校がその目的を達成するため，学校や地域の実態等に応じ，教育活動の実施に必要な人的又は物的な体制を家庭や地域の人々の協力を得ながら整えるなど，家庭や地域社会との連携及び ア を深めること。また，高齢者や イ の子供など，

福島県

66

地域における世代を越えた交流の機会を設けること。

(2) 他の特別支援学校や，幼稚園，認定こども園，保育所，小学校，中学校，高等学校*¹などとの間の連携や交流を図るとともに，障害のない幼児児童生徒との交流及び　①　の機会を設け，共に尊重し合いながら　ア　して生活していく態度を育むようにすること。

　　　特に，小学部の児童又は中学部*²の生徒の経験を広げて積極的な態度を養い，　ウ　や豊かな人間性を育むために，学校の教育活動全体を通じて，小学校の児童又は中学校*³の生徒などと交流及び　①　を計画的，　エ　に行うとともに，地域の人々などと活動を共にする機会を積極的に設けること。

＊1　特別支援学校高等部学習指導要領では，「高等学校」は「高等学校及び大学」となる。

＊2　特別支援学校高等部学習指導要領では，「小学部の児童又は中学部」は「高等部」となる。

＊3　特別支援学校高等部学習指導要領では，「小学校の児童又は中学校」は「高等学校」となる。

(1) 文中の　ア　～　エ　に当てはまることばを下記のa～hから選び，その記号を書きなさい。

a　協力　　　　b　社会性　　　c　系統的　　　d　協働　　　e　組織的

f　同年代　　　g　異年齢　　　h　協調性

(2) 文中の　①　に当てはまることばを書きなさい。

4　次の文は，特別支援学校小学部・中学部学習指導要領（平成29年4月告示）「第7章　自立活動　第3　個別の指導計画の作成と内容の取扱い」，特別支援学校高等部学習指導要領（平成31年2月告示）「第6章　自立活動　第3款　個別の指導計画の作成と内容の取扱い」で示された内容の一部を抜粋したものである。下記の(1)の問いに答えなさい。

2　個別の指導計画の作成に当たっては，次の事項に配慮するものとする。

(1) 個々の児童又は生徒*¹について，障害の状態，発達や経験の程度，興味・関心，生活や学習環境などの実態を的確に把握すること。

(2) 児童又は生徒*¹の実態把握に基づいて得られた指導すべき課題相互の関連を検討すること。その際，これまでの学習状況や将来の可能性を見通しながら，長期的及び短期的な観点から指導目標を設定し，それらを達成するために必要な指導内容を　ア　に取り上げること。

(3) 具体的な指導内容を設定する際には，以下の点を考慮すること。

　ア　児童又は生徒*¹が，興味をもって主体的に取り組み，成就感を味わうとともに自己を肯定的に捉えることができるような指導内容を取り上げること。

　イ　児童又は生徒*¹が，障害による学習上又は生活上の困難を改善・克服しようとする　イ　を高めることができるような指導内容を重点的に取り上げること。

　ウ　個々の児童又は生徒*¹が，発達の遅れている側面を補うために，発達の進んでいる側面を更に伸ばすような指導内容を取り上げること。

福島県

エ　個々の児童又は生徒*¹が，活動しやすいように ウ 環境を整えたり，必要に
応じて周囲の人に支援を求めたりすることができるような指導内容を計画的に取
り上げること。

オ　個々の児童又は生徒*¹に対し， エ ・自己決定する機会を設けることによっ
て，思考・判断・表現する力を高めることができるような指導内容を取り上げる
こと。

カ　個々の児童又は生徒*¹が，自立活動における学習の意味を将来の自立や社会参
加に必要な資質・能力との関係において理解し，取り組めるような指導内容を取
り上げること。

(4)　児童又は生徒*¹の学習状況や結果を適切に オ し，個別の指導計画や具体的な
指導の改善に生かすよう努めること。

＊1　特別支援学校高等部学習指導要領では，「児童又は生徒」は「生徒」となる。

(1)　文中の ア ～ オ に当てはまることばを下記のa～jから選び，その記号を書
きなさい。

a　評価　　　b　能力　　　c　自己選択　　　d　自己理解　　　e　把握
f　自ら　　　g　学習　　　h　段階的　　　i　意欲　　　j　具体的

5　次の文は，「障害のある子供の教育支援の手引　～子供たち一人一人の教育的ニーズ
を踏まえた学びの充実に向けて～」（令和3年6月　文部科学省初等中等教育局特別支
援教育課）で示された内容の一部を抜粋したものである。下記の(1)，(2)の問いに答えな
さい。

(2)　 ア に関する新しい支援の方向性

学校教育は，障害のある子供の自立と社会参加を目指した取組を含め，「共生社会」
の形成に向けて，重要な役割を果たすことが求められている。そのためにも「共生社
会」の形成に向けたインクルーシブ教育システム構築のための特別支援教育の推進が
必要とされている。

インクルーシブ教育システムの構築のためには，障害のある子供と障害のない子供
が，可能な限り同じ場で共に学ぶことを目指すべきであり，その際には，それぞれの
子供が，授業内容を理解し，学習活動に参加している実感・ イ をもちながら，充
実した時間を過ごしつつ， ① を身に付けていけるかどうかという最も本質的な視
点に立つことが重要である。

そのための環境整備として，子供一人一人の自立と社会参加を見据えて，その時点
での教育的ニーズに最も的確に応える指導を提供できる，多様で柔軟な仕組みを整備
することが重要である。このため，小中学校等における通常の学級，通級による指導，
特別支援学級や，特別支援学校といった， ウ のある「多様な学びの場」を用意し
ていくことが必要である。

教育的ニーズとは，子供一人一人の障害の状態や特性及び心身の発達の段階等（以
下「障害の状態等」という。）を把握して，具体的にどのような特別な指導内容や教
育上の エ を含む支援の内容が必要とされるかということを検討することで整理さ
れるものである。そして，こうして把握・整理した，子供一人一人の障害の状態等や

教育的ニーズ，本人及び オ の意見，教育学，医学，心理学等専門的見地からの意見，学校や地域の状況等を踏まえた総合的な観点から， ア 先の学校や学びの場を判断することが必要である。

(1) 文中の ア 〜 オ に当てはまることばを下記のa〜kから選び，その記号を書きなさい。

a 連続性　　b 充実感　　c 合理的配慮　　d 管理職　　e 持続性

f 就学　　　g 達成感　　h 保護者　　　　i 進学　　　j 手立て

k 存在感

(2) 文中の ① に当てはまることばを書きなさい。

養護教諭

1 小中共通の **1** と同じ。

2 小中共通の **2** と同じ。

3 小中共通の **3** と同じ。

4 次の文は，中学校学習指導要領解説　保健体育編（平成29年7月）「第3章　指導計画の作成と内容の取扱い　2　健やかな体」の一部である。文中の ア 〜 カ に当てはまることばを書きなさい。

　　さらに，心身の健康の保持増進に関する指導においては， ア 社会の進展により，様々な健康情報や性・ イ 等に関する情報の入手が容易になっていることなどから，生徒が健康情報や性に関する情報等を正しく選択して適切に行動できるようにするとともに，薬物乱用防止等の指導が一層重視されなければならない。なお，生徒が心身の ウ に関して適切に理解し，行動することができるようにする指導に当たっては，第1章総則第4の1(1)に示す主に集団の場面で必要な指導や援助を行う エ と一人一人が抱える課題に個別に対応した指導を行う オ の双方の観点から，学校の教育活動全体で共通理解を図り， カ の理解を得ることに配慮するとともに，関連する教科等において，発達の段階を考慮して，指導することが重要である。

5 次の条文は，法令A〜Dの一部である。これを読んで，(1)，(2)の問いに答えなさい。

【法令A】

第27条

　　学校においては，児童生徒等の安全の確保を図るため，当該学校の施設及び設備の安全点検，児童生徒等に対する ア を含めた学校生活その他の日常生活における安全に関する指導， イ その他学校における安全に関する事項について計画を策定し，これを実施しなければならない。

【法令B】

第5条

　　災害共済給付に係る災害は，次に掲げるものとする。

　　一　児童生徒等の ウ でその原因である事由が エ において生じたもの。ただし，療養に要する費用が五千円以上のものに限る。（以下，省略。）

福島県

【法令C】
第2条
　　オ は，食に関する適切な カ を養い，生涯にわたって健全な食生活を実現することにより，国民の心身の健康の増進と豊かな人間形成に資することを旨として，行われなければならない。

【法令D】
第7条
　　国民は，アレルギー疾患に関する正しい知識を持ち，アレルギー疾患の キ の予防及び ク に必要な注意を払うよう努めるとともに，アレルギー疾患を有する者について正しい理解を深めるよう努めなければならない。
(1)　文中の ア ～ ク に当てはまることばを書きなさい。
(2)　法令A～Dの名称を略さずに書きなさい。

解答&解説

小中共通

1 解答　a ○　b 情操　c ○　d 能力
　解説　a～c：教育基本法第2条第一号・第三号を参照。「教育の目標」の規定。
　　　　d：教育基本法第5条第1項・第2項を参照。「義務教育」の規定。

2 解答　ア—a　イ—f　ウ—k　エ—d
　解説　ア：学校教育法第1条を参照。「学校の範囲」の規定。
　　　　イ：学校教育法第7条を参照。「校長・教員」の規定。
　　　　ウ：学校教育法第19条を参照。「経済的就学困難への援助義務」の規定。
　　　　エ：学校教育法第35条第1項を参照。「児童の出席停止」の規定。

3 解答　(1)ア 修養　イ 研修　ウ 勤務時間　(2)地方公務員法
　解説　(1)ア：教育公務員特例法第21条第1項を参照。「研修」の規定。
　　　　イ：教育公務員特例法第22条第1項・第2項を参照。「研修の機会」の規定。
　　　　(2)地方公務員法第35条を参照。「職務に専念する義務」の規定。

4 解答　ア f　イ e　ウ c　エ g
　解説　平成29年版小学校学習指導要領（2017年3月31日告示）の「第1章　総則」「第1　小学校教育の基本と教育課程の役割」の3，平成29年版中学校学習指導要領（2017年3月31日告示）の「第1章　総則」「第1　中学校教育の基本と教育課程の役割」の3を参照。

5 解答　ア 将来　イ 生徒指導　ウ 支援　エ 実態
　解説　平成29年版小学校学習指導要領（2017年3月31日告示）の「第1章　総則」「第4　児童の発達の支援」「1　児童の発達を支える指導の充実」の(2)，「2　特別な配慮を必要とする児童への指導」「(1)障害のある児童などへの指導」のエ，平成29

年版中学校学習指導要領（2017年3月31日告示）の「第1章　総則」「第4　生徒の発達の支援」「1　生徒の発達を支える指導の充実」の(2)，「2　特別な配慮を必要とする生徒への指導」「(1)障害のある生徒などへの指導」のエを参照。

6 |解答| ア　道徳性　イ　主体的　ウ　地域

|解説| 平成29年版小学校学習指導要領（2017年3月31日告示）の「第3章　特別の教科　道徳」「第3　指導計画の作成と内容の取扱い」の2(3)及び(7)，平成29年版中学校学習指導要領（2017年3月31日告示）の「第3章　特別の教科　道徳」「第3　指導計画の作成と内容の取扱い」の2(3)及び(7)を参照。

7 |解答| ア―e　イ―f　ウ―g

|解説| 平成29年版小学校学習指導要領（2017年3月31日告示）の「第6章　特別活動」「第1　目標」，平成29年版中学校学習指導要領（2017年3月31日告示）の「第5章　特別活動」「第1　目標」を参照。

8 |解答| a　一定の　b　心身の　c　○　d　○

a・b：いじめ防止対策推進法第2条第1項を参照。いじめの「定義」の規定。
c・d：いじめ防止対策推進法第8条を参照。「学校及び学校の教職員の責務」の規定。

高等学校

1 |解答| ア―h　イ―a　ウ―i　エ―d

|解説| 教育基本法第2条第二号・第三号を参照。「教育の目標」の規定。

2 |解答| ア　専門　イ　総合

|解説| 高等学校設置基準第5条を参照。「学科の種類」の規定。

3 |解答| (1)A：いじめ防止対策推進法　B：地方公務員法　C：学校教育法
(2)ア　早期発見　イ　全体の奉仕者　ウ　特別支援学校

|解説| A：いじめ防止対策推進法第8条を参照。「学校及び学校の教職員の責務」の規定。
B：地方公務員法第30条を参照。「服務の根本基準」の規定。
C：学校教育法第1条を参照。「学校の範囲」の規定。

4 |解答| ア―e　イ―b　ウ―g　エ―f　オ―k

|解説| 平成30年版高等学校学習指導要領（2018年3月30日告示）の「第1章　総則」「第2款　教育課程の編成」「2　教科等横断的な視点に立った資質・能力の育成」の(1)を参照。

5 |解答| ア―e　イ―c　ウ―g　エ―b　オ―f

|解説| 福島県・福島県教育委員会「第7次福島県総合教育計画」（2021年12月）の「第4章　施策の展開」「○施策1　『学びの変革』によって資質・能力を確実に育成する」を参照。同計画では，福島の良さを大切にした「福島ならではの教育」，そして，一方通行の授業を，個別最適化された学び，協働的な学び、探究的な学びへと変革していく「学びの変革」を掲げている。

6 |解答| ア―j　イ―d　ウ―b　エ―h　オ―k

福島県

解説 平成30年版高等学校学習指導要領（2018年3月30日告示）の「第1章　総則」「第5款　生徒の発達の支援」「1　生徒の発達を支える指導の充実」の(3)を参照。

特別支援学校

1 **解答** (1)ア―h　イ―b　ウ―a　エ―j　オ―e　　(2)①学問　②社会全体
(3)地方公務員法

解説 A：教育基本法第1条を参照。「教育の目的」の規定。

B：学校教育法第75条を参照。「障害の程度」の規定。

C：いじめ防止対策推進法第16条第1項を参照。「いじめの早期発見のための措置」の規定。

D：教育職員等による児童生徒性暴力等の防止等に関する法律第10条を参照。「教育職員等の責務」の規定。同法は、「児童生徒性暴力等」などの定義のほか、児童生徒性暴力等の禁止、基本理念（学校の内外を問わず教育職員等による児童生徒性暴力等の根絶等）、児童生徒性暴力等の防止・早期発見・対処に関する措置（データベースの整備等）、特定免許状失効者等に対する免許状授与の特例等について規定されており、2021年6月4日公布、一部を除き2022年4月1日施行。

E：学校保健安全法第27条を参照。「学校安全計画の策定等」の規定。

F：教育基本法第2条第1項を参照。「教育の目標」の規定。

G：医療的ケア児及びその家族に対する支援に関する法律第3条第1項を参照。「基本理念」の規定。同法は、医療技術の進歩に伴い医療的ケア児が増加するとともにその実態が多様化し、医療的ケア児及びその家族が個々の医療的ケア児の心身の状況等に応じた適切な支援を受けられるようにすることが重要な課題となっていることに鑑み、医療的ケア児及びその家族に対する支援について定めたもの。国や地方公共団体、学校の設置者の責務が規定されている。2021年6月18日公布、同年9月18日施行。

H：地方公務員法第35条を参照。「職務に専念する義務」の規定。

2 **解答** (1)ア―c　イ―j　ウ―i　エ―h　オ―b　　(2)横断的

解説 平成29年版特別支援学校小学部・中学部学習指導要領（2017年4月28日告示）の「第1章　総則」「第3節　教育課程の編成」「2　教科等横断的な視点に立った資質・能力の育成」、平成31年版特別支援学校高等部学習指導要領（2019年2月4日告示）の「第1章　総則」「第2節　教育課程の編成」「第2款　教育課程の編成」「2　教科等横断的な視点に立った資質・能力の育成」を参照。

3 **解答** (1)ア―d　イ―g　ウ―b　エ―e　　(2)共同学習

解説 平成29年版特別支援学校小学部・中学部学習指導要領（2017年4月28日告示）の「第1章　総則」「第6節　学校運営上の留意事項」「2　家庭や地域社会との連携及び協働と学校間の連携」、平成31年版特別支援学校高等部学習指導要領（2019年2月4日告示）の「第1章　総則」「第2節　教育課程の編成」「第6款　学校運営上の留意事項」「2　家庭や地域社会との連携及び協働と学校間の連携」を

参照。

4 **解答** (1)ア―h　イ―i　ウ―f　エ―c　オ―a

解説 平成29年版特別支援学校小学部・中学部学習指導要領（2017年4月28日告示）の「第7章　自立活動」「第3　個別の指導計画の作成と内容の取扱い」の2(1)～(4)，平成31年版特別支援学校高等部学習指導要領（2019年2月4日告示）の「第6章　自立活動」「第3款　個別の指導計画の作成と内容の取扱い」の2(1)～(4)を参照。

5 **解答** (1)ア―f　イ―g　ウ―a　エ―c　オ―h　　(2)生きる力

解説 文部科学省「障害のある子供の教育支援の手引　～子供たち一人一人の教育的ニーズを踏まえた学びの実現に向けて～」（2021年6月）の「第1編　障害のある子供の教育支援の基本的な考え方」「1　障害のある子供の教育に求められること」「(2)就学に関する新しい支援の方向性」を参照。

養護教諭

1　小中共通の **1** と同じ。
2　小中共通の **2** と同じ。
3　小中共通の **3** と同じ。
4 **解答** ア　情報化　イ　薬物　ウ　成長発達　エ　ガイダンス　オ　カウンセリング　カ　家庭

解説 『中学校学習指導要領解説　保健体育編』（2017年7月）の「第3章　指導計画の作成と内容の取扱い」「2　健やかな体（第1章第1の2の(3)」を参照。

5 **解答** (1)ア　通学　イ　職員の研修　ウ　負傷　エ　学校の管理下　オ　食育　カ　判断力　キ　重症化　ク　症状の軽減

(2)A：学校保健安全法　B：独立行政法人日本スポーツ振興センター法施行令

C：食育基本法　D：アレルギー疾患対策基本法

解説 A：学校保健安全法第27条を参照。「学校安全計画の策定等」の規定。

B：独立行政法人日本スポーツ振興センター法施行令第5条第1項第一号を参照。「学校の管理下における災害の範囲」の規定。

C：食育基本法第2条を参照。「国民の心身の健康の増進と豊かな人間形成」の規定。

D：アレルギー疾患対策基本法第7条を参照。「国民の責務」の規定。

福島県

茨城県

実施日	2022（令和4）年6月26日	試験時間	30分
出題形式	マークシート式	問題数	3題（解答数20）
パターン	法規・時事＋ローカル・原理	公開状況	問題：公開　解答：公開　配点：公開

傾向 & 対策

●教育法規と教育時事で全体の8割以上を占める。●最も解答数の多い教育法規は，教育基本法，学校教育法，地方公務員法などの頻出条文のほか，2022年4月施行の教育職員等による児童生徒性暴力等の防止等に関する法律も問われた。●教育時事は，2年連続の出題となる「令和の日本型学校教育」に関する中央教育審議会答申（2021年1月）より，特別支援教育やICT環境に関わる箇所の空欄補充問題。両者については，小・中学校の特別支援学級（→教育原理）とGIGAスクール構想に関する正誤判定問題が問われた。●必出のローカル問題は，「令和4年度　学校教育指導方針」（2022年4月）より，「学校教育推進の柱」と，「学校段階等間を円滑に接続する教育活動の推進」に関する空欄補充問題。

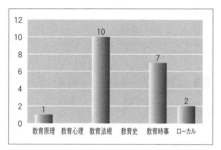

出題領域

教育原理	教育課程・学習指導要領		総　則		特別の教科　道徳	
	外国語・外国語活動		総合的な学習（探究）の時間		特別活動	
	学習指導		生徒指導		学校・学級経営	
	特別支援教育	1	人権・同和教育		その他	
教育心理	発　達		学　習		性格と適応	
	カウンセリングと心理療法		教育評価		学級集団	
教育法規	教育の基本理念	1	学校教育		学校の管理と運営	2
	児童生徒	2	教職員	4	特別支援教育	1
教育史	日本教育史		西洋教育史			
教育時事	答申・統計	7	ローカル	2		

※表中の数字は，解答数

全校種共通

☞解答&解説 p.78

1 次の(1)～(10)の文は，法令等の条文の一部を抜粋したものである。文中の | 1 |～ | 10 | に当てはまる語句を，それぞれ下のa～eの中から一つずつ選びなさい。なお，同じ番号には，同じ語句が入るものとする。

(1) すべて公務員は，全体の | 1 | であつて，一部の | 1 | ではない。

(日本国憲法第15条2項)

   a　従事者　　b　奉仕者　　c　貢献者　　d　職員　　e　労働者

(2) 国民一人一人が，自己の人格を磨き， | 2 | を送ることができるよう，その生涯にわたって，あらゆる機会に，あらゆる場所において学習することができ，その成果を適切に生かすことのできる社会の実現が図られなければならない。

(教育基本法第3条)

   a　健やかな生活　　　b　有意義な毎日　　　c　幸福な生活

   d　人間らしい毎日　　e　豊かな人生

(3) 小学校においては，文部科学大臣の | 3 | を経た教科用図書又は文部科学省が著作の名義を有する教科用図書を使用しなければならない。　(学校教育法第34条)

   a　校閲　　b　認可　　c　承認　　d　校正　　e　検定

(4) 校長及び教員が児童等に | 4 | を加えるに当つては，児童等の心身の発達に応ずる等教育上必要な配慮をしなければならない。　(学校教育法施行規則第26条)

   a　叱責　　b　指導　　c　説諭　　d　矯正　　e　懲戒

(5) 学校教育の情報化の推進は，情報通信技術の特性を生かして，個々の児童生徒の | 5 | ，特性等に応じた教育，双方向性のある教育（児童生徒の主体的な学習を促す教育をいう。）等が学校の教員による適切な指導を通じて行われることにより，各教科等の指導等において，情報及び情報手段を主体的に選択し，及びこれを活用する能力の体系的な育成その他の知識及び技能の習得等（心身の発達に応じて，基礎的な知識及び技能を習得させるとともに，これらを活用して課題を解決するために必要な思考力，判断力，表現力その他の能力を育み，主体的に学習に取り組む態度を養うことをいう。）が効果的に図られるよう行われなければならない。

(学校教育の情報化の推進に関する法律第3条)

   a　能力　　b　学力　　c　発達段階　　d　個性　　e　適性

(6) | 6 | は，感染症にかかつており，かかつている疑いがあり，又はかかるおそれのある児童生徒等があるときは，政令で定めるところにより，出席を停止させることができる。　(学校保健安全法第19条)

   a　国　　b　地方公共団体　　c　校長　　d　学校医　　e　養護教諭

(7) 発達障害者の支援は，全ての発達障害者が社会参加の機会が確保されること及びどこで誰と生活するかについての選択の機会が確保され，地域社会において他の人々と | 7 | することを妨げられないことを旨として，行われなければならない。

(発達障害者支援法第2条の2)

   a　交流　　b　共存　　c　生活　　d　共生　　e　活動

茨城県

75

(8) 教育職員等は，基本理念にのっとり，児童生徒性暴力等を行うことがないよう教育職員等としての 8 の保持を図るとともに，その勤務する学校に在籍する児童生徒等が教育職員等による児童生徒性暴力等を受けたと思われるときは，適切かつ迅速にこれに対処する責務を有する。

(教育職員等による児童生徒性暴力等の防止等に関する法律第10条)

　　a　倫理　　b　使命感　　c　信用　　d　責任　　e　専門性

(9) 教員は，授業に支障のない限り，本属長の承認を受けて， 9 研修を行うことができる。　　　　　　　　　　　　　　　　　　　　　　　(教育公務員特例法第22条2項)

　　a　必要な　　　　　　b　勤務場所を離れて　　c　校内における
　　d　勤務時間内に　　　e　民間企業等での

(10) 職員は，その職務を遂行するに当つて，法令，条例，地方公共団体の規則及び地方公共団体の機関の定める規程に従い，且つ，上司の職務上の 10 に忠実に従わなければならない。　　　　　　　　　　　　　　　　　　　(地方公務員法第32条)

　　a　指示　　b　指導　　c　助言　　d　命令　　e　指令

2 　次の文は，「「令和の日本型学校教育」の構築を目指して～（略）～（答申）」（令和3年1月26日　中央教育審議会）の「総論」の一部を抜粋したものである。下の(1)～(3)の問いに答えなさい。

（前略）

　我が国の学校教育には，一人一人の児童生徒が，自分のよさや可能性を認識するとともに，あらゆる他者を価値のある存在として尊重し，多様な人々と協働しながら様々な社会的変化を乗り越え，豊かな人生を切り拓き，【 ① 】の創り手となることができるよう，その資質・能力を育成することが求められている。（中略）

　特別支援学校や₇小・中学校の特別支援学級に在籍する児童生徒は増加し続けており，小・中・高等学校の通常の学級においても，通級による指導を受けている児童生徒が増加するとともに，さらに小・中学校の通常の学級に【 ② 】程度の割合で発達障害の可能性のある特別な教育的支援を必要とする児童生徒（知的発達に遅れはないものの学習面又は行動面での著しい困難を示す児童生徒）が在籍しているという推計もなされている。（中略）

　社会の変化が加速度を増し，複雑で予測困難となってきているといった時代背景を踏まえた上で，新しい学習指導要領では資質・能力を【 ③ 】の3つの柱に整理した上で，よりよい学校教育を通してよりよい社会を創るという理念を学校と社会とが共有し，どのような資質・能力を身に付けられるようにするのかを明確にしながら，学校教育を学校内に閉じず，地域の人的・物的資源も活用し，社会との連携及び協働によりその実現を図る「【 ④ 】」を重視するとともに，学校全体で児童生徒や学校，地域の実態を適切に把握し，教育の目的・目標の実現に必要な教育内容等の教科等横断的な視点での組立て，実施状況の評価と改善，必要な人的・物的体制の確保などを通して，教育課程に基づく教育活動の質を向上させ，学習の効果の最大化を図る「【 ⑤ 】」の確立を図ることとしている。また，各教科等の指導に当たっては，資質・能力が偏りなく育成されるよう，児童生徒の「主体的・対話的で深い学び」の実現に向けた授業改善を行うこととし

ている。（中略）

　現在，⑧GIGAスクール構想により学校のICT環境が急速に整備されており，今後はこの新たなICT環境を活用するとともに，少人数によるきめ細かな指導体制の整備を進め，「個に応じた指導」を充実していくことが重要である。（中略）

　人間同士のリアルな関係づくりは社会を形成していく上で不可欠であり，知・徳・体を一体的に育むためには，教師と子供の関わり合いや子供同士の関わり合い，自分の感覚や行為を通して理解する実習・実験，地域社会での体験活動，専門家との交流など，様々な場面でリアルな体験を通じて学ぶことの重要性が，AI技術が高度に発達する【 ⑥ 】にこそ一層高まるものである。

⑴　文中の【 ① 】～【 ⑥ 】に当てはまる語句を，それぞれ下のa～eの中から一つずつ選びなさい。

　　①　a　知識基盤社会　　　　　b　Society5.0　　　　　c　多文化共生社会

　　　　d　高度情報通信社会　　　e　持続可能な社会

　　②　a　0.65%　　b　2.5%　　c　6.5%　　d　12.5%　　e　16.5%

　　③　a　「知識及び理解」，「思考力，判断力，表現力等」，「学びに向かう力，人間性等」

　　　　b　「知識及び理解」，「思考力，判断力，表現力等」，「学びを深める力，人間性等」

　　　　c　「知識及び技能」，「思考力，判断力，対話力等」，「学びに向かう力，人間性等」

　　　　d　「知識及び技能」，「思考力，判断力，表現力等」，「学びに向かう力，人間性等」

　　　　e　「知識及び技能」，「思考力，判断力，対話力等」，「学びを深める力，人間性等」

　　④　a　社会に開かれた教育課程　　　b　カリキュラム・マネジメント

　　　　c　教科等横断的な教育課程　　　d　コミュニティ・スクール

　　　　e　カリキュラム・アセスメント

　　⑤　a　社会に開かれた教育課程　　　　　b　カリキュラム・ポリシー

　　　　c　カリキュラム・マネジメント　　　d　教科等横断的な教育課程

　　　　e　カリキュラム・アセスメント

　　⑥　a　Society5.0時代　　　　　　b　新しい時代　　c　知識基盤社会

　　　　d　高度情報通信ネットワーク社会　　e　予測困難な社会

⑵　下線部⑦の「小・中学校の特別支援学級」に関して述べた文として誤っているものを，次のa～dの中から一つ選びなさい。

　a　特別支援学級に在籍する児童生徒や通級による指導を受ける児童生徒については，個々の児童生徒の実態を的確に把握し，個別の教育支援計画や個別の指導計画を作成する。

　b　学校教育法第81条第2項及び第3項に規定する特別支援学級の一学級の児童又は生徒の数の基準は6人である。

　c　各学校の校長は，特別支援教育のコーディネーター的な役割を担う教員を「特別支援教育コーディネーター」に指名し，校務分掌に明確に位置付ける。

　d　特別支援学級において実施する特別の教育課程については，児童生徒の障害の程度や学級の実態等を考慮の上，各教科の目標や内容を下学年の教科の目標や内容に替えたり，各教科を，知的障害者である児童生徒に対する教育を行う特別支援学校

茨城県

の各教科に替えたりするなどして、実態に応じた教育課程を編成する。
(3) 下線部⑧の実現に向けた環境整備についての説明として，最も適切なものを，次のa～eの中から一つ選びなさい。
 a 児童生徒向けの1人1台端末の整備
 b 市区町村教育委員会と学校間における高速大容量通信ネットワークの整備
 c 児童生徒向けの1人1台端末による学校と家庭との間のオンライン環境の一体的整備
 d 児童生徒向けの1人1台端末と，高速大容量の通信ネットワークの一体的整備
 e 校内における高速大容量の通信ネットワークの整備

3 茨城県教育委員会が令和4年4月に策定した「令和4年度 学校教育指導方針」に示されている内容について，次の(1)，(2)の問いに答えなさい。
(1) 次のa～eのうち，「学校教育推進の柱」として誤っているものを，一つ選びなさい。
 a 確かな学力を育む教育の推進
 b 豊かな心を育む教育の推進
 c 健やかな体を育む教育の推進
 d 時代の変化や持続可能な社会に対応できる教育の推進
 e 自立と社会参加に向けた特別支援教育の推進
(2) 次は，「学校段階等間を円滑に接続する教育活動の推進」として掲げられている文言の一部である。【 ① 】～【 ③ 】に当てはまる語句の組み合わせとして適切なものを，下のa～eの中から一つ選びなさい。
 ○ 幼児教育と小学校教育の円滑な接続のための【 ① 】の充実
 ○ 同一【 ② 】内の小・中学校間（児童生徒，教職員）の連携の取組の充実
 ○ 保幼小中高各段階での育成を目指す【 ③ 】の共有

	①	②	③
a	交流活動	中学校区	生きる力
b	カリキュラム	中学校区	資質・能力
c	カリキュラム	市町村	資質・能力
d	交流活動	市町村	生きる力
e	カリキュラム	中学校区	生きる力

解答＆解説

1 解答 (1)—b (2)—e (3)—e (4)—e (5)—a (6)—c (7)—d
(8)—a (9)—b (10)—d

解説 (1)日本国憲法第15条第2項を参照。「公務員の本質」の規定。
(2)教育基本法第3条を参照。「生涯学習の理念」の規定。
(3)学校教育法第34条第1項を参照。「教科用図書その他の教材の使用」の規定。
(4)学校教育法施行規則第26条第1項を参照。児童生徒等の「懲戒」の規定。

(5)学校教育の情報化の推進に関する法律第3条第1項を参照。「基本理念」の規定。

(6)学校保健安全法19条を参照。感染症予防のための「出席停止」の規定。

(7)発達障害者支援法第2条の2第1項を参照。「基本理念」の規定。

(8)教育職員等による児童生徒性暴力等の防止等に関する法律第10条を参照。「教育職員等の責務」の規定。同法は，「児童生徒性暴力等」などの定義のほか，児童生徒性暴力等の禁止，基本理念（学校の内外を問わず教育職員等による児童生徒性暴力等の根絶等），児童生徒性暴力等の防止・早期発見・対処に関する措置（データベースの整備等），特定免許状失効者等に対する免許状授与の特例等について規定されており，2021年6月4日公布，一部を除き2022年4月1日施行。

(9)教育公務員特例法第22条第2項を参照。「研修の機会」のうち勤務場所を離れた研修に関する規定。

(10)地方公務員法第32条を参照。「法令等及び上司の職務上の命令に従う義務」の規定。

2 **解答** (1)①— e　②— c　③— d　④— a　⑤— c　⑥— a　(2)— b　(3)— d

解説 (1)中央教育審議会答申「『令和の日本型学校教育』の構築を目指して　～全ての子供たちの可能性を引き出す，個別最適な学びと，協働的な学びの実現～」(2021年1月26日，同年4月22日更新)の「第Ⅰ部　総論」を参照。

①「1. 急激に変化する時代の中で育むべき資質・能力」を参照。

②「2. 日本型学校教育の成り立ちと成果，直面する課題と新たな動きについて」「(3)変化する社会の中で我が国の学校教育が直面している課題」「②今日の学校教育が直面している課題」「(子供たちの多様化)」を参照。

③～⑤「2. 日本型学校教育の成り立ちと成果，直面する課題と新たな動きについて」「(4)新たな動き」「①新学習指導要領の全面実施」を参照。

⑥「3. 2020年代を通じて実現すべき『令和の日本型学校教育』の姿」「(1)子供の学び」を参照。

(2)b：「6人」ではなく「8人」。公立義務教育諸学校の学級編制及び教職員定数の標準に関する法律第3条を参照。「学級編制の標準」の規定。

(3)中央教育審議会答申「『令和の日本型学校教育』の構築を目指して　～全ての子供たちの可能性を引き出す，個別最適な学びと，協働的な学びの実現～」(2021年1月26日，同年4月22日更新)の「第Ⅰ部　総論」「4.『令和の日本型学校教育』の構築に向けた今後の方向性」「(3)これまでの実践とICTとの最適な組合せを実現する」を参照。

3 **解答** (1)— d　(2)— b

解説 茨城県教育委員会「令和4年度　学校教育指導方針」(2022年4月)を参照。同方針は，各学校の教育目標具現化に向けた特色ある教育活動の一層の推進が図られるよう策定されたものである。

(1)「学校教育推進の柱」を参照。「持続可能な社会」ではなく「グローバル社会」。

(2)「すべての子供の可能性を引き出す活力ある学校づくり」「学校段階等間を円滑に接続する教育活動の推進」を参照。

茨城県

栃木県

実施日	2022(令和4)年7月10日	試験時間	50分（一般教養を含む）
出題形式	マークシート式	問題数	6題（解答数15）
パターン	法規・心理＋教育史・時事・ローカル	公開状況	問題：公開　解答：公開　配点：公開

傾向＆対策

●教職教養：一般教養の出題比＝3：7で一般教養重視型。●教育法規は、出典法規を問う問題（教育基本法、教育公務員特例法など）のほか、例年は教育原理で出題される特別支援教育について、2021年9月施行の医療的ケア児及びその家族に対する支援に関する法律の空欄補充問題及び基本的理念や施策の内容に関する正誤判定問題が問われた。●教育心理は、輻輳説、レミニ(ッ)センス、トークン・エコノミー法、洞察説。●教育史は、西洋・日本教育史から各1題で、コメニウスと鳴滝塾。●教育時事は、「学習指導要領の改訂」に関する中央教育審議会答申（2016年12月）より、観点別評価について。●ローカル問題が新登場し、「栃木県教育振興基本計画2025」（2021年2月）より、栃木県教育の基本理念。

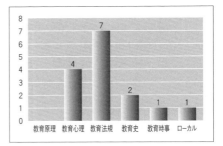

出題領域

	教育課程・学習指導要領	↓時事	総則		特別の教科　道徳	
教育原理	外国語・外国語活動		総合的な学習(探究)の時間		特別活動	
	学習指導		生徒指導		学校・学級経営	
	特別支援教育	↓法規	人権・同和教育		その他	
教育心理	発達	1	学習	2	性格と適応	
	カウンセリングと心理療法	1	教育評価		学級集団	
教育法規	教育の基本理念	1	学校教育		学校の管理と運営	
	児童生徒	1	教職員	2	特別支援教育	3
教育史	日本教育史	1	西洋教育史	1		
教育時事	答申・統計	1	ローカル	1		

※表中の数字は、解答数

全校種共通

☞解答&解説 p.83

1 次の1から4は，ある法規の条文である。その法規名を下のアからコのうちからそれぞれ一つ選べ。

1 国民一人一人が，自己の人格を磨き，豊かな人生を送ることができるよう，その生涯にわたって，あらゆる機会に，あらゆる場所において学習することができ，その成果を適切に生かすことのできる社会の実現が図られなければならない。

2 教育公務員には，研修を受ける機会が与えられなければならない。

3 市町村委員会は，県費負担教職員の服務を監督する。

4 学校の設置者及びその設置する学校は，児童等の豊かな情操と道徳心を培い，心の通う対人交流の能力の素地を養うことがいじめの防止に資することを踏まえ，全ての教育活動を通じた道徳教育及び体験活動等の充実を図らなければならない。

　ア　日本国憲法　　イ　学校教育法　　ウ　教育公務員特例法　　エ　地方公務員法

　オ　いじめ防止対策推進法　　カ　教育基本法　　キ　学校教育法施行規則

　ク　社会教育法　　ケ　地方教育行政の組織及び運営に関する法律

　コ　児童虐待の防止等に関する法律

2 次の文は，中央教育審議会答申「幼稚園，小学校，中学校，高等学校及び特別支援学校の学習指導要領等の改善及び必要な方策等について」（平成28年12月21日）の一部である。文中の ① ， ② ， ③ にあてはまる語句の組合せとして最も適切なものを，下のアからエのうちから一つ選べ。

　観点別評価については，目標に準拠した評価の実質化や，教科・校種を超えた共通理解に基づく組織的な取組を促す観点から，小・中・高等学校の各教科を通じて，「 ① 」「 ② 」「 ③ 」の3観点に整理することとし，指導要録の様式を改善することが必要である。

　ア　①知識　　　　　　②技能・表現　　　　　　　③思考・判断

　イ　①知識及び技能　　②思考力，判断力，表現力等
　　　③学びに向かう力，人間性等

　ウ　①知識・理解　　　②思考・判断　　　　　　　③関心・意欲・態度

　エ　①知識・技能　　　②思考・判断・表現
　　　③主体的に学習に取り組む態度

3 次の文は，令和3年2月に策定された「栃木県教育振興基本計画2025 ―とちぎ教育ビジョン―」に示す本県教育の基本理念である。　　　にあてはまる語句として最も適切なものを，下のアからエのうちから一つ選べ。

　―基本理念―

　とちぎに愛情と誇りをもち　未来を描き　ともに切り拓くことのできる　　　　　を育てます

　ア　いきいきと　学び続ける人　　　　イ　心豊かで　たくましい人

　ウ　地域とつながり　歩み続ける人　　エ　健やかな体で　心優しい人

4 次の1，2の文に最も関係の深いものを，それぞれのアからエのうちから一つ選べ。

栃木県

1　近代教授学を開拓した人物で，自然主義，感覚主義，事物主義，汎知主義を思想的支柱としており，著書に『大教授学』や『世界図絵』がある。

　　ア　コメニウス　　イ　ヘルバルト　　ウ　デューイ　　エ　カント

2　1824年，オランダ商館医のシーボルトが長崎郊外に診療所兼学塾を開いた。

　　ア　開成所　　イ　昌平坂学問所　　ウ　鳴滝塾　　エ　適塾

5　**次の1から4の文に最も関係の深いものを，それぞれのアからエのうちから一つ選べ。**

1　人間の発達は遺伝か環境かではなく，遺伝も環境もどちらも重要で両者の相互作用によるものであるという輻輳説を提唱した人物。

　　ア　ワトソン　　イ　ジェンセン　　ウ　シュテルン　　エ　ゲゼル

2　記憶において，学習直後よりも一定の時間を経過した後の方が，記憶した事柄がよく思い出される現象。

　　ア　学習の転移　　イ　プラトー　　ウ　適性処遇相互作用　　エ　レミニッセンス

3　望ましい行動を自発的に行うことができたら報酬を与えることを繰り返すことにより，行動の改善を目指す技法。

　　ア　系統的脱感作法　　イ　論理療法　　ウ　モデリング

　　エ　トークン・エコノミー法

4　ドイツの心理学者ケーラーは，檻の中のチンパンジーが何の訓練を行わなくても棒を使って檻の外のバナナをとることを観察し，見通しを得ることで事態が解決できると考えた。

　　ア　洞察説　　イ　オペラント条件づけ　　ウ　サイン・ゲシュタルト説

　　エ　試行錯誤説

6　**特別支援教育について，次の1，2の問いに答えよ。**

1　学校には，人工呼吸器による呼吸管理や経管栄養等の医療行為を恒常的に受けることが不可欠である幼児児童生徒が在籍しており，その数は，医療技術の進歩に伴って増加している。次の文は，それらの幼児児童生徒及びその家族に対する支援について定めた法律の一部である。　(1)　，　(2)　にあてはまるものを，下のアからカのうちからそれぞれ一つずつ選べ。

　　「　(1)　児及びその家族に対する支援に関する法律」（令和3年9月施行）

　　（第2条第1項）

　　　この法律において「　(1)　」とは，人工呼吸器による呼吸管理，　(2)　その他の医療行為をいう。

　　ア　医療的支援　　イ　医療的配慮　　ウ　医療的ケア　　エ　服薬介助

　　オ　喀痰吸引　　カ　座薬挿入

2　1の法律に示されている基本的理念や施策の内容として適切なものを，次のアからエのうちから一つ選べ。

　　ア　医療行為を受ける幼児児童生徒及びその家族に対する支援は，幼児児童生徒が18歳に達するまで，又は高等学校等を卒業するまでは，継続的に行う。

　　イ　医療行為を受ける幼児児童生徒及びその家族に対する支援に係る施策を講じるに当たっては，主治医又は学校医の意思を最大限に尊重する。

ウ　医療行為を受ける幼児児童生徒の感染症予防のため，その他の幼児児童生徒とは日常的に異なる教室で教育を受けられるよう，最大限に配慮しつつ，適切に教育に係る支援を行う。
エ　医療行為を受ける幼児児童生徒が，保護者の付添いがなくても，適切な医療行為や，その他の支援を受けられるようにするため，学校の設置者は，看護師等の配置その他の必要な措置を講じる。

解答＆解説

1 解答　1―カ　2―ウ　3―ケ　4―オ
解説　1：教育基本法第3条を参照。「生涯学習の理念」の規定。
2：教育公務員特例法第22条第1項を参照。「研修の機会」の規定。
3：地方教育行政の組織及び運営に関する法律第43条第1項を参照。「服務の監督」の規定。
4：いじめ防止対策推進法第15条第1項を参照。「学校におけるいじめの防止」の規定。

2 解答　エ
解説　中央教育審議会答申「幼稚園，小学校，中学校，高等学校及び特別支援学校の学習指導要領等の改善及び必要な方策等について」（2016年12月21日）の「第1部　学習指導要領等改訂の基本的な方向性」「第9章　何が身に付いたか　―学習評価の充実―」「2．評価の三つの観点」を参照。

3 解答　イ
解説　栃木県教育委員会「栃木県教育振興基本計画2025　―とちぎ教育ビジョン―（2021▶2025）」（2021年2月）の「基本理念」を参照。本計画では，本問で出題された「基本理念」の下，次の6つの「基本目標」が示されている。
Ⅰ　学びの場における安全を確保する
Ⅱ　一人一人を大切にし，可能性を伸ばす
Ⅲ　未来を切り拓く力の基礎を育む
Ⅳ　自分の未来を創る力を育む
Ⅴ　豊かな学びを通して夢や志を育む
Ⅵ　教育の基盤を整える

4 解答　1―ア　2―ウ
解説　1：コメニウス（1592～1670）は，当時の暗記と暗誦を中心とした方法ではなく，子どもの感覚を通じて直観にはたらきかける実物教授，直観教授の方法をとった。
2：シーボルト（1796～1866）が開いた鳴滝塾では，医学・博物学の講義と診療が行われ，門下から伊東玄朴，高野長英らの俊才を輩出した。

5 解答　1―ウ　2―エ　3―エ　4―ア
解説　1：シュテルン（1871～1938）は，人間は目的追求的，価値実現的な存在である

という考え方に基づく人格心理学を提唱した。

2：一般に，記憶した後，経過時間とともに忘却が生じて再生が劣ると考えられているが，これとは逆に，記銘した直後よりも一定時間経過した後のほうが成績が向上するような現象を，レミニ(ッ)センスという。

3：トークン・エコノミー法とは，望ましい行動を自発的に行うことができたら，報酬として「トークン」と呼ばれる代用貨幣を与えるもので，このトークンを集めると魅力的な品物やほうびを得ることができるので，積極的に自己の行動をコントロールしようとするようになる。

4：ケーラー（1887〜1967）は，チンパンジーを使った問題解決場面の実験から，学習の成立は「試行錯誤」によって漸進的に行われるのではなく，洞察（全体構造の見通し）によって突然に成就されるとした

6 解答 1　(1)—ウ　(2)—オ　　2　エ

解説 医療的ケア児及びその家族に対する支援に関する法律を参照。同法は，医療技術の進歩に伴い医療的ケア児が増加するとともにその実態が多様化し，医療的ケア児及びその家族が個々の医療的ケア児の心身の状況等に応じた適切な支援を受けられるようにすることが重要な課題となっていることに鑑み，医療的ケア児及びその家族に対する支援について定めたもの。国や地方公共団体，学校の設置者の責務が規定されている。2021年6月18日公布，同年9月18日施行。

1　第2条第12項を参照。医療的ケアの「定義」の規定。

2　エ：第10条第2項を参照。「教育を行う体制の拡充等」の規定。

ア：第3条第3項を参照。「基本理念」の規定。「医療的ケア児及びその家族に対する支援は，医療的ケア児が18歳に達し，又は高等学校等を卒業した後も適切な保健医療サービス及び福祉サービスを受けながら日常生活及び社会生活を営むことができるようにすることにも配慮して行われなければならない」と示されている。

イ：第3条第4項を参照。「基本理念」の規定。「主治医又は学校医の意思」ではなく「医療的ケア児及びその保護者（中略）の意思」。

ウ：第3条第2項を参照。「基本理念」の規定。「医療的ケア児が医療的ケア児でない児童と共に教育を受けられるよう最大限に配慮すること」が求められている。

群馬県

実施日	2022(令和4)年7月10日	試験時間	60分（一般教養を含む）
出題形式	マークシート式	問題数	3題（解答数10）
パターン	時事・法規＋心理・原理	公開状況	問題：公開　解答：公開　配点：公開

傾向 & 対策

●教育原理，教育心理，教育法規，教育時事で構成。●教育時事は，「令和の日本型学校教育」に関する中央教育審議会答申（2021年1月），「教育の情報化に関する手引（追補版）」（2020年6月）の空欄補充問題と，教育諸課題（STEAM教育，夜間中学など）の正誤判定問題。「学校安全」に関する問題では，「『生きる力』をはぐくむ学校での安全教育」（2019年3月）と学校保健安全法及び同法施行規則がベースに。●教育法規では，2022年4月施行の教育職員等による児童生徒性暴力等の防止等に関する法律，2021年9月施行の医療的ケア児及びその家族に対する支援に関する法律が問われた。●教育原理は，コミュニティ・スクール。●教育心理は，児童生徒理解に関する用語解説の正誤判定問題と，ピアジェの認知的発達段階。

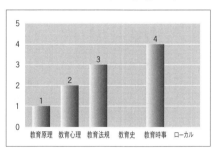

出題領域

教育原理	教育課程・学習指導要領		総　則		特別の教科　道徳	
	外国語・外国語活動		総合的な学習(探究)の時間		特別活動	
	学習指導		生徒指導		学校・学級経営	1
	特別支援教育	↓心理法規	人権・同和教育		その他	
教育心理※	発達	2	学　習		性格と適応	1
	カウンセリングと心理療法	1	教育評価	1	学級集団	
教育法規	教育の基本理念		学校教育	1	学校の管理と運営	
	児童生徒		教職員	1	特別支援教育	1
教育史	日本教育史		西洋教育史			
教育時事	答申・統計	4	ローカル			

※表中の数字は，解答数
※選択肢の出題領域が複数にわたる場合は，それぞれの項目に加算するためグラフの数とは異なる

全校種共通

☞解答&解説 p.90

1 次の(1), (2)の問いに答えなさい。答えは①～⑤のうちから1つ選びなさい。

(1) 次の文は，教育基本法第6条の条文である。空欄（ ア ）～（ エ ）に当てはまる語句として，正しいものの組合せはどれか。

　第6条　法律に定める学校は，（ ア ）を有するものであって，国，地方公共団体及び法律に定める法人のみが，これを設置することができる。

　　2　前項の学校においては，教育の（ イ ）が達成されるよう，教育を受ける者の心身の発達に応じて，（ ウ ）な教育が組織的に行われなければならない。この場合において，教育を受ける者が，学校生活を営む上で必要な規律を重んずるとともに，自ら進んで学習に取り組む（ エ ）を高めることを重視して行われなければならない。

① ㈠公の性質　㈡目標　㈢体系的　㈣意欲

② ㈠独自性　㈡目標　㈢体系的　㈣能力

③ ㈠公の性質　㈡目的　㈢体系的　㈣意欲

④ ㈠独自性　㈡目的　㈢主体的　㈣能力

⑤ ㈠公の性質　㈡目的　㈢主体的　㈣意欲

(2) 教育職員等による児童生徒性暴力等の防止等に関する法律の内容として，正しいものの組合せはどれか。

ア　この法律において，児童生徒等とは，学校に在籍する20歳未満の者をいう。

イ　教育職員等による児童生徒性暴力等の防止等に関する施策は，児童生徒等が安心して学習その他の活動に取り組むことができるよう，学校の内外を問わず教育職員等による児童生徒性暴力等を根絶することを旨として行われなければならない。

ウ　公立学校の教育職員等の任命権者は，基本理念にのっとり，児童生徒性暴力等をした教育職員等に対する適正かつ厳格な懲戒処分の実施の徹底を図るものとする。

エ　所轄警察署は，教育職員等による児童生徒性暴力等を早期に発見するため，児童生徒等及び教育職員等に対する定期的な調査その他の必要な措置を講ずるものとする。

オ　国は，児童生徒性暴力等を行ったことにより教員免許状が失効又は取上げとなった者の氏名，その免許状の失効又は取上げの事由や原因となった事実等に関する情報に係るデータベースの整備その他の教員免許状が失効又は取上げとなった者に関する正確な情報を把握するために必要な措置を講ずるものとする。

① アイウ　② アウエ　③ アエオ　④ イウオ

⑤ イエオ

2 次の(1), (2)の問いに答えなさい。答えは①～⑤のうちから1つ選びなさい。

(1) 児童生徒理解に関する用語の説明として，適切なものの組合せはどれか。

ア　「ラポール」とは，心理療法を行う治療者とこれを受ける相談者との間に親密な信頼関係があり，心の通い合った状態にあることである。

イ　「知能検査」は，児童生徒の知能の水準や知的能力の特徴を理解し，個々に適し

た学習方法や指導法につなげていくために用いられる心理検査の一つである。

ウ 「場面緘黙」とは，本人の意思に反して顔をしかめたり短い叫び声をあげたりするなど，体の一部の神経が勝手に繰り返し動いてしまうといった症状が現れる状態のことである。

エ 生徒指導における「アセスメント」とは，解決すべき問題や課題のある事例（事象）の家族や地域，関係者などの情報から，なぜそのような状態に至ったのか，児童生徒の示す行動の背景や要因について，情報を収集して系統的に分析し，明らかにしようとするものである。

オ 「自閉スペクトラム症」とは，思考や行動，感情をまとめていく能力が長期間にわたって低下し，幻覚，妄想，ひどくまとまりのない行動が見られる病態のことである。

① アイウ　　② アイエ　　③ アエオ　　④ イウエ
⑤ イウオ

(2) 次の表は，スイスの心理学者ピアジェ（Piaget.J.）の認知的発達の段階とその内容の一部である。表中の空欄（ ア ）〜（ ウ ）に当てはまる語句の組み合わせとして，最も適切なものはどれか。

段階	内容
感覚運動期	感覚に支配される行動から，自分の周囲環境に興味をもち，環境に適応した行動ができるようになる段階。（ ア ）や対象物の永続性などの認知機能を獲得する。
前操作期	表象や象徴機能が発達し，対象を心の中で操作することが可能になる段階。この頃の思考は，（ イ ）が目立つ。
具体的操作期	脱中心化によって，客観的に物事を捉えられるようになる段階。（ ウ ）を獲得する。

① (ア)可逆性　　　　(イ)自己中心性　　(ウ)アニミズム
② (ア)論理的思考　　(イ)可逆性　　　　(ウ)保存の概念
③ (ア)循環反応　　　(イ)自己中心性　　(ウ)保存の概念
④ (ア)可逆性　　　　(イ)アニミズム　　(ウ)自己中心性
⑤ (ア)循環反応　　　(イ)可逆性　　　　(ウ)アニミズム

3 次の(1)〜(6)の問いに答えなさい。答えは①〜⑤のうちから1つ選びなさい。

(1) 医療的ケア児及びその家族に対する支援に関する法律についての説明として，正しいものの組合せはどれか。

ア この法律が制定された目的は，医療的ケア児の健やかな成長を図るとともに，その家族の離職を防止し，安心して子どもを生み，育てることができる社会の実現に寄与することである。

イ 医療的ケア児は年々減少しているが，人権の観点から法律が制定された。

ウ 医療的ケアを行う看護職員が配置されていないなど，医療的ケアに対応した環境や体制が整っていなければ，学校は医療的ケアが必要な児童生徒の入学や転入学を拒否しなければならない。

エ　医療的ケアは，特別支援学校でのみ行うことが認められている。

オ　医療的ケア児の自立を促す観点からも，保護者に対し，付添いの協力を求めることについては，真に必要と考えられる場合に限るよう努めるべきである。

①　アエ　　②　アオ　　③　イウ　　④　イオ　　⑤　ウエ

(2) 学校安全に関する記述について，正しいものの組合せはどれか。

ア　各学校において，児童生徒等や学校，地域の実態に合わせて，児童生徒等の発達の段階にとらわれることなく，学校の特色を活かした目標や指導の重点を計画し，教育課程を編成・実施していくことが重要である。

イ　学校においては，火災，地震，不審者侵入時の対応などの避難訓練をそれぞれ年1回以上，実施しなくてはならないことが学校保健安全法に定められている。

ウ　学校保健安全法施行規則で定められた安全点検は，他の法令に基づくもののほか，毎学期1回以上，児童生徒等が通常使用する施設及び設備の異常の有無について系統的に行わなければならない。

エ　学校における安全管理は，児童生徒等の心身状態の管理及び様々な生活や行動の管理からなる対人管理，さらには学校の環境の管理である対物管理から構成される。

オ　学校保健安全法において，児童生徒等の安全の確保を図るため，学校安全計画の策定を義務付けているが，危機等発生時に職員がとるべき措置の具体的内容及び手順を定める危険等発生時対処要領については，策定が任意であり，必要に応じて作成することとなっている。

①　アイ　　②　アウ　　③　イオ　　④　ウエ　　⑤　エオ

(3) 教育諸課題に対する取組について，正しいものの組合せはどれか。

ア　STEAM教育とは，一般的に，Science, Technology, Engineering, Arts, Mathematicsの5つの分野を1つにまとめ新しい教科を設定し，教育を実践していくことである。

イ　OECDが行っている国際的な学習到達度に関するPISA調査は，日本では，義務教育終了段階の15歳の生徒を対象に，読解リテラシー，数学的リテラシー，科学的リテラシーの3分野について行われている。

ウ　改訂された学習指導要領の目標に準拠し，観点別学習状況の評価は，各教科（各教科・科目）等を通じて，「知識・技能（技術）」，「思考・判断・表現」，「主体的に学習に取り組む態度」，「興味・関心」の4観点に整理された。

エ　国際バカロレアの教育プログラムは，国際的な視野を持つ人間の育成を目指しており，現在，国内でも普及・拡大が推進され，そのディプロマ・プログラムの資格取得者は大学の入学試験の合格者として国際的に認められている。

オ　夜間中学とは，公立中学校における夜間学級のことであり，全ての都道府県に少なくとも1校は設置・充実が図られるように取組が推進されている。

①　アイ　　②　アウ　　③　イオ　　④　ウエ　　⑤　エオ

(4) コミュニティ・スクール（学校運営協議会制度）について，正しいものの組合せはどれか。

ア　小・中学校において学校運営協議会を設置する際は，1つの市町村につき1つの

協議会を設置することとし，PTAの代表者や地域の自治会長など，地域の代表者が参加する。

イ　学校運営協議会は，校長の作成する「学校運営の基本方針の承認」を通じて，育てたい子供像や目指す学校像等に関する学校運営のビジョンを共有する。

ウ　学校運営協議会は，広く地域住民等の意見を反映させる観点から，当該学校の運営全般について，教育委員会又は校長に対して主体的に意見を申し出ることができる。

エ　教職員の採用その他の任用に関する事項については，機密情報の管理や個人情報保護の観点から，学校運営協議会において，任命権者に意見を述べることは認められていない。

オ　平成29年度以降，学校運営協議会の設置が教育委員会の努力義務になったことにより，全国のコミュニティ・スクールの導入率が大幅に上がり，令和3年5月時点で，全国の3割を超える公立学校が導入している。

① アイウ　　② アエオ　　③ イウオ　　④ イエオ
⑤ アイエ

(5) 次の文は，「『令和の日本型学校教育』の構築を目指して」（令和3年1月26日　中央教育審議会）における総論5.『令和の日本型学校教育』の構築に向けたICTの活用に関する基本的な考え方」の一部（抜粋）である。文中の空欄（ア）～（エ）に当てはまる語句の組合せとして，正しいものはどれか。

ICTが必要不可欠なツールであるということは，社会構造の変化に対応した教育の質の向上という文脈に位置付けられる。すなわち，子供たちの多様化が進む中で，（ア）を実現する必要があること，情報化が加速度的に進む（イ）時代に向けて，（ウ）など学習の基盤となる資質・能力を育む必要があること，少子高齢化，人口減少という我が国の人口構造の変化の中で，地理的要因や地域事情にかかわらず学校教育の質を保障すること，災害や感染症等の発生などの緊急時にも教育活動の継続を可能とすること，教師の長時間勤務を解消し学校の（エ）を実現することなど，これら全ての課題に対し，ICTの活用は極めて大きな役割を果たし得るものである。

① (ア)個別最適な学び　(イ)SDGs　　　　(ウ)言語能力　　(エ)多忙化解消
② (ア)協働的な学び　　(イ)SDGs　　　　(ウ)言語能力　　(エ)働き方改革
③ (ア)個別最適な学び　(イ)Society5.0　(ウ)言語能力　　(エ)働き方改革
④ (ア)協働的な学び　　(イ)Society5.0　(ウ)情報活用能力　(エ)多忙化解消
⑤ (ア)個別最適な学び　(イ)Society5.0　(ウ)情報活用能力　(エ)働き方改革

(6) 次の文は，「教育の情報化に関する手引（追補版）」（令和2年6月　文部科学省）で示されている「教員のICT活用指導力チェックリスト」についての記述の一部（抜粋）である。文中の空欄（ア）～（エ）に当てはまる語句の組合せとして，正しいものはどれか。

「C　児童生徒のICT活用を指導する能力」は，（ア）である児童生徒がICTを活用して学習を進めることができるよう教師が指導する能力についての大項目である。児童生徒がICTの基本的な（イ）を身に付けることや，ICTを学習の（ウ）のひ

群馬県

89

とつとして使いこなし，学習に必要とする情報を（エ）したり，正しく理解したり，創造したり，互いの考えを共有することなどは，児童生徒にとって必要な能力である。そこで，児童生徒がICTを活用して効果的に学習を進めることができるよう教師が指導する能力を大項目の一つとしている。

① (ア)学習の主体　(イ)知識　　　(ウ)ツール　(エ)収集・選択
② (ア)評価の対象　(イ)操作技能　(ウ)目的　　(エ)発信・伝達
③ (ア)評価の対象　(イ)知識　　　(ウ)目的　　(エ)収集・選択
④ (ア)学習の主体　(イ)知識　　　(ウ)ツール　(エ)発信・伝達
⑤ (ア)学習の主体　(イ)操作技能　(ウ)ツール　(エ)収集・選択

解答＆解説

1 **解答** (1)—① 　(2)—④

解説 (1)教育基本法第6条を参照。「学校教育」の規定。

(2)教育職員等による児童生徒性暴力等の防止等に関する法律を参照。同法は，「児童生徒性暴力等」などの定義のほか，児童生徒性暴力等の禁止，基本理念（学校の内外を問わず教育職員等による児童生徒性暴力等の根絶等），児童生徒性暴力等の防止・早期発見・対処に関する措置（データベースの整備等），特定免許状失効者等に対する免許状授与の特例等について規定されており，2021年6月4日公布，一部を除き2022年4月1日施行。

イ：第4条第2項を参照。「基本理念」の規定。

ウ：第7条第2項を参照。「任命権者等の責務」の規定。

オ：第15条第1項を参照。「データベースの整備等」の規定。

ア：第2条第2項を参照。児童生徒等の「定義」の規定。「20歳未満」ではなく「18歳未満」。

エ：第17条第1項を参照。「教育職員等による児童生徒性暴力等の早期発見のための措置」の規定。「所轄警察署」ではなく「学校の設置者及びその設置する学校」。

2 **解答** (1)—② 　(2)—③

解説 (1)ウ：「場面緘黙」ではなく「チック」の説明。

オ：「自閉スペクトラム症」ではなく「統合失調症」の説明。

(2)ア：循環反応とは，子どもが何らかの運動をすると感覚が芽生え，その感覚がさらに次の運動を引き起こすような，感覚と運動の反復活動を指す。

イ：自己中心性は，思考が対象のある側面に縛られ，一貫した論理的思考が不可能な状態。自他の区別ができないため，山の模型を見ても，自分とは別のところから見ている友達も同じ風景を見ていると考えてしまう（三つ山課題）。

ウ：保存の概念は，数，量，重さ，面積，体積など，物質の見かけの形が変わっても同一であるとする概念で，可逆的思考が可能となる具体的操作期の特徴の一つ。

3 **解答** (1)―② 　　(2)―④ 　　(3)―③ 　　(4)―③ 　　(5)―⑤ 　　(6)―㋕

解説 (1)医療的ケア児及びその家族に対する支援に関する法律を参照。同法は，医療技術の進歩に伴い医療的ケア児が増加するとともにその実態が多様化し，医療的ケア児及びその家族が個々の医療的ケア児の心身の状況等に応じた適切な支援を受けられるようにすることが重要な課題となっていることに鑑み，医療的ケア児及びその家族に対する支援について定めたもの。国や地方公共団体，学校の設置者の責務が規定されている。2021年6月18日公布，同年9月18日施行。

ア：第1条を参照。この法律の「目的」の規定。

オ：文部科学省「医療的ケア児及びその家族に対する支援に関する法律の施行について（通知）」（2021年9月17日）の「(4)教育を行う体制の拡充等（第10条関係）」を参照。

イ：第1条を参照。この法律の「目的」の規定。「医療技術の進歩に伴い医療的ケア児が増加するとともにその実態が多様化」していることは，同条の中で示されている。

ウ：第10条第2項を参照。「教育を行う体制の拡充等」の規定。「学校の設置者は，その設置する学校に在籍する医療的ケア児が保護者の付添いがなくても適切な医療的ケアその他の支援を受けられるようにするため，看護師等の配置その他の必要な措置を講ずる」ことが求められている。

エ：第7条を参照。「学校の設置者の責務」の規定。学校は「学校教育法第1条に規定する幼稚園，小学校，中学校，義務教育学校，高等学校，中等教育学校及び特別支援学校」と定義されている。

(2)ウ：学校保健安全法施行規則第28条第1項を参照。「安全点検」の規定。

エ：文部科学省「学校安全資料『生きる力』をはぐくむ学校での安全教育」（2019年3月）の「第1章　総説」「第2節　学校安全の考え方」「1　学校安全の定義」「(2)学校における安全教育と安全管理」の②を参照。

ア：文部科学省「学校安全資料『生きる力』をはぐくむ学校での安全教育」（2019年3月）の「第2章　学校における安全教育」「第1節　安全教育の目標」の冒頭のポイントを参照。「各学校においては，児童生徒等や学校，地域の実態及び児童生徒等の発達の段階を考慮して学校の特色を生かした目標や指導の重点を計画し，教育課程を編成・実施していくことが重要である」と示されている。

イ：学校保健安全法に避難訓練についての規定はない。

オ：危険等発生時対処要領の作成は義務である。学校保健安全法第29条を参照。「危険等発生時対処要領の作成等」の規定。

(3)イ：文部科学省・国立教育政策研究所「OECD 生徒の学習到達度調査2018年調査（PISA2018）のポイント」（2019年12月3日）の「PISA2018について」「結果概要」を参照。

オ：政府広報オンライン「さまざまな事情により，中学校で勉強することができなかった人へ『夜間中学を知っていますか？』」を参照。

ア：中央教育審議会答申「『令和の日本型学校教育』の構築を目指して　～全て

群馬県

の子供たちの可能性を引き出す，個別最適な学びと，協働的な学びの実現〜」（2021年1月26日，同年4月22日更新）の「第Ⅱ部　各論」「3．新時代に対応した高等学校教育等の在り方について」「(4)STEAM教育等の教科等横断的な学習の推進による資質・能力の育成」を参照。STEAM教育は「各教科での学習を実社会での問題発見・解決にいかしていくための教科横断的な教育」と示されている。

ウ：文部科学省「小学校，中学校，高等学校及び特別支援学校等における児童生徒の学習評価及び指導要録の改善等について（通知）」（2019年3月29日）の「2．学習評価の主な改善点について」を参照。評価の観点は，「知識・技能」「思考・判断・表現」「主体的に学習に取り組む態度」の3つに整理された。

エ：「大学の入学試験の合格者」ではなく「大学入学資格」。

(4)イ：文部科学省「コミュニティ・スクール2018　〜地域とともにある学校づくりを目指して〜」の「コミュニティ・スクールの主な3つの機能」「校長が作成する学校運営の基本方針を承認する」を参照。

ウ：文部科学省「コミュニティ・スクール2018　〜地域とともにある学校づくりを目指して〜」の「コミュニティ・スクールの主な3つの機能」「学校運営について，教育委員会又は校長に意見を述べることができる」を参照。

オ：文部科学省「令和4年度　コミュニティ・スクール及び地域学校協働活動実施状況について」の「2　調査結果」「(1)コミュニティ・スクールの導入状況」を参照。全国の公立学校におけるコミュニティ・スクールの数は15,221校（導入率42.9％）で，前年度から3,365校増加（導入率9.6ポイント増加）。

ア：地方教育行政の組織及び運営に関する法律第47条の5第1項を参照。「学校運営協議会」の規定。学校運営協議会は学校ごとに置かれる。

エ：地方教育行政の組織及び運営に関する法律第47条の5第7項を参照。「学校運営協議会」の規定。教職員の任用について意見を述べることは認められている。

(5)中央教育審議会答申「『令和の日本型学校教育』の構築を目指して　〜全ての子供たちの可能性を引き出す，個別最適な学びと，協働的な学びの実現〜」（2021年1月26日，同年4月22日更新）の「第Ⅰ部　総論」「5．『令和の日本型学校教育』の構築に向けたICTの活用に関する基本的な考え方」を参照。

(6)文部科学省「教育の情報化に関する手引（追補版）」（2020年6月）の「第6章　教師に求められるICT活用指導力等の向上」「第1節　教師に求められるICT活用指導力等」「2．教員のICT活用指導力チェックリスト」を参照。

埼玉県／さいたま市

実施日	2022（令和4）年7月10日	試験時間	60分（一般教養を含む）
出題形式	マークシート式	問題数	18題（解答数18）
パターン	法規・時事・原理＋心理・教育史	公開状況	問題：公開　解答：公開　配点：公開

傾向＆対策
●教育法規と教育時事で教職教養全体の7割以上を占める。●最も解答数の多い教育法規は，教育基本法，学校教育法など頻出条文の空欄補充問題が定番。出題分野を問わず必出の特別支援教育では，障害者基本法及び障害者の権利に関する条約が問われた。●教育時事は，教育データに関する正誤判定問題が必出で，2年連続で「特別支援教育資料（令和2年度）」（2021年10月）より，通級による指導の状況について。このほか「第3期教育振興基本計画」（2018年6月），「不登校児童生徒への支援の在り方」に関する文部科学省通知（2019年10月），「学校評価ガイドライン」（2016年3月），ICT環境に関する文部科学大臣メッセージ（2019年12月）。●教育原理は，学習指導要領「総則」と，『生徒指導提要』より。

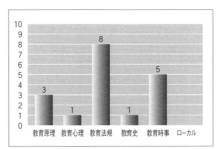

出題領域

教育原理	教育課程・学習指導要領		総　則	1	特別の教科　道徳	
	外国語・外国語活動		総合的な学習（探究）の時間		特別活動	
	学習指導		生徒指導	2	学校・学級経営	
	特別支援教育	↓法規時事	人権・同和教育		その他	
教育心理	発　達		学　習		性格と適応	
	カウンセリングと心理療法		教育評価	1	学級集団	
教育法規※	教育の基本理念	1	学校教育	1	学校の管理と運営	
	児童生徒	4	教職員	1	特別支援教育	3
教育史	日本教育史		西洋教育史	1		
教育時事	答申・統計	5	ローカル			

※表中の数字は，解答数
※選択肢の出題領域が複数にわたる場合は，それぞれの項目に加算するためグラフの数とは異なる

全校種共通　☞ 解答＆解説 p.99

1 次の文中の　①　に入る人物名として正しいものを，下の1〜4の中から1つ選びなさい。

　スウェーデンの教育者で思想家の　①　が著した『児童の世紀（子どもの世紀）』は，新教育運動とその子ども観の特質である「児童から（子どもから）」思想に大きな影響を与えた。

1　コメニウス　　2　ケイ　　3　シュタイナー　　4　フレーベル

2 次の文中の　①　に入る語句として適切なものを，下の1〜4の中から1つ選びなさい。

　ローゼンタールらは，教師が子どもに対して抱く期待が子どもに伝わり，教師の期待に沿う形で子どもの行動が形成されていくという研究結果を発表した。この現象は，　①　と呼ばれている。

1　外発的動機づけ　　2　オペラント条件づけ　　3　適性処遇交互作用

4　ピグマリオン効果

3 次は，「教育基本法　第4条」の全文です。文中の　①　，　②　にあてはまる語句の組み合わせとして正しいものを，下の1〜4の中から1つ選びなさい。

　すべて国民は，ひとしく，その能力に応じた教育を受ける　①　を与えられなければならず，人種，信条，性別，社会的身分，経済的地位又は門地によって，教育上差別されない。

2　国及び地方公共団体は，障害のある者が，その障害の状態に応じ，十分な教育を受けられるよう，教育上必要な支援を講じなければならない。

3　国及び地方公共団体は，能力があるにもかかわらず，経済的理由によって修学が困難な者に対して，　②　の措置を講じなければならない。

　　1　①機会　　②助成

　　2　①権利　　②助成

　　3　①機会　　②奨学

　　4　①権利　　②奨学

4 次は，「地方公務員法　第30条」の全文です。文中の　①　，　②　にあてはまる語句の組み合わせとして正しいものを，下の1〜4の中から1つ選びなさい。

　すべて職員は，　①　の奉仕者として　②　の利益のために勤務し，且つ，職務の遂行に当つては，全力を挙げてこれに専念しなければならない。

1　①全体　　②公共

2　①全体　　②地域

3　①住民　　②公共

4　①住民　　②地域

5 次は，「学校教育法　第11条」の全文です。文中の　①　〜　③　にあてはまる語句の組み合わせとして正しいものを，下の1〜4の中から1つ選びなさい。

　校長及び教員は，教育上必要があると認めるときは，　①　の定めるところにより，

児童，生徒及び学生に　②　を加えることができる。ただし，　③　を加えることはできない。

1　①文部科学大臣　　②体罰　　③懲戒
2　①文部科学大臣　　②懲戒　　③体罰
3　①教育委員会　　　②体罰　　③懲戒
4　①教育委員会　　　②懲戒　　③体罰

6　次は，「学校教育法　第31条」の全文です。文中の　①　，　②　にあてはまる語句の組み合わせとして正しいものを，下の1～4の中から1つ選びなさい。

　小学校においては，前条第1項の規定による目標の達成に資するこう，教育指導を行うに当たり，児童の体験的な学習活動，特に　①　活動など社会奉仕体験活動，自然体験活動その他の体験活動の充実に努めるものとする。この場合において，　②　関係団体その他の関係団体及び関係機関との連携に十分配慮しなければならない。

1　①地域貢献　　　　②社会教育
2　①ボランティア　　②地域福祉
3　①ボランティア　　②社会教育
4　①地域貢献　　　　②地域福祉

7　次は，「学校保健安全法」の一部です。文中の　①　，　②　にあてはまる語句の組み合わせとして正しいものを，下の1～4の中から1つ選びなさい。

（出席停止）
第19条　校長は，感染症にかかつており，かかつている疑いがあり，又はかかるおそれのある児童生徒等があるときは，制令で定めるところにより，出席を停止　①　。

（臨時休業）
第20条　学校の設置者は，感染症の予防上必要があるときは，臨時に，学校の全部又は一部の休業を　②　。

　1　①させなければならない　　②行わなくてはならない
　2　①させなければならない　　②行うことができる
　3　①させることができる　　　②行わなくてはならない
　4　①させることができる　　　②行うことができる

8　次は，「いじめ防止対策推進法　第16条」の全文です。文中の　①　，　②　にあてはまる語句の組み合わせとして正しいものを，下の1～4の中から1つ選びなさい。

　学校の設置者及びその設置する学校は，当該学校におけるいじめを早期に発見するため，当該学校に在籍する児童等に対する定期的な　①　その他の必要な措置を講ずるものとする。

　2　国及び地方公共団体は，いじめに関する通報及び相談を受け付けるための体制の整備に必要な施策を講ずるものとする。

　3　学校の設置者及びその設置する学校は，当該学校に在籍する児童等及びその保護者並びに当該学校の教職員がいじめに係る相談を行うことができる体制（次項において「相談体制」という。）を整備するものとする。

　4　学校の設置者及びその設置する学校は，相談体制を整備するに当たっては，家庭，

地域社会等との連携の下，いじめを受けた児童等の教育を受ける権利その他の ② が擁護されるよう配慮するものとする。

1　①調査　　②基本的人権

2　①調査　　②権利利益

3　①面談　　②基本的人権

4　①面談　　②権利利益

9 次は，「第3期教育振興基本計画」（平成30年6月15日　閣議決定）の「第1部　我が国における今後の教育政策の方向性　Ⅳ．今後の教育政策に関する基本的な方針」の一部です。文中の ① ～ ③ にあてはまる語句の組み合わせとして正しいものを，下の1～4の中から1つ選びなさい。

（多様なニーズに対応した教育機会の提供）

○　一人一人が豊かな生活を送り，また，公平公正で活力ある社会を実現する上で，障害の有無や， ① 指導の必要性， ② や高校中退など，多様な観点からのニーズに対応した教育機会の提供が必要である。また，教育の場において，個人の性的指向や ③ の多様性に適切に配慮することも求められる。

1　①日本語　　②不登校　　③性自認

2　①日本語　　②未就学　　③民族

3　①適応　　　②未就学　　③性自認

4　①適応　　　②不登校　　③民族

10 次は，「小学校学習指導要領」（平成29年告示）の「第1章　総則　第2　教育課程の編成」の一部です。文中の ① ～ ③ にあてはまる語句の組み合わせとして正しいものを，下の1～4の中から1つ選びなさい。

各学校においては，児童や学校，地域の実態及び児童の発達の段階を考慮し，豊かな ① の実現や ② 等を乗り越えて次代の社会を形成することに向けた現代的な諸課題に対応して求められる資質・能力を， ③ 的な視点で育成していくことができるよう，各学校の特色を生かした教育課程の編成を図るものとする。

1　①人生　　②環境問題　　③課題解決

2　①人生　　②災害　　　　③教科等横断

3　①生活　　②災害　　　　③課題解決

4　①生活　　②環境問題　　③教科等横断

11 次は，「障害者基本法　第16条」の一部です。文中の ① ～ ③ にあてはまる語句の組み合わせとして正しいものを，下の1～4の中から1つ選びなさい。

国及び地方公共団体は，障害者が，その年齢及び能力に応じ，かつ，その特性を踏まえた十分な教育が受けられるようにするため， ① 障害者である児童及び生徒が障害者でない児童及び生徒と共に教育を受けられるよう配慮しつつ，教育の内容及び方法の改善及び充実を図る等必要な施策を講じなければならない。

2　国及び地方公共団体は，前項の目的を達成するため，障害者である児童及び生徒並びにその保護者に対し十分な情報の提供を行うとともに， ① その意向を尊重しなければならない。

3　国及び地方公共団体は，障害者である児童及び生徒と障害者でない児童及び生徒との交流及び　②　を積極的に進めることによつて，その　③　を促進しなければならない。

1　①合理的な範囲で　　②協調学習　　③相互理解
2　①合理的な範囲で　　②共同学習　　③成長
3　①可能な限り　　　　②共同学習　　③相互理解
4　①可能な限り　　　　②協調学習　　③成長

12　次は，「障害者の権利に関する条約　第24条」（和文）の一部です。文中の　①　～　③　にあてはまる語句の組み合わせとして正しいものを，下の1～4の中から1つ選びなさい。

1　締約国は，教育についての障害者の権利を認める。締約国は，この権利を差別なしに，かつ，　①　を基礎として実現するため，障害者を包容するあらゆる段階の　②　及び　③　を確保する。当該　②　及び　③　は，次のことを目的とする。

1　①機会の均等　　②教育制度　　③生涯学習
2　①機会の均等　　②学校教育　　③生涯教育
3　①合理的配慮　　②学校教育　　③生涯学習
4　①合理的配慮　　②教育制度　　③生涯教育

13　次の文は，「特別支援教育資料（令和2年度）」（令和3年10月　文部科学省初等中等教育局特別支援教育課）をもとに，義務教育段階における特別支援学校，特別支援学級，通級による指導の状況を説明したものです。文中の　①　～　③　にあてはまる数字の組み合わせとして正しいものを，下の1～4の中から1つ選びなさい。

令和2年5月1日現在，義務教育段階において特別支援学校に在籍する児童生徒は　①　人，特別支援学級に在籍する児童生徒は　②　人である。また，令和元年5月1日現在，義務教育段階において通級による指導を受けている児童生徒は，　③　人である。

1　①133,398　　②76,922　　③302,473
2　①133,398　　②302,473　　③76,922
3　①76,922　　②133,398　　③302,473
4　①76,922　　②302,473　　③133,398

14　次の文は，「生徒指導提要」（平成22年3月　文部科学省）の一部です。文中の　①　～　③　にあてはまる語句の組み合わせとして正しいものを，下の1～4の中から1つ選びなさい。

児童生徒の　①　に対する指導や，学校・学級の集団全体の安全を守るために管理や指導を行う部分は　②　の領域である一方，指導を受けた児童生徒にそのことを自分の課題として受け止めさせ，問題がどこにあるのか，今後どのように行動すべきかを主体的に考え，行動につなげるようにするには，　③　における面接の技法や，発達心理学，臨床心理学の知見が，指導の効果を高める上でも重要な役割を果たし得ます。

1　①逸脱行動　　②生活指導　　③教育相談
2　①逸脱行動　　②生徒指導　　③カウンセリング

埼玉県／さいたま市

3　①問題行動　　②生徒指導　　③教育相談

4　①問題行動　　②生活指導　　③カウンセリング

15 次の文は，「不登校児童生徒への支援の在り方について（通知）」（令和元年10月25日　文部科学省）の一部です。文中の　①　，　②　にあてはまる語句の組み合わせとして正しいものを，下の1～4の中から1つ選びなさい。

8．児童生徒の立場に立った柔軟な　①　や転校等の対応

いじめが原因で不登校となっている場合等には，いじめを絶対に許さないき然とした対応をとることがまずもって大切であること。また，いじめられている児童生徒の緊急避難としての　②　が弾力的に認められてもよく，そのような場合には，その後の学習に支障がないよう配慮が求められること。そのほか，いじめられた児童生徒又はその保護者が希望する場合には，柔軟に　①　や転校の措置を活用することが考えられること。

1　①学級替え　　②別室登校

2　①学級替え　　②欠席

3　①自宅学習　　②欠席

4　①自宅学習　　②別室登校

16 次の文は，「生徒指導提要」（平成22年3月　文部科学省）の一部です。文中の　①　～　③　にあてはまる語句の組み合わせとして正しいものを，下の1～4の中から1つ選びなさい。

学校全体で進める生徒指導とは，学校の中だけで完結するものではありません。家庭や地域社会及び関係機関等との連携・協力を密にし，児童生徒の　①　を広い視野から考える開かれた生徒指導の推進を図ることが重要です。そのためには，保護者との間で学校だよりや学級・学年通信等，あるいはPTAの会報，保護者会などにより相互の　②　を深めることが大切であり，また，　③　や関係機関等との懇談会を通して　②　と連携を深めるなどの取組が必要です。学校が中心となって生徒指導を進めていくことは当然のことですが，家庭や地域の力を活用できれば，より豊かな生徒指導を進めていくことができます。

1　①成長発達　　②交流　　　　③学校運営協議会

2　①成長発達　　②意見交換　　③地域懇談会

3　①健全育成　　②意見交換　　③学校運営協議会

4　①健全育成　　②交流　　　　③地域懇談会

17 次の文は，「学校評価ガイドライン」（平成28年改訂　文部科学省）の一部です。文中の　①　，　②　にあてはまる語句の組み合わせとして正しいものを，下の1～4の中から1つ選びなさい。

○　自己評価や　①　評価を最大限有効に活用し，学校運営の改善をより確実に進めていくためには，これらの評価に加えて，学校運営の質を確認するとともに，学校の優れた取組や改善すべき課題などを学校や設置者等が改めて認識できるような取組を行うことが重要である。

このため，学校教育法に規定されている学校評価の一環として，学校とその設置者

が実施者となり，「第三者評価」として次のような評価を実施していくことが有効である。

- 保護者や地域住民による評価とは異なる，学習指導や学校のマネジメント等について ② 性を有する者による ② 的視点からの評価
- 各学校と直接の関係を有しない者による，当該学校の教職員や保護者等とは異なる立場からの評価

1　①地域関係者　　②公益
2　①学校関係者　　②専門
3　①学校関係者　　②公益
4　①地域関係者　　②専門

18 次の文は，文部科学大臣メッセージ「子供たち一人ひとりに個別最適化され，創造性を育む教育ICT環境の実現に向けて」（令和元年12月19日）の一部です。文中の ① ～ ③ にあてはまる語句の組み合わせとして正しいものを，下の1～4の中から1つ選びなさい。

　この新たな教育の技術革新は，多様な子供たちを誰一人 ① ことのない公正に個別最適化された学びや創造性を育む学びにも寄与するものであり，特別な支援が必要な子供たちの可能性も大きく広げるものです。

　また，1人1台端末の整備と併せて，統合型校務支援システムをはじめとしたICTの導入・運用を加速していくことで，授業準備や成績処理等の負担軽減にも資するものであり，学校における働き方改革にもつなげていきます。

　忘れてはならないことは，ICT環境の整備は手段であり目的ではないということです。子供たちが変化を前向きに受け止め，豊かな創造性を備え， ② 社会の創り手として，予測不可能な未来社会を自立的に生き，社会の形成に参画するための資質・能力を一層確実に育成していくことが必要です。その際，子供たちがICTを適切・安全に使いこなすことができるよう ③ などの情報活用能力を育成していくことも重要です。

1　①落ちこぼれさせる　　②活力ある　　③ネットリテラシー
2　①落ちこぼれさせる　　②持続可能な　　③プログラミング的思考
3　①取り残す　　②持続可能な　　③ネットリテラシー
4　①取り残す　　②活力ある　　③プログラミング的思考

解答&解説

1 解答 2
　解説　2：エレン・ケイ（1849〜1926）は，「教育の最大の秘訣は，教育しないことにある」として，徹底した児童中心主義を主張した。

2 解答 4
　解説　4：ピグマリオン効果は，教師期待効果ともいわれ，親や教師に期待されると，子どもの能力がその方向に変化する現象をいう。

3 解答 3

解説 教育基本法第4条を参照。「教育の機会均等」の規定。

4 解答 1

解説 地方公務員法第30条を参照。「服務の根本基準」の規定。

5 解答 2

解説 学校教育法第11条を参照。「児童・生徒等の懲戒」の規定。

6 解答 3

解説 学校教育法第31条を参照。「児童の体験活動の充実」の規定。

7 解答 4

解説 ①学校保健安全法第19条を参照。感染症予防のための「出席停止」の規定。

②学校保健安全法第20条を参照。感染症予防のための「臨時休業」の規定。

8 解答 2

解説 いじめ防止対策推進法第16条を参照。「いじめの早期発見のための措置」の規定。

9 解答 1

解説 「第3期教育振興基本計画」（2018年6月15日閣議決定）の「第1部　我が国における今後の教育政策の方向性」「Ⅳ．今後の教育政策に関する基本的な方針」「4．誰もが社会の担い手となるための学びのセーフティネットを構築する」「（多様なニーズに対応した教育機会の提供）」を参照。

10 解答 2

解説 小学校学習指導要領（2017年3月31日告示）の「第1章　総則」「第2　教育課程の編成」「2　教科等横断的な視点に立った資質・能力の育成」の(2)を参照。

11 解答 3

解説 障害者基本法第16条第1項〜第3項を参照。「教育」の規定。

12 解答 1

解説 障害者の権利に関する条約第24条第1項を参照。「教育」の規定。

13 解答 4

解説 文部科学省「特別支援教育資料（令和2年度）」（2021年10月）の「第1部　データ編」「1　概要」を参照。

①「(1)特別支援学校の概況（学校設置基準）」（国・公・私立計）を参照。

②「(3)特別支援学級数，特別支援学級在籍者数，担当教員数及び特別支援学級設置学校数」（国・公・私立計）を参照。

③「(4)通級による指導を受けている児童生徒数」（国・公・私立計）を参照。

14 解答 3

解説 『生徒指導提要』（2010年3月）の「第5章　教育相談」「第1節　教育相談の意義」「1　生徒指導と教育相談」を参照。

15 解答 2

解説 文部科学省「不登校児童生徒への支援の在り方について（通知）」（2019年10月25日）の「2　学校等の取組の充実」「(3)不登校児童生徒に対する効果的な支援の充実」「8．児童生徒の立場に立った柔軟な学級替えや転校等の対応」を参照。

16 |解答| 4

|解説| 『生徒指導提要』（2010年3月）の「第1章　生徒指導の意義と原理」「第1節　生徒指導の意義と課題」「2　生徒指導の課題」「(3)学校全体で進める生徒指導」を参照。

17 |解答| 2

|解説| 文部科学省「学校評価ガイドライン〔平成28年改訂〕」（2016年3月22日）の「2.学校評価の実施・公表」「(5)第三者評価」「①第三者評価の特性と意義」を参照。

18 |解答| 3

|解説| 文部科学省「子供たち一人ひとりに個別最適化され，創造性を育む教育ICT環境の実現に向けて　～令和時代のスタンダードとしての1人1台端末環境～《文部科学大臣メッセージ》」（2019年12月19日）を参照。

埼玉県／さいたま市

千葉県・千葉市

実施日	2022(令和4)年7月10日	試験時間	30分（一般教養を含む）
出題形式	マークシート式	問題数	4題（解答数18）
パターン	法規・原理・時事・ローカル＋心理	公開状況	問題：公開　解答：公開　配点：公開

傾向＆対策

●大問は「学習指導要領」「教育法規」「千葉県・千葉市の教育に関する事項」「一般教養（教育時事を含む）」の4題。●最も解答数の多い教育法規は，教育基本法，学校教育法，学校教育法施行規則の空欄補充問題と，子どもの貧困対策の推進に関する法律，いじめ防止対策推進法の正誤判定問題。●教育時事は，「性同一性障害」に関する文部科学省通知（2015年4月），「令和の日本型学校教育」に関する審議まとめ（2021年11月），内閣府「我が国と諸外国の若者の意識に関する調査（平成30年度）」（2019年6月），STEAM教育の用語について。●必出のローカル問題は，昨年度と同じ「第3期千葉県教育振興基本計画」「第2次千葉市学校教育推進計画」「千葉県・千葉市教員等育成指標」。

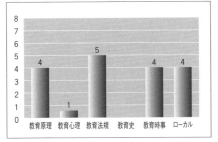

出題領域

領域						
教育原理	教育課程・学習指導要領		総則	3	特別の教科 道徳	
	外国語活動		総合的な学習(探究)の時間		特別活動	
	学習指導		生徒指導		学校・学級経営	
	特別支援教育	1	人権・同和教育	↓時事	その他	
教育心理	発達		学習		性格と適応	
	カウンセリングと心理療法		教育評価	1	学級集団	
教育法規	教育の基本理念		学校教育	1	学校の管理と運営	
	児童生徒	3	教職員	1	その他	
教育史	日本教育史		西洋教育史			
教育時事	答申・統計	4	ローカル	4		

※表中の数字は，解答数
※選択肢の出題領域が複数にわたる場合は，それぞれの項目に加算するためグラフの数とは異なる

全校種共通

☞ 解答＆解説 p.109

1 学習指導要領に関する事項

1 「小学校学習指導要領」の「第1章 総則 第4 児童の発達の支援」に関する内容として，適当でないものを選びなさい。

① 学習や生活の基盤として，教師と児童との信頼関係及び児童相互のよりよい人間関係を育てるため，日頃から学級経営の充実を図ること。

② 主に集団の場面で必要な指導や援助を行うガイダンスと，個々の児童の多様な実態を踏まえ，一人一人が抱える課題に個別に対応した指導を行うカウンセリングのどちらか一方により，児童の発達を支援すること。

③ 児童が，学ぶことと自己の将来とのつながりを見通しながら，社会的・職業的自立に向けて必要な基盤となる資質・能力を身に付けていくことができるよう，特別活動を要としつつ各教科等の特質に応じて，キャリア教育の充実を図ること。

④ 障害のある児童などについては，特別支援学校等の助言又は援助を活用しつつ，個々の児童の障害の状態等に応じた指導内容や指導方法の工夫を組織的かつ計画的に行うものとする。

⑤ 海外から帰国した児童などについては，学校生活への適応を図るとともに，外国における生活経験を生かすなどの適切な指導を行うものとする。

2 次の文は，「中学校学習指導要領」の「第1章 総則 第1 中学校教育の基本と教育課程の役割」の一部である。文中の（ a ）〜（ c ）にあてはまる語句の組合せとして，最も適当なものを選びなさい。

各学校においては，生徒や学校，地域の実態を適切に把握し，教育の目的や目標の実現に必要な教育の内容等を（ a ）な視点で組み立てていくこと，教育課程の実施状況を（ b ）してその改善を図っていくこと，教育課程の実施に必要な（ c ）体制を確保するとともにその改善を図っていくことなどを通して，教育課程に基づき組織的かつ計画的に各学校の教育活動の質の向上を図っていくこと（以下「カリキュラム・マネジメント」という。）に努めるものとする。

① a 教科等横断的　b 評価　c 人的又は物的な

② a 領域横断的　b 評価　c 校務分掌の

③ a 教科等縦断的　b 分析　c 人的又は物的な

④ a 領域横断的　b 分析　c 人的又は物的な

⑤ a 教科等横断的　b 共有　c 校務分掌の

3 次の文は，「高等学校学習指導要領」の「第1章 総則 第2款 1 各学校の教育目標と教育課程の編成」の一部である。文中の（ a ）〜（ c ）にあてはまる語句の組合せとして，最も適当なものを選びなさい。

教育課程の編成に当たっては，学校教育全体や各教科・科目等における指導を通して育成を目指す（ a ）を踏まえつつ，各学校の（ b ）を明確にするとともに，教育課程の編成についての基本的な方針が（ c ）とも共有されるよう努めるものとする。

千葉県・千葉市

103

①	a	知識・技能	b	年間計画	c	社会
②	a	思考・判断・表現	b	指導実践	c	保護者
③	a	資質・能力	b	指導実践	c	家庭や地域
④	a	知識・技能	b	教育目標	c	保護者
⑤	a	資質・能力	b	教育目標	c	家庭や地域

4 「特別支援学校教育要領・学習指導要領解説 自立活動編（幼稚部・小学部・中学部）」の「第3章 自立活動の意義と指導の基本 2 自立活動の指導の基本」に関する内容として，最も適当なものを選びなさい。

① 自立活動の指導は，個々の幼児児童生徒が技能の獲得を目指し，障害による学習上又は生活上の困難を主体的に改善・克服しようとする取組を促す教育活動である。

② 自立活動の指導は，個々の幼児児童生徒の障害の状態や特性及び課題の段階等に即して指導を行うことが基本である。

③ 自立活動の指導計画は個別に作成されることが基本であり，最初から集団で指導することを前提とするものではない点に十分留意することが重要である。

④ 自立活動の指導は，個別指導の形態で行わなければならず，指導目標（ねらい）を達成する上で効果的である場合でも，幼児児童生徒の集団を構成して指導することはできない。

⑤ 自立活動の指導に当たっては，個々の幼児児童生徒の障害の種類に基づき，指導すべき課題を明確にすることによって，個別に指導目標（ねらい）や具体的な指導内容を定めた個別の指導計画が作成されている。

2 教育法規に関する事項

1 次の条文は，「教育基本法」の一部である。条文の（ a ）〜（ c ）にあてはまる語句の組合せとして，最も適当なものを選びなさい。

第5条第2項 義務教育として行われる普通教育は，各個人の有する（ a ）を伸ばしつつ社会において（ b ）に生きる基礎を培い，また，国家及び社会の（ c ）として必要とされる基本的な資質を養うことを目的として行われるものとする。

①	a	能力	b	自立的	c	形成者
②	a	能力	b	健康的	c	一員
③	a	個性	b	積極的	c	形成者
④	a	個性	b	自立的	c	一員
⑤	a	知識	b	健康的	c	形成者

2 次の条文は，「学校教育法」の一部である。条文の（ a ）〜（ c ）にあてはまる語句の組合せとして，最も適当なものを選びなさい。

第35条 市町村の教育委員会は，次に掲げる行為の一又は二以上を繰り返し行う等性行不良であつて他の児童の教育に妨げがあると認める児童があるときは，（ a ）に対して，（ b ）を命ずることができる。

一 他の児童に傷害，（ c ）又は財産上の損失を与える行為

二 職員に傷害又は（ c ）を与える行為

三 施設又は設備を損壊する行為

四　授業その他の教育活動の実施を妨げる行為

　　　① 　a 　当該児童　　　　　b 　出席停止　　　　　c 　身体的苦痛

　　　② 　a 　当該児童　　　　　b 　児童の出席停止　　c 　精神的苦痛

　　　③ 　a 　当該児童　　　　　b 　退学　　　　　　　c 　心身の苦痛

　　　④ 　a 　その保護者　　　　b 　児童の退学　　　　c 　精神的苦痛

　　　⑤ 　a 　その保護者　　　　b 　児童の出席停止　　c 　心身の苦痛

3 　次の条文は，「学校教育法施行規則」の一部である。条文の（ a ），（ b ）にあてはまる語句の組合せとして，最も適当なものを選びなさい。

　　第65条の2 　（ a ）は，小学校における児童の心理に関する支援に従事する。

　　第65条の3 　（ b ）は，小学校における児童の福祉に関する支援に従事する。

　　　① 　a 　スクールカウンセラー　　　　　b 　スクールロイヤー

　　　② 　a 　スクールカウンセラー　　　　　b 　スクールソーシャルワーカー

　　　③ 　a 　養護教諭　　　　　　　　　　　b 　スクールロイヤー

　　　④ 　a 　養護教諭　　　　　　　　　　　b 　スクールソーシャルワーカー

　　　⑤ 　a 　スクールソーシャルワーカー　 b 　スクールカウンセラー

4 　「子どもの貧困対策の推進に関する法律」（令和元年改正）の「第2条」の「基本理念」に関する内容として，適当でないものを選びなさい。

　　① 　子どもの貧困対策は，子どもの貧困の背景に様々な社会的な要因があることを踏まえ，推進されなければならない。

　　② 　子どもの貧困対策は，社会のあらゆる分野において，子どもの年齢及び発達の程度に応じて，その意見が尊重され，その最善の利益が優先して考慮され，子どもが心身ともに健やかに育成されることを旨として，推進されなければならない。

　　③ 　子どもの貧困対策は，子ども等に対する教育の支援，生活の安定に資するための支援，職業生活の安定と向上に資するための就労の支援，経済的支援等の施策を，子どもの現在及び将来がその生まれ育った環境によって左右されることのない社会を実現することを旨として，子ども等の生活及び取り巻く環境の状況に応じて包括的かつ早期に講ずることにより，推進されなければならない。

　　④ 　子どもの貧困対策は，子どもが人生を切り拓いていく力をつけることを目標に，子どもへの教育に特化して推進されなければならない。

　　⑤ 　子どもの貧困対策は，国及び地方公共団体の関係機関相互の密接な連携の下に，関連分野における総合的な取組として行われなければならない。

3 　千葉県・千葉市の教育に関する事項

1 　「第3期千葉県教育振興基本計画　次世代へ光り輝く『教育立県ちば』プラン」（令和2年2月　千葉県／千葉県教育委員会）の「第3章　1 　基本目標1」の「施策4 　共生社会の形成に向けた特別支援教育の推進」として，最も適当なものを選びなさい。

　　① 　ともに楽しめる障害者スポーツの推進

　　② 　全ての教育の出発点である家庭教育への支援

　　③ 　障害のある人の生涯を通じた多様な学習活動の推進

　　④ 　連続性のある「多様な学びの場」と支援の充実

⑤　豊かな情操や道徳心を育む教育の推進

2　「第3期千葉県教育振興基本計画　次世代へ光り輝く『教育立県ちば』プラン」（令和2年2月　千葉県／千葉県教育委員会）の「第3章　2　基本目標2」の「施策6【主な取組】　(3)教職員が子供と向き合う時間を確保するための取組の推進」として，適当でないものを選びなさい。

①　教職員の負担軽減に向けた取組の推進
②　スクールカウンセラー等の人材の確保
③　経済的・家庭的理由など様々な困難への支援
④　地域学校協働本部の推進
⑤　教職員のメンタルヘルスの推進

3　次の文は，「第2次千葉市学校教育推進計画」（平成28年3月　千葉市／千葉市教育委員会）の「第1章　第2次千葉市学校教育推進計画　総論　1　4　計画策定の6つの視点」である。次の（　a　）～（　c　）にあてはまる語句の組合せとして，最も適当なものを選びなさい。

・　社会を生き抜く力をはぐくむ
・　未来へ（　a　）する力をはぐくむ
・　（　b　）の保証
・　学校・家庭・地域・行政の連携・協働
・　（　c　）と充実
・　新しい時代への対応

①　a　躍進　　b　学び　　c　改善
②　a　挑戦　　b　学力　　c　深化
③　a　飛躍　　b　学力　　c　成果
④　a　挑戦　　b　時間　　c　改善
⑤　a　飛躍　　b　学び　　c　深化

4　次の文章は，「千葉県・千葉市教員等育成指標（リーフレット）」（平成30年3月策定）の「教員等が身に付けるべき資質能力の4つの柱」のうちの「教職に必要な素養とは？」に関するものである。文章中の（　a　）～（　c　）にあてはまる語句の組合せとして，最も適当なものを選びなさい。

　教職に就く者として必要な（　a　）・教育的愛情・倫理観をもち，（　b　）を遵守するとともに，幼児児童生徒及び地域と積極的に関わる社会性や（　c　）能力が求められています。また，広い視野や学び続ける意欲をもち，社会の変化へ対応すること等も必要となります。

①　a　情熱　　　b　法律　　　　c　情報活用
②　a　使命感　　b　服務規程　　c　コミュニケーション
③　a　知識　　　b　モラル　　　c　コミュニケーション
④　a　情熱　　　b　服務規程　　c　情報活用
⑤　a　使命感　　b　モラル　　　c　コミュニケーション

4　**一般教養（教育時事を含む）に関する事項**

1 「いじめ防止対策推進法」(令和3年4月改正)の「第23条」の「いじめに対する措置」に関する内容として,適当でないものを選びなさい。

① 学校の教職員,地方公共団体の職員その他の児童等からの相談に応じる者及び児童等の保護者は,児童等からいじめに係る相談を受けた場合において,いじめの事実があると思われるときは,いじめを受けたと思われる児童等が在籍する学校への通報その他の適切な措置をとるものとする。

② 学校は,(略)通報を受けたときその他当該学校に在籍する児童等がいじめを受けていると思われるときは,速やかに,当該児童等に係るいじめの事実の有無の確認を行うための措置を講ずるとともに,その結果を当該学校の設置者に報告するものとする。

③ 学校は,(略)事実の確認によりいじめがあったことが確認された場合には,いじめをやめさせ,及びその再発を防止するため,当該学校の複数の教職員によって,心理,福祉等に関する専門的な知識を有する者の協力を得つつ,いじめを受けた児童等又はその保護者に対する支援及びいじめを行った児童等に対する指導又はその保護者に対する助言を継続的に行うものとする。

④ 学校は,(略)必要があると認めるときは,いじめを行った児童等についていじめを受けた児童等が使用する教室以外の場所において学習を行わせる等いじめを受けた児童等その他の児童等が安心して教育を受けられるようにするために必要な措置を講ずるものとする。

⑤ 学校は,いじめが犯罪行為として取り扱われるべきものであると認めるときは児童相談所と連携してこれに対処するものとし,当該学校に在籍する児童等の生命,身体又は財産に重大な被害が生じるおそれがあるときは直ちに児童相談所に通報し,適切に,援助を求めなければならない。

2 次の文は,「性同一性障害に係る児童生徒に対するきめ細かな対応の実施等について」(平成27年4月 文部科学省)の「性同一性障害に係る児童生徒についての特有の支援」に関する内容である。文中の(a)～(c)にあてはまる語句の組合せとして,最も適当なものを選びなさい。

性同一性障害とは,法においては,「生物学的には性別が明らかであるにもかかわらず,心理的にはそれとは別の性別(以下「他の性別」という。)であるとの(a)な確信をもち,かつ,自己を身体的及び社会的に他の性別に適合させようとする意思を有する者であって,そのことについてその診断を的確に行うために必要な知識及び経験を有する二人以上の(b)の一般に認められている医学的知見に基づき行う診断が一致しているもの」と定義されており,このような性同一性障害に係る児童生徒については,学校生活を送る上で特有の支援が必要な場合があることから,個別の事案に応じ,(c)に配慮した対応を行うこと。

① a 持続的 b 医師 c 児童生徒の心情等
② a 強固 b 養護教諭 c 児童生徒の心情等
③ a 持続的 b 養護教諭 c 保護者の要望等
④ a 強固 b 医師 c 保護者の要望等

⑤　a　持続的　　b　心理士　　c　児童生徒の心情等

3　「令和の日本型学校教育」を担う新たな教師の学びの姿の実現に向けて　審議まとめ（令和3年11月15日　中央教育審議会「令和の日本型学校教育」を担う教師の在り方特別部会）に関する内容として，適当でないものを選びなさい。

①　「Society5.0時代」が到来しつつあるなど，大きな変化が生じている中で，教師が，時代の変化に対応して求められる資質能力を身に付けるためには，養成段階で身に付けた知識能力だけで教職生涯を過ごすのではなく，求められる知識能力が変わっていくことを意識して，教師が常に最新の知識技能を学び続けていくことがより必要となってきている。

②　教師は，これから求められる資質能力の姿を明らかにした教員育成指標等も踏まえつつ，自らの学びのニーズに動機づけられ，職務遂行に必要な資質能力を自ら定義しながら主体的に学びをマネジメントしていくことが重要である。

③　教師自身が，新たな領域の専門性を身に付けるなど，全教員に共通に求められる基本的な知識技能というレベルを超えて強みを伸ばすことが必要であるが，教師の学びに充当できる時間が限られている中にあって，こうした強みを伸ばすための学びは，およそ教師として共通に求められる内容を一律に修得させることが必然的に求められる。

④　知識技能の修得だけではなく，教師としてふさわしい資質能力を広く身に付けていくためには，個別最適な学びとの往還も意識しながら，他者との対話や振り返りなどの機会を教師の学びにおいて確保するなど，協働的な教師の学びも重視される必要がある。

⑤　教師の学びは，具体的な目標に向かって，体系的・計画的に行われることが必要である。

4　児童生徒の学びの深まりを把握するための評価方法の一つ「ルーブリック」の一般的な特徴等についての説明として，適当でないものを選びなさい。

①　目標に準拠した評価のための基準作りに資するものである。

②　パフォーマンス評価を通じて思考力，判断力，表現力等を評価することに適している。

③　達成水準が明確化され，複数の評価者による評価の標準化がはかられる。

④　児童生徒の学習の過程や成果などの記録や作品を計画的にファイル等に集積していく。

⑤　教える側（評価者）と学習者（被評価者）の間で共有することができる。

5　次の表は内閣府が令和元年6月に公表した「我が国と諸外国の若者の意識に関する調査（平成30年度）」の結果の一部である。この調査は，日本，韓国，アメリカ，イギリス，ドイツ，フランス，スウェーデン（計7か国）の満13歳から満29歳までの男女を対象に平成30年11月から12月までの間に実施されている。表中の①～⑤の中で，日本に該当するものを選びなさい。

	私は，自分自身に満足している	自分には長所があると感じている	うまくいくかわからないことにも意欲的に取り組む	今が楽しければよいと思う	自分は役に立たないと強く感じる	早く結婚して自分の家庭を持ちたい
①	80.0%	87.9%	76.1%	75.5%	**56.5%**	53.7%
②	74.1%	72.7%	62.9%	67.8%	37.0%	*32.6%*
③	*45.1%*	62.3%	*51.5%*	*60.4%*	51.8%	45.8%
④	81.8%	**91.4%**	80.3%	88.2%	*31.7%*	39.4%
⑤	85.8%	90.7%	**87.4%**	**89.1%**	39.4%	37.0%
韓国	73.5%	74.2%	71.6%	77.4%	50.8%	44.1%
アメリカ	**86.9%**	91.2%	78.1%	70.8%	55.2%	**59.1%**

注：表中の数値は「そう思う」「どちらかといえばそう思う」「どちらかといえばそう思わない」「そう思わない」の4つ選択肢のうち，「そう思う」「どちらかといえばそう思う」と回答した割合である。各項目の最大値は太字，最小値は斜体としている。

6 「STEAM教育」の「STEAM」を略さずに表記した場合，(a)～(c)にあてはまる単語の組合せとして，最も適当なものを選びなさい。(ただし，文部科学省の定義によるものとする。)

(a), Technology, (b), Arts, (c)

	a		b		c	
①	a	Statistics	b	Electronics	c	Medicine
②	a	Statistics	b	Electronics	c	Mathematics
③	a	Science	b	Electronics	c	Mechanics
④	a	Science	b	Engineering	c	Mathematics
⑤	a	Science	b	Engineering	c	Mechanics

解答＆解説

1 **解答** 1—② 2—① 3—⑤ 4—③

解説 1：平成29年版小学校学習指導要領（2017年3月31日告示）の「第1章 総則」「第4 児童の発達の支援」を参照。

②「1 児童の発達を支える指導の充実」の(1)を参照。「どちらか一方により」ではなく「双方により」。

①「1 児童の発達を支える指導の充実」の(1)を参照。

③「1 児童の発達を支える指導の充実」の(3)を参照。

④「2 特別な配慮を必要とする児童への指導」「(1)障害のある児童などへの指導」のアを参照。

⑤「2 特別な配慮を必要とする児童への指導」「(2)海外から帰国した児童などの学校生活への適応や，日本語の習得に困難のある児童に対する日本語指導」のアを参照。

2：平成29年版中学校学習指導要領（2017年3月31日告示）の「第1章 総則」「第1 中学校教育の基本と教育課程の役割」の4を参照。

３：平成30年版高等学校学習指導要領（2018年３月30日告示）の「第１章　総則」「第２款　教育課程の編成」「１　各学校の教育目標と教育課程の編成」を参照。

４：『特別支援学校教育要領・学習指導要領解説　自立活動編（幼稚部・小学部・中学部）』（2018年３月）の「第３章　自立活動の意義と指導の基本」「２　自立活動の指導の基本」「(1)自立活動の指導の特色」を参照。

③当該箇所を参照。

①「技能の獲得」ではなく「自立」。

②「課題の段階等」ではなく「心身の発達の段階等」。

④正しくは「自立活動の指導は，個別指導の形態で行われることが多いが，指導目標（ねらい）を達成する上で効果的である場合には，幼児児童生徒の集団を構成して指導することも考えられる」と示されている。

⑤「障害の種類」ではなく「的確な実態把握」。

2 |解答| 1—①　　2—⑤　　3—②　　4—④

|解説| 1：教育基本法第５条第２項を参照。「義務教育」の規定。

2：学校教育法第35条第１項を参照。「児童の出席停止」の規定。

3：a　学校教育法施行規則第65条の３を参照。「スクールカウンセラー」の規定。
b　学校教育法施行規則第65条の４を参照。「スクールソーシャルワーカー」の規定。

※2021年８月，学校教育法施行規則第65条の２に新たに「医療的ケア看護職員」についての規定が加わったため，スクールカウンセラーの規定は第65条の３，スクールソーシャルワーカーの規定は第65条の４となっている。

4：子どもの貧困対策の推進に関する法律を参照。「基本理念」の規定。

④第10条「教育の支援」の規定を参照。「国及び地方公共団体は，教育の機会均等が図られるよう，就学の援助，学資の援助，学習の支援その他の貧困の状況にある子どもの教育に関する支援のために必要な施策を講ずるものとする」とあるが，子どもの貧困対策は「教育に特化して」推進されるわけではない。

①第２条第３項，②第２条第１項，③第２条第２項，⑤第２条第４項を参照。

3 |解答| 1—④　　2—③　　3—⑤　　4—②

|解説| 1：千葉県・千葉県教育委員会「第３期千葉県教育振興基本計画　次世代へ光り輝く『教育立県ちば』プラン」（2020年２月）の「第３章　第３期千葉県教育振興基本計画の施策・取組」「１　第３期千葉県教育振興基本計画の施策体系」「基本目標１　ちばの教育の力で，志を持ち，未来を切り拓く，ちばの子供を育てる」「施策４　共生社会の形成に向けた特別支援教育の推進」を参照。施策４には２つ示されており，もう１つは「早期からの教育相談と支援体制の充実」。「第３期千葉県教育振興基本企画」は，千葉県の教育を取り巻く現状や第２期計画の成果と課題，今後の重要課題に基づき，「県民としての誇り」「人間の強み」「世界とつながる人材」の３つの観点から「基本理念」を新たに設定するとともに，「子供」「学校」「家庭・地域」「県民」を柱とした４つの基本目標のもと，11の施策を推進していくこととしている。

2：千葉県・千葉県教育委員会「第3期千葉県教育振興基本計画　次世代へ光り輝く『教育立県ちば』プラン」（2020年2月）の「第3章　第3期千葉県教育振興基本計画の施策・取組」「2　今後5年間に実施する施策と主な取組」「基本目標2　道徳性を高める心の教育の推進」「施策6　教育現場の重視と教員の質・教育力の向上」「【主な取組】」「(3)教職員が子供と向き合う時間を確保するための取組の推進」を参照。

3：千葉市・千葉市教育委員会「第2次千葉市学校教育推進計画・第5次千葉市生涯学習推進計画」（2016年3月）の「第1章　第2次千葉市学校教育推進計画」「総論」「1　第2次学校教育推進計画の策定にあたって」「4　計画策定の6つの視点」を参照。第2次千葉市学校教育推進計画及び「第5次千葉市生涯学習推進計画」は、教育基本法第17条第2項に基づく、地方公共団体における教育の振興のための施策に関する基本的な計画として、策定するもの。千葉市の計画行政における個別部門計画として位置付け、千葉市の総合計画（基本構想・基本計画・実施計画）と連携・整合を図ることとし、同計画に位置付ける個別事業の推進にあたっては、実施計画への位置付けや毎年度の予算編成において、実施時期及び事業量を定めている。

4：「千葉県・千葉市教員等育成指標（リーフレット）　～信頼される質の高い教員等の育成を目指して～」（2018年3月）の「教員等が身に付けるべき資質能力の4つの柱」「教職に必要な素養とは？」を参照。同指標は、2017年4月1日に施行された教育公務員特例法等の一部を改正する法律に基づき、千葉県教育委員会では自ら学び続ける、信頼される質の高い教員等の育成を目指して、千葉市教育委員会と共同で指標の策定に関する協議を行い、策定されたものである。

4 **解答** 1—⑤　　2—①　　3—③　　4—④　　5—③　　6—④

解説 1：いじめ防止対策推進法第23条を参照。「いじめに対する措置」の規定。⑤第6項を参照。「児童相談所」ではなく「所轄警察署」（2カ所）。①第1項、②第2項、③第3項、④第4項を参照。

2：文部科学省「性同一性障害に係る児童生徒に対するきめ細かな対応の実施等について」（2015年4月30日）の「1. 性同一性障害に係る児童生徒についての特有の支援」を参照。

3：中央教育審議会「令和の日本型学校教育」を担う教師の在り方特別部会「『令和の日本型学校教育』を担う新たな教師の学びの姿の実現に向けて　審議まとめ」（2021年11月15日）の「Ⅳ. 『令和の日本型学校教育』を担う教師の学び」「1. 『令和の日本型学校教育』を担う新たな教師の学びの姿」を参照。

③（「個別最適な教師の学び、協働的な教師の学び」）を参照。正しくは「およそ教師として共通に求められる内容を一律に修得させるというものではなく、より高度な水準のものも含め、一人一人の教師の個性に即した、個別最適な学びであることが必然的に求められる」と示されている。

①「（学び続ける教師）」を参照。

②「（教師の継続的な学びを支える主体的な姿勢）」を参照。

千葉県・千葉市

④「(個別最適な教師の学び，協働的な教師の学び)」を参照。

⑤「(適切な目標設定・現状把握，積極的な「対話」)」を参照。

4：ルーブリックとは，成功の度合いを示す数レベル程度の尺度と，それぞれのレベルに対応するパフォーマンスの特徴を示した記述語（評価規準）からなる評価基準表で，ルーブリック評価はそれを用いた評価方法。

5：内閣府「我が国と諸外国の若者の意識に関する調査（平成30年度)」（2019年6月）を参照。「第2部　調査の結果」「第1章　人生観関係」「1　自己認識」「(1)自分自身のイメージ」を参照。

6：STEAM教育は「各教科での学習を実社会での問題発見・解決にいかしていくための教科横断的な教育」とされ，中央教育審議会答申「『令和の日本型学校教育』の構築を目指して　～全ての子供たちの可能性を引き出す，個別最適な学びと，協働的な学びの実現～」（2021年1月26日，同年4月22日更新）では，「STEAMの各分野が複雑に関係する現代社会に生きる市民として必要となる資質・能力の育成を志向するSTEAM教育の側面に着目し，STEAMのAの範囲を芸術，文化のみならず，生活，経済，法律，政治，倫理等を含めた広い範囲（Liberal Arts）で定義し，推進することが重要である」としている。

東京都

実施日	2022(令和4)年7月10日	試験時間	60分
出題形式	マークシート式	問題数	25題（共通問題23／校種別問題2）
パターン	法規・原理＋心理・時事・教育史・ローカル	公開状況	問題：公開　解答：公開　配点：公開

傾向＆対策
●共通問題23題，校種別問題2題で構成。正誤判定問題が大半を占めるので，比較的長い選択肢の文章を読む演習が必須。●教育法規は，「最高裁判所の判例」に照らした日本国憲法の正誤判定問題がなくなり，「表簿」など児童生徒に関する法規，「教員の研修」「教育公務員の服務」など教職員に関する法規が必出。●教育時事は，「令和2年度　文部科学白書」と，「学習指導要領の改訂」(2016年12月) 及び「令和の日本型学校教育」(2021年1月) に関する中央教育審議会答申。●必出のローカル問題は，「東京都教育大綱」(2021年3月)。●校種別問題はすべて学習指導要領で，小学校は「特別の教科　道徳」「総合的な学習の時間」，中学校は「特別の教科　道徳」「特別活動」，高等学校は「総則」「特別活動」。

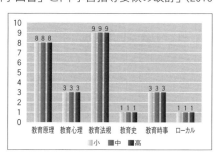

出題領域

		小	中	高		小	中	高		小	中	高
教育原理	教育課程・学習指導要領	1	1	1	総則			1	特別の教科　道徳	1	1	
	外国語・外国語活動				総合的な学習(探究)の時間	1			特別活動		1	1
	学習指導	1	1	1	生徒指導	2	2	2	学校・学級経営			
	特別支援教育	1	1	1	人権・同和教育	1	1	1	その他			
教育心理	発達	1	1	1	学習	2	2	2	性格と適応			
	カウンセリングと心理療法				教育評価				学級集団			
教育法規	教育の基本理念	1	1	1	学校教育	2	2	2	学校の管理と運営	3	3	3
	児童生徒	3	3	3	教職員	2	2	2	特別支援教育	1	1	1
教育史	日本教育史	1	1	1	西洋教育史							
教育時事	答申・統計	3	3	3	ローカル	1	1	1				

※表中の数字は，解答数
※選択肢の出題領域が複数にわたる場合は，それぞれの項目に加算するためグラフの数とは異なる

1 ～ **23** は共通問題です。**24** ～ **29** は選択問題です。**A**（**24**・**25**）は小学校に関する問題，**B**（**26**・**27**）は中学校に関する問題，**C**（**28**・**29**）は高等学校に関する問題です。次の表に従って，解答してください。

校　種　等	教科（科　目　等）	解答する問題の記号
小　学　校　全　科	小学校全科 小学校全科（理科コース）（英語コース）	**A**
中・高等学校共通	国語，社会（地理歴史），社会（公民），数学，理科（物理，化学，生物），英語，音楽，美術，保健体育	**B** 又は **C**
小・中学校共通	音楽，美術（図画工作）	**A** 又は **B**
小・中・高等学校共通	家庭	**A** 又は **B** 又は **C**
中　　学　　校	技術	**B**
高　　等　　学　　校	情報，工業（機械系，電気系，化学系，建築系，工芸系），農業（園芸系，食品系，造園系），福祉	**C**
特　別　支　援　学　校	小学部	**A**
	中学部　技術	**B**
	中学部 高等部　国語，社会，数学，理科，英語，保健体育	**B** 又は **C**
	小学部 中学部 高等部　音楽，美術，家庭	**A** 又は **B** 又は **C**
	自立活動（聴覚障害，言語障害，肢体不自由）	**A** 又は **B** 又は **C**
養　　護　　教　　諭		**A** 又は **B** 又は **C**

全校種共通

☞解答＆解説 p.127

1　次の記述ア〜オのうち，教育基本法の条文を選んだ組合せとして適切なものは，下の1〜5のうちのどれか。

　ア　すべて国民は，ひとしく，その能力に応じた教育を受ける機会を与えられなければならず，人種，信条，性別，社会的身分，経済的地位又は門地によって，教育上差別されない。

　イ　すべて国民は，法の下に平等であつて，人種，信条，性別，社会的身分又は門地により，政治的，経済的又は社会的関係において，差別されない。

　ウ　すべて国民は，法律の定めるところにより，その保護する子女に普通教育を受けさせる義務を負ふ。

　エ　国民は，その保護する子に，別に法律で定めるところにより，普通教育を受けさせる義務を負う。

　オ　小学校は，心身の発達に応じて，義務教育として行われる普通教育のうち基礎的な

ものを施すことを目的とする。

　　1　ア・ウ　　　2　ア・エ　　　3　ア・オ　　　4　イ・エ　　　5　イ・オ

2　**公立学校の設置等に関する記述として，法令に照らして適切なものは，次の1〜5のうちのどれか。**

　1　学校を設置しようとする者は，学校の種類に応じ，文部科学大臣の定める設備，編制その他に関する設置基準に従い，これを設置しなければならない。

　2　区市町村の設置する高等学校，中等教育学校及び特別支援学校の設置廃止，設置者の変更は，文部科学大臣の認可を受けなければならない。

　3　都道府県は，その区域内にある学齢児童及び学齢生徒を就学させるに必要な小学校及び中学校を設置しなければならない。

　4　同一の設置者が設置する中学校及び高等学校においては，地方公共団体の長の定めるところにより，中等教育学校に準じて，中学校における教育と高等学校における教育を一貫して施すことができる。

　5　特別支援学校には，特別の必要のある場合においても，小学部及び中学部のいずれかのみを置くことはできない。

3　**学校において備えなければならない表簿に関する記述として，法令に照らして適切なものは，次の1〜5のうちのどれか。**

　1　校長は，その学校に在学する児童生徒の指導要録を作成し，指導要録及びその写しのうち入学，卒業等の学籍に関する記録については，5年間保存しなければならない。

　2　校長は，児童生徒が進学した場合においては，その作成に係る当該児童生徒の指導要録の抄本又は写しを作成し，これを進学先の校長に送付しなければならない。

　3　校長は，当該学校に在学する児童生徒の出席の状況を記録した出席簿を作成し，作成した年度の終わりに指導要録に出席の状況を記入した後，当該年度内に廃棄しなければならない。

　4　職員の名簿，履歴書，出勤簿並びに担任学級，担任の教科又は科目及び時間表は，20年間保存しなければならない。

　5　学校においては，法令で定められた健康診断を行ったときは，児童生徒の健康診断票を作成し，当該児童生徒が卒業後，校長は，原本をその保護者に送付しなければならない。

4　**学校保健に関する記述として，法令に照らして適切なものは，次の1〜5のうちのどれか。**

　1　学校の設置者は，学校における換気，採光，照明，保温，清潔保持その他環境衛生に係る事項について，児童生徒及び職員の健康を保護する上で維持されることが望ましい基準を定めるものとする。

　2　区市町村の教育委員会は，翌学年の初めから小学校，中学校に就学させるべき者で，当該区市町村の区域内に住所を有するものの就学に当たって，その健康診断を行わなければならない。

　3　学校においては，毎学年定期に，7月31日までに児童生徒の健康診断を行わなければならない。

4 学校の設置者は，感染症の予防上必要があるときは，臨時に，学校の全部又は一部の休業を行うことができる。

5 学校には，学校医，学校歯科医，学校薬剤師及び学校保健技師を置くものとする。

5 公立学校の教員の研修に関する記述として，法令に照らして適切なものは，次の1～5のうちのどれか。

1 教員は，絶えず研究と修養に努めなければならないため，授業に支障のない限り，本属長の承認を受けずに，勤務場所を離れて研修を行うことができる。

2 教員は，任命権者の定めるところにより，休職しなければ，長期にわたる研修を受けることができない。

3 任命権者は，当該教諭に対して，その採用の日から3年間の職務の遂行に必要な事項に関する実践的な研修を実施しなければならない。

4 任命権者は，中堅教諭等資質向上研修を実施するに当たり，受ける者の能力，適性等について評価を行い，その結果に基づき，研修に関する計画書を作成しなければならない。

5 任命権者は，児童生徒に対する指導が不適切であると認定した教諭等に対して，3年を超えない範囲内で，指導改善研修を実施しなければならない。

6 公立学校の教育公務員の服務に関する記述として，法令等に照らして適切なものは，次の1～5のうちのどれか。

1 教育公務員は，その職務を遂行するに当って，法令，条例，地方公共団体の規則及び地方公共団体の機関の定める規程に従い，重大かつ明白な瑕疵を有するときでも上司の職務上の命令に忠実に従わなければならない。

2 教育公務員は，その職の信用を傷つけ，又は職員の職全体の不名誉となるような行為をしてはならないが，勤務時間外における職場外の行為については懲戒処分の対象とならない。

3 教育公務員は，法令による証人，鑑定人等となり，職務上の秘密に属する事項を発表する場合においては，任命権者の許可を受けなければならない。退職者については，その退職した職又はこれに相当する職に係る任命権者の許可を受けなければならない。

4 教育公務員は，当該教育公務員の属する地方公共団体の区域外であれば，特定の政党その他の政治的団体を支持し，又はこれに反対する目的をもって，署名運動を企画し，又は主宰する等これに積極的に関与することができる。

5 常勤の教育公務員は，本務の遂行に支障があると任命権者において認める場合でも，給与を受けなければ，教育に関する他の職を兼ね，又は教育に関する他の事業若しくは事務に従事することができる。

7 地方教育行政に関する記述として，法令に照らして適切なものは，次の1～5のうちのどれか。

1 教育長は，その地域の実情に応じ，当該地方公共団体の教育，学術及び文化の振興に関する総合的な施策の大綱を定め，又はこれを変更したときは，遅滞なく，これを公表しなければならない。

2 総合教育会議は，地方公共団体の長及び教育委員会をもって構成し，教育長が招集

する。

3 教育委員会の委員は，当該地方公共団体の長の被選挙権を有する者で，人格が高潔
で，教育，学術及び文化に関し識見を有するもののうちから，地方公共団体の長が，
議会の同意を得て，任命する。

4 教育委員会は，教育長及び在任委員の３分の１以上が出席しなければ，会議を開き，
議決をすることができない。

5 教育委員会が管理し，及び執行する教育に関する事務には，教育委員会の所掌に係
る事項に関する契約を結ぶことが含まれている。

8 児童に関する法律についての次の記述ア～エを，法律が公布された年の古いものから
順に並べたものとして適切なものは，下の１～５のうちのどれか。

ア 「すべて国民は，児童が心身ともに健やかに生まれ，且つ，育成されるように努め
なければならない」と総則に規定された，児童福祉法が公布された。

イ 「児童に対する虐待の禁止，児童虐待の防止に関する国及び地方公共団体の責務，
児童虐待を受けた児童の保護のための措置等を定めることにより，児童虐待の防止等
に関する施策を促進すること」を目的とした，児童虐待の防止等に関する法律が公布
された。

ウ 「児童等が安心して学習その他の活動に取り組むことができるよう，学校の内外を
問わずいじめが行われなくなるようにすることを旨として行われなければならない」
ことを基本理念の一つとした，いじめ防止対策推進法が公布された。

エ 「国が，父と生計を同じくしていない児童について児童扶養手当を支給することに
より，児童の福祉の増進を図ること」を目的とした，児童扶養手当法が公布された。

1 ア→ウ→エ→イ

2 ア→エ→イ→ウ

3 ア→エ→ウ→イ

4 イ→ウ→ア→エ

5 ウ→イ→ア→エ

9 「学校教育の情報化の推進に関する法律」に関する記述として，法令に照らして適切
でないものは，次の１～５のうちのどれか。

1 この法律において，「デジタル教材」とは，「教科書に代えて，又は教科書として使
用されるデジタル教材」をいい，「デジタル教科書」とは，「電磁的記録として作成さ
れる教材」をいうと定義されている。

2 学校教育の情報化の推進は，デジタル教科書その他のデジタル教材を活用した学習
とデジタル教材以外の教材を活用した学習，体験学習等とを適切に組み合わせること
等により，多様な方法による学習が推進されるよう行われなければならないとしている。

3 学校教育の情報化の推進は，児童生徒による情報通信技術の利用が児童生徒の健康，
生活等に及ぼす影響に十分配慮して行われなければならないとしている。

4 国は，情報通信技術の活用により疾病による療養その他の事由のため相当の期間学
校を欠席する児童生徒に対する教育の機会の確保が図られるよう，必要な施策を講ず
るものとするとしている。

東京都

5　国は，児童生徒に対する学習の継続的な支援等が円滑に行われるよう，情報通信技術の活用により児童生徒の学習活動の状況等に関する情報を学校間及び学校の教職員間で適切に共有する体制を整備するために必要な施策を講ずるものとするとしている。

10　我が国の近代における教育制度に関する記述として適切なものは，次の1～5のうちのどれか。

1　明治4年，文部省が設置され，明治5年に教育令が公布された。全国を学区に分け，学区は学校の設置単位であるとともに，地方教育行政組織でもあった。

2　明治12年，学制が太政官布告として公布された。一般行政単位に即して教育行政を行うこととし，町村を基礎に小学校を設置することとした。

3　明治19年，帝国大学令，師範学校令，小学校令，中学校令及び諸学校通則が公布された。各学校種別の規程が整備され，我が国の学校制度の基礎が確立された。

4　明治26年，文部大臣に就任した森有礼は教育改革を実施し，実業学校令や専門学校令などの制定により学校制度を整備した。

5　昭和16年，国民学校令が施行された。小学校は国民学校に改編され，初等科6年，高等科3年の9年間が義務就学期間とされた。

11　学習指導要領の改訂に関する次の記述ア～オを，年代の古いものから順に並べたものとして適切なものは，下の1～5のうちのどれか。

ア　豊かな人間性や基礎・基本を身に付け，個性を生かし，自ら学び自ら考える力などの「生きる力」を培うことを基本的なねらいとした。また，小学校第3学年以上の各学年に総合的な学習の時間を創設するとともに，高等学校に情報を新設した。

イ　社会の変化に主体的に対応できる能力の育成や創造性の基礎を培うことを重視するとともに，自ら学ぶ意欲を高めるようにした。また，小学校第1学年及び第2学年に生活科を新設した。

ウ　自ら考え正しく判断できる力をもつ児童・生徒の育成を重視し，ゆとりのある充実した学校生活を実現するため，小学校及び中学校の各教科の標準授業時数を削減し，地域や学校の実態に即して授業時数の運用に創意工夫を加えることができるようにした。また，高等学校の社会科で現代社会を新設した。

エ　知識・技能の習得と思考力・判断力・表現力等の育成のバランスを重視し，その基盤となる言語に関する能力について，国語科のみならず，各教科等においてその育成を重視した。また，小学校及び中学校で授業時数を増加するとともに，小学校第5学年及び第6学年に外国語活動を新設した。

オ　学校教育法，同法施行規則，告示という法体系を整備して教育課程の基準としての性格を一層明確にした。また，道徳の時間を特設するとともに，科学技術教育の向上を図るために，算数，数学，理科の充実を図った。

1　イ→ウ→オ→ア→エ

2　イ→オ→ウ→エ→ア

3　ウ→オ→イ→ア→エ

4　オ→イ→ウ→エ→ア

5　オ→ウ→イ→ア→エ

12 次の記述ア・イは，学習指導法に関するものである。また，下のA～Cは，学習指導法の名称である。ア・イと，A～Cとの組合せとして適切なものは，下の1～5のうちのどれか。

ア　グループ学習と討議学習を組み合わせた学習の方法で，少人数のグループの中で自由に意見交換させた上で，その結果を学級全体で発表したり議論したりする方法である。この学習指導法は塩田芳久を中心に理論化された。

イ　協同学習の一つで，学習内容を分割し，それぞれグループに分かれてその内容に習熟した後，各グループから一人ずつで構成するグループを作り，学んだことをお互いが教え合うことで学習を進めていく方法である。この学習指導法はアロンソンが考案した。

　　A　ジグソー学習　　B　バズ学習　　C　プログラム学習

　　1　ア－A　　イ－B
　　2　ア－A　　イ－C
　　3　ア－B　　イ－A
　　4　ア－B　　イ－C
　　5　ア－C　　イ－A

13「生徒指導提要」（文部科学省　平成22年3月）における「児童生徒理解の資料とその収集」に関する記述として最も適切なものは，次の1～5のうちではどれか。

1　観察法は，児童生徒の個別的理解の促進を目的とする。教員が，児童生徒と直接コミュニケーションを取りながら観察したり，第三者的立場に立ち，児童生徒が集団の中で周りとどのように関わっているのかを観察したりするため，言語的側面，社会的側面，情緒的側面についての資料は収集できるが，非言語的側面についての資料は収集できない。

2　面接法は，児童生徒の理解を目的とする場合と，指導を目的とする場合がある。児童生徒の理解を目的とする場合は，面接者と児童生徒の双方が落ち着いて面接できる場所でラポールの形成と傾聴の姿勢で行うが，指導を目的とする場合は，反抗的な態度で面接に臨む児童生徒に妥協することなく厳しい姿勢で行う。

3　質問紙調査法は，児童生徒の特性を，平均的な傾向と比較しながら理解することを目的とする。教員が必要に応じて作成する質問紙は高い妥当性や信頼性をもつため，調査結果をもとに，児童生徒一人一人の理解を進めることや，学級，学年，学校といった，集団の傾向を理解することに用いる。

4　検査法は，標準化された検査を用いて，児童生徒の能力，性格，障害などを把握することを目的とする。課題の遂行結果が標準化された数値で表されるため，個人や集団の特性や問題状況の把握に広く用いることが可能である。同じ検査を繰り返し実施しても学習効果が生じるものはない。

5　作品法は，図画工作，美術，技術，家庭，体育，保健体育，音楽などを含む各教科や，総合的な学習の時間での作品，運動能力，自己表現を通して児童生徒の理解につなげる。学習理解の状況や進度だけでなく，児童生徒の心理状態の把握にも役立つ。日記や作文などは，書かれている内容だけでなく，文字の大きさ，丁寧さも心理状態

を表していることがある。

14 教育相談に関する記述として適切なものは，次の1～5のうちのどれか。

1 自分の権利と他者の権利を共に尊重し，対人場面で自分の伝えたいことをしっかり伝えるためのトレーニングであり，葛藤場面での自己表現や，他者との関わりをより円滑にする社会的行動の獲得を目指す方法をキャリアカウンセリングという。

2 怒りについて理解し，自分の中に生じた怒りを適切にコントロールするとともに，自分に向けられた怒りに対して適切な対処ができるよう，その対処法について段階的に学ぶ方法をアンガーマネジメントという。

3 ストレスへの気付き，ストレスの背景の理解，対処方法の知識や練習，実践などを通して，様々なストレスと上手に付き合い，ストレスに適切に対処する力のことで，リラクゼーション法やコーピングを体得する方法をアサーショントレーニングという。

4 相手を理解する，自分の思いや考えを適切に伝える，人間関係を円滑にする，問題を解決する，集団行動に参加するなどにより，様々な社会的技能を育てる方法をストレスマネジメントという。

5 職業生活に焦点を当て，自己理解を図り，将来の生き方を考え，自分の目標に必要な力の育て方や，職業的目標の意味について明確になるようカウンセリング的方法で関わる手法をライフスキルトレーニングという。

15 次の表は，特別支援教育に関する主な法令の改正・施行，通知等をまとめたものである。表中のア～エと，その内容についての記述A～Dとの組合せとして適切なものは，下の1～5のうちのどれか。

年・月	特別支援教育に関する主な法令の改正・施行，通知等
平成18年4月	学校教育法施行規則の一部改正・施行 ………………………………… ア
平成19年4月	学校教育法の一部改正・施行 ……………………………………………… イ 文部科学省「特別支援教育の推進について（通知)」
平成23年8月	障害者基本法の一部改正・施行
平成25年9月	学校教育法施行令の一部改正・施行 …………………………………… ウ
平成28年4月	障害を理由とする差別の解消の推進に関する法律の施行
平成28年8月	発達障害者支援法の一部改正・施行
平成30年4月	学校教育法施行規則の一部改正・施行 ………………………………… エ

A 特別支援学校の制度を創設し，盲学校，聾学校及び養護学校を特別支援学校とするとともに，小学校，中学校等における特別支援教育を推進するために，「特殊学級」の名称を「特別支援学級」に変更した。

B 小学校，中学校又は中等教育学校の前期課程の通常の学級に在籍している学習障害又は注意欠陥多動性障害の児童・生徒であって，一部特別な指導を必要とする者についても，通級による指導を行うことができることとした。

C 高等学校又は中等教育学校の後期課程に在籍する生徒のうち，障害に応じた特別の指導を行う必要があるものを教育する場合には，特別の教育課程によることができることとするとともに，その場合には，障害に応じた特別の指導を教育課程に加え，又はその一部（必履修教科・科目等を除く。）に替えることができることとした。

D　就学基準に該当する障害のある子供は，特別支援学校に原則就学するという従来の就学先の決定の仕組みを改め，障害の状態，本人の教育的ニーズ等を踏まえた総合的な観点から就学先を決定する仕組みにし，その際に保護者の意見を聞くものとするとした。

1　ア－A　　イ－B　　ウ－C　　エ－D
2　ア－A　　イ－B　　ウ－D　　エ－C
3　ア－B　　イ－A　　ウ－C　　エ－D
4　ア－B　　イ－A　　ウ－D　　エ－C
5　ア－D　　イ－B　　ウ－A　　エ－C

16　次の記述ア・イは，年代順に出来事を並べた下の図中のA～Eのいずれかの時期の出来事である。ア・イと，A～Eとの組合せとして適切なものは，下の1～5のうちのどれか。

ア　我が国において，「児童憲章」が制定された。
イ　我が国において，「人権教育及び人権啓発の推進に関する法律」が制定された。

○　1948年に国連総会において，「世界人権宣言」が採択された。

A

○　1959年に国連総会において，「児童の権利に関する宣言」が採択された。

B

○　1966年に国連総会において，「経済的，社会的及び文化的権利に関する国際規約」及び「市民的及び政治的権利に関する国際規約」が採択された。

C

○　1979年に国連総会において，「女子差別撤廃条約」が採択された。

D

○　1989年に国連総会において，「児童の権利に関する条約」が採択された。

E

○　2004年に国連総会において，「人権教育のための世界計画決議（第1フェーズ）」が採択された。

1　ア－A　　イ－C
2　ア－A　　イ－D
3　ア－A　　イ－E
4　ア－B　　イ－D
5　ア－B　　イ－E

17　「令和2年度　文部科学白書」（文部科学省　令和3年7月）に関する記述として適切なものは，次の1～5のうちのどれか。

1　教師の負担軽減と生徒にとって望ましい持続可能な部活動の実現を両立するため，

令和2年9月に取りまとめた「運動部活動の在り方に関する総合的なガイドライン」において，令和5年度から，休日の部活動を段階的に学校教育から切り離し，地域のスポーツ活動に移行することとしている。

2　教師の資質能力の向上において，教員免許状を得るための教職課程の在り方は大変重要であることから，平成29年11月に教育職員免許法施行規則を改正し，小学校教諭に係る外国語（英語），ICTを活用した指導法，特別支援教育等について必修化・内容の充実化を図った。

3　真に教師としての適性を有する人材の確保の観点から，面接試験や実技試験の実施，様々な社会経験を適切に評価する特別の選考といった人物評価を重視する現在の選考から，学力試験の成績を重視する方向へ採用選考方法の改善を促している。

4　個別最適な学びと協働的な学びを実現するため，令和3年3月に義務標準法を改正し，公立小学校の学級編制の標準を40人から35人に引き下げ，令和3年度より5年かけて小学校第1学年から学年進行で計画的に整備することとした。

5　大学入学者選抜の改革においては，受験生の知識・技能だけではなく，思考力・判断力・表現力や，主体性を持って多様な人々と協働して学ぶ態度を多面的・総合的に評価していくことを目指しており，「大学入試センター試験」と「個別選抜」を通じて，受験生のこれら学力の3要素を適切に把握することとしている。

18　発達に関する心理学の研究に携わった人物に関する記述として適切なものは，次の1～5のうちのどれか。

1　スキャモンは，全ての個人を動機付ける欲求の階層の概念を発案し，人間の最高の目標は自己実現であるとした。最初にあるのが欠乏欲求を構成する生理的欲求，安全の欲求，愛情欲求，自尊欲求の四段階で，高次のレベルには成長欲求があるとした。

2　ハヴィガーストは，表象能力を，動作的表象，映像的表象，言語的・象徴的表象の三つの段階にまとめ，これらは文化要因によって異なる発達の様相を示すことを実証し，学校などの制度的要因やコミュニケーション活動の道具の獲得などの吟味の必要性を唱えた。

3　マズローは，幼児期から老年期までを六つの発達段階に分け，各段階の発達課題を体系的にまとめ，老年期の発達課題として，退職や収入の減少に適応することや，柔軟な方法で社会的役割に適応することを挙げた。

4　コールバーグは，道徳性は，幼児期から思春期，青年期の全体を通じて，前慣習的水準，慣習的水準，後慣習的水準の三つの水準に分けられ，さらに，それぞれの水準が二つの段階を持つ構造の，三水準六段階説を唱えた。

5　ブルーナーは，発達に関する数量的なデータについて，年齢や時間経過の関数として発達曲線をグラフに表し，身体器官の発達のパターンを，リンパ型，神経型，一般型，生殖型の四つのタイプに分類した。

19　学習に関する心理学の研究に携わった人物に関する記述として適切なものは，次の1～5のうちのどれか。

1　タルヴィングは，長期記憶を事実の貯蔵である意味記憶と，個人的な履歴や出来事の保管であるエピソード記憶という二つの型に分類した。

2 ウェルトハイマーは，無意味綴りを材料に用い自分自身を被験者として，記銘内容が時間経過に伴って忘却される過程を調べた。

3 エビングハウスは，問題解決学習を提唱し，教育方法として日常生活の中で具体的に問題を解決していく過程を重視した。

4 ブルームは，ゲシュタルト心理学の創始者であり，仮現運動の実験を行い，心理現象において全体は要素の足し算ではないと提唱した。

5 デューイは，完全習得学習を提唱し，どのような子供でも時間をかければ学習内容をほぼ理解できると考えた。

20 次の記述は，心理学におけるある用語に関するものである。この用語として適切なものは，下の1～5のうちのどれか。

目標を達成するために，自分の遂行している認知過程の状態を評価し，モニタリングという行動の調節・統制を行う過程，モニタリングに伴う感覚・感情，評価や調節に使用するために認識されてきた知識を総称したものである。1970年代初めに，記憶の領域での研究で用いられ始めた。

1 シェマ　　2 メタ認知　　3 レディネス　　4 レミニッセンス

5 ワーキングメモリ

21 「幼稚園，小学校，中学校，高等学校及び特別支援学校の学習指導要領等の改善及び必要な方策等について（答申）」（中央教育審議会　平成28年12月）に関する記述として適切なものは，次の1～5のうちのどれか。

1 観点別評価については，目標に準拠した評価の実質化や，教科・校種を超えた共通理解に基づく組織的な取組を促す観点から，小・中・高等学校の各教科を通じて，「知識・技能」「理解」「思考・判断・表現」「主体的に学習に取り組む態度」の4観点に整理することとした。

2 「主体的に学習に取り組む態度」と，資質・能力の柱である「学びに向かう力・人間性」の関係については，「学びに向かう力・人間性」には「主体的に学習に取り組む態度」として観点別評価を通じて見取ることができる部分と，観点別評価や評定にはなじまず，こうした評価では示しきれないことから相対評価を通じて見取る部分とがある。

3 「主体的に学習に取り組む態度」については，子供たちが学習に関する自己調整を行いながら，粘り強く知識・技能を獲得したり思考・判断・表現しようとしたりしているかどうかという，意思的な側面を捉えて評価するものではなく，学習前の診断的評価のみで判断したり，挙手の回数やノートの取り方などの形式的な活動で評価したりすることが求められる。

4 単元や題材を通じたまとまりの中で，子供が学習の見通しを持って学習に取り組み，その学習を振り返る姿を見取るためには，子供たちが主体的に学習に取り組む場面を設定していく必要があり，「キャリア・パスポート」の視点からの学習・指導方法の改善が欠かせない。また，学校全体で評価の改善に組織的に取り組む体制づくりも必要となる。

5 資質・能力のバランスのとれた学習評価を行っていくためには，指導と評価の一体

東京都

化を図る中で，論述やレポートの作成，発表，グループでの話合い，作品の制作等といった多様な活動に取り組ませるパフォーマンス評価などを取り入れ，ペーパーテストの結果にとどまらない，多面的・多角的な評価を行っていくことが必要である。

22 「『令和の日本型学校教育』の構築を目指して　～全ての子供たちの可能性を引き出す，個別最適な学びと，協働的な学びの実現～（答申）」（中央教育審議会　令和3年1月）に関する記述として適切なものは，次の1～5のうちのどれか。

1　「学習の個性化」は，基礎的・基本的な知識・技能等を確実に習得させ，思考力・判断力・表現力等や，自ら学習を調整しながら粘り強く学習に取り組む態度等を育成するため，支援が必要な子供により重点的な指導を行うことなど効果的な指導を実現することや，特性や学習進度等に応じ，指導方法・教材等の柔軟な提供・設定を行うこととされている。

2　「指導の個別化」は，基礎的・基本的な知識・技能等や情報活用能力等の学習の基盤となる資質・能力等を土台として，子供の興味・関心等に応じ，一人一人に応じた学習活動や学習課題に取り組む機会を提供することで，子供自身が学習が最適となるよう調整することとされている。

3　教科指導の専門性を持った教師によるきめ細かな指導を可能とする小学校低学年からの教科担任制の導入により，授業の質の向上を図り，児童一人一人の学習内容の理解度・定着度の向上と学びの高度化を図ることが重要である。

4　職業教育を主とする学科を置く高等学校においては，各設置者の判断により，学際的な学びに重点的に取り組む学科，地域社会に関する学びに重点的に取り組む学科等を設置可能とする制度的措置が求められる。

5　これからの学校教育を支える基盤的なツールとして，ICTは必要不可欠なものであり，活用に当たっては，心身に及ぼす影響にも留意しつつ，日常的に活用できる環境を整え，「主体的・対話的で深い学び」の実現に向けた授業改善に生かしていくことが重要である。

23 「東京都教育施策大綱」（東京都　令和3年3月）に関する記述として適切なものは，次の1～5のうちのどれか。

1　第1章は「『今日の東京』とそこに生きる子供たちの姿」，第2章は「東京における教育の在り方」，第3章は「『東京型教育モデル』で実践する特に重要な事項」の3章構成となっている。

2　「東京型教育モデル」とは，「3つの『学び』を有機的に連携させ，新たな『学び』を創出」，「新たな『学び』を日々実践・改善しながら，理想の教育を追求」，「社会の変化に柔軟に対応しながら，東京の目指す教育を実現」の三つであるとした。

3　第3章の「Society5.0時代を切り拓くイノベーション人材の育成」では，DXに対応した英語教育の推進，多摩地域における体験型英語学習施設の整備等を施策例として挙げている。

4　第3章の「教育のインクルージョンの推進」では，STEAM教育，工業高校教育の改革・充実，社会の持続的な発展をけん引する力を伸ばす教育等を施策例として挙げている。

5　第3章の「子供たちの学びを支える教師力・学校力の強化」では，健やかな体を育て，健康で安全に生活する力を育む教育の推進，生命を大切にする心や他人を思いやる心，規範意識等を育む教育の充実，いじめ防止の対策や自殺対策に関する教育の推進等を施策例として挙げている。

A　小学校に関する問題

24　小学校学習指導要領特別の教科　道徳の「内容」の「B　主として人との関わりに関すること」の〔第3学年及び第4学年〕に関する記述として適切なものは，次の1～5のうちのどれか。

1　内容項目［親切，思いやり］には，「誰に対しても思いやりの心をもち，相手の立場に立って親切にすること。」とされている。

2　内容項目［感謝］には，「家族など日頃世話になっている人々に感謝すること。」とされている。

3　内容項目［礼儀］には，「気持ちのよい挨拶，言葉遣い，動作などに心掛けて，明るく接すること。」とされている。

4　内容項目［友情，信頼］には，「友達と互いに信頼し，学び合って友情を深め，異性についても理解しながら，人間関係を築いていくこと。」とされている。

5　内容項目［相互理解，寛容］には，「自分の考えや意見を相手に伝えるとともに，相手のことを理解し，自分と異なる意見も大切にすること。」とされている。

25　小学校学習指導要領総合的な学習の時間に関する次の記述ア～エのうち，正しいものを選んだ組合せとして適切なものは，下の1～5のうちのどれか。

ア　各学校において定める目標及び内容については，他教科等の目標及び内容との違いがあるので，他教科等で育成を目指す資質・能力と関連させないことに配慮するものとする。

イ　各学校において定める内容については，目標を実現するにふさわしい探究課題，探究課題の解決を通して育成を目指す具体的な資質・能力を示すことに配慮するものとする。

ウ　探究課題の解決を通して育成を目指す具体的な資質・能力のうち，思考力，判断力，表現力等については，自分自身に関すること及び他者や社会との関わりに関することの両方の視点を踏まえることに配慮すること。

エ　指導計画の作成に当たっては，各学校における総合的な学習の時間の名称については，各学校において適切に定めることに配慮するものとする。

1　ア・イ　　　2　ア・エ　　　3　イ・ウ　　　4　イ・エ　　　5　ウ・エ

B　中学校に関する問題

26　次の記述ア～ウは，中学校学習指導要領特別の教科　道徳の「内容」に示されている下の4つの視点A～Dのいずれかに関するものである。ア～ウと，A～Dとの組合せと

東京都

して適切なものは，下の1～5のうちのどれか。

ア　より高い目標を設定し，その達成を目指し，希望と勇気をもち，困難や失敗を乗り越えて着実にやり遂げること。

イ　友情の尊さを理解して心から信頼できる友達をもち，互いに励まし合い，高め合うとともに，異性についての理解を深め，悩みや葛藤も経験しながら人間関係を深めていくこと。

ウ　人間には自らの弱さや醜さを克服する強さや気高く生きようとする心があることを理解し，人間として生きることに喜びを見いだすこと。

A　主として自分自身に関すること

B　主として人との関わりに関すること

C　主として集団や社会との関わりに関すること

D　主として生命や自然，崇高なものとの関わりに関すること

1　ア－A　　イ－B　　ウ－D
2　ア－A　　イ－C　　ウ－D
3　ア－B　　イ－C　　ウ－D
4　ア－D　　イ－B　　ウ－A
5　ア－D　　イ－C　　ウ－A

27 中学校学習指導要領特別活動の〔学校行事〕に関する記述として適切なものは，次の1～5のうちのどれか。

1　「目標」は，「異年齢の生徒同士で協力し，学校生活の充実と向上を図るための諸問題の解決に向けて，計画を立て役割を分担し，協力して運営することに自主的，実践的に取り組むことを通して，資質・能力を育成することを目指す。」とされている。

2　「内容」のうち，文化的行事は，「目標をもって，生き方や進路に関する適切な情報を収集・整理し，自己の個性や興味・関心と照らして考えること。」とされている。

3　「内容」のうち，旅行・集団宿泊的行事は，「節度ある生活を送るなど現在及び生涯にわたって心身の健康を保持増進することや，事件や事故，災害等から身を守り安全に行動すること。」とされている。

4　「内容」のうち，勤労生産・奉仕的行事は，「社会の一員としての自覚や責任をもち，社会生活を営む上で必要なマナーやルール，働くことや社会に貢献することについて考えて行動すること。」とされている。

5　「内容の取扱い」には，「実施に当たっては，自然体験や社会体験などの体験活動を充実するとともに，体験活動を通して気付いたことなどを振り返り，まとめたり，発表し合ったりするなどの事後の活動を充実すること。」とされている。

C　高等学校に関する問題

28 高等学校学習指導要領総則における総合的な探究の時間に関する記述として適切なものは，次の1～5のうちのどれか。

1　全ての生徒に履修させるものとし，その単位数は，標準単位数として示された単位

数の下限である2単位を下らないものとする。ただし,特に必要がある場合には,その単位数を1単位とすることができる。
2 　職業教育を主とする専門学科においては,総合的な探究の時間の履修により,必履修科目である「産業社会と人間」の履修と同様の成果が期待できる場合においては,総合的な探究の時間の履修をもって「産業社会と人間」の履修の一部又は全部に替えることができる。
3 　特別活動の学校行事に掲げる各行事の実施により,総合的な探究の時間における学習活動と同様の成果が期待できる場合においては,特別活動の学校行事に掲げる各行事の実施をもって相当する総合的な探究の時間における学習活動に替えることができる。
4 　学校においては,あらかじめ計画して,総合的な探究の時間における学習活動を学期の区分に応じて単位ごとに分割して指導することができる。
5 　学校においては,生徒が総合的な探究の時間を2以上の年次にわたって履修したときは,履修の最終年次に総合的な探究の時間について履修した単位を修得したことを認定することを原則とする。

29 　高等学校学習指導要領特別活動の「各活動・学校行事の目標及び内容」の〔ホームルーム活動〕に関する記述として適切なものは,次の1～5のうちのどれか。
1 　適性やキャリア形成などを踏まえた教科・科目を選択することなどについて,目標をもって,在り方生き方や進路に関する適切な情報を収集・整理し,自己の個性や興味・関心と照らして考えること。
2 　生徒が主体的に組織をつくり,役割を分担し,計画を立て,学校生活の課題を見いだし解決するために話し合い,合意形成を図り実践すること。
3 　地域や社会の課題を見いだし,具体的な対策を考え,実践し,地域や社会に参画できるようにすること。
4 　心身の健全な発達や健康の保持増進,事件や事故,災害等から身を守る安全な行動や規律ある集団行動の体得,運動に親しむ態度の育成,責任感や連帯感の涵養,体力の向上などに資するようにすること。
5 　勤労の尊さや創造することの喜びを体得し,就業体験活動などの勤労観・職業観の形成や進路の選択決定などに資する体験が得られるようにするとともに,共に助け合って生きることの喜びを体得し,ボランティア活動などの社会奉仕の精神を養う体験が得られるようにすること。

東京都

解答＆解説

1 解答 2

解説 ア:教育基本法第4条第1項を参照。「教育の機会均等」の規定。
　　　エ:教育基本法第5条第1項を参照。「義務教育」の規定。
　　　イ:日本国憲法第14条第1項を参照。「法の下の平等」の規定。
　　　ウ:日本国憲法第26条第2項を参照。「教育を受けさせる義務」の規定。

オ：学校教育法第29条を参照。「小学校の目的」の規定。

2 **解答** 1

解説 1：学校教育法第3条を参照。「学校の設置基準」の規定。

2：学校教育法第4条を参照。「設置廃止等の認可」の規定。「文部科学大臣」ではなく「都道府県の教育委員会」の認可を受けなければならない。

3：学校教育法第38条を参照。「小学校設置義務」の規定。小学校は「都道府県」ではなく「市町村」が設置しなければならない。中学校に準用する規定は同法第49条を参照。

4：学校教育法第71条を参照。「一貫教育」の規定。「地方公共団体の長の定めるところにより」ではなく「文部科学大臣の定めるところにより」。

5：学校教育法第76条第1項を参照。「小学部・中学部の設置義務と幼稚部・高等部」の規定。特別の必要のある場合においては，小学部及び中学部のいずれかのみを置くことができる。

3 **解答** 2

解説 2：学校教育法施行規則第24条第2項を参照。「指導要録」の規定。

1：学校教育法施行規則第24条第1項「指導要録」，第28条第2項「備付表簿，その保存期間」の規定を参照。学籍に関する記録の保存期間は，「5年間」ではなく「20年間」。

3：学校教育法施行規則第25条「出席簿」，第28条第2項「備付表簿，その保存期間」の規定を参照。校長は，当該学校に在学する児童等について出席簿を作成しなければならない。出席簿は学校において備えなければならない表簿の1つであり，「当該年度に廃棄しなければならない」ではなく「5年間保存しなければならない」。

4：学校教育法施行規則第28条第2項を参照。「備付表簿，その保存期間」の規定。職員の名簿，履歴書，出勤簿並びに担任学級，担任の教科又は科目及び時間表の保存期間は，「20年間」ではなく「5年間」。

5：学校保健安全法施行規則第8条第4項を参照。「健康診断票」の規定。健康診断票は5年間保存しなければならない。なお，児童生徒が進学・転学した場合は進学・転学先の校長に送付しなければならない（第8条第2項・第3項）。

4 **解答** 4

解説 4：学校保健安全法第20条を参照。感染症予防のための「臨時休業」の規定。

1：学校保健安全法第6条第1項を参照。「学校環境衛生基準」の規定。学校環境衛生基準を定めるのは，「学校の設置者」ではなく「文部科学大臣」。

2：学校保健安全法第11条を参照。「就学時の健康診断」の規定。就学時の健康診断の対象は小学校等に就学させるべき者であり，「中学校に就学させるべき者」は含まれない。

3：学校保健安全法第13条第1項「児童生徒等の健康診断」，学校保健安全法施行規則第5条第1項「時期」の規定を参照。「7月31日」ではなく「6月30日」。

5：学校保健安全法第22条第1項「学校保健技師」，第23条「学校医，学校歯科

医及び学校薬剤師」の規定を参照。学校保健技師を置くことができるのは「都道府県の教育委員会の事務局」。

5 解答 4

解説 4：教育公務員特例法第24条第2項を参照。「中堅教諭等資質向上研修」の規定。

1：教育公務員特例法第22条第2項を参照。「研修の機会」のうち勤務場所を離れた研修に関する規定。勤務場所を離れて研修を行う場合，本属長の承認を受けることが必要である。

2：教育公務員特例法第22条第3項を参照。「研修の機会」のうち，現職のままで長期にわたる研修に関する規程。現職のままで長期にわたる研修を受けることができる。

3：教育公務員特例法第23条第1項を参照。「初任者研修」の規定。採用の日から「3年間」ではなく「1年間」の研修。

5：教育公務員特例法第25条第2項を参照。「指導改善研修」の規定。指導改善研修の期間は，「1年」を超えてはならない。ただし，特に必要があると認めるときは，指導改善研修を開始した日から引き続き2年を超えない範囲内で延長することができる。

6 解答 3

解説 3：地方公務員法第34条第2項を参照。「秘密を守る義務」の規定。

1：地方公務員法第32条を参照。「法令等及び上司の職務上の命令に従う義務」の規定。「重大かつ明白な瑕疵を有するときでも」命令に従わなければならないとは定められていない。

2：地方公務員法第33条を参照。「信用失墜行為の禁止」の規定。信用失墜行為の禁止は，公務員の身分に伴い職務の内外を問わず遵守すべき義務（身分上の義務）であるので，勤務時間外における職場外の行為についても懲戒処分の対象となる。

4：地方公務員法第36条「政治的行為の制限」，教育公務員特例法第18条「公立学校の教育公務員の政治的行為の制限」の規定を参照。後者において，政治的行為の制限については「当分の間，地方公務員法第36条の規定にかかわらず，国家公務員の例による」とされており，教育公務員は属する地方公共団体の区域外であっても政治的行為をしてはならない。

5：教育公務員特例法第17条第1項を参照。「兼職及び他の事業等の従事」の規定。本務の遂行に支障がないと任命権者において認める場合にのみ，教育に関する他の職を兼ね，又は教育に関する他の事業若しくは事務に従事することができる。

7 解答 3

解説 3：地方教育行政の組織及び運営に関する法律第4条第2項を参照。教育委員会の委員の「任命」の規定。

1：地方教育行政の組織及び運営に関する法律第1条の3第2項を参照。「大綱の策定等」の規定。大綱を定め，変更したときに公表するのは「教育長」ではなく「地方公共団体の長」。

東京都

2：地方教育行政の組織及び運営に関する法律第1条の4第2項・第3項を参照。「総合教育会議」の規定。総合教育会議は，「教育長」ではなく「地方公共団体の長」が招集する。

4：地方教育行政の組織及び運営に関する法律第14条第3項を参照。教育委員会の「会議」の規定。教育委員会は，教育長及び在任委員の「3分の1以上」ではなく「過半数」が出席しなければ，会議を開き，議決をすることができない。

5：地方教育行政の組織及び運営に関する法律第22条を参照。地方公共団体の「長の職務権限」の規定。「教育委員会の所掌に係る事項に関する契約を結ぶこと」は，地方公共団体の長が管理し執行する，教育に関する事務である。なお，教育委員会が管理し，及び執行する教育に関する事務については，同法第21条「教育委員会の職務権限」に規定されている。

8 解答 2

解説 ア：児童福祉法は1947年。

イ：児童虐待の防止等に関する法律は2000年。

ウ：いじめ防止対策推進法は2013年。

エ：児童扶養手当法は1961年。

9 解答 1

解説 1：学校教育の情報化の推進に関する法律第2条第4項・第5項を参照。デジタル教材，デジタル教科書の「定義」の規定。設問では「デジタル教材」と「デジタル教科書」の定義が逆になっている。すなわち，「デジタル教材」とは「電磁的記録として作成される教材」，「デジタル教科書」とは，「教科書に代えて，又は教科書として使用されるデジタル教材」。

2：学校教育の情報化の推進に関する法律第3条第2項を参照。「基本理念」の規定。

3：学校教育の情報化の推進に関する法律第3条第6項を参照。「基本理念」の規定。

4：学校教育の情報化の推進に関する法律第13条を参照。「相当の期間学校を欠席する児童生徒に対する教育の機会の確保」の規定。

5：学校教育の情報化の推進に関する法律第16条を参照。「学習の継続的な支援等のための体制の整備」の規定。

10 解答 3

解説 1：教育令は1879（明治12）年に公布された。

2：学制は1872（明治5）年に公布された。

4：森有礼（1847〜89）は，1885（明治18）年に初代文部大臣に就任した。

5：国民学校令では，高等科は2年の修業年限である。

11 解答 5

解説 ア：平成10・11年版学習指導要領。

イ：平成元年版学習指導要領。

ウ：昭和52・53年版学習指導要領。

エ：平成20・21年版学習指導要領。

オ：昭和33・35年版学習指導要領。

12 |解答| 3

|解説| ア：バズ学習（バズ・セッション）はフィリップスの考案によるもので，6人ずつのグループが6分間ずつ討議するところから6－6式討議ともいわれる。

イ：ジグソー学習は，アロンソン（1932～）が開発した協同学習の一形態で，学ぶべき内容を分割し，それぞれグループに分かれてその内容に習熟する，学んだことを互いに教え合うことで，ジグソーパズルのように学習を進めていく方法。

13 |解答| 5

|解説| 『生徒指導提要』（2010年3月）の「第3章　児童生徒の心理と児童生徒理解」「第4節　児童生徒理解の資料とその収集」「3　資料収集の方法」を参照。

5：「(5)作品法」を参照。

1：「(1)観察法」を参照。正しくは<u>言語的側面ばかりでなく</u>，表情や姿勢，歩き方などは普段と比べてどうかといった非言語的側面，すすんで挨拶ができるか，教員から話しかけたときにどのように応じるか，友人とどのようにかかわっているか，話をしているときに視線を交えることができるかなどの社会的側面，挨拶や会話をしたときに気持ちが通じ合うかなどの<u>情緒的側面についての資料を収集</u>します」と示されている。

2：「(2)面接法」を参照。正しくは「反抗的，あるいは攻撃的な姿勢で面接に臨む児童生徒の場合，<u>面接者は，その雰囲気に巻き込まれることなく，真摯な態度で面接に臨みます</u>。児童生徒の興奮状態を和らげる時間を設ける必要のある時はそのようにします。彼らの力になりたいという本質的な目的を誠実に伝えることが大切です」と示されている。

3：「(3)質問紙調査法」を参照。正しくは「<u>検査法のように高い信頼性を持たない</u>ものが多いため，児童生徒一人一人の結果を基に理解を進めるというよりは，学級，学年，学校といった，集団の傾向の理解に用いられます」と示されている。

4：「(4)検査法」を参照。正しくは「<u>同じ検査を繰り返し実施すると学習効果が生じる</u>ものもあります」と示されている。

14 |解答| 2

|解説| 『生徒指導提要』（2010年3月）の「第5章　教育相談」「第3節　教育相談の進め方」「2　学級担任・ホームルーム担任が行う教育相談」「(3)教育相談の新たな展開」の図表5－3－3「教育相談でも活用できる新たな手法等」を参照。

1：「キャリアカウンセリング」ではなく「アサーショントレーニング」。

3：「アサーショントレーニング」ではなく「ストレスマネジメント教育」。

4：「ストレスマネジメント」ではなく「ソーシャルスキルトレーニング」。

5：「ライフスキルトレーニング」ではなく「キャリアカウンセリング」。

15 |解答| 4

|解説| A：文部科学省「特別支援教育の推進について（通知）」（2007年4月1日）の中で「特別支援教育は，障害のある幼児児童生徒の自立や社会参加に向けた主体的

東京都

な取組を支援するという視点に立ち，幼児児童生徒一人一人の教育的ニーズを把握し，その持てる力を高め，生活や学習上の困難を改善又は克服するため，適切な指導及び必要な支援を行うもの」「特別支援教育は，これまでの特殊教育の対象の障害だけでなく，知的な遅れのない発達障害も含めて，特別な支援を必要とする幼児児童生徒が在籍する全ての学校において実施されるもの」と定義付けられた。

B：学校教育法施行規則第140条「障害に応じた特別の指導―通級指導」に規定された通級指導の対象者は，言語障害者，自閉症者，情緒障害者，弱視者，難聴者，学習障害者，注意欠陥多動性障害者，その他障害のある者で，この条の規定により特別の教育課程による教育を行うことが適当なもの。

C：高等学校または中等教育学校の後期課程における通級指導の導入については，文部科学省「学校教育法施行規則の一部を改正する省令等の公布について（通知）」（2016年12月9日）を参照。

D：文部科学省「障害のある児童生徒等に対する早期からの一貫した支援について（通知）」（2013年10月4日）を参照。障害のある児童生徒等の就学先の決定に当たっては「障害のある児童生徒等の就学先の決定に当たっては，障害のある児童生徒等が，その年齢及び能力に応じ，かつ，その特性を踏まえた十分な教育が受けられるようにするため，可能な限り障害のある児童生徒等が障害のない児童生徒等と共に教育を受けられるよう配慮しつつ，必要な施策を講じること」を基本的な考え方とする。

16 |解答| 3

|解説| ア：「児童憲章」は，1951年5月5日制定。

イ：人権教育及び人権啓発の推進に関する法律は，2000年12月6日制定。

17 |解答| 2

|解説| 文部科学省「令和2年度　文部科学白書」（2021年7月）の「第2部　文教・科学技術施策の動向と展開」を参照。

2：「第4章　初等中等教育の充実」「第12節　きめ細かで質の高い教育に対応するための教職員等の指導体制の整備」「1　教師の資質能力の向上」「(1)教師の養成・採用・研修の一体的な取組」「①教師の養成における取組」を参照。

1：「第4章　初等中等教育の充実」「第2節　学校における働き方改革の推進」「5　更なる検討」を参照。正しくは「教師の負担軽減と生徒にとって望ましい持続可能な部活動の実現を両立するため，令和2年9月に取りまとめた『学校の働き方改革を踏まえた部活動改革』において，令和5年度から，休日の部活動を段階的に学校教育から切り離し，地域のスポーツ活動に移行する」と示されている。

3：「第4章　初等中等教育の充実」「第12節　きめ細かで質の高い教育に対応するための教職員等の指導体制の整備」「1　教師の資質能力の向上」「(1)教師の養成・採用・研修の一体的な取組」「②教師の採用における取組」を参照。正しくは「都道府県教育委員会等では，学力試験の成績だけでなく，面接試験や実技試験の実施，受験年齢制限の緩和，様々な社会経験を適切に評価する特別の選考等

を通じて，人物評価を重視する方向で採用選考方法が改善されています」と示されている。

　4：「第4章　初等中等教育の充実」「第12節　きめ細かで質の高い教育に対応するための教職員等の指導体制の整備」「2　学校における働き方改革と少人数によるきめ細かな指導体制の計画的な整備」「(2)義務標準法の一部改正等（小学校35人学級の計画的整備）について」を参照。正しくは「令和3年度より5年かけて小学校第2学年から学年進行で計画的に整備する」と示されている。

　5：「第5章　高等教育の充実」「第3節　高等教育のさらなる発展に向けて」「2　大学入学者選抜の改善」「(1)大学入学者選抜改革」を参照。正しくは「大学入学者選抜の改革においては，受験生の知識・技能だけではなく，思考力・判断力・表現力や，主体性を持って多様な人々と協働して学ぶ態度を評価していくことを目指しており，『大学入学共通テスト』と『個別選抜』を通じて，受験生のこれら学力の3要素を適切に把握し，大学入学段階で入学者に求める力を，多面的・総合的に評価する入学者選抜に転換する」と示されている。

18　**解答** 4

　解説 1：「スキャモン」（1883〜1952）ではなく「マズロー」（1908〜70）。

　　2：「ハヴィガースト」（1900〜91）ではなく「ブルーナー」（1915〜2016）。

　　3：「マズロー」（1908〜70）ではなく「ハヴィガースト」（1900〜91）。

　　5：「ブルーナー」（1915〜2016）ではなく「スキャモン」（1883〜1952）。

19　**解答** 1

　解説 2：エビングハウス（1850〜1909）の忘却曲線の説明。なお，タルヴィング（1927〜）は，長期記憶を2つに分けたのではなく，長期記憶の中の宣言的記憶がさらに2つに分けられると主張した。

　　3：デューイ（1859〜1952）の問題解決学習の説明。

　　4：ウェルトハイマー（1880〜1943）の仮現運動の説明。

　　5：ブルーム（1913〜99）の完全習得学習の説明。

20　**解答** 2

　解説 2：自分自身の記憶能力，自分に適した記憶方略などを知っていることが記憶していくためには必要だとされ，これが発展してメタ認知と呼ばれるようになった，自分の認知活動を客観的にとらえる，つまり，自らの認知（考える・感じる・記憶する・判断するなど）を認知することである。

21　**解答** 5

　解説 中央教育審議会答申「幼稚園，小学校，中学校，高等学校及び特別支援学校の学習指導要領等の改善及び必要な方策等について」（2016年12月21）の「第1部　学習指導要領等改訂の基本的な方向性」「第9章　何が身に付いたか　―学習評価の充実―」を参照。

　　5：「3．評価に当たっての留意点等」を参照。

　　1：「2．評価の三つの観点」を参照。正しくは「観点別評価については，目標に準拠した評価の実質化や，教科・校種を超えた共通理解に基づく組織的な取組

東京都

133

を促す観点から，小・中・高等学校の各教科を通じて，『知識・技能』『思考・判断・表現』『主体的に学習に取り組む態度』の3観点に整理することとし，指導要録の様式を改善することが必要である」。

2：「2．評価の三つの観点」を参照。正しくは「『主体的に学習に取り組む態度』と，資質・能力の柱である『学びに向かう力・人間性』の関係については，『学びに向かう力・人間性』には①『主体的に学習に取り組む態度』として観点別評価（学習状況を分析的に捉える）を通じて見取ることができる部分と，②観点別評価や評定にはなじまず，こうした評価では示しきれないことから個人内評価（個人のよい点や可能性，進歩の状況について評価する）を通じて見取る部分があることに留意する必要がある」と示されている。

3：「3．評価に当たっての留意点等」を参照。正しくは「『主体的に学習に取り組む態度』については，学習前の診断的評価のみで判断したり，挙手の回数やノートの取り方などの形式的な活動で評価したりするものではない。子供たちが自ら学習の目標を持ち，進め方を見直しながら学習を進め，その過程を評価して新たな学習につなげるといった，学習に関する自己調整を行いながら，粘り強く知識・技能を獲得したり思考・判断・表現しようとしたりしているかどうかという，意思的な側面を捉えて評価することが求められる」と示されている。

4：「3．評価に当たっての留意点等」を参照。正しくは「こうした姿を見取るためには，子供たちが主体的に学習に取り組む場面を設定していく必要があり，『アクティブ・ラーニング』の視点からの学習・指導方法の改善が欠かせない」と示されている。

22 **解答** 5

解説 中央教育審議会答申「『令和の日本型学校教育』の構築を目指して ～全ての子供たちの可能性を引き出す，個別最適な学びと，協働的な学びの実現～」（2021年1月26日，同年4月22日更新）を参照。

5：「第Ⅰ部　総論」「4．『令和の日本型学校教育』の構築に向けた今後の方向性」「(3)これまでの実践とICTとの最適な組合せを実現する」を参照。

1：「第Ⅰ部　総論」「3．2020年代を通じて実現すべき『令和の日本型学校教育』の姿」「(1)子供の学び」を参照。「指導の個別化」の説明。「学習の個性化」は「基礎的・基本的な知識・技能等や，言語能力，情報活用能力，問題発見・解決能力等の学習の基盤となる資質・能力等を土台として，幼児期からの様々な場を通じての体験活動から得た子供の興味・関心・キャリア形成の方向性等に応じ，探究において課題の設定，情報の収集，整理・分析，まとめ・表現を行う等，教師が子供一人一人に応じた学習活動や学習課題に取り組む機会を提供することで，子供自身が学習が最適となるよう調整する」ものである。

2：「第Ⅰ部　総論」「3．2020年代を通じて実現すべき『令和の日本型学校教育』の姿」「(1)子供の学び」を参照。「学習の個性化」の説明。「指導の個別化」は「全ての子供に基礎的・基本的な知識・技能を確実に習得させ，思考力・判断力・表現力等や，自ら学習を調整しながら粘り強く学習に取り組む態度等を育成するた

めには，教師が支援の必要な子供により重点的な指導を行うことなどで効果的な指導を実現することや，子供一人一人の特性や学習進度，学習到達度等に応じ，指導方法・教材や学習時間等の柔軟な提供・設定を行うことなど」である。

3：「第Ⅱ部　各論」「2．9年間を見通した新時代の義務教育の在り方について」「(3)義務教育9年間を見通した教科担任制の在り方」「①小学校高学年からの教科担任制の導入」を参照。「小学校低学年」ではなく「小学校高学年」。

4：「第Ⅱ部　各論」「3．新時代に対応した高等学校教育等の在り方について」「(2)高校生の学習意欲を喚起し，可能性及び能力を最大限に伸長するための各高等学校の特色化・魅力化」「③『普通教育を主とする学科』の弾力化・大綱化（普通科改革）」を参照。「職業教育を主とする学科を置く高等学校」ではなく「普通教育を主とする学科を置く高等学校」。

23 解答 2

解説 東京都「東京都教育施策大綱　誰一人取り残さず，すべての子供が将来への希望を持って自ら伸び，育つ教育を目指して」（2021年3月）を参照。同大綱は，東京都のこれからの教育の基本的な方向性を示すものとして，知事が策定するもの。いま直面している危機を乗り越え，明るい未来を切り拓くため，新しい時代の教育を確立するとしている。

1：「第2章　東京における教育の在り方」「3　『東京型教育モデル』の実践」「(1)『東京型教育モデル』とは」を参照。「『今日の東京』とそこに生きる子供たちの姿」ではなく「『未来の東京』とそこに生きる子供たちの姿」。

3：「第3章　『東京型教育モデル』で実践する特に重要な事項」「3　世界に羽ばたくグローバル人材の育成」を参照。「Society5.0時代を切り拓くイノベーション人材の育成」ではなく「世界に羽ばたくグローバル人材の育成」。

4：「第3章　『東京型教育モデル』で実践する特に重要な事項」「2　Society5.0時代を切り拓くイノベーション人材の育成」を参照。「教育のインクルージョンの推進」ではなく「Society5.0時代を切り拓くイノベーション人材の育成」。

5：「第3章　『東京型教育モデル』で実践する特に重要な事項」「5　子供たちの心身の健やかな成長に向けたきめ細かいサポートの充実」を参照。「子供たちの学びを支える教師力・学校力の強化」ではなく「子供たちの心身の健やかな成長に向けたきめ細かいサポートの充実」。

24 解答 5

解説 平成29年版小学校学習指導要領（2017年3月31日告示）の「第3章　特別の教科道徳」「第2　内容」「B　主として人との関わりに関すること」のそれぞれ〔第3学年及び第4学年〕を参照。

1：正しくは「相手のことを思いやり，進んで親切にすること」。

2：正しくは「家族など生活を支えてくれている人々や現在の生活を築いてくれた高齢者に，尊敬と感謝の気持ちをもって接すること」。

3：正しくは「礼儀の大切さを知り，誰に対しても真心をもって接すること」。

4：正しくは「友達と互いに理解し，信頼し，助け合うこと」と示されている。

東京都

25 **解答** 4

解説 平成29年版小学校学習指導要領（2017年3月31日告示）の「第5章　総合的な学習の時間」を参照。

イ：「第2　各学校において定める目標及び内容」「3　各学校において定める目標及び内容の取扱い」の(4)を参照。

エ：「第3　指導計画の作成と内容の取扱い」の1(5)を参照。

ア：「第2　各学校において定める目標及び内容」「3　各学校において定める目標及び内容の取扱い」の(2)を参照。正しくは「各学校において定める目標及び内容については，他教科等の目標及び内容との違いに留意しつつ，他教科等で育成を目指す資質・能力との関連を重視すること」と示されている。

ウ：「第2　各学校において定める目標及び内容」「3　各学校において定める目標及び内容の取扱い」の(6)イを参照。「学びに向かう力，人間性等」に関する記述。正しくは「思考力，判断力，表現力等については，課題の設定，情報の収集，整理・分析，まとめ・表現などの探究的な学習の過程において発揮され，未知の状況において活用できるものとして身に付けられるようにすること」と示されている。

26 **解答** 1

解説 平成29年版中学校学習指導要領（2017年3月31日告示）の「第3章　特別の教科　道徳」「第2　内容」を参照。

ア：「A　主として自分自身に関すること」。

イ：「B　主として人との関わりに関すること」。

ウ：「D　主として生命や自然，崇高なものとの関わりに関すること」。

27 **解答** 5

解説 平成29年版中学校学習指導要領（2017年3月31日告示）の「第5章　特別活動」「第2　各活動・学校行事の目標及び内容」の〔学校行事〕を参照。

5：「3　内容の取扱い」の(1)を参照。

1：「〔生徒会活動〕」の目標に関する記述。

2：「〔学級活動〕」「(3)一人一人のキャリア形式と自己実現」「ウ　主体的な進路の選択と将来設計」の内容。

3：「〔学級活動〕」「(2)日常の生活や学習への適応と自己の成長及び健康安全」「エ　心身ともに健康で安全な生活態度や習慣の形成」の内容。

4：「〔学級活動〕」「(3)一人一人のキャリア形式と自己実現」「イ　社会参画意識の醸成や勤労観・職業観の形成」の内容。

28 **解答** 4

解説 平成30年版高等学校学習指導要領（2018年3月30日告示）の「第1章　総則」を参照。

4：「第2款　教育課程の編成」「3　教育課程の編成における共通的事項」「(5)各教科・科目等の内容等の取扱い」のウを参照。

1：「第2款　教育課程の編成」「3　教育課程の編成における共通的事項」「(2)各教科・科目の履修等」「ア　各学科に共通する必履修教科・科目及び総合的な

探究の時間」の(イ)を参照。正しくは「総合的な探究の時間については，全ての生徒に履修させるものとし，その単位数は，(1)のイに標準単位数として示された単位数の下限を下らないものとする。ただし，特に必要がある場合には，その単位数を2単位とすることができる」と示されている。

2：「第2款　教育課程の編成」「3　教育課程の編成における共通的事項」「(2)各教科・科目の履修等」「イ　専門学科における各教科・科目の履修」の(ウ)を参照。正しくは「職業教育を主とする専門学科においては，総合的な探究の時間の履修により，農業，工業，商業，水産，家庭若しくは情報の各教科の『課題研究』，看護の『看護臨地実習』」又は福祉の『介護総合演習』（以下『課題研究等』という。）の履修と同様の成果が期待できる場合においては，総合的な探究の時間の履修をもって課題研究等の履修の一部又は全部に替えることができること」と示されている。

3：「第2款　教育課程の編成」「3　教育課程の編成における共通的事項」「(3)各教科・科目等の授業時数等」のケを参照。正しくは「総合的な探究の時間における学習活動により，特別活動の学校行事に掲げる各行事の実施と同様の成果が期待できる場合においては，総合的な探究の時間における学習活動をもって相当する特別活動の学校行事に掲げる各行事の実施に替えることができる」と示されている。

5：「第4款　単位の修得及び卒業の認定」「1　各教科・科目及び総合的な探究の時間の単位の修得の認定」の(3)を参照。正しくは「学校においては，生徒が1科目又は総合的な探究の時間を2以上の年次にわたって履修したときは，各年次ごとにその各教科・科目又は総合的な探究の時間について履修した単位を修得したことを認定することを原則とする。また，単位の修得の認定を学期の区分ごとに行うことができる」と示されている。

29 解答 1

解説 平成30年版高等学校学習指導要領（2018年3月30日告示）の「第5章　特別活動」「第2　各活動・学校行事の目標及び内容」「〔ホームルーム活動〕」「2　内容」を参照。

1：「(3)一人一人のキャリア形成と自己実現」「エ　主体的な進路の選択決定と将来設計」を参照。

2：「〔生徒会活動〕」「(1)生徒会の組織づくりと生徒会活動の計画や運営」の内容。

3：「〔生徒会活動〕」「(3)ボランティア活動などの社会参画」に関する記述。

4：「〔学校行事〕」「(3)健康安全・体育的行事」に関する記述。

5：「〔学校行事〕」「(5)勤労生産・奉仕的行事」に関する記述。

東京都

神奈川県／横浜市／川崎市／相模原市

実 施 日	2022（令和4）年7月10日	試験時間	60分（一般教養を含む）
出題形式	マークシート式	問題数	15題（解答数15）
パターン	心理・法規・原理＋時事	公開状況	問題：公開　解答：公開　配点：公開

傾向＆対策　●解答数15題は変わらないものの，教育時事が復活。●教育原理は，学習指導要領が必出で，小・中・高・特から各1題。それぞれ解説書から出題された。●教育心理は，発達，性格と適応，教育評価，カウンセリングと心理療法より。例年必出で，昨年度は出題のなかった教育評価が復活した。●教育法規は，日本国憲法（一般教養的な条文も含む），教育基本法，いじめ防止対策推進法，障害を理由とする差別の解消の推進に関する法律の空欄補充問題と，学校教育法施行規則の正誤判定問題。なお，一般教養では5年連続で人権教育に関する法規（今年度は男女共同参画社会基本法）が出題されている。●2年ぶりに復活した教育時事は，「不登校児童生徒への支援」に関する文部科学省通知（2019年10月）。

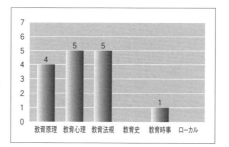

出題領域

教育原理	教育課程・学習指導要領		総　則	3	特別の教科　道徳	
	外国語・外国語活動		総合的な学習(探究)の時間		特別活動	
	学習指導		生徒指導	↓時事	学校・学級経営	
	特別支援教育	1	人権・同和教育		その他	
教育心理	発　達	2	学　習		性格と適応	1
	カウンセリングと心理療法	1	教育評価	1	学級集団	
教育法規	教育の基本理念		学校教育	1	学校の管理と運営	
	児童生徒	1	教職員		特別支援教育／その他	2／1
教育史	日本教育史		西洋教育史			
教育時事	答申・統計	1	ローカル			

※表中の数字は解答数

全校種共通

☞解答＆解説 p.145

1 次の記述は，「小学校学習指導要領解説　総則編」（平成29年7月告示）の「第1章　総説　3　道徳の特別の教科化に係る一部改正(2)一部改正の基本方針」の一部である。空欄 ア ～ ウ に当てはまるものの組合せとして最も適切なものを，後の①～⑤のうちから選びなさい。

　これまでの「道徳の時間」を要として学校の ア を通じて行うという道徳教育の基本的な考え方を，適切なものとして今後も引き継ぐとともに，道徳の時間を「特別の教科である道徳」（以下「道徳科」という。）として新たに位置付けた。

　また，それに伴い，目標を明確で理解しやすいものにするとともに，道徳教育も道徳科も，その目標は，最終的には「 イ 」を養うことであることを前提としつつ，各々の役割と ウ を明確にした分かりやすい規定とした。

①　ア　体験的な活動　　イ　道徳性　　ウ　独自性
②　ア　教育活動全体　　イ　道徳性　　ウ　関連性
③　ア　体験的な活動　　イ　人間性　　ウ　独自性
④　ア　教育活動全体　　イ　人間性　　ウ　関連性
⑤　ア　教育活動全体　　イ　人間性　　ウ　独自性

2 次の記述は，「中学校学習指導要領解説　総則編」（平成29年7月告示）の「第3章　教育課程の編成及び実施　第2節　教育課程の編成　2　教科等横断的な視点に立った資質・能力　(1)学習の基盤となる資質・能力」の一部である。空欄 ア ～ ウ に当てはまるものの組合せとして最も適切なものを，後の①～⑤のうちから選びなさい。

ウ　問題発見・解決能力

　各教科等において，物事の中から問題を見いだし，その問題を定義し解決の方向性を決定し，解決方法を探して計画を立て，結果を予測しながら実行し，振り返って次の問題発見・解決につなげていく過程を重視した ア を教科等の特質に応じて図ることを通じて，各教科等のそれぞれの分野における問題の発見・解決に必要な力を身に付けられるようにするとともに，総合的な学習の時間における イ な探究課題や，特別活動における ウ の生活上の課題に取り組むことなどを通じて，各教科等で身に付けた力が統合的に活用できるようにすることが重要である。

①　ア　学びの連続性　　　イ　創造的・発展的　　ウ　地域社会や学校
②　ア　深い学びの実現　　イ　横断的・総合的　　ウ　地域社会や学校
③　ア　学びの連続性　　　イ　創造的・発展的　　ウ　集団や自己
④　ア　深い学びの実現　　イ　創造的・発展的　　ウ　集団や自己
⑤　ア　深い学びの実現　　イ　横断的・総合的　　ウ　集団や自己

3 次の記述は，「高等学校学習指導要領解説　総則編」（平成30年7月告示）の「第7章　学校運営上の留意事項　第2節　家庭や地域社会との連携及び協働と学校間の連携　1　家庭や地域社会との連携及び協働と世代を越えた交流の機会」の一部である。空欄 ア ～ ウ に当てはまるものの組合せとして最も適切なものを，後の①～⑤のうちから選びなさい。

神奈川県／横浜市／川崎市／相模原市

139

また，　ア　の進行により，日常の生活において，生徒が高齢者と交流する機会は減少している。そのため，学校は生徒が高齢者と自然に触れ合い交流する機会を設け，高齢者に対する感謝と尊敬の気持ちや思いやりの心を育み，高齢者から様々な生きた知識や　イ　を学んでいくことが大切である。高齢者との交流としては，例えば，授業や学校行事などに地域の高齢者を招待したり，　ウ　などを訪問したりして，高齢者の豊かな体験に基づく話を聞き，介護の簡単な手伝いをするなどといった体験活動が考えられる。また，異年齢の子供など地域の様々な人々との世代を越えた交流を図っていくことも考えられる。

① ア 都市化や核家族化　　イ 人間の生き方　　　　　　ウ 高齢者福祉施設
② ア 少子高齢化　　　　　イ 多面的・多角的な考え方　ウ 社会福祉協議会
③ ア 都市化や核家族化　　イ 人間の生き方　　　　　　ウ 社会福祉協議会
④ ア 少子高齢化　　　　　イ 多面的・多角的な考え方　ウ 高齢者福祉施設
⑤ ア 少子高齢化　　　　　イ 人間の生き方　　　　　　ウ 高齢者福祉施設

4 次の記述は，「特別支援学校教育要領・学習指導要領解説　自立活動編（幼稚部・小学部・中学部）」（平成30年3月告示）の「第7章　自立活動の個別の指導計画の作成と内容の取扱い　2　個別の指導計画の作成手順」の一部である。空欄　ア　～　ウ　に当てはまるものの組合せとして最も適切なものを，後の①～⑤のうちから選びなさい。

　個別の指導計画に基づく指導は，計画（Plan）―実践（Do）―評価（Check）―改善（Action）のサイクルで進められなければならない。

　まず，幼児児童生徒の実態把握に基づいて指導すべき課題を抽出する。そして，これまでの学習の状況や　ア　を見通しながら，指導すべき課題の相互の関連を検討し，長期的及び　イ　な観点から指導目標（ねらい）を設定した上で，具体的な指導内容を検討して計画が作成される。作成された個別の指導計画に基づいた実践の過程においては，常に幼児児童生徒の学習状況を評価し指導の改善を図ることが求められる。さらに，評価を踏まえて見直された計画により，幼児児童生徒にとってより　ウ　な指導が展開されることになる。すなわち，評価を通して指導の改善が期待されるのである。

① ア 育成を目指す資質・能力　イ 短期的　ウ 適切
② ア 将来の可能性　　　　　　イ 継続的　ウ 発展的
③ ア 育成を目指す資質・能力　イ 短期的　ウ 発展的
④ ア 育成を目指す資質・能力　イ 継続的　ウ 発展的
⑤ ア 将来の可能性　　　　　　イ 短期的　ウ 適切

5 次の記述は「不登校児童生徒への支援の在り方について（通知）」（令和元年10月25日元文科初第698号）の「1　不登校児童生徒への支援に対する基本的な考え方」の一部である。空欄　ア　～　ウ　に当てはまるものの組合せとして最も適切なものを，後の①～⑤のうちから選びなさい。

(1) 支援の視点

　　不登校児童生徒への支援は，「　ア　」という結果のみを目標にするのではなく，児童生徒が自らの進路を主体的に捉えて，社会的に自立することを目指す必要があること。また，児童生徒によっては，不登校の時期が　イ　等の積極的な意味を持つこ

とがある一方で，　ウ　や進路選択上の不利益や社会的自立へのリスクが存在することに留意すること。

① ア　いじめの解消　　　イ　休養や自分を見つめ直す　　ウ　健康への影響
② ア　学校に登校する　　イ　休養や自分を見つめ直す　　ウ　学業の遅れ
③ ア　いじめの解消　　　イ　個性の伸長　　　　　　　　ウ　健康への影響
④ ア　学校に登校する　　イ　個性の伸長　　　　　　　　ウ　学業の遅れ
⑤ ア　学校に登校する　　イ　個性の伸長　　　　　　　　ウ　健康への影響

6　次の図は，マズローが唱えた人間の欲求を5つの階層にしたものである。空欄　ア　～　オ　に当てはまるものの組合せとして最も適切なものを，後の①～⑤のうちから選びなさい。

① ア　尊敬　　　　イ　自己実現　　ウ　安全　　　　エ　所属・愛情
　 オ　生理的
② ア　自己実現　　イ　所属・愛情　ウ　尊敬　　　　エ　安全
　 オ　生理的
③ ア　尊敬　　　　イ　自己実現　　ウ　所属・愛情　エ　生理的
　 オ　安全
④ ア　尊敬　　　　イ　自己実現　　ウ　生理的　　　エ　所属・愛情
　 オ　安全
⑤ ア　自己実現　　イ　尊敬　　　　ウ　所属・愛情　エ　安全
　 オ　生理的

7　発達についての記述として適切ではないものを，次の①～④のうちから選びなさい。

① フロイトは，リビドーと呼ばれる人間の衝動を身体のどの部位で求めるかによって，人格の発達段階を分けた。
② ハヴィガーストの発達理論は，心理社会的発達理論と呼ばれ，ライフサイクルを通した一生涯にわたる人格発達を8つの段階に分けた。
③ ボウルビィは，母親（あるいは母親代理者）と子どもの緊密な情緒的結びつきを「愛着（アタッチメント）」と呼び，この愛着対象との愛着形成が，その後の対人関係のあり方などに影響を及ぼすとした。
④ ヴィゴツキーは，独力では無理でも，他者の援助があれば達成できる水準を発達の最近接領域と呼び，他者との相互作用によって知識を構成していくとした。

8　次の記述ア～エは，発達について述べたものである。児童期の発達について，正しく

述べているものの組合せとして最も適切なものを，後の①〜⑥のうちから選びなさい。

ア メタ認知が次第に発達していく時期であり，自分の認知の状態に気付いたり，目標を設定・修正したりすることができるようになる。

イ 「対象の永続性」は，モノ（対象）が視界から消えても存在し続けることをいう。ピアジェは，これを認知発達の基礎ととらえ，この時期に獲得するものとした。

ウ この時期に，役割遂行，規範，協力，責任感といった人付き合いの仕方（社会的スキル）を身に付けるのが適切である。

エ エリクソンはこの時期の心理社会的危機として，「自我同一性　対　同一性拡散」を示した。

① ア と イ
② ア と ウ
③ ア と エ
④ イ と ウ
⑤ イ と エ
⑥ ウ と エ

9 教育評価についての記述として最も適切なものを，次の①〜④のうちから選びなさい。

① 授業の前提となる基礎学力の確認や，学習困難の発見とその原因を見極めるためには診断的評価を行うとよい。

② 子どもが学習目標や学習内容をどの程度理解し，達成したかを確認するための形成的評価は単元末か学期末などに行うとよい。

③ 形成的評価をするためには，小テストのみを作成して実施すればよい。

④ 総括的評価は学習者にとってこれまでの自分の努力や学習の効果を知るためのものであり，教師が指導計画を見直すためには用いないほうがよい。

10 ロジャーズが提唱した「クライアント中心療法」におけるカウンセラー及びセラピストの条件についての記述として適切ではないものを，次の①〜④のうちから選びなさい。

① カウンセラーは，クライアントの体験に対して共感的な理解を示していること。

② セラピストは，無条件に肯定的な配慮を示していること。

③ セラピストは，人間として自己一致していること。

④ カウンセラーは，クライアントに「こうした方がよい」と指示するように努めること。

11 次の記述は，「日本国憲法」の条文の一部である。空欄 ア 〜 エ に当てはまるものの組合せとして最も適切なものを，後の①〜⑤のうちから選びなさい。

第15条　公務員を選定し，及びこれを ア することは，国民固有の権利である。

すべて公務員は，全体の イ であつて，一部の イ ではない。

公務員の選挙については，成年者による ウ 選挙を保障する。

すべて選挙における投票の エ は，これを侵してはならない。選挙人は，その選択に関し公的にも私的にも責任を問はれない。

① ア 処分　イ 従事者　ウ 直接　エ 自由
② ア 処分　イ 奉仕者　ウ 直接　エ 秘密

③　ア　罷免　　イ　従事者　　ウ　普通　　エ　自由

　　④　ア　罷免　　イ　奉仕者　　ウ　直接　　エ　自由

　　⑤　ア　罷免　　イ　奉仕者　　ウ　普通　　エ　秘密

12　次の記述は、「教育基本法」（平成18年12月公布）の条文の一部である。空欄　ア　～　エ　に当てはまるものの組合せとして最も適切なものを、後の①～⑤のうちから選びなさい。

第5条　国民は、その保護する子に、　ア　、普通教育を受けさせる義務を負う。

　　2　義務教育として行われる普通教育は、各個人の有する能力を伸ばしつつ社会において　イ　基礎を培い、また、国家及び社会の形成者として必要とされる　ウ　ことを目的として行われるものとする。

　　3　国及び地方公共団体は、義務教育の機会を保障し、その水準を確保するため、適切な役割分担及び相互の協力の下、その実施に責任を負う。

　　4　　エ　学校における義務教育については、授業料を徴収しない。

　　①　ア　別に法律で定めるところにより　　イ　健康的に生活する
　　　　ウ　基本的な資質を養う　　　　　　　エ　法律に定める

　　②　ア　別に法律で定めるところにより　　イ　自立的に生きる
　　　　ウ　知識と教養を身に付ける　　　　　エ　国又は地方公共団体の設置する

　　③　ア　満6歳から9年間　　　　　　　　イ　健康的に生活する
　　　　ウ　知識と教養を身に付ける　　　　　エ　法律に定める

　　④　ア　別に法律で定めるところにより　　イ　自立的に生きる
　　　　ウ　基本的な資質を養う　　　　　　　エ　国又は地方公共団体の設置する

　　⑤　ア　満6歳から9年間　　　　　　　　イ　自立的に生きる
　　　　ウ　基本的な資質を養う　　　　　　　エ　国又は地方公共団体の設置する

13　「学校教育法施行規則」（令和4年4月改正）に規定された障害に応じた特別の指導（通級による指導）に関する説明として<u>適切ではないもの</u>を、次の①～④のうちから選びなさい。

　①　規定に基づき、障害に応じた特別の指導を行う必要がある児童又は生徒を教育する場合に特別の教育課程によることができるのは、義務教育課程の学校であり、高等学校や中等教育学校の後期課程は含まれない。

　②　規定に基づき、障害に応じた特別の指導を行う対象となる児童又は生徒には、学習障害者や注意欠陥多動性障害者が含まれる。

　③　当該規定により特別の教育課程による場合においては、校長は、設置者の定めるところにより、障害に応じた特別の指導を行う児童又は生徒が他の学校において受けた授業を、当該学校において受けた特別の教育課程に係る授業とみなすことができる。

　④　校長は、当該規定により障害に応じた特別の指導を行う児童又は生徒について、個別の教育支援計画を作成しなければならない。

14　次の記述は、「いじめ防止対策推進法」（令和3年4月改正）の条文の一部である。空欄　ア　～　エ　に当てはまるものの組合せとして最も適切なものを、後の①～⑤のうちから選びなさい。

神奈川県／横浜市／川崎市／相模原市

第8条　学校及び学校の教職員は，基本理念にのっとり，当該学校に在籍する児童等の保護者，地域住民，　ア　その他の関係者との連携を図りつつ，学校全体でいじめの防止及び早期発見に取り組むとともに，当該学校に在籍する児童等がいじめを受けていると思われるときは，適切かつ迅速にこれに対処する責務を有する。

第9条　保護者は，子の教育について　イ　責任を有するものであって，その保護する児童等がいじめを行うことのないよう，当該児童等に対し，　ウ　を養うための指導その他の必要な指導を行うよう努めるものとする。

第13条　学校は，いじめ防止基本方針又は地方いじめ防止基本方針を参酌し，その学校の実情に応じ，当該学校におけるいじめの防止等のための対策に関する　エ　ものとする。

① ア　児童相談所　　イ　学校とともに　　ウ　規範意識
　　エ　専門的な組織を置く

② ア　警察　　　　　イ　学校とともに　　ウ　正義感
　　エ　基本的な方針を定める

③ ア　児童相談所　　イ　第一義的　　　　ウ　規範意識
　　エ　基本的な方針を定める

④ ア　警察　　　　　イ　学校とともに　　ウ　正義感
　　エ　専門的な組織を置く

⑤ ア　児童相談所　　イ　第一義的　　　　ウ　正義感
　　エ　基本的な方針を定める

15 次の記述は，「障害を理由とする差別の解消の推進に関する法律」（令和3年6月改正）の条文の一部である。空欄　ア　～　エ　に当てはまるものの組合せとして最も適切なものを，後の①～⑤のうちから選びなさい。

第1条　この法律は，障害者基本法（昭和45年法律第84号）の基本的な理念にのっとり，全ての障害者が，障害者でない者と等しく，　ア　を享有する個人としてその　イ　が重んぜられ，その　イ　にふさわしい生活を保障される権利を有することを踏まえ，障害を理由とする差別の解消の推進に関する基本的な事項，行政機関等及び事業者における障害を理由とする差別を解消するための措置等を定めるところにより，障害を理由とする差別の解消を推進し，もって全ての国民が，障害の有無によって分け隔てられることなく，相互に　ウ　を尊重し合いながら　エ　する社会の実現に資することを目的とする。

① ア　基本的人権　　イ　尊厳　　ウ　人格と個性　　エ　共生
② ア　自由と権利　　イ　能力　　ウ　生命と自由　　エ　活躍
③ ア　自由と権利　　イ　尊厳　　ウ　生命と自由　　エ　共生
④ ア　基本的人権　　イ　能力　　ウ　人格と個性　　エ　活躍
⑤ ア　基本的人権　　イ　能力　　ウ　生命と自由　　エ　共生

解答&解説

1 解答 ②
解説 『小学校学習指導要領解説 総則編』(2017年7月)の「第1章 総説」「3 道徳の特別の教科化に係る一部改正」「(2)一部改正の基本方針」を参照。

2 解答 ⑤
解説 『中学校学習指導要領解説 総則編』(2017年7月)の「第3章 教育課程の編成及び実施」「第2節 教育課程の編成」「2 教科等横断的な視点に立った資質・能力」「(1)学習の基盤となる資質・能力」「ウ 問題発見・解決能力」を参照。

3 解答 ①
解説 『高等学校学習指導要領解説 総則編』(2018年7月)の「第7章 学校運営上の留意事項」「第2節 家庭や地域社会との連携及び協働と学校間の連携」「1 家庭や地域社会との連携及び協働と世代を越えた交流の機会(第1章総則第6款2ア)」を参照。

4 解答 ⑤
解説 『特別支援学校教育要領・学習指導要領解説 自立活動編(幼稚部・小学部・中学部)』(2018年3月)の「第7章 自立活動の個別の指導計画の作成と内容の取扱い」「2 個別の指導計画の作成手順」「小学部・中学部学習指導要領(第7章第3の2)」を参照。

5 解答 ②
解説 文部科学省「不登校児童生徒への支援の在り方について(通知)」(2019年10月25日)の「1 不登校児童生徒への支援に対する基本的な考え方」「(1)支援の視点」を参照。

6 解答 ⑤
解説 マズロー(1908〜70)は,欲求を生理的欲求,安全の欲求,所属と愛情の欲求,自尊の欲求,自己実現の欲求からなる階層構造で捉え,低次の欲求から発達的に順に芽生えること,低次の欲求が満たされないとそれより高次の欲求の充足が困難になることを示した。

7 解答 ②
解説 ②「ハヴィガースト」(1900〜91)ではなく「エリクソン」(1902〜94)。

8 解答 ②
解説 イ:「対象の永続性」を理解するのは感覚運動期,すなわち乳幼児期。
エ:「自我同一性 対 同一性拡散」は青年期の危機。児童期の危機は「勤勉性 対 劣等感」とされる。

9 解答 ①
解説 ②形成的評価は,学習活動の進行中に実施され,進行中の学習の到達度・理解度を児童生徒に知らせるとともに,教師に対しては指導方法が適切であるかどうかをフィードバックする機能をもつ。
③形成的評価の実施は,小テストのみならず,ノート提出,机間巡視,挙手の状

神奈川県/横浜市/川崎市/相模原市

況など多面的に情報収集する必要がある。

④総括的評価は，単元・学期・学年の終了時などに実施される評価で，児童生徒の成績を決定する資料を得ること，指導計画全体の反省と改善を行うために実施される。

10 解答 ④

解説 ④指示的対応は，ロジャーズ（1902〜87）のクライアント中心療法とは正反対である。クライアント中心療法（来談者中心カウンセリング）は，クライアントの自発的な力が自らの問題解決や成長への促進として働き，カウンセラーはクライエントとの関係の中で，クライエントを心理的に受容し，クライエントのもつ感情を明確化することによって治療を促進することを特徴とする。

11 解答 ⑤

解説 日本国憲法第15条を参照。「公務員の選定罷免権，公務員の本質，普通選挙・秘密投票の保障」の規定。

12 解答 ④

解説 教育基本法第５条を参照。「義務教育」の規定。

13 解答 ①

解説 ①学校教育法施行規則第140条を参照。「障害に応じた特別の指導—通級指導」の規定。高等学校や中等教育学校の後期課程も含まれる。

②・③学校教育法施行規則第140条を参照。「障害に応じた特別の指導—通級指導」の規定。

④小学校学習指導要領（2017年３月31日告示）の「第１章　総則」「第４　児童の発達の支援」「２　特別な配慮を必要とする児童への指導」「(1)障害のある児童などへの指導」のエを参照。他校種にも同様の記述あり。

14 解答 ③

解説 ア：いじめ防止対策推進法第８条を参照。「学校及び学校の教職員の責務」の規定。

イ：いじめ防止対策推進法第９条第１項を参照。「保護者の責務等」の規定。

ウ：いじめ防止対策推進法第13条を参照。「学校いじめ防止基本方針」の規定。

15 解答 ①

解説 障害を理由とする差別の解消の推進に関する法律第１条を参照。この法律の「目的」の規定。

新 潟 県

実 施 日	2022（令和4）年7月3日	試験時間	55分（一般教養を含む）
出題形式	選択式	問 題 数	10題（解答数10）
パターン	法規・時事・ローカル＋原理・教育史	公開状況	問題：公開　解答：公開　配点：公開

傾向 & 対策

●記述問題を除き、新潟市と共通問題が多いが、出題順が異なる。出題分野にかかわらず、「特別支援教育」「人権教育」「情報教育」（ICT教育）に関する問題が多いのが特徴。●例年通り、最も解答数の多い教育法規は、日本国憲法、教育基本法、学校教育法の出典法規を問う問題と、障害者の権利に関する条約、社会教育法の空欄補充問題。●同じく教育時事は、「『キャリア・パスポート』の様式例と指導上の留意事項」（2019年3月）、「GIGAスクール構想」に関する文部科学省通知（2022年3月）、「持続可能な開発のための教育（ESD）推進の手引」（2021年5月）より。●必出のローカル問題は、「新潟県いじめ防止基本方針」（2021年7月）、「新潟県人権教育基本方針」（2021年3月）で、後者は2年連続の出題。

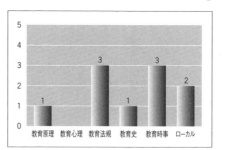

出 題 領 域

教育原理	教育課程・学習指導要領		総　則		特別の教科　道徳			
	外国語・外国語活動		総合的な学習(探究)の時間		特別活動			
	学習指導		生徒指導	1	学校・学級経営			
	特別支援教育	↓法規	人権・同和教育	↓ローカル	その他			
教育心理	発　達		学　習		性格と適応			
	カウンセリングと心理療法		教育評価		学級集団			
教育法規	教育の基本理念	1	学校教育		学校の管理と運営			
	児童生徒	1	教職員		特別支援教育	その他	1	1
教育史	日本教育史		西洋教育史	1				
教育時事	答申・統計	3	ローカル	2				

※表中の数字は、解答数
※選択肢の出題領域が複数にわたる場合は、それぞれの項目に加算するためグラフの数とは異なる

全校種共通

☞解答&解説 p.151

1 「学校と地域社会」の著者であり、「コミュニティスクール」を提唱した人物として適切なものは、次の1～5のうちどれか。

1 ブルーナー　　2 キルパトリック　　3 デューイ　　4 ルソー

5 オルセン

2 令和3年7月に新潟県教育委員会が改定した「新潟県いじめ防止基本方針」の「いじめの防止等の対策の基本的な方向」において述べられている内容として適切でないものは、次の1～5のうちどれか。

1 個々の行為が「いじめ」に当たるか否かについては、表面的・形式的ではなく、いじめを受けたとされる児童生徒の立場に立って判断する。

2 いじめを受けたとされる児童生徒の聴き取り等を行う際には、行為が発生した時点の本人や周辺の状況等を客観的に確認する。

3 いじめとは、いじめ防止対策推進法第2条で、「児童等に対して、当該児童等が在籍する学校に在籍している等当該児童等と一定の人的関係にある他の児童等が行う心理的又は物理的な影響を与える行為（インターネットを通じて行われるものを含む。）であって、当該行為の対象となった児童等が心身の苦痛を感じているもの」とされている。

4 好意で行った行為が意図せずに相手側の児童生徒に心身の苦痛を感じさせてしまったような場合や教員の指導によらずして良好な関係を再び築くことができた場合等については、いじめ防止対策推進法が定義するいじめに該当しない。

5 いじめは、いじめを受けた児童生徒の尊厳を損なう、決して許されない行為であり、その防止に向け、学校はもとより、社会全体が使命感をもって取り組んでいかなければならない。

3 次の法の条文と法の組合せとして正しいものは、下の1～5のうちどれか。

① 教育は、人格の完成を目指し、平和で民主的な国家及び社会の形成者として必要な資質を備えた心身ともに健康な国民の育成を期して行われなければならない。

② 校長及び教員は、教育上必要があると認めるときは、文部科学大臣の定めるところにより、児童、生徒及び学生に懲戒を加えることができる。ただし、体罰を加えることはできない。

③ すべて国民は、法律の定めるところにより、その能力に応じて、ひとしく教育を受ける権利を有する。

1 ①日本国憲法　　②学校教育法　　③教育基本法

2 ①教育基本法　　②日本国憲法　　③学校教育法

3 ①教育基本法　　②学校教育法　　③日本国憲法

4 ①日本国憲法　　②教育基本法　　③学校教育法

5 ①学校教育法　　②教育基本法　　③日本国憲法

4 次の文は、平成31年3月29日に文部科学省が取りまとめた「『キャリア・パスポート』の様式例と指導上の留意事項」に示されている「キャリア・パスポート」の定義である。

① ～ ③ に当てはまる語句の組合せとして適切なものは，下の1～5のうちどれか。

「キャリア・パスポート」とは，児童生徒が，小学校から高等学校までのキャリア教育に関わる諸活動について，特別活動の学級活動及びホームルーム活動を中心として，各教科等と ① し，自らの学習状況や ② を見通したり振り返ったりしながら，自身の変容や成長を自己評価できるよう工夫されたポートフォリオのことである。

なお，その記述や自己評価の指導にあたっては，教師が ③ に関わり，児童生徒一人一人の目標修正などの改善を支援し，個性を伸ばす指導へとつなげながら，学校，家庭及び地域における学びを自己の ② に生かそうとする態度を養うよう努めなければならない。

1　①横断　　②キャリア発達　　③協働的
2　①往還　　②キャリア形成　　③対話的
3　①横断　　②キャリア形成　　③協働的
4　①横断　　②キャリア発達　　③対話的
5　①往還　　②キャリア形成　　③協働的

5　次の文は，2006年12月13日に国連総会において採択され，2008年5月3日に発効された「障害者の権利に関する条約」の翻訳の一部である。 ① ～ ④ のいずれにも当てはまらないものは，下の1～5のうちどれか。

「合理的配慮」とは，障害者が他の者と ① にすべての人権及び基本的 ② を享有し，又は行使することを確保するための必要かつ適当な変更及び調整であって，特定の場合において必要とされるものであり，かつ， ③ を失した又は過度の ④ を課さないものをいう。

1　均衡　　2　平等　　3　協働　　4　負担　　5　自由

6　次の文は，令和3年3月26日に改定された「新潟県人権教育基本方針」の一部である。 ① ～ ③ に当てはまる語句の組合せとして適切なものは，下の1～5のうちどれか。

学校教育における人権教育

2　学校教育においては，差別の現実に深く学び，幼児児童生徒や保護者，地域と深く ① といった「 ① 同和教育」の理念を踏まえ，一人一人を大切にしながら，人権が尊重される学級づくり，学校園づくりを全校体制で行う。

また，幼児期からの発達の段階に応じた ② 人権教育を行い，人権に関する理解を深め，豊かな人権感覚を養い，互いに自他の大切さを認め合う態度や行動力を身に付けさせる。その際，インターネットやSNSの使用に当たって，他者の人権を侵すことがないよう ③ 。

1　①つながる　　②普遍的・組織的な　　③確実に指導する
2　①つながる　　②計画的・組織的な　　③配慮する
3　①つながる　　②普遍的・組織的な　　③配慮する
4　①かかわる　　②計画的・組織的な　　③確実に指導する
5　①かかわる　　②普遍的・計画的な　　③配慮する

新潟県

7 文部科学省が取りまとめた「生徒指導提要」（平成22年3月）の「第5章　教育相談」に記されている，次の①，②の文が説明する用語の組合せとして適切なものは，下の1〜5のうちどれか。

① 「見立て」とも言われ，解決すべき問題や課題のある事例（事象）の家族や地域，関係者などの情報から，なぜそのような状態に至ったのか，児童生徒の示す行動の背景や要因を，情報を収集して系統的に分析し，明らかにしようとすること。

② 生活する中で，「困った」，「つらい」などの否定的感情が要因となり，ストレス反応が生じる。この嫌悪的で不快なストレス反応を低減させ，増幅させないことを目的とした認知機能，又はそのための対処法のこと。

1　①アセスメント　　　　　　　　②コーピング
2　①アセスメント　　　　　　　　②アサーショントレーニング
3　①コーピング　　　　　　　　　②アセスメント
4　①アサーショントレーニング　　②コーピング
5　①アサーショントレーニング　　②アセスメント

8 次の文は，社会教育法の条文の一部である。　①　〜　③　に当てはまる語句の組合せとして適切なものは，下の1〜5のうちどれか。

第1条　この法律は，　①　（平成18年法律第120号）の精神に則り，社会教育に関する国及び地方公共団体の任務を明らかにすることを目的とする。

第2条　この法律において「社会教育」とは，　②　（昭和22年法律第26号）又は就学前の子どもに関する教育，保育等の総合的な提供の推進に関する法律（平成18年法律第77号）に基づき，学校の教育課程として行われる教育活動を除き，主として　③　に対して行われる組織的な教育活動（体育及びレクリエーションの活動を含む。）をいう。

1　①教育基本法　　②学校教育法　　③青少年及び成人
2　①教育基本法　　②学校教育法　　③児童生徒
3　①学校教育法　　②教育基本法　　③青少年及び成人
4　①学校教育法　　②教育基本法　　③児童生徒
5　①学校教育法　　②教育基本法　　③児童生徒及び成人

9 令和4年3月3日に文部科学省が通知した「GIGAスクール構想の下で整備された学校における1人1台端末等のICT環境の活用に関する方針について（通知）」の内容として適切でないものは，次の1〜5のうちどれか。

1　児童生徒が所有するICT端末を学校に持参して利用する場合には，自治体が整備する端末の環境と同等のセキュリティ対策を講じる必要があることに留意する。

2　ICT端末の紛失や破損を防ぐため，管理台帳を作成することで日頃よりICT端末の管理を徹底し，自宅等での学習のためには，児童生徒にICT端末を持ち帰らせない。

3　ICTは特定の教科等のみでの活用にとどまらず，日常的にICTを学習に活用することが重要である。

4　ICTの活用に当たっては教育効果を考えながら活用することが重要であり，教師の授業力と児童生徒の情報活用能力とが相まって，その特性・強みを生かされるツール

であることにも留意する。

5　障害の有無を問わず，ICTの活用は児童生徒の主体的な学びに有用なものである。

10　次の文は，日本ユネスコ国内委員会事務局が作成した「持続可能な開発のための教育（ESD）推進の手引」（令和3年5月改訂）の一部である。　①　～　③　に当てはまる語句の組合せとして適切なものは，下の1～5のうちどれか。

日本が提唱した「持続可能な開発のための教育（Education for Sustainable Development：ESD）」は，まさに　①　の課題を自分事として捉え，その解決に向けて　②　を身に付けるための教育です。（中略）

今まで日本では，ユネスコ憲章に示されたユネスコの理念を実現するため，平和や国際的な連携を実践する学校である「ユネスコスクール」を推進拠点と位置づけESDを推進してきました。一方で，2020年度から順次実施されている新しい学習指導要領において，これからの学校教育や教育課程の役割として「　③　の創り手」となることができるようにすることが前文と総則において掲げられ，ESDの理念が組み込まれる形となりました。新しい学習指導要領に基づき，これからは，全ての学校においてESDが推進される必要があります。

1　①地域社会　　②思考力・判断力・表現力　　③持続可能な社会
2　①地域社会　　②思考力・判断力・表現力　　③グローバル社会
3　①地球規模　　②自ら行動を起こす力　　　　③持続可能な社会
4　①地球規模　　②自ら行動を起こす力　　　　③グローバル社会
5　①地球規模　　②思考力・判断力・表現力　　③持続可能な社会

解答＆解説

1　**解答**　5

解説　5：オルセン（1908～2000）は，従来の学校の閉鎖的な性格の克服を目指して，「コミュティ・スクール」（地域社会学校）」の実践を理論化し，学校と地域を結ぶ方法を提唱した。

2　**解答**　4

解説　新潟県教育委員会「新潟県いじめ防止基本方針」（2018年2月改定，2021年7月改定）の「第1　いじめの防止等の対策の基本的な方向」を参照。

4：「3　いじめの認知及びその後の対応における留意事項」を参照。「好意で行った行為が意図せずに相手側の児童生徒に心身の苦痛を感じさせてしまったような場合や教員の指導によらずして良好な関係を再び築くことができた場合等については，学校は『いじめ』という言葉を使わずに指導する等，柔軟な対応による対処も可能である。ただし，これらの場合であっても，法が定義するいじめに該当するため，情報を得た教職員は，学校いじめ対策組織へ報告し，情報を共有する」と示されている。

1・3：「2　定義」「(1)いじめの定義」を参照。

2：「3　いじめの認知及びその後の対応における留意事項」を参照。

5：「4　いじめの防止等に関する基本的な考え方」を参照。

3 解答 3

解説 ①教育基本法第1条を参照。「教育の目的」の規定。

②学校教育法第11条を参照。「児童・生徒等の懲戒」の規定。

③日本国憲法第26条第1項を参照。「教育を受ける権利」の規定。

4 解答 2

解説 文部科学省「『キャリア・パスポート』の様式例と指導上の留意事項」（2019年3月29日）の「4．定義」を参照。

5 解答 3

解説 障害者の権利に関する条約第2条を参照。「定義」の規定。①―2，②―5，③―1，④―4。

6 解答 4

解説 新潟県教育委員会「新潟県人権教育基本方針」（2010年9月1日制定，2021年3月26日改定）の「学校教育における人権教育」の2を参照。同方針は，人権教育のねらいや方向性を明らかにし，市町村教育委員会，学校及び社会教育施設等での人権教育，同和教育の取組の一層の進展を図ることを目的として制定されたものである。

7 解答 1

解説 『生徒指導提要』（2010年3月）の「第5章　教育相談」「第2節　教育相談体制の構築」「2　組織的な教育相談」「(3)教育相談の研修」を参照。

①「【コラム】アセスメントとは」を参照。

②「【コラム】コーピングとは」を参照。

8 解答 1

解説 社会教育法を参照。

①第1条を参照。「この法律の目的」の規定。

②第2条を参照。「社会教育の定義」の規定。

9 解答 2

解説 文部科学省「GIGAスクール構想の下で整備された学校における1人1台端末等のICT環境の活用に関する方針について（通知）」（2022年3月3日）を参照。

2：「2．運営支援」「(4)持ち帰ったICT端末等を活用した自宅等での学習」を参照。正しくは「感染症の影響による臨時休業等の非常時における児童生徒の学びの継続の観点からも，端末を持ち帰り，自宅等での学習においてもICTを活用することは有効である」「平常時から，持ち帰ったICT端末等を活用した自宅等での学習を行うことは，家庭学習の質を充実させる観点や，臨時休業等の非常時における学びの継続を円滑に行う観点からも有効である」と示されている。

1：「2．運営支援」「(1)端末運用の準備」を参照。

3：「3．学習指導等支援」「(1)日常での活用促進」を参照。

4：「3．学習指導等支援」「(3)研修の実施」を参照。

5 :「3．学習指導等支援」「(4)特別な配慮が必要な児童生徒に対するICT活用」
を参照。

10 解答 3

解説 日本ユネスコ国内委員会「持続可能な開発のための教育（ESD）推進の手引」(2016
年3月初版，2018年5月改訂，2021年5月改訂）の「1．ESD推進の手引作成の
趣旨」を参照。

新潟県

新潟市

実施日	2022（令和4）年7月3日	試験時間	55分（一般教養を含む）
出題形式	選択＋記述式	問題数	6題（解答数6）
パターン	法規・時事＋記述	公開状況	問題：公開　解答：公開　配点：公開

傾向＆対策

●記述問題があるため，新潟県より4題少ない。選択問題は新潟県と共通であるが，出題順が異なる。1題2点の選択問題に対し，記述問題は20点と配点が高いので，時間配分も含め注意が必要。●教育法規は，日本国憲法，教育基本法，学校教育法の出典法規を問う問題と，障害者の権利に関する条約，社会教育法の空欄補充問題。●教育時事は，「『キャリア・パスポート』の様式例と指導上の留意事項」（2019年3月），「持続可能な開発のための教育（ESD）推進の手引」（2021年5月）。●記述問題は，「児童生徒から信頼される教員となるための具体的な取り組み」。昨年度は，新潟市の目指す教員像を踏まえた上で「いじめの未然防止や早期発見のための学級担任または養護教諭として取り組み」。

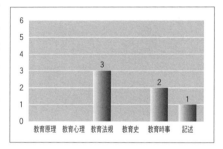

出題領域

教育原理	教育課程・学習指導要領		総則		特別の教科　道徳			
	外国語活動		総合的な学習（探究）の時間		特別活動			
	学習指導		生徒指導		学校・学級経営			
	特別支援教育	↓法規	人権・同和教育		記述	1		
教育心理	発達		学習		性格と適応			
	カウンセリングと心理療法		教育評価		学級集団			
教育法規	教育の基本理念	1	学校教育		学校の管理と運営			
	児童生徒	1	教職員		特別支援教育	その他	1	1
教育史	日本教育史		西洋教育史					
教育時事	答申・統計	2	ローカル					

※表中の数字は，解答数
※選択肢の出題領域が複数にわたる場合は，それぞれの項目に加算するためグラフの数とは異なる

全校種共通 ☞解答＆解説 p.157

1 次の法の条文と法の組合せとして正しいものは，下の1〜5のうちどれか。

① 教育は，人格の完成を目指し，平和で民主的な国家及び社会の形成者として必要な資質を備えた心身ともに健康な国民の育成を期して行われなければならない。

② 校長及び教員は，教育上必要があると認めるときは，文部科学大臣の定めるところにより，児童，生徒及び学生に懲戒を加えることができる。ただし，体罰を加えることはできない。

③ すべて国民は，法律の定めるところにより，その能力に応じて，ひとしく教育を受ける権利を有する。

1 ①日本国憲法 ②学校教育法 ③教育基本法
2 ①教育基本法 ②日本国憲法 ③学校教育法
3 ①教育基本法 ②学校教育法 ③日本国憲法
4 ①日本国憲法 ②教育基本法 ③学校教育法
5 ①学校教育法 ②教育基本法 ③日本国憲法

2 次の文は，平成31年3月29日に文部科学省が取りまとめた「『キャリア・パスポート』の様式例と指導上の留意事項」に示されている「キャリア・パスポート」の定義である。 ① 〜 ③ に当てはまる語句の組合せとして適切なものは，下の1〜5のうちどれか。

「キャリア・パスポート」とは，児童生徒が，小学校から高等学校までのキャリア教育に関わる諸活動について，特別活動の学級活動及びホームルーム活動を中心として，各教科等と ① し，自らの学習状況や ② を見通したり振り返ったりしながら，自身の変容や成長を自己評価できるよう工夫されたポートフォリオのことである。

なお，その記述や自己評価の指導にあたっては，教師が ③ に関わり，児童生徒一人一人の目標修正などの改善を支援し，個性を伸ばす指導へとつなげながら，学校，家庭及び地域における学びを自己の ② に生かそうとする態度を養うよう努めなければならない。

1 ①横断 ②キャリア発達 ③協働的
2 ①往還 ②キャリア形成 ③対話的
3 ①横断 ②キャリア形成 ③協働的
4 ①横断 ②キャリア発達 ③対話的
5 ①往還 ②キャリア形成 ③協働的

3 次の文は，2006年12月13日に国連総会において採択され，2008年5月3日に発効された「障害者の権利に関する条約」の翻訳の一部である。 ① 〜 ④ のいずれにも当てはまらないものは，下の1〜5のうちどれか。

「合理的配慮」とは，障害者が他の者と ① にすべての人権及び基本的 ② を享有し，又は行使することを確保するための必要かつ適当な変更及び調整であって，特定の場合において必要とされるものであり，かつ， ③ を失した又は過度の ④ を課さないものをいう。

新潟市

155

1 均衡　　2 平等　　3 協働　　4 負担　　5 自由

4 次の文は，社会教育法の条文の一部である。 ① ～ ③ に当てはまる語句の組合せとして適切なものは，下の1～5のうちどれか。

第1条　この法律は， ① （平成18年法律第120号）の精神に則り，社会教育に関する国及び地方公共団体の任務を明らかにすることを目的とする。

第2条　この法律において「社会教育」とは， ② （昭和22年法律第26号）又は就学前の子どもに関する教育，保育等の総合的な提供の推進に関する法律（平成18年法律第77号）に基づき，学校の教育課程として行われる教育活動を除き，主として ③ に対して行われる組織的な教育活動（体育及びレクリエーションの活動を含む。）をいう。

1　①教育基本法　　②学校教育法　　③青少年及び成人
2　①教育基本法　　②学校教育法　　③児童生徒
3　①学校教育法　　②教育基本法　　③青少年及び成人
4　①学校教育法　　②教育基本法　　③児童生徒
5　①学校教育法　　②教育基本法　　③児童生徒及び成人

5 次の文は，日本ユネスコ国内委員会事務局が作成した「持続可能な開発のための教育（ESD）推進の手引」（令和3年5月改訂）の一部である。 ① ～ ③ に当てはまる語句の組合せとして適切なものは，下の1～5のうちどれか。

日本が提唱した「持続可能な開発のための教育（Education for Sustainable Development：ESD）」は，まさに ① の課題を自分事として捉え，その解決に向けて ② を身に付けるための教育です。（中略）

今まで日本では，ユネスコ憲章に示されたユネスコの理念を実現するため，平和や国際的な連携を実践する学校である「ユネスコスクール」を推進拠点と位置づけESDを推進してきました。一方で，2020年度から順次実施されている新しい学習指導要領において，これからの学校教育や教育課程の役割として「 ③ の創り手」となることができるようにすることが前文と総則において掲げられ，ESDの理念が組み込まれる形となりました。新しい学習指導要領に基づき，これからは，全ての学校においてESDが推進される必要があります。

1　①地域社会　　②思考力・判断力・表現力　　③持続可能な社会
2　①地域社会　　②思考力・判断力・表現力　　③グローバル社会
3　①地球規模　　②自ら行動を起こす力　　③持続可能な社会
4　①地球規模　　②自ら行動を起こす力　　③グローバル社会
5　①地球規模　　②思考力・判断力・表現力　　③持続可能な社会

6 教員にとって，児童生徒との信頼関係を構築することがすべての教育活動の基盤となります。あなたは，児童生徒から信頼される教員となるために，どのようなことに取り組みますか。具体的に書きなさい。

解答&解説

1 解答 3

解説 ①教育基本法第1条を参照。「教育の目的」の規定。
②学校教育法第11条を参照。「児童・生徒等の懲戒」の規定。
③日本国憲法第26条第1項を参照。「教育を受ける権利」の規定。

2 解答 2

解説 文部科学省「『キャリア・パスポート』の様式例と指導上の留意事項」(2019年3月29日)の「4 定義」を参照。

3 解答 3

解説 障害者の権利に関する条約第2条を参照。「定義」の規定。①―2，②―5，③―1，④―4。

4 解答 1

解説 社会教育法を参照。
①第1条を参照。「この法律の目的」の規定。
②第2条を参照。「社会教育の定義」の規定。

5 解答 3

解説 日本ユネスコ国内委員会「持続可能な開発のための教育（ESD）推進の手引」(2016年3月初版，2018年5月改訂，2021年5月改訂)の「1．ESD推進の手引作成の趣旨」を参照。

6 解答 略

新潟市

富山県

実施日	2022(令和4)年7月16日／8月20日	試験時間	60分（一般教養を含む）／50分
出題形式	選択＋記述式(一般教養)／論述式	問題数	2題（解答数14）／1題
パターン	法規＋心理・教育史・原理・時事	公開状況	問題：公開　解答：公開　配点：公開

傾向＆対策
●教職教養全体の半数以上を占める教育法規は，教育基本法，地方公務員法，教育公務員特例法などの頻出条文のキーワードを問う空欄補充問題と，出典法規を問う問題が必出。●教育原理は，学習指導要領の意義について。●教育心理は，教育評価のうち文脈効果，学級集団の特徴を把握するための検査であるQ-Uを選択する問題。●教育史は，ヘルバルトの四段階教授法とラングランについて。●教育時事では，教育再生実行会議第十一次提言（2019年5月）で示されたSTEAM教育の意味について問われた。
●2次の教職教養は，50分・800字の校種別の論述問題。テーマは「SNSで友達とトラブルがあった」「いじめが怖くて子供が学校に行けない」と保護者から連絡があったときの対応など具体的な事例。

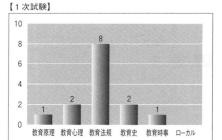
【1次試験】

出題領域（1次試験）

教育原理	教育課程・学習指導要領	1	総則		特別の教科　道徳	
	外国語・外国語活動		総合的な学習(探究)の時間		特別活動	
	学習指導		生徒指導		学校・学級経営	
	特別支援教育	↓法規	人権・同和教育		その他	
教育心理	発達		学習		性格と適応	
	カウンセリングと心理療法		教育評価	1	学級集団	1
教育法規	教育の基本理念		学校教育		学校の管理と運営	
	児童生徒	2	教職員	4	特別支援教育	2
教育史	日本教育史		西洋教育史	2		
教育時事	答申・統計	1	ローカル			

※表中の数字は，解答数

1次　全校種共通

☞解答&解説 p.162

1 次の(1)～(5)の各文は，下の［語群］のA～Eのいずれかの法令の条文の一部である。文中の（　　　）に最も適するものを，それぞれ下のア～エから1つずつ選び，記号で答えよ。

また，(1)～(3)の各文が規定されている法令名を下の［語群］中のA～Eからそれぞれ1つずつ選び，記号で答えよ

(1) 職員は，（　　　）の定めるところにより，服務の宣誓をしなければならない。

ア　憲法　　イ　法律　　ウ　規則　　エ　条例

(2) 教員は，（　　　）に支障のない限り，本属長の承認を受けて，勤務場所を離れて研修を行うことができる。

ア　会議　　イ　実習　　ウ　授業　　エ　業務

(3) 国及び地方公共団体は，障害のある者が，その障害の状態に応じ，十分な教育を受けられるよう，教育上必要な（　　　）を講じなければならない。

ア　援助　　イ　支援　　ウ　措置　　エ　配慮

(4) 校長及び教員は，教育上必要があると認めるときは，（　　　）の定めるところにより，児童，生徒及び学生に懲戒を加えることができる。ただし，体罰を加えることはできない。

ア　文部科学大臣　　イ　各都道府県知事　　ウ　各市町村長

エ　各市町村教育長

(5) 地方公共団体は，基本理念にのっとり，いじめの防止等のための対策について，（　　　）と協力しつつ，当該地域の状況に応じた施策を策定し，及び実施する責務を有する。

ア　国　　イ　文部科学省　　ウ　学校　　エ　保護者

［語群］　A　教育基本法　　　B　いじめ防止対策推進法

C　地方公務員法　　D　教育公務員特例法　　E　学校教育法

2 次の(1)～(6)の文中の（　　　）に最も適するものを，下のア～エからそれぞれ1つずつ選び，記号で答えよ。

(1) 学習指導要領とは，よりよい学校教育を通してよりよい社会を創るという理念の実現に向けて必要となる教育課程の基準を大綱的に定めるものである。学習指導要領が果たす役割の一つは，公の性質を有する学校における教育水準を全国的に（　　　）することである。

ア　明確化　　イ　平等に　　ウ　同等に　　エ　確保

(2) ヘルバルトは，教授の過程に関して，「（　　　）・連合・系統・方法」の4つの段階に分ける四段階教授法を提唱した。

ア　明瞭　　イ　分析　　ウ　総合　　エ　予備

(3) （　　　）は，1965年のユネスコ成人教育推進国際委員会において，生涯教育の概念を提唱した。

ア　イリイチ　　イ　ブルーナー　　ウ　ラングラン　　エ　マカレンコ

富山県

(4) （　　　）とは，刺激の知覚が，前後の刺激の存在に影響を受けることであり，知覚の対象となる刺激があいまいなほど，その効果は大きくなる。

ア　カクテルパーティー効果　　　イ　文脈効果　　　ウ　ハロー効果
エ　ピグマリオン効果

(5) 児童生徒の学級生活の満足度を学級満足度尺度と学校生活意欲尺度で構成している学級アセスメントツールを（　　　）という。

ア　ソシオメトリックテスト　　　イ　ゲス・フー・テスト
ウ　学級風土尺度　　　　　　　　エ　Q－U（Questionnaire Utilities）

(6) 教育再生実行会議第十一次提言（令和元年5月17日）によれば，STEAM教育とは「Science, Technology, Engineering, Art, Mathematics等の各教科での学習を実社会での問題発見・解決にいかしていくための（　　　）な教育」のことである。

ア　主題学習的　　イ　教科横断的　　ウ　探究的　　エ　個別最適

2次　校種別問題

3 【小学校】現在，A教諭は小学校で6年2組の担任をしている。6年2組の女子児童Bは，明るく元気で，男女問わず誰とでも仲良くしており，授業では自分から進んで発言するなど，学習にも意欲的に取り組んでいた。また，家ではSNSを利用し，毎日夜遅くまで友達と連絡を取り合っていたようだ。

6月に入ったくらいから，児童Bは暗い表情で教室に1人でいることが多くみられるようになったので，声をかけると「大丈夫です」と視線を合わせずに答える場面があった。

6月中旬，児童Bの母親から，「SNSで友達とトラブルがあったようで，学校に行きたくないと言っている。それ以上話してくれないので詳しくは分からない。どうしたらよいか」と相談があった。

あなたがA教諭だとすると，このような状況にどう対応するか。児童Bの母親への対応，児童Bやその他の児童への関わり，今後の学級づくり等について800字以内で述べよ。

4 【中高共通】Aは，高校1年の男子生徒で卓球部に所属している。

9月中旬，2日連続で学校を欠席したAの母親から担任に対し，Aが「卓球部の先輩からのいじめが怖くて学校に行けないと言っている」という内容の電話があった。担任がAの母親からさらに詳しく聞き取った内容は以下の通りである。

・卓球部の2年生の先輩BとCからいじめを受けている。
・顧問の教諭の目の届かないところで，BとCはAに対してだけ，「死ね」「バカ」などと言ったり，蹴ったりする。
・部長Dを含む他の2年生の先輩や1年生の他の部員は見て見ぬふりをしている。
・練習以外の場面でも，BやCから通りすがりに「死ね」と言われたりすることもある。
・Aは中学校時代から卓球に打ち込み，高校でも熱心に部活動に参加していた。
・夏休みの練習にAが遅刻したことがきっかけとなり，AはBとCからいじめられる

ようになった。

　　あなたはＡの担任として，この後どのように対応するか。800字以内で述べよ。

5 【特別支援学校】あなたが担任している特別支援学校の児童生徒が，居住する地域の学校（小・中学校）と交流及び共同学習を行うことになった。

　　今回の交流及び共同学習における「活動のねらい」「合理的配慮」「交流及び共同学習の意義」について，800字以内で述べよ。ただし，対象となる児童生徒については以下のように設定し，記せ。

　　・「対象とする障害種別」と「指導する児童生徒の学部」を設定し，解答欄に記入すること。

　　・最初に，対象とする児童生徒について，学習上及び生活上の様々な実態を想定し，2つ程度挙げること。

　　・なお，対象とする児童生徒は1名とする。

6 【養護教諭】次の事例を読んで，あとの問いに答えよ。

［事例］　Ａ…中学校1年生女子，家族構成4人（本人，父親，母親，弟（小4））

　　Ａは，合唱コンクールの練習中，突然，過呼吸になり，クラスの友人に連れられて保健室へ来た。その3日後にも再び過呼吸発作を起こし，学級担任に付き添われて保健室へ来た。

　　Ａが頻繁に過呼吸発作を起こすので，養護教諭は学級担任に日頃の様子を尋ねたところ，学級では学級委員長としてクラスをとりまとめるリーダー的存在である，何事にも一生懸命取り組む生徒であり，成績も優秀である。一方で，学級の友人に対してやや言葉がきつく，不快な様子が表情に出ることもあると聞いた。合唱コンクールの練習が始まった頃からは，クラスをまとめるために，自分の思いを押し通そうとするＡに対して，クラスの中に不満の声も聞かれるようになってきていた。

［問い］　次の(1)，(2)について，あなたは養護教諭としてどのように対応するか，過呼吸発作の説明・対処法もあわせて800字以内で述べよ。

　　(1)　Ａに対する学校全体での支援について

　　(2)　Ａ及びその家族への接し，方や今後の対応について

7 【栄養教諭】次の事例を読んで，あとの問いに答えよ。

［事例］　Ａ小学校の5年女子児童Ｂが，4月の発育測定で「高度肥満」（身長142cm，体重52.5kg）と判定され，養護教諭から生活習慣の個別指導を受けていた。また，病院を受診し，医師から指導を受け，必要があれば教育入院することを勧められた。7月までは，「太りたくない」という気持ちがあり，食べすぎないように注意し，体重を増加させることなく経過していた。しかし，夏休みに入ると，自宅で1人で過ごすことが多くなり，用意してある昼食やおやつだけでは足りず，ホットケーキを焼いて食べたり，自分のお小遣いでお菓子を購入して食べたりするようになった（児童Ｂは母子家庭で，日中は母親が就労し，妹は保育所に通っている）。その結果，夏休みが始まった7月下旬から2学期が始まる9月までの間に体重が5kg増加した（身長145cm，体重57.5kg）。児童Ｂは，普段から食に興味があることから，養護教諭の勧めで，栄養教諭に食事指導を受けることになった。

富
山
県

［問い］上記の［事例］について，あなたはＡ小学校の栄養教諭として児童Ｂやその保護者に対し，どのように指導し，対応するか。800字以内で述べよ。

解答＆解説

1 解答 空欄：(1)—エ　(2)—ウ　(3)—イ　(4)—ア　(5)—ア
　　　法令名：(1)—Ｃ　(2)—Ｄ　(3)—Ａ

解説 (1)地方公務員法第31条を参照。「服務の宣誓」の規定。
(2)教育公務員特例法第22条第2項を参照。「研修の機会」のうち勤務場所を離れた研修に関する規定。
(3)教育基本法第4条第2項を参照。「教育の機会均等」の規定。
(4)学校教育法第11条を参照。「児童・生徒等の懲戒」の規定。
(5)いじめ防止対策推進法第6条を参照。「地方公共団体の責務」の規定。

2 解答 (1)—エ　(2)—ア　(3)—ウ　(4)—イ　(5)—エ　(6)—イ

解説 (1)『小学校学習指導要領解説　総則編』（2017年7月）の「第2章　教育課程の基準」「第2節　教育課程に関する法制」「1　教育課程とその基準」を参照。他校種にも同様の記述あり。
(2)ヘルバルト（1776～1841）は，教育の究極目的は「道徳的品性の陶冶」であるとし，そのための教授の段階を明瞭－連合－系統－方法の4段階に分けて考えた。
(3)ラングラン（1910～2003）は，生涯教育の提唱者・実践者。1965年のユネスコの成人教育推進国際会議で議長を務めた後も，成人教育理論の普及に努めた。
(4)知覚対象や記憶すべきものそのものではなく，それに付随するさまざまなものを「文脈」という。
(5)Q－U（Questionnaire－Utilities）は，河村茂雄（1959～）によって開発されたもので，学級集団の特徴を学級満足度尺度，学校生活意欲尺度，ソーシャルスキル尺度によって把握するための検査。学級集団をアセスメントし，より適切な支援をすることを目的とする。
(6)中央教育審議会答申「『令和の日本型学校教育』の構築を目指して　～全ての子供たちの可能性を引き出す，個別最適な学びと，協働的な学びの実現～」（2021年1月26日，同年4月22日更新）では，「STEAMの各分野が複雑に関係する現代社会に生きる市民として必要となる資質・能力の育成を志向するSTEAM教育の側面に着目し，STEAMのAの範囲を芸術，文化のみならず，生活，経済，法律，政治，倫理等を含めた広い範囲（Liberal Arts）で定義し，推進することが重要である」としている。

富山県

石川県

実施日	2022(令和4)年7月16日	試験時間	90分（一般教養を含む）
出題形式	マークシート＋論述式(一般教養)	問題数	3題（解答数9）
パターン	法規＋原理・教育史・論述	公開状況	問題：公開　解答：公開　配点：公開

傾向＆対策

●教職教養：一般教養の出題比≒1：3で一般教養重視型。300字程度でまとめる論述問題を含むので，時間配分に要注意。例年，教育に関するテーマで，今年度は『人間のトリセツ』（黒川伊保子）を読み，筆者の考えを踏まえ，自分の授業や指導を通して児童生徒の好奇心をどう育てるかについてまとめる。
●出題構成は流動的で，今年度は教育原理，教育法規，教育史で構成。●例年通り最も解答数の多い教育法規は，2022年4月施行の教育職員等による児童生徒性暴力等の防止等に関する法律のほか，教育基本法，学校教育法，地方公務員法，教育公務員特例法，児童虐待の防止等に関する法律の空欄補充問題。新しく制定された法規や改正法は必出。●教育史はデューイについて。

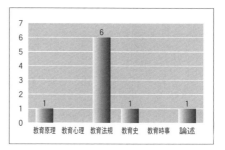

出題領域

教育原理	教育課程・学習指導要領		総則		特別の教科　道徳	
	外国語・外国語活動		総合的な学習(探究)の時間		特別活動	
	学習指導	1	生徒指導		学校・学級経営	
	特別支援教育		人権・同和教育		論述	1
教育心理	発　達		学　習		性格と適応	
	カウンセリングと心理療法		教育評価		学級集団	
教育法規	教育の基本理念	1	学校教育		学校の管理と運営	
	児童生徒	2	教職員	3	その他	
教育史	日本教育史		西洋教育史	1		
教育時事	答申・統計		ローカル			

※表中の数字は，解答数

全校種共通

☞解答＆解説 p.165

1 次の(1)・(2)の空欄 ア ・ イ に入るものとして最も適当なものを，それぞれ下の①～④から一つずつ選びなさい。

(1) 1896年にシカゴ大学の付属として実験学校を開設し，その報告書的性格を持つ著書「学校と社会」の中で，自身の教育理論を表現した人物は ア である。

①エレン・ケイ ②コメニウス ③デューイ ④ペスタロッチ

(2) スキナーによって提唱された学習方法で，5つの原理（スモール・ステップ，積極的反応，即時確認，自己ペース，学習者による検証）に基づいているものを イ という。

①発見学習 ②問題解決学習 ③バズ学習 ④プログラム学習

2 次の(1)～(6)の法令の条文またはその一部について，（ a ）（ b ）に当てはまる語句の組合せとして正しいものを，それぞれ下の①～④から一つずつ選びなさい。

(1) 政府は，教育の振興に関する施策の総合的かつ（ a ）な推進を図るため，教育の振興に関する施策についての基本的な方針及び講ずべき施策その他必要な事項について，基本的な計画を定め，これを国会に報告するとともに，（ b ）しなければならない。 (教育基本法第17条)

① a 計画的 b 公表 ② a 計画的 b 推進
③ a 組織的 b 公表 ④ a 組織的 b 推進

(2) 教育公務員は，（ a ）の定めるところにより，現職のままで，（ b ）研修を受けることができる。 (教育公務員特例法第22条)

① a 任命権者 b 長期にわたる ② a 任命権者 b 6ヶ月以上の
③ a 本属長 b 長期にわたる ④ a 本属長 b 6ヶ月以上の

(3) 児童虐待を受けたと思われる児童を発見した者は，速やかに，これを市町村，都道府県の設置する福祉事務所若しくは児童相談所又は（ a ）を介して市町村，都道府県の設置する福祉事務所若しくは児童相談所に通告（ b ）ならない。

(児童虐待の防止等に関する法律第6条)

① a 児童委員 b するよう努めなければ
② a 児童委員 b しなければ
③ a 教育委員会 b するよう努めなければ
④ a 教育委員会 b しなければ

(4) （ a ）によつて，就学困難と認められる学齢児童又は学齢生徒の保護者に対しては，（ b ）は，必要な援助を与えなければならない。 (学校教育法第19条)

① a 病弱，発育不完全その他やむを得ない事由 b 市町村
② a 病弱，発育不完全その他やむを得ない事由 b 国
③ a 経済的理由 b 市町村
④ a 経済的理由 b 国

(5) 教育職員等による児童生徒性暴力等の防止等に関する施策は，児童生徒等が（ a ）学習その他の活動に取り組むことができるよう，学校の内外を問わず教育職員等によ

石川県

164

る児童生徒性暴力等を（ b ）することを旨として行われなければならない。
　　　　　（教育職員等による児童生徒性暴力等の防止等に関する法律第4条）
　① a 安全に　 b 防止　 ② a 安全に　 b 根絶
　③ a 安心して　b 防止　 ④ a 安心して　b 根絶
(6)　職員は，法律又は（ a ）に特別の定がある場合を除く外，その勤務時間及び職務上の注意力のすべてをその（ b ）のために用い，当該地方公共団体がなすべき責を有する職務にのみ従事しなければならない。　　　　　（地方公務員法第35条）
　① a 政令　b 職責遂行　 ② a 政令　b 業務遂行
　③ a 条例　b 職責遂行　 ④ a 条例　b 業務遂行

3　〔傾向〕黒川伊保子『人間のトリセツ』の文章を読み，問いに答える問題。

問　あなたは，自分の授業（または指導）をとおして，どのようにして児童生徒の好奇心を育てたいと考えるか。筆者の考えに触れながら，自分の考えを300字程度で書く問題。

解答＆解説

1 解答 (1)—③　(2)—④

解説 (1)③デューイ（1859〜1952）は，「なすことによって学ぶ」という，経験による学習を重視した新教育運動の理論的指導者で，教育とは「経験の再構成」であり，子どもの生活経験に基づき，子どもの自発的活動が中心でなければならないとした。
(2)④スキナー（1904〜90）が開発したプログラム学習は，オペラント条件づけの理論に基づき，ティーチング・マシンを用いた個別の学習方法。

2 解答 (1)—①　(2)—①　(3)—②　(4)—③　(5)—④　(6)—③

解説 (1)教育基本法第17条第1項を参照。「教育振興基本計画」の規定。
(2)教育公務員特例法第22条第3項を参照。「研修の機会」のうち現職のままで長期にわたる研修に関する規定。
(3)児童虐待の防止等に関する法律第6条第1項を参照。「児童虐待に係る通告」の規定。
(4)学校教育法第19条を参照。「経済的就学困難への援助義務」の規定。
(5)教育職員等による児童生徒性暴力等の防止等に関する法律第4条第2項を参照。「基本理念」の規定。同法は，「児童生徒性暴力等」などの定義のほか，児童生徒性暴力等の禁止，基本理念（学校の内外を問わず教育職員等による児童生徒性暴力等の根絶等），児童生徒性暴力等の防止・早期発見・対処に関する措置（データベースの整備等），特定免許状失効者等に対する免許状授与の特例等について規定されており，2021年6月4日公布，一部を除き2022年4月1日施行。
(6)地方公務員法第35条を参照。「職務に専念する義務」の規定。

3 解答 略

解説 着眼点：①条件を踏まえた解答になっているか。②自分の考えが述べられているか。③文章が論理的か。④実体験や具体例を示し，文章に説得力があるか。

福井県

実施日	2022(令和4)年7月2日	試験時間	60分（一般教養を含む）
出題形式	選択＋記述式（一般教養）	問題数	17題（解答数20）
パターン	原理・法規・心理＋ローカル・時事	公開状況	問題：公開　解答：公開　配点：公開

傾向&対策

●例年，英語の読解問題と記述問題は教育時事に関する出題だったが，今年度は一般時事。●教育原理は，学習指導要領と生徒指導が必出で，前者は「総則」「特別活動」「総合的な学習（探究）の時間」で解説書からも出題。●教育心理は，発達，教育評価，心理療法。●教育法規は，教育基本法，学校教育法，青少年が安全に安心してインターネットを利用できる環境の整備等に関する法律，障害を理由とする差別の解消の推進に関する法律，男女共同参画社会基本法。●教育時事は，「人権教育の指導方法等」に関する第三次とりまとめ（2008年3月），「学習評価及び指導要録等の改善」に関する文部科学省通知（2016年7月）。●必出のローカル問題は，「福井県教育振興基本計画」（2020年3月），「福井県不登校対策指針」。

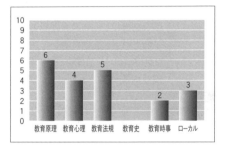

出題領域

教育原理	教育課程・学習指導要領		総則	1	特別の教科 道徳		
	外国語・外国語活動		総合的な学習(探究)の時間	2	特別活動	2	
	学習指導		生徒指導	1	学校・学級経営		
	特別支援教育	↓法規	人権・同和教育	↓法規時事	その他		
教育心理	発達	1	学習		性格と適応		
	カウンセリングと心理療法	1	教育評価	2	学級集団		
教育法規※	教育の基本理念	1	学校教育	1	学校の管理と運営		
	児童生徒		教職員		特別支援教育人権教育	その他	2	2
教育史	日本教育史		西洋教育史				
教育時事	答申・統計	2	ローカル	3			

※表中の数字は，解答数
※選択肢の出題領域が複数にわたる場合は，それぞれの項目に加算するためグラフの数とは異なる

全校種共通

☞解答&解説 p.174

1 福井県教育振興基本計画（令和2年3月）では，今後5年間で特に重点的に推進する必要があるものを4つの重点施策として位置づけている。次のア〜エの文の中で正しいものの組み合わせを，①〜⑥の中から1つ選んで番号で答えなさい。

ア 「問い」を発する子どもを育成する「主体的な学びを促す教育」の推進

イ 子どもの主体性を大切にし，「個性を引き出す」教育の推進

ウ 地域に貢献しようとする心を育む「ふるさと教育」の推進

エ 多様な人々と協働して新たな価値を生み出す「グローバル教育」の推進

① ア・イ　　② ア・ウ　　③ ア・エ　　④ イ・ウ　　⑤ イ・エ

⑥ ウ・エ

2 平成30年度に「福井県不登校対策指針」が改訂され，対応の柱が次のように示されている。

〈対応の柱〉

Ⅰ 「未然防止」は，魅力ある学校づくりから

Ⅱ 「初期対応」では，早期発見とチーム対応を

Ⅲ 専門スタッフや関係機関と連携した「自立支援」

(1) 「未然防止」の基盤づくりとして「居場所づくり」，「絆づくり」がある。「絆づくり」についての説明として，次のア〜エの中で正しいものの組み合わせを，①〜⑥の中から1つ選んで番号で答えなさい。

ア 互いに認め合える場

イ 安心してすごせる場

ウ 安らぎを感じられる場

エ 互いに励まし，支え合える場

① ア・イ　　② ア・ウ　　③ ア・エ　　④ イ・ウ　　⑤ イ・エ

⑥ ウ・エ

(2) 学校としての「初期対応」について説明している次の文について誤っているものを，①〜⑤の中から1つ選んで番号で答えなさい。

① 予兆をいち早くキャッチし，情報の共有，面談や家庭訪問を実施する。

② スクールカウンセラー，スクールソーシャルワーカーによる見立てと担任等への助言・援助を行う。

③ 支援チームを組織する。

④ 児童生徒が安心して学校生活を送っているか意識調査を行う。

⑤ 児童生徒の個人状況・学校対応状況シートを作成する。

3 次の文は，「生徒指導提要」（平成22年3月　文部科学省）で述べられている第5章「教育相談」第3節「教育相談の進め方」2「学級担任・ホームルーム担任が行う教育相談」からの抜粋である。文の空欄に入る語句の組み合わせとして適切なものを，①〜⑥の中から1つ選んで番号で答えなさい。

児童生徒の不適応問題は，①心理環境的原因が背後にあるもの，②　ア　的原因が背

福井県

167

後にあるもの，③その両者が交じり合ったもの，の三つに分けられます。気になる不適応問題がこれらのどこに起因するものなのか，検討します。

心理環境的原因とは，親子関係や家庭の人間関係の不安定さ，教員との人間関係や学級内での イ など心理的原因と，家庭環境の急変化など環境的原因からなります。いずれも心理的なメカニズムによって問題が生じる場合です。

心理環境的原因は， ウ ，家庭状況の把握，親子関係や兄弟姉妹関係の把握，生育歴の検討などによって調べることができます。

① ア：特別支援　　イ：不適応　　　ウ：個人面談
② ア：特別支援　　イ：いじめ　　　ウ：個人面談
③ ア：特別支援　　イ：不適応　　　ウ：行動観察
④ ア：発達障害　　イ：不適応　　　ウ：行動観察
⑤ ア：発達障害　　イ：いじめ　　　ウ：個人面談
⑥ ア：発達障害　　イ：いじめ　　　ウ：行動観察

4 次の文章は，「人権教育の指導方法等の在り方について［第三次とりまとめ］ ―指導等の在り方編―（平成20年3月　文部科学省）」からの抜粋である。空欄 ア ～ エ のいずれにも当てはまらないものを，①～⑤の中から1つ選んで番号で答えなさい。

学校における人権教育を進めていく上では，まず，教職員が人権尊重の理念について十分理解し，児童生徒が自らの ア を認められていることを実感できるような環境づくりに努める必要がある。

もとより，教職員は，児童生徒に直接ふれあいながら指導を行うことで，その心身の成長発達を促進し，支援するという役割を担っている。「教師が変われば子どもも変わる」と言われるように，教職員の イ は，日々の教育活動の中で児童生徒の心身の発達や人間形成に大きな影響を及ぼし，豊かな ウ を育成する上でもきわめて重要な意味を持つ。

また，とりわけ人権教育においては，個々の児童生徒の ア を強く自覚し，一人の人間として接するという教職員の姿勢そのものが，指導の重要要素となる。教職員の人権尊重の態度によって，児童生徒に安心感や エ を生むことにもなる。

①自信　　②言動　　③大切さ　　④人間性　　⑤存在

5 子どもの発達について，以下の問いに答えなさい。

ピアジェの具体的操作期について説明しているものを，①～⑤の中から1つ選んで番号で答えなさい。

① 一定の場面では物事の一つの側面しか注意を向けることができず他の側面を無視する傾向（中心化）があるため，保存課題への正答が難しかったり，自分の立場からの見方・考え方・感じ方にとらわれる傾向（自己中心性）が強かったりする。

② 母性的人物が時間的，空間的に永続し，多少予測できる動きを示す対象として考えられるようになる。

③ 目の前に具体的な場面や課題対象を提示された場合に，見かけに左右されない論理的思考が可能となる。

④　現実の具体的な内容や時間的な流れにとらわれるのではなく，現実を可能性のなか
　の一つとして位置づけて論理的に思考を行うことができる。

⑤　生得的な反射の行使から，循環反応を通して目的と手段の関係づけを理解したり，
　行動する前に予測したりするなどの認知発達が進む。

6　**教育評価**について，以下の問いに答えなさい。

(1)　下のア〜ウは評価を阻害する要因についての説明である。それぞれ何と呼ばれるか
　その組み合わせとして適切なものを，①〜⑥の中から1つ選んで答えなさい。

　ア　本来2つの特性はお互いに関連性はないが，個人の過去の経験によって2つの特
　　性を結びつけてしまう傾向のこと

　イ　その人が何か好ましい特性をもっていると，他の特性に対しても好ましいと判断
　　する傾向のこと

　ウ　好意をもっている他人をより肯定的に評価する傾向のこと

　　①　ア：中心的傾向　　　イ：ハロー効果　　　　ウ：寛容効果
　　②　ア：中心的傾向　　　イ：ピグマリオン効果　ウ：期末誤差
　　③　ア：中心的傾向　　　イ：ハロー効果　　　　ウ：期末誤差
　　④　ア：論理的誤謬　　　イ：ピグマリオン効果　ウ：寛容効果
　　⑤　ア：論理的誤謬　　　イ：ハロー効果　　　　ウ：寛容効果
　　⑥　ア：論理的誤謬　　　イ：ピグマリオン効果　ウ：期末誤差

(2)　評価の種類について誤っているものを，①〜⑤の中から1つ選んで番号で答えなさ
　い。

　①　自己の思考を追跡し評価し改善するメタ認知的反省力を育てるうえで効果的な評
　　価をポートフォリオ評価という。

　②　学習者がすでにどれくらいのことを知っているのか，できるのかを診断するため
　　に行う評価を総括的評価という。

　③　教えている途中で行い，それに基づいて指導方法を変えたり，教える内容の難易
　　度を変更したりするなどの軌道修正に用いるための評価を形成的評価という。

　④　学習者個人の目標への到達度を評価する方法を絶対評価という。

　⑤　過去と現在を比較してどの程度その個人が進歩，あるいは停滞，退歩しているか
　　を判断する方法を縦断的個人内評価という。

7　次の文は，心理療法に関して述べたものである。□□□に入る語句の組み合わせとし
て適切なものを，①〜⑥の中から1つ選んで番号で答えなさい。

　ロジャーズが提唱したクライエント中心療法では，クライエント自身が自ら成長して
いく力を有していることを信じており，非指示的なかかわりをするという特徴がある。
クライエント中心療法におけるカウンセラーの条件としては，□□□があげられる。

　①　ラポール，傾聴，純粋性
　②　ラポール，受容，純粋性
　③　ラポール，傾聴，アプローチ
　④　共感的理解，受容，アプローチ
　⑤　共感的理解，受容，純粋性

福井県

⑥　共感的理解，傾聴，アプローチ

8　次の文は「教育基本法（平成18年12月改正）」第1章「教育の目的及び理念」からの抜粋である。文の空欄に入る語句の組み合わせとして適切なものを，①～⑥の中から1つ選んで番号で答えなさい。

第2条〔教育の目標〕

　　　　教育は，その目的を実現するため，学問の自由を尊重しつつ，次に掲げる目標を達成するよう行われるものとする。

　　一　幅広い知識と教養を身に付け，真理を求める態度を養い，豊かな情操と道徳心を培うとともに，健やかな身体を養うこと。

　　二　個人の　ア　して，その能力を伸ばし，創造性を培い，自主及び自立の精神を養うとともに，職業及び生活との関連を重視し，勤労を重んずる態度を養うこと。

　　三　正義と責任，男女の平等，自他の敬愛と協力を重んずるとともに，公共の精神に基づき，主体的に　イ　し，その発展に寄与する態度を養うこと。

　　四　生命を尊び，自然を大切にし，環境の保全に寄与する態度を養うこと。

　　五　伝統と文化を尊重し，それらをはぐくんできた我が国と郷土を愛するとともに，他国を尊重し，国際社会の　ウ　に寄与する態度を養うこと。

　　　①　ア：資質を育成　　イ：文化を継承　　　　ウ：平和と発展
　　　②　ア：資質を育成　　イ：文化を継承　　　　ウ：理解と協働
　　　③　ア：資質を育成　　イ：社会の形成に参画　ウ：平和と発展
　　　④　ア：価値を尊重　　イ：文化を継承　　　　ウ：理解と協働
　　　⑤　ア：価値を尊重　　イ：社会の形成に参画　ウ：平和と発展
　　　⑥　ア：価値を尊重　　イ：社会の形成に参画　ウ：理解と協働

9　次の文は，「学校教育法（令和元年5月改正）」からの抜粋である。空欄に入る語句の組み合わせとして適切なものを，①～⑥の中から1つ選んで番号で答えなさい。

・第3章　幼稚園（第23条二）

　　　集団生活を通じて，喜んでこれに　ア　態度を養うとともに家族や身近な人への信頼感を深め，自主，自律及び協同の精神並びに規範意識の芽生えを養うこと。

・第6章　高等学校（第51条三）

　　　個性の確立に努めるとともに，社会について，広く深い理解と健全な　イ　を養い，社会の発展に寄与する態度を養うこと。

・第8章　特別支援教育（第72条）

　　　特別支援学校は，視覚障害者，聴覚障害者，知的障害者，肢体不自由者又は病弱者（身体虚弱者を含む。以下同じ。）に対して，幼稚園，小学校，中学校又は高等学校に準ずる教育を施すとともに，障害による学習上又は生活上の困難を克服し　ウ　を図るために必要な知識技能を授けることを目的とする。

　　　①　ア：協働する　　イ：適応力　　ウ：向上
　　　②　ア：協働する　　イ：批判力　　ウ：自立
　　　③　ア：協働する　　イ：適応力　　ウ：自立
　　　④　ア：参加する　　イ：批判力　　ウ：自立

⑤　ア：参加する　　　イ：適応力　　　ウ：向上

⑥　ア：参加する　　　イ：批判力　　　ウ：向上

10　下の条文は，「青少年が安全に安心してインターネットを利用できる環境の整備等に関する法律（平成30年２月改正）」第１章「総則」の基本理念第３条である。　ア　〜　ウ　の空欄に入る語句の組み合わせとして適切なものを，①〜⑥の中から１つ選んで番号で答えなさい。

第３条　青少年が安全に安心してインターネットを利用できるようにするための施策は，青少年自らが，　ア　情報通信機器を使い，インターネットにおいて流通する情報を適切に　イ　して利用するとともに，適切にインターネットによる情報　ウ　を行う能力（以下「インターネットを適切に活用する能力」という。）を習得することを旨として行われなければならない。

①　ア：リスクの恐れなく　　イ：取捨選択　　ウ：収集

②　ア：リスクの恐れなく　　イ：最適化　　　ウ：収集

③　ア：リスクの恐れなく　　イ：最適化　　　ウ：発信

④　ア：主体的に　　　　　　イ：取捨選択　　ウ：発信

⑤　ア：主体的に　　　　　　イ：取捨選択　　ウ：収集

⑥　ア：主体的に　　　　　　イ：最適化　　　ウ：発信

11　次の文は，「障害を理由とする差別の解消の推進に関する法律（平成25年）」第１章「総則」からの抜粋である。空欄に入る語句の組み合わせとして適切なものを，①〜⑥の中から１つ選んで番号で答えなさい。

第１条　この法律は，障害者基本法（昭和45年法律第84号）の基本的な理念にのっとり，全ての障害者が，障害者でない者と等しく，基本的人権を享有する個人としてその尊厳が重んぜられ，その尊厳にふさわしい生活を保障される権利を有することを踏まえ，障害を理由とする差別の解消の推進に関する基本的な事項，行政機関等及び事業者における障害を理由とする差別を解消するための措置等を定めることにより，障害を理由とする差別の解消を推進し，もって全ての国民が，障害の有無によって　ア　ことなく，相互に　イ　し合いながら　ウ　に資することを目的とする。

①　ア：分け隔てられる　　　イ：人格と個性を尊重　　ウ：合理的な配慮

②　ア：分け隔てられる　　　イ：人格と個性を尊重　　ウ：共生する社会の実現

③　ア：分け隔てられる　　　イ：心理的障壁を排除　　ウ：共生する社会の実現

④　ア：権利を侵害される　　イ：人格と個性を尊重　　ウ：合理的な配慮

⑤　ア：権利を侵害される　　イ：心理的障壁を排除　　ウ：合理的な配慮

⑥　ア：権利を侵害される　　イ：心理的障壁を排除　　ウ：共生する社会の実現

12　次の文は，「男女共同参画社会基本法（平成11年12月改正）」第１章「総則」からの抜粋である。文の空欄に入る語句の組み合わせとして適切なものを，①〜⑥の中から１つ選んで番号で答えなさい。

第４条　男女共同参画社会の形成に当たっては，社会における　ア　が，性別による固定的な　イ　等を反映して，男女の社会における活動の選択に対して中立でない影響を及ぼすことにより，男女共同参画社会の形成を阻害する要因となるおそれがあ

福井県

ることにかんがみ，社会における ア が男女の社会における活動の選択に対して
及ぼす影響をできる限り中立なものとするように配慮されなければならない。

第6条　男女共同参画社会の形成は，家族を構成する男女が，相互の協力と社会の支援
の下に， ウ その他の家庭生活における活動について家族の一員としての役割を
円滑に果たし，かつ，当該活動以外の活動を行うことができるようにすることを旨
として，行われなければならない。

① ア：権利又は責務　　イ：役割分担　　ウ：子の養育，家族の介護
② ア：権利又は責務　　イ：特性　　　　ウ：性別に応じた家事
③ ア：権利又は責務　　イ：役割分担　　ウ：性別に応じた家事
④ ア：制度又は慣行　　イ：特性　　　　ウ：子の養育，家族の介護
⑤ ア：制度又は慣行　　イ：役割分担　　ウ：子の養育，家族の介護
⑥ ア：制度又は慣行　　イ：特性　　　　ウ：性別に応じた家事

13　「高等学校学習指導要領（平成30年3月告示）」の第1章「総則」の第7「道徳教育に
関する配慮事項」について述べた内容として誤っているものを，①～⑤の中から1つ選
んで番号で答えなさい。

① 道徳教育の全体計画の作成に当たっては，生徒や学校の実態に応じ，指導の方針や
重点を明らかにして，各教科・科目等との関係を明らかにすること。

② 公民科の「公共」及び「倫理」並びに特別活動が，人間としての在り方生き方に関
する中核的な指導の場面であることに配慮すること。

③ 道徳教育の指導が，生徒の日常生活に生かされるようにし，いじめの防止や安全の
確保等にも資することとなるよう留意すること。

④ 学校の道徳教育の全体計画や道徳教育に関する諸活動などの情報を積極的に公表し
たり，道徳教育の充実のために家庭や地域の人々の積極的な参加や協力を得たりする
など，家庭や地域社会との共通理解を深めること。

⑤ 各学校においては，道徳教育の全体計画を作成し，道徳教育推進教師の方針の下に，
全教師が協力して道徳教育を展開すること。

14　「中学校学習指導要領解説　特別活動編（平成29年7月）」からの抜粋である。

(1) 次の文は，第2章「特別活動の目標」第1節「特別活動の目標」について述べたも
のである。文の空欄に入る語句の組み合わせとして適切なものを，①～⑥の中から1
つ選んで番号で答えなさい。

集団や社会の形成者としての見方・考え方を働かせ，様々な集団活動に ア に取
り組み，互いのよさや可能性を発揮しながら集団や自己の生活上の課題を解決するこ
とを通して，次のとおり資質・能力を育成することを目指す。

(1) 多様な他者と協働する様々な集団生活の意義や活動を行う上で必要となることに
ついて理解し，行動の仕方を身に付けるようにする。

(2) 集団や自己の生活，人間関係の課題を見いだし，解決するために話し合い，
イ を図ったり， ウ したりすることができるようにする。

(3) ア な集団活動を通して身に付けたことを生かして，集団や社会における生活
及び人間関係をよりよく形成するとともに，人間としての生き方についての考えを

深め，　エ　を図ろうとする態度を養う。

① 　ア：自発的，自治的　　　イ：同意形成　　　ウ：行動選択　　　エ：自己啓発

② 　ア：自発的，自治的　　　イ：合意形成　　　ウ：意思決定　　　エ：自己啓発

③ 　ア：自発的，自治的　　　イ：同意形成　　　ウ：意思決定　　　エ：自己実現

④ 　ア：自主的，実践的　　　イ：合意形成　　　ウ：意思決定　　　エ：自己実現

⑤ 　ア：自主的，実践的　　　イ：同意形成　　　ウ：行動選択　　　エ：自己実現

⑥ 　ア：自主的，実践的　　　イ：合意形成　　　ウ：行動選択　　　エ：自己啓発

(2) 次の文は，第1章「総説」2「特別活動改訂の趣旨及び要点」について述べたものである。誤っているものを，①〜④の中から1つ選んで番号で答えなさい。

① 　自然体験やボランティア活動などの社会体験，ものづくり，生産活動などの体験活動，観察・実験，見学や調査，発表や討論などの学習活動を積極的に取り入れることとした。

② 　小学校・中学校ともに，学級活動における児童生徒の自発的，自治的な活動を中心として，各活動と学校行事を相互に関連付けながら，学級経営の充実を図ることとした。

③ 　いじめの未然防止等を含めた生徒指導との関連を図ること，学校生活への適応や人間関係の形成などについて，主に集団の場面で必要な指導や援助を行うガイダンスと，個々の児童生徒の多様な実態を踏まえ一人一人が抱える課題に個別に対応した指導を行うカウンセリングの双方の趣旨を踏まえて指導を行うことを示した。

④ 　異年齢集団による交流を重視するとともに，障害のある幼児児童生徒との交流及び共同学習など多様な他者との交流や対話について充実することを示した。

15 次の文は，「学習指導要領の一部改正に伴う小学校，中学校及び特別支援学校小学部・中学部における児童生徒の学習評価及び指導要録の改善等について（通知）（平成28年7月29日　文部科学省）」の1「道徳科の学習評価に関する基本的な考え方について」である。次の文（一部抜粋）の空欄に入る語句の組み合わせとして適切なものを，①〜⑤の中から1つ選んで番号で答えなさい。

道徳科の評価を行うに当たっては，（中略）具体的には以下の点に留意し，学習活動における児童生徒の「学習状況や道徳性に係る成長の様子」を，観点別評価ではなく　ア　として丁寧に見取り，記述で表現することが適切である。

(1) 児童生徒の　イ　そのものに働きかけ，道徳性を養うことを目標とする道徳科の評価としては，育むべき　ウ　を観点別に分節し，学習状況を分析的に捉えることは妥当ではないこと。

(2) このため，道徳科については，「道徳的諸価値についての理解を基に，自己を見つめ，物事を（広い視野から）　エ　に考え，自己（人間として）の生き方についての考えを深める」という学習活動における児童生徒の具体的な取組状況を，一定のまとまりの中で，児童生徒が学習の見通しをもって振り返る場面を適切に設定しつつ見取ることが求められること。

① 　ア：個人内評価　　　イ：人格　　　ウ：資質・能力　　　エ：多面的・多角的

② 　ア：個人内評価　　　イ：性格　　　ウ：素質・価値　　　エ：多面的・多角的

③　ア：個人内評価　　イ：人格　　ウ：資質・能力　　エ：客観的・倫理的
④　ア：絶対評価　　　イ：性格　　ウ：素質・価値　　エ：客観的・倫理的
⑤　ア：絶対評価　　　イ：人格　　ウ：資質・能力　　エ：多面的・多角的

16　「小学校学習指導要領解説　総合的な学習の時間編（平成29年7月）」第4章　第2節「内容の取扱いについての配慮事項」にあるプログラミングを体験しながら論理的思考力を身に付けるための学習活動について述べた内容として誤っているものを，①〜⑤の中から1つ選んで番号で答えなさい。

① 総合的な学習の時間のみならず，算数科や理科をはじめとして各教科等の特質に応じて体験し，その意義を理解することが求められている。
② どの教科等において実施するかということについては，各学校が教育課程全体を見渡し，プログラミングを体験する単元を位置付ける学年や教科等を決定していく必要がある。
③ 時代を超えて普遍的に求められる力としての「プログラミング的思考」の育成を目指しており，そのためにプログラミングのための言語を用いて記述する方法（コーディング）を覚え習得することが望ましい。
④ 情報に関する課題について探究的に学習する過程において，自分たちの暮らしとプログラミングとの関係を考え，プログラミングを体験しながらそのよさや課題に気付き，現在や将来の自分の生活や生き方と繋げて考えることが必要である。
⑤ 全ての学習活動においてコンピュータを用いてプログラミングを行わなければならないということではない。

17　「高等学校学習指導要領解説　総合的な探究の時間編（平成30年7月）」第3章　第2節「目標の趣旨」には，4段階の探究のプロセスが明示された。この探究のプロセスについて正しい組み合わせとして適切なものを，①〜⑥の中から1つ選んで番号で答えなさい。

① 計画を立てる　　計画を実行　　行動を評価　　改善し次に反映
② 計画を立てる　　情報の収集　　行動を評価　　まとめ・表現
③ 計画を立てる　　計画を実行　　整理・分析　　改善し次に反映
④ 課題の設定　　　情報の収集　　整理・分析　　まとめ・表現
⑤ 課題の設定　　　計画を実行　　行動を評価　　まとめ・表現
⑥ 課題の設定　　　情報の収集　　整理・分析　　改善し次に反映

解答&解説

1　解答　④

解説　福井県教育委員会「福井県教育振興基本計画（令和2〜6年度）」（2020年3月）の「第4章　今後5年間に取り組む施策」「2　重点的に推進する施策」を参照。他の2つは，「子どもが知的好奇心や探究心を持ち，『学びを楽しむ』教育の推進」「『教職員が輝く』働き方改革の推進」。同計画は，教育基本法第17条第2項に基

づく福井県の「教育の振興のための施策に関する基本的な計画」。2019年10月に知事が定めた「教育に関する大綱」及び2018年5月～2020年1月まで開催した「ふくいの教育振興推進会議」の議論を基に，2020年3月に策定。「一人一人の個性が輝く，ふくいの未来を担う人づくり　～子どもたちの『夢と希望』『ふくい愛』を育む教育の推進～」という基本理念の下，8つの基本的な方針に沿って教育施策を進めていく。

2 **解答** (1)―③　　(2)―④

解説 福井県教育委員会「福井県不登校対策指針」（平成30年度）を参照。同指針は，「誰もが笑顔になれる学校づくりのための3つのシステム」として，「未然防止」「初期対応」「自立支援」の3段階で対応等が示されている。

(1)「発達に応じた系統的・継続的な取組み」を参照。

(2)④「Ⅱ『初期対応』では，早期発見とチーム対応を！」を参照。選択肢は「Ⅰ『未然防止』は魅力ある学校づくりから！」で示されている。

3 **解答** ⑥

解説 『生徒指導提要』（2010年3月）の「第5章　教育相談」「第3節　教育相談の進め方」「2　学級担任・ホームルーム担任が行う教育相談」「(1)問題を解決する（問題解決的・治療的）教育相談の進め方」「③実態を更に明確に把握する」を参照。

4 **解答** ⑤

解説 人権教育の指導方法等に関する調査研究会議「人権教育の指導方法等の在り方について［第三次とりまとめ］」（2008年3月）の「指導等の在り方編」「第2章　学校における人権教育の指導方法等の改善・充実」「第3節　教育委員会及び学校における研修等の取組」「1　教育委員会における取組」「(3)教職員を対象とした研修の実施」「イ．人権尊重の理念の理解と研修を通じて身に付けたい資質や能力」を参照。

5 **解答** ③

解説 ①前操作期，②感覚運動期，④形式的操作期，⑤前操作期。具体物があれば論理的に思考できるのが具体的操作期の特徴。具体物がなくても考えられるのであれば，形式的操作期。なお，②の「母性的人物が時間的，空間的に永続し，多少予測できる動きを示す対象として考えられるようになる」は，ボウルビィ（1907～90）が示した人間の乳児において「愛着行動」が発達する際の第4段階の例として紹介されることが多い。

6 **解答** (1)―⑤　　(2)―②

解説 (1)ア：論理的誤謬は，論理誤差ともいわれ，社会性のある人は当然のことながら親切であるというように，2つの事柄が論理的に似ていると同じ評価をしてしまう傾向。イのハロー効果が情緒的な誤りであるのに対し，論理的な誤りであることが特徴。

イ：ハロー効果は，光背効果ともいわれ，ある特定の人物が望ましい（望ましくない）特性をいくつかもっていると，ほかの諸側面についても調査・観察することとなしにすべて望ましい（望ましくない）特性であると判断しがちな傾向。

福井県

175

ウ：寛容効果は，寛大効果ともいわれ，他者の望ましい側面はより強調され，望ましくない側面は控え目に，寛大に評価されやすい傾向。結果として，他者に対する評価は実際よりも好意的なものになる傾向がある。

(2)②「総括的評価」ではなく「診断的評価」。

7 解答 ⑤

解説 ⑤ロジャーズ（1902〜87）によって提唱されたカウンセリング技法は，クライアント中心療法（来談者中心カウンセリング）といわれる。カウンセラーがクライエントと接するときに取るべき態度をカウンセリング・マインドといい，共感的理解，無条件の肯定的関心（傾聴，受容），自己一致（真実性，純粋性）からなる。

8 解答 ⑤

解説 教育基本法第2条を参照。「教育の目標」の規定。

9 解答 ④

解説 ア：学校教育法第23条第二号を参照。「幼稚園教育の目標」の規定。

イ：学校教育法第51条第三号を参照。「高等学校教育の目標」の規定。

ウ：学校教育法第72条を参照。「特別支援学校の目的」の規定。

10 解答 ④

解説 青少年が安全に安心してインターネットを利用できる環境の整備等に関する法律第3条第1項を参照。「基本理念」の規定。

11 解答 ②

解説 障害を理由とする差別の解消の推進に関する法律第1条を参照。この法律の「目的」の規定。

12 解答 ⑤

解説 ア・イ：男女共同参画社会基本法第4条を参照。「社会における制度又は慣行についての配慮」の規定。

ウ：男女共同参画社会基本法第6条を参照。「家庭生活における活動と他の活動の両立」の規定。

13 解答 ⑤

解説 平成30年版高等学校学習指導要領（2018年3月30日告示）の「第1章 総則」「第7款 道徳教育に関する配慮事項」を参照。

⑤1を参照。「道徳教育推進教師の方針の下に」ではなく「校長の方針の下に，道徳教育の推進を主に担当する教師（「道徳教育推進教師」という。）を中心に」。

①・②1を参照。

③3を参照。

④4を参照。

14 解答 (1)—④　(2)—①

解説 (1)平成29年版中学校学習指導要領（2017年3月31日告示）の「第5章 特別活動」「第1 目標」を参照。

(2)『中学校学習指導要領解説 特別活動編』（2017年7月）の「第1章 総説」「2 特別活動改訂の趣旨及び要点」を参照。

①「(2)改訂の要点」「④学習指導の改善・充実」を参照。ここでは4点示されており，選択肢②～④以外のもう一点は，「特別活動の深い学びとして，児童生徒が集団や社会の形成者としての見方・考え方を働かせ，様々な集団活動に自主的，実践的に取り組む中で，互いのよさや個性，多様な考えを認め合い，等しく合意形成に関わり役割を担うようにすることを重視することとした」。

②～④当該箇所を参照。

15 |解答| ①

|解説| 文部科学省「学習指導要領の一部改正に伴う小学校，中学校及び特別支援学校小学部・中学部における児童生徒の学習評価及び指導要録の改善等について」(2016年7月29日)の「1　道徳科の学習評価に関する基本的な考え方について」を参照。

16 |解答| ③

|解説| 『小学校学習指導要領解説　総合的な学習の時間編』(2017年7月)の「第4章　指導計画の作成と内容の取扱い」「第2節　内容の取扱いについての配慮事項」のうち，学習指導要領の(9)の解説として「プログラミングを体験しながら論理的思考力を身に付けるための学習活動」の部分を参照。

③「時代を超えて普遍的に求められる力としての『プログラミング的思考』の育成を目指すものであり，プログラミングのための言語を用いて記述する方法（コーディング）を覚え習得することが目的ではない」と示されている。

①・②・④・⑤当該箇所を参照。

17 |解答| ④

|解説| 『高等学校学習指導要領解説　総合的な探究の時間編』(2018年7月)の「第3章　総合的な探究の時間の目標」「第2節　目標の趣旨」「(1)探究の見方・考え方を働かせる」を参照。

福井県

山梨県

実施日	2022（令和4）年7月10日	試験時間	60分（一般教養を含む）
出題形式	選択＋記述式	問題数	10題（解答数30）
パターン	原理・法規・時事＋心理・教育史	公開状況	問題：公開　解答：公開　配点：公開

傾向＆対策

●教職教養10題（解答数30），一般教養12題（解答数44）で，配点は教職教養39点，一般教養61点と，一般教養重視型。●大問1題につき小問3題で構成され，教育原理，教育法規，教育時事で教職教養全体の8割を占める。●教育原理は，学習指導要領「総則」が必出で，『生徒指導提要』は6年連続の出題。●教育法規は，頻出条文の空欄補充問題のほか，下線部の正誤判定問題，出典法規を問う問題が必出。●教育時事は，2年連続の出題となる「令和の日本型学校教育」に関する中央教育審議会答申（2021年1月）のほか，「令和2年度　文部科学白書」（2021年7月）の空欄補充問題。●教育心理は，エリクソン，ピアジェ，シュテルンが唱えた発達に関する理論。●教育史は，コメニウス，ブルーナー，及川平治。

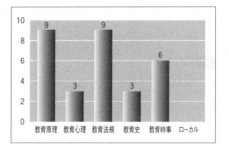

出題領域

教育原理	教育課程・学習指導要領		総　則	3	特別の教科　道徳	
	外国語活動		総合的な学習(探究)の時間		特別活動	3
	学習指導		生徒指導	3	学校・学級経営	
	特別支援教育		人権・同和教育		その他	
教育心理	発　達	3	学　習		性格と適応	
	カウンセリングと心理療法		教育評価		学級集団	
教育法規	教育の基本理念	1	学校教育		学校の管理と運営	4
	児童生徒	3	教職員	1	その他	
教育史	日本教育史	1	西洋教育史	2		
教育時事	答申・統計	6	ローカル			

※表中の数字は，解答数

全校種共通 ☞解答＆解説 p.183

1 次の(1)～(3)の心理発達に関する理論や説の名称を，下のａ～ｆからそれぞれ一つずつ選び，記号で記せ。

(1) エリクソンは，人生（ライフサイクル）を８段階に分け，発達課題と危機を示した。青年期の発達課題であるアイデンティティは，社会でも深く知られる概念である。

(2) ピアジェは，感覚運動期，前操作期，具体的操作期，形式的操作期の４段階を経て子供は発達するとした。また，これらの段階は，同化と調節の２つの過程が均衡することで進むとした。

(3) シュテルンは，発達は，単に個人の遺伝的・内的性質が漸次的に発現したものでもなければ，環境的・外的影響を受動的に受け入れた結果でもなく，両要因は常に，統合的に機能していると考えた。

　　ａ．環境閾値説　　　ｂ．心理社会的発達理論　　　ｃ．社会的学習理論
　　ｄ．発生的認識論　　ｅ．輻輳説　　　ｆ．洞察説

2 次は，『「令和の日本型学校教育」の構築を目指して　～全ての子供たちの可能性を引き出す，個別最適な学びと，協働的な学びの実現～（答申）』（令和３年１月，中央教育審議会）において示された，『３．2020年代を通じて実現すべき「令和の日本型学校教育」の姿　⑵教職員の姿』の一部である。ア～ウにあてはまることばを，下のａ～ｉからそれぞれ一つ選び，記号で記せ。

○　教師が技術の発達や新たなニーズなど学校教育を取り巻く環境の変化を前向きに受け止め，教職生涯を通じて探究心を持ちつつ自律的かつ継続的に新しい知識・技能を学び続け，子供一人一人の学びを最大限に引き出す教師としての役割を果たしている。その際，子供の主体的な学びを支援する（　ア　）としての能力も備えている。

○　教員養成，採用，免許制度も含めた方策を通じ，多様な人材の教育界内外からの確保や教師の資質・能力の向上により，質の高い教職員集団が実現されるとともに，教師と，総務・財務等に通じる専門職である事務職員，それぞれの分野や組織運営等に専門性を有する多様な（　イ　）や専門スタッフ等とがチームとなり，個々の教職員がチームの一員として組織的・協働的に取り組む力を発揮しつつ，校長のリーダーシップの下，家庭や地域社会と連携しながら，共通の学校教育目標に向かって学校が運営されている。

○　さらに，学校における働き方改革の実現や教職の魅力発信，新時代の学びを支える環境整備により，教師が創造的で魅力ある仕事であることが再認識され，教師を目指そうとする者が増加し，教師自身も志気を高め，（　ウ　）を持って働くことができている。

　　ａ．指導者　　ｂ．自信　　　ｃ．外部人材　　ｄ．地域人材　　　ｅ．伴走者
　　ｆ．希望　　　ｇ．並走者　　ｈ．保護者　　　ｉ．誇り

3 次の(1)～(3)の（　）にあてはまる最も適当なものを，下のア～オからそれぞれ一つ選び，記号で記せ。

(1) 17世紀のヨーロッパを生きたコメニウスは，個々の知識が適切に結びつけられた体

山梨県

179

系である汎知学を基にして，順序よく知識を授けていくことが大切になると考え，著書の『（　　）』のなかで，一つの内容が確実に習得されてからその次の段階へ進んでいくことが提案されている。

　ア．教育学講義　　イ．エミール　　ウ．大教授学　　エ．児童の世紀
　オ．一般教育学

(2)　（　　）は，著書『教育の過程』のなかで，どの教科でも，知的性格をそのままにもって，発達のどの段階のどの子供にも効果的に教えることができると述べ，学習者の発見的なプロセスが学習の主体性を喚起することに着目したその学習理論は，発見学習と呼ばれた。

　ア．スキナー　　イ．ブルーナー　　ウ．パーカー　　エ．デューイ
　オ．キルパトリック

(3)　大正期の教育者である（　　）は，児童の自己活動を尊重しつつ，様々な児童が集まる学級という組織を維持しながら，一斉教授，個別教授，グループ別の分団教授を児童の状態に合わせて使いわける分団式教育を実践し，『分団式動的教育法』を刊行した。

　ア．井上　毅　　イ．小原国芳　　ウ．木下竹次　　エ．小川未明　　オ．及川平治

4　次は，小学校〈中学校・高等学校〉学習指導要領「第1章　総則」の一部である。ア～ウにあてはまることばを，下のa～iからそれぞれ一つ選び，記号で記せ。

※〈　〉内は中学校・高等学校学習指導要領による。

2　学校の教育活動を進めるに当たっては，各学校において，第3の1に示す主体的・対話的で深い学びの実現に向けた（　ア　）を通して，創意工夫を生かした特色ある教育活動を展開する中で，次の(1)から(3)までに掲げる事項の実現を図り，児童〈生徒〉に（　イ　）を育むことを目指すものとする。

(1)　基礎的・基本的な知識及び技能を確実に習得させ，これらを活用して課題を解決するために必要な思考力，判断力，表現力等を育むとともに，主体的に学習に取り組む態度を養い，個性を生かし多様な人々との（　ウ　）を促す教育の充実に努めること。その際，児童〈生徒〉の発達の段階を考慮して，児童〈生徒〉の言語活動など，学習の基盤をつくる活動を充実するとともに，家庭との連携を図りながら，児童〈生徒〉の学習習慣が確立するよう配慮すること。

　a．学習指導　　b．対話　　　　　c．生きる力　　d．授業実践
　e．協働　　　　f．しなやかな心　g．授業改善　　h．交流
　i．確かな学力

5　次は，『令和2年度　文部科学白書』（令和3年7月）において示された「第1部　特集2　第3節」の一部である。ア～ウにあてはまることばを，下のa～iからそれぞれ一つ選び，記号で記せ。

(6)　遠隔・オンライン教育を含むICTを活用した学びの在り方について
○　基本的な考え方
　　ICTはこれからの学校教育を支える（　ア　）的なツールとして必要不可欠であり，心身に及ぼす影響にも留意しつつ，日常的に活用できる環境整備が必要であることが

示されています。ICTの活用自体が（　イ　）しないよう，教師と児童生徒との具体的関係の中で，教育効果を考えながら活用し，児童生徒の発達の段階に応じて，教師が（　ウ　）と家庭や地域社会と連携した遠隔・オンライン教育とを使いこなす（ハイブリッド化）ことで，個別最適な学びと協働的な学びを展開することが必要であるとされています。

a．目的化　　　b．日常　　　　c．一斉指導　　　d．基本　　　e．対面指導
f．固定化　　　g．個別指導　　h．形式化　　　　i．基盤

6 次は，小学校〈中学校・高等学校〉学習指導要領「第6章〈第5章〉 特別活動」の「第3 指導計画の作成と内容の取扱い」の一部である。ア〜ウにあてはまることばを記せ。

※〈　〉内は中学校・高等学校学習指導要領による。

1　指導計画の作成に当たっては，次の事項に配慮するものとする。
(1)　特別活動の各活動及び学校行事を見通して，その中で育む資質・能力の育成に向けて，児童〈生徒〉の主体的・対話的で深い学びの実現を図るようにすること。その際，よりよい（　ア　）の形成，よりよい集団生活の構築や社会への参画及び自己実現に資するよう，児童〈生徒〉が集団や社会の形成者としての（　イ　）を働かせ，様々な集団活動に自主的，（　ウ　）に取り組む中で，互いのよさや個性，多様な考えを認め合い，等しく合意形成に関わり役割を担うようにすることを重視すること。

7 次の(1)〜(3)は，法規の条文の一部である。ア〜ウにあてはまることばを，下のa〜iからそれぞれ一つ選び，記号で記せ。
(1)　伝統と文化を尊重し，それらをはぐくんできた我が国と郷土を愛するとともに，他国を尊重し，（　ア　）の平和と発展に寄与する態度を養うこと。
（教育基本法第2条5項）
(2)　小学校は，文部科学大臣の定めるところにより当該小学校の教育活動その他の学校運営の状況について評価を行い，その結果に基づき学校運営の改善を図るため必要な措置を講ずることにより，その（　イ　）の向上に努めなければならない。
（学校教育法第42条）
(3)　校長及び（　ウ　）が児童等に懲戒を加えるに当つては，児童等の心身の発達に応ずる等教育上必要な配慮をしなければならない。　（学校教育法施行規則第26条）

a．教員　　　　b．世界　　　c．教育委員会　　d．自国　　　e．教育力
f．国際社会　　g．教頭　　　h．教育水準　　　i．指導力

8 次の(1)〜(3)は，法規の条文の一部である。下線部が正しければ○，誤りであれば正しいことばを記せ。
(1)　学校は，当該学校におけるいじめの防止等に関する措置を<u>計画的</u>に行うため，当該学校の複数の教職員，心理，福祉等に関する専門的な知識を有する者その他の関係者により構成されるいじめの防止等の対策のための組織を置くものとする。
（いじめ防止対策推進法第22条）
(2)　児童が心身の状況によつて履修することが困難な各教科は，その児童の心身の<u>状況</u>に適合するように課さなければならない。　（学校教育法施行規則第54条）

山梨県

(3) 学校においては，児童生徒等の安全の確保を図るため，当該学校の施設及び設備の安全整備，児童生徒等に対する通学を含めた学校生活その他の日常生活における安全に関する指導，職員の研修その他学校における安全に関する事項について計画を策定し，これを実施しなければならない。　　　　　　　　　　（学校保健安全法第27条）

9 次の(1)～(3)は，法規の条文の一部である。法規名を下のa～iからそれぞれ一つ選び，記号で記せ。

(1) 校長（学長を除く。）は，当該学校に在学する児童等について出席簿を作成しなければならない。

(2) 学校においては，別に法律で定めるところにより，幼児，児童，生徒及び学生並びに職員の健康の保持増進を図るため，健康診断を行い，その他その保健に必要な措置を講じなければならない。

(3) すべての職員は，全体の奉仕者として公共の利益のために勤務し，且つ，職務の遂行に当つては，全力を挙げてこれに専念しなければならない。

　　a．日本国憲法　　　　　b．教育基本法　　　　　c．学校教育法
　　d．学校教育法施行令　　e．学校教育法施行規則　　f．地方公務員法
　　g．教育公務員特例法　　h．社会教育法　　　　　i．学校保健安全法

10 次は，生徒指導提要（平成22年3月，文部科学省）「第3章　児童生徒の心理と児童生徒理解　第1節　児童生徒理解の基本」の一部である。下の(1)～(3)に答えよ。

　教科指導においても生徒指導においてもその他のどのような教育活動においても，教育実践が成果を上げるための大前提の一つは児童生徒理解です。なかでも生徒指導においては児童生徒理解そのものが（　①　）関係の成立を左右するといっても過言ではありません。人は理解してくれている人には安心して心を開きますが，理解してくれていない人に対しては拒否的になり，心を閉ざしたまま対応するものだからです。しかも生徒指導においては愛と信頼に基づく（　①　）関係が成立していなければその成果を上げることはできません。

　そのため生徒指導においては共感的理解が求められるのです。児童生徒を共感的に理解するためには児童生徒について，また児童生徒の生育歴や環境などについて（　②　）的事実を知る必要があります。生徒指導はまず児童生徒理解から始まると言えるでしょう。

　ところが，児童生徒一人一人を理解しようとするときに，最も困難な問題は，児童生徒がすべて個性的な存在であるということです。それぞれ独自の（　③　）を持ち，一人として同じ者はいません。すべての人の人格はその個性の上に成り立っています。生徒指導において，それぞれの児童生徒の人格を望ましい方向に形成させようとするときにも，それぞれの個性を生かし，個人の持つ（　③　）に従って進められなければなりません。

(1) （　①　）にあてはまることばを，次のア～エから一つ選び，記号で記せ。なお，（　①　）には同じことばが入るものとする。

　　ア．師弟　　イ．教育的　　ウ．人間　　エ．交友

(2) （　②　）にあてはまることばを，次のア～エから一つ選び，記号で記せ。

ア．俯瞰　イ．主観　ウ．客観　エ．普遍

(3) （③）にあてはまることばを，次のア～エから一つ選び，記号で記せ。なお，（③）には同じことばが入るものとする。

ア．特徴　イ．性格　ウ．習慣　エ．考え

解答&解説

1 解答 (1)—b　(2)—d　(3)—e

解説 (1)エリクソン（1902～94）は，乳児期から老年期に至るまでを8つの段階に分け，それぞれで体験する心理社会的危機を挙げた。その中で青年期は自我同一性（同一性あるいはアイデンティティ）を確立できるか否かを「同一性対同一性拡散」という言葉で表した。

(2)ピアジェ（1896～1980）は，物の見方や捉え方の枠組みをシェマと呼び，そのシェマが変容していく過程こそが認知発達だと主張して，感覚運動期，前操作期，具体的操作期，形式的操作期という4つの認知発達段階に分けた。

(3)シュテルン（1871～1938）は，人間は目的追求的，価値実現的な存在であるという考え方に基づく人格心理学を提唱。人間の発達は先天的資質と環境的影響のどちらかによるのではなく，両者の相互作用によって行われるとする輻輳説を唱えた。

2 解答 ア—e　イ—c　ウ—i

解説 中央教育審議会答申「『令和の日本型学校教育』の構築を目指して ～全ての子供たちの可能性を引き出す，個別最適な学びと，協働的な学びの実現～」(2021年1月26日，同年4月22日更新）の「第Ⅰ部 総論」「3．2020年代を通じて実現すべき『令和の日本型学校教育』の姿」「(2)教職員の姿」を参照。

3 解答 (1)—ウ　(2)—イ　(3)—オ

解説 (1)ウ：コメニウス（1592～1670）は，当時の暗記と暗誦を中心とした方法ではなく，子どもの感覚を通じて直観にはたらきかける実物教授，直観教授の方法をとった。

(2)イ：ブルーナー（1915～2016）は，教師は子どもの知的潜在能力を引き出すことを目指すべきだとし，教師が一方的に指導するのではなく，学習者が自らの直感・想像を働かせて学習者自身に知識の生成過程をたどらせ，知識を「構造」として学習させる発見学習を唱えた。

(3)オ：及川平治（1875～1939）は，子どもの能力と個性に応じた教育の個別化，「なすことによって学ぶ」を原則とする作業学習を通して，学校教育を改造しようとした。

4 解答 ア—g　イ—c　ウ—e

解説 平成29年版小学校学習指導要領（2017年3月31日告示）の「第1章 総則」「第1 小学校教育の基本と教育課程の役割」の2(1)，平成29年版中学校学習指導要領

山梨県

（2017年3月31日告示）の「第1章　総則」「第1　中学校教育の基本と教育課程の役割」の2(1)，平成30年版高等学校学習指導要領（2018年3月30日告示）の「第1章　総則」「第1款　高等学校教育の基本と教育課程の役割」の2(1)を参照。

5 解答 アー i　イー a　ウー e

解説 『令和2年度　文部科学白書』（2021年7月）の「第1部　特集」「特集2 『令和の日本型学校教育』の構築を目指して」「第3節 『令和の日本型学校教育』の実現に向けた具体的な取組と今後の検討課題」「①答申において示されている具体的な取組」「(6)遠隔・オンライン教育を含むICTを活用した学びの在り方について」「○基本的な考え方」を参照。

6 解答 ア　人間関係　イ　見方・考え方　ウ　実践的

解説 平成29年版小学校学習指導要領（2017年3月31日告示）の「第6章　特別活動」「第3　指導計画の作成と内容の取扱い」の1(1)，平成29年版中学校学習指導要領（2017年3月31日告示）の「第5章　特別活動」「第3　指導計画の作成と内容の取扱い」の1(1)，平成30年版高等学校学習指導要領（2018年3月30日告示）の「第5章　特別活動」「第3　指導計画の作成と内容の取扱い」の1(1)を参照。

7 解答 アー f　イー h　ウー a

解説 (1)教育基本法第2条第五号を参照。「教育の目標」の規定。
(2)学校教育法第42条を参照。「学校運営評価」の規定。
(3)学校教育法施行規則第26条第1項を参照。児童生徒の「懲戒」の規定。

8 解答 (1)実効的　(2)○　(3)点検

解説 (1)いじめ防止対策推進法第22条を参照。「学校におけるいじめの防止等の対策のための組織」の規定。
(2)学校教育法施行規則第54条を参照。「履修困難な各教科の学習指導」の規定。
(3)学校保健安全法第27条を参照。「学校安全計画の策定等」の規定。

9 解答 (1)ー e　(2)ー c　(3)ー f

解説 (1)学校教育法施行規則第25条を参照。「出席簿」の規定。
(2)学校教育法第12条を参照。「健康診断等」の規定。
(3)地方公務員法第30条を参照。「服務の根本基準」の規定。

10 解答 (1)ー イ　(2)ー ウ　(3)ー ア

解説 『生徒指導提要』（2010年3月）の「第3章　児童生徒の心理と児童生徒理解」「第1節　児童生徒理解の基本」「1 生徒指導における児童生徒理解の重要性」「(2)児童生徒理解に求められる姿勢」を参照。

岐阜県

実施日	2022(令和4)年7月23日	試験時間	小中養栄：50分（専門教養を含む） 高特：15＋60分（専門教養を含む）
出題形式	マークシート式	問題数	10題（解答数10）
パターン	法規＋心理・時事	公開状況	問題：公開　解答：公開　配点：公開

傾向&対策

●教職教養は全校種共通問題であるが，専門教養を含むため【小学校・中学校・養護教諭・栄養教諭】【高等学校・特別支援学校】で試験時間が異なるので，時間配分に要注意。●最も解答数の多い教育法規は，教育基本法，学校教育法，学校保健安全法，いじめ防止対策推進法，学校教育の情報化の推進に関する法律などの空欄補充問題。●教育心理は，2年連続でマズローの欲求階層構造説の空欄補充問題と，適応機制，学習に関する理論。●2年ぶりに復活した教育時事は「人権教育の指導法等の在り方」に関する第三次とりまとめ策定以降の補足資料（2021年3月），「令和の日本型学校教育」に関する中央教育審議会答申（2021年1月），「不登校児童生徒への支援」に関する文部科学省通知（2019年10月）。

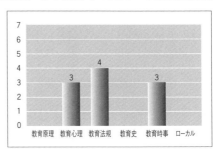

出題領域

教育原理	教育課程・学習指導要領		総　則		特別の教科　道徳	
	外国語活動		総合的な学習(探究)の時間		特別活動	
	学習指導		生徒指導	↓時事	学校・学級経営	
	特別支援教育		人権・同和教育	↓時事	その他	
教育心理	発　達		学　習	1	性格と適応	2
	カウンセリングと心理療法		教育評価		学級集団	
教育法規※	教育の基本理念	1	学校教育		学校の管理と運営	2
	児童生徒	2	教職員		その他	
教育史	日本教育史		西洋教育史			
教育時事	答申・統計	3	ローカル			

※表中の数字は，解答数
※選択肢の出題領域が複数にわたる場合は，それぞれの項目に加算するためグラフの数とは異なる

全校種共通 ☞解答＆解説 p.191

1 次のア～オの文章は，学校教育にかかわる法令の記載内容の一部である。 A ～ E に当てはまる言葉の組合せとして正しいものを下記の①～⑤の中から一つ選べ。

ア A は，その学校に在学する児童等の指導要録を作成しなければならない。
（学校教育法施行規則　第24条）

イ B は，感染症の予防上必要があるときは，臨時に，学校の全部又は一部の休業を行うことができる。 （学校保健安全法　第20条）

ウ 公立の学校（大学を除く。）の学期並びに夏季，冬季，学年末，農繁期等における休業日又は家庭及び地域における体験的な学習活動その他の学習活動のための休業日は，市町村又は都道府県の設置する学校にあつては当該市町村又は都道府県の C が，公立大学法人の設置する学校にあつては当該公立大学法人の理事長が定める。
（学校教育法施行令　第29条）

エ D は，教育上必要があると認めるときは，文部科学大臣の定めるところにより，児童，生徒及び学生に懲戒を加えることができる。ただし，体罰を加えることはできない。 （学校教育法　第11条）

オ 非常変災その他急迫の事情があるときは， E は，臨時に授業を行わないことができる。 （学校教育法施行規則　第63条）

① A 校長　　B 学校の設置者　　C 教育委員会　　D 教職員　　E 校長
② A 学級担任　B 校長　　C 教育長　　D 教職員　　E 教育委員会
③ A 校長　　B 校長　　C 教育長　　D 教職員　　E 教育委員会
④ A 学級担任　B 校長　　C 教育委員会　　D 校長及び教員
　　E 校長
⑤ A 校長　　B 学校の設置者　　C 教育委員会　　D 校長及び教員
　　E 校長

2 次の文章は，「人権教育を取り巻く諸情勢について　～人権教育の指導方法等の在り方について［第三次とりまとめ］策定以降の補足資料～（令和３年３月　学校教育における人権教育調査研究協力者会議）　Ⅰ．学校における人権教育の推進　2．人権教育の総合的な推進　(1)人権教育の充実を目指した教育課程の編成」の記述の一部である。 ア ～ エ に当てはまる言葉の組合せとして正しいものを下記の①～⑤の中から一つ選べ。

ア においては，各教科等の形で「人権教育」が設定されていないため，学校における人権教育は，各教科や「特別の教科　道徳」，総合的な学習（探究）の時間，特別活動，教科外活動等のそれぞれの特質を踏まえつつ， イ を通じて行うこととなる。その際には，人権教育の目標と各教科等の目標やねらいとの関連を明確にした上で，人権に関する意識・態度， ウ を養う人権教育の活動と，それぞれの目標・ねらいに基づく各教科等の指導とが，有機的・ エ に効果を上げられるようにしていくことが重要であると第三次とりまとめでは言及されている。

① ア 教育課程　　イ 教育活動全体　　ウ 判断力　　エ 相乗的

②　ア　学校教育　　イ　授業時間全体　　ウ　実践力　　エ　総合的

③　ア　教育課程　　イ　授業時間全体　　ウ　判断力　　エ　相乗的

④　ア　教育課程　　イ　教育活動全体　　ウ　実践力　　エ　相乗的

⑤　ア　学校教育　　イ　授業時間全体　　ウ　判断力　　エ　総合的

3 次の文章は，「教育基本法（平成18年法律第120号）」の記述の一部である。 ア ～
ウ に当てはまる言葉の組合せとして正しいものを下記の①～⑤の中から一つ選べ。

第2条　教育は，その目的を実現するため，学問の自由を尊重しつつ，次に掲げる目標
　　を達成するよう行われるものとする。

　　一　幅広い知識と教養を身に付け，真理を求める態度を養い，豊かな ア を培う
　　　　とともに，健やかな身体を養うこと。

　　二　個人の価値を尊重して，その能力を伸ばし，創造性を培い，自主及び自律の精
　　　　神を養うとともに，職業及び生活との関連を重視し， イ を重んずる態度を養
　　　　うこと。

　　三　正義と責任，男女の平等，自他の敬愛と協力を重んずるとともに，公共の精神
　　　　に基づき，主体的に社会の形成に参画し，その発展に寄与する態度を養うこと。

　　四　生命を尊び，自然を大切にし，環境の保全に寄与する態度を養うこと。

　　五　伝統と文化を尊重し，それらをはぐくんできた我が国と郷土を愛するとともに，
　　　　他国を尊重し， ウ に寄与する態度を養うこと。

　　①　ア　情操と道徳心　　イ　勤労　　ウ　国際社会の平和と発展

　　②　ア　情操と道徳心　　イ　個性　　ウ　社会経済の更なる発展

　　③　ア　人間性と学力　　イ　勤労　　ウ　国際社会の平和と発展

　　④　ア　人間性と学力　　イ　個性　　ウ　国際社会の平和と発展

　　⑤　ア　人間性と学力　　イ　勤労　　ウ　社会経済の更なる発展

4 次の文章は，「『令和の日本型学校教育』の構築を目指して　～全ての子供たちの可能
性を引き出す，個別最適な学びと，協働的な学びの実現～（答申）（令和3年1月26日
中央教育審議会）」の記述の一部である。 ア ～ オ に当てはまる言葉の組合せと
して正しいものを下記の①～⑤の中から一つ選べ。

○　（略）教師が支援の必要な子供により重点的な指導を行うことなどで効果的な指導
　　を実現することや，子供一人一人の特性や学習進度，学習到達度等に応じ，指導方法・
　　教材や学習時間等の柔軟な提供・設定を行うことなどの「 ア 」が必要である。

○　（略）教師が子供一人一人に応じた学習活動や学習課題に取り組む機会を提供する
　　ことで，子供自身が学習が最適となるよう調整する「 イ 」も必要である。

○　これからの学校においては，子供が「個別最適な学び」を進められるよう，教師が
　　専門職としての知見を活用し，子供の実態に応じて，学習内容の確実な定着を図る観
　　点や，その理解を深め，広げる学習を充実させる観点から，カリキュラム・マネジメ
　　ントの充実・強化を図るとともに，これまで以上に子供の成長やつまずき，悩みなど
　　の理解に努め，個々の興味・関心・意欲等を踏まえてきめ細かく指導・支援すること
　　や，子供が自らの学習の状況を把握し， ウ に学習を調整することができるよう促
　　していくことが求められる。

岐阜県

187

○　さらに，「個別最適な学び」が「孤立した学び」に陥らないよう，これまでも「日本型学校教育」において重視されてきた，　エ　や体験活動などを通じ，子供同士で，あるいは地域の方々をはじめ多様な他者と協働しながら，あらゆる他者を価値のある存在として尊重し，様々な社会的な変化を乗り越え，持続可能な社会の創り手となることができるよう，必要な　オ　を育成する「協働的な学び」を充実することも重要である。

①　ア　指導の個別化　　　　イ　学習の個性化　　　ウ　主体的
　　エ　探究的な学習　　　　オ　資質・能力

②　ア　学習の個性化　　　　イ　指導の個別化　　　ウ　主体的
　　エ　問題解決的な学習　　オ　実践力

③　ア　学習の個性化　　　　イ　指導の個別化　　　ウ　発展的
　　エ　問題解決的な学習　　オ　実践力

④　ア　指導の個別化　　　　イ　学習の個性化　　　ウ　発展的
　　エ　問題解決的な学習　　オ　実践力

⑤　ア　学習の個性化　　　　イ　指導の個別化　　　ウ　主体的
　　エ　探究的な学習　　　　オ　資質・能力

5　次の文章は，「不登校児童生徒への支援の在り方について（通知）（令和元年10月25日文部科学省）　1　　不登校児童生徒への支援に対する基本的な考え方」の記述の一部である。　ア　～　エ　に当てはまる言葉の組合せとして正しいものを下記の①～⑤の中から一つ選べ。

(1)　支援の視点

　　不登校児童生徒への支援は，「　ア　」という結果のみを目標にするのではなく，児童生徒が　イ　を主体的に捉えて，　ウ　することを目指す必要があること。また，児童生徒によっては，不登校の時期が休養や自分を見つめ直す等の積極的な意味を持つことがある一方で，学業の遅れや　エ　や社会的自立へのリスクが存在することに留意すること。

①　ア　学校に登校する　　　　イ　自らの進路　　　ウ　社会的に自立
　　エ　体力・運動能力の低下

②　ア　学校に登校する　　　　イ　自らの進路　　　ウ　社会的に自立
　　エ　進路選択上の不利益

③　ア　学校に登校する　　　　イ　不登校の要因　　ウ　不登校を克服
　　エ　進路選択上の不利益

④　ア　学校生活への適応　　　イ　不登校の要因　　ウ　社会的に自立
　　エ　体力・運動能力の低下

⑤　ア　学校生活への適応　　　イ　自らの進路　　　ウ　不登校を克服
　　エ　進路選択上の不利益

6　マズローが唱えた欲求階層理論について，下層の欲求から上層の欲求の順として正しいものを下記の①～⑤の中から一つ選べ。

①　安全の欲求　→　生理的欲求　→　承認（自尊）の欲求　→　自己実現の欲求

岐阜県

→　所属と愛情の欲求

②　安全の欲求　→　生理的欲求　→　所属と愛情の欲求　→　承認（自尊）の欲求
　　→　自己実現の欲求

③　生理的欲求　→　安全の欲求　→　所属と愛情の欲求　→　承認（自尊）の欲求
　　→　自己実現の欲求

④　生理的欲求　→　安全の欲求　→　承認（自尊）の欲求　→　所属と愛情の欲求
　　→　自己実現の欲求

⑤　生理的欲求　→　安全の欲求　→　承認（自尊）の欲求　→　自己実現の欲求
　　→　所属と愛情の欲求

7 次のA〜Cの文章は，適応機制のおもな方法について説明したものである。各説明文に当てはまる言葉の組合せとして正しいものを下記の①〜⑤の中から一つ選べ。

A　自分の成績が悪い時に，「先生の教え方が良くないから」と言うように，自己の行動や失敗を正当化するように理屈づけを行うこと。

B　自己にとって都合の悪い欲求や感情を意識下におさえつけて心理的安定をはかろうとするもの。

C　自己が許容することができない自己の欲求や感情を，他者の中に移しかえ，責めを他者に帰すること。

①　A　逃避　　　　B　退行　　　　　C　反動形成
②　A　逃避　　　　B　抑圧・抑制　　C　投影
③　A　逃避　　　　B　抑圧・抑制　　C　反動形成
④　A　合理化　　　B　抑圧・抑制　　C　投影
⑤　A　合理化　　　B　退行　　　　　C　反動形成

8 次のア〜エの文章は，教育心理学に関する理論についてまとめたものである。その内容として正しいものの組合せを下記の①〜⑤の中から一つ選べ。

ア　学習性無力感とは，成功する可能性がまったくない状態と信じるために起こる失敗の期待である。つまり，学習場面で繰り返し失敗を経験している人に見られる現象で，いくらがんばっても無駄だと思い込んでしまうことである。

イ　内発的動機づけとは，報酬や罰などの個人の外にある要因にもとづく動機づけであり，その行動は結果が得られることにより終結するものである。

ウ　長期記憶は，容量は無限で，半永久的に情報を貯蔵するとされる。

エ　エピソード記憶とは，一般的な事実や事象についての記憶をいう。言語（例：漢字の読み書き）や規則（例：文法），概念（例：目玉焼きは卵料理である）をさす。

①　アとイ　　②　アとウ　　③　イとウ　　④　イとエ　　⑤　ウとエ

9 次の文章は，「学校教育の情報化の推進に関する法律（令和元年法律第47号）」の記述の一部である。　ア　〜　エ　に当てはまる言葉の組合せとして正しいものを下記の①〜⑤の中から一つ選べ。

第3条　学校教育の情報化の推進は，情報通信技術の特性を生かして，個々の児童生徒の　ア　等に応じた教育，　イ　のある教育（児童生徒の主体的な学習を促す教育をいう。）等が学校の教員による適切な指導を通じて行われることにより，各教科

岐阜県

等の指導等において，情報及び情報手段を ウ に選択し，及びこれを活用する能力の体系的な育成その他の知識及び技能の習得等（心身の発達に応じて，基礎的な知識及び技能を習得させるとともに，これらを活用して課題を解決するために必要な エ その他の能力を育み，主体的に学習に取り組む態度を養うことをいう。）が効果的に図られるよう行われなければならない。

① ア　能力，特性　　イ　双方向性　　　ウ　具体的　　エ　情報活用能力

② ア　興味，関心　　イ　双方向性　　　ウ　具体的　　エ　情報活用能力

③ ア　能力，特性　　イ　双方向性　　　ウ　主体的

　　エ　思考力，判断力，表現力

④ ア　能力，特性　　イ　専門性　　　　ウ　具体的　　エ　情報活用能力

⑤ ア　興味，関心　　イ　専門性　　　　ウ　主体的

　　エ　思考力，判断力，表現力

10 次の文章は，「いじめ防止対策推進法（平成25年法律第71号）」の記述の一部である。 ア ～ オ に当てはまる言葉の組合せとして正しいものを下記の①～⑤の中から一つ選べ。

第2条　この法律において「いじめ」とは，児童等に対して，当該児童等が在籍する学校に在籍している等当該児童等と一定の人的関係にある他の児童等が行う ア な影響を与える行為（インターネットを通じて行われるものを含む。）であって，当該行為の対象となった児童等が イ ものをいう。

第8条　学校及び学校の教職員は，基本理念にのっとり，当該学校に在籍する児童等の保護者，地域住民，児童相談所その他の関係者との連携を図りつつ，学校全体でいじめの ウ に取り組むとともに，当該学校に在籍する児童等がいじめを受けていると思われるときは，適切かつ迅速にこれに対処する責務を有する。

第28条　学校の設置者又はその設置する学校は，次に掲げる場合には，その事態（以下「重大事態」という。）に対処し，及び当該重大事態と同種の事態の発生の防止に資するため，速やかに，当該学校の設置者又はその設置する学校の下に組織を設け，質問票の使用その他の適切な方法により当該重大事態に係る事実関係を明確にするための調査を行うものとする。

　一　いじめにより当該学校に在籍する児童等の エ に重大な被害が生じた疑いがあると認めるとき。

　二　いじめにより当該学校に在籍する児童等が相当の期間 オ を余儀なくされている疑いがあると認めるとき。

　　① ア　心理的又は物理的　　イ　被害を訴えている
　　　ウ　防止及び早期発見　　エ　身体，精神又は学業
　　　オ　学校を欠席すること

　　② ア　一方的又は継続的　　イ　心身の苦痛を感じている
　　　ウ　根絶及び予防教育　　エ　身体，精神又は学業
　　　オ　学校を欠席すること

　　③ ア　一方的又は継続的　　イ　被害を訴えている

　　　　ウ　防止及び早期発見　　エ　生命，心身又は財産　　オ　心理的な圧迫
　④　ア　心理的又は物理的　　イ　心身の苦痛を感じている
　　　　ウ　根絶及び予防教育　　エ　身体，精神又は学業　　オ　心理的な圧迫
　⑤　ア　心理的又は物理的　　イ　心身の苦痛を感じている
　　　　ウ　防止及び早期発見　　エ　生命，心身又は財産
　　　　オ　学校を欠席すること

解答＆解説

1 解答　⑤
　解説　ア：学校教育法施行規則第24条第1項を参照。「指導要録」の規定。
　　　　イ：学校保健安全法第20条を参照。感染症予防のための「臨時休業」の規定。
　　　　ウ：学校教育法施行令第29条第1項を参照。「学期及び休業日」の規定。
　　　　エ：学校教育法第11条を参照。「児童・生徒等の懲戒」の規定。
　　　　オ：学校教育法施行規則第63条を参照。「非常変災等による臨時休業」の規定。

2 解答　④
　解説　学校教育における人権教育調査研究協力者会議「人権教育を取り巻く諸情勢について　〜人権教育の指導方法等の在り方について〔第三次とりまとめ〕策定以降の補足資料〜」（2021年3月，2022年3月改訂）の「Ⅰ．学校における人権教育の推進」「2．人権教育の総合的な推進」「(1)人権教育の充実を目指した教育課程の編成」を参照。2022年3月の改訂版は，「ビジネスと人権」に関する行動計画の策定，子どもの人権にかかる動向（「こども家庭庁設置法案」など），ハンセン病問題にかかる動向，新型コロナウイルス感染症による偏見・差別への対応にかかる動向，学校における働き方改革などについて追記したもの。

3 解答　①
　解説　教育基本法第2条を参照。「教育の目標」の規定。

4 解答　①
　解説　中央教育審議会答申「『令和の日本型学校教育』の構築を目指して　〜全ての子供たちの可能性を引き出す，個別最適な学びと，協働的な学びの実現〜」（2021年1月26日，同年4月22日更新）の「第Ⅰ部　総論」「3．2020年代を通じて実現すべき『令和の日本型学校教育』の姿」「(1)子供の学び」を参照。

5 解答　②
　解説　文部科学省「不登校児童生徒への支援の在り方について（通知）」（2019年10月25日）の「1　不登校児童生徒への支援に対する基本的な考え方」「(1)支援の視点」を参照。

6 解答　③
　解説　マズロー（1908〜70）は，欲求を生理的欲求，安全の欲求，所属と愛情の欲求，自尊の欲求，自己実現の欲求からなる階層構造で捉え，低次の欲求から発達的に

順に芽生えること，低次の欲求が満たされないとそれより高次の欲求の充足が困難になることを示した。

7 |解答| ④

|解説| A：合理化では，欲求の充足が阻止されたことに対して，負け惜しみや言い逃れ，責任転嫁，口実をつけることによって，自己を正当化しようとする。

B：抑圧（抑制）とは，満たすことができない欲求を無意識のうちに抑え込んでしまう。

C：投影は，自分がもっている感情や特質を，他人ももっていると考えることで，不安や自責の念から逃れようとする。

8 |解答| ②

|解説| イ：外発的動機づけの説明。内発的動機づけは，学習の内容自体の興味や関心によって起こさせる。

エ：意味記憶の説明。エピソード記憶は，ある個人の過去の生活の中で実際に起きた出来事に関する記憶であり，一つ一つの記憶が「いつ」「どこで」起きたのかという情報も同時に記憶されている。

9 |解答| ③

|解説| 学校教育の情報化の推進に関する法律第3条第1項を参照。「基本理念」の規定。

10 |解答| ⑤

|解説| ア・イ：いじめ防止対策推進法第2条第1項を参照。いじめの「定義」の関係。

ウ：いじめ防止対策推進法第8条を参照。「学校及び学校の教職員の責務」の規定。

エ・オ：いじめ防止対策推進法第28条第1項を参照。「学校の設置者又はその設置する学校による対処」の規定。

岐阜県

静岡県／静岡市／浜松市

実施日	2022（令和4）年7月2日	試験時間	60分（一般教養を含む）
出題形式	選択式	問題数	8題（解答数35）
パターン	時事・原理・法規＋心理・教育史	公開状況	問題：公開　解答：公開　配点：公開

傾向＆対策　●ローカル問題がなくなり，教育心理と教育史が復活。出題分野にかかわらず「特別支援教育」「学校安全」「人権教育」は必出の教育トピック。●人権教育は，児童の権利に関する条約，障害者差別解消法，世界人権宣言，「人権教育の指導方法等の在り方について［第三次とりまとめ］」。●教育時事は，「『生きる力』をはぐくむ学校での安全教育」（2019年3月），「令和の日本型学校教育」に関する中央教育審議会答申（2021年1月），「児童生徒の自殺予防」に関する文部科学省通知（2021年6月）など。●教育原理は学習指導要領が必出で，「小学校教育（中学校教育，高等学校教育）の基本と教育課程の役割」「児童（生徒）の発達の支援」より。●復活した教育心理と教育史は，コメニウスなど人物とその業績。

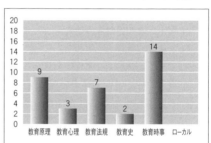

出題領域

教育原理	教育課程・学習指導要領		総則	9	特別の教科　道徳		
	外国語・外国語活動		総合的な学習（探究）の時間		特別活動		
	学習指導		生徒指導		学校・学級経営		
	特別支援教育	↓法規	人権・同和教育	↓法規時事	その他		
教育心理	発達	2	学習		性格と適応		
	カウンセリングと心理療法	1	教育評価		学級集団		
教育法規	教育の基本理念		学校教育	1	学校の管理と運営		1
	児童生徒		教職員	1	特別支援教育人権教育	その他	3	1
教育史	日本教育史		西洋教育史	2			
教育時事	答申・統計	14	ローカル				

※表中の数字は，解答数

全校種共通

☞解答＆解説 p.199

1 次の(1)～(4)の各文について，（　A　），（　B　）に入る語句の組合せとして正しいものをそれぞれア～オから一つずつ選び，記号で答えなさい。

(1) 日本国憲法　前文

　日本国民は，（　A　）を念願し，人間相互の関係を支配する崇高な理想を深く自覚するのであつて，平和を愛する諸国民の（　B　）に信頼して，われらの安全と生存を保持しようと決意した。われらは，平和を維持し，専制と隷従，圧迫と偏狭を地上から永遠に除去しようと努めてゐる国際社会において，名誉ある地位を占めたいと思ふ。

ア　A：恒久の平和　B：公正と信義　　イ　A：世界の平和　B：公平と正義

ウ　A：恒久の平和　B：努力と信義　　エ　A：永久の平和　B：平等と信義

オ　A：永久の平和　B：公平と正義

(2) 教育基本法　第5条

　2　義務教育として行われる普通教育は，（　A　）を伸ばしつつ社会において自立的に生きる基礎を培い，また，国家及び社会の形成者として必要とされる基本的な（　B　）を養うことを目的として行われるものとする。

ア　A：個人の有する資質　B：能力　　イ　A：各個人の有する能力　B：学力

ウ　A：各個人の能力　　B：教養　　エ　A：各個人の有する能力　B：資質

オ　A：各個人の能力　　B：学力

(3) 地方公務員法　第30条

　すべて職員は，全体の奉仕者として（　A　）のために勤務し，且つ，職務の遂行に当つては，（　B　）これに専念しなければならない。

ア　A：国民　　　　B：誠心誠意　　イ　A：公共の利益　B：全力を挙げて

ウ　A：公共の利益　B：職務上　　　エ　A：公共の福祉　B：全力を挙げて

オ　A：日本国民　　B：全力で

(4) 学校教育の情報化の推進に関する法律　第3条

　学校教育の情報化の推進は，情報通信技術の特性を生かして，個々の児童生徒の能力，特性等に応じた教育，（　A　）のある教育（児童生徒の主体的な学習を促す教育をいう。）等が学校の教員による適切な指導を通じて行われることにより，各教科等の指導等において，情報及び情報手段を主体的に選択し，及びこれを（　B　）の体系的な育成その他の知識及び技能の習得等（心身の発達に応じて，基礎的な知識及び技能を習得させるとともに，これらを活用して課題を解決するために必要な思考力，判断力，表現力その他の能力を育み，主体的に学習に取り組む態度を養うことをいう。）が効果的に図られるよう行われなければならない。

ア　A：自主性　　B：活用する能力　　イ　A：双方向性　　B：利用する力

ウ　A：双方向性　B：活用する能力　　エ　A：継続性　　　B：利用する力

オ　A：多様性　　B：理解する力

2 「小学校学習指導要領（平成29年3月告示）」，「中学校学習指導要領（平成29年3月告示）」，「高等学校学習指導要領（平成30年3月告示）」の総則では，教育課程の役割につ

いて，次のとおり述べられている。文中の（ ① ）～（ ⑤ ）に入る語句を以下のア～コから一つずつ選び，記号で答えなさい。

　各学校においては，児童（生徒）＊や学校，（ ① ）の実態を適切に把握し，教育の目的や目標の実現に必要な教育の内容等を（ ② ）な視点で組み立てていくこと，教育課程の実施状況を（ ③ ）してその改善を図っていくこと，教育課程の実施に必要な（ ④ ）な体制を確保するとともにその改善を図っていくことなどを通して，教育課程に基づき組織的かつ計画的に各学校の教育活動の質の向上を図っていくこと（以下「カリキュラム・（ ⑤ ）」という。）に努めるものとする。

　（注）＊小学校学習指導要領は児童，中学校・高等学校学習指導要領は生徒と表記している。

ア　家庭　　イ　デザイン　　ウ　協力的　　エ　地域　　オ　評価
カ　系統的，発展的　　キ　人的又は物的　　ク　把握　　ケ　教科等横断的
コ　マネジメント

3　「学校安全資料『生きる力』をはぐくむ学校での安全教育」（平成31年3月31日改訂2版発行　文部科学省）では，安全教育の進め方について，次のとおり述べられている。文中の（ ① ）～（ ④ ）に入る語句を以下のア～クから一つずつ選び，記号で答えなさい。

○　安全教育は，体育科・保健体育科，技術・家庭科及び特別活動の時間はもとより，各教科，道徳科及び総合的な学習の時間などにおいてもそれぞれの特質に応じて適切に行うよう，（ ① ）計画的な指導が重要であり，そのためには，学校安全計画に適切かつ確実に位置付けるなど，（ ② ）必要がある。

○　（ ③ ）ためには，危険予測の演習，視聴覚教材や資料の活用，地域や校内の安全マップづくり，学外の専門家による指導，避難訓練や応急手当のような実習，ロールプレイング等，様々な手法を適宜取り入れ，児童生徒等が安全上の課題について自ら考え，（ ④ ）につながるような工夫が必要である。

ア　学校教育活動全体を通じて　　イ　全教職員が理解しておく
ウ　教科等に特化した　　エ　自分の命を守る　　オ　教育委員会が作成する
カ　主体的な行動　　キ　安全教育の効果を高める　　ク　集団としての判断

4　次の文は，「『令和の日本型学校教育』の構築を目指して　～全ての子供たちの可能性を引き出す，個別最適な学びと，協働的な学びの実現～（答申）（令和3年1月26日中央教育審議会）」の一部である。文中の（ ① ）～（ ⑤ ）に入る語句を以下のア～コから一つずつ選び，記号で答えなさい。

○　「令和の日本型学校教育」を構築し，全ての子供たちの可能性を引き出す，個別最適な学びと，協働的な学びを実現するためには，学校教育の基盤的なツールとして，ICTは必要不可欠なものである。我が国の学校教育におけるICTの活用が国際的に大きく後れをとってきた中で，（ ① ）を実現し，（中略）これまでの実践とICTとを最適に組み合わせることで，これからの学校教育を大きく変化させ，様々な課題を解決し，教育の質の向上につなげていくことが必要である。その際，（ ② ）を意識し，効果検証・分析を適切に行うことが重要である。

○ ICTが必要不可欠なツールであるということは，社会構造の変化に対応した教育の質の向上という文脈に位置付けられる。すなわち，子供たちの（ ③ ）が進む中で，個別最適な学びを実現する必要があること，情報化が加速度的に進むSociety5.0時代に向けて，情報活用能力など学習の基盤となる資質・能力を育む必要があること，少子高齢化，人口減少という我が国の人口構造の変化の中で，（ ④ ）や地域事情にかかわらず学校教育の質を保障すること，災害や感染症等の発生などの緊急時にも教育活動の継続を可能とすること，教師の長時間勤務を解消し学校の（ ⑤ ）を実現することなど，これら全ての課題に対し，ICTの活用は極めて大きな役割を果たし得るものである。

ア 一斉授業　　イ プログラミング教育　　ウ GIGAスクール構想
エ PDCAサイクル　　オ 個性化　　カ 働き方改革　　キ 地理的要因
ク 少人数学級　　ケ 多様化　　コ 心理的要因

5 次の(1)～(3)の各問いに答えなさい。

(1) 次の各文は，西洋の教育史に関わる人物について述べたものである。文中の（ ① ），（ ② ）に入る語句を以下のア～オから一つずつ選び，記号で答えなさい。

○ コメニウスは，国土の平和のためには，すべての人が共通の知識を有して理解し合うことが必要だと考え，1658年に世界初の絵入り教科書「（ ① ）」を著し，視覚を通じて事物に対する認識を明確化することを試みた。

○ エレン・ケイは，1900年に著書「（ ② ）」において，「教育は，子供の生命の自由な発展を助成し，自由な独立の個人に育て上げることを使命としなければならない」と主張した。

ア 大教授学　　イ 人間の教育　　ウ 児童の世紀　　エ 一般教育学
オ 世界図絵

(2) 次の表は，発達心理に関する人物について説明したものである。表中の（ ① ），（ ② ）に入る人物を以下のア～オから一つずつ選び，記号で答えなさい。

人物	説明
（ ① ）	子供時代の教育は，発達を先回りし，自分の後ろに発達を従える教育のみが正しいと主張するとともに，子供の精神発達と「教授－学習」との関係について，発達の最近接領域という概念を提唱した。
（ ② ）	心理社会的発達理論を提示し，8つの発達段階における発達課題と危機を設定した。青年期以前の段階における経験が，青年期における自我同一性の確立に大きく影響を及ぼすと説いた。

ア エリクソン　　イ モンテッソーリ　　ウ ユング　　エ ヴィゴツキー
オ レヴィン

(3) 次の文は，カウンセリングについて述べたものである。文中の（ ① ）に入る人物を以下のア～オから一つ選び，記号で答えなさい。

アメリカの心理学者（ ① ）は，著書「クライエント中心療法」において，カウンセリング関係を発達させるために必要な環境について説明し，クライエントが自分で

解決できる力をもっていることを尊重する非指示的療法を提唱した。

　　ア　ギンズバーグ　　イ　ギルフォード　　ウ　オズボーン　　エ　ロジャーズ
　　オ　ソーンダイク

6　「小学校学習指導要領（平成29年3月告示）」，「中学校学習指導要領（平成29年3月告示）」，「高等学校学習指導要領（平成30年3月告示）」の総則では，児童（生徒）の発達の支援について，次のとおり述べられている。文中の（　①　）～（　④　）に入る語句を以下のア～クから一つずつ選び，記号で答えなさい。ただし，同じ番号の（　　）には同じ語句が入る。

小学校（中学校）学習指導要領　第1章 総則 第4 児童（生徒）の発達の支援（一部抜粋）

2　特別な配慮を必要とする児童（生徒）*への指導

　(1)　障害のある児童（生徒）などへの指導

　（中略）

　　ウ　障害のある児童（生徒）に対して，通級による指導を行い，（　①　）を編成する場合には，特別支援学校小学部・中学部学習指導要領第7章に示す（　②　）の内容を参考とし，具体的な目標や内容を定め，指導を行うものとする。その際，効果的な指導が行われるよう，各教科等と通級による指導との関連を図るなど，教師間の連携に努めるものとする。

　　エ　障害のある児童（生徒）などについては，家庭，地域及び医療や福祉，保健，労働等の業務を行う関係機関との連携を図り，長期的な視点で児童（生徒）への教育的支援を行うために，（　③　）を作成し活用することに努めるとともに，各教科等の指導に当たって，個々の児童（生徒）の実態を的確に把握し，（　④　）を作成し活用することに努めるものとする。（以下略）

　　（注）＊小学校学習指導要領は児童，中学校学習指導要領は生徒と表記している。

高等学校学習指導要領　第1章 総則 第5款 生徒の発達の支援（一部抜粋）

2　特別な配慮を必要とする生徒への指導

　(1)　障害のある生徒などへの指導

　（中略）

　　イ　障害のある生徒に対して，学校教育法施行規則第140条の規定に基づき，（　①　）を編成し，障害に応じた特別の指導（以下「通級による指導」という。）を行う場合には，学校教育法施行規則第129条の規定により定める現行の特別支援学校高等部学習指導要領第6章に示す（　②　）の内容を参考とし，具体的な目標や内容を定め，指導を行うものとする。その際，通級による指導が効果的に行われるよう，各教科・科目等と通級による指導との関連を図るなど，教師間の連携に努めるものとする。（中略）

　　ウ　障害のある生徒などについては，家庭，地域及び医療や福祉，保健，労働等の業務を行う関係機関との連携を図り，長期的な視点で生徒への教育的支援を行うために，（　③　）を作成し活用することに努めるとともに，各教科・科目等の指導に当たって，個々の生徒の実態を的確に把握し，（　④　）を作成し活用することに努めるものとする。（以下略）

ア　特別の教育課程　　イ　通級による教育課程　　ウ　自立活動

エ　各段階の目標　　オ　個別の教育支援計画　　カ　指導の全体計画

キ　個別の指導計画　　ク　年間指導計画

7 次の文は，「児童生徒の自殺予防に係る取組について（通知）（令和3年6月23日付け文部科学省）」の一部である。文中の（ ① ）～（ ④ ）に入る語句を以下のア～コから一つずつ選び，記号で答えなさい。ただし，同じ番号の（ ）には同じ語句が入る。

(1) 学校における（ ① ）に向けた取組

　　各学校において，長期休業の開始前からアンケート調査，教育相談等を実施し，悩みや困難を抱える児童生徒の（ ① ）に努めること。また，学級担任や養護教諭等を中心としたきめ細やかな健康観察や健康相談の実施等により，児童生徒の状況を的確に把握し，スクールカウンセラー等による支援を行うなど，心の健康問題に適切に対応すること。（中略）

　　加えて，自殺対策基本法第17条に定める「心の健康の保持に係る教育及び啓発」を推進するため，「各人がかけがえのない個人として共に尊重し合いながら生きていくことについての意識の涵養等に資する教育」，「困難な事態，強い心理的負担を受けた場合等における対処の仕方を身に付ける等のための教育」（「（ ② ）の出し方に関する教育」）を含めた自殺予防教育，「心の健康の保持に係る教育」を実施するなどにより，児童生徒自身が心の危機に気づき，（ ③ ）に相談できる力を培うとともに，児童生徒が安心して（ ② ）を出すことのできる環境の整備に努めること。（中略）

(2) 保護者に対する家庭における（ ④ ）の促進

　　保護者に対して，長期休業期間中の家庭における児童生徒の（ ④ ）を行うよう促すこと。保護者が把握した児童生徒の悩みや変化については，積極的に学校に相談するよう，学校の相談窓口を周知しておくこと。（以下略）

ア　危機管理　　イ　見守り　　ウ　レジリエンス　　エ　身近な信頼できる大人

オ　SOS　　カ　友人・知人　　キ　体調管理　　ク　ストレスマネジメント

ケ　早期発見　　コ　相談機関

8 次の(1)～(4)は，人権啓発に関する記述である。文中の（ ① ）～（ ④ ）に入る語句等をそれぞれア～オから一つずつ選び，記号で答えなさい。ただし，同じ番号の（ ）には同じ語句等が入る。

(1) 子どもの基本的人権を国際的に保障するために定められた「児童の権利に関する条約（子どもの権利条約）」は，1989年に国連総会において採択され，日本は1990年に条約に署名し，1994年に批准を行った。この条約では子どもの権利を，（ ① ）権利，育つ権利，守られる権利，参加する権利の四つに分類している。

ア　自由である　　イ　愛される　　ウ　教育される　　エ　生きる

オ　平等である

(2) 障害のある人もない人も，互いに，その人らしさを認め合いながら共に生きる社会をつくることを目指して，障害者差別解消法（障害を理由とする差別の解消の推進に関する法律）が平成25年6月に制定され，平成28年4月に施行，令和3年5月に改正

静岡県／静岡市／浜松市

された。この法律では,「不当な差別的取扱いの禁止」と「(②)の提供」が求められている。
　　ア　合理的対話　　イ　合理的配慮　　ウ　建設的対話　　エ　合理的支援
　　オ　建設的配慮
(3)　「世界人権宣言」は,世界中の全ての人々の基本的な権利や自由を保障することを目的に,1948年(③)月10日に国際連合総会で採択され,これを記念して,「(③)月10日」を「世界人権デー」と制定した。日本では,(③)月4日から(③)月10日を「人権週間」とし,人権意識を高める活動が行われている。
　　ア　4　　イ　6　　ウ　8　　エ　10　　オ　12
(4)　「人権教育の指導方法等の在り方について［第三次とりまとめ］（平成20年3月　人権教育の指導方法等に関する調査研究会議）」の「第1章　学校教育における人権教育の改善・充実の基本的考え方」では,人権教育を通じて育てたい資質・能力として,(④)的側面,価値的・態度的側面,技能的側面の三つの側面を挙げている。
　　ア　知識　　イ　思考　　ウ　判断　　エ　表現　　オ　実践

解答&解説

1 解答　(1)―ア　(2)―エ　(3)―イ　(4)―ウ
　　解説　(1)日本国憲法の前文を参照。
　　　　　(2)教育基本法第5条第2項を参照。「義務教育」の規定。
　　　　　(3)地方公務員法第30条を参照。「服務の根本基準」の規定。
　　　　　(4)学校教育の情報化の推進に関する法律第3条第1項を参照。「基本理念」の規定。

2 解答　①―エ　②―ケ　③―オ　④―キ　⑤―コ
　　解説　平成29年版小学校学習指導要領（2017年3月31日告示）の「第1章　総則」「第1　小学校教育の基本と教育課程の役割」の4,平成29年版中学校学習指導要領（2017年3月31日告示）の「第1章　総則」「第1　中学校教育の基本と教育課程の役割」の4,平成30年版高等学校学習指導要領（2018年3月30日告示）の「第1章　総則」「第1款　高等学校教育の基本と教育課程の役割」の5を参照。

3 解答　①―ア　②―イ　③―キ　④―カ
　　解説　文部科学省「学校安全資料『生きる力』をはぐくむ学校での安全教育」(2019年3月31日改定)の「第2章　学校における安全教育」「第3節　安全教育の進め方」冒頭の「ポイント」を参照。

4 解答　①―ウ　②―エ　③―ケ　④―キ　⑤―カ
　　解説　中央教育審議会答申「『令和の日本型学校教育』の構築を目指して　～全ての子供たちの可能性を引き出す,個別最適な学びと,協働的な学びの実現～」(2021年1月26日,同年4月22日更新)の「第Ⅰ部　総論」「5．『令和の日本型学校教育』の構築に向けたICTの活用に関する基本的な考え方」を参照。

5 解答　(1)①―オ　②―ウ　(2)①―エ　②―ア　(3)―エ

解説 (1)①コメニウス（1592〜1670）は，当時の暗記と暗誦を中心とした方法ではなく，子どもの感覚を通じて直観にはたらきかける実物教授，直観教授の方法をとった。

②エレン・ケイ（1849〜1926）は，「教育の最大の秘訣は，教育しないことにある」として，徹底した児童中心主義を主張した。

(2)①ヴィゴツキー（1896〜1934）は，子どもの知的発達には，現在の能力で問題が解決できる発達水準と，他者からの援助やヒントが得られれば解決できる発達水準の2つがあり，この水準の差を発達の最近接領域と呼んだ。

②エリクソン（1902〜94）は，乳児期から老年期に至るまでを8つの段階に分け，それぞれで体験する心理社会的危機を挙げた。その中で青年期は自我同一性（同一性あるいはアイデンティティ）を確立できるか否かを「同一性対同一性拡散」という言葉で表した。

(3)エ：ロジャーズ（1902〜87）によって提唱されたカウンセリング技法は，クライエント中心療法では，カウンセラーは純粋性（自己一致性）を保ち，相手に対して無条件の肯定的関心を注ぎ，共感的理解をもって臨むべきであるとされる。

6 **解答** ①—ア　②—ウ　③—オ　④—キ

解説 平成29年版小学校学習指導要領（2017年3月31日告示）の「第1章　総則」「第4　児童の発達の支援」「2　特別な配慮を必要とする児童への指導」「(1)障害のある児童などへの指導」のウ及びエ，平成29年版中学校学習指導要領（2017年3月31日告示）の「第1章　総則」「第4　生徒の発達の支援」「2　特別な配慮を必要とする生徒への指導」「(1)障害のある生徒などへの指導」のウ及びエ，平成30年版高等学校学習指導要領（2018年3月30日告示）の「第1章　総則」「第5款　生徒の発達の支援」「2　特別な配慮を必要とする生徒への指導」「(1)障害のある生徒などへの指導」のイ及びウを参照。

7 **解答** ①—ケ　②—オ　③—エ　④—イ

解説 文部科学省「児童生徒の自殺予防に係る取組について（通知）」（2021年6月23日）の「(1)学校における早期発見に向けた取組」及び「(2)保護者に対する家庭における見守りの促進」を参照。

8 **解答** (1)—エ　　(2)—イ　　(3)—オ　　(4)—ア

解説 (1) 児童の権利に関する条約（子どもの権利条約）は，18歳未満を「児童」と定義し，国際人権規約において定められている権利を児童について敷衍し，児童の権利の尊重及び確保の観点から必要となる詳細かつ具体的な事項を規定したもの。

(2) 障害者差別解消法（障害を理由とする差別の解消の推進に関する法律）は，全ての国民が，障害の有無によって分け隔てられることなく，相互に人格と個性を尊重し合いながら共生する社会の実現に向け，障害を理由とする差別の解消を推進することを目的として制定されたもの。

(3) 世界人権宣言は，人権及び自由を尊重し確保するために，「すべての人民とすべての国とが達成すべき共通の基準」を宣言したもの。

(4)人権教育の指導方法等に関する調査研究会議「人権教育の指導方法等の在り方について［第三次とりまとめ］」（2008年3月）の策定後の学校制度の改革や国内

外の人権教育をめぐる社会情勢の変化について，第三次とりまとめとの関係性を補足した資料「人権教育を取り巻く諸情勢について　〜人権教育の指導方法等の在り方について［第三次とりまとめ］策定以降の補足資料〜」が，学校教育における人権教育調査研究協力者会議により2021年３月に公表されている。

静岡県／静岡市／浜松市

愛 知 県

実施日	2022（令和4）年7月23日	試験時間	60分（一般教養を含む）
出題形式	OCR式	問題数	14題（解答数14）
パターン	原理・法規＋教育史・時事・心理・ローカル	公開状況	問題：公開 解答：公開 配点：公開

傾向＆対策

●教職教養は，ローカル問題を含む全分野型。OCR式で，選択肢はすべて組み合わせ，かつ1題当たり8〜10と多いので，いかに早く正答を見つけるかがカギ。●教育原理では，学習指導要領が必出で，小・中・高・特すべての学習指導要領から出題。●教育法規は，教育基本法など頻出条文の空欄補充問題が定番。日本国憲法は，両議院の定足数など一般教養的な条文も含む。●教育時事は，「薬物乱用防止教育」に関する文部科学省通知（2018年12月）と，「キャリア教育」に関する中央教育審議会答申（2011年1月）。●必出のローカル問題は，「あいちの教育ビジョン2025」（2021年2月）。●教育心理は，パブロフ，ソーンダイク，スキナーの学習理論。●教育史は，日本・西洋から各1題。

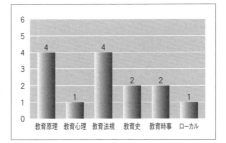

出題領域

教育原理	教育課程・学習指導要領		前文／総則	2	特別の教科 道徳				
	外国語・外国語活動		総合的な学習(探究)の時間		特別活動	1			
	学習指導		生徒指導		学校・学級経営				
	特別支援教育	1	人権・同和教育	↓法規	その他(生活)				
教育心理	発達		学習	1	性格と適応				
	カウンセリングと心理療法		教育評価		学級集団				
教育法規※	教育の基本理念	2	学校教育	1	学校の管理と運営		1		
	児童生徒	1	教職員	2	人権教育		その他	1	1
教育史	日本教育史	1	西洋教育史	1					
教育時事	答申・統計	2	ローカル	1					

※表中の数字は，解答数
※選択肢の出題領域が複数にわたる場合は，それぞれの項目に加算するためグラフの数とは異なる

全校種共通　　　☞解答＆解説 p.209

1　次は，「あいちの教育ビジョン2025　―第四次愛知県教育振興基本計画―」（令和3年2月　愛知県・愛知県教育委員会）に示されている基本理念である。（　a　）～（　c　）内に当てはまるものを語群から選ぶとき，正しい組合せとなるものを解答群から一つ選び，番号で答えよ。

　「自らを高めること」と「（　a　）こと」を基本とし，ふるさとあいちの文化・風土に誇りをもち，世界的視野で（　b　）学び，かけがえのない生命や自分らしさ，多様な人々の存在を尊重する豊かな人間性と「知・徳・体」にわたる（　c　）を育む，あいちの教育を進めます。

【語　群】　ア　他者への思いやりを育む　　イ　社会の担い手となる
　　　　　　ウ　見方・考え方を働かせて　　エ　主体的に深く
　　　　　　オ　総合力　　　　　　　　　　カ　生きる力

【解答群】　1　a―ア　b―ウ　c―オ　　　2　a―ア　b―ウ　c―カ
　　　　　　3　a―ア　b―エ　c―オ　　　4　a―ア　b―エ　c―カ
　　　　　　5　a―イ　b―ウ　c―オ　　　6　a―イ　b―ウ　c―カ
　　　　　　7　a―イ　b―エ　c―オ　　　8　a―イ　b―エ　c―カ

2　次の(1)～(3)は，「日本国憲法」（昭和21年11月公布）の前文及び条文の一部を基にしたものである。（　a　）～（　c　）内に当てはまるものを語群から選ぶとき，正しい組合せとなるものを解答群から一つ選び，番号で答えよ。

(1)　われらは，いづれの国家も，自国のことのみに専念して他国を無視してはならないのであつて，（　a　）の法則は，普遍的なものであり，この法則に従ふことは，自国の主権を維持し，他国と対等関係に立たうとする各国の責務であると信ずる。（前文）

(2)　すべて国民は，法の下に平等であつて，人種，信条，性別，社会的身分又は（　b　）により，政治的，経済的又は社会的関係において，差別されない。　　　（第14条）

(3)　両議院は，各々その総議員の（　c　）の出席がなければ，議事を開き議決することができない。　　　　　　　　　　　　　　　　　　　　　　　　　　　　（第56条）

【語　群】　ア　政治道徳　　イ　恒久平和維持　　ウ　門地　　エ　財産
　　　　　　オ　三分の一以上　　カ　過半数

【解答群】　1　a―ア　b―ウ　c―オ　　　2　a―ア　b―ウ　c―カ
　　　　　　3　a―ア　b―エ　c―オ　　　4　a―ア　b―エ　c―カ
　　　　　　5　a―イ　b―ウ　c―オ　　　6　a―イ　b―ウ　c―カ
　　　　　　7　a―イ　b―エ　c―オ　　　8　a―イ　b―エ　c―カ

3　次の(1)～(3)は，「教育基本法」（平成18年12月改正）の条文の一部を基にしたものである。（　a　）～（　c　）内に当てはまるものを語群から選ぶとき，正しい組合せとなるものを解答群から一つ選び，番号で答えよ。

(1)　国民一人一人が，自己の（　a　）を磨き，豊かな人生を送ることができるよう，その生涯にわたって，あらゆる機会に，あらゆる場所において学習することができ，その成果を適切に生かすことのできる社会の実現が図られなければならない。（第3条）

愛知県

(2) 義務教育として行われる普通教育は，各個人の有する能力を伸ばしつつ社会におい
て（　b　）に生きる基礎を培い，また，国家及び社会の形成者として必要とされる基
本的な資質を養うことを目的として行われるものとする。　　　　　（第5条第2項）

(3) 法律に定める学校の教員は，自己の崇高な使命を深く自覚し，絶えず（　c　）に励
み，その職責の遂行に努めなければならない。　　　　　　　　　　　　　　（第9条）

【語　群】　ア　人格　　　イ　技能　　　ウ　協働的　　　エ　自立的　　　オ　自己の職務
　　　　　　カ　研究と修養

【解答群】　1　a—ア　b—ウ　c—オ　　　2　a—ア　b—ウ　c—カ
　　　　　　3　a—ア　b—エ　c—オ　　　4　a—ア　b—エ　c—カ
　　　　　　5　a—イ　b—ウ　c—オ　　　6　a—イ　b—ウ　c—カ
　　　　　　7　a—イ　b—エ　c—オ　　　8　a—イ　b—エ　c—カ

4　次の(1)〜(3)は，「学校教育法」（昭和22年3月公布）の条文の一部を基にしたものであ
る。（　a　）〜（　c　）内に当てはまるものを語群から選ぶとき，正しい組合せとなる
ものを解答群から一つ選び，番号で答えよ。

(1) （　a　）以上の刑に処せられた者は，校長又は教員となることができない。（第9条）

(2) 校長及び教員は，教育上必要があると認めるときは，文部科学大臣の定めるところ
により，児童，生徒及び学生に（　b　）を加えることができる。　　　　　（第11条）

(3) 学校においては，別に法律で定めるところにより，幼児，児童，生徒及び学生並び
に（　c　）の健康の保持増進を図るため，健康診断を行い，その他その保健に必要な
措置を講じなければならない。　　　　　　　　　　　　　　　　　　　　　（第12条）

【語　群】　ア　拘留　　　イ　禁錮　　　ウ　体罰　　　エ　懲戒　　　オ　保護者
　　　　　　カ　職員

【解答群】　1　a—ア　b—ウ　c—オ　　　2　a—ア　b—ウ　c—カ
　　　　　　3　a—ア　b—エ　c—オ　　　4　a—ア　b—エ　c—カ
　　　　　　5　a—イ　b—ウ　c—オ　　　6　a—イ　b—ウ　c—カ
　　　　　　7　a—イ　b—エ　c—オ　　　8　a—イ　b—エ　c—カ

5　次は，「小学校学習指導要領」（平成29年告示）の前文の一部を基にしたものである。
（　a　）〜（　c　）内に当てはまるものを語群から選ぶとき，正しい組合せとなるもの
を解答群から一つ選び，番号で答えよ。

学習指導要領が果たす役割の一つは，公の性質を有する学校における教育水準を
（　a　）に確保することである。また，各学校がその特色を生かして（　b　）を重ね，
長年にわたり積み重ねられてきた教育実践や学術研究の蓄積を生かしながら，児童や地
域の現状や課題を捉え，（　c　）と協力して，学習指導要領を踏まえた教育活動の更な
る充実を図っていくことも重要である。

【語　群】　ア　全国的　　　イ　局地的　　　ウ　創意工夫　　　エ　課題解決
　　　　　　オ　文部科学省　　　カ　家庭や地域社会

【解答群】　1　a—ア　b—ウ　c—オ　　　2　a—ア　b—ウ　c—カ
　　　　　　3　a—ア　b—エ　c—オ　　　4　a—ア　b—エ　c—カ
　　　　　　5　a—イ　b—ウ　c—オ　　　6　a—イ　b—ウ　c—カ

7　a―イ　b―エ　c―オ　　　8　a―イ　b―エ　c―カ

6　次は,「中学校学習指導要領」(平成29年告示)の「第5章　特別活動」の「第3　指導計画の作成と内容の取扱い」の一部を基にしたものである。(a)～(c)内に当てはまるものを語群から選ぶとき, 正しい組合せとなるものを解答群から一つ選び, 番号で答えよ。

　　特別活動の各活動及び学校行事を見通して, その中で育む (a) の育成に向けて, 生徒の (b) で深い学びの実現を図るようにすること。その際, よりよい人間関係の形成, よりよい集団生活の構築や社会への参画及び自己実現に資するよう, 生徒が集団や社会の形成者としての (c) を働かせ, 様々な集団活動に自主的, 実践的に取り組む中で, 互いのよさや個性, 多様な考えを認め合い, 等しく合意形成に関わり役割を担うようにすることを重視すること。

　　【語　群】　ア　資質・能力　　イ　個性・特性　　ウ　主体的・対話的
　　　　　　　エ　活動的・協働的　オ　収集力・発信力　　カ　見方・考え方
　　【解答群】　1　a―ア　b―ウ　c―オ　　　2　a―ア　b―ウ　c―カ
　　　　　　　3　a―ア　b―エ　c―オ　　　4　a―ア　b―エ　c―カ
　　　　　　　5　a―イ　b―ウ　c―オ　　　6　a―イ　b―ウ　c―カ
　　　　　　　7　a―イ　b―エ　c―オ　　　8　a―イ　b―エ　c―カ

7　次は,「高等学校学習指導要領」(平成30年告示)の「第1章　総則」の一部を基にしたものである。(a)～(c)内に当てはまるものを語群から選ぶとき, 正しい組合せとなるものを解答群から一つ選び, 番号で答えよ。

　　各学校においては, 生徒や学校, 地域の実態及び生徒の (a) の段階を考慮し, 豊かな人生の実現や災害等を乗り越えて次代の社会を形成することに向けた現代的な諸課題に対応して求められる資質・能力を, (b) な視点で育成していくことができるよう, 各学校の特色を生かした (c) の編成を図るものとする。

　　【語　群】　ア　学力　　イ　発達　　ウ　教科等横断的　　エ　総合的・全人的
　　　　　　　オ　教育課程　カ　年間計画
　　【解答群】　1　a―ア　b―ウ　c―オ　　　2　a―ア　b―ウ　c―カ
　　　　　　　3　a―ア　b―エ　c―オ　　　4　a―ア　b―エ　c―カ
　　　　　　　5　a―イ　b―ウ　c―オ　　　6　a―イ　b―ウ　c―カ
　　　　　　　7　a―イ　b―エ　c―オ　　　8　a―イ　b―エ　c―カ

8　次の(1)～(3)は,「特別支援学校小学部・中学部学習指導要領」(平成29年告示)の「第2章　各教科」の「第1節　小学部」の一部を基にしたものである。(a)～(c)内に当てはまるものを語群から選ぶとき, 正しい組合せとなるものを解答群から一つ選び, 番号で答えよ。

(1)　児童の視覚障害の状態等に応じて, (a) 又は普通の文字の読み書きを系統的に指導し, 習熟させること。

(2)　児童の聴覚障害の状態等に応じて, 音声, 文字, 手話, 指文字等を適切に活用して, 発表や児童同士の話し合いなどの学習活動を積極的に取り入れ, 的確な (b) が行われるよう指導方法を工夫すること。

愛知県

205

(3) 児童の病気の状態等を考慮し，学習活動が負担過重となる又は必要以上に（ c ）することがないようにすること。

【語　群】　ア　口話　　イ　点字　　ウ　意思の相互伝達　　エ　自己主張
　　　　　　オ　心配　　カ　制限

【解答群】　1　a―ア　b―ウ　c―オ　　　2　a―ア　b―ウ　c―カ
　　　　　　3　a―ア　b―エ　c―オ　　　4　a―ア　b―エ　c―カ
　　　　　　5　a―イ　b―ウ　c―オ　　　6　a―イ　b―ウ　c―カ
　　　　　　7　a―イ　b―エ　c―オ　　　8　a―イ　b―エ　c―カ

9　次の(1)，(2)は，「薬物乱用防止教育の充実について（通知）」（平成30年12月　文部科学省）の一部を基にしたものである。（ a ）～（ c ）内に当てはまるものを語群から選ぶとき，正しい組合せとなるものを解答群から一つ選び，番号で答えよ。

(1) 薬物乱用防止教室は，（ a ）計画に位置付け，すべての中学校及び高等学校において年1回は開催するとともに，地域の実情に応じて（ b ）においても開催に努めること。その際，都道府県教育委員会においては，私立学校主管部課等と十分な連携を取り，私立学校主管部課等においては所管する私立学校において薬物乱用防止教室の開催を促進すること。

(2) 薬物等に関する専門知識を有する警察職員，麻薬取締官，学校薬剤師，矯正施設職員，保健所職員，税関職員等と連携し，学校等における薬物乱用防止教室の充実強化を図ること。なお，薬物乱用防止教室は，（ c ）による指導が望ましいものの，国や都道府県教育委員会等が開催する研修会等において研修を受けた薬物乱用防止教育に造けいの深い指導的な教員の活用も考えられること。

【語　群】　ア　教育推進　　イ　学校保健　　ウ　学童保育　　エ　小学校
　　　　　　オ　外部専門家　　カ　保健主事

【解答群】　1　a―ア　b―ウ　c―オ　　　2　a―ア　b―ウ　c―カ
　　　　　　3　a―ア　b―エ　c―オ　　　4　a―ア　b―エ　c―カ
　　　　　　5　a―イ　b―ウ　c―オ　　　6　a―イ　b―ウ　c―カ
　　　　　　7　a―イ　b―エ　c―オ　　　8　a―イ　b―エ　c―カ

10　次の(1)，(2)は，「部落差別の解消の推進に関する法律」（平成28年12月施行）の条文の一部を基にしたものである。（ a ）～（ c ）内に当てはまるものを語群から選ぶとき，正しい組合せとなるものを解答群から一つ選び，番号で答えよ。

(1) この法律は，現在もなお部落差別が存在するとともに，（ a ）の進展に伴って部落差別に関する状況の変化が生じていることを踏まえ，全ての国民に（ b ）の享有を保障する日本国憲法の理念にのっとり，部落差別は許されないものであるとの認識の下にこれを解消することが重要な課題であることに鑑み，部落差別の解消に関し，基本理念を定め，並びに国及び地方公共団体の責務を明らかにするとともに，相談体制の充実等について定めることにより，部落差別の解消を推進し，もって部落差別のない社会を実現することを目的とする。

（第1条）

(2) 部落差別の解消に関する施策は，全ての国民が等しく（ b ）を享有するかけがえのない個人として尊重されるものであるとの理念にのっとり，部落差別を解消する必

要性に対する国民一人一人の（　c　）を深めるよう努めることにより，部落差別のない社会を実現することを旨として，行われなければならない。　　　　　（第2条）

【語　群】　ア　国際化　　イ　情報化　　ウ　文化的権利　　エ　基本的人権
　　　　　　オ　理解　　　カ　親睦

【解答群】　1　a―ア　b―ウ　c―オ　　　2　a―ア　b―ウ　c―カ
　　　　　　3　a―ア　b―エ　c―オ　　　4　a―ア　b―エ　c―カ
　　　　　　5　a―イ　b―ウ　c―オ　　　6　a―イ　b―ウ　c―カ
　　　　　　7　a―イ　b―エ　c―オ　　　8　a―イ　b―エ　c―カ

11　次は，「今後の学校におけるキャリア教育・職業教育の在り方について（答申）」（平成23年1月　中央教育審議会）の一部を基にしたものである。（　a　）～（　c　）内に当てはまるものを語群から選ぶとき，正しい組合せとなるものを解答群から一つ選び，番号で答えよ。

　「キャリア教育」とは，「一人一人の（　a　）・職業的自立に向け，必要な基盤となる能力や態度を育てることを通して，キャリア発達を促す教育」である。キャリア教育は，特定の活動や指導方法に限定されるものではなく，様々な（　b　）を通して実践されるものであり，一人一人の発達や社会人・職業人としての自立を促す視点から，（　c　）教育を構成していくための理念と方向性を示すものである。

【語　群】　ア　社会的　　イ　経済的　　ウ　教育活動　　エ　技術開発
　　　　　　オ　学校　　　カ　家庭

【解答群】　1　a―ア　b―ウ　c―オ　　　2　a―ア　b―ウ　c―カ
　　　　　　3　a―ア　b―エ　c―オ　　　4　a―ア　b―エ　c―カ
　　　　　　5　a―イ　b―ウ　c―オ　　　6　a―イ　b―ウ　c―カ
　　　　　　7　a―イ　b―エ　c―オ　　　8　a―イ　b―エ　c―カ

12　次のa～cは，ある実験とそこから得られた学習理論について述べたものである。それぞれの実験を行った人物を語群から選ぶとき，正しい組合せとなるものを解答群から一つ選び，番号で答えよ。

a　イヌに餌を与えるときに音を聞かせ，それを繰り返すと音が鳴っただけで唾液分泌が生じるようになる。経験によって生まれた刺激に対するこのような反射的な行動を条件反射と呼び，その学習過程をレスポンデント条件付けという。

b　「問題箱」というネコ用実験装置を開発し，ネコがそこから扉の仕掛けを外して脱出する様子を観察した。ネコは，「問題箱」の中の束縛から逃れて餌を得るために試行錯誤し，徐々に満足を得る行動だけを繰り返すようになった。その学習過程を試行錯誤学習という。

c　レバーを押すと餌が得られるように設定された実験箱に入れられたネズミやハトは，餌を得るために自発的にレバーを押すようになった。その学習過程をオペラント条件付けという。

【語　群】　ア　レヴィン　　イ　パブロフ　　ウ　ケーラー　　エ　ソーンダイク
　　　　　　オ　ワトソン　　カ　スキナー

【解答群】　1　a―ア　b―ウ　c―オ　　　2　a―ア　b―ウ　c―カ

	3	a—ア	b—エ	c—オ		4	a—ア	b—エ	c—カ
	5	a—イ	b—ウ	c—オ		6	a—イ	b—ウ	c—カ
	7	a—イ	b—エ	c—オ		8	a—イ	b—エ	c—カ

13 次の(1)～(3)は，江戸時代における教育と学校について述べたものである。（ a ）～
（ c ）内に当てはまるものを語群から選ぶとき，正しい組合せとなるものを解答群か
ら一つ選び，番号で答えよ。

(1) 寛政の改革で幕府は（ a ）を正学とし，林家の家塾を幕府直営の昌平坂学問所と
   して，人材を整え，幕府による支配の正当性を支える学問とした。

(2) 全国の藩は，藩士や子弟の教育のために藩校を設立した。また藩の援助を受けて，
   藩士や庶民の教育をめざす郷学が作られることもあった。17世紀後半，岡山藩主池田
   光政は，（ b ）を建てた。

(3) 蘭学研究への関心が高まる中で，オランダ商館医であったドイツ人（ c ）が，文
   政期に診療所と鳴滝塾を長崎郊外に開き，高野長英らの人材を育てた。

【語　群】　ア　朱子学　　イ　古学　　ウ　足利学校　　エ　閑谷学校
　　　　　　オ　グラヴァー　　カ　シーボルト

【解答群】
	1	a—ア	b—ウ	c—オ		2	a—ア	b—ウ	c—カ
	3	a—ア	b—エ	c—オ		4	a—ア	b—エ	c—カ
	5	a—イ	b—ウ	c—オ		6	a—イ	b—ウ	c—カ
	7	a—イ	b—エ	c—オ		8	a—イ	b—エ	c—カ

14 次のア～オは，西洋教育史に関わる人物について述べたものである。正しいものを二
つ選ぶとき，その組合せを解答群から一つ選び，番号で答えよ。

ア　ラングランは，リュケイオンを創設し，教育方法としては，対話形式より講義形式
　　を重んじた。また，発達段階に即した教育（随年教育）や，教養教育も重視した。

イ　ソクラテスは，己が無知であることを自覚すること（無知の知）を出発点とするこ
　　とによって憶見を排し，知を愛し求めることを人間性の根本と捉えた。彼は弟子たち
　　に何かを教えることはせずに対話の中で問いかけ，学ぶ者が自ら答えを見いだすよう
　　促した。

ウ　アリストテレスは，アカデメイアを設立し，学者や政治家を育成した。権力の座を
　　欲せず，永遠のイデアの認識に到達した哲人によって治められる理想の世界である理
　　想国家の理念を抱いた。

エ　ヘルバルトは，『一般教育学』において，教育学の実践科学としての在り方を最初
　　に提起した。自らの教育学体系を，教育目的を考察する倫理学と，子どもの発達や教
　　育方法に関する知見を与える心理学から捉え，四段階（明瞭→連合→系統→方法）の
　　教授段階説を示した。

オ　プラトンは，「教育は，学校で行われる意図的，計画的な人間育成活動を指す」と
　　いう一般的な考えに対し，「教育・学習は生涯続くものである」という考え方を提唱し，
　　生涯学習の祖と呼ばれるようになった。

【解答群】　1　ア，イ　　2　ア，ウ　　3　ア，エ　　4　ア，オ　　5　イ，ウ
　　　　　　6　イ，エ　　7　イ，オ　　8　ウ，エ　　9　ウ，オ　　0　エ，オ

解答&解説

1 解答 8

解説 愛知県・愛知県教育委員会「あいちの教育ビジョン2025 —第四次愛知県教育振興基本計画—」(2021年2月) の「第1章　目指すあいちの教育」「①基本理念」を参照。同ビジョンは,「あいちの教育ビジョン2020」の基本理念を継承し, 子供たちが, 自らのよさや可能性を伸ばし, 自己実現を目指すとともに, 社会を担う主体となることで, 多様な人々と協働して様々な課題を乗り越え, これからの社会をよりよいものにし, 豊かな人生を送ることを目指し, 7つの基本的な取組の方向と30の取組の柱を設定している。

2 解答 1

解説 (1) 日本国憲法の前文を参照。
(2) 日本国憲法第14条第1項を参照。「法の下の平等」の規定。
(3) 日本国憲法第56条第1項を参照。両議院の「定足数」の規定。

3 解答 4

解説 (1) 教育基本法第3条を参照。「生涯学習の理念」の規定。
(2) 教育基本法第5条第2項を参照。「義務教育」の規定。
(3) 教育基本法第9条第1項を参照。「教員」の規定。

4 解答 8

解説 (1) 学校教育法第9条第一号を参照。「校長・教員の欠格事由」の規定。
(2) 学校教育法第11条を参照。「児童・生徒等の懲戒」の規定。
(3) 学校教育法第12条を参照。「健康診断等」の規定。

5 解答 2

解説 平成29年版小学校学習指導要領 (2017年3月31日告示) の前文を参照。

6 解答 2

解説 平成29年版中学校学習指導要領 (2017年3月31日告示) の「第5章　特別活動」「第3　指導計画の作成と内容の取扱い」の1(1)を参照。

7 解答 5

解説 平成30年版高等学校学習指導要領 (2018年3月30日) の「第1章　総則」「第2款　教育課程の編成」「2　教科等横断的な視点に立った資質・能力の育成」の(2)を参照。

8 解答 6

解説 平成29年版特別支援学校小学部・中学部学習指導要領 (2017年4月28日告示) の「第2章　各教科」「第1節　小学部」「第1款　視覚障害者, 聴覚障害者, 肢体不自由者又は病弱者である児童に対する教育を行う特別支援学校」を参照。
(1)「1　視覚障害者である児童に対する教育を行う特別支援学校」の(2)を参照。
(2)「2　聴覚障害者である児童に対する教育を行う特別支援学校」の(3)を参照。
(3)「4　病弱者である児童に対する教育を行う特別支援学校」の(5)を参照。

9 解答 7

愛知県

解説 文部科学省「薬物乱用防止教育の充実について（通知）」（2018年12月）を参照。「○『第五次薬物乱用防止五か年戦略』における留意事項」を参照。

(1) 3 を参照。

(2) 4 を参照。

10 **解答** 7

解説 (1) 部落差別の解消の推進に関する法律第 1 条を参照。この法律の「目的」の規定。

(2) 部落差別の解消の推進に関する法律第 2 条を参照。「基本理念」の規定。

11 **解答** 1

解説 中央教育審議会答申「今後の学校におけるキャリア教育・職業教育の在り方について」（2011年 1 月31日）の「第 1 章　キャリア教育・職業教育の課題と基本的方向性」の冒頭部を参照。

12 **解答** 8

解説 a：パブロフ（1849～1936）が唱えた古典的条件づけは，レスポンデント条件づけ，または条件反射説ともいう。ベルの音は条件刺激，餌の肉片は無条件刺激で，唾液分泌は無条件反応であると同時に条件反射である。彼は，条件刺激と条件反射の結び付きの重要性を唱えた。

b：ソーンダイク（1874～1949）は，「問題箱」と呼ばれる複雑な仕掛けがある装置の中にネコを閉じ込め，脱出するまでの行動を観察した結果，経験とともに脱出時間が短くなったことから試行錯誤説を唱えた。また，脱出時間の短縮は，徐々に行動が洗練された結果であるとし，脱出という満足をもたらす行動は強められて残り，無関係な行動は弱められて忘れられたと考え，これを効果の法則と呼んだ。

c：スキナー（1904～90）は，「スキナー箱」という実験装置を考案して，ネズミやハトがうまくバーを押すと餌が得られるように学習させた。これを「オペラント条件づけ（道具的条件づけ）」と呼び，この理論を実験的に研究して体系化し，プログラム学習，ティーチング・マシンなどの開発や行動療法にも応用した。

13 **解答** 4

解説 (1) 士農工商の強固な身分秩序を意義付け，その枠組みの中での民生安定を政治課題とした幕府が体制を支えるためのイデオロギーとして採用したのが近世儒学，とりわけ朱子学であった。林羅山（1583～1657）は，徳川家康以来 4 代の将軍に接近し，その勢力拡大に力を尽くした。

(2) 郷学は郷校とも呼ばれ，藩校の延長としての藩士子弟の教育機関。岡山藩の閑谷学校は，庶民の子弟の入学を許可したが，武芸は教えなかった。

(3) シーボルト（1796～1866）が開いた鳴滝塾では，医学・博物学の講義と診療が行われ，門下から伊東玄朴，高野長英らの俊才を輩出した。

14 **解答** 6

解説 ア：アリストテレス（前384～前322），ウ：プラトン（前427～前347），オ：ラングラン（1910～2003）についての説明。

名古屋市

実施日	2022（令和4）年7月23日	試験時間	40分（一般教養を含む）
出題形式	OCR式	問題数	3題（解答数20）
パターン	時事＋法規	公開状況	問題：公開　解答：公開

傾向&対策
●大問3題が「特別支援教育」「教育時事」「人権教育」に割り当てられ，教育時事と教育法規から出題される。●圧倒的に出題数の多い教育時事は，「発達障害」に関するガイドライン（2017年3月），「障害を理由とする差別の解消の推進に関する対応指針」に関する文部科学省通知（2015年11月），「いじめの防止等のための基本的な方針」（2017年3月），「いじめの重大事態の調査に関するガイドライン」（2017年3月），「令和の日本型学校教育」に関する中央教育審議会答申（2021年1月），「人権教育の指導方法等の在り方」に関する第三次とりまとめ策定以降の補足資料（2021年3月）と，人権に関するシンボルマーク。●教育法規は，新型インフルエンザ等対策特別措置法などの正誤判定問題。

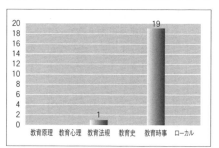

出題領域

教育原理	教育課程・学習指導要領		総則		特別の教科　道徳	
	外国語・外国語活動		総合的な学習（探究）の時間		特別活動	
	学習指導		生徒指導	↓時事	学校・学級経営	
	特別支援教育	↓法規時事	人権・同和教育	↓法規時事	その他	
教育心理	発達		学習		性格と適応	
	カウンセリングと心理療法		教育評価		学級集団	
教育法規※	教育の基本理念		学校教育	1	学校の管理と運営	
	児童生徒		教職員		特別支援教育人権教育	その他　2　1
教育史	日本教育史		西洋教育史			
教育時事	答申・統計	19	ローカル			

※表中の数字は，解答数
※選択肢の出題領域が複数にわたる場合は，それぞれの項目に加算するためグラフの数とは異なる

全校種共通　☞解答＆解説 p.215

1 次の文は，「発達障害を含む障害のある幼児児童生徒に対する教育支援体制整備ガイドライン」（平成29年３月 文部科学省）の「第３部 学校用（通常の学級の担任・教科担任用）」から抜粋したものです。次の(1)〜(3)の各問いに答えなさい。

- 発達障害をはじめとする見えにくい障害については，通常の学級に在籍する教育上特別の支援を必要とする児童等のつまずきや困難な状況を早期に発見するため，児童等が示す様々な①サインに気付くことや，そのサインを見逃さないことが大切です。

- 教育上特別の支援を必要とする児童等については，学校生活だけでなく家庭生活や地域での生活も含め，（ ア ）に立って（ イ ）までの一貫した支援を行うことが重要であり，その際，家庭や医療・保健・福祉・労働等の関係機関と連携し，様々な側面からの取組を示した個別の教育支援計画を作成・活用しつつ，必要な支援を行うことが有効です。

  また，特別な支援を必要とする子供に対して提供されている「②合理的配慮」の内容については，「個別の教育支援計画」に明記し，（ ウ ）ことが重要です。

- 教育上特別の支援を必要とする児童等の適切な指導及び必要な支援に当たっては，個別の教育支援計画における一人一人の（ エ ）や支援内容等を踏まえ，当該児童等に関わる教職員が協力して，各教科等における指導の目標や内容，配慮事項等を示した個別の指導計画を作成しつつ，必要な支援を行うことが有効です。

(1) 下線部①サインについて，このガイドラインで例として示されていないものを，次の１〜４から１つ選び，番号で書きなさい。

　1　机や鞄の中が整理できない。

　2　特定の事柄に注意が向き，私語が多くなったり気が散ったりしてしまう。

　3　寝付きが悪かったり，夜眠れなかったりする日が続く。

　4　おとなしく座っているが教科書が同じページのまま動かない。

(2) 文中の（ ア ）〜（ エ ）に当てはまる語句として正しいものを，次の１〜10からそれぞれ１つずつ選び，番号で書きなさい。

　1　教育的ニーズ　　2　幼児期から学校卒業後　　3　記録する　　4　評価

　5　行う　　6　小学校入学から就労　　7　幼児期から就労　　8　長期的な視点

　9　当事者の立場　　10　引き継ぐ

(3) 下線部②合理的配慮について，「文部科学省所管事業分野における障害を理由とする差別の解消の推進に関する対応指針について（通知）」（平成27年11月 文部科学省）において具体例としてあげられている内容として，正しくないものを，次の１〜４から１つ選び，番号で書きなさい。

　1　比喩表現等の理解が困難な障害者に対し，比喩や暗喩，二重否定表現などを用いずに説明する。

　2　施設・設備の整備を行ったり，専門性のある教員，支援員等の人的配置を行ったりする。

　3　視覚情報の処理が苦手な児童生徒等のために黒板周りの掲示物等の情報量を減ら

名古屋市

212

すなど，個別の事案ごとに特性に応じて教室環境を変更する。

4　読み・書き等に困難のある児童生徒等のために，授業や試験でのタブレット端末等のICT機器使用を許可したり，筆記に代えて口頭試問による学習評価を行ったりする。

2　次の(1)～(3)の各問いに答えなさい。

(1)　次の文は「いじめの防止等のための基本的な方針」（平成25年10月　文部科学大臣決定〔最終改定　平成29年3月〕）に示されている，いじめの重大事態について抜粋したものです。文中の（　ア　）～（　エ　）に適する語句を，下の1～12からそれぞれ1つずつ選び，番号で書きなさい。

【重大事態とは】

一　いじめにより当該学校に在籍する児童等の（　ア　），心身又は（　イ　）に重大な被害が生じた疑いがあると認めるとき。

二　いじめにより当該学校に在籍する児童等が担当の期間学校を欠席することを余儀なくされている疑いがあると認めるとき。

（「相当の期間」については，不登校の定義を踏まえ，（　ウ　）を目安とする。ただし，児童生徒が一定期間，連続して欠席している場合には，上記目安にかかわらず，学校の設置者又は（　エ　）の判断により迅速に調査に着手することが必要である。）

1　財産　　2　教育委員会　　3　年間45日　　4　精神　　5　年間60日
6　家族　　7　学校医　　8　生命　　9　学校　　10　健康　　11　年間30日
12　地方公共団体の長

(2)　「いじめの重大事態の調査に関するガイドライン」（平成29年3月　文部科学省）に示されているいじめの重大事態の調査について，正しくないものを次の1～4から1つ選び，番号で書きなさい。

1　重大事態は，事実関係が確定した段階で重大事態としての対応を開始するのではなく，「疑い」が生じた段階で調査を開始しなければならない。

2　学校は，重大事態が発生した場合，速やかに学校の設置者を通じて，地方公共団体の長等まで重大事態が発生した旨を報告する義務が法律上定められている。

3　被害児童生徒・保護者が詳細な調査や事案の公表を望まない場合であっても，学校の設置者及び学校が，可能な限り自らの対応を振り返り，検証することは必要である。

4　調査結果を公表する場合，調査組織の構成員の氏名については，特段の支障がない限り，公表しないことが望ましい。

(3)　次の各文は「『令和の日本型学校教育』の構築を目指して（答申）」（令和3年1月　中央教育審議会）から抜粋したものです。（　ア　）～（　ウ　）に当てはまる語句として正しいものを，下の1～9からそれぞれ1つずつ選び，番号で書きなさい。

○　子供一人一人の特性や学習進度，学習到達度等に応じ，指導方法・教材や学習時間等の柔軟な提供・認定を行うことなどの「（　ア　）」が必要である。

○　子供一人一人に応じた学習活動や学習課題に取り組む機会を提供することで，子供自身が学習が最適となるよう調整する「（　イ　）」も必要である。

○ 目指すべき「令和の日本型学校教育」の姿を「全ての子供たちの可能性を引き出す, （ ウ ）の実現」とする。

1 ICTを活用した学び　　2 指導の個別化　　3 主体的・対話的で深い学び
4 学習履歴（スタディログ）　　5 学習活動の充実
6 個別最適な学びと, 協働的な学び　　7 学習の個性化　　8 主体的な学習
9 カリキュラムマネジメント

3 人権に関わる次の(1)～(3)の各問いに答えなさい。

(1) 次の文は,「人権教育を取り巻く諸情勢について　～人権教育の指導方法等の在り方について〔第三次とりまとめ〕策定以降の補足資料～」（令和3年3月　文部科学省）の一部です。文中の （ ア ）～（ エ ）に適する語句を, 下の1～8からそれぞれ1つずつ選び, 番号で書きなさい。

平成27（2015）年には, 国連サミットで「持続可能な開発のための2030アジェンダ」が採択されている。これは,「（ ア ）」持続可能で多様性と包摂性のある社会の実現を目指すものであり, その前文では,「すべての人々の人権を実現」するとされているほか, 本文でも「我々は, 人権, 人の尊厳, 法の支配, 正義, 平等及び差別のないことに対して普遍的な尊重がなされる世界を思い描く」,「我々は,（ イ ）及びその他人権に関する国際文書並びに国際法の重要性を確認する。我々は, すべての国が（ ウ ）に則り, 人種, 肌の色, 性別, 言語, 宗教, 政治若しくは信条, 国籍若しくは社会的出自,（ エ ）, 出生, 障害等の違いに関係なく, すべての人の人権と基本的な自由の尊重, 保護及び促進責任を有することを強調する」など, 人権に関する様々な内容が盛り込まれている。この中で, 2030年を年限とする17の持続可能な開発のための目標が掲げられているが, これがSDGsである。

1 国連憲章　　2 平和と人権意識が確立された　　3 世界人権宣言
4 能力　　5 国際人権条約　　6 誰一人取り残さない　　7 貧富
8 国連総会

(2) 人権に関する法律の説明について, 正しいものを, 次の1～4から1つ選び, 番号で書きなさい。

1 平成28年12月に施行された「部落差別の解消の推進に関する法律」第6条の規定を受け, 令和2年6月に部落差別の実態に係る調査が実施された。

2 平成29年2月に施行された「義務教育の段階における普通教育に相当する教育の機会の確保等に関する法律」では,「不登校児童生徒の休養の必要性」が認められた。

3 令和3年2月に改正された,「新型インフルエンザ等対策特別措置法」では, 新型コロナウイルス感染症等による偏見・差別への罰則が新たに規定された。

4 令和3年5月,「障害を理由とする差別の解消の推進に関する法律」の一部が改正され, 民間事業者の「合理的配慮の提供」が行政機関と同じように「努力義務」となった。

(3) 人権に関するシンボルマークについて, それぞれの名称と内容の組み合わせとして, 正しくないものを, 次の1～4から1つ選び, 番号で書きなさい。

1	2	3	4
シトラスリボン	パープルリボン	ブルーリボン	レッドリボン

新型コロナウイルス感染症に関わる人権	女性の人権	子どもの人権	エイズ患者の人権

解答＆解説

1 **解答** (1)―3　(2)ア―8　イ―2　ウ―10　エ―1　(3)―2

解説 文部科学省「発達障害を含む障害のある幼児児童生徒に対する教育支援体制整備ガイドライン ～発達障害等の可能性の段階から，教育的ニーズに気付き，支え，つなぐために」(2017年3月)の「第3部　学校用」「○通常の学級の担任・教科担任用」を参照。

(1)「1．気付きと理解」「(2)早期の気付きと正しい理解」を参照。3の内容は含まれていない。

(2)ア・イ：「2　個別の教育支援計画及び個別の指導計画の作成と活用・管理」「(1)個別の教育支援計画の作成とそのねらい」を参照。

ウ・エ：「2　個別の教育支援計画及び個別の指導計画の作成と活用・管理」「(2)個別の指導計画の作成とそのねらい」を参照。

(3)文部科学省「文部科学省所管事業分野における障害を理由とする差別の解消の推進に関する対応指針について（通知）」(2015年11月26日)の別紙1「不当な差別的取扱い，合理的配慮等の具体例」の「3　合理的配慮に当たり得る配慮の具体例」を参照。

2：該当する記載なし。

1：「(2)意思疎通の配慮の具体例」を参照。

3：「(1)物理的環境への配慮や人的支援の配慮の具体例」「①主として物理的環境への配慮に関するもの」を参照。

4：「(3)ルール・慣行の柔軟な変更の具体例」を参照。

2 **解答** (1)ア―8　イ―1　ウ―11　エ―9　(2)―4　(3)ア―2　イ―7　ウ―6

解説 (1)文部科学省「いじめの防止等のための基本的な方針」(2013年10月11日文部科学大臣決定，2017年3月14日最終改定)の「第2　いじめの防止等のための対策の内容に関する事項」「4　重大事態への対処」「(1)学校の設置者又は学校による調査」「ⅰ　重大事態の発生と調査」及び「①重大事態の意味について」を参照。

(2)文部科学省「いじめの重大事態の調査に関するガイドライン」(2017年3月)を参照。

4：「第7　調査結果の説明・公表（調査結果の公表，公表の方法等の確認）」を

参照。正しくは「調査結果を公表する場合，調査組織の構成員の氏名についても，特段の支障がない限り公表することが望ましい」と示されている。

1：「第2　重大事態を把握する端緒」「（重大事態の定義）」を参照。

2：「第3　重大事態の発生報告」「（発生報告の趣旨）」を参照。

3：「第5　被害児童生徒・保護者等に対する調査方針の説明等」「（被害児童生徒・保護者が詳細な調査や事案の公表を望まない場合）」を参照。

(3)中央教育審議会答申「『令和の日本型学校教育』の構築を目指して　～全ての子供たちの可能性を引き出す，個別最適な学びと，協働的な学びの実現～」(2021年1月26日，同年4月22日更新)の「第Ⅰ部　総論」「3．2020年代を通じて実現すべき『令和の日本型学校教育』の姿」「(1)子供の学び」を参照。

3 **解答**(1)ア—6　イ—3　ウ—1　エ—7　　(2)—2　　(3)—3

解説(1)学校教育における人権教育調査研究協力者会議「人権教育を取り巻く諸情勢について　～人権教育の指導方法等の在り方について〔第三次とりまとめ〕策定以降の補足資料～」(2021年3月，2022年3月改訂)の「Ⅱ．人権教育をめぐる社会情勢」「1．国際社会の主な動向」を参照。2022年3月の改訂版は，「ビジネスと人権」に関する行動計画の策定，子どもの人権にかかる動向（「こども家庭庁設置法案」など），ハンセン病問題にかかる動向，新型コロナウイルス感染症による偏見・差別への対応にかかる動向，学校における働き方改革などについて追記したもの。

(2)2：義務教育の段階における普通教育に相当する教育の機会の確保等に関する法律第13条を参照。「学校以外の場における学習活動等を行う不登校児童生徒に対する支援」の規定。同条では「国及び地方公共団体は，不登校児童生徒が学校以外の場において行う多様で適切な学習活動の重要性に鑑み，個々の不登校児童生徒の休養の必要性を踏まえ，当該不登校児童生徒の状況に応じた学習活動が行われることとなるよう，当該不登校児童生徒及びその保護者（学校教育法第16条に規定する保護者をいう。）に対する必要な情報の提供，助言その他の支援を行うために必要な措置を講ずるものとする」と規定されている。

1：部落差別の解消の推進に関する法律第6条「部落差別の実態に係る調査」には，部落差別の実態に係る調査を行うことが規定されている。法務省は，2017年度に公益財団法人人権教育啓発推進センターに委託して，同条に基づく調査の内容，手法等に関する調査研究事業を実施，2018年3月にその結果が報告書として取りまとめられた。さらに法務省は，有識者会議の報告書で示された検討結果を踏まえ，2018～19年度にかけて調査を実施，その調査の結果及びその分析結果が2020年6月に取りまとめられた。したがって，調査が実施されたのはそれ以前である。

3：改正新型インフルエンザ等対策特別措置法（2021年2月3日公布，10日後施行，一部4月1日施行）では，新型インフルエンザ等に起因する差別的取扱い等を禁じ，患者並びに医療従事者の人権が尊重され，何人も差別的取扱い等を受けることのないようにするため，情報提供，並びに広報その他の啓発活動を国及び

地方公共団体が行うものとしたが，これらに対する罰則規定までは設けていない。

4：改正障害を理由とする差別の解消の推進に関する法律（2021年6月4日公布，公布日から起算して3年を超えない範囲内において政令で定める日から施行）では，これまで「合理的配慮」の提供義務が国及び地方公共団体に課せられていたが，改正法施行以降は民間事業者もそれまでの「努力義務」から「義務」となる。

(3)3：北朝鮮による拉致被害者の救出を求めるシンボルマーク。

名古屋市

三重県

実施日	2022(令和4)年7月23日／8月20日	試験時間	40分（一般教養を含む）／60分
出題形式	マークシート式／論述式	問題数	午前：8題(解答数12)／午前：3題 午後：8題(解答数14)／午後：3題
パターン	午前：時事・ローカル・法規＋心理・教育史 午後：法規・時事・ローカル＋心理・教育史	公開状況	問題：公開　解答：公開　配点：公開

傾向 & 対策　●新型コロナウイルス感染症の拡大防止対策により，1次・2次試験とも午前・午後の2部制で実施。●出題分野を問わず，「人権教育」「ローカル」が必出の教育トピック。●教育時事は，「学習評価及び指導要録の改善」「障害のある子供の教育支援の手引」「学校における働き方改革」（以上午前），「個別最適な学びと協働的な学び」「令和の日本型学校教育」（以上午後）。●必出のローカル問題は，「三重県いじめ防止条例」（午前），「三重県人権教育基本方針」「学校における防災の手引」（以上午前）。●2次試験の論述問題は3題で，「学校における働き方改革」「三重県教育ビジョン」「学校における防災の手引」（以上午前），「令和の日本型学校教育」「いじめ防止対策推進法」「人権教育ガイドライン」（以上午後）。

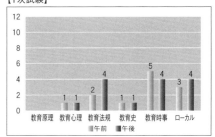

【1次試験】

出題領域（1次試験）

教育原理	教育課程・学習指導要領			総則			特別の教科　道徳		
	外国語・外国語活動			総合的な学習(探究)の時間			特別活動		
	学習指導			生徒指導		↓ローカル	学校・学級経営		
	特別支援教育	法規時事		人権・同和教育	↓法規	↓ローカル	その他		
教育心理	発達			学習			性格と適応		1
	カウンセリングと心理療法		1	教育評価			学級集団		
教育法規	教育の基本理念	1		学校教育			学校の管理と運営		
	児童生徒	1	4	教職員			特別支援教育 人権教育	2	
教育史	日本教育史			西洋教育史	1				
教育時事	答申・統計	5	4	ローカル	3	4			

※表中の数字は，解答数　午前｜午後
※選択肢の出題領域が複数にわたる場合は，それぞれの項目に加算するためグラフの数とは異なる

1次　全校種共通（午前）　☞解答＆解説 p.228

1 次の文章は，ヨーロッパにおける近代科学に関するものである。（ a ）～（ d ）にあてはまる語句の組み合わせとして最も適切なものを，①～④の中から一つ選びなさい。

　ヨーロッパにおいて，（ a ）は有用で確実な知識をめざして，経験（観察や実験）によって知識を得るという（ b ）を唱えた。

　（ c ）は明晰・判明な真理をもとにして，理性によって知識を得るという（ d ）を唱えた。

	（ a ）	（ b ）	（ c ）	（ d ）
①	デカルト	帰納法	ベーコン	演繹法
②	デカルト	演繹法	ベーコン	帰納法
③	ベーコン	演繹法	デカルト	帰納法
④	ベーコン	帰納法	デカルト	演繹法

2 次の人物と用語の組み合わせとして最も適切なものを，①～④の中から一つ選びなさい。

	人物	パーソナリティに関する用語
①	ユング	内向型，外向型
②	マズロー	Y-G性格検査
③	クレペリン	ロールシャッハ・テスト
④	クレッチマー	理論型，経済型，審美型，権力型，宗教型，社会型

3 次の文章は，「小学校，中学校，高等学校及び特別支援学校等における児童生徒の学習評価及び指導要録の改善等について（通知）」（平成31年3月29日　文部科学省初等中等教育局）の一部で，学習評価を適切に行うための配慮事項等を示したものである。（ a ）～（ d ）にあてはまる語句の組み合わせとして正しいものを，①～⑥の中から一つ選びなさい。

2．学習評価の主な改善点について

(1) 各教科等の目標及び内容を「知識及び技能」，「思考力，判断力，表現力等」，「（ a ）」の資質・能力の三つの柱で再整理した新学習指導要領の下での指導と評価の一体化を推進する観点から，観点別学習状況の評価の観点についても，これらの資質・能力に関わる「知識・技能」，「思考・判断・表現」，「（ b ）」の3観点に整理して示し，設置者において，これに基づく適切な観点を設定することとしたこと。その際，「（ a ）」については，「（ b ）」として観点別学習状況の評価を通じて見取ることができる部分と観点別学習状況の評価にはなじまず，（ c ）評価等を通じて見取る部分があることに留意する必要があることを明確にしたこと。

(2) 「（ b ）」については，各教科等の観点の趣旨に照らし，知識及び技能を獲得したり，思考力，判断力，表現力等を身に付けたりすることに向けた粘り強い取組の中で，自らの学習を（ d ）しようとしているかどうかを含めて評価することとしたこと。

	（　a　）	（　b　）	（c）	（d）
①	主体的に学習に取り組む態度	学びに向かう力，人間性等	相互	探究
②	学びに向かう力，人間性等	主体的に学習に取り組む態度	個人内	調整
③	主体的に学習に取り組む態度	学びに向かう力，人間性等	相対的	理解
④	学びに向かう力，人間性等	主体的に学習に取り組む態度	相互	探究
⑤	主体的に学習に取り組む態度	学びに向かう力，人間性等	相対的	調整
⑥	学びに向かう力，人間性等	主体的に学習に取り組む態度	個人内	理解

4　次の文章は，「教育基本法」（平成18年12月改正）の一部である。（　a　）～（　c　）にあてはまる語句の組み合わせとして正しいものを，①～⑥の中から一つ選びなさい。

（教育の機会均等）

第4条　すべて国民は，ひとしく，その（　a　）に応じた教育を受ける機会を与えられなければならず，人種，信条，性別，社会的身分，経済的地位又は門地によって，教育上差別されない。

2　国及び地方公共団体は，障害のある者が，その障害の状態に応じ，十分な教育を受けられるよう，（　b　）を講じなければならない。

3　国及び地方公共団体は，（　a　）があるにもかかわらず，経済的理由によって修学が困難な者に対して，奨学の（　c　）を講じなければならない。

	（　a　）	（　b　）	（　c　）
①	個性	教育上必要な支援	措置
②	能力	経済上必要な支援	施策
③	個性	経済上必要な支援	施策
④	能力	教育上必要な支援	措置
⑤	個性	経済上必要な支援	措置
⑥	能力	教育上必要な支援	施策

5　次の文章は，「障害のある子供の教育支援の手引　～子供たち一人一人の教育的ニーズを踏まえた学びの充実に向けて～」（令和3年6月　文部科学省初等中等教育局特別支援教育課）の「第1編　障害のある子供の教育支援の基本的な考え方」「2　早期からの一貫した教育支援」「(2)一貫した教育支援の重要性」の一部である。（　a　）～（　c　）にあてはまる語句の組み合わせとして正しいものを，①～⑥の中から一つ選びなさい。

障害のある子供が，（　a　）社会の一員として，生涯にわたって様々な人々と関わり，主体的に社会参加しながら心豊かに生きていくことができるようにするためには，教育，医療，福祉，保健，労働等の各分野が一体となって，社会全体として，その子供の（　b　）を生涯にわたって教育支援していく体制を整備することが必要である。

このため，早期から始まっている（　c　）・支援を就学期に円滑に引き継ぎ，障害のある子供一人一人の精神的及び身体的な能力等をその可能な最大限度まで発達させ，学校卒業後の（　a　）社会に主体的に参加できるよう移行支援を充実させるなど，一貫した教育支援が強く求められる。

三重県

	（ a ）	（ b ）	（ c ）
①	地域	自立	合理的配慮
②	地域	自立	教育相談
③	共生	自立	合理的配慮
④	共生	成長	教育相談
⑤	共生	成長	合理的配慮
⑥	地域	成長	教育相談

6 次の文章は，「三重県いじめ防止条例」（平成30年3月）の一部である。　1　～
　3　にあてはまる語句を，語群①～⓪の中からそれぞれ一つ選びなさい。

（定義）

第2条　この条例において，次の各号に掲げる用語の意義は，当該各号に定めるところ
　　　による。

　　　一　いじめ　児童生徒に対して，当該児童生徒が在籍する学校に在籍している等当
　　　　　該児童生徒と一定の　1　にある他の児童生徒が行う心理的又は　2　な影響を
　　　　　与える行為（　3　を通じて行われるものを含む。）であって，当該行為の対象
　　　　　となった児童生徒が心身の苦痛を感じているものをいう。

《語群》

①上下関係　　②人的関係　　③交友関係　　④メール　　⑤インターネット
⑥SNS　　　　⑦掲示板　　　⑧物理的　　　⑨暴力的　　⓪精神的

7 次の文章は，「部落差別の解消の推進に関する法律」（平成28年12月）の一部である。
（ a ）～（ c ）にあてはまる語句の組み合わせとして正しいものを，①～⑥の中か
ら一つ選びなさい。

（目的）

第1条　この法律は，現在もなお部落差別が存在するとともに，情報化の進展に伴って
　　　部落差別に関する状況の変化が生じていることを踏まえ，全ての国民に基本的人権
　　　の享有を保障する日本国憲法の理念にのっとり，部落差別は（ a ）であるとの認
　　　識の下にこれを解消することが重要な課題であることに鑑み，部落差別の解消に関
　　　し，基本理念を定め，並びに国及び地方公共団体の責務を明らかにするとともに，
　　　（ b ）の充実等について定めることにより，部落差別の解消を推進し，もって部
　　　落差別のない社会を実現することを目的とする。

（基本理念）

第2条　部落差別の解消に関する施策は，全ての国民が等しく基本的人権を享有するか
　　　けがえのない個人として尊重されるものであるとの理念にのっとり，部落差別を解
　　　消する必要性に対する（ c ）の理解を深めるよう努めることにより，部落差別の
　　　ない社会を実現することを旨として，行われなければならない。

	（ a ）	（ b ）	（ c ）
①	個別的な人権問題	相談体制	社会全体
②	個別的な人権問題	推進体制	社会全体

三重県

③	個別的な人権問題	相談体制	国民一人一人
④	許されないもの	推進体制	社会全体
⑤	許されないもの	相談体制	国民一人一人
⑥	許されないもの	推進体制	国民一人一人

8 次の文章は，「新しい時代の教育に向けた持続可能な学校指導・運営体制の構築のための学校における働き方改革に関する総合的な方策について（答申）」（平成31年1月25日　中央教育審議会）の「第1章　学校における働き方改革の目的」「2．学校における働き方改革の目的」の一部である。　1　～　3　にあてはまる語句を，語群①～⑧の中からそれぞれ一つ選びなさい。

　このように学校における働き方改革は，教師が疲労や　1　を過度に蓄積して心身の健康を損なうことがないようにすることを通じて，自らの教職としての　2　を高め，より分かりやすい授業を展開するなど教育活動を充実することにより，より短い勤務でこれまで我が国の義務教育があげてきた高い成果を　3　することを目的とするものである。そして，この点において我が国の様々な職場における働き方改革のリーディングケースになり得るものである。

《語群》
①心理的不安　　②心理的負担　　③維持・向上　　④継続　　⑤専門性　　⑥業務
⑦人間性　　　　⑧知識・技能

1次　全校種共通（午後）

1 次の文章は，明治時代の日本教育史に関する記述である。最も適切なものを，①～④の中から一つ選びなさい。
① 1872年，文部省はすべての国民が男女とも学ぶ国民皆学を理念とし教育を国民の義務とする学校令を公布した。
② 1877年には，師範教育や女子教育のための学校が設置された。一方，民間でも福沢諭吉の慶應義塾や大隈重信の同志社などが設立された。
③ 森有礼文部大臣のもとで1886年に学制が公布され，小学校・中学校・師範学校・帝国大学などからなる学校体系が整備された。
④ 自由主義・個人主義などが流行し，1872年には福沢諭吉の「学問のすゝめ」が出版された。

2 次の用語と関連のある人物の組み合わせとして最も適切なものを，①～⑥の中から一つ選びなさい。

	自由連想法	来談者中心療法	系統的脱感作法
①	フロイト	ウォルピ	マズロー
②	マズロー	ロジャーズ	ウォルピ
③	ロジャーズ	フロイト	マズロー

④	フロイト	ロジャーズ	ウォルピ
⑤	ウォルピ	フロイト	ロジャーズ
⑥	ロジャーズ	ウォルピ	フロイト

3 次の文章は，「学校保健安全法」（平成27年6月改正）の一部である。 1 ～ 3 にあてはまる語句を，語群①～⑧の中からそれぞれ一つ選びなさい。

第4節　感染症の予防

（出席停止）

第19条　 1 は，感染症にかかつており，かかつている 2 があり，又はかかるおそれのある児童生徒等があるときは，政令で定めるところにより，出席を停止させることができる。

（臨時休業）

第20条　 3 は，感染症の予防上必要があるときは，臨時に，学校の全部又は一部の休業を行うことができる。

《語群》

①校長　　②教育長　　③学校の設置者　　④保護者　　⑤症状　　⑥疑い　　⑦診断
⑧保健所

4 次の文章は，「学習指導要領の趣旨の実現に向けた個別最適な学びと協働的な学びの一体的な充実に関する参考資料」（令和3年3月版　文部科学省初等中等教育局教育課程課）の「5．児童生徒の発達の支援」「⑷障害のある児童生徒への指導」の一部である。（ a ）～（ c ）にあてはまる語句の組み合わせとして正しいものを，①～⑥の中から一つ選びなさい。

学習指導要領においては，「（ a ）」の観点から，個々の児童生徒の（ b ）の状態等に応じた指導内容や指導方法の工夫を組織的かつ計画的に行うものと規定されています。

（ b ）のある児童生徒については，個々の児童生徒の実態を的確に把握し，（ c ）を作成し活用することに努めることとし，特に，特別支援学校や特別支援学級，通級による指導を受けている児童生徒については，（ c ）を作成し活用することが義務とされています。

	（ a ）	（ b ）	（ c ）
①	個に応じた指導	発達	個別の指導計画
②	個に応じた指導	障害	個別の教育支援計画
③	個に応じた指導	障害	個別の指導計画
④	インクルーシブ教育	発達	個別の教育支援計画
⑤	インクルーシブ教育	発達	個別の指導計画
⑥	インクルーシブ教育	障害	個別の教育支援計画

5 次の文章は，「児童虐待の防止等に関する法律」（令和2年6月改正）の一部である。（ a ）～（ c ）にあてはまる語句の組み合わせとして正しいものを，①～⑥の中から一つ選びなさい。

三重県

第5条　学校，児童福祉施設，病院，都道府県警察，婦人相談所，教育委員会，配偶者暴力相談支援センターその他児童の福祉に業務上関係のある団体及び学校の（　a　），児童福祉施設の職員，医師，歯科医師，保健師，助産師，看護師，弁護士，警察官，婦人相談員その他児童の福祉に職務上関係のある者は，児童虐待を発見しやすい立場にあることを自覚し，児童虐待の（　b　）に努めなければならない。

2　前項に規定する者は，児童虐待の予防その他の児童虐待の防止並びに児童虐待を受けた児童の（　c　）及び自立の支援に関する国及び地方公共団体の施策に協力するよう努めなければならない。

3　第1項に規定する者は，正当な理由がなく，その職務に関して知り得た児童虐待を受けたと思われる児童に関する秘密を漏らしてはならない。

4　前項の規定その他の守秘義務に関する法律の規定は，第2項の規定による国及び地方公共団体の施策に協力するように努める義務の遵守を妨げるものと解釈してはならない。

5　（略）

	（　a　）	（　b　）	（　c　）
①	教職員	早期発見	保護
②	教職員	早期対応	養護
③	教職員	未然防止	保護
④	教員	早期発見	養護
⑤	教員	未然防止	保護
⑥	教員	早期対応	養護

6　次の文章は，「三重県人権教育基本方針」（平成29年3月改定）の一部である。　1　～　3　にあてはまる語句を，語群①～⑦の中からそれぞれ一つ選びなさい。

三重県教育委員会はこれまで，世界の人権教育と国際的な人権に関する条約等に学ぶとともに，「人権が尊重される三重をつくる条例」のもと「人権に関する問題への取組を推進し，　1　，人権が尊重される，明るく住みよい社会の実現を図る」ため，同和教育の理念や成果を重要な柱とする人権教育を推進してきました。

具体的には，「　2　」という原則のもとに，自分と重ねて人権問題をとらえることを大切にし，単なる心がけだけではなく社会を変えていく具体的行動につなぐことをめざしてきました。また，その取組にあたっては，一人ひとりが抱える生活課題や悩みから出発して，仲間づくりを進め，自分自身に誇りをもち，自分らしく生きることができるよう，学力保障や進路保障を柱として進めてきました。

人権教育の推進にあたっては，その基盤として，教育・学習の場そのものが人権尊重の精神に立った環境でなければなりません。そのためには，差別を受ける当事者の意見や思いを聴き，当事者の立場に立って考えること，人権教育の重要な要素である教育関係者自身が確かな　3　を身に付けることが必要です。

《語群》

①不当な差別のない　　　　　　　　②社会情勢の変化を的確にとらえ

③人権尊重の視点に立って取り組む　④知識

⑤思想及び良心の自由　　⑥差別の現実から深く学ぶ　　⑦人権感覚

7　次の文章は，「『令和の日本型学校教育』の構築を目指して　～全ての子供たちの可能性を引き出す，個別最適な学びと，協働的な学びの実現～（答申）」（令和3年1月26日中央教育審議会）の「3．2020年代を通じて実現すべき『令和の日本型学校教育』の姿」「(2)教職員の姿」の一部である。　　1　～　　3　にあてはまる語句を，語群①～⑨の中からそれぞれ一つ選びなさい。

○　教師が技術の発達や新たなニーズなど学校教育を取り巻く環境の変化を前向きに受け止め，教職生涯を通じて　1　を持ちつつ自律的かつ継続的に新しい知識・技能を学び続け，子供一人一人の学びを最大限に引き出す教師としての役割を果たしている。その際，子供の　2　な学びを支援する　3　としての能力も備えている。

《語群》
①教育的愛情　　②主体的　　③伴走者　　④指導者　　⑤探究心　　⑥自尊心
⑦創造的　　⑧協力者　　⑨発展的

8　次の文章は，「学校における防災の手引き」（令和4年3月　三重県教育委員会）の「第2章　学校における防災の考え方」「1　学校防災の意義」の一部である。（ a ）～（ c ）にあてはまる語句の組み合わせとして正しいものを，①～⑧の中から一つ選びなさい。

学校は，児童生徒等の（ a ）であり，地域住民との交流など多様な活動の場となることから，安全な教育環境が維持されるとともに，児童生徒等の安全が確保されることが重要です。

特に，大規模自然災害時には，多数の被災者が学校に避難し，学校は（ b ）としての対応を求められることから，日頃からの市町等との連携や，地域に開かれた学校づくりを推進していく必要があります。

平成21年に施行された「学校保健安全法」では，学校安全計画の策定・実施，危険等発生時対処要領の作成，関係機関等との連携など，学校安全に関して各学校において共通に取り組むべき事項が規定されました。また，三重県では，「自助」，「（ c ）」，「公助」の理念の下，みんなで力を合わせて防災対策を総合的かつ計画的に推進することをめざして，同年に「三重県防災対策推進条例」を制定しました。

	（ a ）	（ b ）	（ c ）
①	生活の場	救護所	互助
②	学習の場	避難所	共助
③	救助の場	配給所	互助
④	生活の場	避難所	扶助
⑤	学習の場	救護所	互助
⑥	学習の場	配給所	共助
⑦	生活の場	救護所	扶助
⑧	救助の場	避難所	共助

三重県

2次　全校種共通（午前）

1　「新しい時代の教育に向けた持続可能な学校指導・運営体制の構築のための学校における働き方改革に関する総合的な方策について（答申）」（平成31年1月　中央教育審議会）において，これまで学校・教師が担ってきた代表的な業務の在り方に関する考え方について，以下のとおりに整理されました。

　これらのことを踏まえて，あなたが学校における働き方改革として取り組みたい業務を①〜⑭から 2 つ選び，選んだ理由についてそれぞれ述べるとともに，そのうち 1 つの業務についての改善に向けた取組を具体的に述べ，300字以内でまとめなさい。

【基本的には学校以外が担うべき業務】

①登下校に関する対応

②放課後から夜間などにおける見回り，児童生徒が補導された時の対応

③学校徴収金の徴収・管理

④地域ボランティアとの連絡調整

【学校の業務だが，必ずしも教師が担う必要のない業務】

⑤調査・統計等への回答等

⑥児童生徒の休み時間における対応

⑦校内清掃

⑧部活動

【教師の業務だが，負担軽減が可能な業務】

⑨給食時の対応

⑩授業準備

⑪学習評価や成績処理

⑫学校行事の準備・運営

⑬進路指導

⑭支援が必要な児童生徒・家庭への対応

2　三重県教育ビジョン（令和2年3月　三重県・三重県教育委員会）では，基本施策2「個性を生かし他者と協働して未来を創造する力の育成」の施策の1つとして「キャリア教育の充実」を掲げ，そのめざす姿を以下のように示しています。

　このことを踏まえたうえで，あなたが児童生徒に身につけさせたいと考える「将来の社会的・職業的自立に必要な資質・能力」を具体的に 1 つ挙げるとともに，その資質・能力を身につけさせるために取り組む学校の教育活動について具体的に述べ，250字以内でまとめなさい。

「めざす姿」

　子どもたちが，学ぶことと自己の将来とのつながりを見通しながら学び，進路を決定する能力や態度，人間関係を築く力等，将来の社会的・職業的自立に必要な資質・能力を身につけています。

3　「学校における防災の手引」（令和4年3月　三重県教育委員会）には，学校における防災教育のねらいとして，以下の3点が示されています。

三重県

以下の 3 点のうち，あなたが特に取り組みたいと考えるねらいを 1 つ挙げ，そのね
らいを選んだ理由とねらいを実現するためにあなたが取り組む学校の防災教育について
具体的に述べ，250字以内でまとめなさい。

【学校における防災教育のねらい】

ア　自然災害等の現状，原因及び減災等について理解を深め，現在及び将来に直面する
　　災害に対して，的確な思考・判断に基づく適切な意志決定や行動選択ができるように
　　する。

　　（知識，思考・判断）

イ　地震，台風の発生等に伴う危険を理解・予測し，自らの安全を確保するための行動
　　ができるようにするとともに，日常的な備えができるようにする。

　　（危険予測，主体的な行動）

ウ　自他の生命を尊重し，安全で安心な社会づくりの重要性を認識して，学校，家庭及
　　び地域社会の安全活動に進んで参加・協力し，貢献できるようにする。

　　（社会貢献，支援者の基盤）

　　※文部科学省「『生きる力』を育む防災教育の展開」（平成25年 3 月）より

2次　全校種共通（午後）

1　「『令和の日本型学校教育』の構築を目指して　〜全ての子供たちの可能性を引き出す，
個別最適な学びと，協働的な学びの実現〜（答申）」（令和 3 年 1 月　中央教育審議会）
では，新型コロナウイルス感染症の感染拡大防止のため，全国的に学校の臨時休業措置
が取られたことにより，再認識された学校の役割として以下の 3 つを示しています。

　　あなたが特に重要であると考える学校の役割を以下の 3 つから 1 つ選び，選んだ理
由とその実現に向けた学校における取組について具体的に述べ，300字以内でまとめな
さい。

【新型コロナウイルス感染症の感染拡大を通じて再認識された学校の役割】

1 ．学習機会と学力の保障

2 ．全人的な発達・成長の保障

3 ．身体的，精神的な健康の保障

　（安全・安心につながることができる居場所・セーフティネット）

2　「いじめ防止対策推進法」（令和元年 5 月改正）では，「学校及び学校の教職員の責務」
について以下のとおり示されています。

　　あなたが考える学校におけるいじめの防止及び早期発見の取組について，その留意点
を具体的に挙げるとともに，いじめの防止及び早期発見に向けた取組について具体的に
述べ，250字以内でまとめなさい。

（学校及び学校の教職員の責務）

第 8 条　学校及び学校の教職員は，基本理念にのっとり，当該学校に在籍する児童等の
　　　　保護者，地域住民，児童相談所その他の関係者との連携を図りつつ，学校全体でい
　　　　じめの防止及び早期発見に取り組むとともに，当該学校に在籍する児童等がいじめ

を受けていると思われるときは，適切かつ迅速にこれに対処する責務を有する。

3　「人権教育ガイドライン」（2018（平成30）年3月　三重県教育委員会）における個別的な人権問題に対する取組のうち，「外国人の人権に係わる問題を解決するための教育」の具体的な取組として，以下の7つが挙げられています。
　これらの取組のうち，あなたが特に取り組みたいものを1つ選び，選んだ理由と選んだ取組の学校における教育活動について具体的に述べ，250字以内でまとめなさい。
【具体的な取組】
1．外国人の人権に関する理解を深める学習の充実
2．多文化共生社会を築く主体者を育てる教育の推進
3．自尊感情を高める取組の推進
4．メディアを読み解き活用する力の育成
5．進路決定に向けた支援の充実
6．学習を支援する取組の充実
7．教職員の資質と指導力の向上

解答＆解説

1次　全校種共通（午前）

1　**解答**　④
　解説　a・b：ベーコン（1561～1626）は，イギリス経験論の祖とされ，「知は力なり」「自然は服従することによって征服される」という信念に基づき，自然研究の方法を考究し，近代の経験科学の発展に寄与した。
　　c・d：デカルト（1596～1650）は，合理論の創始者，近代哲学の祖とされ，方法的懐疑によって「われ思う，ゆえにわれあり」という根本原理にたどりつき，近代的自我を発見した。そして，数学の演繹的方法を模範に，「考えるわれ」から論理的な推理によって真理を導き出した。さらに，「神・精神・物体」という3つの実体の存在を証明した。

2　**解答**　①
　解説　②Y-G性格検査は，矢田部達郎（1893～1958）あるいはギルフォード（1897～1987）。
　　③ロールシャッハ・テストは，ロールシャッハ（1884～1922）。
　　④性格を6つの型に類型化したのは，シュプランガー（1882～1963）。

3　**解答**　②
　解説　文部科学省「小学校，中学校，高等学校及び特別支援学校等における児童生徒の学習評価及び指導要録の改善等について（通知）」（2019年3月29日）の「2．学習評価の主な改善点について」を参照。

4　**解答**　④
　解説　教育基本法第4条を参照。「教育の機会均等」の規定。

5 解答 ②

解説 文部科学省「障害のある子供の教育支援の手引　～子供たち一人一人の教育的ニーズを踏まえた学びの充実に向けて～」(2021年6月30日)の「第1編　障害のある子供の教育支援の基本的な考え方」「2　早期からの一貫した教育支援」「(2)一貫した教育支援の重要性」を参照。

6 解答 1—②　　2—⑧　　3—⑤

解説 三重県いじめ防止条例第2条第一号を参照。いじめの「定義」の規定。

7 解答 ⑤

解説 a・b：部落差別の解消の推進に関する法律第1条を参照。同法の「目的」の規定。
c：部落差別の解消の推進に関する法律第2条を参照。「基本理念」の規定。

8 解答 1—②　　2—⑤　　3—③

解説 中央教育審議会答申「新しい時代の教育に向けた持続可能な学校指導・運営体制の構築のための学校における働き方改革に関する総合的な方策について」(2019年1月25日)の「第1章　学校における働き方改革の目的」「2．学校における働き方改革の目的」を参照。

1次　全校種共通(午後)

1 解答 ④

解説 ①「学校令」ではなく「学制」。
②「大隈重信」(1838～1922)ではなく「新島襄」(1843～90)。
③「学制」ではなく「小学校令，中学校令，師範学校令，帝国大学令」。

2 解答 ④

解説 ④フロイト(1856～1939)は，神経症や心身症の原因として，無意識界に抑圧された欲求，願望，葛藤，感情(コンプレックス)の働きを挙げ，治療法として自由連想や夢の解釈を用いた。
ロジャーズ(1902～87)は，クライエントの自発的な力が自らの問題解決や成長への促進として働き，カウンセラーはクライエントとの関係の中で，クライエントを心理的に受容し，クライエントのもつ感情を明確化させることによって治療を促進することを特徴とする来談者中心療法を開発した。
ウォルピ(1915～98)は，置かれた状況が条件刺激となって誘発される不安や恐怖を取り除くために，不安階層表を作成して訓練を行う系統的脱感作法を開発した。

3 解答 1—①　　2—⑥　　3—③

解説 1・2：学校保健安全法第19条を参照。感染症予防のための「出席停止」の規定。
3：学校保健安全法第20条を参照。感染症予防のための「臨時休業」の規定。

4 解答 ③

解説 文部科学省「学習指導要領の趣旨の実現に向けた個別最適な学びと協働的な学びの一体的な充実に関する参考資料」(2021年3月版)の「5．児童生徒の発達の

三重県

支援」「(4) 障害のある児童生徒への指導」を参照。

5 **解答** ①

　解説 児童虐待の防止等に関する法律第5条を参照。「児童虐待の早期発見等」の規定。

6 **解答** 1—①　　2—⑥　　3—⑦

　解説 三重県教育委員会「三重県人権教育基本方針」(2017年3月14日改定)の「Ⅰ　基本的な考え方」を参照。同方針では，人権教育の目的を「自分の人権を守り，他者の人権を守るための実践行動ができる力」を育み，人権文化を構築する主体者づくりをめざすこととし，その達成のために「人権についての理解と認識を深める」「人権尊重の行動につながる意欲・態度や技能を育てる」「一人ひとりの自己実現を可能にする」という3つの目標を掲げている。

7 **解答** 1—⑤　　2—②　　3—③

　解説 中央教育審議会答申「『令和の日本型学校教育』の構築を目指して　～全ての子供たちの可能性を引き出す，個別最適な学びと，協働的な学びの実現～」(2021年1月26日，同年4月22日更新)の「第Ⅰ部　総論」「3．2020年代を通じて実現すべき『令和の日本型学校教育』の姿」「(2)教職員の姿」を参照。

8 **解答** ②

　解説 三重県教育委員会「学校における防災の手引」(2022年3月)の「第2章　学校における防災の考え方」「1　学校防災の意義」を参照。同手引は，三重県における災害の概要（地震，風水害），学校における防災の考え方からなる本編と，地震・津波，風水害，防災に関する計画（例）などからなる資料編，及び行動内容などを時系列で示した「風水害対策等にかかる県立学校版タイムライン」で構成される。

三重県

2次　全校種共通（午前）

1　〔公開解答例〕私が取り組みたい業務は，部活動と授業準備です。その理由は，部活動ガイドラインの策定により教員の部活動への取組に対する意識が変化してきていることから，さらに業務改善を進めることができると考えたからです。授業準備については，私が学校の教育活動で大切にしていることが授業であり，授業準備に多くの時間をかけているからです。その中で私は，授業の準備におけるスクール・サポート・スタッフの効率的な活用について取り組みたいと考えます。具体的には，作業依頼用紙やスクール・サポート・スタッフの作業場所を示した表を活用することで教員からの依頼がスムーズに進み，計画的・効率的な業務遂行を図ることができると考えます。(298字)

2　〔公開解答例〕私は，「将来の社会的・職業的自立に必要な資質・能力」として，子どもたちが，将来の社会生活や職業生活の中で他者と協力・協働して問題解決に取り組む意欲やコミュニケーション能力などの人間関係を築く力を身につけさせたいと考えます。そうした資質・能力を身につけさせるために，私は，地域の住民や企業，大学，関係機関などのさまざまな主体と連携しながら，地域の課題を題材とした探究活動や課題解決型のインターンシップを積極的に行い，多様な主体とかかわりをもって協働的に学ぶ教育活動に取

り組んでいきたいと考えます。（247字）

3 〔公開解答例〕私が取り組みたいことは，自他の生命を尊重し，安全で安心な社会づくりの重要性を認識して，学校，家庭及び地域社会の安全活動に進んで参加・協力し，貢献できるようにすることです。理由は，災害発生時に自分たちの生命及び生活を他者と協力しながら守るための適切な行動をとれるようにすることが必要だからです。そのために私は，地域や関係機関と連携して防災講話や避難訓練，登下校時の防災マップの作成に取り組み，その成果を児童生徒が地域に発表することで，地域社会の安全活動に進んで参加できる児童生徒を育成したいと考えます。（250字）

2次 全校種共通（午後）

1 〔公開解答例〕私が特に重要と考える学校の役割は，学習機会と学力の保障です。その理由は，臨時休校期間に家庭の経済的な格差により，児童生徒の学力格差の拡大が懸念されたことと，「知識・技能」「思考力・判断力・表現力」「学びに向かう力・人間性」を柱とする学力は，学校の教育活動において育成されると考えるからです。そのために私は，ICTを活用して個々の特性や学習進度に応じて指導方法や教材等の柔軟な提供を行い，一人ひとりに応じた学習活動や学習課題に取り組む機会を提供する「個別最適な学び」や探究的な学習・体験活動などを通じて児童生徒同士や地域の方々等と協働しながら課題を解決していく「協働的な学び」に取り組みたいと考えます。（300字）

2 〔公開解答例〕取組の留意点は，保護者，地域住民，その他の関係者等と連携するとともにアンケート調査等の取組については，学校全体で実施することです。そのために私は，日々の教育活動において子どもたちの言動や言葉のわずかな変化等の兆候を察知するとともに，学校全体で児童生徒に対して定期的な面談やアンケート調査を行い，調査結果については必要に応じて関係機関と情報共有します。また，学校において作成した「いじめ気づきリスト」を保護者とも共有することで学校と家庭の双方からいじめの防止及び早期発見に努めていきたいと考えます。（248字）

3 〔公開解答例〕私は，「多文化共生社会を築く主体者を育てる教育の推進」について取り組みたいと考えます。その理由は，学校でも言語・文化・生活習慣等の違いに対する理解の不十分さを背景に差別的言動等が発生しており，多文化共生社会を築く主体者の育成が必要だからです。そのために私は，児童生徒が地域に暮らす外国人から日本での経験や思いを聞き取る活動や交流活動等により，多様な文化の理解を深める取組を実践し，その取組の感想や考えを他者に発表することで，その問題を自分事として捉え行動することができる児童生徒を育てたいと考えます。（250字）

三重県

滋 賀 県

実施日	2022(令和4)年6月26日	試験時間	40分（一般教養を含む）
出題形式	マークシート式	問題数	4題（解答数10）
パターン	ローカル・心理・法規＋原理・教育史・時事	公開状況	問題：公開　解答：公開　配点：公開

傾向＆対策

●試験時間が20分短縮し，解答数も5題減少した。●最も解答数の多いローカル問題は，2年連続の出題となる「滋賀の教育大綱（第3期滋賀県教育振興基本計画）」(2019年3月)，滋賀県の副籍制度，「第4次滋賀県子ども読書活動推進計画」(2019年3月)。●教育心理は，ソーンダイクの試行錯誤説と，アンビバレンス。●教育法規は，教育基本法，地方公務員法，学校保健安全法，いじめ防止対策推進法のほか，2022年4月施行の教育職員等による児童生徒性暴力等の防止等に関する法律も問われた。●教育原理は，学習指導要領「総則」。●教育史は，パーカースト，ブルーナー，オーズベル。●教育時事は，「令和の日本型学校教育」に関する中央教育審議会答申(2021年1月)より。

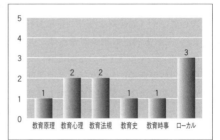

出題領域

教育原理	教育課程・学習指導要領		総則	1	特別の教科　道徳	
	外国語活動		総合的な学習(探究)の時間		特別活動	
	学習指導		生徒指導		学校・学級経営	
	特別支援教育	↓ローカル	人権・同和教育		その他	
教育心理	発　達		学　習	1	性格と適応	1
	カウンセリングと心理療法		教育評価		学級集団	
教育法規※	教育の基本理念	1	学校教育	1	学校の管理と運営	
	児童生徒	1	教職員	2	その他	
教育史	日本教育史		西洋教育史	1		
教育時事	答申・統計	1	ローカル	3		

※表中の数字は，解答数
※選択肢の出題領域が複数にわたる場合は，それぞれの項目に加算するためグラフの数とは異なる

全校種共通

☞解答＆解説 p.238

1 次の問１〜問２に答えなさい。

問１　次は，教育基本法（平成18年12月22日　法律第120号）の条文または条文の一部である。下線部が誤っているものはどれか。１〜５から選びなさい。

1　第１条　教育は，人格の完成を目指し，平和で民主的な国家及び<u>社会の形成者</u>として必要な資質を備えた心身ともに健康な国民の育成を期して行われなければならない。

2　第３条　国民一人一人が，自己の人格を磨き，豊かな人生を送ることができるよう，その<u>生涯にわたって</u>，あらゆる機会に，あらゆる場所において学習することができ，その成果を適切に生かすことのできる社会の実現が図られなければならない。

3　第４条　すべて国民は，ひとしく，その能力に応じた<u>教育を受ける機会</u>を与えられなければならず，人種，信条，性別，社会的身分，経済的地位又は門地によって，教育上差別されない。

4　第５条　国民は，その保護する子に，別に法律で定めるところにより，普通教育を受けさせる<u>義務を負う</u>。

5　第９条　法律に定める学校の教員は，自己の<u>崇高な職責</u>を深く自覚し，耐えず研究と修養に励み，その職責の遂行に努めなければならない。

問２　次は，それぞれの法規の条文または条文の一部である。文中の（　Ａ　）〜（　Ｄ　）にあてはまる語句の正しい組合せはどれか。１〜６から選びなさい。

〔地方公務員法〕

　すべて職員は，全体の奉仕者として公共の利益のために勤務し，且つ，職務の遂行に当つては，全力を挙げてこれに（　Ａ　）しなければならない。

〔学校保健安全法〕

　校長は，感染症にかかつており，かかつている疑いがあり，又はかかるおそれのある児童生徒等があるときは，政令で定めるところにより，（　Ｂ　）ことができる。

〔教育職員等による児童生徒性暴力等の防止等に関する法律〕

　教育職員等は，基本理念にのっとり，児童生徒性暴力等を行うことがないよう教育職員等としての（　Ｃ　）を図るとともに，その勤務する学校に在籍する児童生徒等が教育職員等による児童生徒性暴力等を受けたと思われるときは，適切かつ迅速にこれに対処する責務を有する。

〔いじめ防止対策推進法〕

　学校の設置者及びその設置する学校は，当該学校におけるいじめを（　Ｄ　）に発見するため，当該学校に在籍する児童等に対する定期的な調査その他の必要な措置を講ずるものとする。

	A	B	C	D
1	集中	出席の扱いとする	倫理の保持	確実
2	集中	出席を停止させる	自己の研鑽	確実
3	集中	出席の扱いとする	自己の研鑽	早期

滋賀県

233

4	専念	出席を停止させる	倫理の保持	早期
5	専念	出席の扱いとする	倫理の保持	確実
6	専念	出席を停止させる	自己の研鑽	早期

2 次の問1〜問3に答えなさい。

問1　次は，小学校学習指導要領（平成29年3月告示）の「第1章　総則　第1　小学校教育の基本と教育課程の役割」の一部である。文中の（　A　）〜（　C　）にあてはまる語句の正しい組合せはどれか。1〜6から選びなさい。

(1)　基礎的・基本的な知識及び技能を確実に習得させ，これらを活用して課題を解決するために必要な思考力，判断力，表現力等を育むとともに，主体的に学習に取り組む態度を養い，（　A　）を生かし多様な人々との協働を促す教育の充実に努めること。

(2)　（　B　）や体験活動，多様な表現や観賞の活動等を通して，豊かな心や創造性の涵養を目指した教育の充実に努めること。

(3)　学校における体育・健康に関する指導を，児童の発達の段階を考慮して，学校の教育活動全体を通じて適切に行うことにより，健康で安全な生活と豊かな（　C　）の実現を目指した教育の充実に努めること。

	A	B	C
1	能力	情報教育	スクールライフ
2	能力	道徳教育	スクールライフ
3	能力	情報教育	スポーツライフ
4	個性	道徳教育	スクールライフ
5	個性	情報教育	スポーツライフ
6	個性	道徳教育	スポーツライフ

　　　（注）(1)〜(3)の内容は，中学校，高等学校，特別支援学校小学部・中学部および高等部の各学習指導要領にも同様に示されている。ただし，文中の「児童」を中学校，高等学校，特別支援学校高等部においては「生徒」，特別支援学校小学部・中学部においては「児童又は生徒」と読み替える。

問2　次は，中央教育審議会答申『『令和の日本型学校教育』の構築を目指して」（令和3年1月26日）の一部である。文中の（　A　）〜（　C　）にあてはまる語句の正しい組合せはどれか。1〜6から選びなさい。

(1)　学校教育の質の向上に向けたICTの活用

○　ICTの活用により新学習指導要領を着実に実施し，学校教育の質の向上につなげるためには，（　A　）を充実させつつ，各教科等において育成を目指す資質・能力等を把握した上で，特に「主体的・対話的で深い学び」の実現に向けた（　B　）に生かしていくことが重要である。また，従来はなかなか伸ばせなかった資質・能力の育成や，他の学校・地域や海外との交流など今までできなかった学習活動の実施，家庭など学校外での学びの充実などにもICTの活用は有効である。

○　その際，1人1台の端末環境を生かし，端末を日常的に活用することで，ICTの活用が特別なことではなく「当たり前」のこととなるようにするとともに，ICTに

より現実の社会で行われているような方法で児童生徒も学ぶなど，学校教育を現代化することが必要である。児童生徒自身がICTを「（　C　）」として自由な発想で活用できるよう環境を整え，授業をデザインすることが重要である。

	A	B	C
1	カリキュラム・マネジメント	授業改善	教科書
2	カリキュラム・マネジメント	授業実践	文房具
3	カリキュラム・マネジメント	授業改善	文房具
4	アクティブ・ラーニング	授業実践	教科書
5	アクティブ・ラーニング	授業改善	教科書
6	アクティブ・ラーニング	授業実践	文房具

問3　次のA～Cの記述と最も関連の深い人物について，正しい組合せを1～6から選びなさい。

A　学習者の認知構造と学習材料との関連づけを重視した有意味受容学習と，それを促進する先行オーガナイザーの有効性を提唱した。

B　子どもの側の主体的探究活動を通じて基本的概念を発見させる発見学習の理論的基礎を提供した。

C　従来の一斉教授を打ち破り，一人ひとりの子どもの個性や要求に応じた個別学習の方式を採用したドルトン・プランを考案した。

パーカースト（Parkhurst, H.）
ブルーナー（Bruner, J. S.）
オーズベル（Ausubel, D. P.）

	A	B	C
1	パーカースト	ブルーナー	オーズベル
2	パーカースト	オーズベル	ブルーナー
3	ブルーナー	パーカースト	オーズベル
4	ブルーナー	オーズベル	パーカースト
5	オーズベル	ブルーナー	パーカースト
6	オーズベル	パーカースト	ブルーナー

3　次の問1～問3に答えなさい。

問1　次は，「教育しが」（令和4年4月号　滋賀県教育委員会）の中で，「滋賀の教育大綱（第3期滋賀県教育振興基本計画）」の基本目標「未来を拓く心豊かでたくましい人づくり」の実現に向けて，令和4年度に滋賀の教育において重点的に取り組む事業の内容として示されているものの一部である。文中の（　A　）～（　D　）にあてはまるものの正しい組合せはどれか。1～6から選びなさい。

滋賀県

「（ A ）」の基礎となる"（ B ）"を育成します！

子ども一人ひとりの学びの最適化

「（ C ）」を高める授業実践の各学校への普及・定着とともに，子ども一人ひとりの学びの状況の把握・検証に取り組み，「（ D ）な学び」を推進し，子どもたちの「（ A ）」の基礎となる（ B ）を育成します。

「（ C ）」を高める授業実践の普及・定着へ
各校の実践リーダーが中心となって校内の研究を活性化し，「（ C ）」を高める授業を全ての教員が実践できるように進めます。

子ども一人ひとりの学びの把握と検証の充実
従来の提出物等の方法に加え，ICTを活用してタブレット端末等の学習記録や伸びなどを把握・検証する取組を研究し，学習指導の改善を進めます。

（ D ）な学び

	A	B	C	D
1	確かな学力	読み解く力	生きる力	個別最適
2	確かな学力	生きる力	読み解く力	個別最適
3	確かな学力	読み解く力	生きる力	持続的
4	生きる力	確かな学力	読み解く力	個別最適
5	生きる力	読み解く力	確かな学力	持続的
6	生きる力	確かな学力	読み解く力	持続的

問2　次は，滋賀県教育委員会が示している副籍（副次的な学籍）制度の説明とイメージ図である。（ A ）～（ C ）にあてはまる語句の正しい組合せはどれか。1～6から選びなさい。

副籍制度とは，保護者からの申請により，障害のある児童が居住地を通学区域とする小学校（公立小学校および義務教育学校前期課程）と県立特別支援学校の双方に学籍を置き，小学校における「（ A ）」と県立特別支援学校における「（ B ）を受ける機会」の両方を実現するための新たな仕組みです。

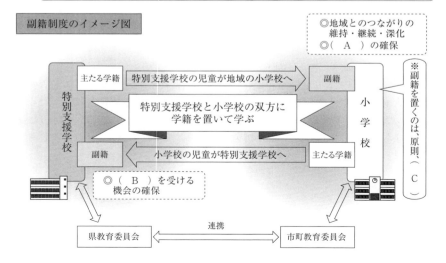

	A	B	C
1	交流する機会	個別の指導	通常の学級
2	交流する機会	専門的な教育	特別支援学級
3	交流する機会	個別の指導	特別支援学級
4	共に学び育つ機会	専門的な教育	特別支援学級
5	共に学び育つ機会	個別の指導	通常の学級
6	共に学び育つ機会	専門的な教育	通常の学級

問3　次は，「第4次滋賀県子ども読書活動推進計画」（平成31年3月　滋賀県教育委員会）「第3章　計画の基本的な考え方　[2]　基本的方針」の一部である。文中の下線部ア～オのうち誤っているものはどれか。1～5から選びなさい。

(1)　子どもが読書に親しむ機会の提供と諸条件の整備・充実

　　子どもが自主的に読書を行うようになるためには，ア学齢期から読書に親しむような環境づくりに配慮することが必要です。

　　家庭，地域，学校においては，子どもがイ積極的に読書活動を行う意欲を高め，進んで読書を行う態度を養い，生涯にわたるウ読書習慣を身につけることができるよう，子どものエ発達の段階に応じて，子ども自身が読書の楽しさを知るきっかけを作り，その読書活動を広げ，読書体験を深める働きかけを行うことが肝要です。そして，子どもが興味を持ち，感動する本等を整えることが重要です。

　　このような観点から，子どもの自主的な読書活動に資するため，子どもが読書に親しむ機会を提供し，それぞれがオ適切な本にめぐり会えるよう，子どもと本をつなぐ役割を果たす人材の育成等，人的な環境の整備に努めるとともに，施設，設備その他の物的諸条件の整備・充実に努めます。

　　1　ア　　2　イ　　3　ウ　　4　エ　　5　オ

4　次の問1～問2に答えなさい。

問1　次の各文のうち，ソーンダイク（Thorndike, E. L.）について説明したものはどれか。1～5から選びなさい。

　1　生理的欲求，安全の欲求，愛情の欲求，自尊の欲求，自己実現の欲求，といった5つの階層的欲求理論を提唱した。

　2　問題箱の実験を通して学習の試行錯誤説を提唱し，学習の原理として，効果・練習・準備の法則を主張した。

　3　行動の結果が，その結果に先立つ行動をコントロールするというオペラント条件づけの学習理論を提唱した。

　4　知能を，5種類の知的操作，4種類の知的素材，6種類の知的所産の3次元から，計120の構成因子を推定した知能構造モデルを提唱した。

　5　広く一般に，人の心の中に潜む無意識の存在を認め，それに基づくパーソナリティ発達の理論を提唱した。

問2　次の文が説明しているものはどれか。1～5から選びなさい。

　　同一の対象に対して，相反する感情，態度，傾向が同時に存在する状態のことである。たとえば，ある人物に対して，愛情と憎しみ，あるいは尊敬と軽蔑などの感情を

同時にもつ場合などである。
1　ラポール
2　レディネス
3　アンビバレンス
4　アセスメント
5　レミニッセンス

解答&解説

1 解答　問1　5　問2　4
解説　問1　5：教育基本法第9条第1項を参照。「教員」の規定。「職責」ではなく「使命」。
1：教育基本法第1条を参照。「教育の目的」の規定。
2：教育基本法第3条を参照。「生涯学習の理念」の規定。
3：教育基本法第4条第1項を参照。「教育の機会均等」の規定。
4：教育基本法第5条第1項を参照。「義務教育」の規定。
問2　A：地方公務員法第30条を参照。「服務の根本基準」の規定。
B：学校保健安全法第19条を参照。感染症予防のための「出席停止」の規定。
C：教育職員等による児童生徒性暴力等の防止等に関する法律第10条を参照。「教育職員等の責務」の規定。同法は，「児童生徒性暴力等」などの定義のほか，児童生徒性暴力等の禁止，基本理念（学校の内外を問わず教育職員等による児童生徒性暴力等の根絶等），児童生徒性暴力等の防止・早期発見・対処に関する措置（データベースの整備等），特定免許状失効者等に対する免許状授与の特例等について規定されており，2021年6月4日公布，一部を除き2022年4月1日施行。
D：いじめ防止対策推進法第16条第1項を参照。「いじめの早期発見のための措置」の規定。

2 解答　問1　6　問2　3　問3　5
解説　問1　平成29年版小学校学習指導要領（2017年3月31日告示）の「第1章　総則」「第1　小学校教育の基本と教育課程の役割」の2(1)～(3)を参照。
問2　中央教育審議会答申「『令和の日本型学校教育』の構築を目指して　～全ての子供たちの可能性を引き出す，個別最適な学びと，協働的な学びの実現～」（2021年1月26日，同年4月22日更新）の「第Ⅰ部　総論」「5．『令和の日本型学校教育』の構築に向けたICTの活用に関する基本的な考え方」「(1)学校教育の質の向上に向けたICTの活用」を参照。
問3　A：オーズベル（1918～2008）が提唱した有意味受容学習は，学習者に思考の枠組みとなるような先行オーガナイザーをあらかじめ導入しておくと，本学習で学習材料の理解が容易になり，現在の認知構造への受容が促進されるとしている。

Ｂ：ブルーナー（1915～2016）は，教師は子どもの知的潜在能力を引き出すことを目指すべきだとし，教師が一方的に指導するのではなく，学習者が自らの直感・想像を働かせて学習者自身に知識の生成過程をたどらせ，知識を「構造」とし手学習させる発見学習を唱えた。

Ｃ：パーカースト（1887～1973）が創始したドルトン・プランは，従来の学級組織を解体して教科別の実験室を設け，生徒は実験室で教科担任の指導を受けながら自学することを原則とする。

3 解答 問1　4　　問2　6　　問3　1

解説 問1　滋賀県教育委員会「教育しが」（2022年4月号）の「特集〈令和4年度 滋賀の教育〉未来を拓く心豊かでたくましい人づくり」を参照。滋賀県「滋賀の教育大綱（第3期滋賀県教育振興基本計画）」（2019年3月28日）は，基本目標を「未来を拓く心豊かでたくましい人づくり」，サブテーマを「人生100年を見据えた『共に生きる』滋賀の教育」と設定し，基本目標の達成に向け，「滋賀らしさを生かした学び」を大切にし，また，一人ひとりの人生100年を見据えた学びの中で「人と人」，「人と地域」が共に連携し，地域への誇りや愛着を深めていくとしている。

問2　副籍とは，副次的な学籍の略称で，共生社会の実現に向けたインクルーシブ教育システムの構築のために，障害の状況や教育的ニーズに応じた多様な学びの場を柔軟に選択できることを目指して，対象児童が居住地を通学区域（学区）とする小学校（公立小学校および義務教育学校前期課程）と県立特別支援学校双方に学籍を置き，小学校における「共に学び育つ機会」と県立特別支援学校における「専門的な教育を受ける機会」との両方を実現するための仕組みである。

問3　滋賀県教育委員会「第4次滋賀県子ども読書活動推進計画」（2019年3月）の「第3章　計画の基本的な考え方」「②基本的方針」を参照。第4次計画においては，重点的に取り組む課題を，「就学前からの読書習慣の形成」「読書に対する興味・関心を高める取組の普及」「学校図書館の環境のさらなる改善・機能強化」とし，そのための施策の方向性や取組を示している。

ア：「学齢期」ではなく「乳幼児期」。

4 解答 問1　2　　問2　3

解説 問1　1：マズロー（1908～70），3：スキナー（1904～90），4：ギルフォード（1897～1987），5：ユング（1875～1961）の功績。

問2　3：アンビバレンスは，ブロイラー（1857～1939）が創始した用語とされ，「両向性」「相反性」「両（二）面価値」などと訳されている。

京都府

実施日	2022(令和4)年8月20日	試験時間	40分
出題形式	マークシート式	問題数	20題(解答数20)
パターン	時事＋法規・ローカル・原理・心理・教育史	公開状況	問題：公開　解答：公開　配点：公開

傾向 & 対策

●今年度から一般教養が廃止され、問題集が10題→20題に倍増。●ローカル問題を含む全分野から出題される。●最も解答数の多い教育時事は、「学習指導要領の改訂」(2016年12月)及び「令和の日本型学校教育」(2021年1月)に関する中央教育審議会答申のほか、「子どもの自殺予防」(2009年3月)、「特別支援教育の在り方」に関する報告(2021年1月)、「情報セキュリティーポリシー」に関するガイドライン(2022年3月)より。STEAM教育、メディアリテラシーなど用語解説も問われた。●復活したローカル問題は、「京都府人権教育・啓発推進計画(第2次：改定版)」(2021年3月)、「第2期　京都府教育振興プラン」(2021年3月)、「コミュニティ・スクールを始めるにあたって」(令和元年度版)より。

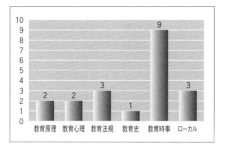

出題領域

教育原理	教育課程・学習指導要領	↓時事	総　則	2	特別の教科　道徳	
	外国語・外国語活動		総合的な学習(探究)の時間		特別活動	
	学習指導		生徒指導		学校・学級経営	
	特別支援教育	↓時事	人権・同和教育	↓法規 ローカル	その他	
教育心理	発　達	1	学　習		性格と適応	1
	カウンセリングと心理療法		教育評価		学級集団	
教育法規※	教育の基本理念		学校教育		学校の管理と運営	
	児童生徒	2	教職員	1	人権教育	1
教育史	日本教育史		西洋教育史	1		
教育時事	答申・統計	9	ローカル	3		

※表中の数字は、解答数
※選択肢の出題領域が複数にわたる場合は、それぞれの項目に加算するためグラフの数とは異なる

2次　全校種共通

☞解答＆解説 p.252

1　次の文章は，「幼稚園，小学校，中学校，高等学校及び特別支援学校の学習指導要領
等の改善及び必要な方策等について（答申）」（平成28年12月21日　中央教育審議会）か
らの抜粋である。文章中の空欄（　①　）～（　④　）に当てはまる語句を正しく組み合わ
せているものはどれか，下のア～オから1つ選びなさい。

○　（中略）今は正に，社会からの学校教育への期待と学校教育が長年目指してきたも
のが一致し，これからの時代を生きていくために必要な力とは何かを（　①　），共に
育んでいくことができる好機にある。これからの教育課程には，社会の変化に目を向
け，教育が普遍的に目指す根幹を堅持しつつ，社会の変化を柔軟に受け止めていく「社
会に開かれた教育課程」としての役割が期待されている。

　このような「社会に開かれた教育課程」としては，次の点が重要になる。

①　社会や世界の状況を幅広く視野に入れ，よりよい学校教育を通じてよりよい社会
を創るという目標を持ち，教育課程を介してその目標を社会と共有していくこと。

②　これからの社会を創り出していく子供たちが，社会や世界に（　②　），自らの人
生を（　③　）ために求められる資質・能力とは何かを，教育課程において明確化し
育んでいくこと。

③　教育課程の実施に当たって，地域の人的・物的資源を活用したり，（　④　）を活
用した社会教育との連携を図ったりし，学校教育を学校内に閉じずに，その目指す
ところを社会と共有・連携しながら実現させること。

	①	②	③	④
ア	教職員と保護者が 共有し	育まれることで	教授してもらう	情報 ネットワーク
イ	学校と社会とが 共有し	向き合い関わり合い	切り拓いていく	放課後や 土曜日等
ウ	教職員と保護者が 共有し	向き合い関わり合い	教授してもらう	情報 ネットワーク
エ	教職員と保護者が 共有し	育まれることで	切り拓いていく	放課後や 土曜日等
オ	学校と社会とが 共有し	育まれることで	切り拓いていく	情報 ネットワーク

2　次の文章は，「幼稚園，小学校，中学校，高等学校及び特別支援学校の学習指導要領
等の改善及び必要な方策等について（答申）」（平成28年12月21日　中央教育審議会）か
らの抜粋である。文章中の空欄（　①　）～（　⑤　）に当てはまる語句を正しく組み合わ
せているものはどれか，下のア～オから1つ選びなさい。

○　（　①　）を定める日本国憲法の下，民主主義を尊重し責任感をもって政治に参画し
ようとする国民を育成することは学校教育に求められる極めて重要な要素の一つであ
り，（　②　）歳への選挙権年齢の引下げにより，小・中学校からの体系的な（　③　）
の充実を図ることが求められている。

京都府

○　また，（　③　）については，政治に関わる主体として適切な判断を行うことができるようになることが求められており，そのためには，政治に関わる主体としてだけではなく広く国家・社会の形成者としていかに社会と向き合うか，例えば，経済に関わる主体（（　④　）等としての主体を含む）等として適切な生活を送ったり産業に関わったりして，社会と関わることができるようになることも前提となる。

○　（中略）必要な資質・能力の具体的な内容としては，国家・社会の基本原理となる法やきまりについての理解や，政治，経済等に関する知識を習得させるのみならず，事実を基に多面的・多角的に考察し，公正に判断する力や，課題の解決に向けて，協働的に追究し根拠をもって主張するなどして合意を形成する力，よりよい社会の実現を視野に国家・社会の形成に主体的に参画しようとする力である。これらの力を教科横断的な視点で育むことができるよう，教科等間相互の連携を図っていくことが重要である。

○　これらの力を育んでいくためには，発達段階に応じて，家庭や学校，地域，国や国際社会の課題の解決を視野に入れ，学校の（　⑤　）を確保しつつ，例えば，小学校段階においては地域の身近な課題を理解し，その解決に向けて自分なりに考えるなど，現実の社会的事象を取り扱っていくことが求められる。。

	①	②	③	④	⑤
ア	社会民主主義	18	義務教育	労働者	政治的中立性
イ	議会制民主主義	16	義務教育	消費者	政治的中立性
ウ	議会制民主主義	18	主権者教育	労働者	宗教的中立性
エ	社会民主主義	16	主権者教育	消費者	宗教的中立性
オ	議会制民主主義	18	主権者教育	消費者	政治的中立性

3　次の①～⑤の文は，児童虐待への対応として法律に定められている内容を説明したものである。内容が正しければ○，誤っていれば×とすると，○×を正しく組み合わせているものはどれか，下のア～オから１つ選びなさい。

①　通告を受けた児童相談所はすべての事例について家庭内に立入調査を行う。

②　虐待を受けている児童を児童相談所が一時保護する場合，保護者の同意を得なければならない。

③　児童虐待を受けていると思われる児童を発見した者は通告する義務がある。

④　要保護児童の在宅支援においては，要保護児童対策地域協議会で関係機関が情報を共有し，協働して支援を行うことができる。

⑤　児童養護施設に入所したケースについて，児童と保護者が家庭復帰を希望すれば家庭に戻さなければならない。

	①	②	③	④	⑤
ア	○	○	○	×	×
イ	×	×	○	○	○
ウ	×	○	×	○	○

エ	×	×	○	○	×
オ	○	○	×	×	○

4 次の①〜④の文は，「教師が知っておきたい子どもの自殺予防」（平成21年3月　文部科学省）における自殺の危険が高まった子どもへの対応の原則と留意点について述べたものである。内容が正しければ○，過っていれば×とすると，○×を正しく組み合わせているものはどれか。下のア〜オから1つ選びなさい。

① 「どんなときに死にたいと思うの？」と，死にたいという気持ちについて率直に尋ねる。

② 「死にたい」と自殺の危険が高い様子であったが，「他の人には言わないで」と言われた場合は，本人との約束を最優先する。

③ 「死ぬなんてバカなことを考えてはいけない」と，死にたい気持ちを否定し，強めに叱る。

④ 「死にたいくらい辛いことがあるのね。あなたのことがとても心配だよ」と，ことばに出して心配していることを伝える。

	①	②	③	④
ア	○	×	○	×
イ	×	○	○	×
ウ	×	×	×	○
エ	×	○	×	○
オ	○	×	×	○

5 次の文章は，学習指導要領の総則に示された道徳教育に関する記述について，小学校，中学校，高等学校及び特別支援学校に共通した部分の抜粋である。文章中の空欄（ ① ）〜（ ⑤ ）に当てはまる語句を正しく組み合わせているものはどれか，下のア〜オから1つ選びなさい。

　道徳教育を進めるに当たっては，（ ① ）の精神と生命に対する畏敬の念を家庭，学校，その他社会における具体的な生活の中に生かし，（ ② ）心をもち，伝統と文化を尊重し，それらを育んできた我が国と（ ③ ）を愛し，（ ④ ）文化の創造を図るとともに，平和で民主的な国家及び社会の形成者として，公共の精神を尊び，社会及び国家の発展に努め，他国を尊重し，国際社会の平和と発展や環境の保全に貢献し未来を拓く（ ⑤ ）のある日本人の育成に資することとなるよう特に留意すること。

	①	②	③	④	⑤
ア	人間尊重	健やかな	家族	個性豊かな	主体性
イ	世界平和	健やかな	家族	伝統と革新による	主体性
ウ	人間尊重	豊かな	郷土	個性豊かな	主体性
エ	世界平和	健やかな	郷土	伝統と革新による	自主性
オ	人間尊重	豊かな	郷土	伝統と革新による	自主性

京都府

6 次の文章は，学習指導要領で示された道徳教育に関する配慮事項について，小学校，中学校，高等学校及び特別支援学校で共通した部分をまとめたものである。文章中の空欄（ ① ）～（ ④ ）に当てはまる語句を正しく組み合わせているものはどれか，下のア～オから1つ選びなさい。

　　学校や学級*¹内の（ ① ）や環境を整えるとともに，集団宿泊活動*²やボランティア活動，自然体験活動，（ ② ）への参加などの豊かな体験を充実すること。また，道徳教育の指導内容が，児童*³の（ ③ ）に生かされるようにすること。その際，（ ④ ）や安全の確保等にも資することとなるよう留意すること。

＊1　高等学校及び特別支援学校高等部では「ホームルーム」

＊2　中学校及び特別支援学校中学部では「職場体験活動」，高等学校及び特別支援学校高等部では「就業体験活動」

＊3　中学校，高等学校，特別支援学校中学部・高等部では「生徒」

	①	②	③	④
ア	組織づくり	社会的行事	学校生活	けがの防止
イ	人間関係	地域の行事	学校生活	けがの防止
ウ	人間関係	社会的行事	学校生活	いじめの防止
エ	人間関係	地域の行事	日常生活	いじめの防止
オ	組織づくり	社会的行事	日常生活	いじめの防止

7 次の文章は，「新しい時代の特別支援教育の在り方に関する有識者会議　報告」（令和3年1月）からの抜粋である。文章中の空欄（ ① ）～（ ④ ）に当てはまる語句を正しく組み合わせているものはどれか，下のア～オから1つ選びなさい。

（我が国の特別支援教育に関する考え方）

　○　特別支援教育は，障害のある子供の自立や（ ① ）に向けた主体的な取組を支援するという視点に立ち，子供一人一人の（ ② ）を把握し，その持てる力を高め，（ ③ ）や学習上の困難を改善又は克服するため，適切な指導及び必要な支援を行うものである。また，特別支援教育は，（ ④ ）のある子供も含めて，障害により特別な支援を必要とする子供が在籍する全ての学校において実施されるものである。

	①	②	③	④
ア	就職	障害の状態	生活	発達遅滞
イ	就職	教育的ニーズ	行動	発達障害
ウ	社会参加	障害の状態	生活	発達障害
エ	社会参加	障害の状態	行動	発達遅滞
オ	社会参加	教育的ニーズ	生活	発達障害

8 次の文章は，「『令和の日本型学校教育』の構築を目指して（答申）」（令和3年1月26日　中央教育審議会）からの抜粋である。文章中の空欄（ ① ）～（ ⑤ ）に当てはまる語句を正しく組み合わせているものはどれか，下のア～オから1つ選びなさい。

　○　特別支援教育を受けてきた子供の指導や（ ① ）の状況等を，（ ② ）等を活用し，

学校間で適切に引き継ぎ，各学校における障害に配慮した適切な指導につなげることが重要である。その際，（ ③ ）との趣旨の違いに留意しながら，共通して引き継がれるべき事項をより明確にするとともに，統合型校務支援システムの活用を図るなど教育の（ ④ ）の動向も踏まえた環境整備を行うことが必要である。

○ 就職後の定着を図るため，関係機関・関係者間で必要な配慮等の確実な引継ぎがなされるよう，教育における（ ② ）と，（ ⑤ ）におけるサービスの利用計画や事業所の個別支援計画，労働における移行支援計画とが一体的に情報提供や情報共有ができるような仕組みの検討や，就職時及び就職後のアフターケアなどの就労支援の充実が必要であり，そのためには，卒業時の移行支援や卒業後の就労支援における特別支援学校と関係機関との役割や連携の在り方などの検討が必要である。

	①	②	③	④	⑤
ア	生育歴	個別の教育支援計画	個別の援助計画	情報化	福祉
イ	合理的配慮	指導要録	個別の援助計画	情報化	福祉
ウ	合理的配慮	個別の教育支援計画	個別の指導計画	情報化	介護
エ	生育歴	指導要録	個別の援助計画	デジタル化	介護
オ	合理的配慮	個別の教育支援計画	個別の指導計画	デジタル化	福祉

9 次の文章は，「京都府人権教育・啓発推進計画（第2次：改定版）」（令和3年3月）第4章　人権教育・啓発の推進　2　人権に特に関係する職業従事者に対する研修等の推進　からの抜粋である。文章中の空欄（ ① ）～（ ⑤ ）に当てはまる語句を正しく組み合わせているものはどれか，下のア～オから1つ選びなさい。

学校における教育の担い手である教職員は，未来を担う子どもの人権を尊重して子どもの（ ① ）や幸福追求を効果的に支援するとともに，子どもの人権意識の高揚を図る上で重要な役割を果たします。そのため，教職員自らが豊かな（ ② ），高い人権意識を持つことや人権教育に関する指導力を向上させることが不可欠です。特にいじめの未然防止・早期発見・早期対応や体罰根絶に向けた取組や教職員研修を徹底することが必要です。

また，教職員の大量退職・大量採用のもとで，教職経験の多寡にかかわらず高い人権意識をもった教職員を育成するために，（ ③ ）の中で積み上げられてきた成果や（ ④ ）への評価を踏まえ，その継承と発展を図るとともに，子どもの心理面や（ ⑤ ）についての専門的知見も取り入れながら，人権教育に取り組むことが必要です。

	A	B	C	D	E
ア	進路実現	感性	同和教育	課題	福祉面
イ	自己実現	人権感覚	同和教育	手法	福祉面

	①	②	③	④	⑤
ウ	自己実現	感性	学校教育	課題	福祉面
エ	進路実現	人権感覚	学校教育	手法	社会面
オ	自己実現	人権感覚	同和教育	課題	社会面

10 次の文は,「部落差別の解消の推進に関する法律」(平成28年法律109号)からの抜粋である。文中の空欄 (①) ~ (⑤) に当てはまる語句を正しく組み合わせているものはどれか,下のア~オから1つ選びなさい。

(目的)

第1条 この法律は,現在もなお部落差別が存在するとともに,(①)の進展に伴って部落差別に関する状況の変化が生じていることを踏まえ,全ての国民に (②)の享有を保障する (③)の理念にのっとり,部落差別は許されないものであるとの認識の下にこれを解消することが重要な課題であることに鑑み,部落差別の解消に関し,基本理念を定め,並びに国及び地方公共団体の (④)を明らかにするとともに,相談体制の充実等について定めることにより,部落差別の解消を推進し,もって部落差別のない (⑤)を実現することを目的とする。

	①	②	③	④	⑤
ア	情報化	基本的人権	日本国憲法	責務	社会
イ	情報化	自由及び権利	教育基本法	努力義務	社会
ウ	情報化	基本的人権	日本国憲法	努力義務	まちづくり
エ	国際化	基本的人権	教育基本法	責務	まちづくり
オ	国際化	自由及び権利	日本国憲法	責務	社会

11 次の文章は,「幼稚園,小学校,中学校,高等学校及び特別支援学校の学習指導要領等の改善及び必要な方策等について(答申)」(平成28年12月21日 中央教育審議会答申)からの抜粋である。文章中の空欄 (①) ~ (⑤) に当てはまる語句を正しく組み合わせているものはどれか,下のア~オから1つ選びなさい。

○ キャリア教育については,中央教育審議会が平成23年1月にまとめた答申「今後の学校におけるキャリア教育・職業教育の在り方について」を踏まえ,その理念が浸透してきている一方で,例えば,職場体験活動のみをもってキャリア教育を行ったものとしているのではないか,社会への (①)を考慮せず,次の学校段階への進学のみを見据えた指導を行っているのではないか,職業を通じて未来の社会を創り上げていくという視点に乏しく,特定の既存組織のこれまでの在り方を前提に指導が行われているのではないか,といった課題も指摘されている。また,将来の夢を描くことばかりに力点が置かれ,(②)の現実や必要な資質・能力の育成につなげていく指導が軽視されていたりするのではないか,といった指摘もある。

○ こうした課題を乗り越えて,キャリア教育を効果的に展開していくためには,(③)を通じて必要な資質・能力の育成を図っていく取組が重要になる。小・中学校では,特別活動の学級活動を中核としながら,(④)の時間や学校行事,特別の教科 道徳や各教科における学習,個別指導としての進路相談等の機会を生かしつつ,学校の

京都府

教育活動全体を通じて行うことが求められる。高等学校においても，小・中学校における キャリア教育の成果を受け継ぎながら，特別活動のホームルーム活動を中核とし，（ ⑤ ）の時間や学校行事，公民科に新設される科目「公共」をはじめ各教科・科目等における学習，個別指導としての進路相談等の機会を生かしつつ，学校の教育活動全体を通じて行うことが求められる。

	①	②	③	④	⑤
ア	参加	「働くこと」	教育課程全体	総合的な探究	総合的な学習
イ	接続	「働くこと」	教科活動全体	総合的な探究	総合的な学習
ウ	接続	「働くこと」	教育課程全体	総合的な学習	総合的な探究
エ	参加	「生きていくこと」	教育課程全体	総合的な学習	総合的な探究
オ	参加	「生きていくこと」	教科活動全体	総合的な学習	総合的な探究

12 次の①～⑤の文の説明に当てはまる人物を正しく組み合わせているものはどれか，下のア～オから１つ選びなさい。

① 著書に『学校と社会』や『経験と教育』などがある。子どもが主体的に経験をとおして学ぶ教育法を唱えた。

② 著書に『人間の教育』などがある。「恩物」と呼ばれる教育玩具を考案し，「一般ドイツ幼稚園」を創設した。

③ 著書に『エミール』などがある。教育とは，人間として本来誰にでも備わっているものを引き出していくことと唱えた。

④ 著書に『新機関』などがある。観察と実験の蓄積によって得られた経験的事実に基づき，真理を明らかにしていく帰納法を唱えた。

⑤ 著書に『大教授学』などがある。教育の機会を与えられなかった人も含めて，全ての人間に対して教育の機会は与えられるものと唱えた。

	①	②	③	④	⑤
ア	デューイ	フレーベル	ルソー	ベーコン	コメニウス
イ	デューイ	フレーベル	ルソー	ピアジェ	モンテーニュ
ウ	ヴィゴツキー	マズロー	ルソー	ベーコン	コメニウス
エ	ヴィゴツキー	マズロー	ブルーム	ベーコン	モンテーニュ
オ	ヴィゴツキー	フレーベル	ブルーム	ピアジェ	モンテーニュ

13 次の①～④の文は，ストレンジ・シチュエーション法による愛着の質の類型化について説明したものである。内容が正しければ○，誤っていれば×とすると，○×を正しく組み合わせているものはどれか，下のア～オから１つ選びなさい。

① 養育者と一緒に遊ぼうとしたり養育者に抱きついたりすることもある一方で，分離後の再会場面ではいつまでも怒りがおさまらず拒否的な態度をみせたりする子どもたちを『葛藤型（アンビバレント型）』と呼ぶ。

② 養育者に対して分離不安を示し，見知らぬ人に対しては不安を示し，養育者が戻ってくると喜びの態度で迎える子どもたちを『回避型』と呼ぶ。

京都府

247

③ 養育者が同じ部屋の中にいても養育者を無視するかのように1人で遊び，養育者の退室をいやがらず，再会においてもとくに養育者を歓迎しない子どもたちを『安定型』と呼ぶ。

④ 養育者に対しておびえたり，立ちすくんだりする不可解な態度をとる子どもたちを『無秩序・無方向型』と呼ぶ。

	①	②	③	④
ア	○	×	○	○
イ	○	×	×	○
ウ	○	○	×	×
エ	×	○	○	×
オ	×	○	○	○

14 次の①～⑤の文は，防衛機制について説明したものである。内容が正しければ○，誤っていれば×とすると，○×を正しく組み合わせているものはどれか，下のア～オから1つ選びなさい。

① 容認しがたい思考，観念，感情，衝動，記憶などを意識の外に閉め出すことを「抑圧」という。

② 自分の行動の本当の動機を無意識のうちに隠し，ほかのもっともらしい理屈をつけて納得することを「逃避」という。

③ 抑圧された反社会的な衝動が社会的，文化的に価値ある活動に置き換えられることを「昇華」という。

④ 自分がもっている考えや感情を，他人がそのような考えや感情をもっているとみなすことを「置換え」という。

⑤ 嫌いな相手を過度に親切に扱うなど，抑圧している欲望や衝動と正反対の態度や行動をとることを「反動形成」という。

	①	②	③	④	⑤
ア	○	×	○	○	×
イ	○	○	×	×	○
ウ	○	×	○	×	○
エ	×	○	○	○	×
オ	×	○	×	○	○

15 次の各法律の条文中の空欄（ ① ）～（ ⑤ ）に当てはまる語句を正しく組み合わせているものはどれか，下のア～オから1つ選びなさい。

「教育基本法」（昭和22年法律25号）

第9条　法律に定める学校の教員は，自己の崇高な使命を深く自覚し，絶えず（ ① ）に励み，その職責の遂行に努めなければならない。

「いじめ防止対策推進法」（平成25年法律71号）

第8条　学校及び学校の教職員は，基本理念にのっとり，当該学校に在籍する児童等の

保護者，地域住民，（ ② ）その他の関係者との連携を図りつつ，学校全体でいじめの防止及び（ ③ ）に取り組むとともに，当該学校に在籍する児童等がいじめを受けていると思われるときは，適切かつ迅速にこれに対処する責務を有する。

「学校教育法」（昭和22年法律26号）

第11条　校長及び教員は，教育上必要があると認めるときは，文部科学大臣の定めるところにより，児童，生徒及び学生に懲戒を加えることができる。ただし，（ ④ ）を加えることはできない。

「地方公務員法」（昭和25年法律261号）

第34条　職員は，（ ⑤ ）を漏らしてはならない。その職を退いた後も，また，同様とする。

	①	②	③	④	⑤
ア	研究と修養	児童相談所	早期発見	体罰	職務上知り得た秘密
イ	研修と陶冶	福祉施設	早期発見	処罰	職務上知り得た秘密
ウ	研究と修養	福祉施設	早期発見	処罰	個人情報
エ	研修と陶冶	福祉施設	撲滅	体罰	個人情報
オ	研究と修養	児童相談所	撲滅	体罰	個人情報

16　次の文章は，「『令和の日本型学校教育』の構築を目指して（答申）」（令和3年1月26日　中央教育審議会）からの抜粋である。文章中の空欄（ ① ）～（ ⑤ ）に当てはまる語句を正しく組み合わせているものはどれか，下のア～オから1つ選びなさい。

中央教育審議会では，平成28年答申において，社会の変化にいかに対処していくかという受け身の観点に立つのであれば難しい時代になる可能性を指摘した上で，変化を前向きに受け止め，社会や人生，生活を，（ ① ）の感性を働かせてより豊かなものにする必要性等を指摘した。とりわけ，その審議の際にAIの専門家も交えて議論を行った結果，次代を切り拓く子供たちに求められる資質・能力としては，文章の意味を正確に理解する読解力，教科等固有の見方・考え方を働かせて自分の頭で考えて表現する力，対話や協働を通じて知識やアイディアを共有し新しい解や（ ② ）を生み出す力などが挙げられた。

また，豊かな情操や規範意識，（ ③ ）の尊重，自己肯定感・自己有用感，他者への思いやり，対面でのコミュニケーションを通じて人間関係を築く力，困難を乗り越え，ものごとを成し遂げる力，（ ④ ）の育成等を図るとともに，子供の頃から各教育段階に応じて（ ⑤ ），健康の確保を図ることなどは，どのような時代であっても変わらず重要である。

	①	②	③	④	⑤
ア	人間ならでは	納得解	自他の生命	公共の精神	体力の向上
イ	自ら	共通解	自他の生命	情報活用能力	体力の向上
ウ	人間ならでは	共通解	自他の生命	公共の精神	言語能力の向上
エ	自ら	納得解	人権	情報活用能力	体力の向上

京都府

| オ | 人間ならでは | 納得解 | 人権 | 情報活用能力 | 言語能力の向上 |

17 次の文章は，教育に係る用語について説明したものである。文章中の空欄（ ① ）～（ ⑤ ）に当てはまる語句を正しく組み合わせているものはどれか，下のア～オから 1 つ選びなさい。

・STEAM教育

STEM（Science, Technology, Engineering, Mathematics）に加え，（ ① ），文化，生活，経済，法律，政治，倫理等を含めた広い範囲でＡを定義し，各教科等での学習を実社会での問題発見・解決に生かしていくための教科等横断的な学習。

・（ ② ）教育システム

人間の多様性の尊重等を強化し，障害者が精神的及び身体的な能力等を可能な最大限度まで発達させ，自由な社会に効果的に参加することを可能にするという目的の下，障害のある者と障害のない者が共に学ぶ仕組み。

・キャリア教育

一人一人の社会的・（ ③ ）自立に向け，必要な基盤となる能力や態度を育てることを通して，キャリア発達を促す教育。

・（ ④ ）評価

成功の度合いを示す数レベル程度の尺度と，それぞれのレベルに対応するパフォーマンスの特徴を示した記述語（評価規準）からなる評価基準表をもとに行う評価。

・メディアリテラシー

放送番組やインターネット等各種メディアを（ ⑤ ）に読み解く能力や，メディアの特性を理解する能力，新たに普及するICT機器にアクセスし活用する能力，メディアを通じコミュニケーションを創造する能力等のこと。

	①	②	③	④	⑤
ア	医療	特別支援	職業的	ルーブリック	論理的
イ	芸術	特別支援	経済的	ポートフォリオ	主体的
ウ	医療	インクルーシブ	経済的	ポートフォリオ	論理的
エ	芸術	インクルーシブ	職業的	ルーブリック	主体的
オ	医療	インクルーシブ	経済的	ルーブリック	主体的

18 次の文章は，「教育情報セキュリティポリシーに関するガイドライン」（令和 4 年 3 月文部科学省）からの抜粋である。文章中の空欄（ ① ）～（ ⑤ ）に当てはまる語句を正しく組み合わせているものはどれか，下のア～オから 1 つ選びなさい。

教育においては，社会全体のデジタル化，デジタルトランスフォーメーション（（ ① ）），Society5.0時代の到来という大きな潮流の中で，学校教育の基盤的なツールとしてICTは必要不可欠なものであり，（ ② ）スクール構想に基づく 1 人 1 台端末の本格運用を進めることによって，一人一人の多様なニーズや特性等に対応した（ ③ ）と協働的な学びを充実させることが重要である。

そのためには，児童生徒の（ ④ ）（スタディ・ログ），生活・健康情報（ライフ・ロ

グ），教職員の支援等に関する情報とその効果・有効性の評価（アシスト・ログ）等を，低コストでありながら，セキュリティも担保して，有機的に結びつけながら活用できる環境構築が必要である。

さらには，新しい教育の提供手段や緊急時における教育提供手段として，（ ⑤ ）型の遠隔授業へのニーズも高まっている。そうした新しい教育ニーズに技術的にも経済的にも対応可能な学校ICT環境の整備が必要となる。

	①	②	③	④	⑤
ア	DT	スマート	持続可能な学び	学習過程	同時双方向
イ	DX	スマート	持続可能な学び	学習履歴	サテライト
ウ	DT	GIGA	個別最適な学び	学習過程	サテライト
エ	DX	GIGA	個別最適な学び	学習履歴	同時双方向
オ	DT	GIGA	持続可能な学び	学習履歴	同時双方向

19 次の文章は，「第2期　京都府教育振興プラン」（令和3年3月　京都府教育委員会）からの抜粋である。文章中の空欄（ ① ）〜（ ④ ）に当てはまる語句を正しく組み合わせているものはどれか，下のア〜オから1つ選びなさい。

超スマート社会やグローバル社会への対応として，AIの力を活用する一方で，人間の強みである想定外の事態に向き合い（ ① ）する力や新たな価値を生み出す力を育成することが必要です。現代社会を生き抜いていくための力，社会の担い手として生きる力をはぐくんでいくことは，（ ② ）などにより，さらに重要度を増しています。

そのためには，多様な他者と関わり対話を通じて学びあうという学校の営みを大切にしながら，これからの学びを支えるICTや先端技術を効果的に活用し，時代の変化に応じた教育を行わなければなりません。また，教員自身が教職生涯を通じて（ ③ ）をもって学び続け，時代の変化に対応して求められる資質や能力を身に付けていく必要があるのです。

京都府教育委員会では，変化を恐れず前向きに受け止め，（ ④ ）を基盤とした京都府ならではの学校教育と社会教育とを通じて，子どもから大人まですべての人々が生涯にわたって力強く歩み続け，高い志をもって，よりよい社会と幸福な人生の創り手となれる人づくりを進めていきます。

	①	②	③	④
ア	解決	成年年齢引き下げ	向上心	人権尊重
イ	解決	新学習指導要領の実施	向上心	文化や伝統
ウ	調整	新学習指導要領の実施	探究心	文化や伝統
エ	調整	成年年齢引き下げ	探究心	人権尊重
オ	調整	成年年齢引き下げ	向上心	文化や伝統

20 次の文章は，「コミュニティ・スクールを始めるにあたって」（令和元年度版　京都府教育委員会）からの抜粋である。文章中の空欄（ ① ）〜（ ④ ）に当てはまる語句を正しく組み合わせているものはどれか，下のア〜オから1つ選びなさい。

グローバル化や情報化，技術革新など，急激な社会の変化は，子ども達を取り巻く環境の変化だけでなく，学校が抱える課題の複雑化，多様化も生み出しています。このような子ども達を取り巻く環境も含めた複雑かつ多様な課題は，学校だけではもはや解決することはできず，学校や地域，関係機関が一体となって「（ ① ）」による取組みが不可欠となっています。その教育の実現のために考えられたのが「コミュニティ・スクール（（ ② ）が設置された学校）」です。また，この「コミュニティ・スクール」については，平成29年４月に地方教育行政の組織及び運営に関する法律の改正がなされ，導入が努力義務化されたことで，より一層，学校と地域が連携を深めることができる仕組みとして各学校での取組みが求められています。
(中略)
　今後，各学校においてコミュニティ・スクールの導入が進んでいく中，学校と地域が想いを共有できる場づくりが進み，学校と地域が一体となって（ ③ ）な教育活動を少しずつ実現していくことで，学校，保護者，地域の方々が当事者として（ ④ ）を感じ，達成感を味わえるような成功体験を積み重ねることができます。

	①	②	③	④
ア	幼児期から成人までを見通した教育	学校評価委員会	対話的	成果
イ	社会総掛かりでの教育	学校運営協議会	協働的	成果
ウ	社会総掛かりでの教育	学校評価委員会	協働的	責任
エ	幼児期から成人までを見通した教育	学校運営協議会	協働的	成果
オ	幼児期から成人までを見通した教育	学校運営協議会	対話的	責任

京都府

解答＆解説

1 解答 イ
　解説 中央教育審議会答申「幼稚園，小学校，中学校，高等学校及び特別支援学校の学習指導要領等の改善及び必要な方策等について」(2016年12月21日) の「第１部　学習指導要領等改訂の基本的な方向性」「第４章　学習指導要領等の枠組みの改善と『社会に開かれた教育課程』」「１．『社会に開かれた教育課程』の実現」を参照。

2 解答 オ
　解説 中央教育審議会答申「幼稚園，小学校，中学校，高等学校及び特別支援学校の学習指導要領等の改善及び必要な方策等について」(2016年12月21日) の「第１部　学習指導要領等改訂の基本的な方向性」「第５章　何ができるようになるか　―育成を目指す資質・能力―」「５．現代的な諸課題に対応して求められる資質・能力」「(主権者として求められる資質・能力)」を参照。

3 解答 エ

解説 ①児童虐待の防止等に関する法律第9条第1項を参照。「立入調査等」の規定。「都道府県知事は，児童虐待が行われているおそれがあると認めるときは，児童委員又は児童の福祉に関する事務に従事する職員をして，児童の住所又は居所に立ち入り，必要な調査又は質問をさせることができる」と示されている。

②一時保護は，必要に応じて行うもの（児童福祉法第33条第1項）であり，速やかに行うよう努めなければならないとされている（児童虐待の防止等に関する法律第8条第3項「通告又は送致を受けた場合の措置」）。

③児童虐待の防止等に関する法律第6条第1項を参照。「児童虐待に係る通告」の規定。

④児童福祉法第25条の2～第25条の6を参照。「要保護児童対策地域協議会」の規定。

⑤児童虐待の防止等に関する法律第13条第1項を参照。「施設入所等の措置の解除等」の規定。「（中略）当該児童について採られた施設入所等の措置を解除しようとするときは，当該児童の保護者について同号の指導を行うこととされた児童福祉司等の意見を聴くとともに，当該児童の保護者に対し採られた当該指導の効果，当該児童に対し再び児童虐待が行われることを予防するために採られる措置について見込まれる効果，当該児童の家庭環境その他厚生労働省令で定める事項を勘案しなければならない」と示されている。

4 解答 オ

解説 文部科学省「教師が知っておきたい子どもの自殺予防」（2009年3月）の「第2章　自殺のサインと対応」を参照。

①「4　対応の原則」を参照。TALKの原則の「Ask」。

②「5　対応の留意点」「3）『秘密にしてほしい』という子どもへの対応」を参照。「そのこと（＝自殺の希望の高いこと）を知った教師だけでただ見守っていくというような対応に陥りがちですが，万一の場合には責任を問われることにもなりかねません」「子どもが恐れているのは自分の秘密が知られることではなく，それを知った際の周りの反応なのです」「学校では，守秘義務の原則に立ちながら，どのように校内で連携できるか，共通理解を図ることができるかが大きな鍵となります」と示されている。

③「4　対応の原則」を参照。「それでは（＝叱ったりすると）せっかく開きはじめた心が閉ざされてしまいます」と示されている。

④「4　対応の原則」を参照。TALKの原則の「Tell」。

5 解答 ウ

解説 平成29年版小学校学習指導要領（2017年3月31日告示）の「第1章　総則」「第1　小学校教育の基本と教育課程の役割」の2(2)，平成29年版中学校学習指導要領（2017年3月31日告示）の「第1章　総則」「第1　中学校教育の基本と教育課程の役割」の2(2)，平成30年版高等学校学習指導要領（2017年3月31日告示）の「第1章　総則」「第1款　高等学校教育の基本と教育課程の役割」の2(2)，平成29年版特別支援学校小学部・中学部学習指導要領（2017年4月28日告示）の「第1

京都府

章　総則」「第2節　小学部及び中学部における教育の基本と教育課程の役割」
の2(2)，平成31年版特別支援学校高等部学習指導要領（2019年2月4日告示）の
「第1章　総則」「第2節　教育課程の編成」「第1款　高等部における教育の基
本と教育課程の役割」の2(2)を参照。

6 解答 エ
解説 平成29年版小学校学習指導要領（2017年3月31日告示）の「第1章　総則」「第6
道徳教育に関する配慮事項」の3，平成29年版中学校学習指導要領（2017年3月
31日告示）の「第1章　総則」「第6　道徳教育に関する配慮事項」の3，平成
30年版高等学校学習指導要領（2018年3月30日告示）の「第1章　総則」「第7款
道徳教育に関する配慮事項」の3，平成29年版特別支援学校小学部・中学部学習
指導要領（2017年4月28日告示）の「第1章　総則」「第7節　道徳教育に関す
る配慮事項」の5，平成31年版特別支援学校高等部学習指導要領（2019年2月4
日告示）の「第1章　総則」「第7款　道徳教育に関する配慮事項」の3を参照。

7 解答 オ
解説 新しい時代の特別支援教育の在り方に関する有識者会議「新しい時代の特別支援
教育の在り方に関する有識者会議　報告」（2021年1月）の「Ⅰ．特別支援教育
を巡る状況と基本的な考え方」「(我が国の特別支援教育に関する考え方)」を参照。

8 解答 オ
解説 中央教育審議会答申「『令和の日本型学校教育』の構築を目指して　～全ての子
供たちの可能性を引き出す，個別最適な学びと，協働的な学びの実現～」（2021
年1月26日，同年4月22日更新）の「第Ⅱ部　各論」「4．新時代の特別支援教
育の在り方について」「(4) 関係機関の連携強化による切れ目ない支援の充実」を
参照。

9 解答 イ
解説 京都府「京都府人権教育・啓発推進計画（第2次：改定版）　～だれもが自分ら
しく生きることのできる社会をめざして～」（2021年3月）の「第4章　人権教育・
啓発の推進」「2　人権に特に関係する職業従事者に対する研修等の推進」を参照。
京都府では，府政運営の指針である「京都府総合計画（京都夢実現プラン）」に
おいて，20年後に実現したい京都府の将来像の一つとして，「人とコミュニティ
を大切にする共生の京都府」を掲げ，全ての人が地域で「守られている」「包み
込まれている」と感じ，誰もが持つ能力を発揮し，参画することのできる社会づ
くりに向け，人権教育・啓発に関する施策を進めている。

10 解答 ア
解説 部落差別の解消の推進に関する法律第1条を参照。この法律の「目的」の規定。

11 解答 ウ
解説 中央教育審議会答申「幼稚園，小学校，中学校，高等学校及び特別支援学校の学
習指導要領等の改善及び必要な方策等について」（2016年12月21日）の「第1部
学習指導要領等改訂の基本的な方向性」「第8章　子供一人一人の発達をどのよ
うに支援するか　―子供の発達を踏まえた指導―」「3．キャリア教育（進路指

導を含む）」

12 解答 ア

解説 ①デューイ（1859～1952）は，「なすことによって学ぶ」という，経験による学習を重視した新教育運動の理論的指導者で，教育とは「経験の再構成」であり，子どもの生活経験に基づき，子どもの自発的活動が中心でなければならないとした。

②フレーベル（1782～1852）は，子どもの内発的自己活動を重視し，遊戯や作業を通じて創造性，社会性の育成を図ろうとした。

③ルソー（1712～78）は，すべての教育は自然による教育に導かなければならないとし，子どもの発達法則，すなわち自然の歩みに即した「消極教育」を提唱した。

④ベーコン（1561～1626）は，イギリス経験論の祖とされ，「知は力なり」「自然は服従することによって征服される」という信念に基づき，自然研究の方法を考究し，近代の経験科学の発展に寄与した。

⑤コメニウス（1592～1670）は，当時の暗記と暗誦を中心とした方法ではなく，子どもの感覚を通じて直観にはたらきかける実物教授，直観教授の方法をとった。

13 解答 イ

解説 ②「回避型」ではなく「安定型」。

③「安定型」ではなく「回避型」。

14 解答 ウ

解説 ②「逃避」ではなく「合理化」。

④「置き換え」ではなく「投射」。

15 解答 ア

解説 ①教育基本法第9条第1項を参照。「教員」の規定。

②・③いじめ防止対策推進法第8条を参照。「学校及び学校の教職員の責務」の規定。

④学校教育法第11条を参照。「児童・生徒等の懲戒」の規定。

⑤地方公務員法第34条第1項を参照。「秘密を守る義務」の規定。

16 解答 ア

解説 中央教育審議会答申「令和の日本型学校教育」の構築を目指して ～全ての子供たちの可能性を引き出す，個別最適な学びと，協働的な学びの実現～」（2021年1月26日，同年4月22日更新）の「第Ⅰ部 総論」「1．急激に変化する時代の中で育むべき資質・能力」を参照。

17 解答 エ

解説 ①中央教育審議会答申「令和の日本型学校教育」の構築を目指して ～全ての子供たちの可能性を引き出す，個別最適な学びと，協働的な学びの実現～」（2021年1月26日，同年4月22日更新）の「第Ⅱ部 各論」「3．新時代に対応した高等学校教育等の在り方について」「(4) STEAM教育等の教科等横断的な学習の推進による資質・能力の育成」を参照。

京都府

②文部科学省「共生社会の形成に向けたインクルーシブ教育システム構築のための特別支援教育の推進（報告）」（2012年7月23日）の「1．共生社会の形成に向けて」「(1)共生社会の形成に向けたインクルーシブ教育システムの構築」「○2　『インクルーシブ教育システム』の定義」を参照。

③中央教育審議会答申「今後の学校におけるキャリア教育・職業教育の在り方について」（2011年1月31日）の「第1章　キャリア教育・職業教育の課題と基本的方向性」「1．キャリア教育・職業教育の内容と課題」「(1)『キャリア教育』の内容と課題」を参照。

④ルーブリックとは，成功の度合いを示す数レベル程度の尺度と，それぞれのレベルに対応するパフォーマンスの特徴を示した記述語（評価規準）からなる評価基準表で，ルーブリック評価はそれを用いた評価方法。

18 |解答| エ

|解説| 文部科学省「教育情報セキュリティーポリシーに関するガイドライン」（2017年10月18日策定，2021年5月改訂，2022年3月一部改訂）の「第2章　本ガイドライン制定の背景・経緯」「(3) ガイドライン作成の経緯と主な改訂内容」「【今般のガイドライン改訂経緯と今後の方向性について】」を参照。

19 |解答| エ

|解説| 京都府教育委員会「第2期　京都府教育振興プラン」（2021年3月）の「第1章　京都府の教育の基本理念」「1　目指す人間像とはぐくみたい力」「―京都府教育委員会が目指す人間像，そして，そのためにはぐくみたい力とは―」を参照。同プランは，教育基本法において地方公共団体が定めるよう努めることとされている「教育振興基本計画」であり，長期的な展望に立って，京都府の教育の目指す方向及びその実現に向けた総合的な教育施策を明示し，「京都府ならではの教育」を進めていくための指針となるものである。

20 |解答| イ

|解説| 京都府教育委員会「コミュニティ・スクールを始めるにあたって」（令和元年度版）の「1　はじめに」「2　コミュニティ・スクールについて」を参照。同資料では，現在，京都府で既にコミュニティ・スクールを導入している10市町と，令和2年度から導入を計画・検討している2市町の取組や導入に至るまでの準備計画等を掲載し，「コミュニティ・スクールで何ができるようになるか」や，「実際に熟議（学校運営協議会等で学校や地域が対等の立場で協議を行うこと）を行うには，どのように進めていけばいいのか」等の疑問に対して，具体的な事例を提示している。

京 都 市

実施日	2022(令和4)年6月25日	試験時間	30分(一般教養を含む)
出題形式	マークシート式	問題数	11題(解答数11)
パターン	法規・原理・時事＋教育史	公開状況	問題：公開　解答：公開　配点：公開

傾向&対策
●新型コロナウイルス感染症の拡大以降，教職・一般教養は3年ぶりの実施。●出題分野にかかわらず「特別支援教育」「人権教育」が必出の教育トピック。●教育原理は，学習指導要領「総則」と，教育相談の手法。●教育法規は，子供の貧困対策の推進に関する法律，学校保健安全法などの空欄補充問題。●教育時事は，SDGs，「人権教育の指導方法等」に関する第三次とりまとめ(2008年3月)，国連の「人権教育のための世界計画」行動計画，「特別支援教育の在り方」に関する報告(2012年7月)，「食に関する指導の手引　－第二次改訂版－」(2019年3月)，新型コロナウイルス感染症について。ローカル問題(子どもを共に育む京都市民憲章，及び同憲章の実践の推進に関する条例)も含む。

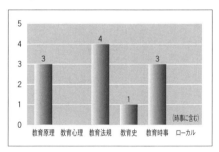

出題領域

教育原理	教育課程・学習指導要領		総　則	2	特別の教科　道徳	
	外国語・外国語活動		総合的な学習(探究)の時間		特別活動	
	学習指導		生徒指導	1	学校・学級経営	
	特別支援教育	↓時事	人権・同和教育	↓時事	その他	
教育心理	発　達		学　習		性格と適応	
	カウンセリングと心理療法		教育評価		学級集団	
教育法規※	教育の基本理念		学校教育	1	学校の管理と運営	1
	児童生徒	3	教職員		その他	
教育史	日本教育史		西洋教育史	1		
教育時事※	答申・統計	4	ローカル※	1		

※表中の数字は，解答数
※選択肢の出題領域が複数にわたる場合は，それぞれの項目に加算するためグラフの数とは異なる

全校種共通　☞解答&解説 p.263

1 次の文は,「子どもの貧困対策の推進に関する法律」第2条の条文について述べたものである。（ ア ）〜（ オ ）に入る語句について,正しい組合せはどれか,①〜⑤から一つ選んで番号で答えなさい。

第2条　子どもの貧困対策は,社会のあらゆる分野において,子どもの（ ア ）の程度に応じて,その意見が尊重され,その最善の利益が優先して考慮され,子どもが心身ともに健やかに育成されることを旨として,推進されなければならない。

2　子どもの貧困対策は,子ども等に対する（ イ ）の支援,生活の安定に資するための支援,職業生活の安定と向上に資するための就労の支援,経済的支援等の施策を,子どもの（ ウ ）がその生まれ育った環境によって左右されることのない社会を実現することを旨として,子ども等の生活及び取り巻く環境の状況に応じて包括的かつ早期に講ずることにより,推進されなければならない。

3　子どもの貧困対策は,子どもの貧困の背景に様々な（ エ ）があることを踏まえ,推進されなければならない。

4　子どもの貧困対策は,国及び地方公共団体の関係機関相互の（ オ ）な連携の下に,関連分野における総合的な取組として行われなければならない。

① ア　年齢及び発達　　イ　現在及び将来　　ウ　成長及び発達
　　エ　社会的な要因　　オ　密接

② ア　生活実態　　　　イ　将来　　　　　　ウ　社会的な要因
　　エ　経済背景　　　　オ　強固

③ ア　年齢及び発達　　イ　教育　　　　　　ウ　現在及び将来
　　エ　社会的な要因　　オ　密接

④ ア　生活実態　　　　イ　教育　　　　　　ウ　社会的な要因
　　エ　環境実態　　　　オ　親密

⑤ ア　養育状況　　　　イ　成長及び発達　　ウ　教育
　　エ　経済状況　　　　オ　緊密

2 次の文は学校保健安全法（第5条・第27条・第29条）の抜粋である。（ ア ）〜（ オ ）に入る語句について,正しい組合せはどれか,①〜⑤から一つ選んで番号で答えなさい。

○　学校においては,児童生徒等及び職員の心身の健康の（ ア ）を図るため,児童生徒等及び職員の健康診断,（ イ ）,児童生徒等に対する指導その他保健に関する事項について計画を策定し,これを実施しなければならない。

○　学校においては,児童生徒等の安全の確保を図るため,当該学校の施設及び設備の（ ウ ）,児童生徒等に対する（ エ ）を含めた学校生活その他の日常生活における安全に関する指導,職員の研修その他学校における安全に関する事項について計画を策定し,これを実施しなければならない。

○　学校においては,児童生徒等の安全の確保を図るため,当該学校の（ オ ）に応じて,危険等発生時において当該学校の職員がとるべき措置の具体的内容及び手順を定

京都市

258

めた対処要領を作成するものとする。

① ア　維持管理　　　イ　安全点検　　　　　ウ　管理運営　　　　エ　健康観察
　　オ　地域実情

② ア　保持増進　　　イ　環境衛生検査　　　ウ　安全点検　　　　エ　通学
　　オ　実情

③ ア　保持増進　　　イ　環境衛生検査　　　ウ　管理運営　　　　エ　健康観察
　　オ　地域実態

④ ア　維持管理　　　イ　安全検査　　　　　ウ　環境衛生検査　　エ　健康観察
　　オ　通学

⑤ ア　保持増進　　　イ　安全点検　　　　　ウ　環境衛生検査　　エ　通学
　　オ　実情

3 次の文に該当する人物は誰か，正しいものを，①〜⑤から一つ選んで番号で答えなさい。

　著書『学校と社会』の中で「教育は子どもが中心であり，この中心のまわりに学校のもろもろの営みが組織されなければならない」として，子どもの四つの衝動を出発点とする教育課程の構成を説いた。

①カント　　②ペスタロッチ　　③ルソー　　④デューイ　　⑤フレーベル

4 文部科学省生徒指導提要の中に示されている「教育相談でも活用できる新たな手法等」の名称とその内容について，正しい組合せはどれか，①〜⑤から一つ選んで番号で答えなさい。

① アンガーマネジメント　……　自分の身体や心，命を守り，健康に生きるためのトレーニング。

② ライフスキルトレーニング　……　様々な社会的技能をトレーニングにより，育てる方法。

③ アサーショントレーニング　……　自分の中に生じた怒りの対処法を段階的に学ぶ方法。

④ ソーシャルスキルトレーニング　……　「主張訓練」と訳され，対人場面で自分の伝えたいことをしっかりと伝えるためのトレーニング。

⑤ グループエンカウンター　……　人間関係作りや相互理解，協力して問題解決する力などが育成される，集団の持つプラスの力を最大限に引き出す方法。

5 平成29年告示の学習指導要領総則の中で，次のように説明されていることはどれか，正しいものを，①〜⑤から一つ選んで番号で答えなさい。

　「児童（生徒）や学校，地域の実態を適切に把握し，教育の目的や目標の実現に必要な教育の内容等を教科等横断的な視点で組み立てていくこと，教育課程の実施状況を評価してその改善を図っていくこと，教育課程の実施に必要な人的又は物的な体制を確保するとともにその改善を図っていくことなどを通して，教育課程に基づき組織的かつ計画的に各学校の教育活動の質の向上を図っていくこと」

①プログラミング学習　　②アクティブ・ラーニング　　③主体的・対話的で深い学び
④カリキュラム・マネジメント　　⑤プロジェクトメソッド

京都市

6 次の記述のうち，誤っているものはどれか。①〜⑤から一つ選んで番号で答えなさい。

① 持続可能な開発目標（SDGs）は，2015年9月の国連サミットにおいて全会一致で採択された，これは，2030年を年限とする17の国際目標と169のターゲットから構成されており，「誰一人取り残さない」持続可能で多様性と包摂性のある社会の実現を目指すものである。

② 「人権教育の指導方法等の在り方について〔第三次とりまとめ〕」では，人権尊重の精神に立つ学校づくりとして，「教職員による厳しさと優しさを兼ね備えた指導と，全ての教職員の意識的な参画，児童生徒の主体的な学級参加等を促進し，人権が尊重される学校教育を実現・維持するための環境整備に取り組むことが大切である。」としている。

③ 京都市が平成19年2月に制定した「子どもを共に育む京都市民憲章」は，子どもたち一人ひとりが将来の京都を担う市民として成長していくための，子どもの行動指針を示しており，また平成23年4月には「子どもを共に育む京都市民憲章の実践の推進に関する条例」が施行され，憲章に基づいた様々な取組が進められている。

④ 国連の「人権教育のための世界計画」行動計画では，人権教育について「知識の共有，技術の伝達，及び態度の形成を通じ，人権という普遍的文化を構築するために行う」ものとしている。

⑤ 「児童の権利に関する条約（子どもの権利条約）」では，18歳未満の児童（子ども）を，権利をもつ主体と位置づけ，おとなと同様ひとりの人間としての人権を認めるとともに，成長の過程で特別な保護や配慮が必要な子どもならではの権利も定めている。

7 次の文は，「義務教育の段階における普通教育に相当する教育の機会の確保等に関する法律」（平成28年法律第105号）からの抜粋である。（ ア ）〜（ エ ）に当てはまる語句の組合せとして正しいものはどれか，①〜⑤から一つ選んで番号で答えなさい。

（基本理念）

第3条 教育機会の確保等に関する施策は，次に掲げる事項を基本理念として行われなければならない。

一 全ての児童生徒が豊かな学校生活を送り，安心して教育を受けられるよう，学校における環境の確保が図られるようにすること。

二 不登校児童生徒が行う多様な学習活動の実情を踏まえ，個々の不登校児童生徒の（ ア ）必要な支援が行われるようにすること。

三 不登校児童生徒が安心して教育を十分に受けられるよう，学校における環境の整備が図られるようにすること。

四 義務教育の段階における普通教育に相当する教育を十分に受けていない者の意思を十分に尊重しつつ，その年齢又は国籍その他の置かれている事情にかかわりなく，その能力に応じた教育を受ける機会が確保されるようにするとともに，その者が，その教育を通じて，（ イ ）基礎を培い，豊かな人生を送ることができるよう，その（ ウ ）の維持向上が図られるようにすること。

五 国，地方公共団体，教育機会の確保等に関する活動を行う（ エ ）その他の関係者の相互の密接な連携の下に行われるようにすること。

① ア　希望に応じた　　イ　確かな学力を身につける　　ウ　生活水準
　　エ　保護者

② ア　状況に応じた　　イ　確かな学力を身につける　　ウ　教育水準
　　エ　保護者

③ ア　状況に応じた　　イ　確かな学力を身につける　　ウ　生活水準
　　エ　民間の団体

④ ア　状況に応じた　　イ　社会において自立的に生きる　　ウ　教育水準
　　エ　民間の団体

⑤ ア　希望に応じた　　イ　社会において自立的に生きる　　ウ　生活水準
　　エ　保護者

8　次の表は，文部科学省「特別支援教育の在り方に関する特別委員会」（報告）（平成24年7月23日）からの抜粋である。（　ア　）〜（　エ　）に当てはまる語句について，正しい組合せはどれか，①〜⑤から一つ選んで番号で答えなさい。

○1-1-1　学習上又は生活上の困難を改善・克服するための配慮	
障害による学習上又は生活上の困難を主体的に改善・克服するため，また，個性や障害の特性に応じて，その持てる力を高めるため，必要な知識，技能，態度，習慣を身に付けられるよう支援する。	
視覚障害	見えにくさを補うことができるようにするための指導を行う。（弱視レンズ等の効果的な活用，他者へ積極的に関わる意欲や態度の育成，見えやすい環境を知り自ら整えることができるようにする　等）
（　ア　）	できるだけ実生活につながる技術や態度を身に付けられるようにするとともに，社会生活上の規範やルールの理解を促すための指導を行う。
（　イ　）	自閉症の特性である「適切な対人関係形成の困難さ」「言語発達の遅れや異なった意味理解」「手順や方法に独特のこだわり」等により，学習内容の習得の困難さを補完する指導を行う。（動作等を利用して意味を理解する，繰り返し練習をして道具の使い方を正確に覚える　等）
（　ウ　）	読み書きや計算等に関して苦手なことをできるようにする，別の方法で代替する，他の能力で補完するなどに関する指導を行う。（文字の形を見分けることをできるようにする，パソコン，デジカメ等の使用，口頭試問による評価　等）
（　エ　）	行動を最後までやり遂げることが困難な場合には，途中で忘れないように工夫したり，別の方法で補ったりするための指導を行う。（自分を客観視する，物品の管理方法の工夫，メモの使用　等）

① ア　知的障害　　　イ　自閉症・情緒障害　　ウ　学習障害
　　エ　注意欠陥多動性障害

② ア　肢体不自由　　イ　自閉症・情緒障害　　ウ　知的障害
　　エ　強度行動障害

③ ア　知的障害　　　イ　自閉症・情緒障害　　ウ　知的障害
　　エ　注意欠陥多動性障害

④ ア　知的障害　　　イ　自閉症・情緒障害　　ウ　学習障害
　　エ　強度行動障害

京都市

⑤　ア　肢体不自由　　　イ　言語障害　　　ウ　知的障害　　　エ　強度行動障害

9　次の文章は，小学校学習指導要領および中学校学習指導要領（平成29年告示）からの抜粋である。（ a ）～（ d ）に当てはまる語句について，正しい組合せはどれか，①～⑤から一つ選んで番号で答えなさい。なお，中学校学習指導要領は児童を生徒に置き換えるものとする。

第1章　総則　第4　児童（生徒）の発達の支援

2　特別な配慮を必要とする児童（生徒）への指導

　(1)　障害のある児童（生徒）などへの指導

　　　ア　障害のある児童（生徒）などについては，（ a ）等の助言又は援助を活用しつつ，個々の児童（生徒）の障害の状態等に応じた指導内容や指導方法の工夫を（ b ）かつ計画的に行うものとする。

　　　イ　特別支援学級において実施する特別の教育課程については，次のとおり編成するものとする。

　　　　(ア)　障害による学習上又は生活上の困難を克服し自立を図るため，特別支援学校小学部・中学部学習指導要領第7章に示す（ c ）を取り入れること。

　　　　(イ)　児童（生徒）の障害の程度や学級の実態等を考慮の上，各教科の目標や内容を下学年の教科の目標や内容に替えたり，各教科を，知的障害者である児童（生徒）に対する教育を行う特別支援学校の各教科に替えたりするなどして，（ d ）教育課程を編成すること。

①　a　特別支援学校　　　b　組織的　　　c　自立活動　　　d　実態に応じた
②　a　管理職　　　　　　b　総合的　　　c　自立訓練　　　d　必要に応じて
③　a　専門家　　　　　　b　組織的　　　c　自立学習　　　d　総合的に判断して
④　a　特別支援学校　　　b　総合的　　　c　自立活動　　　d　必要に応じて
⑤　a　専門家　　　　　　b　組織的　　　c　自立訓練　　　d　実態に応じた

10　次の文は，「食に関する指導の手引　―第二次改訂版―」（平成31年3月　文部科学省）内の「食に関する指導の目標」についての記述である。（ ア ）～（ オ ）にあてはまる語句について，正しい組合せはどれか，①～⑤から一つ選んで番号で答えなさい。

　学校教育活動全体を通して，学校における食育の推進を図り，食に関わる資質・能力を次のとおり育成することを目指します。

【知識・技能】

　食事の重要性や（ ア ），食文化等についての理解を図り，健康で健全な食生活に関する知識や技能を身に付けるようにする。

【思考力・判断力・表現力等】

　食生活や（ イ ）について，正しい知識・情報に基づき，自ら（ ウ ）したり判断したりできる能力を養う。

【学びに向かう力・人間性等】

　主体的に，自他の健康な食生活を実現しようとし，食や食文化，（ エ ）等に関わる人々に対して感謝する心を育み，食事のマナーや食事を通じた（ オ ）を養う。

①　ア　心身の健康　　　イ　食料の生産　　　ウ　実践　　　　エ　各地域の産物

		オ	生きる力						
②	ア	健康の保持	イ	食品の選択	ウ	調理	エ	地場産物
	オ	自己管理能力
③	ア	食環境	イ	栄養素	ウ	献立を作成	エ	調理
	オ	豊かな人間性
④	ア	栄養バランス	イ	食の選択	ウ	管理	エ	食料の生産
	オ	人間関係形成能力
⑤	ア	食品の選択	イ	栄養バランス	ウ	実践	エ	食料の生産
	オ	自己管理能力

11 次の文は，新型コロナウイルス感染症に関する記述である。（ ア ）～（ エ ）にあてはまる語句の組合せとして正しいものはどれか，①～⑤から一つ選んで番号で答えなさい。

- 新型コロナウイルス感染症は，感染者の口や鼻から，咳，くしゃみ，会話等のときに排出される，ウイルスを含む飛沫又はエアロゾルと呼ばれる更に小さな水分を含んだ状態の（ ア ）を吸入するか，感染者の目や鼻，口に直接的に接触することにより感染する。
- WHOによると，新型コロナウイルスは，プラスチックの表面では最大（ イ ）時間，ボール紙では最大24時間生存するとしている。
- 児童生徒等の新型コロナウイルス感染症の感染が判明した場合又は児童生徒等が感染者の濃厚接触者に特定された場合には，各学校において，当該児童生徒等に対し，（ ウ ）第19条に基づく出席停止の措置をとる。

（ ウ ）（抄）

第19条　（ エ ）は，感染症にかかっており，かかっている疑いがあり，又はかかるおそれのある児童生徒等があるときは，政令で定めるところにより，出席を停止させることができる。

①	ア	原子	イ	48	ウ	学校教育法	エ	学校の設置者
②	ア	粒子	イ	72	ウ	学校保健安全法	エ	校長
③	ア	原子	イ	72	ウ	学校保健安全法	エ	学校の設置者
④	ア	粒子	イ	48	ウ	学校教育法	エ	校長
⑤	ア	原子	イ	120	ウ	学校保健安全法	エ	校長

解答＆解説

1 解答 ③

解説　子どもの貧困対策の推進に関する法律第2条を参照。「基本理念」の規定。

2 解答 ②

解説　ア・イ：学校保健安全法第5条を参照。「学校保健計画の策定等」の規定。
　　　ウ・エ：学校保健安全法第27条を参照。「学校安全計画の策定等」の規定。

オ：学校保健安全法第29条第１項を参照。「危険等発生時対処要領の作成等」の規定。

3 解答 ④

解説 ④デューイ（1859～1952）は，「なすことによって学ぶ」という，経験による学習を重視した新教育運動の理論的指導者で，教育とは「経験の再構成」であり，子どもの生活経験に基づき，子どもの自発的活動が中心でなければならないとした。

4 解答 ⑤

解説 『生徒指導提要』（2010年３月）の「第５章　教育相談」「第３節　教育相談の進め方」「２　学級担任・ホームルーム担任が行う教育相談」「(3)教育相談の新たな展開」の図表5―3―3「教育相談でも活用できる新たな手法等」を参照。

①ライフスキルトレーニングの内容。

②ソーシャルスキルトレーニングの内容。

③アンガーマネジメントの内容。

④アサーショントレーニングの内容。

5 解答 ④

解説 平成29年版小学校学習指導要領（2017年３月31日告示）の「第１章　総則」「第１　小学校教育の基本と教育課程の役割」の４，平成29年版中学校学習指導要領（2017年３月31日告示）の「第１章　総則」「第１　中学校教育の基本と教育課程の役割」の４を参照。

6 解答 ③

解説 ③子どもを共に育む京都市民憲章は，子どもを健やかに育む社会を目指し，市民との協働により，「市民共通の行動規範」として2017年２月５日に制定された。

①外務省HPの「SDGsとは」を参照。

②人権教育の指導方法等に関する調査研究会議「人権教育の指導方法等の在り方について［第三次とりまとめ］」（2008年３月）の「指導等の在り方編」「第２章　学校における人権教育の指導方法等の改善・充実」「第１節　学校としての組織的な取組と関係機関等との連携等」「1．学校の教育活動全体を通じた人権教育の推進」を参照。

④人権教育の指導方法等に関する調査研究会議「人権教育の指導方法等の在り方について［第三次とりまとめ］」（2008年３月）の「指導等の在り方編」「第１章　学校教育における人権教育の改善・充実の基本的考え方」「1．人権及び人権教育」「(2)人権教育とは」を参照。

⑤外務省HP，及び児童の権利に関する条約第１条を参照。

7 解答 ④

解説 義務教育の段階における普通教育に相当する教育の機会の確保等に関する法律第３条を参照。「基本理念」の規定。

8 解答 ①

解説 文部科学省「特別支援教育の在り方に関する特別委員会（報告）」（2012年７月23

日）の「○1−1−1　学習上又は生活上の困難を改善・克服するための配慮」を参照。

9 |解答| ①

|解説| 平成29年版小学校学習指導要領（2017年3月31日告示）の「第1章　総則」「第4　児童の発達の支援」「2　特別な配慮を必要とする児童への指導」「(1)障害のある児童などへの指導」，平成29年版中学校学習指導要領（2017年3月31日告示）の「第1章　総則」「第4　生徒の発達の支援」「2　特別な配慮を必要とする生徒への指導」「(1)障害のある生徒などへの指導」を参照。

10 |解答| ④

|解説| 文部科学省「食に関する指導の手引　―第二次改訂版―」（2019年3月）の「第1章　学校における食育の推進の必要性」「1　食に関する指導の目標」「【食に関する指導の目標】」を参照。

11 |解答| ②

|解説| ア：国立感染症研究所のHP「新型コロナウイルス（SARS-CoV-2）の感染経路について」などを参照。

イ：国立感染症研究所「新型コロナウイルス感染症に対する感染簡易」（2021年6月30日改訂）の「4　環境整備」を参照。

ウ・エ：学校保健安全法第19条を参照。感染症予防のための「出席停止」の規定。

大阪府／豊能地区／大阪市／堺市

実施日	2022（令和4）年6月25日	試験時間	90分（思考力・判断力を問う問題を含む）
出題形式	マークシート式	問題数	15題（解答数15）
パターン	時事・法規＋原理・心理・教育史	公開状況	問題：公開　解答：公開　配点：公開

傾向&対策

●教職教養：思考力・判断力を測る問題＝1：1。●教育法規は，教育基本法，学校教育法など頻出条文の空欄補充問題，正誤判定問題のほか，「教育公務員の倫理（服務規律）」に関する事例問題が定番。個人情報の管理，営利企業への従事等の制限が具体的事例で問われた。●教育時事は，「特別支援教育」と「人権教育」が必出の教育トピックで，今年度は「障害のある子供の教育支援の手引」（2021年6月）と，「人権教育を取り巻く諸情勢について〔第三次とりまとめ〕策定以降の補足資料」（2021年3月）。このほか，「令和の日本型学校教育」に関する中央教育審議会答申（2021年1月），「児童生徒の自殺予防」に関する文部科学省通知（2021年6月），「生きる力をはぐくむ学校での安全教育」（2019年3月）など。

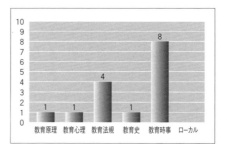

出題領域

教育原理	教育課程・学習指導要領		総　則	1	特別の教科　道徳	
	外国語活動		総合的な学習(探究)の時間		特別活動	
	学習指導		生徒指導	↓時事	学校・学級経営	
	特別支援教育	↓法規時事	人権・同和教育	↓時事	その他	
教育心理	発　達		学　習	1	性格と適応	
	カウンセリングと心理療法		教育評価		学級集団	
教育法規	教育の基本理念	1	学校教育	1	学校の管理と運営	1
	児童生徒	1	事例	2	特別支援教育	1
教育史	日本教育史	1	西洋教育史			
教育時事	答申・統計	8	ローカル			

※表中の数字は，解答数
※選択肢の出題領域が複数にわたる場合は，それぞれの項目に加算するためグラフの数とは異なる

全校種共通

☞解答＆解説 p.276

1 次の各文のうち，〔　　〕内に示される法規名と，条文または条文の一部の組合せとして誤っているものはどれか。1～5から一つ選べ。

1　〔教育基本法〕

　　教育は，不当な支配に服することなく，この法律及び他の法律の定めるところにより行われるべきものであり，教育行政は，国と地方公共団体との適切な役割分担及び相互の協力の下，公正かつ適正に行われなければならない。

2　〔学校教育法〕

　　学校においては，授業料を徴収することができる。ただし，国立又は公立の小学校及び中学校，義務教育学校，中等教育学校の前期課程又は特別支援学校の小学校部及び中学部における義務教育については，これを徴収することができない。

3　〔学校保健安全法〕

　　学校においては，児童生徒等の安全の確保を図るため，児童生徒等の保護者との連携を図るとともに，当該学校が所在する地域の実情に応じて，当該地域を管轄する警察署その他の関係機関，地域の安全を確保するための活動を行う団体その他の関係団体，当該地域の住民その他の関係者との連携を図るよう努めるものとする。

4　〔障害者基本法〕

　　国及び地方公共団体は，障害のある者が，その障害の状態に応じ，十分な教育を受けられるよう，教育上必要な支援を講じなければならない。

5　〔児童福祉法〕

　　全て児童は，児童の権利に関する条約の精神にのつとり，適切に養育されること，その生活を保障されること，愛され，保護されること，その心身の健やかな成長及び発達並びにその自立が図られることその他の福祉を等しく保障される権利を有する。

2 次の文は，平成29年3月に文部科学省から示された小学校学習指導要領「総則」の小学校教育の基本と教育課程の役割に関する記述の一部である。空欄A～Dに，あとのア～クのいずれかの語句を入れてこの文を完成させる場合，正しい組合せはどれか。1～5から一つ選べ。

　　学校における体育・健康に関する指導を，児童の発達の段階を考慮して，学校の　A　を通じて適切に行うことにより，健康で安全な生活と　B　を目指した教育の充実に努めること。特に，学校における食育の推進並びに体力の向上に関する指導，安全に関する指導及び心身の健康の保持増進に関する指導については，体育科，家庭科及び特別活動の時間はもとより，各教科，道徳科，外国語活動及び総合的な学習の時間などにおいてもそれぞれの　C　に応じて適切に行うよう努めること。また，それらの指導を通して，家庭や地域社会との連携を図りながら，日常生活において適切な体育・健康に関する活動の実践を促し，　D　を通じて健康・安全で活力ある生活を送るための基礎が培われるよう配慮すること。

ア　教育活動全体　　　　　　　イ　健康安全・体育的行事
ウ　豊かなスポーツライフの実現　エ　運動習慣の獲得

大阪府／豊能地区／大阪市／堺市

オ　特質　　カ　ねらい　　キ　学校生活　　ク　生涯

	A	B	C	D
1	ア	ウ	オ	ク
2	ア	ウ	カ	キ
3	ア	エ	オ	キ
4	イ	ウ	オ	キ
5	イ	エ	カ	ク

3　次の各文のうち，「『令和の日本型学校教育』の構築を目指して　～全ての子供たちの可能性を引き出す，個別最適な学びと，協働的な学びの実現～（答申）」（令和3年1月26日　中央教育審議会）の中の，2020年代を通じて実現すべき「令和の日本型学校教育」の姿に関する記述の内容として誤っているものはどれか。1～5から一つ選べ。

1　新型コロナウイルス感染症の感染拡大による臨時休業の長期化により，多様な子供一人一人が自立した学習者として学び続けていけるようになっているか，という点が改めて焦点化されたところであり，これからの学校教育においては，子供がICTも活用しながら自ら学習を調整しながら学んでいくことができるよう，「個に応じた指導」を充実することが必要である。

2　全ての子供に基礎的・基本的な知識・技能を確実に習得させ，思考力・判断力・表現力等や，自ら学習を調整しながら粘り強く学習に取り組む態度等を育成するためには，教師が支援の必要な子供により重点的な指導を行うことなどで効果的な指導を実現することや，子供一人一人の特性や学習進度，学習到達度等に応じ，指導方法・教材や学習時間等の柔軟な提供・設定を行うことなどの「指導の個別化」が必要である。

3　「協働的な学び」においては，集団の中で個が埋没してしまうことがないよう，「主体的・対話的で深い学び」の実現に向けた授業改善につなげ，子供一人一人のよい点や可能性を生かすことで，異なる考え方が組み合わさり，よりよい学びを生み出していくようにすることが大切である。

4　「協働的な学び」においては，学校行事や児童会（生徒会）活動等を含め学校における様々な活動の中で学級内や同学年内の交流の機会を充実させることに重点を置き，子供が自らのこれまでの成長を振り返り，将来への展望を培うとともに，自己肯定感を育むなどの取組が大切である。

5　各学校においては，教科等の特質に応じ，地域・学校や児童生徒の実情を踏まえながら，授業の中で「個別最適な学び」の成果を「協働的な学び」に生かし，更にその成果を「個別最適な学び」に還元するなど，「個別最適な学び」と「協働的な学び」を一体的に充実し，「主体的・対話的で深い学び」の実現に向けた授業改善につなげていくことが必要である。

4　次の各文のうち，「生徒指導リーフ増刊号　いじめのない学校づくり3　―基本方針を実効化する対策組織の構成と運用―」（令和3年7月　文部科学省国立教育政策研究所生徒指導・進路指導研究センター）の中の，「対策組織」（いじめ防止対策推進法第22条に規定する学校におけるいじめの防止等の対策のための組織をいう。）に関する記述の内容として誤っているものはどれか。1～5から一つ選べ。

大阪府／豊能地区／大阪市／堺市

1 「暴力を伴わないいじめ」の場合，状況等で行為（例えば，笑うこと）が悪か否かの評価は変わるし，人間関係（力関係等）も考慮すべきである。さらに，不特定多数が関わるなど，その場での禁止や指導が困難な場合もある。だからこそ，「対策組織」で判断して対応することが不可欠である。

2 「暴力を伴わないいじめ」の場合，半年以内に終息していく被害や加害がある一方で，新たに始まる被害や加害もあるなど，多くの児童生徒が被害にも加害にも次々と巻き込まれていく実態が分かっている。それを考慮すれば，未然防止の取組は年に複数回，計画的に実施されていく必要があり，それを確実に実行に移す役割を担うのが，「対策組織」である。

3 いじめが疑われるようなトラブル等を見聞きした場合はもちろん，ささいな変化や異常に気づいた場合にも，いじめに当たるか否かの判断を下すとともに，いじめか否かにかかわらず，適切なケアや指導を確実に実行に移す役割を担うのも，「対策組織」である。

4 迅速かつ確実に対応するため，「対策組織」のメンバーには，心理，福祉等に関する専門的な知識を有する者等は含めず，校長をはじめとする管理職，生徒指導に関わりの深い生徒指導主事，生徒指導主任や養護教諭など，一部の学校関係者のみで構成することが合理的で望ましい。

5 個々の教職員が個人的な経験や思いに基づきいじめか否かを判断する従来の形では，発見者が「これは，いじめに当たらない」と判断した場合，そのまま放置されるといったことも起き得る。それを防ぐために，いじめか否かの判断は全て「対策組織」が責任を持って行う。

5 次の各文のうち，「児童生徒の自殺予防に係る取組について（通知）」（令和3年6月文部科学省）の中の，学校が長期休業の開始前から長期休業明けの時期にかけて実施する取組に関する記述の内容として正しいものを○，誤っているものを×とした場合，正しい組合せはどれか。1～5から一つ選べ。

A 長期休業明けの前後において，学校として，保護者，地域住民の参画や，関係機関等と連携の上，学校における児童生徒への見守り活動を強化する。

B 学級担任や養護教諭等を中心としたきめ細やかな健康観察や健康相談の実施等により，児童生徒の状況を的確に把握し，スクールカウンセラー等による支援を行うなど，心の健康問題に適切に対応する。

C 児童生徒によるインターネット上の自殺をほのめかす等の書き込みを発見した場合は，当該児童生徒に刺激を与える恐れがあるため，即時に警察に連絡・相談することはせず，学校内での情報共有にとどめ，見守り活動を継続的に実施する。

D 学校が把握した悩みや困難を抱える児童生徒や，いじめを受けた又は不登校となっている児童生徒等については，長期休業期間中においても，全校（学年）登校日，部活動等の機会を捉え，又は保護者への連絡，家庭訪問等により，継続的に様子を確認する。

	A	B	C	D
1	○	○	○	○

2	○	○	○	×
3	○	○	×	○
4	○	×	○	○
5	×	○	○	○

6 次の各文のうち，「人権の擁護」（令和3年8月　法務省人権擁護局）の中の，主な人権課題に関する記述の内容として正しいものを○，誤っているものを×とした場合，正しい組合せはどれか。1～5から一つ選べ。

A　女性に対する暴力等への取組については，毎年11月12日から25日までの2週間を「女性に対する暴力をなくす運動」期間とし，社会の意識啓発等を行うほか，都道府県に設置された配偶者暴力相談支援センターや性犯罪・性暴力被害者のためのワンストップ支援センター等において，相談や支援を行っています。さらに，令和2年6月に策定された「性犯罪・性暴力対策の強化の方針」に基づき，被害者支援の充実や教育・啓発の強化など，性犯罪・性暴力を撲滅するための総合的な対策に取り組んでいます。

B　平成26年7月に施行された「児童買春，児童ポルノに係る行為等の規制及び処罰並びに児童の保護等に関する法律」において，ひそかに児童の姿態を描写することにより児童ポルノを製造する行為を処罰する罰則が設けられました。さらに，自己の性的好奇心を満たす目的で児童ポルノ又はその電磁的記録を所持・保管する行為についても，罰則の新設に向けた検討が進められています。

C　インターネットの普及に伴い，その匿名性，情報発信の容易さから，個人に対する誹謗中傷，名誉やプライバシーの侵害，差別を助長する表現の掲載など，人権に関わる様々な問題が発生しています。こうした行為は人を傷つけるものであり，場合によっては罪に問われることもあります。インターネット上の人権侵害の問題は，近年深刻化しており，一般のインターネット利用者等に対して，人権に関する正しい理解を深めるための啓発活動を推進していくことが必要です。

D　性的指向や性自認（性同一性）を理由とする偏見や差別を解消するため，労働施策総合推進法の改正（令和2年6月施行）に基づいて定められた，パワーハラスメント防止のための指針において，相手の性的指向・性自認（性同一性）に関する侮辱的な言動を行うこと等をパワーハラスメントに該当すると考えられる例として明記するなど，職場における性的指向・性自認（性同一性）に関する正しい理解を促進するための取組が進められています。

	A	B	C	D
1	○	○	○	○
2	○	○	○	×
3	○	○	×	○
4	○	×	○	○
5	×	○	○	○

7 次の文は，令和3年に文部科学省の学校教育における人権教育調査研究協力者会議から示された「人権教育を取り巻く諸情勢について　～人権教育の指導方法等の在り方について〔第三次とりまとめ〕策定以降の補足資料～」の記述の一部である。空欄A～D

に，あとのア～クのいずれかの語句を入れてこの文を完成させる場合，正しい組合せはどれか。1～5から一つ選べ。

平成27（2015）年には，国連サミットで「持続可能な開発のための　A　アジェンダ」が採択されている。これは，「　B　」持続可能で多様性と包摂性のある社会の実現を目指すものであり，その前文では，「すべての人々の人権を実現」するとされているほか，本文でも「我々は，人権，人の尊厳，法の支配，正義，平等及び差別のないことに対して　C　な尊重がなされる世界を思い描く」，「我々は，世界人権宣言及びその他人権に関する国際文書並びに国際法の重要性を確認する。我々は，すべての国が国連憲章に則り，人種，肌の色，性別，言語，宗教，政治若しくは信条，国籍若しくは社会的出自，貧富，出生，障害等の違いに関係なく，すべての人の人権と基本的な自由の尊重，保護及び促進責任を有することを強調する」など，人権に関する様々な内容が盛り込まれている。この中で，　A　年を年限とする17の持続可能な開発のための目標が掲げられているが，これが　D　である。

ア　2030　　　　　　　　　　　　イ　2050
ウ　全ての人とモノがつながる　　エ　誰一人取り残さない
オ　全面的　　　　　　　　　　　カ　普遍的
キ　SDGs　　　　　　　　　　　　ク　Society5.0

	A	B	C	D
1	ア	ウ	カ	ク
2	ア	エ	カ	キ
3	イ	ウ	オ	キ
4	イ	エ	オ	ク
5	イ	エ	カ	キ

8 次の各文のうち，「障害のある子供の教育支援の手引　～子供たち一人一人の教育的ニーズを踏まえた学びの充実に向けて～」（令和3年6月　文部科学省初等中等教育局特別支援教育課）に関する記述の内容として誤っているものはどれか。1～5から一つ選べ。

1　就学時に，小学校段階6年間，中学校段階3年間の学校や学びの場が固定されてしまうわけではない。就学後の学びの場をスタートにして，可能な範囲で学校卒業までの子供の育ちを見通しながら，小学校段階6年間，中学校段階3年間の就学先となる学校や学びの場の柔軟な見直しができるようにしていくことが必要である。

2　障害のある子供一人一人に応じた適切な指導を充実させるためには，各学校や学びの場で編成されている教育課程を踏まえ，個別の指導計画を作成し，各教科等の指導目標，指導内容及び指導方法を明確にして，適切かつきめ細やかに指導することが必要である。

3　特別支援教育は，子供一人一人の教育的ニーズに応じて適切な指導や必要な支援を行うものである。このため，子供の障害の状態等の変化に伴う子供一人一人の教育的ニーズの変化を的確に把握するとともに，その変化にも継続的かつ適切に対応するため，特別支援学校や小中学校等において個別の教育支援計画や個別の指導計画のP－

D－C－Aサイクルの充実に努める必要がある。

4　子供の教育的ニーズの変化に応じた適切な教育を行うためには，就学時のみならず就学後も引き続き，保護者との教育相談を行う必要がある。ただし，継続的に教育相談を行うことが，保護者によっては精神的あるいは生活上の負担と受け止められる場合もあることから，これらの相談は，保護者を説得するためのものではなく，子供の成長を確認し，喜び合うものであるという認識が共有されるように努める必要がある。

5　障害のある子供は，学校に加え，放課後等デイサービス等で過ごす時間も長い場合があるが，学校や教育委員会関係者が，放課後等デイサービスの事業者等と日常的に子供の成長や課題等について情報を共有することは，保護者からの依頼があったとしても個人情報保護の観点から避けることが望ましい。

9 次の各文のうち，「心のバリアフリーノート」（令和元年11月　文部科学省）の中の，4つの「バリア」に関する記述の内容として正しいものを○，誤っているものを×とした場合，正しい組合せはどれか。1～5から一つ選べ。

A　物理的なバリア：電車やバスなどの公共交通機関，道路や建物などで，利用する人に不便さを感じさせる物理的なバリアのこと。

B　制度的なバリア：社会のルールや制度によって，その人が持っている力を出すことができる機会をうばわれているバリアのこと。

C　文化・情報面でのバリア：情報の伝え方が十分でないために，必要な情報が平等に得られないバリアのこと。

D　意識上のバリア：心ない言葉，偏見や差別，無関心など，困難さがある人を受け入れないバリアのこと。

	A	B	C	D
1	○	○	○	○
2	○	○	○	×
3	○	○	×	○
4	○	×	○	○
5	×	○	○	○

10 次の各文は，記憶に関係のある用語についての記述である。空欄A～Cに，あとのア～カのいずれかの語句を入れてこれらの文を完成させる場合，正しい組合せはどれか。1～5から一つ選べ。

・　　A　とは，自分自身が経験した出来事に関する記憶のことで，それを経験した時間や場所，自身の心理的状態などについての情報も含まれている。

・　　B　とは，自己および他者の記憶に関する認識や知識，理解，思考などをいい，自分が何らかの事柄を記憶しているという認識や，ある事柄が自らの記憶のなかにあるという知識などを含む「記憶についての記憶」のことである。

・　　C　とは，記銘直後よりも，記銘から一定時間が経過した方が，記憶が想起しやすいという現象である。

ア　エピソード記憶　　　イ　意味記憶
ウ　記憶表象　　　　　　エ　メタ記憶

オ　リハーサル　　カ　レミニセンス

	A	B	C
1	ア	ウ	カ
2	ア	エ	カ
3	ア	エ	オ
4	イ	ウ	オ
5	イ	エ	カ

11 次の各文は，日本の教育に関係のある人物に関する記述である。A～Cで述べられている人名を，それぞれあとのア～カから選ぶ場合，正しい組合せはどれか。1～5から一つ選べ。

A　明治初期の教育行政家であり，岩倉使節団に随行して欧米の教育制度を調査し，その報告を『理事功程』にまとめた。女子教育の振興にも力を入れ，東京女子師範学校の創設に貢献した。

B　1921（大正10）年に，夫とともに「自由学園」を設立した。徹底的な生活中心の教育を主張し，すべての生活を生徒にまかせ，勉学の材料とした。

C　日本で最初の女子留学生の1人であり，1900（明治33）年に「女子英学塾」を設立した。女性の視野を広め，豊かな教育を得させること，英語その他の学力を養うことを通して，職業をもつ自立した女性の育成に努めた。

ア　田中　不二麿（不二麻呂）　　イ　森　有礼
ウ　羽仁　もと子　　　　　　　　エ　新島　八重
オ　下田　歌子　　　　　　　　　カ　津田　梅子

	A	B	C
1	ア	ウ	オ
2	ア	ウ	カ
3	ア	エ	カ
4	イ	ウ	カ
5	イ	エ	オ

12 次の各文は，「学校教育の情報化の推進に関する法律」の一部であるが，下線部については誤りが含まれているものがある。法律の一部として下線部が誤っているものはどれか。1～5から一つ選べ。

1　学校教育の情報化の推進は，デジタル教科書その他のデジタル教材を活用した学習その他の情報通信技術を活用した学習とデジタル教材以外の教材を活用した学習，体験学習等とを適切に組み合わせること等により，多様な方法による学習が推進されるよう行われなければならない。

2　学校教育の情報化の推進は，全ての児童生徒が，その家庭の経済的な状況，居住する地域，障害の有無等にかかわらず，等しく，学校教育の情報化の恵沢を享受し，もって教育の機会均等が図られるよう行われなければならない。

3　学校教育の情報化の推進は，情報通信技術を活用した学校事務の効率化により，学校の教職員の負担が軽減され，ワーク・ライフ・バランスの実現が図られるよう行わ

れなければならない。

4 学校教育の情報化の推進は，児童生徒等の個人情報の適正な取扱い及びサイバーセキュリティ（サイバーセキュリティ基本法（平成26年法律第104号）第2条に規定するサイバーセキュリティをいう。第17条において同じ。）の確保を図りつつ行われなければならない。

5 学校教育の情報化の推進は，児童生徒による情報通信技術の利用が児童生徒の健康，生活等に及ぼす影響に十分配慮して行われなければならない。

13 次の各文のうち，「学校安全資料『生きる力』をはぐくむ学校での安全教育」（平成31年3月 文部科学省）の中の，学校における安全教育に関する記述の内容として誤っているものはどれか。1～5から一つ選べ。

1 安全教育の目標は，日常生活全般における安全確保のために必要な事項を実践的に理解し，自他の生命尊重を基盤として，生涯を通じて安全な生活を送る基礎を培うとともに，進んで安全で安心な社会づくりに参加し貢献できるよう，安全に関する資質・能力を育成することである。

2 各学校においては，児童生徒等や学校，地域の実態及び児童生徒等の発達の段階を考慮して学校の特色を生かした目標や指導の重点を計画し，教育課程を編成・実施していくことが重要である。

3 学校における安全教育は，児童生徒等が日常生活において，危険な状況を適切に判断し，回避する資質・能力を確実に育むことができるよう，自助にしぼってその視点を適切に取り入れながら，各教科等の安全に関する内容のつながりを整理し教育課程を編成することが重要である。

4 安全教育を評価するための方法には様々な手法が考えられるが，評価方法には短所・長所があることを理解し，いくつかの方法を併用して，評価を進めていくことが必要である。また，児童生徒等だけではなく，保護者への質問などから得られた情報も貴重である。

5 安全教育の効果を高めるためには，危険予測の演習，視聴覚教材や資料の活用，地域や校内の安全マップづくり，学外の専門家による指導，避難訓練や応急手当のような実習，ロールプレイング等，様々な手法を適宜取り入れ，児童生徒等が安全上の課題について自ら考え，主体的な行動につながるような工夫が必要である。

14 学校は，児童生徒，保護者等から様々な個人情報を収集・保管しており，教員はこれらの個人情報を適正に取り扱う必要がある。個人情報の管理を誤ると，個人のプライバシーを侵害し，大きな被害の発生につながるだけでなく，学校の信用も失墜させることから，教員は関係法令や校内のルールを遵守しなければならない。

次のア～エで述べられているＡ～Ｄの各教諭の行為について，不適切なもののみをすべて挙げているものはどれか。1～5から一つ選べ。

ア Ａ教諭は，緊急時にいつでも保護者に連絡ができるよう，担任する学級の生徒40人分の緊急連絡先を自らの判断で，自身のスマートフォンに登録し持ち歩いていた。ある日の休日，Ａ教諭は電車内にそのスマートフォンを置き忘れ，紛失してしまった。

イ Ｂ教諭が勤務する小学校では，新型コロナウイルス感染症拡大防止策として，運動

会の保護者観覧について，オンラインによるリモート観覧とした。後日，児童の保護者Eから「運動会当日，仕事でリモート観覧ができなかったので，運動会の動画を公開してほしい。」との要望があったため，B教諭は不特定多数の者が閲覧できる無料の動画共有サイトを利用し，他の児童や保護者の了解を得ないまま，個人を特定できる状態で運動会の動画を公開した。

ウ　C教諭は，担任する学級の生徒Fが，最近遅刻をする回数が増え，気になったため生徒Fに声をかけ，放課後に事情を尋ねた。生徒Fの話によると「母親が入院したため，気持ちが落ち着かず，夜なかなか眠ることができない。」とのことであった。生徒Fのプライバシーに関わる内容ではあったが，C教諭は聞き取った内容を報告書にまとめ，管理職や学年主任と情報共有を行った。

エ　D教諭は，担任する学級の児童に健康診断の結果を記載した「けんこうカード」を配付する際，職員室から緊急の呼び出しがあったため，「けんこうカード」を教卓に置き，「各自，自分のものを取るように。」と指示を出し，一旦，職員室に戻った。翌日，児童の保護者Gから「子どもが誤ってHさんの「けんこうカード」を持ち帰ってきている。」との連絡があった。

1　ア　　イ　　ウ
2　ア　　イ　　エ
3　ア　　ウ　　エ
4　イ　　ウ　　エ
5　ア　　イ　　ウ　　エ

15　地方公務員法第38条では，一般職に属する地方公務員の営利企業への従事等の制限が規定されている。次のア〜エで述べられているA〜Dの各教諭の行為について，営利企業への従事等の制限に抵触するもののみをすべて挙げているものはどれか。1〜5から一つ選べ。ただし，ア〜エのいずれの事例も任命権者（地方教育行政の組織及び運営に関する法律第47条により読み替える場合は市町村教育委員会）の許可は受けていないものとする。

ア　A教諭は，コンビニエンスストアを経営している姉から，「土日の昼間だけでも手伝ってもらえないか」と依頼を受けた。A教諭は，勤務を要しない土日の午前11時から午後2時までの3時間，接客などの手伝いを定期的に行った。A教諭は，手伝いを引き受けるにあたって，1日につき5千円ほどの報酬を受け取っていた。

イ　B教諭は，ピアノ演奏を趣味としており，自分がピアノを弾いている様子を自ら撮影し，動画サイトに投稿していた。動画を見た視聴者からの評価は高く，たちまち評判になり，多くの視聴者がB教諭の動画を閲覧した。B教諭は，友人から「視聴者数が多ければ広告収益を得ることができる」との情報を聞き，広告収益を受け取るための設定を行い，毎月5万円程度を得ていた。

ウ　C教諭は，地域のバスケットボールチームの監督から指導を手伝ってほしいと依頼を受けた。そこで，週1回勤務を要しない休日だけ手伝うこととした。C教諭は報酬については受け取っていないが，毎回，水分補給のために500mlのペットボトルのスポーツドリンクを一本もらっていた。

大阪府／豊能地区／大阪市／堺市

エ　D教諭は，兄が経営する飲食店が株式会社になるにあたり，兄から会社役員への就任を依頼された。D教諭は報酬を受け取らないことや経営にも関わらないことを条件に承諾し，会社役員として登記された。その後，約束どおり経営にも関わることなく，報酬も一切受け取っていない。

1　ア　イ
2　ウ　エ
3　ア　イ　エ
4　イ　ウ　エ
5　ア　イ　ウ　エ

解答&解説

1 解答　4

解説　4：教育基本法第4条第2項を参照。「教育の機会均等」の規定。
1：教育基本法第16条第1項を参照。「教育行政」の規定。
2：学校教育法第6条を参照。「授業料の徴収」の規定。
3：学校保健安全法第30条を参照。「地域の関係機関等との連携」の規定。
5：児童福祉法第1条を参照。「児童福祉の理念」の規定。

2 解答　1

解説　平成29年版小学校学習指導要領（2017年3月31日告示）の「第1章　総則」「第1　小学校教育の基本と教育課程の役割」の2(3)を参照。

3 解答　4

解説　中央教育審議会答申「『令和の日本型学校教育』の構築を目指して　～全ての子供たちの可能性を引き出す，個別最適な学びと，協働的な学びの実現～」（2021年1月26日，同年4月22日更新）の「3．2020年代を通じて実現すべき『令和の日本型学校教育』の姿」「(1)子供の学び」を参照。

4：「学級内や同学年内の交流の機会を充実させることに重点を置き…」が誤り。正しくは「知・徳・体を一体で育む『日本型学校教育』のよさを生かし，<u>学校行事や児童会（生徒会）活動等を含め学校における様々な活動の中で異学年間の交流の機会を充実することで</u>，子供が自らのこれまでの成長を振り返り，将来への展望を培うとともに，自己肯定感を育むなどの取組も大切である」と示されている。

1～3・5：当該箇所を参照。

4 解答　4

解説　国立教育政策研究所　生徒指導・進路指導研究センター『生徒指導リーフ増刊号　いじめのない学校づくり3　――基本方針を実効化する対策組織の構成と運用―』（2021年7月）を参照。

4：「2．対策組織の構成と運用の考え方」を参照。「法等が求める『組織』の実

現には工夫が必要」「対策組織に求められる二つの顔」を参照。「『推進法』では，『学校は，当該学校におけるいじめの防止等に関する措置を実効的に行うため，<u>当該学校の複数の教職員，心理，福祉等に関する専門的な知識を有する者その他</u><u>の関係者により構成されるいじめの防止等の対策のための組織を置くものとする</u>』とされています」と示されている。

1：「1．学校に求められていること」「『暴力を伴わないいじめ』の難しさ」「『暴力を伴わないいじめ』が疑われる行為への対応」を参照。

2：「1．学校に求められていること」「なぜ，『基本方針』と『対策組織』だったのか」「方針を確実に実行に移すための組織：防止の実効性」を参照。

3・5：「1．学校に求められていること」「なぜ，『基本方針』と『対策組織』だったのか」「方針を確実に実行に移すための組織：早期発見と対応の実効性」を参照。

5 解答 3

解説 文部科学省「児童生徒の自殺予防に係る取組について（通知）」（2021年6月23日）を参照。

A：「(3)学校内外における集中的な見守り活動」を参照。

B・D：「(1)学校における早期発見に向けた取組」を参照。

C：「(4)ネットパトロールの強化」を参照。「自殺をほのめかす等の書き込みを発見した場合は，<u>即時に警察に連絡・相談するなどして当該書き込みを行った児童</u><u>生徒を特定し，当該児童生徒の生命又は身体の安全を確保すること</u>」と示されている。

6 解答 4

解説 法務省人権擁護局「人権の擁護」（2021年8月）の「1．主な人権課題」を参照。

A：「①女性　〜性犯罪・性暴力・DV・ハラスメント〜」を参照。

B：「②子ども　〜いじめ・体罰・児童虐待・性被害〜」「性被害」を参照。「自己の性的好奇心を満たす目的で児童ポルノを所持，保管する行為」についても「児童買春，児童ポルノに係る行為等の規制及び処罰並びに児童の保護等に関する法律」において禁じられている。

C：「⑫インターネット上の人権侵害」を参照。

D：「⑮性的マイノリティ」を参照。

7 解答 2

解説 学校教育における人権教育調査研究協力者会議「人権教育を取り巻く諸情勢について　〜人権教育の指導方法等の在り方について〔第三次とりまとめ〕策定以降の補足資料〜」（2021年3月，2022年3月改訂）の「Ⅱ．人権教育をめぐる社会情勢」「1．国際社会の主な動向」を参照。2022年3月の改訂版は，「ビジネスと人権」に関する行動計画の策定，子どもの人権にかかる動向（「こども家庭庁設置法案」など），ハンセン病問題にかかる動向，新型コロナウイルス感染症による偏見・差別への対応にかかる動向，学校における働き方改革などについて追記したもの。

8 解答 5

解説 文部科学省「障害のある子供の教育支援の手引　～子供たち一人一人の教育的ニーズを踏まえた学びの充実に向けて～」（2021年6月）の「第2編　就学に関する事前の相談・支援，就学先決定，就学先変更のモデルプロセス」「第4章　就学後の学びの場の柔軟な見直しとそのプロセス」を参照。

5：「4　継続的な教育相談の実施」を参照。正しくは「障害のある子供は，学校に加え，放課後等デイサービス等で過ごす時間も長い場合があることから，子供の成長や課題等について総合的に把握することができるよう，学校や教育委員会関係者が，日常的に放課後等デイサービスの事業者等との連携を図ることも，継続的な教育相談を行う上で有用である」と示されている。

1：「1　基本的な考え方」を参照。

2：「2　個に応じた適切な指導の充実」を参照。

3：「3　子供の教育的ニーズの変化の的確な把握」を参照。

4：「4　継続的な教育相談の実施」を参照。

9 解答 1

解説 文部科学省「心のバリアフリーノート（小学生用／中高生用）」（2019年11月）の「困難を感じる人にはこんな『バリア』があります」を参照。

10 解答 2

解説 A：エピソード記憶とは，ある個人の過去の生活の中で実際に起きた出来事に関する記憶であり，一つ一つの記憶が「いつ」「どこで」起きたのかという情報も同時に記憶されている。

B：メタ記憶は，自分の記憶の中に，ある事柄が存在するかどうかに関する記憶。メタ記憶の能力が高いほど，自分の内面にどのような記憶があり，情報があるかが把握できる。

C：意味を持たない内容の記憶（無意味綴り）について起こるレミニセンスはワード・ホブランド効果といい，10分以内に起こる。一方，意味をもった内容の記憶について起こるレミニセンスはバラード・ウィリアムズ効果といい，数日の間に起こる。

11 解答 2

解説 A：田中不二麿（不二麻呂）（1845～1909）は，学制施行に当たり教育行政の実質的最高責任者として活動した。

B：羽仁もと子（1873～1957）が創設した自由学園女子部（現・自由学園）は，高等女学校令によらない異色の学校で，キリスト教に基づく自由主義的新教育を実施した。

C：津田梅子（1864～1929）は，女子英学塾（後の津田英学塾さらに津田塾大学）の創設者で，1871年にわが国最初の女子海外留学者として渡米，明治期の女性教育に貢献した。

12 解答 3

解説 学校教育の情報化の推進に関する法律第3条を参照。「基本理念」の規定。

3：第4項を参照。「ワーク・ライフ・バランスの実現」ではなく「児童生徒に対する教育の充実」。

1：第2項，2：第3項，4：第5項，5：第6項を参照。

13 解答 3

解説 文部科学省「学校安全資料『生きる力』をはぐくむ学校での安全教育」（2019年3月）の「第2章　学校における安全教育」を参照。

3：「第2節　安全教育の内容」「2　教育課程における安全教育」を参照。正しくは「学校における安全教育は，児童生徒等が安全に関する資質・能力を教科等横断的な視点で確実に育むことができるよう，<u>自助，共助，公助の視点を適切に取り入れながら</u>，地域の特性や児童生徒等の実情に応じて，各教科等の安全に関する内容のつながりを整理し教育課程を編成することが重要である」と示されており，「自助にしぼって」行うわけではない。

1・2：「第1節　安全教育の目標」冒頭の「ポイント」を参照。

4：「第4節　安全教育の評価」冒頭の「ポイント」を参照。

5：「第3節　安全教育の進め方」冒頭のポイントを参照。

14 解答 2

解説 大阪市教育委員会「教育公務員の服務規律について」，文部科学省「学校における個人情報の持出し等による漏えい等の防止について（通知）」（2006年4月21日），大阪府教育委員会における個人情報の取扱い及び管理に関する要綱等をあわせて参照のこと。

ア：便利であっても，児童・生徒の個人情報を無断で持ち出してはいけない。児童生徒の個人情報を持ち出す必要がある場合は，事前に学校長に相談し許可を受けなければならない。

イ：動画は，特定の個人が識別できる場合には個人情報となる。生徒本人やその保護者の許可を得ないまま，不特定多数の者が閲覧できる動画共有サイトで公開することは不適切である。

エ：個人情報が記載された「けんこうカード」を，本人以外の児童が持ち出す可能性がある状況を生じさせたことが不適切である。個人情報が書かれた書類は，どのような場合であっても厳重に管理しなければならない。

ウ：情報共有は指導上必要な範囲内に限られており，適切である。

15 解答 3

解説 ア：地方公務員法第38条第1項を参照。「営利企業への従事等の制限」の規定。地方公務員は，任命権者の許可を受けることなく営利企業等に従事することが禁止されている。

イ：広告収益を得ており，報酬を得て事業又は事務に従事しているとみなすことができ，不適切である。

エ：報酬を受け取らず，経営に関わっていないとしても，営利企業の役員になることはできない。

ウ：休日の勤務時間外であり業務に支障がなく，報酬も受け取っていない。水分

補給のために500mlのペットボトルの飲料をもらうことは，社会通念上の範囲内であるため差し支えない。

　大阪府・豊能地区・大阪市・堺市で毎年必ず2題は出題される「教育公務員の倫理（服務規律）」に関する事例問題は，大阪市教育委員会「教育公務員の服務規律について」をベースに作問されている。今年度出題された「個人情報の取扱いについて」「営利企業等の従事制限について」を含む7項目（具体的事例とその解説，参考資料）に目を通しておこう。

＊大阪市教育委員会「教育公務員の服務規律について」

〈掲載項目（目次）〉

1．信用失墜行為について
2．営利企業等の従事制限について
3．体罰について
4．スクール・ハラスメントについて
5．飲酒運転について
6．会計の適正管理について
7．個人情報の取扱いについて

兵 庫 県

実 施 日	2022（令和4）年7月24日	試験時間	60分（一般教養を含む）
出題形式	マークシート式	問 題 数	8題（解答数8）
パターン	時事＋心理・法規・ローカル	公開状況	問題：公開　解答：公開　配点：公開

傾向 & 対策

●教職教養：一般教養の出題比≒1：5で，一般教養重視型。出題分野にかかわらず「情報教育」「人権教育」に関する問題が多いのも特徴。今年度は教育原理がなくなり，教育心理とローカル問題が復活した。●最も解答数の多い教育時事は，「学習評価及び指導要録の改善等」に関する文部科学省通知（2019年3月），「GIGAスクール構想」に関する文部科学省通知（2022年3月），「主権者教育の推進」に関する最終報告（2021年3月），「性同一性障害に係る児童生徒への対応」に関する文部科学省通知（2015年4月），「第3次学校安全の推進に関する計画の策定」に関する中央教育審議会答申（2022年2月）と，多岐にわたる。●復活したローカル問題は，「第3期『ひょうご教育創造プラン』」（2019年2月）。

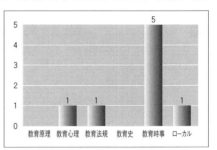

出 題 領 域

教育原理	教育課程・学習指導要領		総　則		特別の教科　道徳	
	外国語・外国語活動		総合的な学習（探究）の時間		特別活動	
	学習指導		生徒指導		学校・学級経営	
	特別支援教育	↓法規	人権・同和教育	↓時事	その他	
教育心理	発　達		学　習		性格と適応	1
	カウンセリングと心理療法		教育評価		学級集団	
教育法規	教育の基本理念		学校教育		学校の管理と運営	
	児童生徒		教職員		特別支援教育	1
教育史	日本教育史		西洋教育史			
教育時事	答申・統計	5	ローカル	1		

※表中の数字は，解答数

全校種共通　☞解答＆解説 p.284

1　「小学校，中学校，高等学校及び特別支援学校等における児童生徒の学習評価及び指導要録の改善等について（通知）」（文部科学省　平成31年）の「1．学習評価についての基本的な考え方」において述べられている内容として誤っているものを，次のア～エから1つ選びなさい。

ア　「学習指導」と「学習評価」は学校の教育活動の根幹であり，教育課程に基づいて組織的かつ計画的に教育活動の質の向上を図るいわゆる「アクティブ・ラーニング」の中核的な役割を担っている。

イ　指導と評価の一体化の観点から，新学習指導要領で重視している「主体的・対話的で深い学び」の視点からの授業改善を通して各教科等における資質・能力を確実に育成する上で，学習評価は重要な役割を担っている。

ウ　学習評価の現状としては，例えば，学校や教師の状況によっては，学期末や学年末などの事後での評価に終始してしまうことが多く，評価の結果が児童生徒の具体的な学習改善につながっていないといった課題が指摘されている。

エ　学習評価を真に意味のあるものとするには，児童生徒の学習改善や教師の指導改善につながるものにしていく，これまで慣行として行われてきたことでも，必要性・妥当性が認められないものは見直していくといった基本的な考え方に立つ必要がある。

2　第3期「ひょうご教育創造プラン（兵庫県教育基本計画）」における，兵庫の教育のめざす姿の「基本方針2　子どもたちの学びを支える環境の充実」において述べられている内容にあてはまらないものを，次のア～エから1つ選びなさい。

ア　外部人材の積極的な活用の推進

イ　兵庫県教員・管理職資質向上指標等を活用した研修の充実

ウ　「伝え」「活かし」「備える」実践的な兵庫の防災教育の推進

エ　いじめ・不登校の未然防止と早期発見・早期対応の強化

3　適応機制について述べた文として適切なものを，次のア～エから1つ選びなさい。

ア　他者の特徴や業績などを内在化することで自己価値観を高めることを昇華という。

イ　自分の持っている望ましくない特性や態度を，他人や外部のものに転嫁することを投射という。

ウ　自分の欲望や本当の感情を抑え，それとは異なるふるまいをしてもとの欲求や感情の表出を防ぐことを退行という。

エ　感情面を切り離して，知的に客観化することにより，感情的な混乱や恐れから逃れようとすることを合理化という。

4　「GIGAスクール構想の下で整備された学校における1人1台端末等のICT環境の活用に関する方針について（通知）」（文部科学省　令和4年）の「学校設置者・学校・保護者等との間で確認・共有しておくことが望ましい主なポイント」（別添3）における子供たちの健康面への配慮の項目例として誤っているものを，次のア～エから1つ選びなさい。

ア　端末を見続ける一度の学習活動が長くならないようにする。

イ　画面の反射や画面への映り込みを防止するために画面の角度や明るさを調整する。

ウ　就寝1時間前からはICT機器の利用を控える。

エ　アプリケーションの追加や削除，設定は，個々の児童生徒の判断で自由に行う。

5　次の文は，主催者教育推進会議「今後の主権者教育の推進に向けて（最終報告）」（令和3年）の「はじめに」の一部である。空欄（ A ），（ B ），（ C ）にあてはまる適切な組合せを，あとのア〜エから1つ選びなさい。

　　主権者教育で扱う社会的な課題や政治的な課題に唯一絶対の正解があるわけではない。したがって，主権者教育を推進する上では，正解が一つに定まらない（ A ）的な課題に対して，児童生徒が自分の意見を持ちつつ，異なる意見や対立する意見を整理して議論を交わしたり，他者の意見と折り合いを付けたりする中で，（ B ）を見いだしながら（ C ）を図っていく過程が重要となる。

ア　A　日常　　B　価値　　C　合意形成

イ　A　日常　　B　納得解　　C　意思疎通

ウ　A　論争　　B　価値　　C　意志疎通

エ　A　論争　　B　納得解　　C　合意形成

6　学校教育法施行規則第138条，同第140条では，特別支援学級又は通級による指導において，「特に必要がある場合には，特別の教育課程によることができる」ことを規定しており，この規定を受けて，小学校学習指導要領又は中学校学習指導要領では，特別支援学級において特別の教育課程を編成する場合に，「障害による学習上又は生活上の困難を克服し自立を図るため，特別支援学校小学部・中学部学習指導要領第7章に示す（　　）を取り入れること。」と示されている。（　　）にあてはまるものを，次のア〜エから1つ選びなさい。

ア　合理的配慮　　イ　協働学習　　ウ　自立活動　　エ　通級指導

7　「性同一性障害に係る児童生徒に対するきめ細かな対応の実施等について」（文部科学省　平成27年）において，性同一性障害に係る児童生徒についての特有の支援として誤っているものを，次のア〜エから1つ選びなさい。

ア　性同一性障害に係る児童生徒の支援は，最初に相談（入学等に当たって児童生徒の保護者からなされた相談を含む。）を受けた者は本人からの信頼が高いため，中心となり取り組むことが重要であり，学校内外に「サポートチーム」を作り，「支援委員会」（校内）やケース会議（校外）等を適時開催しながら対応を進めること。

イ　教職員等の間における情報共有に当たっては，児童生徒が自身の性同一性を可能な限り秘匿しておきたい場合があること等に留意しつつ，一方で，学校として効果的な対応を進めるためには，教職員等の間で情報共有しチームで対応することは欠かせないことから，当事者である児童生徒やその保護者に対し，情報を共有する意図を十分に説明・相談し理解を得つつ，対応を進めること。

ウ　他の児童生徒や保護者との情報の共有は，当事者である児童生徒や保護者の意向等を踏まえ，個別の事情に応じて進める必要があること。

エ　医療機関を受診して性同一性障害の診断がなされない場合であっても，児童生徒の悩みや不安に寄り添い支援している観点から，医療機関との相談状況，児童生徒や保

護者の意向等を踏まえつつ，支援を行うことは可能であること。

8 「「第3次学校安全の推進に関する計画の策定について（答申）」（中央教育審議会　令和4年）の中で，第3次学校安全の推進に関する計画において取り組むべき施策の基本的な方向性として誤っているものを，次のア～エから1つ選びなさい。
　ア　学校安全計画・危機管理マニュアルを見直すサイクルを構築し，学校安全の実効性を高める。
　イ　地域の災害リスクを踏まえた実践的な防災教育・訓練を実施する。
　ウ　地域の多様な主体と密接に連携・協働し，教職員の視点を加えた安全対策を推進する。
　エ　事故情報や学校の取組状況などデータを活用し学校安全を「見える化」する。

解答&解説

1 解答 ア
　解説　文部科学省「小学校，中学校，高等学校及び特別支援学校等における児童生徒の学習評価及び指導要録の改善等について（通知）」（2019年3月29日）の「1．学習評価についての基本的な考え方」を参照。
　ア：「(1)カリキュラム・マネジメントの一環としての指導と評価」を参照。「いわゆる『アクティブ・ラーニング』」ではなく「カリキュラム・マネジメント」。
　イ：「(2)主体的・対話的で深い学びの視点からの授業改善と評価」を参照。
　ウ：「(3)学習評価について指摘されている課題」を参照。
　エ：「(4)学習評価の改善の基本的な方向性」を参照。

2 解答 ウ
　解説　兵庫県「第3期『ひょうご教育創造プラン』」（2019年2月）の「第3部　兵庫の教育のめざす姿」「6　基本方針」「基本方針2　子どもたちの学びを支える環境の充実」を参照。同プランは，教育基本法の規定に基づいて，第2期プランの成果と課題を踏まえ本県教育がめざすべき方向性と今後講じるべき施策等を示す基本的な計画。基本理念を「兵庫が育む　こころ豊かで自立する人づくり」とし，「『未来への道を切り拓く力』の育成」の重点テーマのもと教育を推進するとしている。
　ウ：「基本方針1　『生きる力』を育む教育の推進」「(2)『豊かな心』の育成」「オ『兵庫の防災教育』の推進」に関する取り組みである。

3 解答 イ
　解説　ア：「昇華」ではなく「同一視」。
　ウ：「退行」ではなく「反動形成」。
　エ：「合理化」ではなく「知性化」。

4 解答 エ
　解説　文部科学省「GIGAスクール構想の下で整備された学校における1人1台端末等

のICT環境の活用に関する方針について（通知）」（2022年 3 月 3 日）の別添 3 「学校設置者・学校・保護者等との間で確認・共有しておくことが望ましい主なポイント」「 3 ．健康面への配慮」の（項目例）を参照。

エ：「 1 ．児童生徒が端末を安全・安心に活用するために気を付けること」の中に「アプリケーションの追加/削除，設定の変更は，学校設置者・学校の指示に沿って行う（特に学校備品の端末の場合）」と示されている。

ア～ウ：当該箇所を参照。

5 解答 エ

解説 主催者教育推進会議「今後の主催者教育の推進に向けて（最終報告）」（2021年 3 月31日）の「はじめに」を参照。

6 解答 ウ

解説 平成29年版小学校学習指導要領（2017年 3 月31日告示）の「第 1 章　総則」「第 4 児童の発達の支援」「 2 　特別な配慮を必要とする児童への指導」「(1) 障害のある児童などへの指導」のイ(ｱ)，平成29年版中学校学習指導要領（2017年 3 月31日告示）の「第 1 章　総則」「第 4 　生徒の発達の支援」「 2 　特別な配慮を必要とする生徒への指導」「(1) 障害のある生徒などへの指導」のイ(ｱ)を参照。

7 解答 ア

解説 文部科学省「性同一性障害に係る児童生徒に対するきめ細かな対応の実施等について」（2015年 4 月30日）の「 1 ．性同一性障害に係る児童生徒についての特有の支援」を参照。

ア：「（学校における支援体制について）」を参照。「性同一性障害に係る児童生徒の支援は，最初に相談（入学等に当たって児童生徒の保護者からなされた相談を含む。）を受けた者だけで抱え込むことなく，組織的に取り組むことが重要であり，学校内外に『サポートチーム』を作り，『支援委員会』（校内）やケース会議（校外）等を適時開催しながら対応を進めること」と示されている。

イ：「（学校における支援体制について）」を参照。

ウ・エ：「（学校生活の各場面での支援について）」を参照。

8 解答 ウ

解説 中央教育審議会答申「第 3 次学校安全の推進に関する計画の策定について」（2022年 2 月 7 日）の「 I 　総論」「 2 ．施策の基本的な方向性」を参照。

ウ：「教職員」ではなく「子供」。本問で示された 4 項目以外に「全ての学校における実践的・実効的な安全教育を推進する」「学校安全に関する意識の向上を図る（学校における安全文化の醸成）」があり，計 6 つの方向性が示されている。

ア・イ・エ：当該箇所を参照。

兵庫県

神戸市

実施日	2022(令和4)年6月25日	試験時間	50分（一般教養を含む）
出題形式	マークシート式	問題数	15題（解答数15）
パターン	法規・時事＋心理・教育史	公開状況	問題：公開　解答：公開　配点：公開

傾向＆対策

●出題分野にかかわらず，「特別支援教育」「人権教育」が必出の教育トピック。いずれも教育法規と教育時事で問われた。●最も解答数の多い教育法規は，教育基本法，学校教育法などのほか，公立小・中学校等に関わる一部改正が行われた高齢者，障害者等の移動等の円滑化の促進に関する法律（バリアフリー法）の空欄補充問題。●教育時事は，「いじめの防止等」のための基本的な方針（2017年3月），「不登校児童生徒への支援の在り方」に関する文部科学省通知（2019年10月），「第3期教育振興基本計画」に関する中央教育審議会答申（2018年3月），「人権教育の指導方法等」に関する第三次とりまとめ（2008年3月），「特別支援教育の在り方」に関する報告書（2021年1月）より。

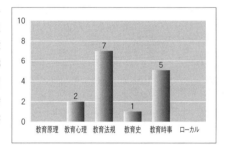

出 題 領 域

教育原理	教育課程・学習指導要領		総　則		特別の教科　道徳	
	外国語活動		総合的な学習(探究)の時間		特別活動	
	学習指導		生徒指導	↓時事	学校・学級経営	
	特別支援教育	↓法規時事	人権・同和教育	↓法規時事	その他	
教育心理	発　達		学　習		性格と適応	1
	カウンセリングと心理療法		教育評価	1	学級集団	
教育法規※	教育の基本理念		学校教育	1	学校の管理と運営	1
	児童生徒	3	教職員	2	特別支援教育人権教育	1
教育史	日本教育史		西洋教育史	1		
教育時事	答申・統計	5	ローカル			

※表中の数字は，解答数
※選択肢の出題領域が複数にわたる場合は，それぞれの項目に加算するためグラフの数とは異なる

全校種共通 ☞ 解答＆解説 p.291

1 次の文は，教育基本法第14条及び第15条の一部である。（ ア ）（ イ ）にあてはまる適切な語句の組合せを①〜④から選び，番号で答えよ。

第14条2 （ ア ）は，特定の政党を支持し，又はこれに反対するための政治教育その他政治的活動をしてはならない。

第15条2 （ イ ）が設置する学校は，特定の宗教のための宗教教育その他宗教的活動をしてはならない。

① (ア)法律に定める学校　　(イ)学校法人
② (ア)法律に定める学校　　(イ)国及び地方公共団体
③ (ア)国及び地方公共団体　(イ)文部科学大臣
④ (ア)国及び機関　　　　　(イ)学校法人

2 次の文は，学校教育法施行規則第26条の一部である。（ ア ）（ イ ）にあはまる適切な語句の組合せを①〜④から選び，番号で答えよ。

第26条 （ ア ）が児童等に懲戒を加えるに当つては，児童等の心身の発達に応ずる等教育上必要な配慮をしなければならない。

2 懲戒のうち，退学，停学及び訓告の処分は，（ イ ）が行う。

① (ア)校長及び教員　(イ)校長
② (ア)教育委員会　　(イ)校長
③ (ア)校長及び教員　(イ)教育委員会
④ (ア)教員　　　　　(イ)教育委員会

3 次の文は，学校教育法第12条である。（ ア ）（ イ ）にあてはまる適切な語句の組合せを①〜④から選び，番号で答えよ。

学校教育法

第12条 学校においては，別に法律で定めるところにより，幼児，児童，生徒及び学生並びに職員の健康の保持増進を図るため，（ ア ）を行い，その他その（ イ ）に必要な措置を講じなければならない。

① (ア)健康相談　(イ)結果
② (ア)健康相談　(イ)保健
③ (ア)健康診断　(イ)結果
④ (ア)健康診断　(イ)保健

4 次の文は，「いじめの防止等のための基本的な方針」（平成29年3月　文部科学大臣決定）に関する記述である。適切なものを①〜④から選び，番号で答えよ。

① 「いじめは絶対に許されない」「いじめは卑怯な行為である」「いじめはどの子供にも，どの学校でも，起こりうる」との意識を，学校全体で共有することが大事であるが，いじめの問題は，国民的な課題であるとまではいえない。

② いじめの防止等のための対策は，学校内において，児童生徒の中でいじめが行われないようにすることを旨に行われなければならない。

③ いじめの防止等対策は，いじめが，いじめられた児童生徒の心身に深刻な影響を及

神戸市

287

ぼす許されない行為であることについて、児童生徒が十分に理解できるようにすることを旨としなければならない。

④ いじめの防止等のための対策は、児童生徒のために学校が中心となって行い、地域住民や家庭からの干渉を受けることなく進めることが必要である。

5 次の文は、「不登校児童生徒への支援の在り方について（通知）」（令和元年10月 文部科学省）に関する記述である。適切でないものを①～④から選び、番号で答えよ。

① 不登校児童生徒への支援は、「学校に登校する」という結果のみを目標として行うことが求められている。

② 児童生徒によっては、不登校の時期が休養や自分を見つめ直す等の積極的な意味を持つことがある。

③ 既存の学校教育になじめない児童生徒については、学校としてどのように受け入れていくかを検討し、なじめない要因の解消に努める必要がある。

④ 家庭教育は全ての教育の出発点であり、不登校児童生徒の保護者の個々の状況に応じた働き掛けを行うことが重要である。

6 次の文で述べている人物の名前として、適切なものを①～④から選び、番号で答えよ。

「どの教科でも知的性格をそのままに保って、発達のどの段階の子どもにも効果的に教えられる。」という仮説を展開し、学習者の認知発達のさまざまな水準に合わせて教科内容を適切な形に「翻訳」して繰り返し学習させるという螺旋型カリキュラムを提案した。

①デューイ
②オーズベル
③モンテッソーリ
④ブルーナー

7 次の文は、教育評価に関する記述である。A, Bの内容と最も関連が強い語句の組合せを①～④から選び、番号で答えよ。

A 他者がある側面で望ましい（もしくは望ましくない）特徴をもっていると、その評価を当該人物に対する全体評価にまで広げてしまう傾向。

B 教師が、児童生徒に対してもっているいろいろな期待が、児童生徒らの学習成績を左右すること。

① A ハロー効果 B スリーパー効果
② A ハロー効果 B ピグマリオン効果
③ A ピグマリオン効果 B ハロー効果
④ A スリーパー効果 B ピグマリオン効果

8 次の文は、防衛機制に関する記述である。A, Bの内容と最も関連が強い語句の組合せを①～④から選び、番号で答えよ。

A 受け入れがたい衝動や観念が抑圧されて無意識的なものとなり、意識や行動面ではその反対のものに置き換わること。

B 葛藤や罪悪感を伴う言動を正当化するために、社会的に承認されそうな理由づけを行う試み。失敗の原因を偶発的な原因に帰す場合や、言動の責任を外的な要因に求め

る場合などがある。

① A 置き換え B 合理化
② A 置き換え B 昇華
③ A 反動形成 B 合理化
④ A 反動形成 B 昇華

9 次の文は，地方公務員法第32条及び第34条の一部である。（ ア ）（ イ ）にあてはまる適切な語句の組合せを①～④から選び，番号で答えよ。

第32条 職員は，その職務を遂行するに当つて，法令，条例，地方公共団体の規則及び地方公共団体の機関の定める規程に従い，且つ，（ ア ）の職務上の命令に忠実に従わなければならない。

第34条 職員は，職務上知り得た秘密を漏らしてはならない。その職を退いた後（ イ ）。

① (ア)校長 (イ)は，その限りではない
② (ア)校長 (イ)も，また，同様とする
③ (ア)上司 (イ)も，また，同様とする
④ (ア)上司 (イ)は，その限りではない

10 次の文は，「第3期教育振興基本計画について（答申）」（平成30年3月　中央教育審議会）において示された「社会的・職業的自立に向けた能力・態度の育成」の一部である。（ ア ）（ イ ）にあてはまる適切な語句の組合せを①～④から選び，番号で答えよ。

自主及び自律の精神を養うとともに，職業及び生活との関連を重視し，（ ア ）態度を養い，社会的・職業的自立の基盤となる基礎的・（ イ ）能力を育成する。

① (ア)勤労を重んずる (イ)専門的
② (ア)勤労を重んずる (イ)汎用的
③ (ア)生命を重んずる (イ)専門的
④ (ア)生命を重んずる (イ)汎用的

11 次の文は，学校教育法施行規則第24条及び第65条の3の一部である。（ ア ）（ イ ）にあてはまる適切な語句の組合せを①～④から選び，番号で答えよ。

第24条 校長は，その学校に在学する児童等の（ ア ）（学校教育法施行令第31条に規定する児童等の学習及び健康の状況を記録した書類の原本をいう。以下同じ。）を作成しなければならない。

第65条の3 スクールソーシャルワーカーは，小学校における児童の（ イ ）に関する支援に従事する。

① (ア)指導要録 (イ)心理
② (ア)指導要録 (イ)福祉
③ (ア)出席簿 (イ)心理
④ (ア)出席簿 (イ)福祉

12 次の文は，「高齢者，障害者等の移動等の円滑化の促進に関する法律（バリアフリー法）」（令和2年改正）に関する記述である。（ ア ）（ イ ）にあてはまる適切な語句の組合せを①～④から選び，番号で答えよ。

「高齢者，障害者等の移動等の円滑化の促進に関する法律（バリアフリー法）」が改正

され，法第1条の2に基本理念として，「この法律に基づく措置は，高齢者，障害者等にとって日常生活又は社会生活を営む上で障壁となるような社会における事物，制度，慣行，観念その他一切のものの除去に資すること及び全ての国民が年齢，障害の有無その他の事情によって分け隔てられることなく（　ア　）の実現に資することを旨として，行われなければならない。」ことが明記され，バリアフリー化が必要となる特別特定建築物に，（　イ　）が追加された。

① （ア)持続可能な社会　　（イ)公立の小学校や中学校
② （ア)持続可能な社会　　（イ)特別支援学校
③ （ア)共生する社会　　　（イ)公立の小学校や中学校
④ （ア)共生する社会　　　（イ)特別支援学校

13 次の「新しい時代の特別支援教育の在り方に関する有識者会議（報告）」（令和3年1月　文部科学省）に関する記述のうち，適切でないものを①～④から選び，番号で答えよ。

① 通級による指導を受ける児童生徒や特別支援学級に在籍する児童生徒の数は，年々増加してきている。
② 特別支援教育は，発達障害のある子供も含めて，障害により特別な支援を必要とする子供が在籍する全ての学校において実施されるものである。
③ 特別支援教育は，子供一人一人の教育的ニーズを把握し，生活や学習上の困難を改善又は克服するために，適切な指導及び必要な支援を行うものである。
④ 障害のある子供の一人一人の教育的ニーズに最も的確にこたえる指導を提供できるよう，統一された基準を設けることが必要となる。

14 次の文は，「人権教育の指導方法等の在り方について（第三次とりまとめ）」（平成20年3月　人権教育の指導方法等に関する調査研究会議）の一部である。（　ア　）（　イ　）にあてはまる適切な語句の組合せを①～④から選び，番号で答えよ。

　人権教育の目的を達成するためには，まず，人権や（　ア　）に関する基本的な知識を確実に学び，その内容と意義についての知的理解を徹底し，深化することが必要となる。また，人権が持つ価値や重要性を直感的に感受し，それを共感的に受けとめるような感性や感覚，すなわち（　イ　）を育成することが併せて必要となる。

① （ア)人権擁護　　（イ)実践行動
② （ア)道徳　　　　（イ)人権感覚
③ （ア)人権擁護　　（イ)人権感覚
④ （ア)道徳　　　　（イ)実践行動

15 次の文は，「児童の権利に関する条約（子どもの権利条約）」の一部である。（　ア　）（　イ　）にあてはまる適切な語句の組合せを①～④から選び，番号で答えよ。

第2条　1　締約国は，その管轄の下にある児童に対し，児童又はその父母若しくは法定保護者の人種，皮膚の色，性，言語，（　ア　），政治的意見その他の意見，国民的，種族的若しくは社会的出身，財産，心身障害，出生又は他の地位にかかわらず，いかなる差別もなしにこの条約に定める権利を尊重し，及び確保する。
第13条　1　児童は，（　イ　）についての権利を有する。この権利には，口頭，手書き

若しくは印刷,芸術の形態又は自ら選択する他の方法により,国境とのかかわりなく,あらゆる種類の情報及び考えを求め,受け及び伝える自由を含む。
① (ア)宗教　(イ)表現の自由
② (ア)宗教　(イ)政治に参加する自由
③ (ア)良心　(イ)表現の自由
④ (ア)良心　(イ)政治に参加する自由

解答&解説

1 解答 ②
解説 ア：教育基本法第14条第2項を参照。「政治教育」の規定。
　　　イ：教育基本法第15条第2項を参照。「宗教教育」の規定。

2 解答 ①
解説 学校教育法施行規則第26条第1項・第2項を参照。児童生徒の「懲戒」の規定。

3 解答 ④
解説 学校教育法第12条を参照。「健康診断等」の規定。

4 解答 ③
解説 「いじめの防止等のための基本的な方針」(2013年10月11日文部科学大臣決定,2017年3月14日最終改定)の「第1　いじめの防止等のための対策の基本的な方向に関する事項」を参照。
③「2　いじめの防止等の対策に関する基本理念」を参照。
①「1　いじめ防止対策推進法制定の意義」を参照。「学校を含めた社会全体に関する国民的な課題である」と示されている。
②「2　いじめの防止等の対策に関する基本理念」を参照。「学校の内外を問わず,いじめが行われなくなるようにすることを旨として行われなければならない」と示されている。
④「2　いじめの防止等の対策に関する基本理念」を参照。「いじめの防止等の対策は（中略）国,地方公共団体,学校,地域住民,家庭その他の関係者の連携の下（中略）行われなければならない」と示されている。

5 解答 ①
解説 文部科学省「不登校児童生徒への支援の在り方について（通知）」(2019年10月25日)の「1　不登校児童生徒への支援に対する基本的な考え方」を参照。
①「(1)支援の視点」を参照。「不登校児童生徒への支援は,『学校に登校する』という結果のみを目標にするのではなく,児童生徒が自らの進路を主体的に捉えて,社会的に自立することを目指す必要がある」と示されている。
②「(1)支援の視点」を参照。
③「(2)学校教育の意義・役割」を参照。
④「(4)家庭への支援」を参照。

6 解答 ④

解説 ④ブルーナー（1915～2016）は，教師は子どもの知的潜在能力を引き出すことを目指すべきだとし，教師が一方的に指導するのではなく，学習者が自らの直感・想像を働かせて学習者自身に知識の生成過程をたどらせ，知識を「構造」として学習させる発見学習を唱えた。

7 解答 ②

解説 Ａ：ハロー効果は，光背効果ともいわれ，ある特定の人物が望ましい（望ましくない）特性をいくつかもっていると，ほかの諸側面についても調査・観察することなしにすべて望ましい（望ましくない）特性であると判断しがちな傾向をいう。
Ｂ：ピグマリオン効果は，教師期待効果ともいわれ，親や教師に期待されると，子どもの能力がその方向に変化する現象をいう。例えば，成績が伸びるであろうというプラス方向の期待はピグマリオン効果で，伸びることはないであろうというマイナス方向の期待はゴーレム効果である。

8 解答 ③

解説 Ａ：反動形成は，過度に抑圧した結果，無意識的な本来の欲求とは反対の態度が現れること。
Ｂ：合理化では，欲求の充足が阻止されたことに対して，負け惜しみや言い逃れ，責任転嫁，口実をつけることによって，自己を正当化しようとする。

9 解答 ③

解説 ア：地方公務員法第32条を参照。「法令等及び上司の職務上の命令に従う義務」の規定。
イ：地方公務員法第34条第1項を参照。「秘密を守る義務」の規定。

10 解答 ②

解説 中央教育審議会答申「第3期教育振興基本計画について」（2018年3月8日）の「第2部　今後5年間の教育政策の目標と施策群」「1．夢と志を持ち，可能性に挑戦するために必要となる力を育成する」「目標(5)　社会的・職業的自立に向けた能力・態度の育成」を参照。

11 解答 ②

解説 ア：学校教育法施行規則第24条第1項を参照。「指導要録」の規定。
イ：学校教育法施行規則第65条の4を参照。「スクールソーシャルワーカー」の規定。

12 解答 ③

解説 高齢者，障害者等の移動等の円滑化の促進に関する法律第1条の2を参照。「基本理念」の規定。同法（バリアフリー法）の一部改正により，バリアフリー基準適合義務の対象施設（「特別特定建築物」として公立の小学校，中学校，義務教育学校，中等教育学校（前期課程），特別支援学校が追加されている（2021年4月1日施行）。

13 解答 ④

解説 文部科学省「新しい時代の特別支援教育の在り方に関する有識者会議（報告）」

(2021年1月)の「Ⅰ．特別支援教育を巡る状況と基本的な考え方」を参照。

④「(我が国の特別支援教育に関する考え方)」を参照。「一人一人の教育的ニーズに最も的確に応える指導を提供できるよう，多様で柔軟な仕組みを整備することが重要である」と示されている。

①「(特別支援教育を巡る状況の変化)」を参照。

②・③「(我が国の特別支援教育に関する考え方)」を参照。

14 |解答| ③

|解説| 人権教育の指導方法等に関する調査研究会議「人権教育の指導方法等の在り方について［第三次とりまとめ］」(2008年3月)の「指導等の在り方編」「第1章 学校教育における人権教育の改善・充実の基本的考え方」「1．人権及び人権教育」「(2)人権教育とは」を参照。

15 |解答| ①

|解説| ア：児童の権利に関する条約第2条第1項を参照。「差別の禁止」の規定。

イ：児童の権利に関する条約第13条第1項を参照。「表現の自由」の規定。

神戸市

奈良県／大和高田市

実施日	2022(令和4)年6月25日	試験時間	45分
出題形式	マークシート式	問題数	24題（解答数30）
パターン	時事＋法規・心理・原理・教育史・ローカル	公開状況	問題：公開　解答：公開　配点：公開

傾向&対策
●教職教養全体の約半数を占める教育時事は，「令和の日本型学校教育」「人権教育」「教員の資質能力の向上」「学習指導要領の改訂」「第3次学校安全の推進に関する計画」「道徳教育」「インクルーブ教育システムの構築」と多岐にわたり，うち下線部は昨年度も出題された必出の教育トピック。●教育法規は，教育基本法，学校教育法などの頻出条文の空欄補充問題と正誤判定問題。2022年4月施行の教育職員等による児童生徒性暴力等の防止等に関する法律も問われた。●教育原理は，学習指導要領「総則」，仮説実験授業とオープン・エデュケーション，『生徒指導提要』。●教育心理は，発達，学習，性格理論。●教育史は，幕末維新期の教育。●復活したローカル問題は，「人権教育推進プラン」(2019年3月)。

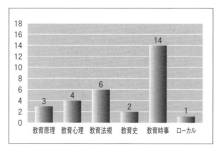

出題領域

領域								
教育原理	教育課程・学習指導要領	↓時事	総則	1	特別の教科　道徳			
	外国語活動		総合的な学習(探究)の時間		特別活動			
	学習指導	1	生徒指導		学校・学級経営			
	特別支援教育	↓法規時事	人権・同和教育	↓時事ローカル	その他			
教育心理	発達	1	学習	2	性格と適応	1		
	カウンセリングと心理療法		教育評価		学級集団			
教育法規	教育の基本理念	1	学校教育	2	学校の管理と運営	1		
	児童生徒	3	教職員	2	特別支援教育		その他	1	1
教育史	日本教育史	1	西洋教育史	1				
教育時事	答申・統計	14	ローカル	1				

※表中の数字は，解答数
※選択肢の出題領域が複数にわたる場合は，それぞれの項目に加算するためグラフの数とは異なる

全校種共通

☞解答＆解説 p.310

1 下の文は，「日本国憲法」（昭和21年憲法）および「教育基本法」（平成18年法律第120号）の条文の一部である。文中の（ a ）〜（ e ）に当てはまる語句の正しい組合せはどれか。1〜6から1つ選べ。

日本国憲法

第15条 （ a ）を選定し，及びこれを罷免することは，国民固有の権利である。

日本国憲法

第97条 この憲法が日本国民に保障する基本的人権は，人類の多年にわたる自由獲得の努力の成果であつて，これらの権利は，過去幾多の試練に堪へ，現在及び将来の国民に対し，侵すことのできない（ b ）として信託されたものである。

教育基本法

第4条 すべて国民は，ひとしく，その能力に応じた教育を受ける機会を与えられなければならず，人種，信条，性別，社会的身分，経済的地位又は門地によって，（ c ）差別されない。

2 国及び地方公共団体は，障害のある者が，その障害の状態に応じ，十分な教育を受けられるよう，教育上必要な（ d ）を講じなければならない。

3 国及び地方公共団体は，能力があるにもかかわらず，（ e ）によって修学が困難な者に対して，奨学の措置を講じなければならない。

1 a―教員　　b―基本的人権　　c―生涯にわたり　　d―配慮　　e―就労
2 a―公務員　b―永久の権利　　c―教育上　　　　　d―支援
　　e―経済的理由
3 a―教員　　b―公共の利益　　c―生涯にわたり　　d―配慮
　　e―家族の介護
4 a―公務員　b―公共の利益　　c―法律上　　　　　d―支援　　e―就労
5 a―教育長　b―永久の権利　　c―法律上　　　　　d―措置
　　e―家族の介護
6 a―教育長　b―基本的人権　　c―教育上　　　　　d―措置
　　e―経済的理由

2 下の文は，「教育職員等による児童生徒性暴力等の防止等に関する法律」（令和3年法律第57号）の条文の一部である。文中の（ a ）〜（ d ）に当てはまる語句の正しい組合せはどれか。1〜6から1つ選べ。

第1条 この法律は，教育職員等による児童生徒性暴力等が児童生徒等の権利を著しく侵害し，児童生徒等に対し（ a ）にわたって回復し難い（ b ）その他の心身に対する重大な影響を与えるものであることに鑑み，児童生徒等の（ c ）を保持するため，児童生徒性暴力等の禁止について定めるとともに，教育職員等による児童生徒性暴力等の防止等に関し，基本理念を定め，国等の責務を明らかにし，基本指針の策定，教育職員等による児童生徒性暴力等の防止に関する措置並びに教育職員等による児童生徒性暴力等の早期発見及び児童生徒性暴力等への対処に関する措置

奈良県／大和高田市

295

等について定め，あわせて，特定免許状失効者等に対する教育職員免許法（昭和24年法律第147号）の特例等について定めることにより，教育職員等による児童生徒性暴力等の防止等に関する施策を推進し，もって児童生徒等の権利（ d ）の擁護に資することを目的とする。

1　a―長期　　　b―心身の疾患　　　c―尊厳　　　　d―利益

2　a―長期　　　b―心身の疾患　　　c―学校生活　　d―生命

3　a―生涯　　　b―心理的外傷　　　c―尊厳　　　　d―利益

4　a―長期　　　b―心理的外傷　　　c―学校生活　　d―利益

5　a―生涯　　　b―心理的外傷　　　c―学校生活　　d―利益

6　a―生涯　　　b―心身の疾患　　　c―尊厳　　　　d―生命

3　下の文は，「学校教育法」（昭和22年法律第26号）の一部である。文中の（ a ）～（ f ）に当てはまる語句の正しい組合せはどれか。1～6から1つ選べ。

第21条　義務教育として行われる普通教育は，教育基本法（平成18年法律第120号）第5条第2項に規定する目的を実現するため，次に掲げる目標を達成するよう行われるものとする。

一　学校内外における（ a ）活動を促進し，自主，自律及び協同の精神，規範意識，公正な判断力並びに（ b ）精神に基づき主体的に社会の形成に参画し，その発展に寄与する態度を養うこと。

二　学校内外におる自然体験活動を促進し，（ c ）及び自然を尊重する精神並びに環境の保全に寄与する態度を養うこと。

三　我が国と郷土の現状と歴史について，正しい理解に導き，伝統と文化を尊重し，それらをはぐくんできた我が国と郷土を愛する態度を養うとともに，進んで外国の文化の理解を通じて，他国を尊重し，国際社会の（ d ）と発展に寄与する態度を養うこと。

四～九　（略）

十　職業についての基礎的な知識と技能，（ e ）を重んずる態度及び（ f ）に応じて将来の進路を選択する能力を養うこと。

1　a―社会的　　　b―公共の　　c―生命　　　d―平和　　　e―勤労
　　f―個性

2　a―文化的　　　b―遵法　　　c―生態系　　d―平和　　　e―労働
　　f―希望

3　a―地域貢献　　b―遵法　　　c―科学　　　d―協調　　　e―勤勉
　　f―適性

4　a―社会的　　　b―公共の　　c―科学　　　d―協力　　　e―勤労
　　f―希望

5　a―文化的　　　b―博愛　　　c―生命　　　d―協力　　　e―労働
　　f―適性

6　a―地域貢献　　b―博愛　　　c―生態系　　d―協調　　　e―勤勉
　　f―個性

4 下の文は，諸法令条文の一部である。文中の下線部 a 〜 f について，正しいものを○，誤っているものを×としたとき，正しい組合せはどれか。1 〜 6 から 1 つ選べ。

学校教育法施行規則（昭和22年文部省令第11号）

第43条　小学校においては，a調和のとれた学校運営が行われるためにふさわしい校務分掌の仕組みを整えるものとする。

いじめ防止対策推進法（平成25年法律第71号）

第3条　いじめの防止等のための対策は，いじめが全ての児童等に関係する問題であることに鑑み，児童等が安心して学習その他の活動に取り組むことができるよう，b学校内においていじめが行われなくなるようにすることを旨として行われなければならない。

学校給食法（昭和29年法律第160号）

第1条　この法律は，学校給食が児童及び生徒の心身の健全な発達に資するものであり，かつ，児童及び生徒の食に関する正しい理解と適切な c食習慣を養う上で重要な役割を果たすものであることにかんがみ，学校給食及び学校給食を活用した食に関する指導の実施に関し必要な事項を定め，もつて学校給食の普及充実及び学校における食育の推進を図ることを目的とする。

教育公務員特例法（昭和24年法律第1号）

第22条

　3　教育公務員は，任命権者の定めるところにより，現職のままで，d勤務場所を離れて研修を受けることができる。

地方公務員法（昭和25年法律第261号）

第31条　職員は，条例の定めるところにより，e服務の宣誓をしなければならない。

地方教育行政の組織及び運営に関する法律（昭和31年法律第162号）

第1条の2　地方公共団体における教育行政は，教育基本法（平成18年法律第120号）の趣旨にのっとり，教育の機会均等，教育水準の維持向上及び f地域の実情に応じた教育の振興が図られるよう，国との適切な役割分担及び相互の協力の下，公正かつ適正に行われなければならない。

1	a—○	b—○	c—○	d—○	e—×	f—×
2	a—○	b—○	c—○	d—×	e—×	f—×
3	a—×	b—○	c—○	d—×	e—○	f—○
4	a—×	b—○	c—○	d—×	e—○	f—×
5	a—×	b—×	c—×	d—×	e—×	f—×
6	a—○	b—×	c—×	d—×	e—○	f—○

5 下の文は，「『令和の日本型学校教育』の構築を目指して　〜全ての子供たちの可能性を引き出す，個別最適な学びと，協働的な学びの実現〜（答申）」（令和3年1月26日中央教育審議会）の一部である。次の問いに答えよ。

○　新型コロナウイルス感染症の感染拡大による臨時休業の長期化により，多様な子供一人一人が，a自立した学習者として学び続けていけるようになっているか，という点が改めて焦点化されたところであり，これからの学校教育においては，子供が①ICT

奈良県／大和高田市

297

も活用しながら_b自らの興味関心のある事柄を選択して学んでいくことができるよう，「個に応じた指導」を充実することが必要である。この「個に応じた指導」の在り方を，より具体的に示すと以下のとおりである。

○ 全ての子供に基礎的・基本的な知識・技能を確実に習得させ，思考力・判断力・表現力等や，自ら学習を調整しながら_c粘り強く学習に取り組む態度等を育成するためには，教師が支援の必要な子供により_d重点的な指導を行うことなどで効果的な指導を実現することや子供一人一人の特性や学習進度，学習到達度等に応じ，指導方法・教材や学習時間等の柔軟な提供・設定を行うことなどの「指導の個別化」が必要である。

○ 基礎的・基本的な知識・技能等や，言語能力，情報活用能力，問題発見・解決能力等の学習の基盤となる資質・能力等を土台として，幼児期からの様々な場を通じての（　　　）から得た子供の興味・関心・キャリア形成の方向性等に応じ，探究において課題の設定，情報の収集，整理・分析，まとめ・表現を行う等，教師が_e子供一人一人に応じた学習活動や学習課題に取り組む機会を提供することで，子供自身が_f学習効果が最も高くなるよう配慮する「学習の個性化」も必要である。

(1) 下線部 a ～ f について，正しいものを○，誤っているものを×としたとき，正しい組合せはどれか。1 ～ 6 から1つ選べ。

1	a―○	b―×	c―○	d―○	e―×	f―×
2	a―×	b―×	c―×	d―○	e―×	f―○
3	a―○	b―○	c―×	d―×	e―×	f―×
4	a―×	b―○	c―○	d―×	e―○	f―×
5	a―○	b―○	c―×	d―○	e―×	f―×
6	a―×	b―○	c―×	d―×	e―○	f―○

(2) 下線部①の「ICT」が学校教育を支える基盤的なツールとして不可欠になる背景として，世の中全体のデジタル化，オンライン化を大きく促進していることが挙げられる。ビッグデータの活用など将来の成長，競争力強化のために，新たなデジタル技術を活用して新たなビジネスモデルを創出・柔軟に改変することを何というか。1 ～ 6 から1つ選べ。

1 EC　　2 IT　　3 DX　　4 AI　　5 SE　　6 STEAM

(3) 文中の（　　）に当てはまる語句はどれか。1 ～ 6 から1つ選べ。

1 学習　　2 体験活動　　3 経験　　4 生活　　5 コミュニケーション
6 交流

6 下の文は，「人権教育を取り巻く諸情勢について　～人権教育の指導方法等の在り方について〔第三次とりまとめ〕策定以降の補足資料～」（令和3年3月　学校教育における人権教育調査研究協力者会議）のいじめに関する内容の一部である。次の問いに答えよ。

いじめに関する法律として，「いじめ防止対策推進法」（平成25年法律第71号）が，平成25年6月に公布されている。この法律は，いじめの防止，早期発見，いじめへの対処のための対策に関し，基本理念を定め，国や地方公共団体等の責務を明らかにし，いじめの防止等のための対策に関する基本的な方針の策定や，いじめ防止等のための対策の

基本となる事項を定めることにより，いじめの防止等のための対策を総合的かつ効果的に推進することを目的としている。

第1条では，「いじめが，いじめを受けた児童等の（　①　）を著しく侵害し，その心身の健全な成長及び人格の形成に重大な影響を与えるのみならず，その生命又は身体に重大な危険を生じさせるおそれがあるものである」と規定されており，いじめが人権侵害であることを明らかにしている。

また，第11条に基づき，文部科学大臣が定めている「いじめの防止等のための基本的な方針」（平成25年10月11日　文部科学大臣決定（最終改定：平成29年3月14日））では，「大人社会のパワーハラスメントやセクシュアルハラスメントなどといった社会問題も，ₐいじめと同じ構造で起こる。いじめの問題への♭対応力は，我が国の教育力と国民の。倫理観の指標であり，子供が接するメディアやインターネットを含め，他人の弱みを笑いものにしたり，暴力を肯定していると受け取られるような行為を許容したり，異質な他者を差別したりといった♃大人の振る舞いが，子供に影響を与えるという指摘もある」とされており，学校の中で起こるいじめと，社会の中で起こる問題との関係性にも触れている。

いじめに関しては，それ自体が人権侵害であり，同法に基づき適切に対応することは当然であるが，Ⅰ．2．(3)でも述べたとおり，（　②　）において人権が尊重されるような環境づくりを進めていく必要があり，いじめを許さない学校・学級の雰囲気を作り上げることが，人権教育を進めるに当たって重要である。

(1)　文中の（　①　）に当てはまる語句はどれか。1～6から1つ選べ。

　　1　安全　　　2　発達　　　3　学校生活　　　4　尊厳　　　5　教育を受ける権利

　　6　基本的人権

(2)　下線部a～dについて，正しいものを○，誤っているものを×としたとき，正しい組合せはどれか。1～6から1つ選べ。

　　1　a—○　　　b—×　　　c—○　　　d—○

　　2　a—×　　　b—○　　　c—○　　　d—×

　　3　a—○　　　b—○　　　c—○　　　d—×

　　4　a—×　　　b—×　　　c—×　　　d—×

　　5　a—×　　　b—○　　　c—×　　　d—○

　　6　a—○　　　b—×　　　c—×　　　d—×

(3)　文中の（　②　）に当てはまる語句はどれか。1～6から1つ選べ。

　　1　学級全体　　　2　教育活動全体　　　3　学校内外　　　4　学級経営

　　5　道徳教育　　　6　学校生活全体

7　下の文は，「これからの学校教育を担う教員の資質能力の向上について　～学び合い，高め合う教員育成コミュニティの構築に向けて～（答申）」（平成27年12月21日　中央教育審議会）の一部である。次の問いに答えよ。ただし，同じ記号には，同じ語句が入るものとする。

今後，改めて教員が高度専門職業人として認識されるために，（　a　）教員像の確立が強く求められる。このため，これからの教員には，（　b　）に学ぶ姿勢を持ち，時代

の変化や自らのキャリアステージに応じて求められる資質能力を，生涯にわたって高めていくことのできる力も必要とされる。

　また，変化の激しい社会を生き抜いていける人材を育成していくためには，教員自身が時代や社会，環境の変化を的確につかみ取り，その時々の状況に応じた適切な学びを提供していくことが求められることから，教員は，常に探究心や（　a　）意識を持つこととともに，情報を適切に収集し，選択し，（　c　）する能力や知識を（　d　）に結びつけ構造化する力を身に付けることが求められる。

　さらに，子供たち一人一人がそれぞれの夢や目標の実現に向けて，自らの（　e　）を切り開くことができるよう，これからの時代に生きる子供たちをどう育成すべきかについての目標を組織として（　f　）し，その育成のために確固たる信念をもって取り組んでいく姿勢が必要である。

　一方，学校を取り巻く課題は極めて多種多様である。いじめ・①不登校などの生徒指導上の課題や②貧困・児童虐待などの課題を抱えた家庭への対応，キャリア教育・進路指導への対応，保護者や地域との協力関係の構築など，従来指摘されている課題に加え，さきに述べた新しい時代に必要な資質能力の育成，そのためのアクティブ・ラーニングの視点からの授業改善や道徳教育の充実，小学校における外国語教育の早期化・教科化，ICTの活用，インクルーシブ教育システムの構築の理念を踏まえた，発達障害を含む特別な支援を必要とする児童生徒等への対応，学校安全への対応，幼小接続をはじめとした学校間連携等への対応など，新たな教育課題も枚挙にいとまがなく，一人の教員がかつてのように，得意科目などについて学校現場で問われる高度な専門性を持ちつつ，これら全ての課題に対応することが困難であることも事実である。

(1)　文中の（　a　）～（　f　）に当てはまる語句の正しい組合せはどれか。1～6から1つ選べ。

1　a―専門職としての　　b―積極的　　c―分析　　d―有機的　　e―人生
　　f―共有

2　a―学び続ける　　　　b―積極的　　c―活用　　d―実践的　　e―人生
　　f―検討

3　a―専門職としての　　b―自律的　　c―分析　　d―実践的　　e―困難
　　f―検討

4　a―学び続ける　　　　b―自律的　　c―分析　　d―有機的　　e―困難
　　f―検討

5　a―専門職としての　　b―積極的　　c―活用　　d―実践的　　e―困難
　　f―共有

6　a―学び続ける　　　　b―自律的　　c―活用　　d―有機的　　e―人生
　　f―共有

(2)　下線部①の現状について，「令和2年度　児童生徒の問題行動・不登校等生徒指導上の諸課題に関する調査結果について」（令和3年10月13日　文部科学省）に照らし，誤りのあるものはどれか。1～6から1つ選べ。

1　不登校児童生徒数は，8年連続で増加し，過去最多となっている。

2 小・中学校における長期欠席者数のうち，不登校児童生徒数は，19万人以上である。

3 小・中学校における長期欠席者数のうち，90日以上欠席している人数は，10万人以上である。

4 不登校の主たる要因は，いじめを除く友人関係をめぐる問題が最も多い。

5 小・中学校における不登校児童生徒の60％以上が学校内外の機関等で相談・指導を受けている。

6 小・中学校における長期欠席者数，および，そのうち90日以上欠席している児童生徒数は昨年度に比べ増加している。

(3) 下線部②について，「子どもの貧困対策の推進に関する法律」(平成25年法律第64号)の文中の（　）に当てはまる語句はどれか。1〜6から1つ選べ。

第2条　子どもの貧困対策は，社会のあらゆる分野において，子どもの年齢及び発達の程度に応じて，その意見が尊重され，その（　）が優先して考慮され，子どもが心身ともに健やかに育成されることを旨として，推進されなければならない。

1　最善の利益　　2　人権　　3　尊厳　　4　自由　　5　福祉　　6　就学

8 下の文は，「幼稚園，小学校，中学校，高等学校及び特別支援学校の学習指導要領等の改善及び必要な方策等について（答申）」(平成28年12月21日　中央教育審議会)の「第2部　各学校段階，各教科等における改訂の具体的な方向性　第1章　各学校段階の教育課程の基本的な枠組みと，学校段階間の接続」の一部である。文中の（　a　）〜（　d　）に当てはまる語句の正しい組合せはどれか。1〜6から1つ選べ。

〈幼児教育と小学校教育の接続〉

　小学校教育においては，生活科を中心とした（　a　）を学習指導要領に明確に位置付け，その中で，合科的・関連的な指導や短時間での学習などを含む授業時間や指導の工夫，環境構成等の工夫も行いながら，幼児期に総合的に育まれた資質・能力や，子供たちの成長を，各教科の特質に応じた学びにつなげていくことが求められる。

〈小学校教育と中学校教育の接続〉

　小学校高学年に関しては，子供たちの抽象的な思考力が高まる時期であり，指導の専門性の強化が課題となっていることを踏まえ，（　b　）を拡充するなどにより，中学校への接続を見据えた指導体制の充実を図ることが必要である。

〈中学校教育と高等学校教育の接続〉

　高等学校においては，必要に応じて学び直しの視点を踏まえた教育課程を編成して，義務教育段階での学習内容の確実な定着を図るなど，生徒の学習課題に応じた学習の（　c　）づくりを行い，高等学校段階の学びの共通性の確保を確かなものにしていくことが求められる。

〈幼稚園，小学校，中学校，高等学校等と特別支援学校との連続性〉

　子供たちの学びの連続性を確保する視点から，知的障害のある児童生徒のための各教科の目標・内容の考え方や，（　d　）の教育課程の取扱いを適用する際の留意点等について，小・中学校等の各教科の目標・内容との連続性に留意して整理し，分かりやすく示すことが必要である。

1　a—スタートカリキュラム　　b—教科担任　　c—プラン　　d—身体障害者等

2 a—スタートカリキュラム　　　b—専科指導　　　c—基盤　　　d—重複障害者等

3 a—スタートカリキュラム　　　b—教科担任　　　c—基盤　　　d—身体障害者等

4 a—アプローチカリキュラム　　b—専科指導　　　c—プラン
　　d—重複障害者等

5 a—アプローチカリキュラム　　b—教科担任　　　c—プラン
　　d—身体障害者等

6 a—アプローチカリキュラム　　b—専科指導　　　c—基盤
　　d—重複障害者等

9　下の文は，文部科学大臣が令和3年3月12日に中央教育審議会に提示した諮問書「『令和の日本型学校教育』を担う教師の養成・採用・研修等の在り方について」の一部である。文中の（ a ）～（ c ）に当てはまる語句の正しい組合せを，1～6から1つ選べ。

　　教師に求められる資質能力については，これまでの中央教育審議会における答申においても，使命感や責任感，教育的愛情，教科や教職に関する専門的知識，（ a ），総合的人間力，コミュニケーション能力等が挙げられているところであり，令和3年答申においては，これらの資質能力に加え，（ b ），ICT活用指導力等が挙げられているところです。経済協力開発機構（OECD）の"Learning Compass 2030"においては，子供たちがウェルビーイング（Well-being）を実現していくために自ら主体的に目標を設定し，振り返りながら，責任ある行動がとれる力を身に付けることの重要性が指摘されており，OECDは併せて教師と子供たちが教えと学びの過程を共同して創っていくことの重要性を指摘しています。教師という職業が，ICTを駆使しながら，個別最適な学びと（ c ）の実現を通じ，全ての子供たちの可能性を引き出す創造的で魅力的なものであるという姿を描き出しつつ，各学校種・教科等を横断して全教師に求められる基本的な資質能力を，「何ができるのか」という観点も踏まえ，できるだけ具体的に明らかにしていただきたいと思います。

1 a—実践的指導力　　　b—ファシリテーション能力　　　c—協働的な学び

2 a—実践的指導力　　　b—サステイニング能力　　　　c—集団的な学び

3 a—実践的指導力　　　b—ファシリテーション能力　　　c—集団的な学び

4 a—統括的指導力　　　b—サステイニング能力　　　　c—協働的な学び

5 a—統括的指導力　　　b—ファシリテーション能力　　　c—協働的な学び

6 a—統括的指導力　　　b—サステイニング能力　　　　c—集団的な学び

10　仮説実験授業とオープン・エデュケーションの説明文として誤っているものはどれか。次の1～6から1つ選べ。

1 仮説実験授業は，ブルーナーが考案した授業形態で，科学上の最も基礎的一般的な概念・法則を教えて，科学とはどのようものかということを体験させることを目的とした授業理論であり，発見学習を成立させるための一つの授業方式である。

2 仮説実験授業の授業手順は，①導入質問，②問題場面の提示，③結果の予想，④根拠の討論，⑤実験の実施，⑥評価，⑦発展，の7段階である。

3 仮説実験授業は，どの教師にも簡単に実施できるようにパッケージ化されていて便利だが，マニュアルが完備することによって授業の進め方がパターン化して柔軟な展

開がしにくいことや，学習指導要領の範囲を網羅したパッケージがあるわけではないので，授業時間内で検定教科書との両立に苦労するなどの課題もある。

4 オープン・エデュケーションは，オープン教室（壁のない教室）が必要条件で，学習者の主体性を重視する。学習する場所は指定されておらず，学習者は自由に移動して好みのスペースで学習できる。学習は個人でもグループでもよい。固定された時間割も必要としない。

5 オープン・エデュケーションは，1960年代にイギリスで始まったと言われ，70年代に日本に紹介され注目された。1984年に文部省（当時）が，空間的配慮に富んだ建築様式の校舎建設推進のための補助金の交付を始めたため，日本でも「壁のない教室」のある学校が増えた。

6 オープン・エデュケーションは，他者または他グループの音声が学習の障害になることもある。日本では，単なる多目的スペースとしてしか使われておらず，カリキュラムも従来の教師主導型の一斉授業が多いなど，その理念を十分に展開するには克服しなければならない課題が多い。

11 次の文は，文部省（当時）が編集した『学制百年史』（昭和56年刊）の中の，「一　幕末維新期の教育」の一部である。文中の下線部 a ～ d の語句について正しいものを○，誤っているものを×としたとき，正しい組合せはどれか。1 ～ 6 から 1 つ選べ。

幕府は，江戸にさまざまな目的をもつ学校を開設して偉容を示していたが，直轄地には，それぞれに学校を設立していた。江戸に開設されていた幕府の学校のうち最も重要な地位を占めていたのは a 昌平坂学問所であった。この学校は， b 国学を修めることを目的とした学校であって，林家の学者を大学頭に任じて，この学校を主宰させていた。

江戸時代には，庶民も子弟に学業を修めさせるようになり，武家子弟の学校とは別に手習所を用いることとなった。これは手習師匠が二〇人ほどの子どもを集めて手習を教える小さな学校で，これが c 寺子屋であった。ここでは庶民が日常生活において必要としている基本文字の習字から始め，しだいに d 往来物などを教材として学ぶようになり，何年も c 寺子屋に通った生徒の中には，四書五経の読み方に進むものもあった。

1	a―×	b―○	c―○	d―○
2	a―×	b―×	c―○	d―×
3	a―×	b―○	c―×	d―○
4	a―○	b―○	c―×	d―×
5	a―○	b―○	c―×	d―×
6	a―○	b―×	c―○	d―×

12 次の文は，ある教育学者の教育思想と主な業績である。この教育学者は誰か。1 ～ 6 から 1 つ選べ。

1859年アメリカ・ヴァーモント州に生まれた。ミシガン大学を皮切りにシカゴ大学，コロンビア大学で哲学，教育学を講じた。シカゴ大学時代には，社会生活の人間形成的意義を重視し，学校教育を意図的に設計された特別の環境にすべきであるとの教育観と，子どもは本来自己の経験を連続的に再構成する能力，つまり自己及び環境をつくり変える能力を備えているとの子ども観から，それを実証するための実験学校を開設した。そ

奈良県／大和高田市

こでは，教育の中心には子どもがいるべきだとして，教育のコペルニクス的転換を図った。その報告書は『学校と社会』という書名で出版されている。その他，『民主主義と教育』など，多数の著作がある。進歩主義教育協会の会長も務め，国際的に大きな影響を与えた。1952年没。

1　ウォシュバーン（Washburne, Carleton W.）
2　クイック（Quick, Robert H.）
3　デューイ（Dewey, John）
4　パーカー（Parker, Francis W.）
5　ハヴィガースト（Havighurst, Robert J.）
6　キルパトリック（Kilpatrick, William H.）

13　下の文は，『生徒指導提要』（平成22年3月　文部科学省）の第1章「生徒指導の意義と原理」第2節「教育課程における生徒指導の位置付け」　1「教育課程の共通性と生徒指導の個別性」の一部である。生徒指導の目標達成のために，日々の教育活動において留意すべきことを三つ挙げている。三つの留意事項の正しい組合せはどれか。1〜6から1つ選べ。

　生徒指導は，一人一人の児童生徒の個性の伸長を図りながら，同時に社会的な資質や能力・態度を育成し，さらに将来において社会的に自己実現ができるような資質・態度を形成していくための指導・援助であり，個々の児童生徒の自己指導能力の育成を目指すものです。

a　児童生徒に寄り添い，励ますこと
b　児童生徒に自己存在感を与えること
c　児童生徒との信頼関係を築くこと
d　共感的な人間関係を育成すること
e　自己決定の場を与え自己の可能性の開発を援助すること

　　1　a　　　b　　　c
　　2　a　　　b　　　d
　　3　a　　　b　　　e
　　4　b　　　c　　　d
　　5　b　　　c　　　e
　　6　b　　　d　　　e

14　下の文は，「第3次学校安全の推進に関する計画」（令和4年3月25日　閣議決定）の一部である。文中の（　a　）と（　b　）に当てはまる語句の正しい組合せはどれか。1〜6から1つ選べ。

　学校安全の活動は，「（　a　）」，「交通安全」，「災害安全」の各領域を通じて，自ら安全に行動したり，他の人や社会の安全のために貢献したりできるようにすることを目指す「安全教育」，児童生徒等を取り巻く環境を安全に整えることを目指す「安全管理」，これらの活動を円滑に進めるための「（　b　）」という3つの主要な活動から構成されている。

　　1　a—校内安全　　　b—連携活動

```
2   a―校内安全    b―組織活動
3   a―生活安全    b―連携活動
4   a―生活安全    b―組織活動
5   a―地域安全    b―組織活動
6   a―地域安全    b―連携活動
```

15 下のA～Dの文は，ピアジェの認知発達段階について各段階の特徴を述べたものである。正しいものを〇，誤っているものを×としたとき，正しい組合せはどれか。1～6から1つ選べ。

A 感覚運動期では，自らの感覚や運動を通して外界を理解し始める。この時期の認知発達として，対象が見えなくなっても，その対象は存在し続けるという「対象の恒常性」が認識できるようになる。

B 前操作期では，象徴的な思考を獲得しており，発話や描画などで対象や出来事を表象することができる。論理的思考は十分ではなく，自分が見ている景色は他者も同様に見えていると考える「自己中心性」が見られる。

C 具体的操作期では，具体物を用いれば，様々な論理的思考が可能になる。見かけ上の大きさが変化しても，面積，量など本質的特徴は変化しないという「保存性の概念」を理解できるようになる。

D 形式的操作期では，事実についてだけでなく，可能性について考えたり，仮説検証型の推理をしたりといった論理的思考が可能になる。15歳ころまMにはすべてMの人がこの段階に達する。

```
1   A―〇    B―×    C―×    D―〇
2   A―〇    B―〇    C―×    D―〇
3   A―〇    B―〇    C―〇    D―×
4   A―×    B―〇    C―〇    D―〇
5   A―×    B―〇    C―×    D―〇
6   A―×    B―×    C―〇    D―×
```

16 下のA～Cの文は，心理学の学習理論に関する説明である。対応する用語の正しい組合せはどれか。1～6から1つ選べ。

A スキナーはレバーなどを押すことでネズミやハトがエサを得られるようにした「スキナー箱」と呼ばれる実験装置を使い，反応に刺激を随伴させることを通じて反応の変容を観察した。

B 生得的には強い反応を生じさせない中性刺激と，生得的に強い反応を生じさせる無条件刺激を対提示することで，中性刺激に対しても無条件刺激と同様の反応が生じるようになる。

C モデルの行動やその結果などを見るだけでモデルの行動と似た行動が出現するようになる。模倣学習と異なり，モデルと類似した行動の経験や強化の必要はない。

```
1   A―観察学習      B―古典的条件づけ      C―オペラント条件づけ
2   A―オペラント条件づけ    B―古典的条件づけ      C―観察学習
3   A―古典的条件づけ    B―観察学習      C―オペラント条件づけ
```

4 A—オペラント条件づけ　　B—観察学習　　　C—古典的条件づけ

5 A—観察学習　　　B—オペラント条件づけ　　C—古典的条件づけ

6 A—古典的条件づけ　　B—オペラント条件づけ　　C—観察学習

17 下のA〜Dの文は，動機づけについて述べたものである。正しいものを○，誤っているものを×としたとき，正しい組合せはどれか。1〜6から1つ選べ。

A マレーは動機づけを一次的動機づけと二次的動機づけの2つに分類した。そのうち，飢えや睡眠などの生理的欲求を満たすために行動を引き起こす動機づけは二次的動機づけに該当する。

B 自らの興味や関心，知的好奇心などにしたがって，「やりたいからやる」という内的要因によって行動が動機づけられ，活動をすること自体が目的になるものを「内発的動機づけ」という。

C 自己決定理論の提唱者であるスキナーは，外発的動機づけと内発的動機づけの関係を調べ，行動に報酬を与えることで内発的動機づけが低下する現象を明らかにした。これは「アンダーマイニング効果」と呼ばれる。

D 行動に対して物質的な報酬を与えることは内発的動機づけを低めるとされるが，褒めるというような言語的な報酬を与えることは，内発的動機づけを高めるとされる。

1 A—○　　B—○　　C—○　　D—○

2 A—○　　B—○　　C—×　　D—○

3 A—○　　B—×　　C—×　　D—×

4 A—×　　B—○　　C—○　　D—×

5 A—×　　B—×　　C—○　　D—○

6 A—×　　B—○　　C—×　　D—○

18 下のA〜Cの文は，心理学のパーソナリティに関する理論や用語に関する説明である。対応する用語の正しい組合せはどれか。1〜6から1つ選べ。

A 個人のパーソナリティを「神経症傾向」「外向性」「親和性」「勤勉性」「経験への開放性」から説明しようとする理論。

B 個人のパーソナリティは複数の要素から構成されるとし，量的に測定することで特徴を知ろうとする理論。個人の特性を量的な違いとして記述でき，個人差を理解しやすい。

C 個人のパーソナリティはいくつかのタイプのうち，どれか1つに属すると考える理論。例として，ユングは，人は内向型と外向型のどちらかに属すると考えた。

1 A—ビッグ・ファイブ　　B—特性論　　　　C—類型論

2 A—ビッグ・ファイブ　　B—類型論　　　　C—特性論

3 A—特性論　　　　　　B—ビッグ・ファイブ　　C—類型論

4 A—特性論　　　　　　B—類型論　　　　C—ビッグ・ファイブ

5 A—類型論　　　　　　B—特性論　　　　C—ビッグ・ファイブ

6 A—類型論　　　　　　B—ビッグ・ファイブ　　C—特性論

19 「児童の権利に関する条約」（以下，「子どもの権利条約」）について説明している次のA〜Eの文について，内容の正しいものを○，誤っているものを×としたとき，正しい

組合せはどれか。1～6から1つ選べ。

A 「子どもの権利条約」は，1989年の国連総会において採択され，日本は1990年に批准した。

B 「子どもの権利条約」は，2019年2月時点での締約国・地域の数は196で，未締約国は1か国である。

C 「子どもの権利条約」は，前文と本文54条から構成されている。

D 「子どもの権利条約」では，20歳未満の児童（子ども）を権利をもつ主体と位置づけ，おとなと同様ひとりの人間としての人権を認めている。

E ユニセフ（Unicef）は，「子どもの権利条約」で守るように定められている権利を「生きる権利」「育つ権利」「守られる権利」「意見を言う権利」の4つに分類している。

1　A―○　　　B―○　　　C―×　　　D―×　　　E―○
2　A―○　　　B―○　　　C―×　　　D―○　　　E―×
3　A―×　　　B―×　　　C―○　　　D―×　　　E―○
4　A―×　　　B―×　　　C―○　　　D―○　　　E―○
5　A―○　　　B―×　　　C―○　　　D―○　　　E―×
6　A―×　　　B―○　　　C―○　　　D―×　　　E―×

20 奈良県教育委員会では，人権に関する課題が多様化・複雑化し，これに対応できる資質や能力を身につけた人材の育成が急務となる中，平成31年3月に「人権教育推進プラン」の改訂を行った。「人権教育推進プラン」で提唱している人権教育を進める基本的な3つの視点について，A～Cに当てはまる語句の正しい組合せはどれか。1～6から1つ選べ。

（A）の視点

　一人一人の自由や権利が保障され，すべての人が自らを大切な存在として捉え，自らの可能性を最大限に発揮できているか

（B）の視点

　すべての人が一人一人のちがいを豊かさとし，他者を大切な存在として捉えることができているか

（C）の視点

　一人一人が互いを大切な存在として捉えた「つながり」を築いているか，その「つながり」をより深いものにできているか

1　A―自己啓発　　　B―共生　　　　C―集団づくり
2　A―自己実現　　　B―他者理解　　C―人間関係づくり
3　A―自己啓発　　　B―他者理解　　C―集団づくり
4　A―自己実現　　　B―共生　　　　C―人間関係づくり
5　A―自己啓発　　　B―共生　　　　C―人間関係づくり
6　A―自己実現　　　B―他者理解　　C―集団づくり

21 下の文は，「道徳に係る教育課程の改善等について（答申）」（平成26年10月21日　中央教育審議会）の一部である。文中の（ a ）～（ f ）に当てはまる語句の正しい組合せはどれか。1～6から1つ選べ。ただし，同じ記号には，同じ語句が入るものとする。

道徳教育をめぐっては，児童生徒に特定の価値観を押し付けようとするものではないかなどの批判が一部にある。しかしながら，道徳教育の本来の使命に鑑みれば，特定の価値観を押し付けたり，主体性をもたず言われるままに行動するよう指導したりすることは，道徳教育が目指す方向の対極にあるものと言わなければならない。むしろ，（ a ）価値観の，時に対立がある場合を含めて，誠実にそれらの価値に向き合い，道徳としての問題を考え続ける姿勢こそ道徳教育で養うべき基本的資質であると考えられる。

もちろん，道徳教育において，児童生徒の発達の段階等を踏まえ，例えば，社会のルールやマナー，人としてしてはならないことなどについてしっかりと身に付けさせることは必要不可欠である。しかし，これらの指導の真の目的は，ルールやマナー等を単に身に付けさせることではなく，そのことを通して（ b ）を養うことであり，道徳教育においては，発達の段階も踏まえつつ，こうしたルールやマナー等の（ c ）や役割そのものについても考えを深め，さらには，必要があればそれを（ d ）に変えていく力を育てることをも目指していかなくてはならない。

また，実生活においては，同じ事象でも立場や状況によって見方が異なったり，複数の道徳的価値が対立し，単一の道徳的価値だけでは（ e ）が困難な状況に遭遇したりすることも多い。このことを前提に，道徳教育においては，人として生きる上で重要な様々な道徳的価値について，児童生徒が発達の段階に応じて学び，理解を深めるとともに，それを基にしながら，それぞれの人生において出会うであろう多様で複雑な具体的事象に対し，一人一人が（ f ）に考え，（ e ）し，適切に行動するための資質・能力を養うことを目指さなくてはならない。

1　a―異なる　　b―倫理観　　c―根拠　　d―よりよいもの　　e―選択
　　f―多角的

2　a―異なる　　b―倫理観　　c―根拠　　d―よりよいもの　　e―選択
　　f―主体的

3　a―多様な　　b―道徳性　　c―意義　　d―よりよいもの　　e―判断
　　f―多角的

4　a―異なる　　b―道徳性　　c―意義　　d―新しいもの　　e―判断
　　f―主体的

5　a―多様な　　b―倫理観　　c―意義　　d―新しいもの　　e―選択
　　f―多角的

6　a―多様な　　b―道徳性　　c―根拠　　d―新しいもの　　e―判断
　　f―主体的

22　下の文は，「幼稚園，小学校，中学校，高等学校及び特別支援学校の学習指導要領等の改善及び必要な方策等について（答申）」（平成28年12月21日　中央教育審議会）の一部である。文中の（ a ）～（ f ）に当てはまる語句の正しい組合せはどれか。1～6から1つ選べ。ただし，同じ記号には，同じ語句が入るものとする。

「主体的な学び」の視点からは，児童生徒が（ a ）を持ち，自己を見つめ，道徳的価値を自分自身との関わりで捉え，自己の生き方について考える学習とすることや，各教科で学んだこと，体験したことから道徳的価値に関して考えたことや感じたことを

（ b ）させ，自ら道徳性を養う中で，自らを振り返って成長を（ c ）したり，これからの課題や目標を見付けたりすることができるよう工夫することが求められる。

このため，主題やねらいの設定が不十分な単なる生活経験の話合いや，読み物教材の登場人物の心情理解のみに終始する指導，望ましいと思われることを言わせたり書かせたりすることに終始する指導などに陥らないよう留意することが必要である。例えば，児童生徒の発達の段階等を考慮し，興味や（ a ）を持つことができるような身近な社会的課題を取り上げること，（ d ）な学習を通して一人一人が考えたことや感じたことを振り返る活動を取り入れること，我が国や郷土の伝統や文化，先人の業績や生き方に触れることや，自然体験活動など美しいもの・気高いものなどに出合う機会を多様に設定し，そこから感じたことを通じて自己を見つめ，自分自身の生き方について考え，多様な考えを持つ他者を相互に認め合い（ e ）異なる意見や立場を尊重し，共によりよく生きようという意欲などを高めるようにすることも重要である。また，年度当初に自分の（ f ）やよりよく生きるための課題を考え，課題や目標を捉える学習を行ったり，学習の過程や成果などの記録を計画的にファイル等に集積（ポートフォリオ）したりすること等により，学習状況を自ら把握し振り返ることができるようにすることなどが考えられる。

1　a―問題意識　　b―発展　　　c―実感　　d―系統的　　　　e―広い心で
　　f―短所

2　a―問題意識　　b―発展　　　c―促進　　d―問題解決的　　e―理性的に
　　f―短所

3　a―学習意欲　　b―統合　　　c―実感　　d―系統的　　　　e―理性的に
　　f―有様

4　a―学習意欲　　b―統合　　　c―促進　　d―系統的　　　　e―理性的に
　　f―有様

5　a―学習意欲　　b―発展　　　c―促進　　d―問題解決的　　e―広い心で
　　f―短所

6　a―問題意識　　b―統合　　　c―実感　　d―問題解決的　　e―広い心で
　　f―有様

23　下の文は，「共生社会の形成に向けたインクルーシブ教育システム構築のための特別支援教育の推進（報告）」（平成24年7月23日　中央教育審議会初等中等教育分科会）の一部である。文中の（ a ）～（ c ）に当てはまる語句の正しい組合せはどれか。1～6から1つ選べ。ただし，同じ記号には，同じ語句が入るものとする。

○　共生社会の形成に向けて，障害者の権利に関する条約に基づくインクルーシブ教育システムの理念が重要であり，その構築のため，特別支援教育を着実に進めていく必要があると考える。

○　インクルーシブ教育システムにおいては，同じ場で共に学ぶことを追求するとともに，個別の（ a ）のある幼児児童生徒に対して，自立と社会参加を見据えて，その時点で（ a ）に最も的確に応える指導を提供できる，多様で柔軟な仕組みを整備することが重要である。小・中学校における通常の学級，（ b ），特別支援学級，特別

支援学校といった，(c)のある「多様な学びの場」を用意しておくことが必要である。

1　a―医療的ニーズ　　b―適応指導教室　　c―連続性
2　a―医療的ニーズ　　b―適応指導教室　　c―多様性
3　a―教育的ニーズ　　b―適応指導教室　　c―多様性
4　a―教育的ニーズ　　b―通級による指導　　c―連続性
5　a―医療的ニーズ　　b―通級による指導　　c―連続性
6　a―教育的ニーズ　　b―通級による指導　　c―多様性

24　下の文は，「中学校学習指導要領」(平成29年3月告示　文部科学省)の一部である。文中の(a)〜(c)に当てはまる語句の正しい組合せはどれか。1〜6から1つ選べ。

第1章　総則
　第5　学校運営上の留意事項
　　2　家庭や地域社会との連携及び協働と学校間の連携
　　　教育課程の編成及び実施に当たっては，次の事項に配慮するものとする。
　　　(略)
　　　イ　他の中学校や，幼稚園，認定こども園，保育所，小学校，高等学校，特別支援学校などとの間の連携や交流を図るとともに，障害のある幼児児童生徒との(a)及び(b)の機会を設け，共に(c)ながら協働して生活していく態度を育むようにすること。

1　a―交流　　b―社会参加　　c―助け合い
2　a―交流　　b―共同学習　　c―助け合い
3　a―交流　　b―共同学習　　c―尊重し合い
4　a―共生　　b―社会参加　　c―助け合い
5　a―共生　　b―社会参加　　c―尊重し合い
6　a―共生　　b―共同学習　　c―尊重し合い

解答&解説

1　解答　2
　解説　a：日本国憲法第15条第1項を参照。「公務員の選定罷免権」の規定。
　　　　b：日本国憲法第97条を参照。「基本的人権の本質」の規定。
　　　　c〜e：教育基本法第4条を参照。「教育の機会均等」の規定。

2　解答　3
　解説　教育職員等による児童生徒性暴力等の防止等に関する法律第1条を参照。この法律の「目的」の規定。同法は，「児童生徒性暴力等」などの定義のほか，児童生徒性暴力等の禁止，基本理念(学校の内外を問わず教育職員等による児童生徒性暴力等の根絶等)，児童生徒性暴力等の防止・早期発見・対処に関する措置(デ

ータベースの整備等），特定免許状失効者等に対する免許状授与の特例等について規定されており，2021年6月4日公布，一部を除き2022年4月1日施行。

3 **解答** 1

解説 学校教育法第21条第一号〜第三号，第十号を参照。「義務教育の目標」の規定。

4 **解答** 6

解説 a：学校教育法施行規則第43条を参照。「校務分掌」の規定。

b：いじめ防止対策推進法第3条第1項を参照。「基本理念」の規定。「学校内において」ではなく「学校の内外を問わず」。

c：学校給食法第1条を参照。「この法律の目的」の規定。「食習慣」ではなく「判断力」。

d：教育公務員特例法第22条第3項を参照。「研修の機会」のうち現職のままで長期にわたる研修に関する規定。「勤務場所を離れて」ではなく「長期にわたる」。

e：地方公務員法第31条を参照。「服務の宣誓」の規定。

f：地方教育行政の組織及び運営に関する法律第1条の2を参照。「基本理念」の規定。

5 **解答** (1)— 5　　(2)— 3　　(3)— 2

解説 中央教育審議会答申「『令和の日本型学校教育』の構築を目指して　〜全ての子供たちの可能性を引き出す，個別最適な学びと，協働的な学びの実現〜」（2021年1月26日，同年4月22日更新）の「第Ⅰ部　総論」「3．2020年代を通じて実現すべき『令和の日本型学校教育』の姿」「(1)子供の学び」を参照。

(1)b：「自らの興味関心のある事柄を選択して学んでいくこと」ではなく「自ら学習を調整しながら学んでいくこと」。

f：「学習効果が最も高くなるよう配慮する」ではなく「学習が最適となるよう調整する」。

(2)「DX」は「Digital Transformation（デジタル・トランスフォーメーション）」の略。

(3)当該箇所を参照。

6 **解答** (1)— 5　　(2)— 5　　(3)— 6

解説 学校教育における人権教育調査研究協力者会議「人権教育を取り巻く諸情勢について　〜人権教育の指導方法等の在り方について〔第三次とりまとめ〕策定以降の補足資料〜」（2021年3月，2022年3月改訂）の「Ⅱ．人権教育をめぐる社会情勢」「2．国内の個別的な人権課題の主な動向」「(1)子供の人権」「①いじめ」を参照。2022年3月の改訂版は，「ビジネスと人権」に関する行動計画の策定，子どもの人権にかかる動向（「こども家庭庁設置法案」など），ハンセン病問題にかかる動向，新型コロナウイルス感染症による偏見・差別への対応にかかる動向，学校における働き方改革などについて追記したもの。

(1)・(3)当該箇所を参照。

(2)a：「いじめと同じ構造で起こる」ではなく「いじめと同じ地平で起こる」。

c：「倫理観」ではなく「成熟度」。

7 解答 (1)―6　　(2)―4　　(3)―1

解説 中央教育審議会答申「これからの学校教育を担う教員の資質能力の向上について〜学び合い，高め合う教員育成コミュニティの構築に向けて〜」（2015年12月21日）の「2．これからの時代の教員に求められる資質能力」を参照。

(1)当該箇所を参照。

(2)文部科学省「令和2年度　児童生徒の問題行動・不登校等生徒指導上の諸課題に関する調査結果について」（2021年10月13日）を参照。

4：「調査の概要」「(3)調査結果の要旨」「4．小・中学校の長期欠席（不登校等）の状況」「③不登校の要因」を参照。「いじめを除く友人関係をめぐる問題」（10.6％）ではなく「無気力・不安」（46.9％）。

1：「4．小・中学校の長期欠席（不登校等）」「(4-2)不登校児童生徒数の推移」を参照。

2：「調査の概要」「(3)調査結果の要旨」「4．小・中学校の長期欠席（不登校等）の状況」「①小・中学校における長期欠席者数」を参照。

3・6：「調査の概要」「(3)調査結果の要旨」「4．小・中学校の長期欠席（不登校等）の状況」「②不登校児童生徒のうち，90日以上欠席している者」を参照。

5：「調査の概要」「(3)調査結果の要旨」「4．小・中学校の長期欠席（不登校等）の状況」「④学校内外の施設や機関等で相談・指導等を受けた不登校児童生徒」を参照。

(3)子どもの貧困対策の推進に関する法律第2条第1項を参照。「基本理念」の規定。

8 解答 2

解説 中央教育審議会答申「幼稚園，小学校，中学校，高等学校及び特別支援学校の学習指導要領等の改善及び必要な方策等について」（2016年12月21日）の「第2部　各学校段階，各教科等における改訂の具体的な方向性」「第1章　各学校段階の教育課程の基本的な枠組みと，学校段階間の接続」「6．学校段階間の接続」を参照。

a：「(1)幼児教育と小学校教育の接続」を参照。

b：「(2)小学校教育と中学校教育の接続」を参照。

c：「(3)中学校教育と高等学校教育の接続」を参照。

d：「(4)幼稚園，小学校，中学校，高等学校等と特別支援学校との連続性」を参照。

9 解答 1

解説 文部科学大臣「『令和の日本型学校教育』を担う教師の養成・採用・研修等の在り方について（諮問)」（2021年3月12日）を参照。

10 解答 1

解説 1：「ブルーナー」（1915〜2016）ではなく「板倉聖宣」（1930〜2018）。

11 解答 5

解説 文部省『学制百年史』（1981年刊）の「一　幕末維新期の教育」を参照。

b：「国学」ではなく「儒学」。

12 解答 3

解説 3：デューイ（1859〜1952）は、「なすことによって学ぶ」という、経験による学習を重視した新教育運動の理論的指導者で、教育とは「経験の再構成」であり、子どもの生活経験に基づき、子どもの自発的活動が中心でなければならないとした。

13 **解答** 6

解説 『生徒指導提要』（2010年3月）の「第1章　生徒指導の意義と原理」「第2節　教育課程における生徒指導の位置付け」「1　教育課程の共通性と生徒指導の個別性」を参照。

14 **解答** 4

解説 文部科学省「第3次学校安全の推進に関する計画」（2022年3月25日閣議決定）の「Ⅰ　総論」の冒頭を参照。

15 **解答** 4

解説 ピアジェ（1896〜1980）は、物の見方や捉え方の枠組みをシェマと呼び、そのシェマが変容していく過程こそが認知発達だと主張して、感覚運動期、前操作期、具体的操作期、形式的操作期という4つの認知発達段階に分けた。
A：「対象の恒常性」ではなく「対象の永続性」。
D：形式的操作期に移行するのは11, 12歳ごろからのいわゆる思春期以降とされる。

16 **解答** 2

解説 A：スキナー（1904〜90）は、「スキナー箱」という実験装置を考案して、ネズミやハトがうまくバーを押すと餌が得られるように学習させた。これを「オペラント条件づけ（道具的条件づけ）」と呼び、この理論を実験的に研究して体系化し、プログラム学習、ティーチング・マシンなどの開発や行動療法にも応用した。
B：パブロフ（1849〜1936）は、えさ（無条件刺激）とベルの音（条件刺激）の対提示を繰り返すと、イヌはベルの音を聞いただけで唾液を分泌する（無条件反応）ことから、条件刺激だけでも条件反応が生じるようになるとする古典的条件づけ（レスポンデント条件づけ）を唱えた。
C：バンデューラ（1925〜2021）は、子どもは直接的経験をもたなくても、他者の行動を観察することによって、攻撃性や性役割などさまざまな行動規範を獲得することができるとする観察学習（モデリング学習）を唱えた。

17 **解答** 6

解説 A：生存に不可欠な欲求は、「二次的動機づけ」ではなく「一次的動機づけ」。
C：自己決定理論を唱えたのは、「スキナー」（1904〜90）ではなく「デシ」（1942〜）。

18 **解答** 1

解説 A：ビッグ・ファイブ理論は、ルイス・ゴールドバーグ（1932〜）が提唱したもので、研究者によってさまざまな特性が抽出されて理論化されている。ビッグ・ファイブ理論の5要素は、研究者によって多少その内容は異なるが、基本的な考え方は同じで、現在最も広く利用されているのはコスタ（1942〜）とマックレー（1949〜）によるもの。
B：特性論は、個人の性格をさまざまな特性の総和として捉える。オルポート

奈良県／大和高田市

（1897〜1967），ギルフォード（1897〜1987）など。

C：ユング（1875〜1961）は，リビドーを一般的な心的エネルギー（意思の生命力）として位置付け，リビドーが外へ向かえば外向性，主体内部へ向かえば内向性であるとする向性理論を提唱した。

19 **解答** 6

解説 A：日本は1990年に署名し，1994年に批准した。

D：「20歳未満」ではなく「18歳未満」。

E：「意見を言う権利」ではなく「参加する権利」。

20 **解答** 4

解説 奈良県教育委員会「人権教育推進プラン　一人一人が大切にされる教育を目指して」（2019年3月25日）の「2　『人権教育推進プラン』の改定に当たって」「(2)人権教育を進める基本的な3つの視点」を参照。同プランは，人権に関する課題が多様化・複雑化する社会状況を踏まえ，これまでの人権教育の取り組みの成果を継承するとともに，2008年に策定された「人権教育の推進についての基本方針」に則った人権教育がより一層具体的に推進されるよう改定されたものである。教職員・保育者や，社会教育関係者にとって，また，学校や社会教育の場において求められる取り組みが具体的に示されている。

21 **解答** 3

解説 中央教育審議会答申「道徳に係る教育課程の改善等について」（2014年10月21日）の「1　道徳教育の改善の方向性」「(1)道徳教育の使命」を参照。

22 **解答** 6

解説 中央教育審議会答申「幼稚園，小学校，中学校，高等学校及び特別支援学校の学習指導要領等の改善及び必要な方策等について」（2016年12月21日）の「第2部　各学校段階，各教科等における改訂の具体的な方向性」「第2章　各教科・科目等の内容の見直し」「15．道徳教育」「(2)具体的な改善事項」「③学習・指導の改善充実や教育環境の充実等」「ⅰ）『主体的・対話的で深い学び』の実現」「(『主体的な学び』の視点)」を参照。

23 **解答** 4

解説 中央教育審議会「共生社会の形成に向けたインクルーシブ教育システム構築のための特別支援教育の推進（報告）」（2012年7月23日）の「1．共生社会の形成に向けて」の冒頭の囲みを参照。

24 **解答** 3

解説 平成29年版中学習指導要領（2017年3月31日告示）の「第1章　総則」「第5　学校運営上の留意事項」「2　家庭や地域社会との連携及び協働と学校間の連携」のイを参照。

和歌山県

実施日	2022(令和4)年6月25日	試験時間	40分
出題形式	マークシート式	問題数	15題（解答数15）
パターン	時事＋心理・法規・教育史・原理	公開状況	問題：公開　解答：公開　配点：公開

傾向＆対策

●ローカル問題を除く全分野から出題。●最も解答数の多い教育時事は，「いじめの防止等のための基本的な方針」（2017年3月），「児童虐待対応の手引き」（2020年6月），「令和の日本型学校教育」に関する中央教育審議会答申（2021年1月），「令和2年度　問題行動・不登校等調査」（2021年10月），「人権教育の指導方法等」に関する第三次とりまとめ策定以降の補足資料（2021年3月），「障害のある子供の教育支援の手引」（2021年6月）より。●教育心理は，「9歳の壁」，回帰効果，適性処遇交互作用，学習の強化について。●教育法規は，教育基本法，いじめ防止対策推進法など頻出条文の空欄補充問題と正誤判定問題。●教育史は，重要人物とその業績について。●教育原理は，学習指導要領「総則」より。

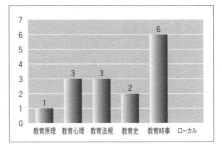

出題領域

教育原理	教育課程・学習指導要領		総則	1	特別の教科　道徳	
	外国語・外国語活動		総合的な学習(探究)の時間		特別活動	
	学習指導		生徒指導	↓時事	学校・学級経営	
	特別支援教育	↓法規時事	人権・同和教育	↓時事	その他	
教育心理※	発達	1	学習	2	性格と適応	
	カウンセリングと心理療法		教育評価	1	学級集団	
教育法規※	教育の基本理念	1	学校教育		学校の管理と運営	
	児童生徒	2	教職員		特別支援教育	1
教育史	日本教育史	1	西洋教育史	1		
教育時事	答申・統計	6	ローカル			

※表中の数字は，解答数
※選択肢の出題領域が複数にわたる場合は，それぞれの項目に加算するためグラフの数とは異なる

全校種共通

☞解答＆解説 p.322

1 次の文は，教育基本法の条文の一部である。文中の下線部A〜Dの語句が正しいものを○，誤っているものを×としたとき，正しい組合せを，下の1〜5の中から1つ選べ。

第4条　すべて国民は，ひとしく，その能力に応じた教育を受ける機会を与えられなければならず，人種，A信仰，性別，社会的身分，経済的地位又はB門地によって，教育上差別されない。

2　国及び地方公共団体は，障害のある者が，その障害の状態に応じ，十分な教育を受けられるよう，教育上必要なC対策を講じなければならない。

3　国及び地方公共団体は，能力があるにもかかわらず，経済的理由によって修学が困難な者に対して，D奨学の措置を講じなければならない。

	A	B	C	D
1.	○	○	×	○
2.	○	×	○	×
3.	×	×	○	○
4.	×	○	×	○
5.	×	○	○	×

2 次の文は，いじめ防止対策推進法の条文の一部である。文中の（ A ）〜（ D ）にあてはまる語句の正しい組合せを，下の1〜5の中から1つ選べ。

第2条　この法律において「いじめ」とは，児童等に対して，当該児童等が在籍する学校に在籍している等当該児童等と一定の人的関係にある他の児童等が行う心理的又は（ A ）な影響を与える行為（インターネットを通じて行われるものを含む。）であって，当該行為の対象となった児童等が心身の（ B ）を感じているものをいう。

第8条　学校及び学校の教職員は，基本理念にのっとり，当該学校に在籍する児童等の保護者，地域住民，（ C ）その他の関係者との連携を図りつつ，学校全体でいじめの防止及び（ D ）に取り組むとともに，当該学校に在籍する児童等がいじめを受けていると思われるときは，適切かつ迅速にこれに対処する責務を有する。

	A	B	C	D
1.	身体的	苦痛	児童相談所	早期対応
2.	身体的	ストレス	児童相談所	早期発見
3.	物理的	苦痛	警察署	早期対応
4.	物理的	ストレス	警察署	早期対応
5.	物理的	苦痛	児童相談所	早期発見

3 次の文は，教育公務員特例法の条文の一部である。文中の（ A ）〜（ D ）にあてはまる語句の正しい組合せを，下の1〜5の中から1つ選べ。

第18条　公立学校の教育公務員の政治的行為の（ A ）については，当分の間，地方公務員法第36条の規定にかかわらず，国家公務員の例による。

第21条　地方公務員は，その職責を遂行するために，絶えず研究と（ B ）に努めなければならない。

第22条 教育公務員には，研修を受ける機会が与えられなければならない。

 2 教員は，授業に支障のない限り，（ C ）の承認を受けて，勤務場所を離れて研修を行うことができる。

 3 教育公務員は，任命権者の定めるところにより，（ D ），長期にわたる研修を受けることができる。

	A	B	C	D
1.	制限	修養	教育委員会	休職扱いで
2.	制限	修養	本属長	現職のままで
3.	制限	研鑽	本属長	休職扱いで
4.	禁止	修養	本属長	現職のままで
5.	禁止	研鑽	教育委員会	休職扱いで

4 平成29年3月に改定された「いじめの防止等のための基本的な方針」（文部科学大臣決定）の「7　いじめの防止等に関する基本的考え方」に関する内容として誤っているものを，次の1～5の中から1つ選べ。

1．いじめは，どの子供にも，どの学校でも起こりうることを踏まえ，全ての児童生徒を対象としたいじめの未然防止の観点が重要であり，関係者が一体となった継続的取組が必要である。

2．いじめは遊びやふざけあいとは明確に異なるため，いじめの早期発見は，いじめとそうではない行為を的確に区別できるように児童生徒のささいな変化に気付く力を高めることが必要である。

3．いじめがあることが確認された場合，学校は直ちに，いじめを受けた児童生徒やいじめを知らせてきた児童生徒の安全を確保し詳細を確認し，組織的な対応を行うことが必要である。

4．いじめの防止等には，PTAや地域の関係団体等と学校関係者が，いじめの問題について協議する機会を設ける等，学校関係者と地域，家庭との連携が必要である。

5．いじめの問題への対応において困難がある場合には，関係機関と適切に連携する必要があり，平素から，学校や学校の設置者と関係機関の担当者と情報共有体制を構築しておく必要がある。

5 次のA～Dの各文について，令和2年6月に改訂された「学校・教育委員会等向け虐待対応の手引き」（文部科学省）の「3．学校・教職員等の役割」及び「4．教育委員会等設置者の役割」に関する内容として正しいものを〇，誤っているものを×としたとき，正しい組合せを，下の1～5の中から1つ選べ。

A．学校等及びその設置者においては，虐待を認知するに至った端緒や経緯について，保護者から情報元を開示するよう求めがあった場合，保護者の話をよく聞き，合理的な理由がある場合に限り，情報元を保護者に伝えてよい。

B．学校・教職員においては，虐待の早期発見・早期対応に努めるとともに，市町村（虐待対応担当課）や児童相談所等への通告や情報提供を速やかに行うことが求められる。

C．学校・教職員は，児童相談所や市町村（虐待対応担当課）から虐待に係る子供又は保護者その他の関係者に関する資料又は情報の提供を求められたとしても，個人情報

のため提供はできない。
D．教育委員会等の学校の設置者は，虐待問題に関わる法律問題については，弁護士（スクールロイヤー）等の専門家にいつでも相談できるよう，体制を整えておく必要がある。

	A	B	C	D
1．	○	×	×	×
2．	×	○	○	×
3．	×	○	×	○
4．	○	○	×	○
5．	×	×	○	○

6 「『令和の日本型学校教育』の構築を目指して　～全ての子供たちの可能性を引き出す，個別最適な学びと，協働的な学びの実現～（答申）」（令和3年1月　中央教育審議会）では，小学校における教科担任制の導入が提言されている。導入の理由として，本答申に記述されていないものを，次の1～5の中から1つ選べ。

1．義務教育の目的・目標を踏まえ，育成を目指す資質・能力を確実に育むためには，各教科等の系統性を踏まえ，学年間・学校間の接続を円滑なものとし，義務教育9年間を見通した教育課程を支える指導体制の構築が必要である。
2．小学校高学年では，児童の心身が発達し一般的に抽象的な思考力が高まるので，小学校の学習指導の特長を生かしながら，中学校以上のより抽象的で高度な学習を見通し，系統的な指導による中学校への円滑な接続を図ることが求められる。
3．個々の児童生徒の学習状況を把握し，教科指導の専門性を持った教師によるきめ細かな指導を可能とする教科担任制の導入により，授業の質の向上を図り，児童一人一人の学習内容の理解度・定着度の向上と学びの高度化を図ることが重要である。
4．2000年から3年毎に実施しているOECDによる学習到達度調査では，我が国の順位は一貫して低下し続けている。児童生徒の全体的な学力の向上のためには，小学校段階での教科担任制の導入が必須である。
5．小学校における教科担任制の導入は，教師の持ちコマ数の軽減や授業準備の効率化により，学校教育活動の充実や教師の負担軽減に資するものである。

7　次のグラフは，文部科学省が令和3年10月に公表した「令和2年度　児童生徒の問題行動・不登校等生徒指導上の諸課題に関する調査結果の概要」に基づき，児童生徒の暴力行為発生件数の推移を，平成18年度から学校種別に表したものである。A～Cそれぞれのグラフに該当する学校種の正しい組合せを，下の1～5の中から1つ選べ。

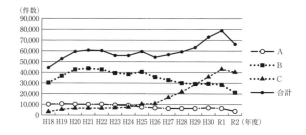

	A	B	C
1 .	高等学校	中学校	小学校
2 .	高等学校	小学校	中学校
3 .	中学校	小学校	高等学校
4 .	中学校	高等学校	小学校
5 .	小学校	中学校	高等学校

8 次の文は,「小学校学習指導要領」(平成29年3月告示　文部科学省),「中学校学習指導要領」(平成29年3月告示　文部科学省),「特別支援学校小学部・中学部学習指導要領」(平成29年4月告示　文部科学省),「高等学校学習指導要領」(平成30年3月告示　文部科学省),「特別支援学校高等部学習指導要領」(平成31年2月告示　文部科学省)の「総則」の中で「カリキュラム・マネジメント」について共通に述べられた部分である。文中の（A）～（D）にあてはまる語句の正しい組合せを,下の1～5の中から1つ選べ。なお,文中の「児童」は,「特別支援学校小学部・中学部学習指導要領」では「児童又は生徒」,「中学校学習指導要領」,「高等学校学習指導要領」,「特別支援学校高等部学習指導要領」では「生徒」と記されている。

　各学校においては,児童や学校,地域の実態を適切に把握し,教育の目的や目標の実現に必要な教育の内容等を（A）視点で組み立てていくこと,教育課程の（B）を評価してその改善を図っていくこと,教育課程の実施に必要な（C）体制を確保するとともにその改善を図っていくことなどを通して,教育課程に基づき組織的かつ計画的に各学校の教育活動の（D）を図っていくこと(以下「カリキュラム・マネジメント」という。)に努めるものとする。

	A	B	C	D
1 .	教科等横断的な	実施状況	人的又は物的な	質の向上
2 .	教科等横断的な	実施状況	人的又は物的な	評価の改善
3 .	教科等横断的な	到達度	運営	質の向上
4 .	育成を目指す資質・能力を踏まえた	実施状況	運営	質の向上
5 .	育成を目指す資質・能力を踏まえた	到達度	運営	評価の改善

9 文部科学省は,「人権教育の指導方法等の在り方について〔第三次とりまとめ〕」(平成20年3月)策定以降の補足資料として,「人権教育を取り巻く諸情勢について」(令和3年3月　学校教育における人権教育調査研究協力者会議)を公表した。次の文は,その一部である。文中の（A）～（D）にあてはまる語句の正しい組合せを,下の1～5の中から1つ選べ。

　学校における人権教育の指導方法等は,第三次とりまとめで言及されているが,その理念や内容自体は変わるものではない。人権教育は,学校の教育活動全体を通じて推進することが大切であり,そのためには,人権尊重の精神に立つ学校づくりを進め,人権教育の充実を目指した（A）や,人権尊重の理念に立った生徒指導,人権尊重の視点に立った（B）等が必要である。

第三次とりまとめ策定後には，学習指導要領の改訂や，（ C ）の取りまとめ，学校における働き方改革，（ D ）などが進んでおり，学校を取り巻く情勢は大きく変化している。このような学校制度の改革の趣旨を実現するためにも，人権教育のより一層の推進が不可欠である。

	A	B	C	D
1．	教育課程の編成	学級経営	生徒指導提要	SDGs
2．	教育課程の編成	道徳教育	生徒指導提要	GIGAスクール構想
3．	教育課程の編成	学級経営	生徒指導提要	GIGAスクール構想
4．	教育内容の改善	学級経営	いじめ対策推進法	GIGAスクール構想
5．	教育内容の改善	道徳教育	いじめ対策推進法	SDGs

10 次の文は，「障害のある子供の教育支援の手引　～子供たち一人一人の教育的ニーズを踏まえた学びの充実に向けて～」（令和3年6月　文部科学省初等中等教育局特別支援教育課）の一部である。文中の（ A ）～（ C ）にあてはまる語句の正しい組合せを，下の1～5の中から1つ選べ。

学校教育は，障害のある子供の自立と社会参加を目指した取組を含め，「共生社会」の形成に向けて，重要な役割を果たすことが求められている。そのためにも「共生社会」の形成に向けたインクルーシブ教育システム構築のための特別支援教育の推進が必要とされている。

インクルーシブ教育システムの構築のためには，障害のある子供と障害のない子供が，（ A ）同じ場で共に学ぶことを目指すべきであり，その際には，それぞれの子供が，（ B ）を理解し，学習活動に参加している実感・達成感をもちながら，充実した時間を過ごしつつ，（ C ）を身に付けていけるかどうかという最も本質的な視点に立つことが重要である。

	A	B	C
1．	学校の状況を踏まえ	授業内容	生きる力
2．	可能な限り	授業内容	生きる力
3．	学校の状況を踏まえ	授業内容	改善・克服する力
4．	可能な限り	相互の役割	改善・克服する力
5．	可能な限り	相互の役割	生きる力

11 次のA～Eの文の内容が正しいものを○，誤っているものを×としたとき，正しい組合せを，下の1～5の中から1つ選べ。

A．アリストテレスはリュケイオンで学んだが，後に数学的・思弁的な学風のリュケイオンに対抗して，生物学的・実証主義的な学風を中心とするアカデメイアを創設した。

B．ペスタロッチは，聖職者，政治家，農業家など，進路に苦悩するが，ノイホーフに貧民学校を計画し，貧困児童に作業を教え，経済的自立をはかった。

C．オウエンは自ら経営した紡績工場内に性格形成学院を開校し，博愛精神に富んだ知的で合理的な環境で，労働者やその子供たちの性格形成を図ろうとした。

D．リーツは，都会から離れた田園で，子供たちが共同生活することを通じて，教養，自主性，性格，能力を養成することを目的としたサマーヒル学園を設立した。

E．シュタイナーは人間の心と体の質的な変容を的確に把握し，教育を芸術として再構成したことを特色とする人智学を確立し，それに基づいてヴァルドルフ学校を創設した。

	A	B	C	D	E
1．	○	×	○	○	×
2．	×	○	×	○	○
3．	○	○	○	×	×
4．	×	○	○	×	○
5．	○	×	×	○	○

12 次の文は，明治時代に活躍した人物により記されたものである。その人物名として正しいものを，下の1〜5の中から1つ選べ。

「賢人と愚人との別は学ぶと学ばざるとによりてできるものなり。」

1．森有礼
2．福沢諭吉
3．渋沢栄一
4．中村正直
5．中江兆民

13 次の文中の（ A ）〜（ C ）にあてはまる語句の正しい組合せを，下の1〜5の中から1つ選べ。

「9歳の壁」とは，（ A ）において小学校中学年で多くの教科で学びの困難が発生しがちになることから注目されるようになった概念である。この年代はピアジェの認知発達論では（ B ）から形式的操作期に移行する年代であり，言語獲得の観点からは発達心理学者である岡本夏木氏が提唱した（ C ）への移行期にあたる。こうした過程の中で，学習する内容が具体的な事柄から抽象的な概念へと変化していくことによって学びの困難が生じるのではないかと考えられている。

	A	B	C
1．	盲教育	前操作期	一次的ことばから二次的ことば
2．	ろう教育	具体的操作期	前言語期から言語発達期
3．	盲教育	具体的操作期	前言語期から言語発達期
4．	ろう教育	前操作期	前言語期から言語発達期
5．	ろう教育	具体的操作期	一次的ことばから二次的ことば

14 次の文中の（ A ），（ B ）にあてはまる語句の正しい組合せを，下の1〜5の中から1つ選べ。

1学期に平均より成績が低かった者は2学期に成績が上昇する傾向がある一方，1学期に平均より成績が高かった者は2学期に成績が低下する傾向がある。これを（ A ）という。

授業形態の違いなど，教授法の違いによって得られる学習効果は，学習者の興味や関心，特性などによって異なる。クロンバックによって示されたこの考え方は（ B ）と呼ばれる。

	A	B
1．	回帰効果	習熟度別学習効果
2．	フリン効果	習熟度別学習効果
3．	回帰効果	適性処遇交互作用
4．	フリン効果	適性処遇交互作用
5．	回帰効果	信頼性係数

15 次の文中の（ A ），（ B ）にあてはまる語句の正しい組合せを，下の1～5の中から1つ選べ。

　学習理論に基づくと，問題行動を行った子供におやつを与えない，という場合のおやつは（ A ）と呼ばれる。また，学習の強化に関して，部分強化スケジュールは連続強化スケジュールに比べ，獲得された行動が（ B ）とされている。

	A	B
1．	負の罰	消去しやすい
2．	正の罰	消去しやすい
3．	負の強化子	消去しづらい
4．	負の強化子	消去しやすい
5．	負の罰	消去しづらい

解答＆解説

1 **解答** 4

解説 教育基本法第4条を参照。「教育の機会均等」の規定。
　　　A：「信仰」ではなく「信条」。
　　　C：「対策」ではなく「支援」。

2 **解答** 5

解説 A・B：いじめ防止対策推進法第2条第1項を参照。いじめの「定義」の規定。
　　　C・D：いじめ防止対策推進法第8条を参照。「学校及び学校の教職員の責務」の規定。

3 **解答** 2

解説 A：教育公務員特例法第18条第1項を参照。「公立学校の教育公務員の政治的行為の制限」の規定。
　　　B：教育公務員特例法第21条を参照。「研修」の規定。
　　　C・D：教育公務員特例法第22条を参照。「研修の機会」の規定。

4 **解答** 2

解説 文部科学省「いじめの防止等のための基本的な方針」（2013年10月11日文部科学大臣決定，2017年3月14日最終改定）の「第1　いじめの防止等のための対策の基本的な方向に関する事項」「7　いじめの防止等に関する基本的考え方」を参照。
　　　2：「(2)いじめの早期発見」を参照。正しくは「いじめは大人の目に付きにくい

時間や場所で行われたり，遊びやふざけあいを装って行われたりするなど，大人が気付きにくく判断しにくい形で行われることを認識し，ささいな兆候であっても，いじめではないかとの疑いを持って，早い段階から的確に関わりを持ち，いじめを隠したり軽視したりすることなく積極的にいじめを認知することが必要である」と示されている。

1：「(1)いじめの防止」を参照。

3：「(3)いじめへの対処」を参照。

4：「(4)家庭や地域との連携について」を参照。

5：「(5)関係機関との連携について」を参照。

5 **解答** 3

解説 文部科学省「学校・教育委員会等向け虐待対応の手引き」（2020年6月改訂版）の「【基礎編】」「3．学校・教職員等の役割」及び「4．教育委員会等設置者の役割」を参照。

A：「3．学校・教職員等の役割」「(1)学校・教職員の役割，責務」を参照。「保護者から情報元（虐待を認知するに至った端緒や経緯）に関する開示の求めがあった場合は，情報元を保護者に伝えない」と示されている。

B：「3．学校・教職員等の役割」「(1)学校・教職員の役割，責務」を参照。

C：「3．学校・教職員等の役割」「(1)学校・教職員の役割，責務」を参照。「児童相談所や市町村（虐待対応担当課）から虐待に係る子供又は保護者その他の関係者に関する資料又は情報の提供を求められた場合，必要な範囲で提供することができる」と示されている。

D：「4．教育委員会等設置者の役割」「(1)恒常的な取組」を参照。

6 **解答** 4

解説 中央教育審議会答申「『令和の日本型学校教育』の構築を目指して　～全ての子供たちの可能性を引き出す，個別最適な学びと，協働的な学びの実現～」（2021年1月26日，同年4月22日更新）の「第Ⅱ部　各論」「2．9年間を見通した新時代の義務教育の在り方について」「(3)義務教育9年間を見通した教科担任制の在り方」「①小学校高学年からの教科担任制の導入」を参照。

4：該当する記述はない。なお，OECD生徒の学習到達度調査（PISA）における日本の順位は「一貫して低下」はしておらず，2018年調査では三分野（数学的リテラシー，科学的リテラシー，読解力）のうち，数学的リテラシー及び科学的リテラシーは引き続き世界トップレベルで，調査開始以降の長期トレンドとしても，安定的に世界トップレベルを維持しているとOECDが分析している。

7 **解答** 1

解説 文部科学省「令和2年度　児童生徒の問題行動・不登校等生徒指導上の諸課題に関する調査結果の概要」の「暴力行為の状況について」「暴力行為発生件数の推移」のグラフを参照。小学校における暴力行為は近年大幅に増加していたが，令和2年度に減少したのは，新型コロナウイルス感染症による学校生活への影響によるものと分析されている。なお，令和3年度は全校種で増加に転じ，特に小学校は

過去最多の発生件数となった。

8 **解答** 1

解説 平成29年版小学校学習指導要領（2017年3月31日告示）の「第1章　総則」「第1　小学校教育の基本と教育課程の役割」の4，平成29年版中学校学習指導要領（2017年3月31日告示）の「第1章　総則」「第1　中学校教育の基本と教育課程の役割」の4，平成30年版高等学校学習指導要領（2018年3月30日告示）の「第1章　総則」「第1款　高等学校教育の基本と教育課程の役割」の5，平成29年版特別支援学校小学部・中学部学習指導要領（2017年4月28日告示）の「第1章　総則」「第2節　小学部及び中学部における教育の基本と教育課程の役割」の4，平成31年版特別支援学校高等部学習指導要領（2019年2月4日告示）の「第1章　総則」「第2節　教育課程の編成」「第1款　高等部における教育の基本と教育課程の役割」の5を参照。

9 **解答** 3

解説 学校教育における人権教育調査研究協力者会議「人権教育を取り巻く諸情勢について　〜人権教育の指導方法等の在り方について〔第三次とりまとめ〕策定以降の補足資料〜」（2021年3月，2022年3月改訂）の「Ⅰ　学校における人権教育の推進」「2．人権教育の総合的な推進」を参照。2022年3月の改訂版は，「ビジネスと人権」に関する行動計画の策定，子どもの人権にかかる動向（「こども家庭庁設置法案」など），ハンセン病問題にかかる動向，新型コロナウイルス感染症による偏見・差別への対応にかかる動向，学校における働き方改革などについて追記したもの。

10 **解答** 2

解説 文部科学省「障害のある子供の教育支援の手引　〜子供たち一人一人の教育的ニーズを踏まえた学びの充実に向けて〜」（2021年6月）の「第1編　障害のある子供の教育支援の基本的な考え方」「1　障害のある子供の教育に求められること」「(2)就学に関する新しい支援の方向性」を参照。

11 **解答** 4

解説 A：アリストテレス（前384〜前322）は，プラトン（前427〜前347）が創設した「アカデメイア」に学び，後に「リュケイオン」を創設した。

B：ペスタロッチ（1746〜1827）は，すべての人間は共通に平等の人間性を有するという認識に立ち，人間に共通の能力を頭，心，手に分け，その調和的発達を教育の目標とした。

C：オウ（一）エン（1771〜1858）は，良い教育環境を与えれば良い性格が形成され，社会改革も可能であると考えた。

D：リーツ（1861〜1925）が創設したのは「田園教育舎」であり，サマーヒル学園を創設したのはニイル（1883〜1973）。

E：シュタイナー（1933〜2002）は，人間の本質を認識する独自の「人智学」を築き，12年制の自由ヴァルドルフ学校（シュタイナー学校）を設立して，自由な自律的人間の育成を目指した。

12 |解答| 2

|解説| 2：福沢諭吉（1835〜1901）の『学問のすゝめ』の一文。緒方洪庵（1810〜63）の適塾（適々斎塾）に学び，江戸で開いた蘭学塾は，後に英学に転じ，慶応義塾となって文明開化を担う人材を輩出した。

13 |解答| 5

|解説| 言語心理学を専門とする岡本夏木（1926〜2009）は，『ことばと発達』という自らの著書において，親しい人との対話的なコミュニケーションでなされる一次的な言葉から，二次的な言葉に移行すると述べている。

14 |解答| 3

|解説| A：回帰効果（平均回帰，平均への回帰）とは，ある1つの試験結果について偏った成績（特別に良かった，または悪かった）の集団を対象として2つ目の試験の結果を見ると，その集団の平均成績は1つ目より2つ目のほうが平均値に近づくという統計学的現象をいう。

B：クロンバック（1916〜2001）は，優れた教授法はどんな学習者に対しても効果的だという従来の考え方に対し，個々の学習者の適性に即した最適の教授法は異なるはずだとして，学習者の適性と教育的処遇との間の統計的な交互作用をもとに学習の最適化を図ることを強調した。

15 |解答| 5

|解説| 強化とは，反応の生起頻度が高まる操作で，罰はそれが減少する操作である。

和歌山県

325

鳥取県

実施日	小中特養：2022(令和4)年6月19日 高栄：2022(令和4)年6月26日	試験時間	60分（専門教養を含む）
出題形式	小特養：マークシート式 中高栄：選択＋記述式	問題数	小特：3題（解答数5）中：1題（解答数3） 高：1題（解答数4）養：2題（解答数2） 栄：1題（解答数11）
パターン	小高特：原理＋法規 中：時事＋法規 養：法規　栄：法規＋原理	公開状況	問題：公開　解答：公開　配点：公開

傾向 & 対策

●教職教養は，専門教養に含み，校種別問題。●【小学校】【高等学校】【特別支援学校】【栄養教諭】は，教育原理の学習指導要領から出題。●【中学校】では教育時事が出題され，「不登校児童生徒への支援の在り方」に関する文部科学省通知（2019年10月）。●教育法規は全校種で必出。

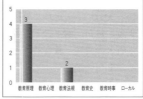
【小学校・特別支援学校】

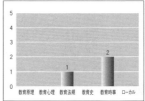
【中学校】

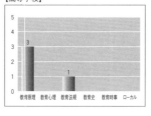
【高等学校】

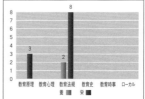
【養護教諭・栄養教諭】

出題領域

教育原理	教育課程・学習指導要領		総則	1/1　3/3	特別の教科　道徳	1/1
	各教科	1/1	総合的な学習(探究)の時間		特別活動	
	学習指導		生徒指導	1時事	学校・学級経営	
	特別支援教育		人権・同和教育		自立活動	1/1
教育心理	発達		学習		性格と適応	
	カウンセリングと心理療法		教育評価		学級集団	
教育法規	教育の基本理念	1	学校教育	1	学校の管理と運営	8
	児童生徒		教職員	2/2　2	その他	
教育史	日本教育史		西洋教育史			
教育時事	答申・統計	2	ローカル			

※表中の数字は，解答数　小特／中養／高栄

小学校

☞解答＆解説 p.335

1 次の問1～問3の各問いに答えなさい。

問1 次の文章は，小学校学習指導要領（平成29年3月告示）の「第1章 総則 第3 教育課程の実施と学習評価」の一部である。（ ① ）～（ ④ ）にあてはまる語句の組み合わせとして正しいものを，下の1～5の中から一つ選びなさい。

1 主体的・対話的で深い学びの実現に向けた授業改善

　各教科等の指導に当たっては，次の事項に配慮するものとする。

(1) 第1の3の(1)から(3)までに示すことが偏りなく実現されるよう，単元や題材など内容や時間のまとまりを見通しながら，児童の主体的・対話的で深い学びの実現に向けた授業改善を行うこと。

　　特に，各教科等において身に付けた知識及び（ ① ）を活用したり，思考力，判断力，（ ② ）等や（ ③ ），人間性等を発揮させたりして，学習の対象となる物事を捉え思考することにより，各教科等の特質に応じた物事を捉える視点や考え方（以下「見方・考え方」という。）が鍛えられていくことに留意し，児童が各教科等の特質に応じた見方・考え方を働かせながら，知識を相互に関連付けてより深く理解したり，情報を（ ④ ）考えを形成したり，問題を見いだして解決策を考えたり，思いや考えを基に創造したりすることに向かう過程を重視した学習の充実を図ること。

1 ①技能　　②表現力　　③学びに向かう力　　④精査して
2 ①技能　　②表現力　　③生きる力　　　　　④収集して
3 ①技能　　②実行力　　③学びに向かう力　　④収集して
4 ①技術　　②表現力　　③生きる力　　　　　④精査して
5 ①技術　　②実行力　　③学びに向かう力　　④収集して

問2 小学校学習指導要領（平成29年3月告示）の「第2章 各教科 第3節 算数」では，取り扱う内容がA～Dの4つの領域に整理され，示されている。A～Dの領域にあてはまらないものを，次の1～5の中から一つ選びなさい。

1 数と計算
2 表と計算
3 図形
4 測定（第4学年からは「変化と関係」）
5 データの活用

問3 次の文章は，小学校学習指導要領（平成29年3月告示）の「第3章 特別の教科 道徳 第1 目標」である。（ ① ）～（ ④ ）にあてはまる語句の組み合わせとして正しいものを，下の1～5の中から一つ選びなさい。

　　第1章総則の第1の2の(2)に示す道徳教育の目標に基づき，よりよく生きるための基盤となる（ ① ）を養うため，道徳的諸価値についての理解を基に，自己を見つめ，物事を多面的・（ ② ）に考え，自己の生き方についての考えを深める（ ③ ）を通して，道徳的な判断力，（ ④ ），実践意欲と態度を育てる。

鳥取県

327

1	①倫理観	②発展的	③学習	④正義感
2	①倫理観	②多角的	③活動	④心情
3	①道徳性	②発展的	③学習	④正義感
4	①道徳性	②多角的	③学習	④心情
5	①道徳性	②発展的	③活動	④正義感

2　次の文章は，教育基本法第9条の条文である。（　①　）～（　④　）にあてはまる語句の組み合わせとして正しいものを，下の1～5の中から一つ選びなさい。

第9条　法律に定める学校の教員は，自己の崇高な使命を深く（　①　）し，絶えず研究と（　②　）に励み，その職責の遂行に努めなければならない。

　　2　前項の教員については，その使命と職責の重要性にかんがみ，その身分は（　③　）され，（　④　）の適正が期せられるとともに，養成と研修の充実が図られなければならない。

1	①自覚	②修養	③保障	④待遇
2	①自覚	②研鑽	③保障	④勤務
3	①自覚	②修養	③尊重	④待遇
4	①理解	②修養	③保障	④勤務
5	①理解	②研鑽	③尊重	④待遇

3　次の文章は，教育公務員特例法第1条及び第2条の条文の一部である。（　①　）～（　④　）にあてはまる語句の組み合わせとして正しいものを，下の1～5の中から一つ選びなさい。

第1条　この法律は，教育を通じて（　①　）に奉仕する教育公務員の職務とその責任の（　②　）に基づき，教育公務員の任免，人事評価，給与，分限，懲戒，服務及び研修等について規定する。

第2条　この法律において「教育公務員」とは，地方公務員のうち，学校（学校教育法（昭和22年法律第26号）第1条に規定する学校及び就学前の子どもに関する教育，保育等の総合的な提供の推進に関する法律（平成18年法律第77号）第2条第7項に規定する幼保連携型認定こども園（以下「幼保連携型認定こども園」という。）をいう。以下同じ。）であつて（　③　）が設置するもの（以下「公立学校」という。）の学長，校長（園長を含む。以下同じ。），教員及び部局長並びに教育委員会の（　④　）をいう。

1	①国家社会	②重要性	③地方公共団体	④構成員
2	①国家社会	②特殊性	③学校法人	④専門的教育職員
3	①国民全体	②特殊性	③地方公共団体	④構成員
4	①国民全体	②重要性	③学校法人	④専門的教育職員
5	①国民全体	②特殊性	③地方公共団体	④専門的教育職員

鳥取県

中学校

1 次の各問いに答えなさい。

問1　次の文は，教育基本法第2条の条文である。条文中の（①）～（④）にあてはまる語句の組み合わせとして最も適切なものを，あとの(ア)～(カ)から一つ選び，記号で答えなさい。

第2条　教育は，その目的を実現するため，（①）を尊重しつつ，次に掲げる目標を達成するよう行われるものとする。

一　幅広い知識と教養を身に付け，真理を求める態度を養い，豊かな情操と（②）を培うとともに，健やかな身体を養うこと。

二　個人の価値を尊重して，その能力を伸ばし，（③）を培い，自主及び自律の精神を養うとともに，職業及び生活との関連を重視し，勤労を重んずる態度を養うこと。

三　正義と責任，男女の平等，自他の敬愛と協力を重んずるとともに，公共の精神に基づき，主体的に社会の形成に参画し，その発展に寄与する態度を養うこと。

四　生命を尊び，自然を大切にし，環境の保全に寄与する態度を養うこと。

五　伝統と文化を尊重し，それらをはぐくんできた我が国と郷土を愛するとともに，他国を尊重し，（④）の平和と発展に寄与する態度を養うこと。

	①	②	③	④
(ア)	学問の自由	道徳心	創造性	自国
(イ)	表現の自由	道徳心	社会性	自国
(ウ)	学問の自由	道徳心	創造性	国際社会
(エ)	表現の自由	奉仕の心	社会性	国際社会
(オ)	学問の自由	奉仕の心	社会性	自国
(カ)	表現の自由	奉仕の心	創造性	国際社会

問2　次の文章は，令和元年10月25日付けの文部科学省初等中等教育局長通知である「不登校児童生徒への支援の在り方について」の一部である。（①）・（②）にあてはまる最も適切な語句を答えなさい。なお，同じ番号の（　）には，同じ語句が入るものとする。

1　不登校児童生徒への支援に対する基本的な考え方

(1)　支援の視点

不登校児童生徒への支援は，「学校に登校する」という結果のみを目標にするのではなく，児童生徒が自らの進路を主体的に捉えて，（①）的に自立することを目指す必要があること。また，児童生徒によっては，不登校の時期が休養や自分を見つめ直す等の（②）的な意味を持つことがある一方で，学業の遅れや進路選択上の不利益や（①）的自立へのリスクが存在することに留意すること。

鳥取県

高等学校

1 次の各問いに答えなさい。

問1 次の文は，学校教育法において「第6章 高等学校」にある条文の一部である。（出題の都合上，途中，省略した部分がある。）各条文中の（ ① ）～（ ④ ）にあてはまる語句の組み合わせとして，最も適切なものをあとの(ア)～(ク)から一つ選び，記号で答えなさい。なお，同じ番号の（ ）には，同じ語句が入るものとする。

第50条 高等学校は，中学校における教育の基礎の上に，心身の発達及び（ ① ）に応じて，高度な普通教育及び専門教育を施すことを目的とする。

第51条 高等学校における教育は，前条に規定する目的を実現するため，次に掲げる目標を達成するよう行われるものとする。

一 義務教育として行われる普通教育の成果を更に発展拡充させて，豊かな人間性，（ ② ）及び健やかな身体を養い，国家及び社会の形成者として必要な資質を養うこと。

二 社会において果たさなければならない使命の自覚に基づき，個性に応じて将来の（ ① ）を決定させ，一般的な教養を高め，専門的な知識，技術及び技能を習得させること。

三 個性の確立に努めるとともに，社会について，広く深い理解と健全な（ ③ ）を養い，社会の発展に寄与する態度を養うこと。

第52条 高等学校の学科及び教育課程に関する事項は，（中略），（ ④ ）が定める。

	①	②	③	④
(ア)	学力	自立性	批判力	文部科学大臣
(イ)	進路	創造性	批判力	教育長
(ウ)	学力	創造性	貢献力	文部科学大臣
(エ)	進路	自立性	貢献力	地方公共団体の長
(オ)	学力	自立性	貢献力	教育長
(カ)	進路	自立性	貢献力	文部科学大臣
(キ)	学力	創造性	批判力	地方公共団体の長
(ク)	進路	創造性	批判力	文部科学大臣

問2 次の文章は，「高等学校学習指導要領（平成30年3月告示）」において「第1章 総則」に記載された，道徳教育に関する内容の一部である。（出題の都合上，途中，省略した部分がある。）（ ① ）～（ ③ ）にあてはまる，最も適切な語句を答えなさい。なお，同じ番号の（ ）には，同じ語句が入るものとする。

第1款 高等学校教育の基本と教育課程の役割

道徳教育や体験活動，多様な表現や鑑賞の活動等を通して，豊かな心や創造性の涵養を目指した教育の充実に努めること。

学校における道徳教育は，（ ① ）に関する教育を学校の教育活動全体を通じて行うことによりその充実を図るものとし，各教科に属する科目（以下「各教科・科

鳥取県

330

目」という。），総合的な探究の時間及び特別活動（以下「各教科・科目等」という。）のそれぞれの特質に応じて，適切な指導を行うこと。

　道徳教育は，教育基本法及び学校教育法に定められた教育の根本精神に基づき，生徒が自己探求と自己実現に努め国家・社会の一員としての自覚に基づき行為しうる発達の段階にあることを考慮し，（ ① ）を考え，主体的な判断の下に行動し，自立した人間として他者と共によりよく生きるための基盤となる道徳性を養うことを目標とすること。

第7款　道徳教育に関する配慮事項

　道徳教育を進めるに当たっては，道徳教育の特質を踏まえ，第6款までに示す事項に加え，次の事項に配慮するものとする。

1　各学校においては，（中略）道徳教育の目標を踏まえ，道徳教育の全体計画を作成し，校長の方針の下に，道徳教育の推進を主に担当する教師（「（ ② ）」という。）を中心に，全教師が協力して道徳教育を展開すること。なお，道徳教育の全体計画の作成に当たっては，生徒や学校の実態に応じ，指導の方針や重点を明らかにして，各教科・科目等との関係を明らかにすること。その際，公民科の「公共」及び「倫理」並びに（ ③ ）が，（ ① ）に関する中核的な指導の場面であることに配慮すること。

特別支援学校

1 次の問1〜問3の各問いに答えなさい。

問1　次の文章は，「特別支援学校小学部・中学部学習指導要領」（平成29年4月告示）「第1章　総則　第2節　小学部及び中学部における教育の基本と教育課程の役割」の一部である。（ ① ）〜（ ④ ）にあてはまる最も適切な語句の組み合わせを，下の1〜5の中から一つ選びなさい。なお，同じ番号の空欄には同じ語句が入る。

〜略〜

(2)　道徳教育や体験活動，多様な表現や鑑賞の活動等を通して，（ ① ）や創造性の涵養を目指した教育の充実に努めること。

　学校における道徳教育は，特別の教科である道徳（以下「道徳科」という。）を要として学校の教育活動全体を通じて行うものであり，道徳科はもとより，各教科，外国語活動，総合的な学習の時間，特別活動及び自立活動のそれぞれの特質に応じて，児童又は生徒の発達の段階を考慮して，適切な指導を行うこと。

　道徳教育は，教育基本法及び学校教育法に定められた教育の根本精神に基づき，小学部においては，自己の（ ② ）を考え，中学部においては，人間としての（ ② ）を考え，主体的な判断の下に行動し，自立した人間として他者と共によりよく生きるための（ ③ ）となる道徳性を養うことを目標とすること。

　道徳教育を進めるに当たっては，人間尊重の精神と生命に対する畏敬の念を家庭，学校，その他社会における具体的な生活の中に生かし，（ ① ）をもち，伝統と文化を尊重し，それらを育んできた我が国と郷土を愛し，個性豊かな文化の創造を図

るとともに，平和で民主的な国家及び社会の形成者として，（　④　）を尊び，社会及び国家の発展に努め，他国を尊重し，国際社会の平和と発展や環境の保全に貢献し未来を拓く主体性のある日本人の育成に資することとなるよう特に留意すること。

～略～

1　①豊かな心　　②課題　　　③基盤　　　　④基本的人権
2　①優しい心　　②生き方　　③資質・能力　④公共の精神
3　①優しい心　　②課題　　　③資質・能力　④公共の精神
4　①豊かな心　　②課題　　　③資質・能力　④基本的人権
5　①豊かな心　　②生き方　　③基盤　　　　④公共の精神

問2　次の文章は，「特別支援学校小学部・中学部学習指導要領」（平成29年4月告示）「第2章　各教科　第1節　小学部　第2款　知的障害者である児童に対する教育を行う特別支援学校　第1　各教科の目標及び内容」の一部である。（　①　）～（　④　）にあてはまる最も適切な語句の組み合わせを，下の1～5の中から一つ選びなさい。なお，同じ番号の空欄には同じ語句が入る。

～略～

〔国　語〕

1　目　標

　　言葉による見方・考え方を働かせ，言語活動を通して，国語で理解し表現する資質・能力を次のとおり育成することを目指す。

(1)　日常生活に必要な国語について，その特質を理解し使うことができるようにする。

(2)　日常生活における人との関わりの中で（　①　）力を身に付け，思考力や想像力を養う。

(3)　言葉で（　①　）よさを感じるとともに，（　②　）を養い，国語を大切にしてその能力の向上を図る態度を養う。

～略～

〔算　数〕

1　目　標

　　数学的な見方・考え方を働かせ，数学的活動を通して，数学的に考える資質・能力を次のとおり育成することを目指す。

(1)　数量や図形などについての基礎的・基本的な概念や性質などに気付き理解するとともに，（　③　）を数量や図形に注目して処理する技能を身に付けるようにする。

(2)　（　③　）の中から数量や図形を直感的に捉える力，基礎的・基本的な数量や図形の性質などに気付き感じ取る力，数学的な表現を用いて事象を簡潔・明瞭・的確に表したり柔軟に表したりする力を養う。

(3)　数学的活動の（　④　）に気付き，関心や興味をもち，学習したことを結び付けてよりよく問題を解決しようとする態度，算数で学んだことを学習や生活に活用しようとする態度を養う。

～略～

	1	①伝え合う	②語彙力	③初歩的な学習活動	④重要性
	2	①言い表す	②言語感覚	③初歩的な学習活動	④重要性
	3	①言い表す	②言語感覚	③初歩的な学習活動	④楽しさ
	4	①伝え合う	②言語感覚	③日常の事象	④楽しさ
	5	①言い表す	②語彙力	③日常の事象	④重要性

問3　次の文章は,「特別支援学校小学部・中学部学習指導要領」(平成29年4月告示)
「第7章　自立活動　第3　個別の指導計画の作成と内容の取扱い」の一部である。
(①)～(④)にあてはまる最も適切な語句の組み合わせを,下の1～5の中か
ら一つ選びなさい。

～略～

(3)　具体的な指導内容を設定する際には,以下の点を考慮すること。

ア　児童又は生徒が,興味をもって主体的に取り組み,(①)を味わうとともに
自己を肯定的に捉えることができるような指導内容を取り上げること。

イ　児童又は生徒が,障害による学習上又は生活上の困難を改善・克服しようとす
る(②)を高めることができるような指導内容を重点的に取り上げること。

ウ　個々の児童又は生徒が,発達の遅れている側面を補うために,発達の進んでい
る側面を更に伸ばすような指導内容を取り上げること。

エ　個々の児童又は生徒が,活動しやすいように自ら(③)を整えたり,必要に
応じて周囲の人に支援を求めたりすることができるような指導内容を計画的に取
り上げること。

オ　個々の児童又は生徒に対し,自己選択・自己決定する機会を設けることによっ
て,思考・判断・表現する力を高めることができるような指導内容を取り上げる
こと。

カ　個々の児童又は生徒が,自立活動における学習の意味を将来の自立や(④)
に必要な資質・能力との関係において理解し,取り組めるような指導内容を取り
上げること。

～略～

	1	①成就感	②意欲	③環境	④社会参加
	2	①成就感	②学びに向かう力	③学習課題	④日常生活
	3	①成就感	②学びに向かう力	③学習課題	④社会参加
	4	①達成感	②意欲	③環境	④日常生活
	5	①達成感	②学びに向かう力	③環境	④社会参加

2　小学校の **2** と同じ。

3　小学校の **3** と同じ。

養 護 教 諭

1　小学校の **2** と同じ。

2　小学校の **3** と同じ。

鳥取県

栄養教諭

1 次の各問いに答えなさい。

(1) 次の文は，食育基本法の前文の一部である。（ ① ）～（ ④ ）にあてはまる最も適切な語句を答えなさい。なお，同じ番号の（　）には，同じ語句が入るものとする。

　　子どもたちが豊かな（ ① ）をはぐくみ，生きる力を身に付けていくためには，何よりも「食」が重要である。今，改めて，食育を，生きる上での基本であって，知育，徳育及び体育の基礎となるべきものと位置付けるとともに，様々な経験を通じて「食」に関する（ ② ）と「食」を（ ③ ）する力を習得し，健全な食生活を実践することができる人間を育てる食育を推進することが求められている。もとより，食育はあらゆる世代の国民に必要なものであるが，子どもたちに対する食育は，心身の成長及び（ ④ ）に大きな影響を及ぼし，生涯にわたって健全な心と身体を培い豊かな（ ① ）をはぐくんでいく基礎となるものである。

(2) 次の文は，学校給食法の条文の一部である。条文中の（ ① ）～（ ④ ）にあてはまる語句の組み合わせとして，最も適切なものを下の(ア)～(ク)から一つ選び，記号で答えなさい。

　　第10条　栄養教諭は，児童又は生徒が健全な食生活を自ら営むことができる知識及び態度を養うため，学校給食において摂取する食品と健康の保持増進との関連性についての指導，食に関して特別の配慮を必要とする児童又は生徒に対する個別的な指導その他の学校給食を活用した食に関する実践的な指導を行うものとする。この場合において，校長は，当該指導が効果的に行われるよう，学校給食と関連付けつつ当該義務教育諸学校における食に関する指導の全体的な計画を作成することその他の必要な措置を講ずるものとする。

　　　2　栄養教諭が前項前段の指導を行うに当たっては，当該義務教育諸学校が所在する（ ① ）を学校給食に活用することその他の創意工夫を地域の実情に応じて行い，当該地域の（ ② ），食に係る（ ③ ）又は（ ④ ）に対する児童又は生徒の理解の増進を図るよう努めるものとする。

　　　3　（略）

	①	②	③	④
(ア)	地域の産物	食文化	産業	食に対する体験活動
(イ)	地域の産物	農林漁業	歴史	食に対する体験活動
(ウ)	地域の人材	食文化	産業	自然環境の恵沢
(エ)	地域の人材	農林漁業	歴史	自然環境の恵沢
(オ)	地域の産物	食文化	産業	自然環境の恵沢
(カ)	地域の産物	農林漁業	歴史	自然環境の恵沢
(キ)	地域の人材	食文化	産業	食に対する体験活動
(ク)	地域の人材	農林漁業	歴史	食に対する体験活動

(3) 次の文は，「小学校学習指導要領（平成29年3月告示）」第1章　総則　第1　小学

鳥取県

校教育の基本と教育課程の役割の一部である。(①)～(③)にあてはまる最も適切な語句をそれぞれ答えなさい。

2 (1) (2) 略
 (3) 学校における体育・健康に関する指導を，児童の発達の段階を考慮して，学校の(①)全体を通じて適切に行うことにより，健康で安全な生活と豊かなスポーツライフの実現を目指した教育の充実に努めること。特に，学校における食育の推進並びに体力の向上に関する指導，安全に関する指導及び心身の健康の保持増進に関する指導については，体育科，家庭科及び特別活動の時間はもとより，各教科，(②)，外国語活動及び総合的な学習の時間などにおいてもそれぞれの特質に応じて適切に行うよう努めること。また，それらの指導を通して，家庭や(③)との連携を図りながら，日常生活において適切な体育・健康に関する活動の実践を促し，生涯を通じて健康・安全で活力ある生活を送るための基礎が培われるよう配慮すること。

解答&解説

小学校

1 **解答** 問1 1 問2 2 問3 4
 解説 問1 平成29年版小学校学習指導要領（2017年3月31日告示）の「第1章 総則」「第3 教育課程の実施と学習評価」「1 主体的・対話的で深い学びの実現に向けた授業改善」の(1)を参照。
 問2 平成29年版小学校学習指導要領（2017年3月31日告示）の「第2章 各教科」「第3節 算数」を参照。
 問3 平成29年版小学校学習指導要領（2017年3月31日告示）の「第3章 特別の教科 道徳」「第1 目標」を参照。

2 **解答** 3
 解説 教育基本法第9条を参照。「教員」の規定。

3 **解答** 5
 解説 ①・②教育公務員特例法第1条を参照。「この法律の趣旨」の規定。
 ③・④教育公務員特例法第2条第1項を参照。教育公務員の「定義」の規定。

中学校

1 **解答** 問1 (ウ) 問2 ①社会 ②積極
 解説 問1 教育基本法第2条を参照。「教育の目標」の規定。
 問2 文部科学省「不登校児童生徒への支援の在り方について（通知）」(2019年10月25日)の「1 不登校児童生徒への支援に対する基本的な考え方」「(1)支援

鳥取県

の視点」を参照。

高等学校

1 [解答] 問1 (ク)　問2 ①人間としての在り方生き方 ②道徳教育推進教師 ③特別活動

[解説] 問1 ①学校教育法第50条を参照。「高等学校の目的」の規定。

①～③学校教育法第51条を参照。「高等学校教育の目標」の規定。

④学校教育法第52条を参照。「学科・教育課程」の規定。

問2 平成30年版高等学校学習指導要領（2018年3月30日告示）の「第1章　総則」「第1款　高等学校教育の基本と教育課程の役割」及び「第7款　道徳教育に関する配慮事項」を参照。

特別支援学校

1 [解答] 問1　5　問2　4　問3　1

[解説] 問1 平成29年版特別支援学校小学部・中学部学習指導要領（2017年4月28日告示）の「第1章　総則」「第2節　小学部及び中学部における教育の基本と教育課程の役割」の(2)を参照。

問2 平成29年版特別支援学校小学部・中学部学習指導要領（2017年4月28日告示）の「第2章　各教科」「第1節　小学部」「第2款　知的障害者である児童に対する教育を行う特別支援学校」「第1　各教科の目標及び内容」「〔国語〕」及び「〔算数〕」を参照。

問3 平成29年版特別支援学校小学部・中学部学習指導要領（2017年4月28日）の「第7章　自立活動」「第3　個別の指導計画の作成と内容の取扱い」の(3)を参照。

2 小学校の **2** と同じ。

3 小学校の **3** と同じ。

養護教諭

1 小学校の **2** と同じ。

2 小学校の **3** と同じ。

栄養教諭

1 [解答] (1)①人間性 ②知識 ③選択 ④人格の形成　(2)─(オ)

(3)①教育活動 ②道徳科 ③地域社会

[解説] (1)食育基本法の前文を参照。

⑵学校給食法第10条を参照。「学校給食を活用した食に関する指導」の規定。

⑶平成29年版小学校学習指導要領（2017年3月31日告示）の「第1章　総則」「第1　小学校教育の基本と教育課程の役割」の2⑶を参照。

鳥取県

島根県

実施日	2022（令和4）年7月10日	試験時間	非公開
出題形式	マークシート式	問題数	10題（解答数10）
パターン	時事＋法規・原理・心理	公開状況	問題：公開　解答：公開　配点：公開

傾向＆対策　●今年度から一般教養が廃止され，教職教養の単独実施となった。●解答数の半数以上を占める教育時事では，「体罰の禁止」に関する文部科学省通知（2013年3月），「情報管理体制チェックリストの参考例」に基づいた具体的な事例について，実践的な問題が問われた。このほか「学校事故対応に関する指針」（2016年3月），「令和の日本型学校教育」に関する中央教育審議会答申（2021年1月），「学校における働き方改革」に関する文部科学省通知（2019年3月），「不登校」の現状について。●教育法規は，地方公務員法より教職員の服務，教育公務員特例法より教員の研修に関する問題。●教育原理は，発達障害の名称と説明文を組み合わせる問題。●教育心理は，ポートフォリオの正誤判定問題。

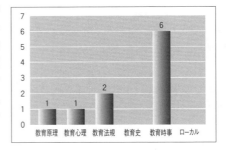

出題領域

教育原理	教育課程・学習指導要領		総則		特別の教科 道徳	
	外国語活動		総合的な学習(探究)の時間		特別活動	
	学習指導		生徒指導	↓時事	学校・学級経営	
	特別支援教育	1	人権・同和教育		その他	
教育心理	発達		学習		性格と適応	
	カウンセリングと心理療法		教育評価	1	学級集団	
教育法規	教育の基本理念		学校教育		学校の管理と運営	
	児童生徒		教職員	2	その他	
教育史	日本教育史		西洋教育史			
教育時事	答申・統計	6	ローカル			

※表中の数字は，解答数

全校種共通

☞解答＆解説 p.343

1 学校教育法第11条に規定する児童生徒の懲戒・体罰等に関して，通常，体罰として判断される行為を×，通常，体罰として判断されない行為を○とした場合の組合せとして正しいものを①～⑤から一つ選べ。

ア　児童が教員の指導に反抗して教員の足を蹴ったため，児童の背後に回り，体をきつく押さえる。

イ　体育の授業中，危険な行為をした児童の背中を足で踏みつける。

ウ　給食の時間，ふざけていた生徒に対し，口頭で注意したが聞かなかったため，持っていたボールペンを投げつけ，生徒に当てる。

エ　放課後に児童を教室に残留させ，児童がトイレに行きたいと訴えたが，一切，室外に出ることを許さない。

オ　学習課題や清掃活動を課す。

カ　宿題を忘れた児童に対して，教室の後方で正座で授業を受けるように言い，児童が苦痛を訴えたが，そのままの姿勢を保持させた。

	ア	イ	ウ	エ	オ	カ
①	○	×	○	×	○	×
②	×	○	×	×	×	○
③	×	○	×	○	×	○
④	○	×	×	×	○	×
⑤	○	×	○	○	×	×

2 学校における情報管理に関連して，適切な行為を○，不適切な行為を×とした場合の組合せとして正しいものを①～⑤から一つ選べ。

ア　職場のネットワークに，私有パソコンを接続しない。

イ　職場のパソコンに自分のソフトウェアを導入する。

ウ　漏洩して困る情報は，紙媒体で郵送しないで電子メールに添付して送る。

エ　ウイルス対策ソフトを導入し，最新のウイルス定義ファイルで常に監視する。

	ア	イ	ウ	エ
①	○	×	×	○
②	○	○	×	×
③	×	○	○	×
④	○	×	○	○
⑤	×	○	×	○

3 「学校事故対応に関する指針」（平成28年3月）の「1　事故発生の未然防止及び事故発生に備えた事前の取組」では，教職員の危機管理に関する研修の充実の必要性について述べられ，研修の例が示されている。次の文の　ア　～　エ　にあてはまる語句の組合せとして正しいものを①～⑤から一つ選べ。

・校内の事故統計や事故事例，安全点検の結果や日本スポーツ振興センター等の事故災害情報等を活用した安全な　ア　の整備に関すること

島根県

- 様々なケースに対応した防災避難訓練，防犯避難訓練
- 事故発生時の対応訓練(被害児童生徒等及びその保護者への対応を含む)
- 　イ　の使用，心肺蘇生法などの応急手当に関する知識技能の向上
- 　ウ　の使用法を含むアレルギーへの対応に関すること
- 児童生徒等の　エ　のケアに関すること

	ア	イ	ウ	エ
①	体制	AED	エピペン※	心
②	体制	人工呼吸器	AED	学習
③	環境	AED	エピペン※	心
④	環境	人工呼吸器	AED	学習
⑤	環境	AED	人工呼吸器	学習

4 次の文は，「『令和の日本型学校教育』の構築を目指して（答申）」（令和3年1月26日中央教育審議会）においてICTの活用に関する基本的な考え方について述べた文である。文中の　ア　〜　ウ　にあてはまる語句の組合せとして正しいものを①〜⑤から一つ選べ。

- 「令和の日本型学校教育」を構築し，全ての子供たちの可能性を引き出す，　ア　な学びと，　イ　な学びを実現するためには，学校教育の基盤的なツールとして，ICTは必要不可欠なものである。
- 我が国の学校教育におけるICTの活用が国際的に大きく後れをとってきた中で，　ウ　を実現し，(中略)これからの学校教育を大きく変化させ，様々な課題を解決し，教育の質の向上につなげていくことが必要である。その際，PDCAサイクルを意識し，効果検証，分析を適切に行うことが重要である。

	ア	イ	ウ
①	個性的	協働的	Society5.0時代
②	個別最適	協働的	GIGAスクール構想
③	個別最適	能動的	Society5.0時代
④	個性的	能動的	GIGAスクール構想
⑤	個別最適	協働的	Society5.0時代

5 次の文は，「学校における働き方改革に関する取組の徹底について（通知）」（平成31年3月18日　30文科初第1497号）の一部である。文中の　ア　〜　ウ　にあてはまる語句の組合せとして正しいものを①〜⑤から一つ選べ。

- 保護者や地域住民，関係機関との学校経営方針をはじめとした情報共有を緊密に行い，適切な役割分担を図ること。地域・保護者，関係機関との連携に当たっては，　ア　の活用や地域学校協働活動を推進するとともに，文部科学省からのメッセージを適宜活用されたいこと。
- 学校単位で作成される計画については，　イ　の観点や，計画の機能性を高めカリキュラム・マネジメントの充実を図る観点から，計画の統合も含め，計画の内容や学校の実情に応じて真に効果的な計画の作成を推進すること。
- 各教科等の指導計画や，支援が必要な児童生徒等のための個別の指導計画・教育支援

計画等の有効な活用を図るためにも，計画の内容の見直しや学校の実情に応じて ウ が協力して作成し共有化するなどの取組を推進すること。

	ア	イ	ウ
①	コミュニティ・スクール (学校運営協議会制度)	学校教育の充実	複数の教師
②	コミュニティ・スクール (学校運営協議会制度)	学校教育の充実	地域と学校
③	PTA	業務の適正化	地域と学校
④	PTA	学校教育の充実	複数の教師
⑤	コミュニティ・スクール (学校運営協議会制度)	業務の適正化	複数の教師

6 次の文は，地方公務員法で規定される教職員の服務に関するものである。誤っているものを①～⑤から一つ選べ。

① 職員は，法律又は条例に特別の定がある場合を除く外，その勤務時間及び職務上の注意力のすべてをその職責遂行のために用い，当該地方公共団体がなすべき責を有する職務にのみ従事しなければならない。

② 職員は，職務上知り得た秘密を漏らしてはならない。その職を退いた後は，この限りではない。

③ すべて職員は，全体の奉仕者として公共の利益のために勤務し，且つ，職務の遂行に当つては，全力を挙げてこれに専念しなければならない。

④ 職員は，条例の定めるところにより，服務の宣誓をしなければならない。

⑤ 職員は，その職務を遂行するに当つて，法令，条例，地方公共団体の規則及び地方公共団体の機関の定める規程に従い，且つ，上司の職務上の命令に忠実に従わなければならない。

7 次の文は，教員の研修に関する教育公務員特例法の条文である。 ア ～ ウ にあてはまる語句の組合せとして正しいものを①～⑤から一つ選べ。

第21条　教育公務員は，その職責を遂行するために，絶えず ア に努めなければならない。

第22条　教育公務員には，研修を受ける機会が与えられなければならない。

2　教員は， イ に支障のない限り，本属長の承認を受けて，勤務場所を離れて研修を行うことができる。

3　教育公務員は， ウ の定めるところにより，現職のままで，長期にわたる研修を受けることができる。

	ア	イ	ウ
①	研究と修養	校務	校長
②	研鑽	校務	任命権者
③	研究と修養	授業	任命権者
④	研究と修養	校務	任命権者
⑤	研鑽	授業	校長

島根県

8 次の①〜⑤で説明されているポートフォリオ評価に関する記述のうち，誤っているものを一つ選べ。

① ポートフォリオ評価は，教師が子どもの学習状況を把握するだけでなく，子どもの自己評価能力や学習意欲を高める役割を果たす。

② ポートフォリオ評価では，学習プロセスがまとめられていくため，古い資料ほど上に，新しい資料が一番下にくるようにファイリングしていく。

③ ポートフォリオは，のちの振り返りに活かすために，誤った内容や資料についても残しておき，ファイルの中身は差し替えないようにする。

④ 欧米では最近，ポートフォリオ評価を行う際に，「ルーブリック」と呼ばれる評価基準が用いられ，それに基づく絶対評価が行われている。

⑤ ポートフォリオ評価は，「総合的な学習の時間」における学習評価技法として注目されている。

9 次のア〜オで説明されている不登校に関する記述のうち，正しいものを〇，誤っているものを×としたときの組合せとして正しいものを①〜⑤から一つ選べ。

ア 文部科学省は病気や経済的理由を除き，欠席日数が年度間に連続又は断続して90日以上の児童生徒を不登校の状態にあると定義している。

イ 文部科学省による令和２年度の調査では，不登校の児童生徒数は８年連続して増加し，過去最多となっている。

ウ 現在の文部科学省は不登校にある児童生徒への支援の在り方として，学校に登校することを最終目標として多様な支援をすることとしている。

エ 文部科学省は不登校の児童生徒の支援として，本人の希望を尊重した上で，ICTを活用した学習支援やフリースクールなどの活用を推奨している。

オ 文部科学省は不登校の児童生徒への支援として，学校関係者が中心となり，児童生徒や保護者と話し合うなどして，「児童生徒理解・支援シート」を作成することが望ましいとしている。

	ア	イ	ウ	エ	オ
①	〇	〇	×	×	〇
②	×	〇	×	〇	〇
③	〇	×	×	〇	×
④	×	×	〇	〇	〇
⑤	〇	〇	〇	×	×

10 次のア〜ウは，ある発達障害の特徴に関する記述である。それぞれの記述と考えられる発達障害の名称の組合せとして正しいものを①〜⑤から一つ選べ。

ア 単なる反抗や敵意の表れではなく，課題や指示を理解できているにもかかわらず，生活年齢や発達年齢に不相応で対人的・学業的・職業的活動に悪影響が及んでいる「不注意」，「多動性と衝動性」の一方もしくは両方が６か月以上持続している。

イ 全般的に知的発達に遅れはないが，「聞く」「話す」「読む」「書く」「計算する」「推論する」といった学習に必要な基礎的な能力のうち，一つないし複数の特定の能力についてなかなか習得できなかったり，うまく発揮することができなかったりすること

によって，学習上，様々な困難に直面している状態。
ウ 「他者との社会的関係の形成の困難さ」，「言葉の発達の遅れ」，「興味や関心が狭く特定のものにこだわること」を特徴とする。その特徴は，3歳ころまでに現れることが多いが，成人期に症状が顕在化することもある。

	ア	イ	ウ
①	自閉症	学習障害	注意欠陥多動性障害
②	学習障害	注意欠陥多動性障害	自閉症
③	学習障害	自閉症	注意欠陥多動性障害
④	注意欠陥多動性障害	自閉症	学習障害
⑤	注意欠陥多動性障害	学習障害	自閉症

解答＆解説

全校種共通

1 解答 ④

解説 文部科学省「体罰の禁止及び児童生徒理解に基づく指導の徹底について（通知）」（2013年3月13日）の別紙「学校教育法第11条に規定する児童生徒の懲戒・体罰等に関する参考事例」を参照。
ア：「(3)正当な行為（通常，正当防衛，正当行為と判断されると考えられる行為）」「○児童生徒から教員等に対する暴力行為に対して，教員等が防衛のためにやむを得ずした有形力の行使」より，体罰ではない。
イ・ウ：「(1)体罰（通常，体罰と判断されると考えられる行為）」「○身体に対する侵害を内容とするもの」より，体罰と判断される。
エ・カ：「(1)体罰（通常，体罰と判断されると考えられる行為）」「○被罰者に肉体的苦痛を与えるようなもの」より，体罰と判断される。
オ：「(2)認められる懲戒（通常，懲戒権の範囲内と判断されると考えられる行為）（ただし肉体的苦痛を伴わないものに限る。）」より，学校教育法施行規則に定める退学・停学・訓告以外で認められると考えられるものの例に当たる。

2 解答 ①

解説 文部科学省「情報管理体制チェックリストの参考例」の「1 基本的な対策のポイント」を参照。
ア：(4)，イ：(2)，ウ：(7)，エ：(8)を参照。

3 解答 ③

解説 文部科学省「学校事故対応に関する指針」（2016年3月）の「1 事故発生の未然防止及び事故発生に備えた事前の取組」「(1)教職員の資質の向上（研修の実施）」を参照。

4 解答 ②

解説 中央教育審議会答申「『令和の日本型学校教育』の構築を目指して 〜全ての子供たちの可能性を引き出す，個別最適な学びと，協働的な学びの実現〜」（2021年1月26日，同年4月22日更新）の「第Ⅰ部　総論」「5.『令和の日本型学校教育』の構築に向けたICTの活用に関する基本的な考え方」を参照。

5 解答 ⑤

解説 文部科学省「学校における働き方改革に関する取組の徹底について（通知）」（2019年3月18日）の「2.学校及び教師が担う業務の明確化・適正化」を参照。

ア：「(3)業務の役割分担・適正化のために各学校が取り組むべき方策」を参照。

イ：「(4)学校が作成する計画等の見直し」の①を参照。

ウ：「(4)学校が作成する計画等の見直し」の②を参照。

6 解答 ②

解説 ②地方公務員法第34条第1項を参照。「秘密を守る義務」の規定。正しくは「その職を退いた後も，また，同様とする」。

①地方公務員法第35条を参照。「職務に専念する義務」の規定。

③地方公務員法第30条を参照。「服務の根本基準」の規定。

④地方公務員法第31条を参照。「服務の宣誓」の規定。

⑤地方公務員法第32条を参照。「法令等及び上司の職務上の命令に従う義務」の規定。

7 解答 ③

解説 ア：教育公務員特例法第21条第1項を参照。「研修」の規定。

イ：教育公務員特例法第22条第2項を参照。「研修の機会」のうち勤務場所を離れて行う研修に関する規定。

ウ：教育公務員特例法第22条第3項を参照。「研修の機会」のうち現職のままで長期にわたる研修に関する規定。

8 解答 ③

解説 ポートフォリオ評価は，特定の目的に沿って学んだ事柄を多様な評価手段を使って長期間にわたって収集したものを用いて，児童生徒と教師が共同で学習成果について評価するもの。

③不適切な内容のものを保存しておくと，あとで見たときに誤解が生じる可能性があるため，「誤った内容や資料」については差し替えることが必要である。なお，理解が不十分であったために生じた学習者自身の誤った考え方など理解度の変遷が分かるようなものは残しておいてもよい。

9 解答 ②

解説 ア：文部科学省「不登校の現状に対する認識」を参照。「90日」ではなく「30日」。

イ：文部科学省「令和2年度　児童生徒の問題行動・不登校等生徒指導上の諸課題に関する調査結果について（通知）」（2021年10月13日）の「4.不登校児童生徒の支援の充実について」を参照。

ウ：文部科学省「不登校児童生徒への支援の在り方について（通知）」（2019年10月25日）の「1　不登校児童生徒への支援に対する基本的な考え方」「(1)支援の

視点」を参照。「不登校児童生徒への支援は，『学校に登校する』という結果のみを目標にするのではなく，児童生徒が自らの進路を主体的に捉えて，社会的に自立することを目指す必要がある」と示されている。

エ：文部科学省「不登校児童生徒への支援の在り方について（通知）」（2019年10月25日）の「1　不登校児童生徒への支援に対する基本的な考え方」「(2)学校教育の意義・役割」を参照。

オ：文部科学省「不登校児童生徒への支援の在り方について（通知）」（2019年10月25日）の「2　学校等の取組の充実」「(1)『児童生徒理解・支援シート』を活用した組織的・計画的支援」を参照。

10 **解答** ⑤

解説 文部科学省「障害のある子供の教育支援の手引　〜子供たち一人一人の教育的ニーズを踏まえた学びの充実に向けて〜」（2021年6月30日）の「第3編　障害の状態等に応じた教育的対応」を参照。

ア：「X　注意欠陥多動性障害」「3　注意欠陥多動性障害の理解」「(1)注意欠陥多動性障害について」「①注意欠陥多動性障害の概要」を参照。注意欠陥多動性障害（ADHD：Attention-Deficit/Hyperactivity Disorder）とは，年齢あるいは発達に不釣合いな注意力又は衝動性・多動性を特徴とする障害であり，社会的な活動や学校生活を営む上で著しい困難を示す状態である。通常12歳になる前に現れ，その状態が継続するものであるとされている。注意欠陥多動性障害の原因としては，中枢神経系に何らかの要因による機能不全があると推定されている。

イ：「Ⅸ　学習障害」「3　学習障害の理解」「(1)学習障害について」「①学習障害の概要」を参照。学習障害（LD：Learning Disabilities）とは，基本的には，全般的な知的発達に遅れはないが，聞く，話す，読む，書く，計算する又は推論する能力のうち，特定のものの習得と使用に著しい困難を示す様々な状態を指すものである。学習障害は，その原因として，中枢神経系に何らかの要因による機能不全があると推定されるが，視覚障害，聴覚障害，知的障害，情緒障害などの障害や，環境的な要因が直接的な原因となるものではない。

ウ：「Ⅶ　自閉症」「3　自閉症の理解」「(3)自閉症の具体的な状態像」「①基本的な障害特性」を参照。なお，高機能自閉症とは，知的発達の遅れを伴わない自閉症を指す。同様に，アスペルガー症候群（アスペルガー障害）は，自閉症の上位概念である広汎性発達障害の一つに分類され，知的発達と言語発達に遅れはなく，自閉症の3つの特性（①他者との社会的関係の形成の困難さ，②言葉の発達の遅れ，③興味や関心が狭く特定のものにこだわること）のうち，②の言葉の発達の遅れが比較的目立たない。

島根県

岡山県

実施日	2022(令和4)年7月2日	試験時間	30分
出題形式	マークシート式	問題数	午前：15題（解答数15） 午後：15題（解答数15）
パターン	午前:時事・原理・法規・心理＋教育史・ローカル 午後:時事・法規・原理・心理＋教育史・ローカル	公開状況	問題：公開　解答：公開　配点：公開

傾向＆対策

●午前・午後ともローカル問題を含む全分野から出題。●最も解答数の多い教育時事は,「令和の日本型学校教育」に関する中央教育審議会答申（2021年1月）が午前・午後ともに出題されたほか,「キャリア発達」「交流及び共同学習」「人権教育（第三次とりまとめ）」「先端技術活用推進方策」＝以上午前,「いじめ」「薬物乱用防止教育」「人権教育（基本計画）」「教育情報化推進法」＝以上午後と，多岐にわたる。●教育法規（午後）では，2021年9月施行の医療的ケア児及びその家族に対する支援に関する法律が出題された。●ローカル問題は,「第3次岡山県教育振興基本計画」（2021年2月）＝午前,「第3次晴れの国おかやま生き活きプラン」（2021年3月）で，いずれも2年連続の出題。

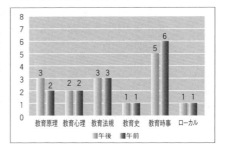

出題領域

教育原理	教育課程・学習指導要領			総則	2	2	特別の教科　道徳		
	外国語活動			総合的な学習(探究)の時間			特別活動		
	学習指導			生徒指導	1	↓時事	学校・学級経営		
	特別支援教育	↓時事	↓法規	人権・同和教育	↓時事	↓時事	その他		
教育心理※	発達	1		学習	1		性格と適応	1	1
	カウンセリングと心理療法		1	教育評価	1		その他	1	
教育法規※	教育の基本理念	1	1	学校教育			学校の管理と運営	1	
	児童生徒	1		教職員	1	1	特別支援教育		2
教育史	日本教育史	1	1	西洋教育史					
教育時事	答申・統計	5	6	ローカル	1	1			

※表中の数字は，解答数 午前|午後
※選択肢の出題領域が複数にわたる場合は，それぞれの項目に加算するためグラフの数とは異なる

全校種共通（午前）

☞解答＆解説 p.365

1 次の文章は，文部科学省と国立教育政策研究所生徒指導研究センターが作成した「キャリア発達にかかわる諸能力の育成に関する調査研究報告書」（平成23年3月）の第4章「PDCAサイクルを基盤としたキャリア教育の在り方」の一部である。（ A ）～（ E ）に当てはまる語句の組合せとして正しいものはどれか。

　キャリア教育のPDCAサイクルは，（ A ），学校経営，家庭や地域社会との連携方策，施設・設備など，様々な側面から総合的に確立されるべきものである。しかしここでは，本報告書の中核的な課題に即し，キャリア発達にかかわる諸能力として提示された「基礎的・（ B ）能力」の育成をめぐる実践に焦点を絞って論じ，評価の活用についてその多様性を示すにとどめた。

　キャリア教育は，学校から（ C ）への円滑な移行を通じて，児童生徒の社会的（ D ）を促す教育である。児童生徒のキャリア発達の速度や様相は個人差が大きく，発達には環境の影響も大きいため，各校には自校の児童生徒の発達の段階に応じた（ E ）と現状把握が求められる。

	A	B	C	D	E
1.	カリキュラムマネジメント	多面的	社会	経験	個別支援
2.	カリキュラムマネジメント	汎用的	社会	自立	目標設定
3.	カリキュラムマネジメント	汎用的	職業	経験	目標設定
4.	教育活動	多面的	社会	自立	個別支援
5.	教育活動	汎用的	職業	経験	個別支援

2 次の文章は，「交流及び共同学習ガイド」（平成31年3月　文部科学省）の「第1章　交流及び共同学習の意義・目的」の一部である。（ A ）～（ E ）に当てはまる語句の組合せとして正しいものはどれか。

　我が国は，障害の有無にかかわらず，誰もが相互に（ A ）と個性を尊重し合える（ B ）の実現を目指しています。

　幼稚園，小学校，中学校，義務教育学校，高等学校，中等教育学校及び（ C ）等が行う，障害のある子供と障害のない子供，あるいは地域の障害のある人とが（ D ），共に活動する交流及び共同学習は，障害のある子供にとっても，障害のない子供にとっても，経験を深め，（ E ）を養い，豊かな人間性を育むとともに，お互いを尊重し合う大切さを学ぶ機会となるなど，大きな意義を有するものです。

	A	B	C	D	E
1.	人権	共同社会	高等専門学校	学び合い	社会性
2.	人権	共生社会	特別支援学校	学び合い	社会性
3.	人格	共同社会	特別支援学校	学び合い	協調性
4.	人格	共生社会	特別支援学校	触れ合い	社会性
5.	人格	共生社会	高等専門学校	触れ合い	協調性

3 次の文章は，「生徒指導提要」（平成22年3月　文部科学省）の「第1章　生徒指導の意義と原理　第1節　生徒指導の意義と課題」及び「第2節　教育課程における生徒指

岡山県

347

導の位置付け」の一部である。（ A ）～（ E ）に当てはまる語句の組合せとして正しいものはどれか。

　生徒指導は，すべての児童生徒のそれぞれの人格のよりよき発達を目指すとともに，学校生活がすべての児童生徒にとって有意義で興味深く，充実したものになることを目指しています。生徒指導は学校の教育目標を達成する上で重要な機能を果たすものであり，（ A ）と並んで学校教育において重要な意義を持つものと言えます。

　生徒指導は，一人一人の児童生徒の個性の伸長を図りながら，同時に社会的な資質や能力・態度を育成し，さらに将来において社会的に自己実現ができるような資質・態度を形成していくための指導・援助であり，個々の児童生徒の（ B ）の育成を目指すものです。そのために，日々の教育活動においては，①児童生徒に（ C ）を与えること，②（ D ）な人間関係を育成すること，③自己決定の場を与え自己の（ E ）の開発を援助することの３点に特に留意することが求められています。

	A	B	C	D	E
1.	学習指導	自己形成力	自己有用感	共感的	可能性
2.	教科教育	自己形成力	自己存在感	主体的	可能性
3.	学習指導	自己指導能力	自己有用感	共感的	人間性
4.	教科教育	自己指導能力	自己有用感	主体的	人間性
5.	学習指導	自己指導能力	自己存在感	共感的	可能性

4 次の文章は，学校保健安全法（昭和33年法律第56号）の条文である。下線部A～Eについて，正しいものを○，誤っているものを×としたとき，その組合せとして正しいものはどれか。

第8条　学校においては，児童生徒等の_A心身の健康に関し，健康相談を行うものとする。

第9条　_B養護教諭その他の職員は，相互に連携して，健康相談又は児童生徒等の健康状態の日常的な観察により，児童生徒等の心身の状況を把握し，健康上の問題があると認めるときは，_C直ちに，当該児童生徒等に対して必要な_D教育を行うとともに，必要に応じ，その保護者（学校教育法第16条に規定する保護者をいう。第24条及び第30条において同じ。）に対して必要な助言を行うものとする。

第10条　学校においては，救急処置，健康相談又は_E保健指導を行うに当たつては，必要に応じ，当該学校の所在する地域の医療機関その他の関係機関との連携を図るよう努めるものとする。

	A	B	C	D	E
1.	○	○	×	×	○
2.	×	○	○	×	×
3.	○	○	○	○	×
4.	×	×	○	○	○
5.	×	×	×	○	○

5 次の文章は，平成29年告示の小学校学習指導要領及び中学校学習指導要領，平成30年告示の高等学校学習指導要領の「第１章　総則」の一部である。下線部A～Eについて，正しいものを○，誤っているものを×としたとき，その組合せとして正しいものはどれか。

（小学校）

　道徳教育は，教育基本法及び_A学校教育法に定められた教育の根本精神に基づき，自己の_B生き方を考え，_C社会的な判断の下に行動し，自立した人間として_D他者と共によりよく生きるための基盤となる_E規範意識を養うことを目標とすること。

（中学校）

　道徳教育は，教育基本法及び_A学校教育法に定められた教育の根本精神に基づき，人間としての_B生き方を考え，_C社会的な判断の下に行動し，自立した人間として_D他者と共によりよく生きるための基盤となる_E規範意識を養うことを目標とすること。

（高等学校）

　道徳教育は，教育基本法及び_A学校教育法に定められた教育の根本精神に基づき，生徒が自己探求と自己実現に努め国家・社会の一員としての自覚に基づき行為しうる発達の段階にあることを考慮し，人間としての在り方_B生き方を考え，_C社会的な判断の下に行動し，自立した人間として_D他者と共によりよく生きるための基盤となる_E規範意識を養うことを目標とすること。

	A	B	C	D	E
1.	○	×	○	×	○
2.	○	×	×	×	○
3.	○	○	×	○	×
4.	×	○	○	○	○
5.	×	○	○	×	×

6　次の文章は，「人権教育の指導方法等の在り方について［第三次とりまとめ］」（平成20年3月　人権教育の指導方法等に関する調査研究会議）の一部である。（　A　）～（　E　）に当てはまる語句の組合せとして正しいものはどれか。

　人権の内容には，人が生存するために不可欠な生命や身体の自由の保障，法の下の平等，衣食住の充足などに関わる諸権利が含まれている。また，人が幸せに生きる上で必要不可欠な（　A　）や言論の自由，集会・結社の自由，（　B　），働く権利なども含まれている。

　このような一つひとつの権利は，それぞれが固有の意義を持つと同時に，相互に不可分かつ（　C　）なものとして連なりあっている。このような諸権利がまとまった全一体を人権と呼ぶのである。したがって，個々の権利には固有の価値があり，どれもが大切であって（　D　）の差はありえない。ただし，今日，全国各地で児童生徒をめぐって生じている様々な事態にかんがみ，人間の生命はまさにかけがえのないものであり，これを尊重することは何よりも大切なことであることについて，改めて強調しておきたい。

　人権を侵害することは，相手が誰であれ，決して許されることではない。全ての人は自分の持つ人としての（　E　）と価値が尊重されることを要求して当然である。このことは同時に，誰であれ，他の人の（　E　）や価値を尊重し，それを侵害してはならないという義務と責任とを負うことを意味することになるのである。

	A	B	C	D	E
1.	思想	学習権	重層的	優劣や軽重	尊厳

	2．信条	学習権	相補的	優劣や軽重	名誉
	3．思想	教育を受ける権利	重層的	感覚や意思	名誉
	4．信条	学習権	重層的	感覚や意思	尊厳
	5．思想	教育を受ける権利	相補的	優劣や軽重	尊厳

7 次の文章は，「新時代の学びを支える先端技術活用推進方策（最終まとめ）」（令和元年6月25日　文部科学省）の一部である。（　A　）～（　E　）に当てはまる語句の組合せとして正しいものはどれか。

　　AI等の技術革新が進んでいく新たな時代においては，（　A　）ならではの強み，すなわち，高い志をもちつつ，技術革新と価値創造の源となる飛躍的な知の発見・創造など新たな社会を牽引する能力が求められる。また，そのような能力の前提として，文章の意味を正確に理解する（　B　），計算力や（　C　）などの基盤的な学力の確実な習得も必要である。

　　そのためには，

① 膨大な情報から何が重要かを主体的に判断し，自ら問いを立ててその解決を目指し，他者と協働しながら新たな価値を創造できる資質・能力の育成

② ①を前提として，これからの時代を生きていく上で基盤となる（　D　）や（　E　），AI活用の前提となる（　C　）をはじめとした資質・能力の育成

　　につながる教育が必要不可欠である。

	A	B	C	D	E
1．	人間	読解力	論理的思考力	言語能力	ICT活用能力
2．	教育	読解力	論理的思考力	言語能力	情報活用能力
3．	教育	言語能力	論理的思考力	読解力	情報活用能力
4．	人間	読解力	数学的思考力	言語能力	情報活用能力
5．	人間	言語能力	数学的思考力	読解力	ICT活用能力

8 次の文章は，平成29年告示の小学校学習指導要領及び中学校学習指導要領，平成30年告示の高等学校学習指導要領の「第1章　総則」の一部である。（　A　）～（　E　）に当てはまる語句の組合せとして正しいものはどれか。

（小学校）

⑴ 学習や生活の基盤として，教師と児童との信頼関係及び児童相互のよりよい人間関係を育てるため，日頃から学級経営の充実を図ること。また，主に集団の場面で必要な指導や援助を行う（　A　）と，個々の児童の多様な実態を踏まえ，一人一人が抱える課題に個別に対応した指導を行う（　B　）の双方により，児童の発達を支援すること。

⑵ 児童が，自己の（　C　）を実感しながら，よりよい人間関係を形成し，有意義で充実した学校生活を送る中で，現在及び将来における（　D　）を図っていくことができるよう，児童理解を深め，学習指導と関連付けながら，（　E　）の充実を図ること。

（中学校）

⑴ 学習や生活の基盤として，教師と生徒との信頼関係及び生徒相互のよりよい人間関係を育てるため，日頃から学級経営の充実を図ること。また，主に集団の場面で必要な指導や援助を行う（　A　）と，個々の生徒の多様な実態を踏まえ，一人一人が抱え

る課題に個別に対応した指導を行う （ B ）の双方により，生徒の発達を支援すること。

(2) 生徒が，自己の （ C ）を実感しながら，よりよい人間関係を形成し，有意義で充実した学校生活を送る中で，現在及び将来における （ D ）を図っていくことができるよう，生徒理解を深め，学習指導と関連付けながら，（ E ）の充実を図ること。

（高等学校）

(1) 学習や生活の基盤として，教師と生徒との信頼関係及び生徒相互のよりよい人間関係を育てるため，日頃からホームルーム経営の充実を図ること。また，主に集団の場面で必要な指導や援助を行う （ A ）と，個々の生徒の多様な実態を踏まえ，一人一人が抱える課題に個別に対応した指導を行う （ B ）の双方により，生徒の発達を支援すること。

(2) 生徒が，自己の （ C ）を実感しながら，よりよい人間関係を形成し，有意義で充実した学校生活を送る中で，現在及び将来における （ D ）を図っていくことができるよう，生徒理解を深め，学習指導と関連付けながら，（ E ）の充実を図ること。

	A	B	C	D	E
1．	カウンセリング	ガイダンス	達成感	自己実現	生活指導
2．	ガイダンス	カウンセリング	存在感	自己実現	生徒指導
3．	カウンセリング	ガイダンス	達成感	キャリア形成	生徒指導
4．	ガイダンス	カウンセリング	存在感	キャリア形成	生活指導
5．	カウンセリング	ガイダンス	存在感	自己実現	生徒指導

岡山県

9 次の文章は，「『令和の日本型学校教育』の構築を目指して ～全ての子供たちの可能性を引き出す，個別最適な学びと，協働的な学びの実現～（答申）」（令和3年1月26日中央教育審議会）の「第Ⅰ部 2 日本型学校教育の成り立ちと成果，直面する課題と新たな動きについて」で指摘されている課題である。A～Eについて正しいものを〇，誤ったものを×としたとき，その組合せとして正しいものはどれか。

A 家庭や地域の教育力が低下する中で，本来であれば家庭や地域でなすべきことまでが学校に委ねられるようになり，結果として学校及び教師が担うべき業務の範囲が拡大され，その負担を増大させてきた。

B 特別支援学校や小・中学校の特別支援学級に在籍する児童生徒は増加し続けており，それに伴い小・中・高等学校の通常の学級において，通級による指導を受けている児童生徒は減少している。

C 文部科学省・厚生労働省「21世紀出生児縦断調査（平成13年出生児）」によると，全体的な傾向として，特に高等学校において生徒の学校生活等への満足度や学習意欲が低下している。

D 子供たちのデジタルデバイスの使用について，我が国では，学校よりも家庭が先行し，「遊び」に使うとともに，「学び」にも適切に使われている傾向が明らかになった。

E 新型コロナウイルス感染症の感染拡大による学校の臨時休業中，子供たちは，学校や教師からの指示・発信がないと，「何をして良いか分からず」学びを止めてしまうという実態が見られたことから，これまでの学校教育では，自立した学習者を十分育てられていなかったのではないかという指摘もある。

	A	B	C	D	E
1.	○	×	○	○	×
2.	×	○	×	○	○
3.	○	○	○	×	×
4.	○	×	○	×	○
5.	×	○	×	○	×

10 次の文章は，教育基本法（平成18年法律第120号）の第2条の一部である。（ A ）～（ E ）に当てはまる語句の組合せとして正しいものはどれか。

第2条　教育は，その目的を実現するため，学問の自由を尊重しつつ，次に掲げる目標を達成するよう行われるものとする。

一　幅広い知識と（ A ）を身に付け，真理を求める態度を養い，豊かな情操と道徳心を培うとともに，（ B ）を養うこと。

二　個人の価値を尊重して，その能力を伸ばし，（ C ）を培い，自主及び（ D ）の精神を養うとともに，職業及び生活との関連を重視し，勤労を重んずる態度を養うこと。

三　正義と責任，男女の平等，自他の敬愛と協力を重んずるとともに，（ E ）に基づき，主体的に社会の形成に参画し，その発展に寄与する態度を養うこと。

	A	B	C	D	E
1.	技能	健やかな身体	人間性	自立	公共の精神
2.	教養	健全な精神	創造性	自立	勤労の精神
3.	技能	健全な精神	人間性	自律	公共の精神
4.	教養	健やかな身体	創造性	自律	公共の精神
5.	技能	健やかな身体	創造性	自立	勤労の精神

11 次の文章は，「第3次岡山県教育振興基本計画」（令和3年2月策定　岡山県教育委員会）の第2章に掲げられている《課題》，及び第3章で掲げられている《施策の方向》の一部である。《課題》に対応する《施策の方向》が正しいものを○，誤っているものを×としたとき，その組合せとして正しいものはどれか。

A　《課題》「岡山型学習指導のスタンダード」の徹底や高い指導力を持ち，優れた教育実践を行う授業改革推進リーダー・推進員の県下全域への配置の継続など，地域の授業改革や校内指導体制を確立し，授業の質の向上に向けた取組の強化が必要です。《施策の方向》関係各機関の緊密な連携により，保護者等に対して家庭教育に関する多様な学習プログラムや学習機会の提供を行うとともに，家庭訪問等による相談体制の充実に努め，企業等とも連携し，地域ぐるみですべての教育の出発点である家庭の教育力を高めることで，子どもたちがよりよい社会生活を営む基盤となる夢や目標を持ち，善悪の判断など基本的倫理観はもとより，規則正しい生活習慣や学習習慣を身に付けられるよう推進します。

　　また，社会教育関係団体活動との連携により，学校教育や家庭教育の充実を図ります。

B　《課題》学習習慣の確立・学習内容の定着については課題が残っており，学力の定

着が不十分な児童生徒の学習意欲の向上を図るとともに，授業の質の向上や補充学習の充実を図る必要があります。

《施策の方向》AIやデータを理解し，使いこなす力を身に付けるとともに，AIにはない人間の強みを生かして，他者と協働しながら新しい価値を創造する人材の育成に向け，STEAM教育やデータサイエンス，プログラミング教育，課題解決的な学習の充実を図るなど，子どもたちの優れた能力，才能，個性を伸ばす教育を推進します。

C　《課題》組織的な生徒指導を県内全域で推進するため，更なる生徒指導や不登校担当者への指導・助言が必要です。

《施策の方向》長期欠席・不登校対策スタンダードに基づく，不登校対策担当教員を中心とした学校の組織的な対応，スクールソーシャルワーカーやスクールカウンセラー等の専門家の活用や関係機関との連携を推進し，子どもたちの個々の状況に応じた学習支援や生活支援を徹底することで，誰もが安心して通える，長期欠席・不登校等を生まない魅力ある学校づくりを推進します。

D　《課題》学校安全教室を開催するとともに，地域ボランティアや関係機関等との連携を進めることで，安全な環境整備等に向けた取組を一層推進する必要があります。

《施策の方向》事故の要因となる学校環境や子どもたちの学校生活等における行動の危険を早期に発見し，それらを速やかに除去するとともに，万が一，事故が発生した場合に，適切な応急手当や安全措置ができる体制を確立するなど，子どもたちの安全の確保に向けた取組を推進します。また，日常生活全般における安全確保のために必要な事項を実践的に理解し，生涯を通じて安全な生活を送る基礎を培うとともに，進んで安全で安心な社会づくりに参加し貢献できる資質能力の育成につながる安全教育の充実を図ります。

	A	B	C	D
1.	○	×	○	×
2.	×	○	○	○
3.	×	○	×	×
4.	×	×	×	○
5.	×	×	○	○

12　次の文章は，地方公務員法（昭和25年法律第261号），地方教育行政の組織及び運営に関する法律（昭和31年法律第162号），公立の義務教育諸学校等の教育職員の給与等に関する特別措置法（昭和46年法律第77号）の条文の一部である。下線部A～Eについて，正しいものを○，誤っているものを×としたとき，その組合せとして正しいものはどれか。

〇地方公務員法

第16条　次の各号のいずれかに該当する者は，条例で定める場合を除くほか，職員となり，又は競争試験若しくは選考を受けることができない。

一　A禁錮以上の刑に処せられ，その執行を終わるまで又はその執行を受けることがなくなるまでの者。

二　当該地方公共団体において懲戒免職の処分を受け，当該処分の日からB3年を

経過しない者。

○地方教育行政の組織及び運営に関する法律

第37条　市町村立学校職員給与負担法（昭和23年法律第135号）第1条及び第2条に規定する職員（以下「県費負担教職員」という。）の任命権は，_C都道府県委員会に属する。

第44条　県費負担教職員の_D懲戒処分は，地方公務員法第23条の2第1項の規定にかかわらず，都道府県委員会の計画の下に，市町村委員会が行うものとする。

○公立の義務教育諸学校等の教育職員の給与等に関する特別措置法

第3条　教育職員（校長，副校長及び教頭を除く。以下この条において同じ。）には，その者の給料月額の100分の4に相当する額を基準として，条例で定めるところにより，教職調整額を支給しなければならない。

2　教育職員については，時間外勤務手当及び休日勤務手当は，_E支給しない。

	A	B	C	D	E
1.	×	×	○	○	×
2.	×	×	×	×	○
3.	×	○	○	×	×
4.	○	○	×	○	×
5.	○	×	○	×	○

13　次の文章は，マズローの欲求階層説についての説明である。A～Eについて，正しいものを○，誤っているものを×としたとき，その組合せとして正しいものはどれか。

A　マズローは安全と安心の欲求を満たすためには，コンフリクトを解消しなければならないと主張した。

B　生理的欲求は，空腹やのどの渇き，疲労，眠気などから逃れたいという欲求である。

C　承認の欲求とは，集団に所属し，重要な他者と愛情に満ちた関係を持ちたいという欲求である。

D　マズローは欲求を5つに大別し，階層的に位置づけ，下位の4つを欠乏欲求と位置づけた。

E　自己実現の欲求は，各自が持つ潜在可能性を実現して，より自分自身らしく，なるべき存在になろうとする欲求である。

	A	B	C	D	E
1.	○	×	○	×	×
2.	○	○	×	×	○
3.	×	○	×	○	○
4.	×	×	○	○	○
5.	○	○	○	×	×

14　次の文章は，心理学研究についての説明である。A～Eについて，正しいものを○，誤っているものを×としたとき，その組合せとして正しいものはどれか。

A　フランスのビネーは，学校の授業についていけない子どもを特定し，補償教育を実施するためのテストとして，世界で初めての知能検査を開発し，知能指数の測定を実

現した。

B　ソーンダイクは，問題箱と呼ばれる実験装置にネコを閉じ込め，そこから脱出するまでの行動を測定した。この実験を通して，試行錯誤を繰り返すことで問題解決にかかる時間が減少することを明らかにした。

C　ピアジェは，子どものアニミズムと自己中心性を研究し，自分の3人の子どもの観察から，言語の未発達な時期の思考の源流を見出した。

D　デューイは，科学上の最も基礎的・一般的な概念・法則を教えて，科学とはどのようなものかということを体験させることを目的とした授業理論である仮説実験授業を提唱した。

E　ウェルトハイマーはゲシュタルト心理学に分類される研究者であり，視野のなかでは図と地が分化すること，いくつもの図が生じたとき，それらは無秩序に知覚されるのではなく，より簡潔で単純な方向にまとまって知覚される傾向があるとして，プレグナンツの法則を見出した。

```
        A    B    C    D    E
1．×    ○    ○    ×    ○
2．○    ○    ○    ×    ○
3．○    ×    ○    ○    ×
4．×    ○    ×    ○    ×
5．×    ×    ×    ○    ○
```

15　次の文章は，日本の幕末から明治期の教育に携わった人物についての説明である。それぞれの説明と人物名の組合せとして正しいものはどれか。

〔説明〕

A　明治4年岩倉使節団とともに留学生としてアメリカに渡り以後11年間にわたる留学中に初等・中等教育を終えた。帰国後英語教師となったが，明治22年に再渡米した際に，生涯を日本の女子高等教育の開拓の仕事に捧げる志を立て，明治33年に女子英学塾を創立した。

B　欧米式学術結社である明六社を設立して『明六雑誌』を刊行するなど，西欧思想の紹介と国民啓蒙に努力した。第一次伊藤博文内閣の初代文部大臣として入閣し，明治19年に諸学校令を公布し，近代教育制度の全面的改革に着手した。

C　柔術に新しい体育的・精神的・技術的工夫を加え，柔道と称し，明治15年講道館を開いて指導した。また，広く体育・スポーツの振興に尽くし，国際オリンピック委員となり，明治45年ストックホルムで開催されたオリンピック大会には，日本選手団長として参加した。その後，オリンピック大会の日本招致に奔走して第12回大会の東京開催権を獲得した。

D　2年半の間，いわゆる松下村塾の実質的な主宰者として幕末・維新に活躍する多くの有為の人材の教育に従事した。安政6年江戸に送られ，訊問に際してペリー来航以来の幕府の一連の政策を批判し，処刑された。

〔人物名〕

ア　嘉納治五郎　　イ　吉田松陰　　ウ　津田梅子　　エ　森有礼

	A	B	C	D
1.	ウ	ア	イ	エ
2.	ウ	エ	ア	イ
3.	エ	ウ	イ	ア
4.	ウ	イ	エ	ア
5.	エ	ウ	ア	イ

全校種共通（午後）

1 医療的ケア児及びその家族に対する支援に関する法律（令和3年法律第81号）の第3条には，医療的ケア児及びその家族に対する支援の基本理念が5つ示されている。次のA〜Eは，その基本理念である。正しいものを○，誤っているものを×としたとき，その組合せとして正しいものはどれか。

A　医療的ケア児及びその家族に対する支援は，医療的ケア児の学校生活及び家庭生活を学校全体で支えることを旨として行われなければならない。

B　医療的ケア児及びその家族に対する支援は，医療的ケア児が医療的ケア児でない児童と共に教育を受けられるよう最大限に配慮しつつ適切に教育に係る支援が行われる等，個々の医療的ケア児の年齢，必要とする医療的ケアの種類及び生活の実態に応じて，かつ，医療，保健，福祉，教育，労働等に関する業務を行う関係機関及び民間団体相互の緊密な連携の下に，切れ目なく行われなければならない。

C　医療的ケア児及びその家族に対する支援は，医療的ケア児が15歳に達し，又は中学校等を卒業した後も適切な保健医療サービス及び福祉サービスを受けながら生活できるよう配慮して行われなければならない。

D　医療的ケア児及びその家族に対する支援に係る施策を講ずるに当たっては，医療的ケア児及びその保護者の意思を最大限に尊重しなければならない。

E　医療的ケア児及びその家族に対する支援に係る施策を講ずるに当たっては，医療的ケア児及びその家族がその居住する地域にかかわらず等しく適切な支援を受けられるようにすることを旨としなければならない。

	A	B	C	D	E
1.	×	○	×	○	○
2.	○	×	×	○	○
3.	○	○	×	×	×
4.	×	×	○	×	○
5.	×	○	○	×	×

2 次の文章は，「いじめの防止等のための基本的な方針」（平成25年10月11日　文部科学大臣決定　最終改定平成29年3月14日）の「第2　いじめの防止等のための対策の内容に関する事項　3　いじめの防止等のために学校が実施すべき施策」の一部である。（ A ）〜（ E ）に当てはまる語句の組合せとして正しいものはどれか。

(2)　学校いじめ防止基本方針の策定

岡山県

各学校は，国の基本方針，地方いじめ防止基本方針を参考にして，自らの学校として，どのようにいじめの防止等の取組を行うかについての基本的な方向や，取組の内容等を「学校いじめ防止基本方針」として定めることが必要である。

　学校いじめ防止基本方針を定める意義としては，次のようなものがある。

- 　学校いじめ防止基本方針に基づく対応が徹底されることにより，教職員がいじめを抱え込まず，かつ，学校のいじめへの対応が個々の教職員による対応ではなく組織として一貫した対応となる。
- 　いじめの発生時における学校の対応をあらかじめ示すことは，児童生徒及びその保護者に対し，児童生徒が学校生活を送る上での（　Ａ　）を与えるとともに，いじめの加害行為の抑止につながる。
- 　（　Ｂ　）への成長支援の観点を基本方針に位置付けることにより，いじめの（　Ｂ　）への支援につながる。

　学校いじめ防止基本方針には，いじめの防止のための取組，早期発見・いじめ事案への対処（以下「事案対処」という。）の在り方，教育相談体制，生徒指導体制，（　Ｃ　）などを定めることが想定され，いじめの防止，いじめの早期発見，事案対処などいじめの防止等全体に係る内容であることが必要である。

　その中核的な内容としては，いじめに（　Ｄ　）態度・能力の育成等のいじめが起きにくい・いじめを許さない環境づくりのために，年間の学校教育活動全体を通じて，いじめの防止に資する多様な取組が体系的・計画的に行われるよう，（　Ｅ　）な取組の方針を定めたり，その具体的な指導内容のプログラム化を図ること（「学校いじめ防止プログラム」の策定等）が必要である。

	Ａ	Ｂ	Ｃ	Ｄ	Ｅ
１．	充実感	加害者	校内研究	関わらない	総括的
２．	充実感	被害者	校内研修	向かわない	総括的
３．	安心感	被害者	校内研究	関わらない	包括的
４．	安心感	加害者	校内研修	向かわない	包括的
５．	安心感	被害者	校内研修	向かわない	総括的

3 次の文章は，「薬物乱用防止教育の充実について（通知）」（平成30年12月19日　文部科学省）に示されている「『第五次薬物乱用防止五か年戦略』における留意事項」の一部である。（　Ａ　）～（　Ｅ　）に当てはまる語句の組合せとして正しいものはどれか。

○　学校における薬物乱用防止教育は，小学校の体育科，中学校及び高等学校の保健体育科，特別活動の時間はもとより，道徳，（　Ａ　）等の学校の教育活動全体を通じて指導を行うこと。

○　児童生徒が，薬物乱用の危険性・有害性のみならず，薬物乱用は，好奇心，（　Ｂ　），過度のストレスなどの心理状態，断りにくい人間関係，宣伝・広告や入手しやすさなどの（　Ｃ　）などによって助長されること，また，それらに適切に対処する必要があることを理解できるようにするため，指導方法の工夫を行うこと。

○　薬物乱用防止教室は，（　Ｄ　）に位置付け，すべての中学校及び高等学校において年（　Ｅ　）は開催するとともに，地域の実情に応じて小学校においても開催に努める

岡山県

こと。

	A	B	C	D	E
1．	児童会・生徒会活動	投げやりな気持ち	生育環境	学校保健計画	1回
2．	児童会・生徒会活動	孤独感	社会環境	生徒指導計画	1回
3．	総合的な学習の時間	投げやりな気持ち	生育環境	生徒指導計画	2回
4．	総合的な学習の時間	孤独感	生育環境	学校保健計画	2回
5．	総合的な学習の時間	投げやりな気持ち	社会環境	学校保健計画	1回

4 次の文章は，平成29年告示の小学校学習指導要領及び中学校学習指導要領，平成30年告示の高等学校学習指導要領の「第1章 総則」の一部である。（ A ）～（ E ）に当てはまる語句の組合せとして正しいものはどれか。

道徳教育を進めるに当たっては，（ A ）の精神と生命に対する畏敬の念を家庭，学校，その他社会における具体的な生活の中に生かし，（ B ）をもち，伝統と文化を尊重し，それらを育んできた我が国と（ C ）を愛し，個性豊かな文化の創造を図るとともに，平和で民主的な国家及び社会の形成者として，（ D ）を尊び，社会及び国家の発展に努め，他国を尊重し，国際社会の平和と発展や環境の保全に貢献し未来を拓く（ E ）のある日本人の育成に資することとなるよう特に留意すること。

	A	B	C	D	E
1．	人間尊重	寛容な心	郷土	奉仕の精神	協調性
2．	人間尊重	豊かな心	郷土	公共の精神	主体性
3．	人間尊重	寛容な心	国民	奉仕の精神	主体性
4．	人権尊重	寛容な心	国民	公共の精神	協調性
5．	人権尊重	豊かな心	郷土	奉仕の精神	主体性

5 次の文章は，「人権教育・啓発に関する基本計画」（平成14年3月15日閣議決定）の一部である。（ A ）～（ E ）に当てはまる語句の組合せとして正しいものはどれか。

我が国では，すべての国民に基本的人権の享有を保障する日本国憲法の下で，人権に関する諸制度の整備や人権に関する諸条約への加入など，これまで人権に関する各般の施策が講じられてきたが，今日においても，生命・身体の安全にかかわる事象や，社会的身分，門地，人種，（ A ），（ B ），性別，障害等による不当な差別その他の人権侵害がなお存在している。また，我が国社会の国際化，情報化，（ C ）等の進展に伴って，人権に関する新たな課題も生じてきている。

すべての人々の人権が尊重され，相互に共存し得る平和で豊かな社会を実現するためには，国民一人一人の人権尊重の精神の（ D ）を図ることが不可欠であり，そのために行われる人権教育・啓発の重要性については，これをどんなに強調してもし過ぎることはない。政府は，本基本計画に基づき，人権が共存する人権尊重社会の早期実現に向け，人権教育・啓発を総合的かつ（ E ）に推進していくこととする。

	A	B	C	D	E
1．	民族	信条	高齢化	涵養	計画的
2．	貧富	信条	高齢化	育成	漸進的
3．	民族	信仰	少子化	育成	計画的

4．貧富　　　信仰　　　高齢化　　　育成　　　計画的

5．民族　　　信条　　　少子化　　　涵養　　　漸進的

6 次の文章は，「学校教育の情報化の推進に関する法律（通知）」（令和元年6月28日文部科学省）の「第1　法律の概要　1　総則　(3)基本理念（第3条関係）」の概要である。（ A ）～（ E ）に当てはまる語句の組合せとして正しいものはどれか。

① 情報通信技術の特性を生かして，児童生徒の能力，特性等に応じた教育，（ A ）のある教育等を実施

② （ B ）による学習とその他の学習を組み合わせるなど，多様な方法による学習を推進

③ 全ての児童生徒が，（ C ），地域，障害の有無等にかかわらず学校教育の情報化の恵沢を享受

④ 情報通信技術を活用した学校事務の効率化により，学校の教職員の業務負担を軽減し，教育の質を向上

⑤ 児童生徒等の（ D ）の適正な取扱い及びサイバーセキュリティの確保

⑥ 児童生徒による情報通信技術の利用が，児童生徒の（ E ），生活等に及ぼす影響に十分配慮

	A	B	C	D	E
1．	双方向性	デジタル教材	家庭の状況	個人情報	健康
2．	協働性	ICTの活用	家庭の状況	個人情報	健康
3．	双方向性	ICTの活用	家庭の文化	学習記録	学習
4．	双方向性	デジタル教材	家庭の状況	個人情報	学習
5．	協働性	ICTの活用	家庭の文化	学習情報	学習

7 次の文章は，「『令和の日本型学校教育』の構築を目指して　～全ての子供たちの可能性を引き出す，個別最適な学びと，協働的な学びの実現～（答申）」（令和3年1月26日中央教育審議会）の「第I部　3．2020年代を通じて実現すべき『令和の日本型学校教育』の姿」の一部である。A～Eについて，正しいものを〇，誤っているものを×としたとき，その組合せとして正しいものはどれか。

A　全ての子供に基礎的・基本的な知識・技能を確実に習得させ，思考力・判断力・表現力等や，自ら学習を調整しながら粘り強く学習に取り組む態度等を育成するためには，教師が支援の必要な子供により重点的な指導を行うことなどで効果的な指導を実現することや，子供一人一人の特性や学習進度，学習到達度等に応じ，指導方法・教材や学習時間等の柔軟な提供・設定を行うことなどの「学習の個性化」が必要である。

B　基礎的・基本的な知識・技能等や，言語能力，情報活用能力，問題発見・解決能力等の学習の基盤となる資質・能力等を土台として，幼児期からの様々な場を通じての体験活動から得た子供の興味・関心・キャリア形成の方向性等に応じ，探究において課題の設定，情報の収集，整理・分析，まとめ・表現を行う等，教師が子供一人一人に応じた学習活動や学習課題に取り組む機会を提供することで，子供自身が学習が最適となるよう調整する「指導の個別化」も必要である。

C　「指導の個別化」と「学習の個性化」を教師視点から整理した概念が「個に応じた

岡山県

359

指導」であり，この「個に応じた指導」を学習者視点から整理した概念が「個別最適な学び」である。

D 「協働的な学び」においては，集団の中で個が埋没してしまうことがないよう，「主体的・対話的で深い学び」の実現に向けた授業改善につなげ，子供一人一人のよい点や可能性を生かすことで，異なる考え方が組み合わさり，よりよい学びを生み出していくようにすることが大切である。

E 「協働的な学び」は，同一学年・学級の子供との学びであり，異学年間の学びや他の学校の子供との学び合いなどは含まない。

	A	B	C	D	E
1.	○	×	○	○	×
2.	×	×	×	○	○
3.	×	×	○	○	×
4.	○	○	○	×	×
5.	○	○	×	×	○

8 次の文章は，平成29年告示の小学校学習指導要領及び中学校学習指導要領，平成30年告示の高等学校学習指導要領の「第1章 総則」の一部である。（ A ）～（ E ）に当てはまる語句の組合せとして正しいものはどれか。

（小学校）

ア 学校がその目的を達成するため，学校や地域の実態等に応じ，教育活動の実施に必要な人的又は物的な体制を家庭や地域の人々の（ A ）を得ながら整えるなど，家庭や地域社会との（ B ）及び（ C ）を深めること。また，高齢者や異年齢の子供など，地域における世代を越えた（ D ）の機会を設けること。

イ 他の小学校や，幼稚園，認定こども園，保育所，中学校，高等学校，特別支援学校などとの間の（ B ）や（ D ）を図るとともに，障害のある幼児児童生徒との（ D ）及び（ E ）の機会を設け，共に尊重し合いながら（ C ）して生活していく態度を育むようにすること。

（中学校）

ア 学校がその目的を達成するため，学校や地域の実態等に応じ，教育活動の実施に必要な人的又は物的な体制を家庭や地域の人々の（ A ）を得ながら整えるなど，家庭や地域社会との（ B ）及び（ C ）を深めること。また，高齢者や異年齢の子供など，地域における世代を越えた（ D ）の機会を設けること。

イ 他の中学校や，幼稚園，認定こども園，保育所，小学校，高等学校，特別支援学校などとの間の（ B ）や（ D ）を図るとともに，障害のある幼児児童生徒との（ D ）及び（ E ）の機会を設け，共に尊重し合いながら（ C ）して生活していく態度を育むようにすること。

（高等学校）

ア 学校がその目的を達成するため，学校や地域の実態等に応じ，教育活動の実施に必要な人的又は物的な体制を家庭や地域の人々の（ A ）を得ながら整えるなど，家庭や地域社会との（ B ）及び（ C ）を深めること。また，高齢者や異年齢の子供な

ど，地域における世代を越えた（　D　）の機会を設けること。

イ　他の高等学校や，幼稚園，認定こども園，保育所，小学校，中学校，特別支援学校
　　及び大学などとの間の（　B　）や（　D　）を図るとともに，障害のある幼児児童生徒
　　との（　D　）及び（　E　）の機会を設け，共に尊重し合いながら（　C　）して生活し
　　ていく態度を育むようにすること。

	A	B	C	D	E
1.	協力	連携	協働	交流	共同学習
2.	協力	交流	協働	相互理解	共同学習
3.	参加	協力	交流	相互理解	体験活動
4.	参加	協力	理解	交流	共同学習
5.	協働	連携	交流	協力	体験活動

9　次の文章は，「『令和の日本型学校教育』の構築を目指して　～全ての子供たちの可能性を引き出す，個別最適な学びと，協働的な学びの実現～（答申）」（令和3年1月26日中央教育審議会）の「第Ⅰ部　4．『令和の日本型学校教育』の構築に向けた今後の方向性」の一部である。（　A　）～（　E　）に当てはまる語句の組合せとして正しいものはどれか。

　新しい時代を生きる子供たちに必要となる（　A　）をより一層確実に育むため，子供たちの（　B　）を保障してその才能を十分に伸ばし，また（　C　）等を育むことができるよう，学校教育の質を高めることが重要である。その際，（　D　）教育システムの理念の構築等により，様々な背景により多様な教育的ニーズのある子供たちに対して，自立と（　E　）を見据えて，その時点で教育的ニーズに最も的確に応える指導を提供できる，多様で柔軟な仕組みを整備することが重要であり，実態として学校教育の外に置かれることのないようにするべきである。

	A	B	C	D	E
1.	資質・能力	基礎学力	生きる力	インクルーシブ	社会参加
2.	資質・能力	学習機会	社会性	インクルーシブ	心身の調和的発達
3.	基礎学力	資質・能力	社会性	ICT	心身の調和的発達
4.	資質・能力	基礎学力	社会性	インクルーシブ	社会参加
5.	基礎学力	学習機会	生きる力	ICT	心身の調和的発達

10　次の文章は，教育基本法（平成18年法律第120号）の第3条及び第4条の一部である。（　A　）～（　E　）に当てはまる語句の組合せとして正しいものはどれか。

第3条　国民一人一人が，自己の（　A　）を磨き，豊かな人生を送ることができるよう，その（　B　）にわたって，あらゆる機会に，あらゆる場所において学習することができ，その成果を適切に生かすことのできる（　C　）の実現が図られなければならない。

第4条
　2　国及び地方公共団体は，障害のある者が，その障害の状態に応じ，（　D　）な教育を受けられるよう，教育上必要な（　E　）を講じなければならない。

	A	B	C	D	E
1．	人格	生涯	社会	最適	措置
2．	人格	一生	生活	十分	措置
3．	人格	生涯	社会	十分	支援
4．	能力	一生	社会	最適	措置
5．	能力	生涯	生活	十分	支援

11 次の文章は，地方公務員法（昭和25年法律第261号），地方教育行政の組織及び運営に関する法律（昭和31年法律第162号），公立の義務教育諸学校等の教育職員の給与等に関する特別措置法（昭和46年法律第77号）の条文の一部である。下線部A～Eについて，正しいものを〇，誤っているものを×としたとき，その組合せとして正しいものはどれか。

〇地方公務員法

第29条　職員が次の各号の一に該当する場合においては，これに対し _A懲罰処分として戒告，減給，停職又は免職の処分をすることができる。

一　この法律若しくは第57条に規定する特例を定めた法律又はこれに基く条例，地方公共団体の規則若しくは地方公共団体の機関の定める規程に違反した場合

〇地方教育行政の組織及び運営に関する法律

第42条　県費負担教職員の給与，_B勤務時間その他の勤務条件については，地方公務員法第24条第5項の規定により条例で定めるものとされている事項は，都道府県の条例で定める。

第43条　市町村委員会は，県費負担教職員の _C服務を監督する。

2　県費負担教職員は，その職務を遂行するに当つて，法令，_D当該都道府県の条例及び規則並びに当該市町村委員会の定める教育委員会規則及び規程（前条又は次項の規定によつて都道府県が制定する条例を含む。）に従い，かつ，市町村委員会その他職務上の上司の職務上の命令に忠実に従わなければならない。

〇公立の義務教育諸学校等の教育職員の給与等に関する特別措置法

第6条　教育職員（管理職手当を受ける者を除く。以下この条において同じ。）を正規の勤務時間（一般職の職員の勤務時間，休暇等に関する法律（平成6年法律第33号）第5条から第8条まで，第11条及び第12条の規定に相当する条例の規定による勤務時間をいう。第3項及び次条第1項において同じ。）を超えて勤務させる場合は，_E政令で定める基準に従い条例で定める場合に限るものとする。

	A	B	C	D	E
1．	×	×	〇	×	〇
2．	×	〇	〇	×	〇
3．	×	〇	×	×	〇
4．	〇	〇	×	×	×
5．	〇	×	〇	〇	×

12 次は，「第3次晴れの国おかやま生き活きプラン」（令和3年3月策定　岡山県）の「第3章　行動計画　重点戦略Ⅰ」に掲げられた生き活き指標と重点施策である。それぞれ

の指標とその指標の数値を向上させる重点施策との対応として正しいものを○，誤っているものを×としたとき，その組合せとして正しいものはどれか。

A 「生き活き指標」 「授業の内容はよく分かる」と回答した児童生徒の割合
   「重点施策」　　　教師の授業力の向上

B 「生き活き指標」 「人が困っているときは，進んで助けている」と回答した児童生徒の割合
   「重点施策」　　　道徳教育を中心とした規範意識の確立

C 「生き活き指標」 県内大学等及び高校からの海外留学者数
   「重点施策」　　　国際的に活躍できる人材の育成

D 「生き活き指標」 将来の夢や目標を持っている児童生徒の割合
   「重点施策」　　　より良い社会づくりに参画する人材の育成

E 「生き活き指標」 「地域や社会をよくするために何をすべきかを考えることがある」と回答した児童生徒の割合
   「重点施策」　　　Society5.0に向けた人材の育成

	A	B	C	D	E
1.	○	○	×	×	○
2.	○	×	○	○	×
3.	×	×	○	×	○
4.	×	○	×	○	○
5.	○	○	○	×	×

13 次の文章は，性格検査についての説明である。A～Eについて，正しいものを○，誤っているものを×としたとき，その組合せとして正しいものはどれか。

A　ロールシャッハ・テストは，スイスの精神科医ロールシャッハが開発した性格検査であり，10枚のインクのしみで描かれた図版を見せて，それが何に見えるか，どうしてそのように見えたのかなどを回答させるものである。

B　マレーとモーガンが開発した主題（絵画）統覚検査（TAT）は，描画法の検査であり，家，木，人の絵を描いてもらう検査である。

C　ローゼンツァイクが開発した絵画欲求不満テスト（P-Fスタディ）は，24枚の欲求不満場面が描かれた絵の中で，一方の人物が発した言葉に対して，他方の人が何と答えるかを吹き出しに記入させる検査である。

D　バウムテストは，コッホが開発した描画法の検査であり，実のなる木を一本描いてもらう検査である。

E　バックが開発した風景構成法は，川，山，田などの10のアイテムを一つずつ順番に描き，全体として一つの風景となるような絵を描いてもらう検査である。

	A	B	C	D	E
1.	○	×	○	×	○
2.	○	○	×	○	○
3.	×	○	○	○	×
4.	×	○	×	×	○
5.	○	×	○	○	×

14 次の文章は，カウンセリング及び心理療法に関する文章である。A〜Dについて，正しいものを〇，誤っているものを×としたとき，その組合せとして正しいものはどれか。

A　ベックが創始した論理療法では，不適応につながるような感情（落胆，絶望など）の前に，個人独特の論理（信念）があり，その論理（信念）を変えることにより不適応の改善を図ろうとする。つまり，援助者が相談者の信念の妥当性を問題として取り上げ，論駁することを通して，相談者が合理的な信念を得ていくと考える。

B　クライエント中心療法を創始したロジャースは，クライエントとカウンセラーとの関係が六つの条件を満たしさえすれば，建設的な人格変化に至る変化が起こると述べており，そのうちの三つが無条件の肯定的配慮，共感的理解，自己一致である。このうち，自己一致とは，カウンセリングの場面において，カウンセラーが自身の感情を否定せずに，受け止めることであるとされている。

C　カウンセリングにおける無条件の肯定的配慮とは，「〇〇するほうがよい」と，考え方や行動の仕方に具体的に助言を与えることである。例えば，友だちができないで悩んでいる相談者に対し，その原因が「何でも自分の思い通りに事を進めたがる」ことにあると判明したような場合，「友だちの思いや言い分をよく聞いて，それにときどき同調してみるとよい」とアドバイスしたりする。

D　ラポールとは「人の和，思いやり」を意味するフランス語から取り入れられた英語である。カウンセリングは，来談する相談者に援助者への反発や否定的感情が存在していたのでは成立しない活動である。援助者が，「自分はあなたのために役立ちたいと思っている。そのために私に何かできることがあれば，話を聞かせて下さい。」などと発話するのは，相談者との間にラポールを形成するためである。

```
      A     B     C     D
1.    ○     ○     ×     ○
2.    ○     ×     ×     ×
3.    ×     ○     ○     ○
4.    ×     ○     ×     ○
5.    ×     ×     ○     ○
```

15 次の文章は，日本の幕末から明治期の教育に携わった人物についての説明である。それぞれの説明と人物名の組合せとして正しいものはどれか。

〔説明〕

A　長崎で蘭学を学び，中津藩邸内に蘭学塾を開くが，横浜を見物して英学の必要性を痛感して独力で学ぶ。そして幕府の遣欧使節に随行して，欧州諸国を歴訪した。文明開化期には，啓蒙思想の鼓吹に全力を尽くし，『文明論之概略』の刊行や「実学」の提唱など，人心を文明に導こうとした。

B　幕末の大坂で適々斎塾を開き，医業のかたわら蘭学を教えた。塾には全国から三千人をこえる青年が集まったといわれ，入門者の中に，のちに重要な役割を果たした人物が多数いた。医業では牛痘種痘の普及に尽くし，安政5年のコレラ大流行では治療に精魂を尽くした。

C　明治期の国学者。国学と儒学を学び，維新後は文部省・元老院に出仕した。『古事

類苑』の編纂に関わり，編集長となり明治40年に編纂を完成させた。また『日本教育史』を編纂した。

D　岩倉遣外使節団に参加し，欧米教育制度の状況を調査し，アメリカ合衆国にならった自由主義的な教育政策を展開した。明治12年公布の「教育令」は，文部省の教育行政管理のもと，教育実務上の権限を大幅に町村に委譲し，教育の地域分権化を志向するものであった。

〔人物名〕
ア　佐藤誠実　　イ　福沢諭吉　　ウ　緒方洪庵　　エ　田中不二麻呂

	A	B	C	D
1	イ	ウ	ア	エ
2	エ	ア	ウ	イ
3	イ	ア	ウ	エ
4	イ	ウ	エ	ア
5	エ	ウ	ア	イ

解答&解説

全校種共通（午前）

1 解答　2
文部科学省・国立教育政策研究所生徒指導・進路指導研究センター「キャリア発達にかかわる諸能力の育成に関する調査研究報告書」（2011年3月）の「第4章　PDCAサイクルを基盤としたキャリア教育の在り方　―基礎的・汎用的能力の育成とその評価を中心に―」の冒頭及び「第1節　PLAN：指導計画の作成」を参照。

2 解答　4
解説　文部科学省「交流及び共同学習ガイド」（2019年3月）の「第1章　交流及び共同学習の意義・目的」を参照。

3 解答　5
解説　『生徒指導提要』（2010年3月）の「第1章　生徒指導の意義と原理」を参照。
A：「第1節　生徒指導の意義と課題」「1　生徒指導の意義」を参照。
B～D「第2節　教育課程における生徒指導の位置付け」「1　教育課程の共通性と生徒指導の個別性」を参照。

4 解答　1
解説　A：学校保健安全法第8条を参照。「健康相談」の規定。
B～D：学校保健安全法第9条を参照。「保健指導」の規定。Cは「直ちに」ではなく「遅滞なく」。Dは「教育」ではなく「指導」。
E：学校保健安全法第10条を参照。「地域の医療機関等との連携」との規定。

5 解答 3

解説 平成29年版小学校学習指導要領（2017年3月31日告示）の「第1章　総則」「第1　小学校教育の基本と教育課程の役割」の2(2)，平成29年版中学校学習指導要領（2017年3月31日告示）の「第1章　総則」「第1　中学校教育の基本と教育課程の役割」の2(2)，平成30年版高等学校学習指導要領（2018年3月30日告示）の「第1章　総則」「第1款　高等学校教育の基本と教育課程の役割」の2(2)を参照。
C：「社会的な」ではなく「主体的な」。
E：「規範意識」ではなく「道徳性」。

6 解答 5

解説 人権教育の指導方法等に関する調査研究会議「人権教育の指導方法等の在り方について［第三次とりまとめ］」（2008年3月）の「指導等の在り方編」「第1章　学校教育における人権教育の改善・充実の基本的考え方」「1．人権及び人権教育」「(1)人権とは」を参照。

7 解答 4

解説 文部科学省「新時代の学びを支える先端技術活用推進方策（最終まとめ）」（2019年6月25日）の「1．新時代における先端技術・教育ビッグデータを効果的に活用した学びの在り方」「(2)新時代に求められる教育とは」「【新時代の教育の方向性】」を参照。

8 解答 2

解説 平成29年版小学校学習指導要領（2017年3月31日告示）の「第1章　総則」「第4　児童の発達の支援」「1　児童の発達を支える指導の充実」の(1)及び(2)，平成29年版中学校学習指導要領（2017年3月31日告示）の「第1章　総則」「第4　生徒の発達の支援」「1　生徒の発達を支える指導の充実」の(1)及び(2)，平成30年版高等学校学習指導要領（2018年3月30日告示）の「第1章　総則」「第5款　生徒の発達の支援」「1　生徒の発達を支える指導の充実」の(1)及び(2)を参照。

9 解答 4

解説 中央教育審議会答申「『令和の日本型学校教育』の構築を目指して　～全ての子供たちの可能性を引き出す，個別最適な学びと，協働的な学びの実現～」（2021年1月26日，同年4月22日更新）の「第Ⅰ部　総論」「2．日本型学校教育の成り立ちと成果，直面する課題と新たな動きについて」「(3)変化する社会の中で我が国の学校教育が直面している課題」を参照。
A：「①社会構造の変化と日本型学校教育」を参照。
B：「②今日の学校教育が直面している課題」「(子供たちの多様化)」を参照。通級による指導を受けている児童生徒は「減少」ではなく「増加」している。
C：「②今日の学校教育が直面している課題」「(生徒の学習意欲の低下)」を参照。
D：「②今日の学校教育が直面している課題」「(情報化の加速度的な進展に関する対応の遅れ)」を参照。「学び」には使わない傾向が明らかになった。
E：「②今日の学校教育が直面している課題」「(新型コロナウイルス感染症の感染拡大により浮き彫りとなった課題)」を参照。

10 解答 4

解説 教育基本法第2条を参照。「教育の目標」の規定。

11 解答 5

解説 岡山県教育委員会「第3次岡山県教育振興基本計画」（2021年2月策定）の「第2章　本県教育の現状と課題」「2　2次計画に基づく取組の成果と課題」及び「第3章　計画期間に取り組む施策の基本的方向」を参照。同計画は，子どもたちに育みたい資質能力や基本目標，計画期間（2021～24年度）に取り組む施策の基本的方向等を示すものである。

A：《課題》第2章「Ⅰ　魅力ある学校づくりの推進」「(1)子どもたちが落ち着いて学習できる環境の整備」，《施策の方向》第3章「Ⅰ　魅力ある学校づくりの推進」「(1)子どもたちが落ち着いて学習できる環境の整備」を参照。《施策の方向》が「家庭の教育力を高めることによる，子どもたちの生活習慣と学習習慣の定着」の《課題》に対応しているため誤り。正しい《施策の方向》は「子どもたちが落ち着いた授業環境で意欲的に学ぶことができるよう，学習意欲や学級集団の意識を高める取組の推進，学び合う集団の育成，学習の基盤となる授業規律の確保に努めるとともに，生徒指導対応等のための教員や支援員などの効果的な配置・活用等を図ることにより，魅力ある学校づくりを推進します」。

B：《課題》第2章「Ⅱ　学びのチャレンジ精神の育成」「(1)子どもたちの学力が伸びる仕組みづくり」，《施策の方向》第3章「Ⅱ　学びのチャレンジ精神の育成」「(2)子どもたちの学力が伸びる仕組みづくり」を参照。《施策の方向》が「Society5.0に向けた人材の育成の到来」の《課題》に対応しているため誤り。正しい《施策の方向》は「小学校や中学校において，家庭学習指導の充実や，支援員の配置等による放課後等の補充学習支援を行うとともに，新型コロナウイルス感染症の感染拡大に伴うICTの利活用の加速化や，子どもたちが学びに挑戦できる場の創出により，学校規模や地理的要因にかかわらず，子どもたちが様々な体験や交流を通して，意欲的に学習に取り組める仕組みづくりを進めます。こうした取組により，基礎学力や学習習慣の定着，子どもたちの自ら学ぼうとする意欲やチャレンジ精神の喚起を図ります。また，高等学校では，ICTの活用による習熟度に応じた授業や，授業時間外の学習機会の充実を図るとともに，教科横断的な視点に立った学校全体の取組の徹底により，知識・技能のみならず，思考力・判断力，学びに向かう姿勢を有する人材を育成します」。

C：《課題》第2章「Ⅰ　魅力ある学校づくりの推進」「(2)不登校問題への対応」，《施策の方向》第3章「Ⅰ　魅力ある学校づくりの推進」「2　不登校を生まない学校づくりの推進」を参照。

D：《課題》第2章「Ⅰ　魅力ある学校づくりの推進」「(10)子どもたちの安全確保」，《施策の方向》第3章「Ⅰ　魅力ある学校づくりの推進」「10　子どもたちの安全の確保」を参照。

12 解答 5

解説 A・B：地方公務員法第16条第一号・第二号を参照。「欠格条項」の規定。Bは「3

岡山県

年」ではなく「2年」。

C：地方教育行政の組織及び運営に関する法律第37条第1項を参照。県費負担教職員の「任命権者」の規定。

D：地方教育行政の組織及び運営に関する法律第44条を参照。「人事評価」の規定。「懲戒職分」ではなく「人事評価」。

E：公立の義務教育諸学校等の教育職員の給与等に関する特別措置法第3条第1項及び第2項を参照。「教育職員の教職調整額の支給等」の規定。について定めた条文である。

13 解答 3

解説 A：安全と安心の欲求を満たすためには，それよりも低次元の欲求，すなわち生理的欲求が満たされていることが必要で，コンフリクト（葛藤）の解消ではない。

C：集団に所属し，重要な他者と愛情に満ちた関係をもちたいというのは「所属と愛情の欲求」。「承認の欲求」は，他者から認められ自尊心を満たしたいという欲求である。

14 解答 1

解説 A：ビネー（1857～1911）が開発したビネー式知能検査は知能の高さを知能指数で表すが，これは最初に考案されたバージョンではなく，後に英語に翻訳及び改訂を行ったターマン（1877～1956）が導入したものである。

D：デューイ（1859～1952）が唱えたのは「仮説実験授業」ではなく「問題解決学習」。

15 解答 2

解説 A：津田梅子（1864～1929）は，わが国最初の女子海外留学者として渡米。創立した女子英学塾は，後に津田英学塾，さらに津田塾大学となり，遅れていた明治期の女子教育に貢献した。

B：森有礼（1847～89）は，第1次伊藤博文内閣で初代文部大臣。国家主義に立つ教育制度の改変を行い，近代学校体系の枠組みを確立した。

C：嘉納治五郎（1860～1938）は，文部官僚のほか高等師範学校長として教員養成の充実向上に努め，講道館柔道の創始者として近代柔道発展の基礎を続いた。

D：吉田松陰（1830～1859）は，君主の下に万民が結集する一君万民論を説き，彼が創設した松下村塾は身分を問わずだれでも入門可能で，伊藤博文（1841～1909），山県有朋（1838～1922）などの門人を輩出した。

全校種共通（午後）

1 解答 1

解説 医療的ケア児及びその家族に対する支援に関する法律第3条を参照。「基本理念」の規定。同法は，医療技術の進歩に伴い医療的ケア児が増加するとともにその実態が多様化し，医療的ケア児及びその家族が個々の医療的ケア児の心身の状況等に応じた適切な支援を受けられるようにすることが重要な課題となっていること

に鑑み，医療的ケア児及びその家族に対する支援について定めたもの。国や地方公共団体，学校の設置者の責務が規定されている。2021年6月18日施行，同年9月18日施行。

A：第1項を参照。「学校生活及び家庭生活を学校全体で」ではなく「日常生活及び社会生活と社会全体で」。

B：第2項を参照。

C：第3項を参照。「15歳に達し，又は中学校等を卒業」ではなく「18歳に達し，又は高等学校等を卒業」「生活できるよう」ではなく「日常生活及び社会生活を営むことができるようにすることにも」。

D：第4項を参照。

E：第5項を参照。

2 解答 **4**

解説 文部科学省「いじめの防止等のための基本的な方針」（2013年10月11日文部科学大臣決定，2017年3月14日最終改定）の「第2　いじめの防止等のための対策の内容に関する事項」「3　いじめの防止等のために学校が実施すべき施策」「(2)学校いじめ防止基本方針の策定」を参照。

3 解答 **5**

解説 文部科学省「薬物乱用防止教育の充実について（通知）」（2018年12月19日）の「○第五次薬物乱用防止五か年戦略」における留意事項」1.～3.を参照。

4 解答 **2**

解説 平成29年版小学校学習指導要領（2017年3月31日告示）の「第1章　総則」「第1小学校教育の基本と教育課程の役割」の2(2)を参照。

5 解答 **1**

解説 法務省「人権教育・啓発に関する基本計画」（2002年3月15日閣議決定（策定），2011年4月1日閣議決定（変更））の「第1章　はじめに」を参照。

6 解答 **1**

解説 学校教育の情報化の推進に関する法律第3条を参照。「基本理念」の規定。

7 解答 **3**

解説 中央教育審議会答申「『令和の日本型学校教育』の構築を目指して　～全ての子供たちの可能性を引き出す，個別最適な学びと，協働的な学びの実現～」（2021年1月26日，同年4月22日更新）の「第Ⅰ部　総論」「3．2020年代を通じて実現すべき『令和の日本型学校教育』の姿」「(1)子供の学び」を参照。

A：「学習の個性化」ではなく「指導の個別化」。

B：「指導の個別化」ではなく「学習の個性化」。

C・D：当該箇所を参照。

E：「協働的な学び」には「同一学年・学級はもとより，異学年間の学びや他の学校の子供との学び合いなども含むものである」と示されている。

8 解答 **1**

解説 平成29年版小学校学習指導要領（2017年3月31日告示）の「第1章　総則」「第5

学校運営上の留意事項」「2　家庭や地域社会との連携及び協働と学校間の連携」のア，平成29年版中学校学習指導要領（2017年3月31日告示）の「第1章　総則」「第5　学校運営上の留意事項」「2　家庭や地域社会との連携及び協働と学校間の連携」のア，平成30年版高等学校学習指導要領（2018年3月30日告示）の「第1章　総則」「第6款　学校運営上の留意事項」「2　家庭や地域社会との連携及び協働と学校間の連携」のアを参照。

9 解答 4

解説 中央教育審議会答申「『令和の日本型学校教育』の構築を目指して　～全ての子供たちの可能性を引き出す，個別最適な学びと，協働的な学びの実現～」（2021年1月26日，同年4月22日更新）の「第Ⅰ部　総論」「4．『令和の日本型学校教育』の構築に向けた今後の方向性」「(1)学校教育の質と多様性，包摂性を高め，教育の機会均等を実現する」を参照。

10 解答 3

解説 A～C：教育基本法第3条を参照。「生涯学習の理念」の規定。
D：教育基本法第4条第2項を参照。「教育の機会均等」の規定。

11 解答 2

解説 A：地方公務員法第29条第1項第一号を参照。「懲戒」の規定。「懲罰処分」ではなく「懲戒処分」。
B：地方教育行政の組織及び運営に関する法律第42条を参照。「県費負担教職員の給与，勤務時間その他の勤務条件」の規定。
C・D：地方教育行政の組織及び運営に関する法律第43条第1項・第2項を参照。県費負担教職員の「服務の監督」の規定。Dは「当該都道府県の条例」ではなく「当該市町村の条例」。
E：公立の義務教育諸学校等の教育職員の給与等に関する特別措置法第6条第1項を参照。「教育職員の正規の勤務時間を超える勤務等」の規定。

12 解答 5

解説 岡山県「第3次晴れの国おかやま生き活きプラン」（2021年3月策定）の「第3章行動計画」「重点戦略Ⅰ」を参照。同プランは，県政において最上位に位置付けられる総合的な計画で2021年度からの4年間で県が取り組む重点戦略や施策を盛り込んでおり，同プランを県政推進の羅針盤として，すべての県民が明るい笑顔で暮らす「生き活き岡山」の実現を目指している。
A：「①学ぶ力育成プログラム」を参照。
B：「②徳育・体育推進プログラム」を参照。
C：「③グローバル人材育成プログラム」を参照。
D：「①学ぶ力育成プログラム」を参照。重点施策は「より良い社会づくりに参画する人材の育成」ではなく「キャリア教育の推進」。
E：「②徳育・体育推進プログラム」を参照。「Society5.0に向けた人材の育成」ではなく「より良い社会づくりに参画する人材の育成」。

13 解答 5

解説 B：説明文は，バック（1906〜83）が開発したHTPテスト（家と木と人テスト）。

E：風景構成法を考案したのは「中井久夫」（1934〜2022）。風景構成法は，統合失調症患者への描画を介した治療的接近の可能性，適用性の追求というきわめて実践的な見地から創案された絵画療法（芸術療法）の一つ。

14 **解答** 4

解説 A：論理療法を創始したのは，「ベック」（1921〜2021）ではなく「エリス」（1913〜2007）。

C：説明文は指示的カウンセリングにおける対応になっている。無条件の肯定的配慮（無条件の肯定的関心，傾聴，受容）とは，クライエントが発した言動をありのまますべてを受け止める姿勢で，カウンセリング・マインドの重要な要素の一つである。

15 **解答** 1

解説 A：福沢諭吉（1835〜1901）が江戸で開いた蘭学塾は，後に英学に転じ，慶応義塾となって文明開化を担う人材を輩出した。

B：緒方洪庵（1810〜63）が開いた適々斎塾（適塾）は，成績優秀な者を塾頭，学監にあてて塾生を統括させ，成績の優劣によって進級や座席を決定し，学級をもって組織だった教育を行った。設問にある福沢諭吉（1835〜1901）をはじめ，大村益次郎（1824〜69），橋本左内（1834〜59）らの進歩的知識人を輩出した。

C：佐藤誠実（1839〜1908）は，広く和漢の学に通じ，東京大学古典講習科や東京音楽学校でも教鞭を執った。

D：田中不二麻呂（不二麿）（1845〜1909）は，学制施行に当たり教育行政の実質的最高責任者として活動した。

岡山県

岡山市

実施日	2022（令和4）年7月2日	試験時間	50分（一般教養を含む）
出題形式	マークシート式	問題数	9題（解答数9）
パターン	時事＋原理・法規・ローカル	公開状況	問題：公開　解答：公開　配点：公開

傾向＆対策

●教育心理と教育史を除き，教育原理，教育法規，教育時事，ローカル問題で構成される。出題分野にかかわらず，「特別支援教育」「人権教育」は必出の教育トピック。●最も解答数の多い教育時事は，「障害のある子供の教育支援の手引」（2021年6月），「アレルギー疾患」に関するガイドライン（令和元年度改訂），「人権教育の指導方法等」に関する第三次とりまとめ（2008年3月）より。

●教育原理は，学習指導要領が必出で，「総則」と前文から出題。●教育法規は，学校教育の情報化の推進に関する法律と，児童の権利に関する条約。●必出のローカル問題は，「岡山市いじめ等の問題行動及び不登校の防止に関する基本方針」（2018年3月）と，「第2期岡山市教育大綱」（2021年3月）から出題された。

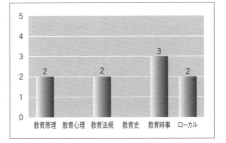

出題領域

教育原理	教育課程・学習指導要領		前文 総則	2	特別の教科　道徳	
	外国語活動		総合的な学習（探究）の時間		特別活動	
	学習指導		生徒指導	↓ローカル	学校・学級経営	
	特別支援教育	↓時事	人権・同和教育	↓時事	その他	
教育心理	発達		学習		性格と適応	
	カウンセリングと心理療法		教育評価		学級集団	
教育法規	教育の基本理念		学校教育		学校の管理と運営	1
	児童生徒	1	教職員		その他	
教育史	日本教育史		西洋教育史			
教育時事	答申・統計	3	ローカル	2		

※表中の数字は，解答数

全校種共通

☞解答&解説 p.377

1 次の文は,「岡山市いじめ等の問題行動及び不登校の防止に関する基本方針」(平成30年3月20日改定　岡山市教育委員会)の「5　学校が問題行動や不登校の防止等のために実施すること」の一部である。(A)～(D)に当てはまる語句の組合せとして正しいものはどれか。

　学校は,いじめ等の問題行動が起きたり不登校の兆候が伺えたりした場合には,一部の教職員で抱え込まず,校内におけるいじめ等の防止のための組織等に速やかに報告し,(A)に対応する。

　学校として特に配慮が必要な児童生徒については,日常的に当該児童生徒の特性を踏まえた適切な支援を行うとともに,保護者との連携,周囲の児童生徒に対する必要な指導を行う。

　また,(B)を丁寧に確認するとともに,児童生徒及びその保護者に適宜情報を提供し,必要な指導や支援を行う。

　いじめや暴力行為の場合には,いじめや暴力を受けたとされる児童生徒が安心できる環境の確保や当該児童生徒の(C)に努めるとともに,その再発を防止するため,いじめや暴力行為を行ったとされる児童生徒に対し,いじめの非に気づかせ,被害者への謝罪の気持ちを醸成させるなど,毅然とした指導や,その保護者への助言,集団の状況改善により,問題行動を改善しようとする児童生徒の心の育成や,望ましい集団づくりに努める。

　インターネット上のいじめの場合には,その行為が重大な(D)に当たり,被害者等に深刻な傷を与えかねないことを理解させる取組を行う。

	A	B	C	D
1.	組織的	事実関係	心のケア	人権侵害
2.	計画的	事実関係	心のケア	人権侵害
3.	組織的	事実関係	心のケア	情報ハラスメント
4.	計画的	被害状況	登校支援	情報ハラスメント
5.	組織的	被害状況	登校支援	情報ハラスメント

2 次の文は,「障害のある子供の教育支援の手引　～子供たち一人一人の教育的ニーズを踏まえた学びの充実に向けて～」(令和3年6月　文部科学省初等中等教育局特別支援教育課)の一部である。(A)～(D)に当てはまる語句の組合せとして正しいものはどれか。

　学校教育は,障害のある子供の(A)を目指した取組を含め,「共生社会」の形成に向けて,重要な役割を果たすことが求められている。そのためにも「共生社会」の形成に向けた(B)システム構築のための特別支援教育の推進が必要とされている。

　教育的ニーズとは,子供一人一人の障害の状態や特性及び心身の発達の段階等(以下「障害の状態等」という。)を把握して,具体的にどのような特別な(C)や教育上の合理的配慮を含む支援の内容が必要とされるかということを検討することで整理されるものである。

岡山市

障害のある子供一人一人の教育的ニーズを把握・整理し，適切な指導及び必要な支援を図る特別支援教育の理念を実現させていくためには，早期からの教育相談・支援，就学相談・支援，就学後の継続的な教育支援の全体を「一貫した教育支援」と捉え直し，（ D ）の作成・活用等の推進を通じて，子供一人一人の教育的ニーズに応じた教育支援の充実を図ることが，今後の特別支援教育の更なる推進に向けた基本的な考え方として重要である。

	A	B	C	D
1.	自立と社会参加	ノーマライゼーション	指導内容	個別の学習指導計画
2.	社会的自立と社会参加	ノーマライゼーション	指導内容	個別の教育支援計画
3.	社会的自立と社会参加	インクルーシブ教育	学習内容	個別の教育支援計画
4.	自立と社会参加	インクルーシブ教育	指導内容	個別の教育支援計画
5.	社会的自立と社会参加	インクルーシブ教育	学習内容	個別の学習指導計画

3 「第2期岡山市教育大綱」（令和3年3月）に掲げられている岡山市がめざす子どもの姿「自らの個性を磨き，選択と挑戦を繰り返すことができる子ども」に必要な力として考えられている「5つの力」の組合せとして正しいものはどれか。

1. 主体性，理解力，改善力，持続力，郷土への愛情
2. 活用力，表現力，向上心，社会性，人権尊重の精神
3. 主体性，表現力，改善力，社会性，郷土への愛情
4. 主体性，表現力，向上心，社会性，人権尊重の精神
5. 活用力，理解力，向上心，持続力，郷土への愛情

4 次の文は，「学校教育の情報化の推進に関する法律」（令和元年法律第47号）の一部である。（ A ）～（ D ）に当てはまる語句の組合せとして正しいものはどれか。

第3条 学校教育の情報化の推進は，情報通信技術の特性を生かして，個々の児童生徒の能力，特性等に応じた教育，（ A ）のある教育（[省略]）等が学校の教員による適切な指導を通じて行われることにより，各教科等の指導等において，情報及び情報手段を主体的に選択し，及びこれを活用する能力の体系的な育成その他の知識及び技能の習得等（[省略]）が効果的に図られるよう行われなければならない。

2 ［省略］

3 学校教育の情報化の推進は，全ての児童生徒が，その家庭の経済的な状況，居住する地域，障害の有無等にかかわらず，等しく，学校教育の情報化の恵沢を享受し，もって教育の（ B ）が図られるよう行われなければならない。

4 ［省略］

5 学校教育の情報化の推進は，児童生徒等の（ C ）の適正な取扱い及びサイバーセキュリティ（[省略]）の確保を図りつつ行われなければならない。

6 学校教育の情報化の推進は，児童生徒による情報通信技術の利用が児童生徒の（ D ），生活等に及ぼす影響に十分配慮して行われなければならない。

	A	B	C	D
1.	主体性・対話性	環境整備	個人情報	安全
2.	双方向性	機会均等	個人情報	健康

岡山市

3．双方向性　　　　　環境整備　　　指導要録　　　安全

4．主体性・対話性　　機会均等　　　指導要録　　　安全

5．双方向性　　　　　環境整備　　　個人情報　　　健康

5 次の文は，平成29年3月告示の小学校学習指導要領，中学校学習指導要領の前文の一部である。（ A ）～（ C ）に当てはまる語句の組合せとして正しいものはどれか。ただし，中学校は「児童」を「生徒」と読み替えること。

　これからの学校には，こうした教育の目的及び目標の達成を目指しつつ，一人一人の児童が，自分の（ A ）を認識するとともに，あらゆる他者を価値のある存在として尊重し，多様な人々と（ B ）しながら様々な社会的変化を乗り越え，豊かな人生を切り拓き，（ C ）な社会の創り手となることができるようにすることが求められる。

	A	B	C
1．	よさや可能性	探究	持続可能
2．	資質・能力	協働	平和で民主的
3．	よさや可能性	協働	持続可能
4．	資質・能力	探究	平和で民主的
5．	資質・能力	協働	持続可能

6 次の文は，平成29年3月告示の小学校学習指導要領，中学校学習指導要領の「総則」の一部である。正しいものを○，誤っているものを×としたとき，その組合せとして正しいものはどれか。ただし，中学校は「児童」を「生徒」と読み替えること。

A　学校における道徳教育は，特別の教科である道徳（以下「道徳科」という。）を要として学校の教育活動全体を通じて行うものであり，道徳科はもとより，各教科，外国語活動，総合的な学習の時間及び特別活動のそれぞれの特質に応じて，児童の発達の段階を考慮して，適切な指導を行うこと。

B　学校における体育・健康に関する指導を，児童の発達の段階を考慮して，学校の教育活動全体を通じて適切に行うことにより，健康で安全な生活と豊かなスポーツライフの実現を目指した教育の充実に努めること。

C　児童が各教科等の特質に応じた見方・考え方を働かせながら，知識を相互に関連付けてより深く理解したり，情報を精査して考えを形成したり，問題を見いだして解決策を考えたり，思いや考えを基に創造したりすることに向かう探究を重視した学習の充実を図ること。

D　情報活用能力の育成を図るため，各学校において，コンピュータや情報通信ネットワークなどの情報手段を活用するために必要な環境を整え，これらを適切に活用した学習活動の充実を図ること。

E　学習や生活の基盤として，教師と児童との信頼関係及び児童相互のよりよい人間関係を育てるため，日頃から学級活動の充実を図ること。

	A	B	C	D	E
1．	×	○	○	○	×
2．	○	×	○	×	○
3．	×	×	○	×	○

岡山市

```
4.  ×     ○     ×     ○     ×
5.  ○     ○     ×     ○     ×
```

7 次の文は,「学校のアレルギー疾患に対する取り組みガイドライン〈令和元年度改訂〉」（公益財団法人 日本学校保健会）の「管理指導表活用のポイント」に示された項目の一部である。正しいものを○, 誤っているものを×としたとき, その組合せとして正しいものはどれか。

A 学校・教育委員会は, アレルギー疾患のある児童生徒等を把握し, 学校での取組を希望する保護者に対して, 管理指導表の提出を求める。

B 管理指導表は, 配慮や管理が必要な間であっても, 症状等に変化がない場合には, 毎年提出を求める必要はない。

C 食物アレルギーの児童生徒等に対する給食での取組など必要な場合には, 保護者に対しさらに詳細な情報や面談を求め, 総合して活用する。その際に血液検査の情報が重要となるため, 結果を必ず求める。

D 学校は提出された管理指導表を, 緊急時に教職員誰もが閲覧できる状態で一括して管理するとともに, 個人情報の取り扱いに留意する。

```
         A     B     C     D
1.  ×     ×     ○     ○
2.  ○     ×     ×     ○
3.  ×     ○     ○     ○
4.  ○     ×     ○     ○
5.  ○     ○     ×     ×
```

8 次の文は,「児童の権利に関する条約」（国際連合総会 1989年11月20日採択）の条文である。(A) ～ (E) に当てはまる語句の組合せとして正しいものはどれか。

第2条

1 締約国は, その管轄の下にある児童に対し, 児童又はその父母若しくは法定保護者の人種, 皮膚の色, 性, 言語, 宗教, 政治的意見その他の意見, 国民的, 種族的若しくは社会的出身, 財産, 心身障害, 出生又は他の地位にかかわらず, いかなる(A)もなしにこの条約に定める権利を尊重し, 及び確保する。

第6条

1 締約国は, すべての児童が (B) に対する固有の権利を有することを認める。

2 締約国は, 児童の生存及び (C) を可能な最大限の範囲において確保する。

第13条

1 児童は, (D) の自由についての権利を有する。この権利には, 口頭, 手書き若しくは印刷, 芸術の形態又は自ら選択する他の方法により, 国境とのかかわりなく, あらゆる種類の情報及び考えを求め, 受け及び伝える自由を含む。

第15条

1 締約国は, 結社の自由及び平和的な集会の自由についての児童の権利を認める。

2 1の権利の行使については, 法律で定める制限であって国の安全若しくは公共の安全, 公の秩序, 公衆の健康若しくは道徳の保護又は他の者の権利及び自由の保護

のため（ E ）において必要なもの以外のいかなる制限も課することができない。

	A	B	C	D	E
1．	差別	生命	教育	表現	公共の福祉
2．	抑圧	身体	教育	意見表明	民主的社会
3．	差別	生命	発達	表現	民主的社会
4．	抑圧	生命	教育	意見表明	公共の福祉
5．	差別	身体	発達	表現	公共の福祉

9 次の文は，「人権教育の指導方法等の在り方について［第三次とりまとめ］」（平成20年3月　人権教育の指導方法等に関する調査研究会議）の第Ⅰ章の「1．人権及び人権教育」の一部である。（ A ）～（ E ）に当てはまる語句の組合せとして正しいものはどれか。

　人権教育は，人権に関する知的理解と（ A ）の涵養を基盤として，意識，態度，（ B ）な行動力など様々な資質や能力を育成し，発展させることを目指す総合的な教育であることがわかる。

　このような人権教育を通じて培われるべき資質・能力については，次の3つの側面（1．知識的側面，2．価値的・態度的側面及び3．（ C ）側面）から捉えることができる。

〈中略〉

　人権教育を進める際には，教育内容や方法の在り方とともに，教育・学習の場そのものの在り方がきわめて大きな意味を持つ。このことは，教育一般についてもいえるが，とりわけ人権教育では，これが行われる場における（ D ）や全体としての雰囲気などが，重要な基盤をなすのである。

　人権教育が効果を上げうるためには，まず，その教育・学習の場自体において，人権尊重が徹底し，人権尊重の精神がみなぎっている環境であることが求められる。

　なお，人権教育は，教育を受けること自体が（ E ）であるという大原則の上に成り立つものであることも再認識しておきたい。

	A	B	C	D	E
1．	道徳性	実践的	技能的	社会的関係	個人の尊重
2．	人権感覚	社会的	技能的	人間関係	個人の尊重
3．	人権感覚	実践的	行動的	社会的関係	個人の尊重
4．	道徳性	社会的	行動的	人間関係	基本的人権
5．	人権感覚	実践的	技能的	人間関係	基本的人権

解答＆解説

1 解答　1

解説　岡山市教育委員会「岡山市いじめ等の問題行動及び不登校の防止に関する基本方針」（2014年8月5日，2018年3月20日改定）の「5　学校が問題行動や不登校

の防止等のために実施すること」「(3)問題行動及び不登校への対処」「イ　児童生徒への対応」を参照。同方針の策定に当たっては，児童生徒理解の徹底を図るとともに，いじめだけでなくさまざまな問題行動や不登校の兆しを積極的に捉えて，市民協働で問題行動や不登校の一体的な防止及び早期対応を図ることが効果的であるとしている。

2 **解答** 4

解説 文部科学省「障害のある子供の教育支援の手引　〜子供たち一人一人の教育的ニーズを踏まえた学びの充実に向けて〜」（2021年6月30日）の「第1編　障害のある子供の教育支援の基本的な考え方」を参照。

A〜C：「1　障害のある子供の教育に求められること」「(2)就学に関する新しい支援の方向性」を参照。

D：「2　早期からの一貫した教育支援」「(2)一貫した教育支援の重要性」を参照。

3 **解答** 2

解説 岡山市「第2期岡山市教育大綱　令和3年度〜令和7年度」（2021年3月）の「○岡山市がめざす子どもの姿」を参照。同大綱では，岡山市がめざす子どもの姿として「自らの個性を磨き，選択と挑戦を繰り返すことができる子ども」を掲げ，育むべき5つの力（「活用力」「表現力」「向上心」「社会性」「人権尊重の精神」）とその基礎となる目標として「全国平均レベル以上の学力」と「新規不登校児童生徒の減少」を設けている。

4 **解答** 2

解説 学校教育の情報化の推進に関する法律第3条を参照。「基本理念」の規定。

5 **解答** 3

解説 平成29年版小学校学習指導要領（2017年3月31日）の前文，平成29年版中学校学習指導要領（2017年3月31日）の前文を参照。

6 **解答** 5

解説 平成29年版小学校学習指導要領（2017年3月31日）の「第1章　総則」，平成29年版中学校学習指導要領（2017年3月31日）の「第1章　総則」の規定。

A：「第1　小学校教育の基本と教育課程の役割」の2(2)，「第1　中学校教育の基本と教育課程の役割」の2(2)を参照。

B：「第1　小学校教育の基本と教育課程の役割」の2(3)，「第1　中学校教育の基本と教育課程の役割」の2(3)を参照。

C：「第3　教育課程の実施と学習評価」「1　主体的・対話的で深い学びの実現に向けた授業改善」の1(1)を参照。「探究」ではなく「過程」。

D：「第3　教育課程の実施と学習評価」「1　主体的・対話的で深い学びの実現に向けた授業改善」の(3)を参照。

E：「第4　児童の発達の支援」「1　児童の発達を支える指導の充実」の(1)，「第4　生徒の発達の支援」「1　生徒の発達を支える指導の充実」の(1)を参照。「学級活動」ではなく「学級経営」。

7 **解答** 2

解説 公益財団法人日本学校保健会「学校のアレルギー疾患に対する取り組みガイドライン〈令和元年度改訂〉」の「第1章 総論 ～『学校生活管理指導表（アレルギー疾患用)』に基づく取組～」「4.『学校生活管理指導表（アレルギー疾患用)』に基づく取組」「管理指導表活用のポイント」を参照。

A・D：当該箇所を参照。

B：正しくは「管理指導表は症状等に変化がない場合であっても，配慮や管理が必要な間は，少なくとも毎年提出を求める」。

C：正しくは「血液検査の結果を求めることは適当ではない」。

8 解答 3

解説 児童の権利に関する条約を参照。

A：第2条第1項を参照。「差別の禁止」の規定。

B・C：第6条を参照。「生命に対する固有の権利」の規定

D：第13条第1項を参照。「表現の自由」の規定。

E：第15条を参照。「結社及び集会の自由」の規定。

9 解答 5

解説 人権教育の指導方法等に関する調査研究会議「人権教育の指導法等の在り方について［第三次とりまとめ]」(2008年3月）の「指導等の在り方編」「第1章 学校教育における人権教育の改善・充実の基本的考え方」「1. 人権及び人権教育」を参照。

A～C：「(4)人権教育を通じて育てたい資質・能力」を参照。

D・E：「(5)人権教育の成立基盤となる教育・学習環境」を参照。

岡山市

広島県・広島市

実施日	2022(令和4)年7月16日	試験時間	35分
出題形式	マークシート式	問題数	小養栄：5題（解答数15） 中高：5題（解答数15）※正答なしを除く
パターン	小養栄：法規＋原理・時事 中高：法規＋原理・時事	公開状況	問題：公開　解答：公開　配点：公開

傾向＆対策

●【小学校・養護教諭・栄養教諭】【中学校・高等学校】で別問題であるが，大問5題が「教育法規」「学習指導要領（総則）及び教育時事」「特別支援教育」「学校保健」「生徒指導」という構成は同じ。●大問「教育法規」は，教育基本法，学校教育法など頻出条文の空欄補充問題と正誤判定問題。●大問「学習指導要領（総則）及び教育時事」には，「令和の日本型学校教育」に関する中央教育審議会答申（2021年1月）を含む。●大問「特別支援教育」は，学習指導要領「総則」と，「令和の日本型学校教育」に関する中央教育審議会答申（2021年1月）。●大問「学校保健」は，学校保健安全法及び同法施行規則より。●大問「生徒指導」は，『生徒指導提要』，いじめ防止対策推進法など。

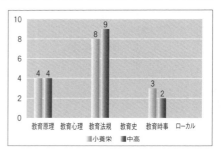

出題領域

		小養栄	中高		小養栄	中高		小養栄	中高
教育原理	教育課程･学習指導要領			総則	3	3	特別の教科 道徳		
	外国語･外国語活動			総合的な学習(探究)の時間			特別活動		
	学習指導			生徒指導	1	1	学校・学級経営		
	特別支援教育	総則/時事	総則/時事	人権・同和教育			その他		
教育心理	発達			学習			性格と適応		
	カウンセリングと心理療法			教育評価			学級集団		
教育法規	教育の基本理念	1	2	学校教育	1	2	学校の管理と運営	2	
	児童生徒	2	4	教職員	2	1	その他		
教育史	日本教育史			西洋教育史					
教育時事※	答申・統計	3	3	ローカル					

※表中の数字は，解答数
※選択肢の出題領域が複数にわたる場合は，それぞれの項目に加算するためグラフの数とは異なる

小養栄共通

☞ 解答＆解説 p.390

1 次の1～4に答えなさい。

1 次の(1)～(3)は，教育基本法の前文や条文の全部又は一部です。空欄（ a ）～
（ c ）にあてはまる言葉は何ですか。下の①～⑤の中から，正しいものをそれぞれ
1つずつ選び，その記号を答えなさい。

(1) 前文

　　我々日本国民は，たゆまぬ努力によって築いてきた民主的で文化的な国家を更に
発展させるとともに，世界の平和と人類の福祉の向上に貢献することを願うもので
ある。

　　我々は，この理想を実現するため，個人の尊厳を重んじ，真理と正義を希求し，
公共の精神を尊び，豊かな人間性と創造性を備えた人間の育成を期するとともに，
（ a ）を継承し，新しい文化の創造を目指す教育を推進する。

　　（略）

(2) 第5条

　　国民は，その保護する子に，別に法律で定めるところにより，（ b ）を受けさ
せる義務を負う。

(3) 第9条

　　法律に定める学校の教員は，自己の崇高な使命を深く自覚し，絶えず（ c ）に
励み，その職責の遂行に努めなければならない。

　　a　①技術　　②伝統　　③慣習　　④歴史　　⑤芸能

　　b　①普通教育　　②学校教育　　③高等教育　　④専門教育　　⑤家庭教育

　　c　①研修　　②研究と修養　　③自己研鑽　　④資質の向上　　⑤研修と修練

2 次の(1)・(2)は，地方公務員法及び教育公務員特例法の条文の全部又は一部です。空
欄（ a ）～（ c ）にあてはまる言葉は何ですか。下の①～⑤の中から，正しい組
合せを1つ選び，その記号を答えなさい。

(1) 地方公務員法第31条

　　職員は，条例の定めるところにより，（ a ）の宣誓をしなければならない。

(2) 教育公務員特例法第23条

　　公立の小学校等の教諭等の任命権者は，当該教諭等（中略）に対して，その採用
の（中略）の日から（ b ）の教諭又は保育教諭の職務の遂行に必要な事項に関す
る実践的な研修（以下「（ c ）」という。）を実施しなければならない。

　　①　a：職務　　b：1年間　　c：指導改善研修

　　②　a：職務　　b：半年間　　c：初任者研修

　　③　a：服務　　b：半年間　　c：初任者研修

　　④　a：服務　　b：1年間　　c：初任者研修

　　⑤　a：服務　　b：1年間　　c：指導改善研修

3 次の(1)～(3)は，学校教育法及び学校教育法施行規則の条文の全部又は一部です。空
欄（ a ）～（ d ）にあてはまる言葉は何ですか。下の①～⑤の中から，正しい組

広島県・広島市

合せを1つ選び，その記号を答えなさい。なお，同じ記号には同じ言葉が入ります。
※問題に誤りがあったため，公開されていません。

4　次の①〜⑤は，児童憲章の一部です。下線部の内容に誤りがあるものはどれですか。
次の①〜⑤の中から，誤りがあるものを1つ選び，その記号を答えなさい。

①　すべての児童は，心身共に健やかにうまれ，育てられ，その生活を保障される。

②　すべての児童は，家庭の状況に応じて教育され，社会の一員としての責任を自主
的に果たすように，みちびかれる。

③　すべての児童は，家庭で，正しい愛情と知識と技術をもつて育てられ，家庭に恵
まれない児童には，これにかわる環境が与えられる。

④　すべての児童は，虐待・酷使・放任その他不当な取扱からまもられる。あやまち
をおかした児童は，適切に保護指導される。

⑤　すべての児童は，愛とまことによつて結ばれ，よい国民として人類の平和と文化
に貢献するように，みちびかれる。

2　**次の1・2に答えなさい。**

1　以下の設問は，平成29年3月告示の小学校学習指導要領，平成29年4月告示の特別
支援学校小学部・中学部学習指導要領の総則から出題されています。なお，設問中の
文章は小学校学習指導要領を基本にしています。特に注意書きがない場合，文中に「児
童」とあるのは，特別支援学校小学部・中学部では「児童又は生徒」に，読み替えな
さい。また，「小学校」とあるのは，それぞれの学校種に読み替えなさい。

(1)　次の文は，学習指導要領　総則　小学校教育の基本と教育課程の役割　の一部で
す。空欄（　a　）〜（　c　）にあてはまる言葉は何ですか。下の①〜⑥の中から，
正しい組合せを1つ選び，その記号を答えなさい。

　　基礎的・基本的な（　a　）を確実に習得させ，これらを活用して課題を解決する
ために必要な（　b　）を育むとともに，主体的に学習に取り組む（　c　）を養い，
個性を生かし多様な人々との協働を促す教育の充実に努めること。

①　a：知識及び技能　　　b：思考力，判断力，表現力等　　　c：態度

②　a：知識及び技術　　　b：思考力，判断力，実行力等　　　c：態度

③　a：知識及び技能　　　b：思考力，判断力，実行力等　　　c：態度

④　a：知識及び技術　　　b：思考力，判断力，実行力等　　　c：意欲

⑤　a：知識及び技能　　　b：思考力，判断力，表現力等　　　c：意欲

⑥　a：知識及び技術　　　b：思考力，判断力，表現力等　　　c：意欲

(2)　次の文は，学習指導要領　総則　教育課程の編成　の一部です。空欄（　a　）に
あてはまる語は何ですか。下の①〜⑤の中から，正しいものを1つ選び，その記号
を答えなさい。なお，同じ記号には同じ言葉が入ります。

　　各学校においては，児童の発達の段階を考慮し，言語能力，（　a　）活用能力
（（　a　）モラルを含む。），問題発見・解決能力等の学習の基盤となる資質・能力を
育成していくことができるよう，各教科等の特質を生かし，教科等横断的な視点か
ら教育課程の編成を図るものとする。

①図書館　　②環境　　③インターネット　　④情報　　⑤身体

2　次の文章は，令和3年1月26日に中央教育審議会から示された「『令和の日本型学校教育』の構築を目指して〜全ての子供たちの可能性を引き出す，個別最適な学びと，協働的な学びの実現〜」の答申の　第Ⅰ部　総論　5.「令和の日本型学校教育」の構築に向けたICTの活用に関する基本的な考え方　⑴学校教育の質の向上に向けたICTの活用　の一部です。下線部の内容に誤りがあるものはどれですか。下の①〜④の中から，誤りがあるものを1つ選び，その記号を答えなさい。

　　ICTの活用により新学習指導要領を着実に実施し，学校教育の質の向上につなげるためには，カリキュラム・マネジメントを充実させつつ，各教科等において育成を目指す資質・能力等を把握した上で，特にチームとしての学校の実現に向けた授業改善に生かしていくことが重要である。また，従来はなかなか伸ばせなかった資質・能力の育成や，他の学校・地域や海外との交流など今までできなかった学習活動の実施，家庭など学校外での学びの充実などにもICTの活用は有効である。
①カリキュラム・マネジメント　　②チームとしての学校　　③学校・地域
④学び

3　**特別支援教育**に関して，次の1・2に答えなさい。

1　次の文は，平成29年3月告示の小学校学習指導要領の総則の一部です。学校運営上の留意事項について，空欄（　a　）・（　b　）にあてはまる言葉は何ですか。下の①〜⑥の中から，正しい組合せを1つ選び，その記号を答えなさい。

　　他の小学校や，幼稚園，認定こども園，保育所，中学校，高等学校，特別支援学校などとの間の連携や交流を図るとともに，障害のある幼児児童生徒との（　a　）の機会を設け，共に尊重し合いながら協働して生活していく（　b　）を育むようにすること。
①　a：各教科等の学習　　　b：態度
②　a：各教科等の学習　　　b：姿勢
③　a：各教科等の学習　　　b：意欲
④　a：交流及び共同学習　　b：意欲
⑤　a：交流及び共同学習　　b：態度
⑥　a：交流及び共同学習　　b：姿勢

2　次の文は，令和3年1月26日に中央教育審議会から示された「『令和の日本型学校教育』の構築を目指して　〜全ての子供たちの可能性を引き出す，個別最適な学びと，協働的な学びの実現〜」の答申の　第Ⅱ部　各論　4.新時代の特別支援教育の在り方について　の一部です。空欄（　a　）・（　b　）にあてはまる言葉は何ですか。下の①〜⑥の中から，正しい組合せを1つ選び，その記号を答えなさい。

　　特別支援教育は，障害のある子供の（　a　）や（　b　）に向けた主体的な取組を支援するという視点に立ち，子供一人一人の教育的ニーズを把握し，その持てる力を高め，生活や学習上の困難を改善又は克服するため，適切な指導及び必要な支援を行うものである。
①　a：支援　　b：社会参加
②　a：支援　　b：共生社会

③　a：支援　　　b：合理的配慮
④　a：自立　　　b：社会参加
⑤　a：自立　　　b：合理的配慮
⑥　a：自立　　　b：共生社会

4　**学校保健**に関して，次の1・2に答えなさい。

1　次の条文は，学校保健安全法第5条です。空欄（　a　）にあてはまる言葉は何ですか。下の①～⑤の中から，正しいものを1つ選び，その記号を答えなさい。

　　学校においては，児童生徒等及び職員の（　a　）の保持増進を図るため，児童生徒等及び職員の健康診断，環境衛生検査，児童生徒等に対する指導その他保健に関する事項について計画を策定し，これを実施しなければならない。

①健康に関する意識　　②適切な生活習慣　　③安全な環境　　④衛生に関する意識
⑤心身の健康

2　次の条文は，学校保健安全法施行規則第1条です。空欄（　a　）・（　b　）にあてはまる言葉は何ですか。下の①～⑥の中から，正しい組合せを1つ選び，その記号を答えなさい。

　　学校保健安全法（昭和33年法律第56号。以下「法」という。）第5条の環境衛生検査は，他の法令に基づくもののほか，（　a　）に，法第六条に規定する学校環境衛生基準に基づき行わなければならない。

　　2　学校においては，必要があるときは，（　b　）に，環境衛生検査を行うものとする。

①　a：毎学年定期　　　　b：臨時
②　a：毎学年定期　　　　b：日常的
③　a：毎学年定期　　　　b：すみやか
④　a：6月30日まで　　　b：臨時
⑤　a：6月30日まで　　　b：すみやか
⑥　a：6月30日まで　　　b：日常的

5　**生徒指導**に関して，次の1～3に答えなさい。

1　次の文又は文章は，平成22年3月に文部科学省から示された「生徒指導提要」の第4章　学校における生徒指導体制　第1節　生徒指導体制の基本的な考え方　3　実効性のある組織・運営の在り方　の一部です。下線部の内容に誤りがあるものはどれですか。次の①～⑤の中から，誤りがあるものを1つ選び，その記号を答えなさい。

①　全教職員の一致協力と役割分担

　　校長がリーダーシップを発揮し，指導の体制を統括するとともに，教職員一人一人が指導援助の目的を理解し，自らの専門性を生かして役割を遂行する。

②　学校としての指導方針の明確化

　　例えば，「日ごろから個々の教職員が適切な児童生徒理解に努める」，「それらの情報を職員会議や生徒指導の委員会などで共有し合う」，「児童生徒の基本的な人権や生き方を尊重した指導援助に努める」など，各学校の実態を踏まえて具体的な方針を明確にし，校内研修などで共有を図る。

③　すべての児童生徒の健全な成長の促進

児童生徒の人間としての在り方や生き方に寄り添い，積極的・開発的な指導援助体制を確立する。また，担任を中心とした学年の教職員が児童生徒の性格特性や心身の発達課題などを十分に理解し，傾聴と受容及び感情の明確化などカウンセリング感覚のある指導援助を行う。

④ 問題行動の発生時の迅速かつ毅然とした対応

事態の内容や問題の背景を的確に把握するとともに指導援助の方向性を明確にする。その上で，児童生徒や保護者などへの周知及び説明をきめ細かく行う。

⑤ 生徒指導体制の不断の見直しと適切な評価・改善

教職員が自己評価や内部評価を計画的に行い，児童生徒及び保護者，関係機関などの意見や評価を十分に取り入れて改善策を検討する。また，それらの評価結果や改善案などを積極的に公表するとともに，必要な助言や援助などを要請する。

2 次の文章は，平成29年３月に文部科学省から示された「義務教育の段階における普通教育に相当する教育の機会の確保等に関する基本指針」の ２．不登校児童生徒等に対する教育機会の確保等に関する事項 (2)不登校児童生徒に対する効果的な支援の推進 ①個々の不登校児童生徒の状況に応じた支援の推進 の一部です。下線部の内容に誤りがあるものはどれですか。下の①〜④の中から，誤りがあるものを１つ選び，その記号を答えなさい。

不登校児童生徒に対しては，学校全体で支援を行うことが必要であり，校長のリーダーシップの下，学校や教員がスクールカウンセラーやスクールソーシャルワーカー等の専門スタッフ等と不登校児童生徒に対する支援等について連携・分担する「チーム学校」体制の整備を推進する。

また，学校は不登校児童生徒に対し，原則として当該児童生徒や保護者の意思を尊重しつつ，必要に応じ，福祉，医療及び民間の団体等の関係機関や関係者間と情報共有を行うほか，学校間の引継ぎを行うなどして継続した組織的・長期的な支援を推進する。

①学校全体 ②連携・分担 ③情報共有 ④長期的

3 次の条文は，「いじめ防止対策推進法」第19条第１項です。空欄（ a ）にあてはまる語は何ですか。下の①〜⑤の中から，正しいものを１つ選び，その記号を答えなさい。

学校の設置者及びその位置する学校は，当該学校に在籍する児童等及びその保護者が，発信された情報の高度の流通性，発信者の（ a ）その他のインターネットを通じて送信される情報の特性を踏まえて，インターネットを通じて行われるいじめを防止し，及び効果的に対処することができるよう，これらの者に対し，必要な啓発活動を行うものとする。

①秘匿性 ②匿名性 ③加害性 ④影響力 ⑤無自覚

中高共通

1 次の１〜４に答えなさい。

1　次の(1)・(2)は，教育基本法の前文や条文の全部又は一部です。空欄（　a　）〜（　c　）にあてはまる言葉は何ですか。下の①〜⑤の中から，正しいものをそれぞれ1つずつ選び，その記号を答えなさい。

(1)　前文

　　我々日本国民は，たゆまぬ努力によって築いてきた民主的で文化的な国家を更に発展させるとともに，世界の平和と人類の福祉の向上に貢献することを願うものである。

　　我々は，この理想を実現するため，個人の（　a　）を重んじ，真理と正義を希求し，公共の精神を尊び，豊かな人間性と（　b　）を備えた人間の育成を期するとともに，伝統を継承し，新しい文化の創造を目指す教育を推進する。(略)

(2)　第14条

　　良識ある公民として必要な（　c　）は，教育上尊重されなければならない。

a　①尊厳　　　②教育　　　　③人権　　　　④存在　　　⑤自尊心

b　①感性　　　②道徳性　　　③創造性　　　④想像力　　⑤良心

c　①権利　　　②政治的教養　③知識及び技能　④判断力　⑤態度

2　次の(1)・(2)は，地方公務員法及び教育公務員特例法の条文の一部です。空欄（　a　）〜（　c　）にあてはまる言葉は何ですか。下の①〜⑤の中から，正しい組合せを1つ選び，その記号を答えなさい。

(1)　地方公務員法第34条

　　職員は，職務上知り得た（　a　）を漏らしてはならない。（　b　）も，また，同様とする。

(2)　教育公務員特例法第22条

　　教育公務員には，（　c　）を受ける機会が与えられなければならない。

①　a：情報　　　b：勤務時間外　　　　c：研修

②　a：秘密　　　b：その職を退いた後　c：研修

③　a：情報　　　b：その職を退いた後　c：助言

④　a：秘密　　　b：その職を退いた後　c：助言

⑤　a：秘密　　　b：勤務時間外　　　　c：研修

3　次の(1)〜(3)は，学校教育法及び学校教育法施行規則の条文の一部です。空欄（　a　）〜（　d　）にあてはまる言葉は何ですか。下の①〜⑤の中から，正しい組合せを1つ選び，その記号を答えなさい。

※問題に誤りがあったため，公開されていません。

4　次の①〜⑤は，児童福祉法の条文の一部です。下線部の内容に誤りがあるものはどれですか。次の①〜⑤の中から，誤りがあるものを1つ選び，その記号を答えなさい。

①　第1条

　　全て児童は，児童の権利に関する条約の精神にのつとり，適切に養育されること，その生活を保障されること，愛され，保護されること，その心身の健やかな成長及び発達並びにその自立が図られることその他の福祉を等しく保障される権利を有する。

② 第2条

　　全て国民は，児童が良好な環境において生まれ，かつ，社会のあらゆる分野において，児童の年齢及び発達の程度に応じて，保護者の意見が尊重され，保護者の最善の利益が優先して考慮され，心身ともに健やかに育成されるよう努めなければならない。

③ 第2条第2項

　　児童の保護者は，児童を心身ともに健やかに育成することについて第一義的責任を負う。

④ 第2条第3項

　　国及び地方公共団体は，児童の保護者とともに，児童を心身ともに健やかに育成する責任を負う。

⑤ 第3条

　　第2条に規定するところは，児童の福祉を保障するための原理であり，この原理は，すべて児童に関する法令の施行にあたつて，常に尊重されなければならない。

2 次の1・2の問いに答えなさい。

1　　以下の設問は，平成29年3月告示の中学校学習指導要領，平成29年4月告示の特別支援学校小学部・中学部学習指導要領，平成30年3月告示の高等学校学習指導要領，平成31年2月告示の特別支援学校高等部学習指導要領の総則から出題されています。なお，設問中の文章は中学校学習指導要領を基本にしています。特に注意書きがない場合，文中に「生徒」とあるのは，特別支援学校小学部・中学部では「児童又は生徒」に，「学級」とあるのは，高等学校及び特別支援学校高等部では「ホームルーム」に，「各教科等」とあるのは，高等学校では「各教科・科目等」に，特別支援学校高等部では「各教科・科目等または各教科等」に，それぞれ読み替えなさい。また，「中学校」とあるのは，それぞれの学校種に読み替えなさい。

(1)　次の文は，学習指導要領　総則　教育課程の実施と学習評価　の一部です。空欄（　a　）にあてはまる語は何ですか。下の①〜⑤の中から，正しいものを1つ選び，その記号を答えなさい。

　　生徒が学習の見通しを立てたり学習したことを振り返ったりする活動を，（　a　）に取り入れるように工夫すること。

　①主体的　　②計画的　　③具体的　　④一時的　　⑤段階的

(2)　次の文は，学習指導要領　総則　生徒の発達の支援　の一部です。空欄（　a　）〜（　c　）にあてはまる言葉は何ですか。下の①〜⑥の中から，正しい組合せを1つ選び，その記号を答えなさい。なお，同じ記号には同じ言葉が入ります。

　　生徒が，基礎的・基本的な知識及び技能の習得も含め，（　a　）を確実に身に付けることができるよう，生徒や学校の（　b　）に応じ，個別学習やグループ別学習，繰り返し学習，（　a　）の習熟の程度に応じた学習，生徒の興味・関心等に応じた課題学習，補充的な学習や発展的な学習などの学習活動を取り入れることや，教師間の協力による指導体制を確保することなど，指導方法や指導体制の工夫改善により，（　c　）の充実を図ること。

①	a：授業内容	b：要請	c：指導と評価の一体化
②	a：授業内容	b：実態	c：合理的配慮
③	a：授業内容	b：要請	c：個に応じた指導
④	a：学習内容	b：実態	c：指導と評価の一体化
⑤	a：学習内容	b：要請	c：合理的配慮
⑥	a：学習内容	b：実態	c：個に応じた指導

2　次の文は，令和3年1月26日に中央教育審議会から示された「『令和の日本型学校教育』の構築を目指して　～全ての子供たちの可能性を引き出す，個別最適な学びと，協働的な学びの実現～」の答申の　第Ⅰ部　総論　3．2020年代を通じて実現すべき「令和の日本型学校教育」の姿　(1)子供の学び　の一部です。下線部の内容に誤りがあるものはどれですか。下の①～④の中から，誤りがあるものを1つ選び，その記号を答えなさい。

　　基礎的・基本的な知識・技能等や，言語能力，情報活用能力，問題発見・解決能力等の学習の<u>基盤</u>となる資質・能力等を土台として，幼児期からの様々な場を通じての体験活動から得た子供の興味・関心・<u>キャリア形成</u>の方向性等に応じ，探究において<u>課題の設定</u>，情報の収集，整理・分析，まとめ・表現を行う等，教師が子供一人一人に応じた学習活動や学習課題に取り組む機会を提供することで，<u>教師自身</u>が学習が最適となるよう調整する「学習の個性化」も必要である。

①基盤　　②キャリア形成　　③課題の設定　　④教師自身

③　特別支援教育に関して，次の1・2に答えなさい。

1　次の文は，平成29年3月告示の中学校学習指導要領，平成30年3月告示の高等学校学習指導要領　総則　生徒の発達の支援　の一部です。空欄（ a ）・（ b ）にあてはまる言葉は何ですか。下の①～⑥の中から，正しい組合せを1つ選び，その記号を答えなさい。

　　障害のある生徒などについては，家庭，地域及び医療や福祉，保健，労働等の業務を行う関係機関との連携を図り，（ a ）で生徒への教育的支援を行うために，個別の教育支援計画を作成し活用することに努めるとともに，各教科等の指導に当たって，個々の生徒の（ b ）を的確に把握し，個別の指導計画を作成し活用することに努めるものとする。

①	a：発達援助の視点	b：個性
②	a：発達援助の視点	b：実態
③	a：発達援助の視点	b：特性
④	a：長期的な視点	b：特性
⑤	a：長期的な視点	b：個性
⑥	a：長期的な視点	b：実態

2　次の文は，令和3年1月26日に中央教育審議会から示された「『令和の日本型学校教育』の構築を目指して　～全ての子供たちの可能性を引き出す，個別最適な学びと，協働的な学びの実現～」の答申の　第Ⅱ部　各論　4．新時代の特別支援教育の在り方について　の一部です。空欄（ a ）・（ b ）にあてはまる言葉は何ですか。下の

①～⑥の中から，正しい組合せを1つ選び，その記号を答えなさい。

　全ての教師には，障害の特性等に関する理解と指導方法を工夫できる力や，個別の教育支援計画・個別の指導計画などの特別支援教育に関する基礎的な（　a　），（　b　）に対する理解等が必要である。

①　a：知識　　　　b：合理的配慮
②　a：知識　　　　b：障害者福祉制度
③　a：知識　　　　b：統合教育
④　a：認識　　　　b：合理的配慮
⑤　a：認識　　　　b：障害者福祉制度
⑥　a：認識　　　　b：統合教育

4 学校保健に関して，次の1・2に答えなさい。

1　次の条文は，学校保健安全法第8条です。空欄（　a　）にあてはまる言葉は何ですか。下の①～⑤の中から，正しいものを1つ選び，その記号を答えなさい。

　学校においては，児童生徒等の心身の健康に関し，（　a　）を行うものとする。

①疾病予防　　②カウンセリング　　③アンケート　　④健康相談　　⑤安全点検

2　次の条文は，学校保健安全法施行規則第21条の一部です。空欄（　a　）・（　b　）にあてはまる言葉は何ですか。下の①～⑥の中から，正しい組合せを1つ選び，その記号を答えなさい。

　校長は，学校内において，（　a　）にかかつており，又はかかつている疑いがある児童生徒等を発見した場合において，必要と認めるときは，学校医に診断させ，法第19条の規定による（　b　）の指示をするほか，消毒その他適当な処置をするものとする。

①　a：疾病　　　　b：保健室での休養
②　a：食中毒　　　b：出席停止
③　a：感染症　　　b：出席停止
④　a：感染症　　　b：医療機関の受診
⑤　a：疾病　　　　b：医療機関の受診
⑥　a：食中毒　　　b：保健室での休養

5 生徒指導に関して，次の1～3に答えなさい。

1　次の文章は，平成22年3月に文部科学省から示された「生徒指導提要」の　第1章　生徒指導の意義と原理　第1節　生徒指導の意義と課題　2　生徒指導の課題　(1)生徒指導の基盤となる児童生徒理解　の一部です。下線部の内容に誤りがあるものはどれですか。下の①～④の中から，誤りがあるものを1つ選び，その記号を答えなさい。

　一人一人の児童生徒はそれぞれ違った能力・適性，興味・関心等を持っています。また，児童生徒の生育環境も将来の進路希望等も異なります。それ故，児童生徒理解においては，児童生徒を一般的・総合的に理解していくことが重要であり，学級担任・ホームルーム担任の日ごろの人間的な触れ合いに基づくきめ細かい観察や面接などに加えて，学年の教員，教科担任，部活動等の顧問などによるものを含めて，広い視野から児童生徒理解を行うことが大切です。

①生育環境　　②一般的　　③観察や面接　　④広い視野

2　次の条文は，義務教育の段階における普通教育に相当する教育の機会の確保等に関する法律　第3条第2号です。空欄（ a ）にあてはまる言葉は何ですか。下の①〜⑤の中から，正しいものを1つ選び，その記号を答えなさい。

不登校児童生徒が行う多様な学習活動の実情を踏まえ，個々の不登校児童生徒の（ a ）支援が行われるようにすること。

①ICTを活用した　　②別室登校による　　③カウンセリングを用いた
④エビデンスに基づく　　⑤状況に応じた必要な

3　次のA〜Cの条文又は文章は，a〜dのいずれかの一部です。下の①〜⑤の中から，正しい組合せを1つ選び，その記号を答えなさい。

A　いじめの防止等のための対策は，いじめが全ての児童等に関係する問題であることに鑑み，児童等が安心して学習その他の活動に取り組むことができるよう，学校の内外を問わずいじめが行われなくなるようにすることを旨として行われなければならない。

B　この法律において，「児童虐待」とは，保護者（親権を行う者，未成年後見人その他の者で，児童を現に監護するものをいう。以下同じ。）がその監護する児童（18歳に満たない者をいう。以下同じ。）について行う次に掲げる行為をいう。

C　重大事態の調査は，民事・刑事上の責任追及やその他の争訟等への対応を直接の目的とするものではなく，いじめの事実の全容解明，当該いじめの事案への対処及び同種の事案の再発防止が目的であることを認識すること。学校の設置者及び学校として，調査により膿を出し切り，いじめの防止等の体制を見直す姿勢をもつことが，今後の再発防止に向けた第一歩となる。

【出典】
a　いじめ防止対策推進法
b　児童虐待の防止等に関する法律
c　学校教育法
d　いじめの重大事態の調査に関するガイドライン

①　A—a　　B—c　　C—b
②　A—d　　B—b　　C—a
③　A—a　　B—b　　C—d
④　A—c　　B—b　　C—a
⑤　A—d　　B—c　　C—a

解答＆解説

小 養 栄 共通

1 解答　1　a—②　b—①　c—②　　2—④　　3　問題不成立　　4—②

解説 1：(1)教育基本法の前文を参照。

(2)教育基本法第5条第1項を参照。「義務教育」の規定。

(3)教育基本法第9条第1項を参照。「教員」の規定。

2：(1)地方公務員法第31条を参照。「服務の宣誓」の規定。

(2)教育公務員特例法第23条第1項を参照。「初任者研修」の規定。

4：児童憲章を参照。

②第4条を参照。「家庭の状況に応じて」ではなく「個性と能力に応じて」。

①第1条，③第2条，④第10条，⑤第12条を参照。

2 解答 1　(1)―①　(2)―④　　2―②

解説 (1)平成29年版小学校学習指導要領（2017年3月31日告示）の「第1章　総則」「第1：小学校教育の基本と教育課程の役割」の2(1)，平成29年版特別支援学校小学部・中学部学習指導要領（2017年4月28日）の「第1章　総則」「第2節　小学部及び中学部における教育の基本と教育課程の役割」の2(1)を参照。

(2)平成29年版小学校学習指導要領（2017年3月31日告示）の「第1章　総則」「第2　教育課程の編成」「2　教科等横断的な視点に立った資質・能力の育成」の(1)，平成29年版特別支援学校小学部・中学部学習指導要領（2017年4月28日）の「第1章　総則」「第3節　教育課程の編成」「2　教科等横断的な視点に立った資質・能力の育成」の(1)を参照。

2：中央教育審議会答申「『令和の日本型学校教育』の構築を目指して　～全ての子供たちの可能性を引き出す，個別最適な学びと，協働的な学びの実現～」（2021年1月26日，同年4月22日更新）の「第Ⅰ部　総論」「5．『令和の日本型学校教育』の構築に向けたICTの活用に関する基本的な考え方」「(1)学校教育の質の向上に向けたICTの活用」を参照。

②「チームとしての学校」ではなく「主体的・対話的で深い学び」。

3 解答 1―⑤　　2―④

解説 1：平成29年版小学校学習指導要領（2017年3月31日告示）の「第1章　総則」「第5　学校運営上の留意事項」「2　家庭や地域社会との連携及び協議と学校間の連携」のイを参照。

2：中央教育審議会答申「『令和の日本型学校教育』の構築を目指して　～全ての子供たちの可能性を引き出す，個別最適な学びと，協働的な学びの実践～」（2021年1月26日，同年4月22日）の「第Ⅱ部　各論」「4．新時代の特別支援教育の在り方について」「(1)基本的な考え方」を参照。

4 解答 1―⑤　　2―①

解説 1：学校保健安全法第5条を参照。「学校保健計画の策定等」の規定。

2：学校保健安全法施行規則第1条を参照。「環境衛生検査」の規定。

5 解答 1―③　　2―④　　3―②

解説 1：『生徒指導提要』（2010年3月）の「第4章　学校における生徒指導体制」「第1節　生徒指導体制の基本的な考え方」「3　実効性のある組織・運営の在り方」を参照。

広島県・広島市

③「担任を中心とした学年の教職員」ではなく「すべての教職員」。

2：文部科学省「義務教育の段階における普通教育に相当する教育の機会の確保等に関する基本指針」（2017年3月31日）の「2．不登校児童生徒等に対する教育機会の確保等に関する事項」「⑵不登校児童生徒に対する効果的な支援の推進」「①個々の不登校児童生徒の状況に応じた支援の推進」「㈑組織的・計画的な支援」を参照。

④「長期的」ではなく「計画的」。

3：いじめ防止対策推進法第19条第1項を参照。「インターネットを通じて行われるいじめに対する対策の推進」の規定。

中高共通

1 **解答** 1　a—①　b—③　c—②　　2—②　　3　問題不成立　　4—②

解説 1：⑴教育基本法の前文を参照。

⑵教育基本法第14条第1項を参照。「政治教育」の規定。

2：⑴地方公務員法第34条第1項を参照。「秘密を守る義務」の規定。

⑵教育公務員特例法第22条第1項を参照。「研修の機会」の規定。

4：②児童福祉法第2条第1項を参照。「児童育成の責任」の規定。「保護者の意見が尊重され，保護者の最善の利益が優先して考慮され」ではなく「その意見が尊重され，その最善の利益が優先して考慮され」。「その」とはすなわち「児童の」。

①児童福祉法第1条を参照。「児童福祉の理念」の規定。

③児童福祉法第2条第2項を参照。「児童育成の責任」の規定。

④児童福祉法第2条第3項を参照。「児童育成の責任」の規定。

⑤児童福祉法第3条を参照。「児童福祉原理の尊重」の規定。

2 **解答** 1　⑴—②　⑵—⑥　　2—④

解説 1：⑴平成29年版中学校学習指導要領（2017年3月31日告示）の「第1章　総則」「第3　教育課程の実施と学習評価」「1　主体的・対話的で深い学びの実現に向けた授業改善」の⑷，平成29年版特別支援学校小学部・中学部学習指導要領（2017年4月28日告示）の「第1章　総則」「第4節　教育課程の実施と学習評価」「1　主体的・対話的で深い学びの実現に向けた授業改善」の⑷，平成30年版高等学校学習指導要領（2018年3月30日告示）の「第1章　総則」「第3款　教育課程の実施と学習評価」「1　主体的・対話的で深い学びの実現に向けた授業改善」の⑷，平成31年版特別支援学校高等部学習指導要領（2019年2月4日告示）の「第1章　総則」「第3款　教育課程の実施と学習評価」「1　主体的・対話的で深い学びの実現に向けた授業改善」の⑷を参照。

⑵平成29年版中学校学習指導要領（2017年3月31日告示）の「第1章　総則」「第4　生徒の発達の支援」「1　生徒の発達を支える指導の充実」の⑷，平成30年版高等学校学習指導要領（2018年3月30日告示）の「第1章　総則」「第5款　生徒の発達の支援」「1　生徒の発達を支える指導の充実」の⑸を参照。

2：中央教育審議会答申「『令和の日本型学校教育』の構築を目指して　～全ての子供たちの可能性を引き出す，個別最適な学びと，協働的な学びの実践～」(2021年1月26日，同年4月22日）の「第Ⅰ部　総論」「3．2020年代を通じて実現すべき『令和の日本型学校教育』の姿」「(1)子供の学び」を参照。

④「教師自身」ではなく「子供自身」。

3 解答　1—⑥　　2—①

解説　1：平成29年版中学校学習指導要領（2017年3月31日告示）の「第1章　総則」「第4　生徒の発達の支援」「2　特別な配慮を必要とする生徒への指導」「(1)障害のある生徒などへの指導」のエを参照。

2：中央教育審議会答申「『令和の日本型学校教育』の構築を目指して　～全ての子供たちの可能性を引き出す，個別最適な学びと，協働的な学びの実践～」(2021年1月26日，同年4月22日更新）の「第Ⅱ部　各論」「4．新時代の特別支援教育の在り方について」「(3)特別支援教育を担う教師の専門性向上」「①全ての教師に求められる特別支援教育に関する専門性」を参照。

4 解答　1—④　　2—③

解説　1：学校保健安全法第8条を参照。「健康相談」の規定。

2：学校保健安全法施行規則第21条第1項を参照。「感染症の予防に関する細目」の規定。

5 解答　1—②　　2—⑤　　3—③

解説　1：『生徒指導提要』(2010年3月）の「第1章　生徒指導の意義と原理」「第1節　生徒指導の意義と課題」「2　生徒指導の課題」「(1)生徒指導の基盤となる児童生徒理解」を参照。

②「一般的」ではなく「多面的」。

2：義務教育の段階における普通教育に相当する教育の機会の確保等に関する法律第3条第1項第二号を参照。「基本理念」の規定。

3：A—いじめ防止対策推進法第3条第1項を参照。「基本理念」の規定。

B—児童虐待の防止等に関する法律第2条第1項を参照。「児童虐待の定義」の規定。

C—文部科学省「いじめの重大事態の調査に関するガイドライン」(2017年3月）の「第1　学校の設置者及び学校の基本的姿勢」「(基本的姿勢)」の一部。

広島県・広島市

山口県

実施日	2022(令和4)年7月9日	試験時間	50分（一般教養を含む）
出題形式	選択＋記述式	問題数	8題（解答数37）
パターン	法規・時事＋心理・ローカル・原理	公開状況	問題：公開　解答：公開　配点：公開

傾向＆対策
●教育史を除く全分野で構成。●最も解答数の多い教育法規は，教育基本法，学校教育法など頻出条文の空欄補充問題と出典法規を問う問題。●教育時事は，「令和の日本型学校教育」に関する中央教育審議会答申（2021年1月），「『生きる力』をはぐくむ学校での安全教育」（2019年3月），「発達障害」に関するガイドライン（2017年3月），「障害のある子供の教育支援の手引」（2021年6月），文部科学省「STEAM教育等の推進」など，多岐にわたる。●必出のローカル問題は，3年連続の「山口県人権教育推進資料」（2012年3月），4年連続の「山口県教育振興基本計画」（2018年10月）。●教育原理は，生徒指導から2題。●教育心理は，学習，性格と適応，カウンセリングと心理療法から5題。

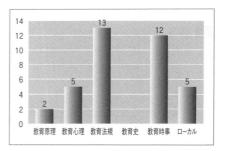

出題領域

教育原理	教育課程・学習指導要領		総則		特別の教科 道徳	
	外国語・外国語活動		総合的な学習(探究)の時間		特別活動	
	学習指導		生徒指導	2	学校・学級経営	
	特別支援教育	↓時事	人権・同和教育	↓ローカル	その他	
教育心理	発達		学習	2	性格と適応	2
	カウンセリングと心理療法	1	教育評価		学級集団	
教育法規	教育の基本理念	1	学校教育	1	学校の管理と運営	3
	児童生徒	4	教職員	3	その他	1
教育史	日本教育史		西洋教育史			
教育時事	答申・統計	12	ローカル	5		

※表中の数字は，解答数

全校種共通

☞解答＆解説 p.401

1 次の法令について，下の(1)〜(4)の各問いに答えよ。

日本国憲法

第26条　すべて国民は，法律の定めるところにより，その能力に応じて，（　①　）教育を受ける権利を有する。

教育基本法

第6条　法律に定める学校は，公の性質を有するものであって，国，地方公共団体及び法律に定める法人のみが，これを設置することができる。

　2　前項の学校においては，教育の目標が達成されるよう，教育を受ける者の心身の発達に応じて，体系的な教育が組織的に行われなければならない。この場合において，教育を受ける者が，学校生活を営む上で必要な（　②　）を重んずるとともに，自ら進んで学習に取り組む意欲を高めることを重視して行われなければならない。

学校教育法施行規則

第1条　学校には，その学校の（　③　）を実現するために必要な校地，校舎，校具，運動場，図書館又は図書室，保健室その他の設備を設けなければならない。

法令A

第3条　学校を設置しようとする者は，学校の種類に応じ，文部科学大臣の定める設備，編制その他に関する設置基準に従い，これを設置しなければならない。

(1)　日本国憲法について，（　①　）に入る適切な語句を答えよ。

(2)　教育基本法について，（　②　）に入る適切な語句を次の語群から選び，記号で答えよ。

　　1　礼儀　　　2　規律　　　3　人間関係　　　4　規則

(3)　学校教育法施行規則について，（　③　）に入る適切な語句を答えよ。

(4)　法令Aに該当する法令名を次の語群から選び，記号で答えよ。

　　1　学校教育法

　　2　学校教育法施行令

　　3　地方教育行政の組織及び運営に関する法律

　　4　公立義務教育諸学校の学級編成及び教職員定数の標準に関する法律

2 次の法令について，下の(1)〜(4)の各問いに答えよ。

地方公務員法

第35条　職員は，法律又は条例に特別の定がある場合を除く外，その勤務時間及び職務上の注意力のすべてをその（　①　）のために用い，当該地方公共団体がなすべき責を有する職務にのみ従事しなければならない。

教育公務員特例法

第1条　この法律は，教育を通じて国民全体に（　②　）する教育公務員の職務とその責任の特殊性に基づき，教育公務員の任免，人事評価，給与，分限，懲戒，服務及び研修等について規定する。

教育職員免許法

第1条　この法律は，教育職員の免許に関する基準を定め，教育職員の（　③　）の保持

山口県

と向上を図ることを目的とする。

地方教育行政の組織及び運営に関する法律

第2条　都道府県，市（特別区を含む。以下同じ。）町村及び第21条に規定する事務の全部又は一部を処理する地方公共団体の組合に（　④　）を置く。

(1)　地方公務員法について，（　①　）に入る適切な語句を次の語群から選び，記号で答えよ。

　　1　勤務実施　　2　業務実施　　3　職務遂行　　4　職責遂行

(2)　教育公務員特例法について，（　②　）に入る適切な語句を次の語群から選び，記号で答えよ。

　　1　忠誠　　2　献身　　3　奉仕　　4　尽力

(3)　教育職員免許法について，（　③　）に入る適切な語句を次の語群から選び，記号で答えよ。

　　1　専門性　　2　資質　　3　適性　　4　能力

(4)　地方教育行政の組織及び運営に関する法律について，（　④　）に入る適切な語句を次の語群から選び，記号で答えよ。

　　1　教育委員　　2　教育事務所　　3　教育委員会　　4　教育長

3　以下の(1)～(4)の各問いに答えよ。

(1)　次の文は，ある学者の経歴及び業績を紹介したものである。この人物は誰か，答えよ。

　　1902年アメリカ・イリノイ州に生まれた。ユニオン神学校在学中に心理学に転向し，コロンビア大学で博士号を取得した。1942年に公刊した"Counseling and Psychotherapy"（『カウンセリングと心理療法』等の訳で日本でも出版されている）は，当時の臨床心理学界に風雲を巻き起こし，今日では「クライエント中心療法」として広く受容されている。その後は，西部行動科学研究所，人間研究センターなどで心理学の研究を続けた。

(2)　次の文は，「『令和の日本型学校教育』の構築を目指して　～全ての子供たちの可能性を引き出す，個別最適な学びと，協働的な学びの実現～（答申）」（中央教育審議会令和3年1月）の一部である。下のア～ウの各問いに答えよ。

　　学校が学習指導のみならず，（　①　）等の面でも主要な役割を担い，様々な場面を通じて，子供たちの状況を総合的に把握して教師が指導を行うことで，子供たちの知・徳・体を一体で育む「日本型学校教育」は，全ての子供たちに一定水準の教育を保障する平等性の面，（　②　）という面などについて諸外国から高く評価されている。

　　令和時代における学校の「スタンダード」として，「主体的・対話的で深い学び」の実現に向けた授業改善に資するよう，（　③　）により児童生徒1人1台端末環境と高速大容量の通信ネットワーク環境が実現されることを最大限生かし，端末を日常的に活用するとともに，（中略）これまでの実践とICTとを最適に組み合わせることで，学校教育における様々な課題を解決し，教育の質の向上につなげていくことが必要である。

　　ア　（　①　）に入る適切な語句を次の語群から選び，記号で答えよ。

1　生活指導　　2　課外活動　　3　生徒指導　　4　道徳教育
イ　（　②　）に入る適切な語句を次の語群から選び，記号で答えよ。
　　1　総合教育　　2　全人教育　　3　人権教育　　4　全面教育
ウ　（　③　）に入る適切な語句を次の語群から選び，記号で答えよ。
　　1　オンライン教育　　2　デジタル教材　　3　Society5.0
　　4　GIGAスクール構想

(3)　次のア～ウの文に最も関連の深い語句を下の語群からそれぞれ選び，記号で答えよ。
　ア　アルバート坊やの実験として有名な恐怖条件づけの実験を行い，不安や恐怖症の
　　　条件づけによる形成や恐怖反応の般化を示した行動主義心理学の提唱者。
　　1　ワトソン　　2　ウェルトハイマー　　3　クライン　　4　ヴント
　イ　単なる人見知りや恥ずかしがりではなく，言葉を話す機能に障害がないのに，特
　　　定の場面，例えば，教室の中や決まった人物に対して話をすることができない状態。
　　1　自閉症スペクトラム障害　　2　チック症　　3　限局性学習障害
　　4　選択性緘黙
　ウ　パーソナリティを測定する方法のうち，作業検査法に該当するもの。
　　1　矢田部ギルフォード性格検査　　　2　バウムテスト
　　3　内田クレペリン精神検査　　　　　4　P-Fスタディ

(4)　次の文は長期記憶に分類される記憶のうち，ある記憶について説明したものである。
　　この記憶の名称を答えよ。

　　　自転車に乗るときに使用する知識の記憶や，算数・数学の問題を解くときに使用す
　　る知識の記憶のように，意識にのぼらない無意識の記憶であり，技能・運動や問題の
　　解き方に関する知識の記憶。

4　**以下の(1)～(4)の各問いに答えよ。**

(1)　次の文は「生徒指導提要」（文部科学省，平成22年3月）の一部である。（　①　）に
　　入る適切な語句を答えよ。

　　　生徒指導とは，一人一人の児童生徒の人格を尊重し，（　①　）の伸長を図りながら，
　　社会的資質や行動力を高めることを目指して行われる教育活動のことです。

(2)　いじめの深刻化や不登校児童生徒の増加など，児童生徒の心の在り様と関わる様々
　　な問題が生じている。このため，平成7年度から，児童生徒や保護者の抱える悩みの
　　相談を受けて助言したり，教職員や児童生徒への研修や講話などをしたりする臨床心
　　理士などが必要に応じて学校に配置された。このような役割を担当するために各学校
　　に配置された人を何と呼ぶか，答えよ。

(3)　次の文は，いじめ防止対策推進法の条文である。下のア～ウの各問いに答えよ。
　　いじめ防止対策推進法
　　第9条　保護者は，子の教育について第一義的（　①　）を有するものであって，その
　　　　　保護する児童等がいじめを行うことのないよう，当該児童等に対し，（　②　）を
　　　　　養うための指導その他の必要な指導を行うよう努めるものとする。
　　第26条　市町村の教育委員会は，いじめを行った児童等の保護者に対して学校教育法
　　　　　第35条第1項（同法第49条において準用する場合を含む。）の規定に基づき当該

山口県

児童等の（　③　）を命ずる等，いじめを受けた児童等その他の児童等が安心して教育を受けられるようにするために必要な措置を速やかに講ずるものとする。

ア　（　①　）に入る適切な語句を次の語群から選び，記号で答えよ。

　1　責任　　　2　権利　　　3　義務　　　4　権限

イ　（　②　）に入る適切な語句を次の語群から選び，記号で答えよ。

　1　道徳心　　　2　公徳心　　　3　規範意識　　　4　遵法精神

ウ　（　③　）に入る適切な語句を次の語群から選び，記号で答えよ。

　1　停学　　　2　出席停止　　　3　訓戒　　　4　懲戒

(4)　次の文は，「『生きる力』をはぐくむ学校での安全教育」（文部科学省，平成31年3月）の一部である。下のア～ウの各問いに答えよ。

　安全とは，心身や物品に危害をもたらす様々な危険や災害が防止され，万が一，事件や事故，災害等が発生した場合には，被害を最小限にするために適切に対処された状態である。人々が自他の安全を確保するためには，個人だけではなく（　①　）として安全意識を高め，全ての人々が安全な社会を築いていくために必要な取組を進めていかなければならない。

　安全教育の目標は，日常生活全般における安全確保のために必要な事項を（　②　）に理解し，自他の生命尊重を基盤として，生涯を通じて安全な生活を送る基礎を培うとともに，進んで安全で安心な社会づくりに参加し貢献できるよう，安全に関する資質・能力を育成することである。

　安全管理は，安全教育と（　③　）な活動を展開することによって，初めて学校における安全が確保できるため，学校安全計画や危機管理マニュアル作成時には十分留意し，実効的なものとする必要がある。

ア　（　①　）に入る適切な語句を次の語群から選び，記号で答えよ。

　1　学校全体　　　2　地域全体　　　3　社会全体　　　4　国全体

イ　（　②　）に入る適切な語句を次の語群から選び，記号で答えよ。

　1　体験的　　　2　経験的　　　3　具体的　　　4　実践的

ウ　（　③　）に入る適切な語句を次の語群から選び，記号で答えよ。

　1　一体的　　　2　継続的　　　3　体系的　　　4　組織的

5　以下の(1)，(2)の各問いに答えよ。

(1)　次の文は，「発達障害を含む障害のある幼児児童生徒に対する教育支援体制整備ガイドライン　～発達障害等の可能性の段階から，教育的ニーズに気付き，支え，つなぐために～」（文部科学省，平成29年3月）の一部である。下のア，イの各問いに答えよ。

　特別支援教育は，障害のある幼児児童生徒の自立や社会参加に向けた（　①　）な取組を支援するという視点に立ち，幼児児童生徒一人一人の教育的ニーズを把握し，その持てる力を高め，生活や学習上の困難を改善又は克服するため，適切な指導及び必要な支援を行うものである。（中略）

　さらに，特別支援教育は，障害のある幼児児童生徒への教育にとどまらず，障害の有無やその他の個々の違いを認識しつつ様々な人々が生き生きと活躍できる（　②　）

社会の形成の基礎となるものであり，我が国の現在及び将来の社会にとって重要な意味を持っている。

ア　（　①　）に入る適切な語句を次の語群から選び，記号で答えよ。

　　1　自主的　　2　主体的　　3　積極的　　4　協働的

イ　（　②　）に入る適切な語句を次の語群から選び，記号で答えよ。

　　1　共生　　2　協働　　3　参画　　4　共助

(2)　次の文は，「障害のある子供の教育支援の手引　～子供たち一人一人の教育的ニーズを踏まえた学びの充実に向けて～」（文部科学省，令和3年6月）の一部である。下のア～ウの各問いに答えよ。

　　平成25年9月の（　①　）の改正により，就学先となる学校や学びの場の判断・決定に当たっては，障害のある子供の障害の状態のみに着目して画一的に検討を行うのではなく，子供一人一人の教育的ニーズ，学校や地域の状況，保護者や専門家の意見等を総合的に勘案して，個別に判断・決定する仕組みへと改められた。特に，その際，子供一人一人の障害の状態等を把握して教育的ニーズを明確にし，具体的にどのような支援の内容が必要とされるかということを整理することがまずは重要である。そして，自立と（　②　）を見据えて，その時点で教育的ニーズに最も的確に応える指導を提供できる就学先となる学校や学びの場について，教育支援委員会等において検討を行うとともに，市区町村教育委員会が総合的な判断を行い，本人及び保護者，教育委員会及び学校との（　③　）を進めた上で，最終的には市区町村教育委員会が決定することとなる。

ア　（　①　）に入る適切な語句を次の語群から選び，記号で答えよ。

　　1　学校教育法　　　　　　　2　学校教育法施行規則

　　3　学校教育法施行令　　　　4　地方教育行政の組織及び運営に関する法律

イ　（　②　）に入る適切な語句を次の語群から選び，記号で答えよ。

　　1　社会参画　　2　社会参加　　3　共存社会　　4　共栄社会

ウ　（　③　）に入る適切な語句を次の語群から選び，記号で答えよ。

　　1　意思決定　　2　共通理解　　3　相互理解　　4　合意形成

6　次の資料は，「山口県人権推進指針」（平成24年）の一部である。下の(1)～(3)の各問いに答えよ。

　2　キーワード

　　　この基本理念に基づいた様々な取組を進めるため，「じゆう」（自由），「びょうどう」（平等），「いのち」（生命）をキーワードとして諸施策を推進し，人権の世紀と言われている21世紀を共に生きる地域社会の実現をめざします。

じゆう（自由）	びょうどう（平等）	いのち（生命）
だれもが　人として大切にされ　自由に自分らしく生きることができる地域社会の実現をめざします	だれもが　社会の一員として等しく参加・参画し　個性や能力を十分に発揮できる地域社会の実現をめざします	だれもが　尊い生命の（　③　）として大切にされる地域社会の実現をめざします

このため	このため	このため
県民一人ひとりが　自由にものごとを考え　自由の（　①　）を理解し　自ら決定していくことが大切となります	県民一人ひとりが　平等に権利を有していることを理解し　お互いの自由や生命を尊重する地域づくりに（　②　）ことが大切となります	県民一人ひとりが　かけがえのない生命を大切にし安心して安全に暮らせる地域づくりに（　②　）ことが大切となります

⑴　（　①　）に入る適切な語句を次の語群から選び，記号で答えよ。

　　1　精神　　　2　重要性　　　3　価値　　　4　意義

⑵　（　②　）に入る適切な語句を次の語群から選び，記号で答えよ。

　　　1　関与する　　　2　協力する　　　3　貢献する　　　4　関心をもつ

⑶　（　③　）に入る適切な語句を次の語群から選び，記号で答えよ。

　　　1　形成者　　　2　主体者　　　3　保持者　　　4　受容者

7　次の文は，青少年が安全に安心してインターネットを利用できる環境の整備等に関する法律，及びいじめ防止対策推進法の条文である。下の⑴，⑵の各問いに答えよ。

青少年が安全に安心してインターネットを利用できる環境の整備等に関する法律

第9条　国及び地方公共団体は，青少年がインターネットを適切に活用する（　①　）を習得することができるよう，学校教育，社会教育及び家庭教育におけるインターネットの適切な利用に関する教育の推進に必要な施策を講ずるものとする。

いじめ防止対策推進法

第16条　学校の設置者及びその設置する学校は，当該学校におけるいじめを早期に発見するため，当該学校に在籍する児童等に対する定期的な（　②　）その他の必要な措置を講ずるものとする。

⑴　（　①　）に入る適切な語句を次の語群から選び，記号で答えよ。

　　1　能力　　　2　態度　　　3　知識　　　4　技能

⑵　（　②　）に入る適切な語句を次の語群から選び，記号で答えよ。

　　　1　相談　　　2　調査　　　3　指導　　　4　助言

8　以下の⑴～⑵の各問いに答えよ。

⑴　次の文は，「山口県教育振興基本計画　～未来を拓く　たくましい『やまぐちっ子』の育成～（2018年度～2022年度）」の一部である。下のア，イの各問いに答えよ。

　　★　高い志をもち，未来に向かって（　①　）し続ける人

　　★　知・徳・体の調和がとれた生きる力を身に付けるとともに，他者と協働しながら力強く生きていく人

　　★　郷土に誇りと愛着をもち，（　②　）な視点で社会に参画する人

　　　ア　（　①　）に入る適切な語句を次の語群から選び，記号で答えよ。

　　　　1　努力　　　2　前進　　　3　成長　　　4　挑戦

　　　イ　（　②　）に入る適切な語句を答えよ。

⑵　次の文は，「STEAM教育等の各教科等横断的な学習の推進について」（文部科学省）の一部である。□□□に入る適切な語句を下の語群から選び，記号で答えよ。

STEM（□，Technology, Engineering, Mathematics）に加え，芸術，文化，生活，経済，法律，政治，倫理等を含めた広い範囲でＡを定義し，各教科等での学習を実社会での問題発見・解決に生かしていくための教科等横断的な学習を推進することが重要

1　Safety　　2　Sauce　　3　Sociology　　4　Science

解答＆解説

1 **解答** (1)①ひとしく　(2)②—2　(3)目的　(4)—1

解説 (1)日本国憲法第26条第1項を参照。「教育を受ける権利」の規定。
(2)教育基本法第6条を参照。「学校教育」の規定。
(3)学校教育法施行規則第1条第1項を参照。「学校の施設設備と位置」の規定。
(4)学校教育法第3条を参照。「学校の設置基準」の規定。

2 **解答** (1)—4　(2)—3　(3)—2　(4)—3

解説 (1)地方公務員法第35条を参照。「職務に専念する義務」の規定。
(2)教育公務員特例法第1条を参照。「この法律の趣旨」の規定。
(3)教育職員免許法第1条を参照。「この法律の目的」の規定。
(4)地方教育行政の組織及び運営に関する法律第2条を参照。教育委員会の「設置」の規定。

3 **解答** (1)ロジャーズ　(2)①—3　②—2　③—4　(3)ア—1　イ—4　ウ—3
(4)手続き記憶

解説 (1)ロジャーズ（1902～87）は，クライエントの自発的な力が自らの問題解決や成長への促進として働き，カウンセラーはクライエントとの関係の中で，クライエントを心理的に受容し，クライエントのもつ感情を明確化させることによって治療を促進することを特徴とする来談者中心療法を開発した。
(2)中央教育審議会答申「『令和の日本型学校教育』の構築を目指して ～全ての子供たちの可能性を引き出す，個別最適な学びと，協働的な学びの実現～」（2021年1月26日，同年4月22日更新）の「第Ⅰ部　総論」を参照。
①・②「2．日本型学校教育の成り立ちと成果，直面する課題と新たな動きについて」「(1)日本型学校教育の成り立ちと成果」を参照。
③「4．『令和の日本型学校教育』の構築に向けた今後の方向性」「(3)これまでの実践とICTとの最適な組合せを実現する」を参照。
(3)ア：ワトソン（1878～1959）は，意識や心的生活などは仮定されたものにすぎず，実在するものは行動だけであり，すべての行動は刺激に対する反応であると見た。アルバート坊やの実験とは，白ネズミを子どもに見せると同時に大きな不快な音を立てることを繰り返したとき，白ネズミを見て恐怖反応が誘発されることを示した実験。白ネズミのみならず，白い布などにも恐怖反応を示したことが知られている。

山口県

イ：選択性緘黙は，多くの場合，幼稚園や保育園，あるいは小学校に行くと自発的な発話ができなくなる不適応行動である。

ウ：矢田部ギルフォード性格検査は質問紙法検査，バウム・テストとP-Fスタディは投影法検査。

(4)タルヴィング（1927〜）が長期記憶の内容を基に分類したもので，言葉で表現しやすい宣言的記憶と，それが容易ではない非宣言的記憶があり，このうちの非宣言的記憶に相当するのが手続き記憶である。

4 **解答**(1)個性　　(2)スクールカウンセラー　　(3)アー1　イー3　ウー2

(4) ①ー3　②ー4　③ー1

解説(1)『生徒指導提要』（2010年3月）の「第1章　生徒指導の意義と原理」「第1節　生徒指導の意義と課題」「1　生徒指導の意義」を参照。

(2)学校教育法施行規則第65条の3に「スクールカウンセラーは，小学校における児童の心理に関する支援に従事する」と規定されている（2017年4月1日施行，他校種にも準用）。

(3)①・②いじめ防止対策推進法第9条第1項を参照。「保護者の責務等」の規定。

③いじめ防止対策推進法第26条を参照。「出席停止制度の適切な運用等」の規定。

(4)文部科学省「学校安全資料『生きる力』をはぐくむ学校での安全教育」（2019年3月）を参照。

①「第1章　総説」「第1節　学校安全の意義」「1　学校安全の意義」を参照。

②「第2章　学校における安全教育」「第1節　安全教育の目標」冒頭の「ポイント」を参照。

③「第3章　学校における安全管理」「第1節　学校における安全管理の考え方」冒頭の「ポイント」を参照。

5 **解答**(1)アー2　イー1　(2)アー3　イー2　ウー4

解説(1)文部科学省「発達障害を含む障害のある幼児児童生徒に対する教育支援体制整備ガイドライン　〜発達障害等の可能性の段階から，教育的ニーズに気付き，支え，つなぐために〜」（2017年3月）の「第1部　概論（導入編）」「〈特別支援教育の理念〉」を参照。

(2)文部科学省「障害のある子供の教育支援の手引　〜子供たち一人一人の教育的ニーズを踏まえた学びの充実に向けて〜」（2021年6月）の「第2編　就学に関する相談・支援，就学先決定，就学先変更のモデルプロセス」「第1章　就学先決定等の仕組みに関する基本的な考え方」を参照。

6 **解答**①ー4　②ー3　③ー2

解説「山口県人権推進指針　〜県民一人ひとりの人権が尊重された心豊かな地域社会をめざして〜」（2012年3月）の「第3　指針の基本理念，キーワード」「2　キーワード」を参照。同指針は，人間尊重を基本的な考え方として，「県民一人ひとりの人権が尊重された心豊かな地域社会」を実現するための基本方針として策定されたもので，これに基づいて総合的な人権に関する取組が推進されている。

7 **解答**(1)ー1　(2)ー2

解説 (1)青少年が安全に安心してインターネットを利用できる環境の整備等に関する法律第9条第1項を参照。「インターネットの適切な利用に関する教育の推進等」の規定。

(2)いじめ防止対策推進法第16条第1項を参照。「いじめの早期発見のための措置」の規定。

8 解答 (1)①— 4　②グローバル　　(2)— 4

解説 (1)山口県教育委員会「山口県教育振興基本計画　～未来を拓（ひら）く　たくましい『やまぐちっ子』の育成（～2018年度～2022年度）」(2018年10月) の「第2章　教育目標，目標達成に向けて」「1　本県教育の目標」「未来を拓（ひら）く　たくましい「やまぐちっ子」の育成」「やまぐちっ子のすがた」を参照。同計画では，「生きる力」の育成をめざした前計画の教育目標「未来を拓く　たくましい『やまぐちっ子』の育成」を継承し，これからの複雑で予測が困難な時代にあって，子どもたちが社会の変化に対応しながら，主体的に未来を切り拓く力の育成に取り組むこととしている。

(2)文部科学省「STEAM教育等の各教科等横断的な学習の推進について」の「4 (1)中央教育審議会答申（令和3年1月26日）（抜粋）」を参照。

香川県

実施日	2022(令和4)年7月17日	試験時間	60分（一般教養を含む）
出題形式	マークシート式	問題数	7題（解答数15）
パターン	原理・法規＋心理・ローカル	公開状況	問題：公開　解答：公開　配点：公開

傾向&対策

●教職教養の大問7題のうち1題が【小学校】【中学校】【高等学校】の校種別問題で，教育原理の学習指導要領の「総則」及び「特別活動」より（養護教諭，栄養教諭，特別支援学校（自立活動）は校種を選択）。●共通問題で最も解答数の多い教育法規は，教育基本法，学校教育法，地方公務員法などの頻出条文の空欄補充問題と正誤判定問題が定番。●必出のローカル問題は，2023年4月に開校する小豆地域在住の知的障害のある児童生徒を対象とした県立学校の名称（香川県立小豆島みんなの支援学校）。●共通問題の教育原理は，学校評議員制度（法的根拠は学校教育法施行規則），自閉症の特徴。●教育心理は，カウンセリングにおける信頼関係を示すラポールと，ロールシャッハ・テストを選択する問題。

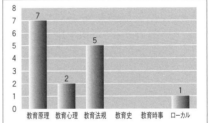

【各校種共通】

出題領域

教育原理	教育課程・学習指導要領		総則	4	特別の教科　道徳	
	外国語活動		総合的な学習(探究)の時間		特別活動	1
	学習指導		生徒指導		学校・学級経営	1
	特別支援教育	1	人権・同和教育		その他	
教育心理	発達		学習		性格と適応	1
	カウンセリングと心理療法	1	教育評価		学級集団	
教育法規	教育の基本理念	1	学校教育		学校の管理と運営	1
	児童生徒		教職員		その他	1
教育史	日本教育史		西洋教育史			
教育時事	答申・統計		ローカル	1		

※表中の数字は，解答数

全校種共通

☞解答&解説 p.410

1 香川県教育委員会は，小豆地域（土庄町，小豆島町）在住の知的障害のある児童生徒を対象とした県立学校を令和5年4月に開校する予定である。この新設校の名称は何か。次の①～④から一つ選べ。

①香川県立小豆島みんなの支援学校　②香川県立小豆島特別支援学校

②香川県立小豆島みんなの養護学校　④香川県立小豆島養護学校

2 学校評議員制度について述べた次の①～④のうち，正しいものはどれか。一つ選べ。

①　学校評議員は，学校の設置者の推薦を受け，校長により委嘱される。

②　学校評議員は，校長の求めに応じ，校長の行う学校運営に対して意見を述べることができる。

③　学校評議員には，当該学校の職員を含め，有識者，保護者等，教育に関する見識がある者を選ばなければならない。

④　学校評議員に意見を求める事項については，事前に学校の設置者に了承を得なければならない。

3 カウンセリングにおいて，悩みを打ち明ける側と悩みを聞く側の相互の信頼関係のことを何というか。次の①～④から一つ選べ。

①リビドー　　②クライエント　　③レディネス　　④ラポール

4 スイスの心理学者ヘルマン・ロールシャッハによって開発されたロールシャッハ・テストについて説明したものはどれか。次の①～④のうち，一つ選べ。

①　3枚の画用紙を渡し，「家」，「木」，「人」の順番で1つずつ描かせる。

②　左右対称のインクの染みが描いている図を10枚順番に提示し，何に見えるかなどを回答させる。

③　1本の実のなる木を鉛筆で描かせる。

④　2人の人物が描かれたイラストを見て，欲求不満状態に置かれた片方の人物の発言に対し，何と返答するかを自由に書かせる。

5 次の文は，ある障害の特徴について述べたものである。あとの①～④のうち，この文が示す障害として最も適切なものはどれか。一つ選べ。

他者との社会的関係の形成の困難さ，言葉の発達の遅れ，興味や関心が狭く特定のものにこだわることを特徴とする発達の障害です。その特徴は，3歳くらいまでに現れることが多いですが，成人期に症状が顕在化することもあります。中枢神経系に何らかの機能不全があると推定されています。

①注意欠陥多動性障害　　②言語障害　　③学習障害　　④自閉症

6 次のⅠ～Ⅴは，現在施行されている法令の条文からそれぞれ引用したものである。これらを読んで，あとの(1)～(5)の問いに答えよ。

Ⅰ　国民は，すべての基本的人権の享有を妨げられない。この憲法が国民に保障する基本的人権は，侵すことのできない（　X　）の権利として，現在及び将来の国民に与へられる。　　　　　　　　　　　　　　　　　　　　　　　　　　　　【日本国憲法】

Ⅱ　教育は，人格の（　Y　）を目指し，平和で民主的な国家及び社会の（　Z　）として

香川県

必要な資質を備えた心身ともに健康な国民の育成を期して行われなければならない。

【教育基本法】

Ⅲ　小学校は，文部科学大臣の定めるところにより当該小学校の教育活動その他の学校運営の状況について評価を行い，その結果に基づき学校運営の改善を図るため必要な措置を講ずることにより，その教育水準の向上に努めなければならない。

※幼稚園，中学校，義務教育学校，高等学校，中等教育学校，特別支援学校等にもそれぞれ準用。

【学校教育法】

Ⅳ　職員の採用は，全て条件付のものとし，当該職員がその職において６月を勤務し，その間その職務を良好な成績で遂行したときに正式採用になるものとする。この場合において，人事委員会等は，人事委員会規則（人事委員会を置かない地方公共団体においては，地方公共団体の規則）で定めるところにより，条件付採用の期間を１年に至るまで延長することができる。

【地方公務員法】

Ⅴ　校長は，その学校に在学する児童等の指導要録（学校教育法施行令第31条に規定する児童等の学習及び健康の状況を記録した書類の原本をいう。以下同じ。）を作成しなければならない。

【学校教育法施行規則】

(1)　Ⅰの条文は，日本国憲法第11条を示そうとしたものである。文中のXの（　　　）内にあてはまる語句として正しいものは，次の①〜④のうちのどれか。一つ選べ。

①固有　　②普遍　　③特別　　④永久

(2)　Ⅱの条文は，教育基本法第１条を示そうとしたものである。文中のY，Zの（　　　）内にあてはまる語句の組合せとして正しいものは，次の①〜④のうちのどれか。一つ選べ。

①Y―完成　　　Z―形成者　　②Y―完成　　　Z―主権者

③Y―尊重　　　Z―形成者　　④Y―尊重　　　Z―主権者

(3)　Ⅲの条文は，学校教育法第42条であり，学校評価について規定している。次の①〜④のうち，学校評価に関する記述として誤っているものはどれか。一つ選べ。

①　各学校が，自らの教育活動その他の学校運営について，目指すべき目標を設定し，その達成状況や達成に向けた取組の適切さ等について評価することにより，学校として組織的・継続的な改善を図ることが求められている。

②　各学校が，学校評価における評価項目・指標等を設定する際は，文部科学省が作成した「学校評価ガイドライン」に示された評価項目・指標等のすべてを網羅して設定しなければならないことが求められている。

③　各学校が，自己評価及び保護者など学校関係者等による評価の実施とその結果の公表・説明により，適切に説明責任を果たすとともに，保護者，地域住民等から理解と参画を得て，学校・家庭・地域の連携協力による学校づくりを進めることが求められている。

④　各学校の設置者等が，学校評価の結果に応じて，学校に対する支援や条件整備等の改善措置を講ずることにより，一定水準の教育の質を保証し，その向上を図ることが求められている。

(4)　Ⅳの条文は，地方公務員法第22条であるが，ある法令により公立の小学校，中学

校，義務教育学校，高等学校，中等教育学校，特別支援学校，幼稚園及び幼保連携型認定こども園の教諭等に係る地方公務員法第22条に規定する採用については，同条中「6月」とあるのは「1年」として同条の規定を適用すると定められている。この規定を定めている法令は何か。次の①～④から一つ選べ。

①地方教育行政の組織及び運営に関する法律　　②労働基準法

③教育職員免許法　　④教育公務員特例法

(5)　Vの条文は，学校教育法施行規則第24条第1項であり，指導要録の作成について規定している。指導要録は，学籍に関する記録と指導に関する記録からなる。次の①～④のうち，学籍に関する記録と指導に関する記録の保存年限の組合せとして正しいものはどれか。一つ選べ。

①学籍に関する記録—20年　　　　指導に関する記録—10年

②学籍に関する記録—20年　　　　指導に関する記録—5年

③学籍に関する記録—15年　　　　指導に関する記録—10年

④学籍に関する記録—15年　　　　指導に関する記録—5年

校種別選択問題

　小学校を第一志望とする者及び特別支援学校小学部を志望する者は 7 を，中学校を第一志望とする者及び特別支援学校中学部を志望する者は 8 を，高等学校及び特別支援学校高等部を志望する者は 9 を解答すること。

　また，養護教諭，栄養教諭及び特別支援学校自立活動を志望する者は 7 ～ 9 のうちから一問を選んで解答すること。選択した問題ごとに解答番号が異なるので，間違えないよう注意すること。

7　**小学校学習指導要領（平成29年告示）に関する次の(1)～(4)の問いに答えよ。**

(1)　次の文は，学習指導要領の「第1章　総則　第2　教育課程の編成　2　教科等横断的な視点に立った資質・能力の育成」を示そうとしたものである。文中のX，Yの（　　）内にあてはまる語句は何か。あとの①～⑥からそれぞれ一つずつ選べ。

(1)　各学校においては，児童の発達の段階を考慮し，言語能力，情報活用能力（情報モラルを含む。），（ X ）等の学習の基盤となる資質・能力を育成していくことができるよう，各教科等の特質を生かし，教科等横断的な視点から教育課程の編成を図るものとする。

(2)　各学校においては，児童や学校，地域の実態及び児童の発達の段階を考慮し，豊かな人生の実現や災害等を乗り越えて次代の社会を形成することに向けた（ Y ）に対応して求められる資質・能力を，教科等横断的な視点で育成していくことができるよう，各学校の特色を生かした教育課程の編成を図るものとする。

①問題発見・解決能力　　②情報発信・実行力　　③状況把握・調整力

④地球規模の多文化共生　　⑤急速な技術革新　　⑥現代的な諸課題

(2)　学習指導要領の「第1章　総則　第3　教育課程の実施と学習評価」の内容について述べた次の①～④のうち，誤っているものはどれか。一つ選べ。

香川県

① 学習評価の実施に当たっては創意工夫の中で学習評価の妥当性や信頼性が高められるよう，組織的かつ計画的な取組を推進する。

② 学習の対象となる物事を捉え思考することにより，各教科等の特質に応じた見方・考え方が鍛えられていくことに留意する。

③ 児童が知識を相互に関連付けてより多く蓄積したり，情報を引用して考えを形成したりすることに向かう過程を重視する。

④ 児童が学習の見通しを立てたり学習したことを振り返ったりする活動を，計画的に取り入れるように工夫する。

(3) 次の文は，学習指導要領の「第1章　総則　第3　教育課程の実施と学習評価」の一部を示そうとしたものである。文中の（　　）内にあてはまる語句は何か。あとの①～④から一つ選べ。

学校図書館を計画的に利用しその機能の活用を図り，児童の主体的・対話的で深い学びの実現に向けた授業改善に生かすとともに，児童の（　　）な学習活動や読書活動を充実すること。また，地域の図書館や博物館，美術館，劇場，音楽堂等の施設の活用を積極的に図り，資料を活用した情報の収集や鑑賞等の学習活動を充実すること。

①創造的，発展的　　②探究的，応用的　　③段階的，持続的

④自主的，自発的

(4) 次の文は，学習指導要領の「第6章　特別活動　第2　各活動・学校行事の目標及び内容」の一部を示したものである。この文はあとの①～④のうち，どの学校行事を説明したものか。一つ選べ。

自然の中での集団宿泊活動などの平素と異なる生活環境にあって，見聞を広め，自然や文化などに親しむとともに，よりよい人間関係を築くなどの集団生活の在り方や公衆道徳などについての体験を積むことができるようにすること。

①文化的行事　　②健康安全・体育的行事　　③遠足・集団宿泊的行事

④勤労生産・奉仕的行事

8 中学校学習指導要領（平成29年告示）に関する次の(1)～(4)の問いに答えよ。

(1) 次の文は，学習指導要領の「第1章　総則　第2　教育課程の編成　2　教科等横断的な視点に立った資質・能力の育成」を示そうとしたものである。文中のX，Yの（　　）内にあてはまる語句は何か。あとの①～⑥からそれぞれ一つずつ選べ。

(1) 各学校においては，生徒の発達の段階を考慮し，言語能力，情報活用能力（情報モラルを含む。），（ X ）等の学習の基盤となる資質・能力を育成していくことができるよう，各教科等の特質を生かし，教科等横断的な視点から教育課程の編成を図るものとする。

(2) 各学校においては，生徒や学校，地域の実態及び生徒の発達の段階を考慮し，豊かな人生の実現や災害等を乗り越えて次代の社会を形成することに向けた（ Y ）に対応して求められる資質・能力を，教科等横断的な視点で育成していくことができるよう，各学校の特色を生かした教育課程の編成を図るものとする。

①問題発見・解決能力　　②情報発信・実行力　　③状況把握・調整力

④地球規模の多文化共生　　　⑤急速な技術革新　　　⑥現代的な諸課題

(2)　学習指導要領の「第1章　総則　第3　教育課程の実施と学習評価」の内容について述べた次の①～④のうち，誤っているものはどれか。一つ選べ。

　①　学習評価の実施に当たっては創意工夫の中で学習評価の妥当性や信頼性が高められるよう，組織的かつ計画的な取組を推進する。

　②　学習の対象となる物事を捉え思考することにより，各教科等の特質に応じた見方・考え方が鍛えられていくことに留意する。

　③　生徒が知識を相互に関連付けてより多く蓄積したり，情報を引用して考えを形成したりすることに向かう過程を重視する。

　④　生徒が学習の見通しを立てたり学習したことを振り返ったりする活動を，計画的に取り入れるように工夫する。

(3)　次の文は，学習指導要領の「第1章　総則　第3　教育課程の実施と学習評価」の一部を示そうとしたものである。文中の（　　　）内にあてはまる語句は何か。あとの①～④から一つ選べ。

　学校図書館を計画的に利用しその機能の活用を図り，生徒の主体的・対話的で深い学びの実現に向けた授業改善に生かすとともに，生徒の（　　　）な学習活動や読書活動を充実すること。また，地域の図書館や博物館，美術館，劇場，音楽堂等の施設の活用を積極的に図り，資料を活用した情報の収集や鑑賞等の学習活動を充実すること。

　①創造的，発展的　　　②探究的，応用的　　　③段階的，持続的
　④自主的，自発的

(4)　次の文は，学習指導要領の「第5章　特別活動　第2　各活動・学校行事の目標及び内容」の一部を示したものである。この文はあとの①～④のうち，どの学校行事を説明したものか。一つ選べ。

　平素と異なる生活環境にあって，見聞を広め，自然や文化などに親しむとともに，よりよい人間関係を築くなどの集団生活の在り方や公衆道徳などについての体験を積むことができるようにすること。

　①文化的行事　　　②健康安全・体育的行事　　　③旅行・集団宿泊的行事
　④勤労生産・奉仕的行事

9　**高等学校学習指導要領（平成30年告示）に関する次の(1)～(4)の問いに答えよ。**

(1)　次の文は，学習指導要領の「第1章　総則　第2款　教育課程の編成　2　教科等横断的な視点に立った資質・能力の育成」を示そうとしたものである。文中のX，Yの（　　　）内にあてはまる語句は何か。あとの①～⑥からそれぞれ一つずつ選べ。

　(1)　各学校においては，生徒の発達の段階を考慮し，言語能力，情報活用能力（情報モラルを含む。），（　X　）等の学習の基盤となる資質・能力を育成していくことができるよう，各教科・科目等の特質を生かし，教科等横断的な視点から教育課程の編成を図るものとする。

　(2)　各学校においては，生徒や学校，地域の実態及び生徒の発達の段階を考慮し，豊かな人生の実現や災害等を乗り越えて次代の社会を形成することに向けた（　Y　）

香川県

に対応して求められる資質・能力を，教科等横断的な視点で育成していくことができるよう，各学校の特色を生かした教育課程の編成を図るものとする。
①問題発見・解決能力　②情報発信・実行力　③状況把握・調整力
④地球規模の多文化共生　⑤急速な技術革新　⑥現代的な諸課題

(2) 学習指導要領の「第1章　総則　第3款　教育課程の実施と学習評価」の内容について述べた次の①～④のうち，誤っているものはどれか。一つ選べ。
① 学習評価の実施に当たっては創意工夫の中で学習評価の妥当性や信頼性が高められるよう，組織的かつ計画的な取組を推進する。
② 学習の対象となる物事を捉え思考することにより，各教科・科目等の特質に応じた見方・考え方が鍛えられていくことに留意する。
③ 生徒が知識を相互に関連付けてより多く蓄積したり，情報を引用して考えを形成したりすることに向かう過程を重視する。
④ 生徒が学習の見通しを立てたり学習したことを振り返ったりする活動を，計画的に取り入れるように工夫する。

(3) 次の文は，学習指導要領の「第1章　総則　第3款　教育課程の実施と学習評価」の一部を示そうとしたものである。文中の（　）内にあてはまる語句は何か。あとの①～④から一つ選べ。
　学校図書館を計画的に利用しその機能の活用を図り，生徒の主体的・対話的で深い学びの実現に向けた授業改善に生かすとともに，生徒の（　）な学習活動や読書活動を充実すること。また，地域の図書館や博物館，美術館，劇場，音楽堂等の施設の活用を積極的に図り，資料を活用した情報の収集や鑑賞等の学習活動を充実すること。
①創造的，発展的　　②探究的，応用的　　③段階的，持続的
④自主的，自発的

(4) 次の文は，学習指導要領の「第5章　特別活動　第2　各活動・学校行事の目標及び内容」の一部を示したものである。この文はあとの①～④のうち，どの学校行事を説明したものか。一つ選べ。
　平素と異なる生活環境にあって，見聞を広め，自然や文化などに親しむとともに，よりよい人間関係を築くなどの集団生活の在り方や公衆道徳などについての体験を積むことができるようにすること。
①文化的行事　　②健康安全・体育的行事　　③旅行・集団宿泊的行事
④勤労生産・奉仕的行事

解答&解説

1 解答 ①
　解説 ①香川県立小豆島みんなの支援学校は，小豆地域における特別支援教育の充実を図るため，小豆地域の方々とともに子どもたちを育むという基本理念の下，地域に開かれた学校を目指している。

2 解答 ②

| 解説 | 学校教育法施行規則第49条を参照。「学校評議員の設置」の規定。

②第2項を参照。

①第3項を参照。「校長」の推薦により，「当該小学校の設置者」が委嘱する。

③第3項を参照。委員は，「当該小学校の職員以外の者」から委嘱しなければならない。

④第2項を参照。意見を求める事項の事前の了承については規定されていない。

3 解答 ④

解説 ④ラポールは，カウンセリングや心理療法，心理テストなどの心理的面接場面で必要とされる，面接者と被面接者との間の信頼関係。ラポールが十分に形成できていない場合，クライエントは自己が抱えている心の問題をカウンセラーに伝えにくい。

4 解答 ②

解説 ①家と木と人テスト（HTPテスト），③バウムテスト（樹木画テスト），④絵画欲求不満検査（P-Fスタディ）。

5 解答 ④

解説 文部科学省「障害のある子供の教育支援の手引　～子供たち一人一人の教育的ニーズを踏まえた学びの充実に向けて～」（2021年6月）の「第3編　障害の状態等に応じた教育的対応」「Ⅶ　自閉症」を参照。

④自閉症には3つの特徴があり，知的発達の遅れを伴わないものを「高機能自閉症」，知的発達の遅れを伴わず，かつ，自閉症の特徴のうち言葉の発達の遅れが比較的目立たないものを「アスペルガー症候群」という。なお，高機能自閉症とは，知的発達の遅れを伴わない自閉症を指す。同様に，アスペルガー症候群（アスペルガー障害）は，自閉症の上位概念である広汎性発達障害の一つに分類され，知的発達と言語発達に遅れはなく，設問の3つの自閉症の特性のうち，2つ目の言葉の発達の遅れが比較的目立たない。

6 解答 (1)―④　　(2)―①　　(3)―②　　(4)―④　　(5)―②

解説 (1)Ⅰ：日本国憲法第11条を参照。「基本的人権の享有と本質」の規定。

(2)Ⅱ：教育基本法第1条を参照。「教育の目的」の規定。

(3)Ⅲ：学校教育法第42条を参照。「学校運営評価」の規定。

文部科学省「学校評価ガイドライン〔平成28年改訂〕」（2016年3月22日）を参照。

②「はじめに」を参照。「本ガイドラインは，各学校や設置者における学校評価の取組の参考に資するよう，その目安となる事項を示すものである。したがって，学校評価が必ずこれに沿って実施されなければならないことを示す性質のものではない」と示されている。

①・③・④「1．学校評価の目的，定義と流れ」「①学校評価の目的」「学校評価の必要性と目的」を参照。

(4)Ⅳ：地方公務員法第22条を参照。「条件付採用」の規定。規定を定めているのは教育公務員特例法第12条「条件付任用」。地方公務員法と教育公務員特例法は，一般法と特別法の関係にあり，特別法に定めのある場合は特別法が優先され，な

香川県

いものについては一般法が適用される。

(5)Ⅴ：学校教育法施行規則第24条第1項を参照。「指導要録」の規定。指導要録など備付表簿の保存期間は，同法施行規則第28条に定められている。

7 解答 【小学校】(1)X—① Y—⑥ (2)—③ (3)—④ (4)—③

解説 (1)平成29年版小学校学習指導要領（2017年3月31日告示）の「第1章 総則」「第2 教育課程の編成」「2 教科等横断的な視点に立った資質・能力の育成」を参照。

(2)平成29年版小学校学習指導要領（2017年3月31日告示）の「第1章 総則」「第3 教育課程の実施と学習評価」を参照。

③「1 主体的・対話的で深い学びの実現に向けた授業改善」の(1)を参照。「知識を相互に関連付けてより深く理解したり，情報を精査して考えを形成したり，問題を見いだして解決策を考えたり，思いや考えを基に創造したりすることに向かう過程を重視した学習の充実を図ること」と示されている。

①「2 学習評価の充実」の(2)を参照。

②「1 主体的・対話的で深い学びの実現に向けた授業改善」の(1)を参照。

④「1 主体的・対話的で深い学びの実現に向けた授業改善」の(4)を参照。

(3)平成29年版小学校学習指導要領（2017年3月31日告示）の「第1章 総則」「第3 教育課程の実施と学習評価」「1 主体的・対話的で深い学びの実現に向けた授業改善」の(7)を参照。

(4)平成29年版小学校学習指導要領（2017年3月31日告示）の「第6章 特別活動」「第2 各活動・学校行事の目標及び内容」「〔学校行事〕「2 内容」「(4)遠足・集団宿泊的行事」を参照。

8 解答 【中学校】(1)X—① Y—⑥ (2)—③ (3)—④ (4)—③

解説 (1)平成29年版中学校学習指導要領（2017年3月31日告示）の「第1章 総則」「第2 教育課程の編成」「2 教科等横断的な視点に立った資質・能力の育成」を参照。

(2)平成29年版中学校学習指導要領（2017年3月31日告示）の「第1章 総則」「第3 教育課程の実施と学習評価」を参照。

③「1 主体的・対話的で深い学びの実現に向けた授業改善」の(1)を参照。「知識を相互に関連付けてより深く理解したり，情報を精査して考えを形成したり，問題を見いだして解決策を考えたり，思いや考えを基に創造したりすることに向かう過程を重視した学習の充実を図ること」と示されている。

①「2 学習評価の充実」の(2)を参照。

②「1 主体的・対話的で深い学びの実現に向けた授業改善」の(1)を参照。

④「1 主体的・対話的で深い学びの実現に向けた授業改善」の(4)を参照。

(3)平成29年版中学校学習指導要領（2017年3月31日告示）の「第1章 総則」「第3 教育課程の実施と学習評価」「1 主体的・対話的で深い学びの実現に向けた授業改善」の(7)を参照。

(4)平成29年版中学校学習指導要領（2017年3月31日告示）の「第5章 特別活動」

「第2　各活動・学校行事の目標及び内容」「〔学校行事〕」「2　内容」「(4)旅行・集団宿泊的行事」を参照。

9 |解答| 【高等学校】(1)X—①　Y—⑥　(2)—③　(3)—④　(4)—③

|解説| (1)平成30年版高等学校学習指導要領（2018年3月30日告示）の「第1章　総則」「第2款　教育課程の編成」「2　教科等横断的な視点に立った資質・能力の育成」を参照。

(2)平成30年版高等学校学習指導要領（2018年3月30日告示）の「第1章　総則」「第3款　教育課程の実施と学習評価」を参照。

③「1　主体的・対話的で深い学びの実現に向けた授業改善」の(1)を参照。「知識を相互に関連付けてより深く理解したり，情報を精査して考えを形成したり，問題を見いだして解決策を考えたり，思いや考えを基に創造したりすることに向かう過程を重視した学習の充実を図ること」と示されている。

①「2　学習評価の充実」の(2)を参照。

②「1　主体的・対話的で深い学びの実現に向けた授業改善」の(1)を参照。

④「1　主体的・対話的で深い学びの実現に向けた授業改善」の(4)を参照。

(3)平成30年版高等学校学習指導要領（2018年3月30日告示）の「第1章　総則」「第3款　教育課程の実施と学習評価」「1　主体的・対話的で深い学びの実現に向けた授業改善」の(6)を参照。

(4)平成30年版高等学校学習指導要領（2018年3月30日告示）の「第5章　特別活動」「第2　各活動・学校行事の目標及び内容」「〔学校行事〕」「2　内容」「(4)旅行・集団宿泊的行事」を参照。

香川県

愛 媛 県

実施日	2022（令和4）年7月21日	試験時間	20分
出題形式	選択＋記述式	問題数	小中高養栄：7題（解答数35） 特：8題（解答数40題）
パターン	小中高養栄：時事・法規＋原理・教育史 特：原理・時事・法規＋教育史	公開状況	問題：公開　解答：公開　配点：公開

傾向＆対策

●教職教養は，【小学校・中学校・高等学校・養護教諭・栄養教諭】と【特別支援学校】で別問題。●教育原理は，どちらも「総則」が必出。【特別支援学校】は自立活動から出題あり。●教育時事は，「令和の日本型学校教育」に関する中央教育審議会答申（2021年1月）が共通で，【小学校・中学校・高等学校・養護教諭・栄養教諭】は「ヤングケアラー」「持続可能な開発のための2030アジェンダ」，【特別支援学校】は「インクルーブ教育システム」「障害のある子供の教育支援の手引」。

【小学校・中学校・高等学校・養護教諭・栄養教諭】

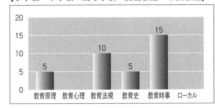

【特別支援学校】

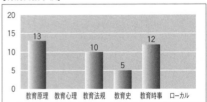

出題領域

教育原理	学習指導要領・自立活動	8		総則	5	5	特別の教科　道徳		
	外国語・外国語活動			総合的な学習（探究）の時間			特別活動		
	学習指導			生徒指導			学校・学級経営		
	特別支援教育	↓時事	↓時事	人権・同和教育			自立活動		
教育心理	発達			学習			性格と適応		
	カウンセリングと心理療法			教育評価			学級集団		
教育法規	教育の基本理念	1	1	学校教育			学校の管理と運営		
	児童生徒	5	5	教職員	4	4	その他		
教育史	日本教育史	2	1	西洋教育史	3	4			
教育時事	答申・統計	15	12	ローカル					

※表中の数字は，解答数　小中高養栄｜特

小中高養栄共通

☞解答＆解説 p.422

1 次の文は，小学校（平成29年３月告示）学習指導要領「総則」の一部である。文中の（ ア ）～（ オ ）に当てはまる言葉を書け。なお，中学校の学習指導要領においては，文中の児童は生徒と，高等学校の学習指導要領においては，文中の児童は生徒と，各教科は各教科・科目と，学級経営はホームルーム経営と表記されている。

○ 児童のよい点や進歩の状況などを積極的に評価し，学習したことの意義や価値を実感できるようにすること。また，各教科等の目標の実現に向けた学習状況を把握する観点から，単元や題材など内容や（ ア ）のまとまりを見通しながら評価の場面や方法を工夫して，学習の（ イ ）や成果を評価し，指導の（ ウ ）や学習意欲の向上を図り，資質・能力の育成に生かすようにすること。

○ 学習や生活の基盤として，教師と児童との信頼関係及び児童相互のよりよい人間関係を育てるため，日頃から学級経営の充実を図ること。また，主に集団の場面で必要な指導や援助を行う（ エ ）と，個々の児童の多様な実態を踏まえ，一人一人が抱える課題に個別に対応した指導を行う（ オ ）の双方により，児童の発達を支援すること。

2 次の表は，法令名と条項及びその条文の一部を示したものである。表中の（ ア ）～（ オ ）に当てはまる法令名又は言葉を下のＡ～Ｊから一つずつ選び，その記号を書け。

法令名	条項	条文
学校教育法	第37条 第４項	校長は，（ ア ）をつかさどり，所属職員を監督する。
教育公務員特例法	第１条	この法律は，教育を通じて（ イ ）全体に奉仕する教育公務員の職務とその責任の特殊性に基づき，教育公務員の任免，人事評価，給与，分限，懲戒，服務及び研修等について規定する。
（ ウ ）	第２条 第１項 第一号	幅広い知識と教養を身に付け，真理を求める態度を養い，豊かな情操と道徳心を培うとともに，健やかな身体を養うこと。
地方公務員法	第35条	職員は，法律又は条例に特別の定がある場合を除く外，その勤務時間及び職務上の（ エ ）のすべてをその職責遂行のために用い，当該地方公共団体がなすべき責を有する職務にのみ従事しなければならない。
（ オ ）	第37条 第１項	市町村立学校職員給与負担法（昭和23年法律第135号）第１条及び第２条に規定する職員（以下「県費負担教職員」という。）の任命権は，都道府県委員会に属する。

Ａ 国民　　　Ｂ 地方教育行政の組織及び運営に関する法律

Ｃ 能力　　　Ｄ 日本国憲法　　　Ｅ 教育基本法

Ｆ 公立の義務教育諸学校等の教育職員の給与等に関する特別措置法

Ｇ 社会　　　Ｈ 注意力　　　Ｉ 学校経営　　　Ｊ 校務

3 次の文は，いじめ防止対策推進法（平成25年　法律第71号）の一部である。文中の

愛媛県

415

（ ア ）～（ オ ）に当てはまる言葉を下のA～Jから一つずつ選び，その記号を書け。

第23条　学校の教職員，地方公共団体の職員その他の児童等からの相談に応じる者及び児童等の保護者は，児童等からいじめに係る相談を受けた場合において，いじめの事実があると思われるときは，いじめを受けたと思われる児童等が在籍する学校への通報その他の適切な措置をとるものとする。

2　学校は，前項の規定による通報を受けたときその他当該学校に在籍する児童等がいじめを受けていると思われるときは，速やかに，当該児童等に係るいじめの（ ア ）の確認を行うための措置を講ずるとともに，その結果を当該学校の設置者に報告するものとする。

3　学校は，前項の規定による事実の確認によりいじめがあったことが確認された場合には，いじめをやめさせ，及びその再発を防止するため，当該学校の（ イ ）によって，心理，福祉等に関する専門的な知識を有する者の協力を得つつ，いじめを受けた児童等又はその保護者に対する支援及びいじめを行った児童等に対する指導又はその保護者に対する助言を継続的に行うものとする。

4　学校は，前項の場合において必要があると認めるときは，いじめを行った児童等についていじめを受けた児童等が使用する教室以外の場合において学習を行わせる等いじめを受けた児童等その他の児童等が（ ウ ）教育を受けられるようにするために必要な措置を講ずるものとする。

5　学校は，当該学校の教職員が第3項の規定による支援又は指導若しくは助言を行うに当たっては，いじめを受けた児童等の保護者といじめを行った児童等の保護者との間で争いが起きることのないよう，いじめの事案に係る情報をこれらの保護者と（ エ ）するための措置その他の必要な措置を講ずるものとする。

6　学校は，いじめが（ オ ）として取り扱われるべきものであると認めるときは所轄警察署と連携してこれに対処するものとし，当該学校に在籍する児童等の生命，身体又は財産に重大な被害が生じるおそれがあるときは直ちに所轄警察署に通報し，適切に，援助を求めなければならない。

A　安心して　　B　生徒指導主事　　C　事実の有無　　D　重大事態

E　調査　　　　F　複数の教職員　　G　共有　　　　　H　平等に

I　犯罪行為　　J　発生時期

4 次の文は，「ヤングケアラーの支援に向けた福祉・介護・医療・教育の連携プロジェクトチーム報告」（令和3年5月17日　厚生労働省・文部科学省ヤングケアラーの支援に向けた福祉・介護・医療・教育の連携プロジェクトチーム会議）の一部である。文中の（ ア ）～（ オ ）に当てはまる言葉を下のA～Jから一つずつ選び，その記号を書け。

3　厚生労働省・文部科学省として今後取り組むべき施策について

(1)　早期発見・把握について

　　ヤングケアラーは，家庭内のデリケートな問題であること，本人や家族に（ ア ）がないといった理由から，支援が必要であっても表面化しにくい構造となっている。支援を行うにあたっては，まずは，福祉，介護，医療，教育等といった様々な分野

が連携し，（　イ　）により，潜在化しがちなヤングケアラーを早期に発見すること
が重要である。

　　他方で，子どもの中には家族の状況を知られることを恥ずかしいと思ったり，家
族のケアをすることが（　ウ　）になったりしている場合もあることに留意する必要
があり，支援を行う際には，まずはしっかりと子どもの気持ちに寄り添い，支援が
必要なのか，どのような支援が欲しいのか等について聞き取ることも重要である。

　　また，今回，全国規模の実態調査を実施したが，それぞれの地方自治体において
も実態把握のための調査が実施されることが望まれる。

ア　学校においてヤングケアラーを把握する取組

　　学校の教職員は，子どもと接する時間が長く，日々の（　エ　）に気づきやすい
ことから，ヤングケアラーを発見しやすい立場にあるといえるが，教職員へのヤン
グケアラーの概念の周知は十分ではない。

　　また，日頃からの子ども本人の（　オ　）や，例えば保護者面談や各種行事等，
保護者が学校に関わる様々な機会において，教職員がヤングケアラーの特性を踏
まえて子ども本人や保護者と接することで，家庭における子どもの状況に気付き，
必要に応じて学校におけるケース会議等において関係者間で情報を共有する等の
取組が，ヤングケアラーの早期発見・把握につながる可能性がある。

　　A　成長　　　B　自覚　　　C　アウトリーチ　　　D　訴え　　　E　生きがい
　　F　苦痛　　　G　強制捜査　　　H　変化　　　I　被害　　　J　観察

5　次のア～オの文は，ある人物について説明したものである。その人物名を下のA～J
から一つずつ選び，その記号を書け。

ア　イギリスの哲学者・教育学者（1820～1903）。教育の有用性は，個人の生活活動そ
のものから創り出さなくてはならないとし，個人の生活を構成する主要な活動の領域
をまず分類して，個人の生活の維持に関わる直接性・有用性からその価値の序列を決
定するとした。著書に『教育論』がある。

イ　日本の教育者・教育学者（1854～1910）。ペスタロッチ主義の開発主義教授法をわ
が国に導入し，教育方法の理論の確立と実践に尽力した。また，女子高等師範学校（現
お茶の水女子大学）の校長を務めるなど，師範教育や女子教育に貢献した。著書に『教
育新論』がある。

ウ　アメリカの哲学者・教育学者（1859～1952）。教育とは，経験を絶え間なく再組織
ないし改造することであり，子供の興味・関心を尊重し，行うことによって学ぶとい
う経験主義の学習指導原理を説いた。また，シカゴ大学に実験学校を設置した。著書
に『民主主義と教育』がある。

エ　古代ギリシアの哲学者（前384～前322）。プラトンの弟子で，「万学の祖」と呼ばれ
る。アテナイに学園リュケイオンを開き，ペリパトス学派の開祖となる。その研究は，
論理，自然，社会，芸術のあらゆる方面に及んだ。著書に『ニコマコス倫理学』があ
る。

オ　日本の哲学者・教育者（1883～1966）。愛媛県の出身で，東京帝国大学在学時には
夏目漱石と出会い，親交を深めた。その後，京城帝国大学教授，第一高等学校校長を

愛媛県

務め，終戦後には，文部大臣，学習院院長を歴任した。真理と自由を愛する自由主義
者として知られる。著書に『西洋古代中世哲学史』がある。

A　アリストテレス　　　B　コル　　　　　　C　ソクラテス　　　D　安倍能成

E　ソーンダイク　　　　F　デューイ　　　　G　スペンサー　　　H　高嶺秀夫

I　板倉聖宣　　　　　　J　横山栄次

6　次の文は，「我々の世界を変革する：持続可能な開発のための2030アジェンダ」（2015
年9月25日　第70回国連総会）の一部である。文中の（ア）～（オ）に当てはまる
言葉を下のA～Jから一つずつ選び，その記号を書け。

宣言

導入部

3．我々は，2030年までに以下のことを行うことを決意する。あらゆる（ア）に終止
符を打つこと。国内的・国際的な不平等と戦うこと。平和で，公正かつ包摂的な社会
をうち立てること。（イ）を保護しジェンダー平等と女性・女児の能力強化を進め
ること。地球と（ウ）の永続的な保護を確保すること。そしてまた，我々は，持続
可能で，包摂的で持続的な経済成長，共有された繁栄及び働きがいのある人間らしい
仕事のための条件を，各国の（エ）の違い及び能力の違いを考慮に入れた上で，作
り出すことを決意する。

4．この偉大な共同の旅に乗り出すにあたり，我々は誰も（オ）ことを誓う。人々の
尊厳は基本的なものであるとの認識の下に，目標とターゲットがすべての国，すべて
の人々及び社会のすべての部分で満たされることを望む。そして我々は，最も遅れて
いるところに第一に手を伸ばすべく努力する。

A　取り残されない　　　B　マイノリティー　　C　伝統文化　　　　D　貧困と飢餓

E　人権　　　　　　　　F　天然資源　　　　　G　対立と紛争　　　H　自然環境

I　発展段階　　　　　　J　不平を言わない

7　次の文は，中央教育審議会答申「『令和の日本型学校教育』の構築を目指して　～全
ての子供たちの可能性を引き出す，個別最適な学びと，協働的な学びの実現～」（令和
3年1月26日）の一部である。文中の（ア）～（オ）に当てはまる言葉を，下のA
～Jから一つずつ選び，その記号を書け。ただし，同じ記号には同じ言葉が入る。

第Ⅱ部　各論

4．新時代の特別支援教育の在り方について

（1）基本的な考え方

○　特別支援教育は，障害のある子供の自立や（ア）に向けた主体的な取組を支
援するという視点に立ち，子供一人一人の（イ）を把握し，その持てる力を高
め，生活や学習上の困難を改善又は克服するため，適切な指導及び必要な支援を
行うものである。また，特別支援教育は，発達障害のある子供も含めて，障害に
より特別な支援を必要とする子供が在籍する全ての学校において実施されるもの
である。

（3）特別支援教育を担う教師の専門性向上

①　全ての教師に求められる特別支援教育に関する専門性

○　全ての教師には，障害の特性等に関する理解と指導方法を工夫できる力や，個別の教育支援計画・個別の指導計画などの特別支援教育に関する基礎的な知識，（　ウ　）に対する理解等が必要である。加えて，障害のある人や子供との触れ合いを通して，障害者が日常生活又は社会生活において受ける制限は障害により起因するものだけでなく，社会における様々な（　エ　）と相対することによって生ずるものという考え方，いわゆる「（　オ　）」の考え方を踏まえ，障害による学習上又は生活上の困難について本人の立場に立って捉え，それに対する必要な支援の内容を一緒に考えていくような経験や態度の育成が求められる。また，こうした経験や態度を，多様な（　イ　）のある子供がいることを前提とした学級経営・授業づくりに生かしていくことが必要である。

A　社会的共生　　　　B　バリアフリー社会　　　C　障壁
D　社会的ニーズ　　　E　インクルーシブ教育　　F　社会モデル
G　教育的ニーズ　　　H　差別　　　　　　　　　I　合理的配慮
J　社会参加

特別支援学校

1　小中高養栄共通の**1**と同じ。
2　小中高養栄共通の**2**と同じ。
3　小中高養栄共通の**7**と同じ。
4　次の(1)，(2)に答えよ。

(1)　次の文は，特別支援学校教育要領・学習指導要領解説（平成30年3月　文部科学省）「自立活動編」における障害の捉え方に係る部分である。文中の（　ア　）～（　ウ　）に当てはまる言葉を下のA～Fから一つずつ選び，その記号を書け。ただし，設問の都合上，原文を一部省略した箇所がある。

　　自立活動が指導の対象とする「障害による学習上又は生活上の困難」は，WHOにおいて（　ア　）が採択されたことにより，それとの関連で捉えることが必要である。つまり，精神機能や視覚・聴覚などの「心身機能・身体構造」，歩行やADLなどの「（　イ　）」，趣味や地域活動などの「参加」といった（　ウ　）との関連で「障害」を把握することが大切であるということである。

A　ICIDH　　　　B　ICF　　　C　活動　　　D　運動　　　E　生活機能
F　環境因子

(2)　次の項目は，「共生社会の形成に向けたインクルーシブ教育システム構築のための特別支援教育の推進（報告）」（平成24年7月　中央教育審議会）において示された合理的配慮のための基礎的環境整備の観点のうち，教材の確保に係る部分である。文中の（　ア　），（　イ　）に当てはまる言葉を下のA～Dから一つずつ選び，その記号を書け。

○　現状
　　（　ア　）では，教科書を使用するほか，各学校の判断により有益適切な教材を使

用することができ，自治体が整備する教材の費用については，所要の地方財政措置が講じられている。また，文部科学省により，小・中学校及び特別支援学校について，それぞれ教材整備指針が示されているところである。

教科書については，文部科学省において，視覚障害者用の点字教科書，聴覚障害者用の（　イ　）の教科書，知的障害者用の国語，算数・数学，音楽の教科書を作成している。

A　特別支援学校　　　B　小・中・高等学校及び特別支援学校等　　　C　音楽
D　言語指導や音楽

5　小中高養栄共通の **3** と同じ。

6　次のア〜オの文は，ある人物について説明したものである。その人物名を下のA〜Jから一つずつ選び，その記号を書け。

ア　イギリスの児童精神科医（1928〜2014）。自閉症研究の第一人者である。ロンドンのキャンバーウエル地域での疫学的研究により，自閉症の出現率や自閉症と他の障害の子どもの知覚・言語・二次的な行動面の問題などの比較研究，3つのサブグループに関する分類などを行った。自閉症スペクトラムの概念の枠組みを提唱した。

イ　フランスの神父，教育学者（1712〜89）。1760年に世界で最初の聾唖院をパリに設立した。自然的手話を，フランス語文法をもとに体系化する方法的手話（教育的手話）を採用した。のちにその聾唖院は国立の学校となった。

ウ　ベルギーの医者，教育学者，心理学者（1871〜1932）。ベルギーの「異常児教育視学官」として障害児教育の実践を指導した経験をもとに，1907年に「生活による生活のための学校」を設立した。新教育運動の指導的人物の一人となる。

エ　フランスの政府通訳官，教育学者（1745〜1822）。1784年，パリに貧困盲児の救済を意図して盲院を設立した。通常のアルファベットをもとに，盲人用文字である線字を考案し，盲児の教育の可能性を実証した。

オ　日本の教育学者（1851〜1917）。日本で初めて組織的に吃音矯正を実践し，吃音矯正を主な事業とする機関「楽石社」を創設した。視話法を吃音矯正や方言矯正，聾唖児の口話法に適用した。

A　ブライユ　　　　　B　ローナ・ウイング　　　C　ド・レペ
D　モンテッソーリ　　E　ハイニッケ　　　　　　F　ドクロリー
G　脇田良吉　　　　　H　アユイ　　　　　　　　I　伊澤修二
J　レオ・カナー

7　次の文は，「障害のある子供の教育支援の手引」（令和3年6月　文部科学省）における障害の状態等に応じた教育的対応に係る部分である。文中の（　あ　）〜（　お　）に当てはまる言葉を下のA〜Jから一つずつ選び，その記号を書け。ただし，設問の都合上，原文を一部省略した箇所がある。

Ⅰ　視覚障害
　3　視覚障害の理解
　　(1)　視覚障害について　②　視覚障害の分類　イ　視力以外の視機能障害　（　あ　）
　　　　視野障害

視野とは，正面を見ている場合に，同時に上下左右などの各方向が見える範囲である。この範囲が，周囲の方から狭くなって中心付近だけが残ったものを（　あ　）という。

Ⅱ　聴覚障害

　2　聴覚障害のある子供の学校や学びの場と提供可能な教育機能

　　(1)　特別支援学校（聴覚障害）　①　特別支援学校（聴覚障害）の対象

　　　　両耳の聴力レベルがおおむね（　い　）のもののうち，補聴器等の使用によっても通常の話声を解することが不可能又は著しく困難な程度のもの。（学校教育法施行令第22条の3）

Ⅲ　知的障害

　　知的障害とは，一般に，同年齢の子供と比べて，「認知や言語などにかかわる知的機能」の発達に遅れが認められ，「（　う　），日常生活や社会生活，安全，仕事，余暇利用などについての適応能力」も不十分であり，特別な支援や配慮が必要な状態とされている。

Ⅳ　肢体不自由

　3　肢体不自由の理解

　　(1)　医学的側面からみた肢体不自由　②　肢体不自由の起因疾患の変遷

　　　　化学療法等による関節結核や脊椎結核（脊椎カリエス）の減少，ポリオワクチンによる（　え　）の発生防止，予防的対応と早期発見による先天性股関節脱臼の減少等により，従前，肢体不自由の起因疾患の多くを占めていたこれらの疾患は近年では減少している。

Ⅴ　病弱・身体虚弱

　3　病弱・身体虚弱の理解

　　(2)　病弱教育の対象となる病気等　⑫　心身症

　　　　心身症には様々なものがあるが，最も多いのが反復性腹痛と頭痛である。最近，特別支援学校（病弱）に（　お　）の診断を受けた子供が増えている。

　　A　中心暗点　　　　　B　求心性視野狭窄　　　C　30デシベル以下

　　D　60デシベル以上　　E　他人との意思の交換　　F　身辺自立

　　G　脊髄性小児まひ　　H　脳性まひ　　　I　うつ病　　　J　摂食障害

8　次の文は，特別支援学校教育要領・学習指導要領解説（平成30年3月　文部科学省）「自立活動編」における自立活動の意義と指導の基本に係る部分である。文中の（　あ　）～（　お　）に当てはまる数字又は言葉を書け。

イ　自立活動の内容の考え方

　　自立活動の「内容」は，人間としての基本的な行動を遂行するために必要な要素と，障害による学習上又は生活上の困難を改善・（　あ　）するために必要な要素で構成しており，それらの代表的な要素である（　い　）項目を「（　う　）の保持」，「心理的な安定」，「人間関係の形成」，「環境の（　え　）」，「身体の（　お　）」及び「コミュニケーション」の六つの区分に分類・整理したものである。

愛媛県

解答&解説

小中高養栄共通

1 [解答] ア 時間 イ 過程 ウ 改善 エ ガイダンス オ カウンセリング

[解説] 平成29年版小学校学習指導要領(2017年3月31日告示)の「第1章 総則」「第1 小学校教育の基本と教育課程の役割」,平成29年版中学校学習指導要領(2017年3月31日告示)の「第1章 総則」「第1 中学校教育の基本と教育課程の役割」,平成30年版高等学校学習指導要領(2018年3月30日告示)の「第1章 総則」「第1款 高等学校教育の基本と教育課程の役割」を参照。
ア～ウ:小・中「第3 教育課程の実施と学習評価」「2 学習評価の充実」の(1),高「第3款 教育課程の実施と学習評価」「2 学習評価の充実」の(1)を参照。
エ・オ:小・中「第4 児童(生徒)の発達の支援」「1 児童(生徒)の発達を支える指導の充実」,高「第5款 生徒の発達の支援」「1 生徒の発達を支える指導の充実」の(1)を参照。

2 [解答] ア―J イ―A ウ―E エ―H オ―B

[解説] ア:学校教育法第37条第4項を参照。小学校の「職員」のうち校長に関する規定。
イ:教育公務員特例法第1条を参照。「この法律の趣旨」の規定。
ウ:教育基本法第2条第1項第一号を参照。「教育の目標」の規定。
エ:地方公務員法第35条を参照。「職務に専念する義務」の規定。
オ:地方教育行政の組織及び運営に関する法律第37条第1項を参照。県費負担教職員の「任命権者」の規定。

3 [解答] ア―C イ―F ウ―A エ―G オ―I

[解説] いじめ防止対策推進法は第23条を参照。「いじめに対する措置」の規定。

4 [解答] ア―B イ―C ウ―E エ―H オ―J

[解説] 厚生労働省・文部科学省ヤングケアラーの支援に向けた福祉・介護・医療・教育の連携プロジェクトチーム会議「ヤングケアラーの支援に向けた福祉・介護・医療・教育の連携プロジェクトチーム報告」(2021年5月17日)の「3 厚生労働省・文部科学省として今後取り組むべき施策について」「(1)早期発見・把握について」を参照。

5 [解答] ア―G イ―H ウ―F エ―A オ―D

[解説] ア:スペンサー(1820～1903)は,教育の目的は「完全な生活への準備」をすることにあると主張,人間生活を構成する活動に役立つ知識こそ重要であるとした。
イ:高嶺秀夫(1854～1910)は,アメリカでペスタロッチ主義の教育運動に触れ,帰国後その紹介と啓蒙に当たり,その日本版といえる「開発主義」の教育の普及に影響を与えた。
ウ:デューイ(1859～1952)は,「なすことによって学ぶ」という,経験による学習を重視した新教育運動の理論的指導者で,教育とは「経験の再構成」であり,子どもの生活経験に基づき,子どもの自発的活動が中心でなければならないとし

愛媛県

た。

エ：アリストテレス（前384～前322）は，プラトン（前427～前347）のアカデメイアに学び，アテネのリュケイオンに学校を開いた。著書『政治学』では，「人間はポリスにおいて初めてその本性を完成させることのできる動物」と説き，教育の目的を有徳な自由人の育成に置いた。

オ：安倍能成（1883～1966）は，夏目漱石門下の自由主義思想家（カント哲学を専攻）。第二次世界大戦後の1946年，第一次アメリカ教育使節団来日歓迎の挨拶では，アメリカが力でなく「正義と真理」によって日本に臨むよう要望するなど，硬骨のリベラリストとして知られる。

6 解答 ア―D　イ―E　ウ―F　エ―I　オ―A

解説 第70回国連総会「我々の世界を変革する：持続可能な開発のための2030アジェンダ」（2015年9月25日）の「宣言」「導入部」「3．（取り組むべき課題）」及び「4．（誰一人取り残さない）」を参照。「持続可能な開発のための2030アジェンダ」は，2016～30年までの国際社会共通の目標。序文，政治宣言，持続可能な開発目標（SDGs：17ゴール，169ターゲット），実施手段，フォローアップ・レビューで構成され，途上国の開発目標を定めた，ミレニアム開発目標（Millennium Development Goals：MDGs）とは異なり，先進国を含むすべての国に適用される普遍性が最大の特徴。

7 解答 ア―J　イ―G　ウ―I　エ―C　オ―F

解説 中央教育審議会答申「『令和の日本型学校教育』の構築を目指して　～全ての子供たちの可能性を引き出す，個別最適な学びと，協働的な学びの実現～」（2021年1月26日，同年4月22日更新）の「第Ⅱ部　各論」「4．新時代の特別支援教育の在り方について」「(1)基本的な考え方」及び「(3)特別支援教育を担う教師の専門性向上」「①全ての教師に求められる特別支援教育に関する専門性」を参照。

特別支援学校

1 小中高養栄共通の **1** と同じ。

2 小中高養栄共通の **2** と同じ。

3 小中高養栄共通の **7** と同じ。

4 解答 (1)ア―B　イ―C　ウ―E　(2)ア―B　イ―D

解説 (1)『特別支援学校教育要領・学習指導要領解説　自立活動編（幼稚部・小学部・中学部）』（2018年3月）の「第2章　今回の改訂の要点」「2　障害の捉え方と自立活動」「(2)障害の捉え方の変化と自立活動とのかかわり」を参照。
(2)中央教育審議会「共生社会の形成に向けたインクルーシブ教育システム構築のための特別支援教育の推進（報告）」（2012年7月23日）の「3．障害のある子どもが十分に教育を受けられるための合理的配慮及びその基礎となる環境整備」「(2)『基礎的環境整備』について」「○4　教材の確保」「(ア)現状」を参照。

5 小中高養栄共通の **3** と同じ。

愛媛県

6 解答 アーB イーC ウーF エーH オーI

解説 ア：ローナ・ウィング（1928〜2014）は，他の自閉症児の親とともに英国自閉症協会を設立。彼の研究報告の中で，ハンス・アスペルガー（1906〜80）の研究成果を広く普及させ，また「アスペルガー症候群」という用語を初めて導入したことによって精神医学界に大きな影響を与えた。

イ：ド・レペ（1712〜89）は，手話による聾教育を考案・実践し，公教育化への道を切り開いた。

ウ：ドクロリ（ー）（1871〜1932）は，主知主義の教育を子どもの欲求に基づく学習に変え，観察，連合，表現の3段階による総合教育を特徴とするドクロリ・メソッドを唱えた。

エ：バランタン・アユイ（1745〜1822）は，「盲人の父，盲人教育の使徒」と称され，世界最初の盲学校をパリに創設した。6点点字を開発したルイ・ブライユ（1809〜52）は同校の出身者であり，卒業後その教師となった。

オ：伊澤修二（1851〜1917）は，アメリカ留学から帰国後，教員養成，体育，音楽教育の基礎づくりに貢献し，日本人による最初の教育学書『教育学』を著した。「蝶々」「仰げば尊し」などを収める『小学唱歌集』を編さんするとともに，晩年は吃音矯正事業に尽力した。

7 解答 あーB いーD うーE えーG おーJ

解説 文部科学省「障害のある子供の教育支援の手引　〜子供たち一人一人の教育的ニーズを踏まえた学びの充実に向けて〜」（2021年6月30日）の「第3編　障害の状態等に応じた教育的対応」を参照。

あ：「Ⅰ　視覚障害」「3　視覚障害の理解」「(1)視覚障害について」「②視覚障害の分類」「イ　視力以外の視機能障害」「(ア) 視野障害」を参照。

い：「Ⅱ　聴覚障害」「2　聴覚障害のある子供の学校や学びの場と提供可能な教育機能」「(1)特別支援学校（聴覚障害）」「①特別支援学校（聴覚障害）の対象」を参照。

う：「Ⅲ　知的障害」の冒頭を参照。

え：「Ⅳ　肢体不自由」「3　肢体不自由の理解」「(1)医学的側面からみた肢体不自由」「②肢体不自由の起因疾患の変遷」を参照。

お：「Ⅴ　病弱・身体虚弱」「3　病弱・身体虚弱の理解」「(2)病弱教育の対象となる病気等」「⑫心身症」を参照。

8 解答 あ　克服　い　27　う　健康　え　把握　お　動き

解説 『特別支援学校教育要領・学習指導要領解説　自立活動編（幼稚部・小学部・中学部）』（2018年3月）の「第3章　自立活動の意義と指導の基本」「2　自立活動の指導の基本」「(2)自立活動の内容とその取扱いについて」「イ　自立活動の内容の考え方」を参照。

高知県

実施日	2022（令和4）年6月18日	試験時間	60分（一般教養を含む）
出題形式	マークシート式	問題数	25題（解答数35）
パターン	法規・時事・原理・ローカル＋教育史・心理	公開状況	問題：公開　解答：公開　配点：公開

傾向&対策

●新型コロナウイルス感染症の拡大以降，3年ぶりの実施。出題分野を問わず「特別支援教育」「人権教育」が必出の教育トピック。●教育法規は，教育基本法，学校教育法などのほか，障害者の権利に関する条約，人権教育及び人権啓発の推進に関する法律より。●教育時事は，「学習者用デジタル教科書」「障害のある子供の教育支援」「ヤングケアラー」「人権教育」「令和の日本型学校教育」「教育の情報化」「いじめ」「学校での安全教育」。●必出のローカル問題は，「Let's feel じんけん」（2021年3月）より新型コロナウイルス感染症による偏見や差別に関する部分と，「第3期高知県教育振興基本計画（第2次改訂版）」（2022年3月）より基本理念（目指すべき人間像）の実現に向けた施策の体系図。

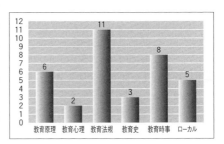

出題領域

教育原理	教育課程・学習指導要領		前文 総則	3	特別の教科　道徳	
	外国語活動		総合的な学習(探究)の時間		特別活動	2
	学習指導	1	生徒指導	↓時事	学校・学級経営	
	特別支援教育	↓法規 時事	人権・同和教育	↓法規,時事 ローカル	その他	
教育心理	発　達	1	学　習	1	性格と適応	
	カウンセリングと心理療法		教育評価		学級集団	
教育法規	教育の基本理念	1	学校教育	1	学校の管理と運営	1
	児童生徒	3	教職員	2	特別支援教育 2 ／ 人権教育 1	
教育史	日本教育史	1	西洋教育史	2		
教育時事	答申・統計	8	ローカル	5		

※表中の数字は，解答数

全校種共通

☞解答＆解説 p.436

1 次の文は，「小学校学習指導要領」（平成29年3月告示），「中学校学習指導要領」（平成29年3月告示），「高等学校学習指導要領」（平成30年3月告示），「特別支援学校小学部・中学部学習指導要領」（平成29年4月告示），「特別支援学校高等部学習指導要領」（平成31年2月告示）の前文の一部である。文中の（　①　）～（　③　）に該当する語句を，以下の1～9から一つずつ選びなさい。

　教育は，教育基本法第1条に定めるとおり，人格の完成を目指し，平和で民主的な国家及び社会の形成者として必要な資質を備えた心身ともに健康な国民の育成を期すという目的のもと，同法第2条に掲げる次の目標を達成するよう行われなければならない。

1　幅広い知識と（　①　）を身に付け，真理を求める態度を養い，豊かな情操と道徳心を培うとともに，健やかな身体を養うこと。

2　個人の（　②　）を尊重して，その能力を伸ばし，創造性を培い，自主及び自律の精神を養うとともに，職業及び生活との関連を重視し，勤労を重んずる態度を養うこと。

3　正義と責任，男女の平等，自他の敬愛と協力を重んずるとともに，公共の精神に基づき，主体的に社会の形成に参画し，その発展に寄与する態度を養うこと。

4　生命を尊び，自然を大切にし，環境の保全に寄与する態度を養うこと。

5　伝統と文化を尊重し，それらをはぐくんできた我が国と郷土を愛するとともに，他国を尊重し，（　③　）の平和と発展に寄与する態度を養うこと。

1　人権	2　教養	3　世界	4　価値	5　技能	6　尊厳

7　技術　　8　地球　　9　国際社会

2 次の問1～問6の文は，法令の条文の一部である。（　①　）～（　⑥　）のそれぞれに該当するものを，各文の下に示した1～4から一つずつ選びなさい。

問1　すべて公務員は，（　①　）の奉仕者であつて，一部の奉仕者ではない。

（日本国憲法第15条第2項）

　　1　国民のため　　2　全体　　3　住民のため　　4　国

問2　すべて国民は，ひとしく，その（　②　）に応じた教育を受ける機会を与えられなければならず，人種，信条，性別，社会的身分，経済的地位又は門地によって，教育上差別されない。　　　　　　　　　　　　　　　　　　　　　（教育基本法第4条）

　　1　能力　　2　個性　　3　学力　　4　進路

問3　市町村の教育委員会は，次に掲げる行為の一又は二以上を繰り返し行う等性行不良であつて他の児童の教育に妨げがあると認める児童があるときは，その保護者に対して，児童の（　③　）を命ずることができる。

　　一　他の児童に傷害，心身の苦痛又は財産上の損失を与える行為

　　二　職員に傷害又は心身の苦痛を与える行為

　　三　施設又は設備を損壊する行為

　　四　授業その他の教育活動の実施を妨げる行為

（学校教育法第35条）

　　1　停学　　2　別室登校　　3　出席停止　　4　家庭謹慎

問4　小学校の教育課程については，この節に定めるもののほか，教育課程の（　④　）
として文部科学大臣が別に公示する小学校学習指導要領によるものとする。

(学校教育法施行規則第52条)

　　1　目標　　2　基本　　3　指針　　4　基準

問5　（　⑤　）は，感染症にかかつており，かかつている疑いがあり，又はかかるおそ
れのある児童生徒等があるときは，政令で定めるところにより，出席を停止させるこ
とができる。

(学校保健安全法第19条)

　　1　校長　　2　養護教諭　　3　学校医　　4　学校の設置者

問6　教育公務員は，その（　⑥　）を遂行するために，絶えず研究と修養に努めなけれ
ばならない。

(教育公務員特例法第21条)

　　1　職責　　2　職務　　3　責任　　4　業務

3　次の教育・学習方法とそれを考案した学者の組み合わせとして誤っているものを，次
の1～5から一つ選びなさい。

　　1　プログラム学習　――――――――　パーカー（Parker, F. W.）

　　2　発見学習　――――――――――　ブルーナー（Bruner, J. S.）

　　3　問題解決学習　――――――――　デューイ（Dewey, J.）

　　4　ドルトン・プラン　――――――　パーカースト（Parkhurst, H.）

　　5　プロジェクト・メソッド　――――　キルパトリック（Kilpatrick, W. H.）

4　今日の教科書には多くの写真や図版が掲載されていて，直観的に学習できるよう工夫
されているが，かつての教科書は文字が主体であった。世界で初めて挿絵のついた教科
書『世界図絵』や『大教授学』等を著して，その後の教育方法に大きな影響を与えた人
物として正しいものを，次の1～5から一つ選びなさい。

　　1　コメニウス（Comenius, J）　　2　ルター（Luther, M.）

　　3　ツヴィングリ（Zwingli, H.）　　4　エラスムス（Erasmus, D.）

　　5　ロック（Locke, J.）

5　「学習者用デジタル教科書の効果的な活用の在り方等に関するガイドライン」（令和3
年3月改訂版　文部科学省）において示されている内容として誤っているものを，次の
1～5から一つ選びなさい。

　　1　教科書は，各教科等の学習における主たる教材として法律による使用義務が課せら
れ，基礎的・基本的な教育内容の履修を保障するものである。

　　2　新学習指導要領を踏まえた「主体的・対話的で深い学び」の視点からの授業改善や，
障害等により教科書を使用して学習することが困難な児童生徒の学習上の支援のため，
一定の基準の下で，必要に応じ，紙の教科書に代えて学習者用デジタル教科書を使用
することができることとなった。

　　3　学習者用デジタル教科書は，紙の教科書と同一の内容がデジタル化された教材であ
り，教科書発行者が作成するものである。このため，動画・音声やアニメーション等
のコンテンツは，学習者用デジタル教科書には該当しない。

　　4　義務教育諸学校においては，市区町村教育委員会が申請すれば，紙の教科書と同様
に学習者用デジタル教科書も無償給与される。

5　特別な配慮を必要とする児童生徒等に対し，文字の拡大や音声読み上げ等により，その学習上の困難の程度を低減させる必要がある場合には，教育課程の全部においても，紙の教科書に代えて学習者用デジタル教科書を使用できる。

6　次の文は，認知能力の発達について述べたものである。文中の（　①　）～（　③　）に該当する語句の組み合わせとして正しいものを，以下の1～5から一つ選びなさい。

　ピアジェの認知発達理論において，第3の発達期を（　①　）期という。この時期には，さまざまな論理操作が可能になる。この時期に可能になることの例として，系列化，クラス化，保存性等が挙げられる。また，この時期には，3つの山問題で自分の視点だけでなく，少なからず他者の視点に立って物事を考えることができるようになることに示されるような（　②　）が可能になるとされている。そして，ピアジェの認知発達理論における，発達期の最終段階である（　③　）期では，可能性の問題について論じたり，仮説検証的な推理を行ったりすることができるとされる。

1　①脱中心化　　　②転導推理　　　③具体的操作
2　①具体的操作　　②転導推理　　　③形式的操作
3　①具体的操作　　②脱中心化　　　③形式的操作
4　①形式的操作　　②転導推理　　　③脱中心化
5　①形式的操作　　②脱中心化　　　③具体的操作

7　心理学における問題解決に関する次の文中の（　①　）～（　③　）に該当する語句の組み合わせとして正しいものを，以下の1～5から一つ選びなさい。

　人間が問題解決のために用いる方略は，（　①　）と（　②　）とに大別できる。前者は，時間がかかっても，一連の規則的な手続きをとることで問題を確実に解決する方法である。後者は，経験に基づいて効率的に問題を解決しうる手続きをとる方法である。

　また，人の問題解決を妨げる要因として，特定の解決方法に固着してしまうことが挙げられる。シルヴェイラ（Silveira）やアンダーソン（Anderson）が行った研究では，「安いネックレス問題」と呼ばれる課題を実験参加者に解かせ，問題を30分間連続して考え続ける場合と，中休みを入れた場合を比較した。その結果，中休みを入れた人の方が，連続して問題に取り組んだ人よりも，正解率が高かった。これは，問題解決に没頭した後に，休憩や問題とはあまり関係のない活動を間に挟むことで解決策が見いだされることを示した知見といえる。このような現象を，（　③　）と呼ぶ。

1　①ヒューリスティックス　　②アルゴリズム　　③雰囲気効果
2　①フット・イン・ザ・ドア　　②ドア・イン・ザ・フェイス
　③プライミング効果
3　①フット・イン・ザ・ドア　　②ヒューリスティックス　　③雰囲気効果
4　①アルゴリズム　　②ドア・イン・ザ・フェイス　　③プライミング効果
5　①アルゴリズム　　②ヒューリスティックス　　③孵化効果

8　日本の初代文部大臣である森有礼に関する記述のうち，誤っているものを，次の1～5から一つ選びなさい。

1　福沢諭吉などと共に「明六社」を創設し，機関誌「明六雑誌」を創刊した。
2　教育令を廃止して，学校種別にそれぞれの学校令を制定した。

3　教員養成のため，師範学校制度を設立し，高等師範学校と尋常師範学校の二段階にした。

4　元田永孚と共に儒教を核とする道徳教育を推し進めた。

5　教育による愛国心の育成を重視し，学校における軍隊式教育や軍事訓練を奨励した。

9　次の文は，ある教育者の墓石に刻まれた銘文である。この人物として正しいものを，以下の1〜5から一つ選びなさい。

1746年1月12日チューリッヒに生まれ

1827年2月17日ブルックに没す

ノイホーフにおいては貧民の救助者

リーンハルトとゲルトルートにおいては民衆への説教者

シュタンツでは孤児の父

ブルクドルフとミュンヒェンブッフゼーにおいては新しい民衆学校の創設者

イヴェルドンにおいては人類の教育者

人間　キリスト者　市民

おのれを捨ててすべてを他の人のためにす

彼の名に祝福あれ

1　ヘルバルト（Herbert, J. F.）　　2　ペスタロッチ（Pestalozzi, J. H.）

3　ドクロリ（Decroly, O.）　　　　4　フレーベル（Fröbel, F.）

5　フェレンベルク（Feilenberg, P. E.）

10　「障害者の権利に関する条約」（平成26年批准）第24条は，教育についての障害者の権利を認めた上で，障害者を包容するあらゆる段階の教育制度及び生涯学習を確保することを締約国に求めているが，その権利の実現に当たり，締約国が確保する項目に該当しないものを，次の1〜5から一つ選びなさい。

1　障害者が障害に基づいて一般的な教育制度から排除されないこと及び障害のある児童が障害に基づいて無償のかつ義務的な初等教育から又は中等教育から排除されないこと。

2　障害者が，他の者との平等を基礎として，自己の生活する地域社会において，障害者を包容し，質が高く，かつ，無償の初等教育を享受することができること及び中等教育を享受することができること。

3　個人に必要とされる合理的配慮が提供されること。

4　障害者が，その効果的な教育を容易にするために必要な支援を一般的な教育制度の下で受けること。

5　障害者の教育施設において，障害者がその障害に適合する最も効果的で個別化された教育支援措置がとられること。

11　次の文は，「学校教育法」の「第8章　特別支援教育」の条文の一部である。文中の（　①　）〜（　④　）に該当する語句の組み合わせとして正しいものを，以下の1〜5から一つ選びなさい。

第72条　特別支援学校は，視覚障害者，聴覚障害者，（　①　），肢体不自由者又は病弱者（身体虚弱者を含む。以下同じ。）に対して，幼稚園，小学校，中学校又は高等学校

高知県

に準ずる教育を施すとともに，障害による学習上又は生活上の困難を克服し（ ② ）ために必要な知識技能を授けることを目的とする。

第73条　特別支援学校においては，（ ③ ）の定めるところにより，前条に規定する者に対する教育のうち当該学校が行うものを明らかにするものとする。

第75条　第72条に規定する視覚障害者，聴覚障害者，（ ① ），肢体不自由者又は病弱者の障害の程度は，（ ④ ）で定める。

1　①知的障害者　②社会参加する　③都道府県知事　④省令
2　①知的障害者　②自立を図る　③文部科学大臣　④政令
3　①知的障害者　②社会参加する　③文部科学大臣　④省令
4　①発達障害者　②自立を図る　③都道府県知事　④省令
5　①発達障害者　②社会参加する　③文部科学大臣　④政令

12　次の文は，「障害のある子供の教育支援の手引　〜子供たち一人一人の教育的ニーズを踏まえた学びの充実に向けて〜」（令和3年6月　文部科学省）の「第1編　障害のある子供の教育支援の基本的な考え方」の一部である。文中の（ ① ）〜（ ④ ）に該当する語句の組み合わせとして正しいものを，以下の1〜5から一つ選びなさい。

　障害のある子供一人一人の教育的ニーズを把握・整理し，適切な指導及び必要な支援を図る特別支援教育の理念を実現させていくためには，早期からの教育相談・支援，就学相談・支援，就学後の継続的な教育支援の全体を「（ ① ）教育支援」と捉え直し，個別の教育支援計画の作成・活用等の推進を通じて，子供一人一人の教育的ニーズに応じた教育支援の充実を図ることが，今後の特別支援教育の更なる推進に向けた基本的な考え方として重要である。〈中略〉

　合理的配慮の充実を図る上で，基礎的環境整備の充実は欠かせない。そのため，必要な財源を確保し，国，都道府県，市区町村は，（ ② ）システムの構築に向けた取組として，基礎的環境整備の充実を図っていく必要がある。

　また，令和3年4月には，「高齢者，障害者等の移動等の円滑化の促進に関する法律（（ ③ ）法）」の改正法の施行等により，一定規模以上の新築等を行う場合に（ ③ ）基準適合義務の対象となる施設に，従来対象だった特別支援学校に加え，公立小中学校等が追加された。こうした法改正等も踏まえ，特別支援学校の基礎的環境整備の維持・充実を図りつつ，特別支援学校以外の学校の基礎的環境整備の充実を図ることが重要である。同時に，基礎的環境整備を進めるに当たって，（ ④ ）の考え方も考慮しつつ進めていくことが重要である。

1　①一貫した　②インクルーシブ教育　③バリアフリー
　　④ユニバーサルデザイン
2　①一貫した　②統合教育　③生活機能円滑化　④ダイバーシティ
3　①一貫した　②インクルーシブ教育　③バリアフリー　④ダイバーシティ
4　①発展的な　②統合教育　③生活機能円滑化　④ユニバーサルデザイン
5　①発展的な　②インクルーシブ教育　③バリアフリー　④ダイバーシティ

13　「小学校学習指導要領」（平成29年3月告示）の「第6章　特別活動　第2　各活動・学校行事の目標及び内容」，「中学校学習指導要領」（平成29年3月告示）の「第5章

特別活動　第2　各活動・学校行事の目標及び内容」，「高等学校学習指導要領」（平成30年3月告示）の「第5章　特別活動　第2　各活動・学校行事の目標及び内容」において学級活動（高等学校では「学級」を「ホームルーム」に読み替える。）の内容として示されている3つの活動に該当しないものを，次の1～4から一つ選びなさい。

1　学級や学校における生活づくりへの参画
2　学校行事への協力
3　日常の生活や学習への適応と自己の成長及び健康安全
4　一人一人のキャリア形成と自己実現

14　次の文は，「小学校学習指導要領」（平成29年3月告示）の「第6章　特別活動　第3　指導計画の作成と内容の取扱い」，「中学校学習指導要領」（平成29年3月告示）の「第5章　特別活動　第3　指導計画の作成と内容の取扱い」，「高等学校学習指導要領」（平成30年3月告示）の「第5章　特別活動　第3　指導計画の作成と内容の取扱い」の一部である。文中の（　①　）～（　③　）に該当する語句の組み合わせとして正しいものを，以下の1～5から一つ選びなさい。

※文中の「児童」は，「中学校学習指導要領」，「高等学校学習指導要領」では「生徒」となる。

1　指導計画の作成に当たっては，次の事項に配慮するものとする。
　(1)　特別活動の各活動及び学校行事を見通して，その中で育む資質・能力の育成に向けて，児童の（　①　）で深い学びの実現を図るようにすること。その際，よりよい人間関係の形成，よりよい集団生活の構築や（　②　）及び自己実現に資するよう，児童が集団や社会の形成者としての見方・考え方を働かせ，様々な集団活動に自主的，実践的に取り組む中で，互いのよさや個性，多様な考えを認め合い，等しく（　③　）に関わり役割を担うようにすることを重視すること。

　　1　①主体的・創造的　　②社会への参画　　③意思決定
　　2　①主体的・対話的　　②社会への協力　　③意思決定
　　3　①主体的・創造的　　②社会への参画　　③合意形成
　　4　①主体的・対話的　　②社会への協力　　③合意形成
　　5　①主体的・対話的　　②社会への参画　　③合意形成

15　次の文は，「いじめ防止対策推進法」の条文の一部である。文中の（　①　）～（　④　）に該当する語句の組み合わせとして正しいものを，以下の1～5から一つ選びなさい。

第2条　この法律において「いじめ」とは，（　①　）等に対して，当該（　①　）等が在籍する学校に在籍している等当該（　①　）等と一定の人的関係にある他の（　①　）等が行う心理的又は（　②　）な影響を与える行為（（　③　）を通じて行われるものを含む。）であって，当該行為の対象となった（　①　）等が心身の（　④　）を感じているものをいう。

　　1　①児童　　②物理的　　③インターネット　　④苦痛
　　2　①児童　　②身体的　　③インターネット　　④ストレス
　　3　①児童　　②物理的　　③SNS　　　　　　　④ストレス
　　4　①生徒　　②身体的　　③SNS　　　　　　　④苦痛

高知県

5　①生徒　　②物理的　　③インターネット　　④ストレス

16　次の文のような状況にある子どもたちの名称として正しいものを，以下の1〜5から一つ選びなさい。

○　障がいや病気のある家族に代わり，買い物・料理・掃除・洗濯などの家事をしている
○　家族に代わり，幼いきょうだいの世話をしている
○　障がいや病気のあるきょうだいの世話や見守りをしている
○　家計を支えるために労働をして，障がいや病気のある家族を助けている
○　がん・難病・精神疾患など慢性的な病気の家族の看病をしている

　　1　チャイルドケア　　　　　　　2　チャイルドマインダー
　　3　チャイルドアビューズ　　　　4　ヤングケアラー　　　5　アダルトチルドレン

17　次の文は，「人権教育及び人権啓発の推進に関する法律」の条文の一部である。文中の（　①　）〜（　④　）に該当する語句の組み合わせとして正しいものを，以下の1〜5から一つ選びなさい。

　第3条　国及び地方公共団体が行う人権教育及び入権啓発は，学校，地域，家庭，（　①　）その他の様々な場を通じて，国民が，その（　②　）に応じ，人権尊重の理念に対する理解を深め，これを（　③　）ことができるよう，多様な機会の提供，効果的な手法の採用，国民の自主性の尊重及び実施機関の（　④　）の確保を旨として行われなければならない。

　　1　①法人　　②発達段階　　③実践する　　④平等性
　　2　①職域　　②発達段階　　③体得する　　④中立性
　　3　①法人　　②年齢　　　　③体得する　　④中立性
　　4　①職域　　②年齢　　　　③体得する　　④平等性
　　5　①法人　　②発達段階　　③実践する　　④中立性

18　次の文は，「人権教育を取り巻く諸情勢について　〜人権教育の指導方法等の在り方について〔第三次とりまとめ〕策定以降の補足資料〜」（令和3年3月　学校教育における人権教育調査研究協力者会議）の一部である。文中の（　①　）〜（　④　）に該当する語句の組み合わせとして正しいものを，以下の1〜5から一つ選びなさい。

　人権教育は，学校の（　①　）を通じて推進することが大切であり，そのためには，人権尊重の（　②　）に立つ学校づくりを進め，人権教育の充実を目指した教育（　③　）の編成や，人権尊重の理念に立った生徒指導，人権尊重の視点に立った（　④　）経営等が必要である。

　　1　①教育活動全体　　②精神　　③目標　　④学級
　　2　①道徳科の授業　　②信念　　③目標　　④学級
　　3　①教育活動全体　　②信念　　③課程　　④学校
　　4　①道徳科の授業　　②信念　　③課程　　④学校
　　5　①教育活動全体　　②精神　　③課程　　④学級

19　次の文は，人権教育指導資料（学校教育編）「Let's feel じんけん　〜気付きから行動へ〜実践・指導事例集」（令和3年3月　高知県教育委員会）の一部である。文中の（　①　）〜（　④　）に該当する語句の組み合わせとして正しいものを，以下の1〜5か

ら一つ選びなさい。

新型コロナウイルスは誰もが感染する可能性があり，どのような時でも正しい情報と適切な知識のもと（ ① ）に状況を判断し，自分も他者の人権も尊重して行動していくことが重要です。

学校においては，感染拡大を未然に防ぐために，学校生活や授業等においても新たな方法による教育活動を実施していくとともに，教職員一人一人が偏見や差別から児童生徒を守るとともに，人権が尊重された学校・学級づくりに取り組んでいくことが求められています。〈中略〉

コロナ禍においては，これまで行われてきた授業でのペア・グループ学習や，友達との身体接触を伴う活動・遊び等，豊かな学びやよりよい（ ② ）を育む活動を十分にできない状況にあります。

また，児童生徒に対する行動制限や禁止のみの指導が，時には「マスクの着用や手指の消毒をしていない人」や「ソーシャルディスタンスをとっていない人」などに対する（ ③ ）な反応や，それらの人に対する悪口や誹謗中傷となる状況が生じる可能性もあります。それらは，偏見やいじめ・差別につながる可能性があります。学校においては，児童生徒の実態や発達段階に応じて，学校全体で新たな指導方法を工夫するとともに，教育環境等の整備に努める必要があります。「ソーシャルディスタンス」という物理的距離をとらなければならない今こそ，自他を尊重する「（ ④ ）」の育成に努めるとともに，「心の距離」を縮めるような実践が重要となります。

1　①正確　　②人格　　　③過剰　　　④人権意識
2　①正確　　②人間関係　③拒絶的　　④人権意識
3　①冷静　　②人間関係　③過剰　　　④人権感覚
4　①冷静　　②人間関係　③拒絶的　　④人権感覚
5　①正確　　②人格　　　③拒絶的　　④人権意識

20　次の文は，「『令和の日本型学校教育』の構築を目指して　～全ての子供たちの可能性を引き出す，個別最適な学びと，協働的な学びの実現～（答申）」（令和3年1月　中央教育審議会）の一部である。文中の（ ① ）～（ ④ ）に該当する語句の組み合わせとして正しいものを，以下の1～5から一つ選びなさい。

○　新型コロナウイルス感染症の感染拡大による臨時休業の長期化により，多様な子供一人一人が（ ① ）学習者として学び続けていけるようになっているか，という点が改めて焦点化されたところであり，これからの学校教育においては，子供がICTも活用しながら自ら学習を調整しながら学んでいくことができるよう，「（ ② ）」を充実することが必要である。この「（ ② ）」の在り方を，より具体的に示すと以下のとおりである。

○　全ての子供に基礎的・基本的な知識・技能を確実に習得させ，思考力・判断力・表現力等や，自ら学習を調整しながら粘り強く学習に取り組む態度等を育成するためには，教師が支援の必要な子供により重点的な指導を行うことなどで効果的な指導を実現することや，子供一人一人の特性や学習進度，学習到達度等に応じ，指導方法・教材や学習時間等の柔軟な提供・設定を行うことなどの「（ ③ ）」が必要である。

高知県

433

○ 基礎的・基本的な知識・技能等や，言語能力，情報活用能力，問題発見・解決能力等の学習の基盤となる資質・能力等を土台として，幼児期からの様々な場を通じての体験活動から得た子供の興味・関心・キャリア形成の方向性等に応じ，探究において課題の設定，情報の収集，整理・分析，まとめ・表現を行う等，教師が子供一人一人に応じた学習活動や学習課題に取り組む機会を提供することで，子供自身が学習が最適となるよう調整する「学習の（ ④ ）」も必要である。

1　①主体的な　②学習の個別化　③計画の柔軟化　④多様化
2　①自立した　②個に応じた指導　③指導の個別化　④個性化
3　①主体的な　②学習の個別化　③指導の個別化　④多様化
4　①自立した　②個に応じた指導　③計画の柔軟化　④個性化
5　①主体的な　②個に応じた指導　③計画の柔軟化　④多様化

21 次の文は，「教育の情報化に関する手引」（令和元年12月　文部科学省）の一部である。文中の（ ① ）～（ ④ ）に該当する語句の組み合わせとして正しいものを，以下の1～5から一つ選びなさい。

　「情報活用能力」は，世の中の様々な事象を情報とその結び付きとして捉え，情報及び情報技術を適切かつ（ ① ）活用して，問題を発見・解決したり（ ② ）を形成したりしていくために必要な資質・能力である。より具体的に捉えれば，学習活動において必要に応じてコンピュータ等の情報手段を適切に用いて情報を得たり，情報を整理・比較したり，得られた情報を分かりやすく発信・伝達したり，必要に応じて保存・共有したりといったことができる力であり，さらに，このような学習活動を遂行する上で必要となる情報手段の基本的な操作の習得や，プログラミング的思考，（ ③ ）等に関する資質・能力等も含むものである。

　このような情報活用能力を育成することは，将来の予測が難しい社会において，情報を主体的に捉えながら，何が重要かを主体的に考え，見いだした情報を活用しながら他者と（ ④ ）し，新たな価値の創造に挑んでいくために重要である。また，情報技術は人々の生活にますます身近なものとなっていくと考えられるが，そうした情報技術を手段として学習や日常生活に活用できるようにしていくことも重要となる。

1　①積極的に　②価値観　③豊かな感性　④協働
2　①効果的に　②価値観　③豊かな感性　④議論
3　①積極的に　②自分の考え　③豊かな感性　④協働
4　①効果的に　②自分の考え　③情報モラル　④協働
5　①効果的に　②価値観　③情報モラル　④議論

22 次の文は，「いじめの防止等のための基本的な方針」（平成25年10月　文部科学大臣決定（最終改定　平成29年3月））の一部である。文中の（ ① ）～（ ④ ）に該当する語句の組み合わせとして正しいものを，以下の1～5から一つ選びなさい。

　いじめは，どの子供にも，どの学校でも起こりうることを踏まえ，より（ ① ）ないじめの問題克服のためには，全ての児童生徒を対象としたいじめの（ ② ）の観点が重要であり，全ての児童生徒を，いじめに向かわせることなく，心の通う対人関係を構築できる（ ③ ）のある大人へと育み，いじめを生まない土壌をつくるために，関係者が

一体となった継続的な取組が必要である。

このため，学校の教育活動全体を通じ，全ての児童生徒に「いじめは決して許されない」ことの理解を促し，児童生徒の豊かな情操や道徳心，自分の存在と他人の存在を等しく認め，お互いの人格を尊重し合える態度など，心の通う人間関係を構築する能力の素地を養うことが必要である。また，いじめの背景にある（ ④ ）等の要因に着目し，その改善を図り，（ ④ ）に適切に対処できる力を育む観点が必要である。加えて，全ての児童生徒が安心でき，自己有用感や充実感を感じられる学校生活づくりも（ ② ）の観点から重要である。

1　①根本的　　②未然防止　　③社会性　　　④ストレス
2　①現実的　　②早期発見　　③規範意識　　④ストレス
3　①現実的　　②未然防止　　③社会性　　　④自己肯定感の低下
4　①根本的　　②早期発見　　③規範意識　　④自己肯定感の低下
5　①根本的　　②早期発見　　③規範意識　　④ストレス

23　次の文は，「学校安全資料『生きる力』をはぐくむ学校での安全教育」（平成31年3月文部科学省）の一部である。文中の（ ① ）〜（ ④ ）に該当する語句の組み合わせとして正しいものを，以下の1〜5から一つ選びなさい。

安全な社会を実現することは，全ての人々が生きる上で最も基本的かつ不可欠なことである。安全とは，心身や物品に危害をもたらす様々な危険や災害が防止され，万が一，事件や事故，災害等が発生した場合には，被害を最小限にするために適切に対処された状態である。人々が自他の安全を確保するためには，個人だけではなく社会全体として安全（ ① ）を高め，全ての人々が安全な社会を築いていくために必要な取組を進めていかなければならない。

とりわけ，学校は，児童生徒等が集い，人と人との触れ合いにより，（ ② ）の形成がなされる場であり，「生きる力」を育む学校という場において，児童生徒等が生き生きと活動し，安全に学べるようにするためには，児童生徒等の安全の確保が保障されることが不可欠の前提となる。

さらに，児童生徒等は（ ③ ）であることにとどまらず，学校教育活動全体を通じ，自らの安全を確保することのできる基礎的な資質・能力を継続的に育成していくことが求められており，自他の（ ④ ）尊重の理念を基盤として，生涯にわたって健康・安全で幸福な生活を送るための基礎を培うとともに，進んで安全で安心な社会づくりに参加し貢献できるような資質・能力を育てることは，学校教育の重要な目標の一つである。

1　①技能　　②人格　　③安全を確保する主体　　④人権
2　①意識　　②学力　　③安全を確保する主体　　④人権
3　①意識　　②人格　　③守られるべき対象　　　④生命
4　①技能　　②学力　　③守られるべき対象　　　④人権
5　①意識　　②人格　　③安全を確保する主体　　④生命

24　次の文は，令和3年4月1日に施行された，ある法律に関する記述である。文中の（　　）に該当する法律名を，以下の1〜5から一つ選びなさい。

Society5.0時代の到来や子供たちの多様化の一層の進展等の状況も踏まえ，誰一人取

高知県

り残すことなく，全ての子供たちの可能性を引き出す教育へ転換し，個別最適な学びと協働的な学びを実現することが必要であることから，一人一人の教育的ニーズに応じたきめ細かな指導を可能とする指導体制と安全・安心な教育環境を整備するために（　　）の一部を改正した。

1　学校教育法
2　教育公務員特例法
3　公立義務教育諸学校の学級編制及び教職員定数の標準に関する法律
4　公立の義務教育諸学校等の教育職員の給与等に関する特別措置法
5　地方教育行政の組織及び運営に関する法律

25　次の図は，「第3期高知県教育振興基本計画（第2次改訂版）」（令和4年3月　高知県教育委員会）に示している基本理念（目指すべき人間像）の実現に向けた施策の体系図である。図中の（①）〜（④）に該当する語句を，以下の1〜12から一つずつ選びなさい。

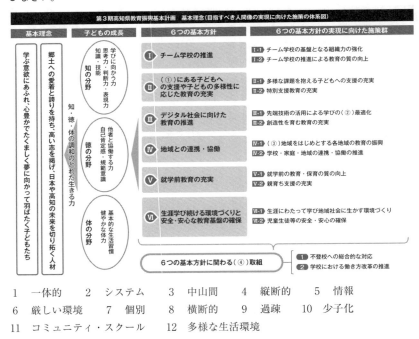

1　一体的　　2　システム　　3　中山間　　4　縦断的　　5　情報
6　厳しい環境　7　個別　　8　横断的　　9　過疎　　10　少子化
11　コミュニティ・スクール　　12　多様な生活環境

解答&解説

1　**解答**　①—2　②—4　③—9

解説　平成29年版小学校学習指導要領（2017年3月31日告示）の前文，平成29年版中学校学習指導要領（2017年3月31日告示）の前文，平成30年版高等学校学習指導要

領（2018年 3 月30日告示）の前文，平成29年版特別支援学校小学部・中学部学習
指導要領（2017年 4 月28日告示）の前文，平成31年版特別支援学校高等部学習指
導要領（2019年 2 月 4 日告示）の前文を参照。

2 **解答** 問1　①—2　　問2　②—1　　問3　③—3　　問4　④—4
問5　⑤—1　　問6　⑥—1

解説 問1　日本国憲法第15条第 2 項を参照。「公務員の本質」の規定。

問2　教育基本法第 4 条第 1 項を参照。「教育の機会均等」の規定。

問3　学校教育法第35条第 1 項を参照。「児童の出席停止」の規定。

問4　学校教育法施行規則第52条を参照。小学校の「教育課程の基準」の規定。

問5　学校保健安全法第19条を参照。感染症予防のための「出席停止」の規定。

問6　教育公務員特例法第21条第 1 項を参照。「研修」の規定。

3 **解答** 1

解説 1 ：「パーカー」（1837〜1902）ではなく「スキナー」（1904〜90）。

4 **解答** 1

解説 1 ：コメニウス（1592〜1670）は，当時の暗記と暗誦を中心とした方法ではなく，
子どもの感覚を通じて直観にはたらきかける実物教授，直観教授の方法をとった。

5 **解答** 4

解説 文部科学省「学習者用デジタル教科書の効果的な活用の在り方等に関するガイド
ライン」（2021年 3 月改訂版）を参照。

4 ：「 2 ．学習者用デジタル教科書の制度概要」「(3)学習者用デジタル教科書の制
度化の内容」を参照。義務教育諸学校については，紙の教科書が無償給与され，
学習者用デジタル教科書は無償給与されない。

1 ：「はじめに」を参照。

2 ：「 2 ．学習者用デジタル教科書の制度概要」「(1)学習者用デジタル教科書に関
する法令改正の概要」を参照。

3 ：「 2 ．学習者用デジタル教科書の制度概要」「(2)学習者用デジタル教科書の定
義」を参照。

5 ：「 2 ．学習者用デジタル教科書の制度概要」「(3)学習者用デジタル教科書の制
度化の内容」を参照。

6 **解答** 3

解説 ピアジェ（1896〜1980）は，物の見方や捉え方の枠組みをシェマと呼び，そのシ
ェマが変容していく過程こそが認知発達だと主張して，感覚運動期，前操作期，
具体的操作期，形式的操作期という 4 つの認知発達段階に分けた。

7 **解答** 5

解説 ①・②アルゴリズムとヒューリスティックスは，問題解決場面における，目標達
成までのプロセス。前者は，時間をかけて規則的に問題解決を行うための手続き・
思考法で，原則として正解にたどり着ける。後者は，時間をかけずに経験的に問
題解決を行うための手続き・思考法で，必ずしも正解にたどり着けるとは限らな
い。

高
知
県

③孵化効果は，インキュベーション効果とも呼ばれ，いったんその状況から離れてみると新たな視点で捉えられることを意味する。

8 解答 4

解説 4：元田永孚（1818～91）は，皇室を道徳の基本に据えた政教一致の立場にあり，森有礼（1847～89）のような西洋的な啓蒙主義者が教育行政の長に立つことについては強く批判していた。

9 解答 2

解説 2：ペスタロッチ（1746～1827）は，すべての人間は共通に平等の人間性を有するという認識に立ち，人間に共通の能力を頭，心，手に分け，その調和的発達を教育の目標とした。その方法原理として，労作教育（「生活が陶冶する」），直観教授（実物教授）を持した。

10 解答 5

解説 障害者の権利に関する条約第24条を参照。「教育」の規定。
5：第24条第2項(e)を参照。正しくは「学問的及び社会的な発達を最大にする環境において，完全な包容という目標に合致する効果的で個別化された支援措置がとられること」。
1：第24条第2項(a)を参照。
2：第24条第2項(b)を参照。
3：第24条第2項(c)を参照。
4：第24条第2項(d)を参照。

11 解答 2

解説 ①・②学校教育法第72条を参照。「特別支援学校の目的」の規定。
③学校教育法第73条を参照。「特別支援学校の教育責務」の規定。
④学校教育法第75条を参照。「障害の程度」の規定。

12 解答 1

解説 文部科学省「障害のある子供の教育支援の手引　～子供たち一人一人の教育的ニーズを踏まえた学びの充実に向けて～」（2021年6月30日）の「第1編　障害のある子供の教育支援の基本的な考え方」を参照。
①「2　早期からの一貫した教育支援」「(2)一貫した教育支援の重要性」を参照。
②～④「3　今日的な障害の捉えと対応」「(3)合理的配慮とその基礎となる環境整備」「①基礎的環境整備等」を参照。

13 解答 2

解説 平成29年版小学校学習指導要領（2017年3月31日告示）の「第6章　特別活動」「第2　各活動・学校行事の目標及び内容」「〔学級活動〕，平成29年版中学校学習指導要領（2017年3月31日告示）の「第5章　特別活動」「第2　各活動・学校行事の目標及び内容」「〔学級活動〕」，平成30年版高等学校学習指導要領（2018年3月30日告示）の「第5章　特別活動」「第2　各活動・学校行事の目標及び内容」「〔ホームルーム活動〕」を参照。

14 解答 ⑤

解説 平成29年版小学校学習指導要領（2017年3月31日告示）の「第6章　特別活動」「第3　指導計画の作成と内容の取扱い」の1(1)，平成29年版中学校学習指導要領（2017年3月31日告示）の「第5章　特別活動」「第3　指導計画の作成と内容の取扱い」の1(1)，平成30年版高等学校学習指導要領（2018年3月30日告示）の「第5章　特別活動」「第3　指導計画の作成と内容の取扱い」の1(1)を参照。

15 解答 1

解説 いじめ防止対策推進法第2条第1項を参照。いじめの「定義」の規定。

16 解答 4

解説 4：ヤングケアラーとは，一般に，本来大人が担うと想定されている家事や家族の世話などを日常的に行っている子どもとされる（厚生労働省）。

17 解答 2

解説 人権教育及び人権啓発の推進に関する法律第3条を参照。「基本理念」の規定。

18 解答 5

解説 学校教育における人権教育調査研究協力者会議「人権教育を取り巻く諸情勢について　～人権教育の指導方法等の在り方について〔第三次とりまとめ〕策定以降の補足資料～」（2021年3月，2022年3月改訂）の「Ⅰ．学校における人権教育の推進」「2．人権教育の総合的な推進」を参照。なお，2022年3月の改訂版は，「ビジネスと人権」に関する行動計画の策定，子どもの人権にかかる動向（「こども家庭庁設置法案」など），ハンセン病問題にかかる動向，新型コロナウイルス感染症による偏見・差別への対応にかかる動向，学校における働き方改革などについて追記したもの。

19 解答 3

解説 人権教育指導資料（学校教育編）「Let's feel じんけん　～気付きから行動へ　～実践・指導事例集」（2021年3月）の「1　普遍的な視点からのアプローチ」「2 新型コロナウイルス感染症における偏見や差別を防ぐための取組例」を参照。同資料は，「性的指向・性自認」等，新たな人権課題に対応させた実践・指導事例に特化したものである。
①冒頭を参照。
②「2　偏見や差別を防ぐ対応」「(1)指導方法の工夫と新たな教育環境の整備」を参照。

20 解答 2

解説 中央教育審議会答申「『令和の日本型学校教育』の構築を目指して　～全ての子供たちの可能性を引き出す，個別最適な学びと，協働的な学びの実現～」（2021年1月26日，同年4月22日更新）の「第Ⅰ部　総論」「3．2020年代を通じて実現すべき『令和の日本型学校教育』の姿」「(1)子供の学び」を参照。

21 解答 4

解説 文部科学省「教育の情報化に関する手引」（2019年12月）の「第2章　情報活用能力の育成」を参照。なお，同手引きは2020年12月に追補版が出ているので確認しておくこと。

高知県

22 **解答** 1

解説 文部科学省「いじめの防止等のための基本的な方針」（2013年10月11日文部科学大臣決定，2017年3月14日最終改定）の「第1　いじめの防止等のための対策の基本的な方向に関する事項」「7　いじめの防止等に関する基本的考え方」「(1)いじめの防止」を参照。

23 **解答** 3

解説 文部科学省「学校安全資料『生きる力』をはぐくむ学校での安全教育」（2019年3月）を参照。「第1章　総説」「第1節　学校安全の意義」「1　学校安全の意義」を参照。

24 **解答** 3

解説 公立義務教育諸学校の学級編制及び教職員定数の標準に関する法律の一部改正により(1)学級編制の標準の引き下げ【第3条第2項関係】：小学校の学級編制の標準を40人（第1学年は35人）から35人に引き下げる，(2)少人数学級の計画的な整備（経過措置規定）【附則第2条第1項関係】：2025年3月31日までの間における学級編制の標準については，児童の数の推移等を考慮し，第2学年から第6学年まで段階的に35人とすることを旨として，毎年度政令で定める学年及び文部科学大臣が定める特別の事情がある小学校にあっては，40人とする，などが決定している。

25 **解答** ①— 6　②— 7　③— 3　④— 4

解説 高知県教育委員会「第3期高知県教育振興基本計画（第2次改訂版）」（2022年3月）の「基本理念（目指すべき人間像）の実現に向けた施策の体系図」を参照。子どもたちの知・徳・体の向上等，高知県の教育課題の根本的な解決に向けて真に有効な対策の推進を図るため，2020年3月に，高知県の教育等の振興に向けた目標や取組の方向性等を定めた「第2期教育等の振興に関する施策の大綱」が策定された。より具体的な事業等を盛り込んだのが同計画である。

福岡県／福岡市／北九州市

実 施 日	2022（令和4）年7月10日	試験時間	50分（一般教養を含む）
出題形式	OCR式	問 題 数	19題（解答数19）
パターン	中養栄：時事・法規・原理＋心理 高：時事・法規・原理＋心理	公開状況	問題：公開　解答：公開　配点：公開

傾向&対策

●小学校の教職・一般教養は廃止。共通問題14題＋校種別問題5題。●共通問題の教育法規には，消費者教育の推進に関する法律，教育時事には「環境白書・循環型社会白書・生物多様性白書」など一般教養的な問題も。●共通問題の教育時事は，「人権教育」が必出の教育トピック。ほかに「令和の日本型学校教育」など。●校種別問題は，教育原理の学習指導要領と，教育時事が必出。学習指導要領は「総則」「道徳」「総合的な学習（探究）の時間」「特別活動」。高等学校は，キャリア教育が必出。

【中学校・養護教諭・栄養教諭】

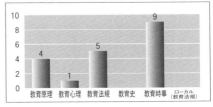

【高等学校】

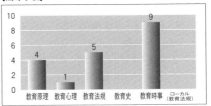

出題領域

教育原理	教育課程・学習指導要領			総　則	1		特別の教科　道徳	1	
	外国語・外国語活動			総合的な学習（探究）の時間	1	1	特別活動	1	1
	学習指導			生徒指導	1	1	学校・学級経営		
	特別支援教育			人権・同和教育	↓法規,時事ローカル		その他		
教育心理※	発　達			学　習	1	1	性格と適応	1	1
	カウンセリングと心理療法			教育評価	1	1	学級集団		
教育法規※	教育の基本理念			学校教育	1		学校の管理と運営	1	1
	児童生徒	2	2	教職員	1	1	人権教育，その他	5	5
教育史	日本教育史			西洋教育史					
教育時事※	答申・統計	9	9	ローカル※	1	1			

※表中の数字は，解答数　小中養栄|高
※選択肢の出題領域が複数にわたる場合は，それぞれの項目に加算するためグラフの数とは異なる

全校種共通

☞解答＆解説 p.456

1 次の(1)〜(4)の各文は，「日本国憲法」の条文の一部を抜粋したものである。文中の（ ア ）〜（ オ ）に当てはまる語句の正しい組合せを選びなさい。

(1) 何人も，損害の救済，公務員の罷免，法律，命令又は規則の制定，廃止又は改正その他の事項に関し，平穏に請願する権利を有し，何人も，かかる請願をしたためにいかなる（ ア ）待遇も受けない。

(2) 思想及び（ イ ）の自由は，これを侵してはならない。

(3) 財産権の内容は，（ ウ ）に適合するやうに，法律でこれを定める。

(4) この憲法が日本国民に保障する基本的人権は，人類の多年にわたる（ エ ）の努力の成果であつて，これらの権利は，過去幾多の試錬に堪へ，現在及び将来の国民に対し，侵すことのできない（ オ ）として信託されたものである。

	ア	イ	ウ	エ	オ
①	不利な	良心	公共の福祉	自由獲得	特別な権利
②	不利な	良心	社会福祉	不断	永久の権利
③	差別	信条	社会福祉	自由獲得	永久の権利
④	不利な	信条	公共の福祉	不断	特別な権利
⑤	差別	良心	公共の福祉	自由獲得	永久の権利

2 次の文は，「新しい時代の学びを実現する学校施設の在り方について」最終報告（令和4年3月　学校施設の在り方に関する調査研究協力者会議）の一部を抜粋したものである。文中の（ ア ）〜（ エ ）に当てはまる語句の正しい組合せを選びなさい。

（学びのスタイルの変容への対応）

○　1人1台端末環境のもと，個別最適な学びと協働的な学びの一体的な充実により，学級単位で一つの空間で一斉に黒板を向いて授業を受けるスタイルだけでなく，（ ア ）等を活用し，教師と子供，子供同士がつながり，（ イ ）を片手に教室内外で個に応じた学習を行う，（ ウ ）を確保しながら多目的スペース等を活用してグループ学習を行う，校内外の他者との協働により（ エ ）探究学習を行うなど，学びのスタイルが多様に変容していく可能性が広がっている。

	ア	イ	ウ	エ
①	デジタル教材	パソコン	身体的距離	計画的な
②	クラウド	タブレット	身体的距離	創造的な
③	デジタル教材	タブレット	教育の機会	計画的な
④	デジタル教材	タブレット	身体的距離	創造的な
⑤	クラウド	パソコン	教育の機会	創造的な

3 次の文は，「令和3年版　環境白書・循環型社会白書・生物多様性白書」（環境省）の一部を抜粋したものである。文中の（ ア ）〜（ オ ）に当てはまる語句の正しい組合せを選びなさい。ただし，同じ記号には同じ語句が入る。

福岡県／福岡市／北九州市

持続可能な開発目標（SDGs）やG7富山物質循環フレームワークに基づき，（　ア　）や廃棄物について，ライフサイクルを通じて適正に管理することで大気，水，土壌等の保全や環境の（　イ　）に努めるとともに，環境保全を前提とした循環型社会の形成を推進すべく，（　ウ　）・3R（リデュース，リユース，リサイクル）と（　エ　），有害物質，自然環境保全等の課題に関する政策を包括的に統合し，促進します。

リサイクルに加えて2R（リデュース，リユース）を促進することで（　ウ　）の向上と脱炭素化の同時達成を図ることや，地域特性等に応じて廃棄物処理施設を自立・分散型の地域のエネルギーセンターや災害時の防災拠点として位置付けることにより，資源循環と脱炭素化や国土の強靭化との同時達成を図ることなど，環境・（　オ　）・社会課題の統合的解決に向けて，循環型社会形成を推進します。

環境的側面・（　オ　）的側面・社会的側面を統合的に向上させるため，国民，国，地方公共団体，NPO・NGO，事業者等が連携を更に進めるとともに，各主体の取組をフォローアップし，推進します。

	ア	イ	ウ	エ	オ
①	放射性物質	整備	利益追求性	大気汚染	経済
②	放射性物質	再生	資源効率性	気候変動	科学
③	化学物質	再生	利益追求性	大気汚染	経済
④	化学物質	再生	資源効率性	気候変動	経済
⑤	化学物質	整備	資源効率性	大気汚染	科学

4 次の各文は，「消費者教育の推進に関する法律」（平成24年法律第61号）の条文を一部抜粋したものである。文中の（　ア　）～（　エ　）に当てはまる語句の正しい組合せを選びなさい。

第3条

5　消費者教育は，消費者の消費生活に関する行動が現在及び将来の世代にわたって内外の社会経済情勢及び（　ア　）に与える影響に関する情報その他の多角的な視点に立った情報を提供することを旨として行われなければならない。

第11条

3　国及び地方公共団体は，（　イ　）において実践的な消費者教育が行われるよう，その内外を問わず，消費者教育に関する知識，経験等を有する（　ウ　）の活用を推進するものとする。

第18条

2　国は，消費生活における被害の防止を図るため，（　エ　），障害の有無その他の消費者の特性を勘案して，その収集した消費生活に関する情報が消費者教育の内容に的確かつ迅速に反映されるよう努めなければならない。

	ア	イ	ウ	エ
①	金融情勢	学校	人材	国籍
②	金融情勢	職域	外部機関	国籍

③	地球環境	職域	人材	国籍
④	地球環境	職域	外部機関	年齢
⑤	地球環境	学校	人材	年齢

5 次の各文は，「学校教育法」（昭和22年法律第26号）の条文の一部を抜粋したものである。文中の（ ア ）～（ オ ）に当てはまる語句の正しい組合せを選びなさい。

第11条 校長及び教員は，（ ア ）必要があると認めるときは，文部科学大臣の定めるところにより，児童，生徒及び学生に懲戒を加えることができる。ただし，（ イ ）を加えることはできない。

第12条 学校においては，別に法律で定めるところにより，幼児，児童，生徒及び学生並びに職員の（ ウ ）を図るため，健康診断を行い，その他その（ エ ）に必要な措置を講じなければならない。

第16条 保護者（子に対して親権を行う者（親権を行う者のないときは，未成年後見人）をいう。以下同じ。）は，次条に定めるところにより，子に9年の（ オ ）を負う。

	ア	イ	ウ	エ	オ
①	指導上	体罰	健康への意識向上	保健	普通教育を受けさせる義務
②	教育上	暴力	健康の保持増進	安全	義務教育を受けさせる責任
③	指導上	体罰	健康への意識向上	安全	普通教育を受けさせる責任
④	指導上	暴力	健康の保持増進	安全	義務教育を受けさせる責任
⑤	教育上	体罰	健康の保持増進	保健	普通教育を受けさせる義務

6 次の(1)～(4)の各文は，法律の条文の一部を抜粋したものである。文中の（ ア ）～（ エ ）に当てはまる語句の正しい組合せを選びなさい。

(1) 学校の設置者及びその設置する学校は，児童等の豊かな情操と（ ア ）を培い，心の通う対人交流の能力の素地を養うことがいじめの防止に資することを踏まえ，全ての教育活動を通じた道徳教育及び体験活動等の充実を図らなければならない。　　　　　　【いじめ防止対策推進法第15条第1項】

(2) 学校には，学校図書館の専門的職務を掌らせるため，（ イ ）を置かなければならない。　　　　　　　　　　　　　　　　　　　　　　　　　【学校図書館法第5条第1項】

(3) 個人情報は，個人の（ ウ ）の理念の下に慎重に取り扱われるべきものであることにかんがみ，その適正な取扱いが図られなければならない。
　　　　　　　　　　　　　　　　　　　　　　　　【個人情報の保護に関する法律第3条】

(4) 職員は，その職務を遂行するに当つて，法令，条例，地方公共団体の規則及び地方公共団体の機関の定める規程に従い，且つ，上司の職務上の（ エ ）に忠実に従わなければならない。　　　　　　　　　　　　　　　　　　　　　　　　　　【地方公務員法第32条】

	ア	イ	ウ	エ
①	道徳心	学校司書	人権保護	命令
②	自尊心	司書教諭	人権保護	命令

③	道徳心	司書教諭	人格尊重	命令
④	道徳心	学校司書	人格尊重	指導
⑤	自尊心	司書教諭	人権保護	指導

7 次の(1)～(4)の各文は、学習及び発達について述べたものである。文中の（ ア ）～
（ エ ）に当てはまる語句の正しい組合せを選びなさい。

(1) マスロー〔Maslow,A.H.〕は、要求には階層性があり、生理的要求が満たされると
安全を求める要求が出現し、それが満たされると所属と愛への要求が現われ、ついで
承認への要求が現れることを示唆した。それらの要求がかなりの程度充足されるなら
ば自己の才能・能力・可能性を十分に使用し開発し、自らを完成し、なしうる最善を
尽くそうとする（ ア ）の要求が出現してくるとした。

(2) オースベル〔Ausubel,D.Z.〕は、教材が有効に機能する（受容される）のはそれが
子供の既存の認知構造に関連する（有意味な）時であるとした。彼は、中心になる概
念（ イ ）を与えるか否かが学習効果を左右すると主張する。

(3) 新しい学習を効果的に行うための必要条件として、学習者に学習を行うための心身
の発達が準備されている状態をレディネスという。レディネスの整わないうちに学習
させても、その効果は期待できないといわれている。例えば、読みのレディネスは知
能年齢6歳半まで待たなければ備わらないとされていた。しかし、今日では、レディ
ネスの成立は成熟によるのみでなく、ヴィゴツキー〔Vygotsky,L.S.〕の説えた（ ウ ）
にみられるように、適切な学習経験、教材、教授法、あるいは動機づけなどを与える
ことによって積極的に形成することができるとみなされている。

(4) ローザンサールとヤコブソン〔Rosenthal,R.& Jacobson,L.〕は、教師が児童に対し
てあらかじめ持つ期待が、児童の成績などに影響することを示している。もし、教師
が生徒の学業が伸びるというような期待を持つと、教師はその生徒に対して期待に沿
った行動をとる。次にこの教師の行動によって、生徒も教師の期待と一致するような
行動をとるようになる。この一連の行動連鎖は（ エ ）と呼ばれている。

	ア	イ	ウ	エ
①	他者承認	学習内容の要約	最近接領域	モデリング
②	自己実現	学習内容の要約	環境優位	ピグマリオン効果
③	自己実現	先行オーガナイザー	最近接領域	ピグマリオン効果
④	他者承認	先行オーガナイザー	環境優位	ピグマリオン効果
⑤	自己実現	学習内容の要約	最近接領域	モデリング

8 次の文は、「『令和の日本型学校教育』の構築を目指して（答申）」（令和3年1月　中
央教育審議会）「第Ⅱ部　各論」「2．9年間を見通した新時代の義務教育の在り方につ
いて」の一部を抜粋したものである。文中の下線部ア～オについて正しいものを○、誤
っているものを×としたとき、正しい組合せを選びなさい。

(4) 義務教育を全ての児童生徒等に実質的に保障するための方策
　①不登校児童生徒への対応

福岡県／福岡市／北九州市

445

○ 小中学校における不登校児童生徒数は平成24（2012）年度以降ァ高止まりの傾向にあり，令和元（2019）年度には181,272人，このうち90日以上欠席している児童生徒数は100,857人と不登校児童生徒数の約56％を占めるに至っている。

○ 不登校を減らすためには，学校が児童生徒にとって安心感，充実感が得られる活動の場となり，いじめや暴力行為，体罰等を許さず，学習指導の充実により学習内容を確実に身に付けることができるなど，児童生徒が安心して教育を受けられる魅力あるものとなることが必要である。

○ また，現に不登校となっている児童生徒に対しては，個々の状況に応じた適切な支援を行うことにより，ィ登校刺激を与えることも必要である。

○ このため，スクールカウンセラー・スクールソーシャルワーカーの配置時間等の充実による相談体制の整備，アウトリーチ型支援の実施を含む不登校支援の中核となるゥ教育支援センターの機能強化，不登校特例校の設置促進，公と民との連携による施設の設置・運営など教育委員会・学校と多様な教育機会を提供しているェフリースクール等の民間の団体とが連携し，相互に協力・補完し合いながら不登校児童生徒に対する支援を行う取組の充実，自宅等でのICTの活用等多様な教育機会の確保など，子供たちが学校で安心して教育が受けられるよう，学校内外において，ォ教育課程に応じた段階的な支援策を講じるとともに，更に効果的な対策を講じるため，スクリーニングの実施による児童生徒の支援ニーズの早期把握や校内の別室における相談・指導体制の充実等の調査研究を進めていくことが必要である。

	ア	イ	ウ	エ	オ
①	○	○	○	×	×
②	×	×	○	○	×
③	×	○	×	×	○
④	○	○	○	×	○
⑤	×	×	×	○	○

9 次の文は，「いじめ防止対策推進法等に基づくいじめに関する対応について」（令和3年9月21日　文部科学省）の一部を抜粋したものである。文中の（　ア　）～（　エ　）に当てはまる語句の正しい組合せを選びなさい。

○ いじめを積極的に認知することは，いじめへの対応の第一歩であり，いじめ防止対策推進法が（　ア　）するための大前提でもあります。また，いじめの認知と（　イ　）が適切に行われなかったために，重大な結果を招いた事案が発生し得るということを真摯に受け止めることが重要です。

○ いじめの早期発見・認知にあたっては，いじめの防止等のための基本的な方針における「別添2：学校における「いじめの防止」「早期発見」「いじめに対する措置」のポイント」の「(2)早期発見　①基本的考え方」及び「②いじめの早期発見のための措置」等を参照しながら，些細な兆候であっても，いじめではないかとの疑いを持って，早い段階から複数の教職員で的確に関わり，いじめを軽視したりすることなく，組織的な対応を行うことが求められます。（略）

○　学校は，いじめにより重大な被害が生じた疑いがあると認めるときは，速やかに（　ウ　）を通じて，地方公共団体の長等まで重大事態が発生した旨を報告する必要があります。

○　重大事態の調査組織については，（　エ　）が確保された組織が客観的な事実認定を行うことができるよう構成することが重要です。

	ア	イ	ウ	エ
①	機能	関係者との連携	学校の設置者	秘密を守る体制
②	浸透	初動対応	警察	公平性・中立性
③	浸透	初動対応	学校の設置者	秘密を守る体制
④	機能	初動対応	学校の設置者	公平性・中立性
⑤	機能	関係者との連携	警察	秘密を守る体制

10　次の文は，「学校・教育委員会等向け虐待対応の手引き」（文部科学省　令和2年6月改訂版）の一部を抜粋したものである。文中の下線部ア～オについて正しいものを○，誤っているものを×としたとき，正しい組合せを選びなさい。

○　虐待は，子供の心身の成長及び_ア家族関係に重大な影響を与えるとともに，次の世代に引き継がれるおそれもあり，子供に対する最も重大な権利侵害です。（略）

○　学校が保護者から威圧的な要求や暴力の行使等を受ける可能性がある場合は，即座に_イ設置者に連絡すると同時に，設置者と連携して速やかに_ウ児童相談所，警察等の関係機関，弁護士等の専門家と情報共有し，対応を検討すること等が重要です。（略）

○　管理職は個々の教職員から虐待が疑われる事案についての報告を受けたら，速やかに学年主任や_エ養護教諭，スクールカウンセラー，スクールソーシャルワーカーなど可能な範囲で関係職員を集め，それぞれがもつ情報を収集し，事実関係を整理することが重要です。

　　　この場合，必要に応じて_オ民生委員に助言や協力を求めることも有効です。

	ア	イ	ウ	エ	オ
①	×	○	○	○	×
②	○	×	○	×	○
③	×	×	×	○	○
④	○	○	×	×	×
⑤	×	○	○	×	×

11　次の文は，「『令和の日本型学校教育』の構築を目指して（答申）」（令和3年1月　中央教育審議会）「第Ⅰ部　総論」「3．2020年代を通じて実現すべき『令和の日本型学校教育』の姿」の一部を抜粋したものである。文中の（　ア　）～（　エ　）に当てはまる語句の正しい組合せを選びなさい。

④　特別支援教育

○　幼児教育，義務教育，高等学校教育の全ての教育段階において，（　ア　）に基づくインクルーシブ教育システムの理念を構築することを旨として行われ，また，障

福岡県／福岡市／北九州市

害を理由とする差別の解消の推進に関する法律（障害者差別解消法）や，今般の高齢者，障害者等の移動等の円滑化の促進に関する法律（バリアフリー法）の改正も踏まえ，（ イ ）たちが適切な教育を受けられる環境を整備することが重要である。

○　こうした重要性に鑑み，障害のある子供と障害のない子供が可能な限り（ ウ ）教育を受けられる条件整備が行われており，また，障害のある子供の自立と（ エ ）を見据え，一人一人の教育的ニーズに最も的確に応える指導を提供できるよう，通常の学級，通級による指導，特別支援学級，特別支援学校といった，連続性のある多様な学びの場の一層の充実・整備がなされている。

	ア	イ	ウ	エ
①	障害者の権利に関する条約	支援の必要な子供	共に	社会貢献
②	障害者の権利に関する条約	全ての子供	共に	社会参加
③	障害者基本法	支援の必要な子供	同じような	社会貢献
④	障害者の権利に関する条約	支援の必要な子供	同じような	社会参加
⑤	障害者基本法	全ての子供	共に	社会貢献

12　次の文は，「第3次学校安全の推進に関する計画」（令和4年3月25日閣議決定）の一部を抜粋したものである。文中の下線部ア〜オについて，正しいものを○，誤っているものを×としたとき，正しい組合せを選びなさい。

3．学校における安全に関する教育の充実

　学校における安全教育の目標は，ア学校生活全般における安全確保のために必要な事項をイ実践的に理解し，自他の生命尊重を基盤として，生涯を通じて安全な生活を送る基礎を培うとともに，進んで安全で安心な社会づくりに参加し貢献できるような資質・能力を育成することを目指すものである。

　各学校では，新学習指導要領において重視しているウクライシス・マネジメントの考え方を生かしながら，児童生徒等や学校，地域の実態及び児童生徒等の発達の段階を考慮して，エ学校の特色を生かした安全教育の目標や指導の重点を設定し，教育課程を編成・実施していくことが重要であり，各学校においてオ管理職や教職員の共通理解を図りながら，安全教育を積極的に推進するべきである。

	ア	イ	ウ	エ	オ
①	○	×	○	○	×
②	×	○	○	×	○
③	○	×	×	○	×
④	×	○	×	○	○
⑤	○	×	×	×	○

13　次の各文は，「人権教育の指導方法等の在り方について［第三次とりまとめ］」（平成20年3月　人権教育の指導方法等に関する調査研究会議）及び「部落差別の解消の推進に関する法律」（平成28年法律第109号）の一部を抜粋したものである。文中の（ ア ）〜（ オ ）に当てはまる語句の正しい組合せを選びなさい。

「人権教育の指導方法等の在り方について［第三次とりまとめ］」

○　各学校において人権教育に実際に取り組むに際しては，まず，人権に関わる概念や人権教育が目指すものについて明確にし，教職員がこれを十分に理解した上で，（　ア　）に取組を進めることが肝要である。（略）

○　学校においては，的確な児童生徒理解の下，学校生活全体において人権が尊重されるような（　イ　）づくりを進めていく必要がある。

　　そのために，教職員においては，例えば，児童生徒の意見をきちんと受けとめて聞く，明るく丁寧な言葉で声かけを行うことなどは当然であるほか，個々の児童生徒の大切さを改めて強く自覚し，一人の人間として接していかなければならない。（略）

○　各教科等の学習において個別の人権課題に関わりのある内容を取り扱う際にも，当該教科等の目標やねらいを踏まえつつ，児童生徒一人一人がその人権課題を自分の問題としてとらえ，自己の生き方を考える（　ウ　）となるような指導を行っていくことが望ましい。

「部落差別の解消の推進に関する法律」

第１条　この法律は，現在もなお部落差別が存在するとともに，情報化の進展に伴って部落差別に関する状況の変化が生じていることを踏まえ，全ての国民に基本的人権の享有を保障する日本国憲法の理念にのっとり，部落差別は許されないものであるとの認識の下にこれを解消することが重要な課題であることに鑑み，部落差別の解消に関し，（　エ　）を定め，並びに国及び地方公共団体の（　オ　）を明らかにするとともに，相談体制の充実等について定めることにより，部落差別の解消を推進し，もって部落差別のない社会を実現することを目的とする。

	ア	イ	ウ	エ	オ
①	系統的・継続的	環境	契機	基本理念	役割
②	組織的・計画的	人間関係	契機	定義	責務
③	組織的・計画的	環境	契機	基本理念	責務
④	系統的・継続的	人間関係	場面	基本理念	役割
⑤	組織的・計画的	環境	場面	定義	役割

14　次の各文は，「人権教育及び人権啓発の推進に関する法律」（平成12年法律第147号）及び「福岡県部落差別の解消の推進に関する条例」（平成31年福岡県条例第6号）の一部を抜粋したものである。文中の（　ア　）～（　エ　）に当てはまる語句の正しい組合せを選びなさい。

「人権教育及び人権啓発の推進に関する法律」

第２条　この法律において，人権教育とは，人権尊重の精神の（　ア　）を目的とする教育活動をいい，人権啓発とは，国民の間に人権尊重の理念を普及させ，及びそれに対する国民の理解を深めることを目的とする広報その他の啓発活動（人権教育を除く。）をいう。

第３条　国及び地方公共団体が行う人権教育及び人権啓発は，学校，地域，家庭，職域その他の様々な場を通じて，国民が，その（　イ　）に応じ，人権尊重の理念に対す

福岡県／福岡市／北九州市

る理解を深め，これを体得することができるよう，多様な機会の提供，効果的な手法の採用，国民の（　ウ　）の尊重及び実施機関の中立性の確保を旨として行われなければならない。

「福岡県部落差別の解消の推進に関する条例」

第2条　部落差別の解消に関する（　エ　）は，全ての県民が等しく基本的人権を享有するかけがえのない個人として尊重されるものであるとの理念にのっとり，部落差別を解消する必要性に対する県民一人一人の理解を深めるよう努めることにより，部落差別のない社会を実現することを旨として，行われなければならない。

	ア	イ	ウ	エ
①	育成	発達段階	自主性	教育・啓発
②	涵養	立場	権利	施策
③	涵養	発達段階	権利	教育・啓発
④	涵養	発達段階	自主性	施策
⑤	育成	立場	自主性	教育・啓発

※以下の問題は，選択問題です。

(1) 中学校教員（中高併願者のうち，中学校を第一希望とする者を含む。）・養護教員・栄養教員志願者は，**15**～**19**を選択し，解答しなさい。

(2) 高等学校教員志願者（中高併願者のうち，高等学校を第一希望とする者を含む。）は，**20**～**24**を選択し，解答しなさい。

(3) 特別支援学校教員志願者は，受験票に記載した区分（小・中・高）に従って問題を選択し，解答しなさい。（小学部の志願者は**15**～**19**を解答しなさい。）

中養栄共通

15　次の文は，小学校〈中学校〉学習指導要領解説　特別の教科　道徳編（平成29年　文部科学省）「第4章　指導計画の作成と内容の取扱い」「第2節　道徳科の指導」「3　学習指導の多様な展開」の一部を抜粋したものである。文中の（　ア　）～（　オ　）に当てはまる語句の正しい組合せを選びなさい。ただし，同じ記号には同じ語句が入る。

(4) 道徳科に生かす指導方法の工夫

道徳科に生かす指導方法には多様なものがある。（　ア　）を達成するには，児童〈生徒〉の（　イ　）や知的な興味などに訴え，児童〈生徒〉が（　ウ　）をもち，主体的に考え，話し合うことができるように，（　ア　），児童〈生徒〉の実態，（　エ　）や学習指導過程などに応じて，最も適切な指導方法を選択し，工夫して生かしていくことが必要である。

そのためには，教師自らが多様な指導方法を理解したり，コンピュータを含む多様な〈情報〉機器の活用方法などを身に付けたりしておくとともに，〈指導に際しては，〉児童〈生徒〉の（　オ　）などを捉え，指導方法を吟味した上で生かすことが重要であ

る。

※＿＿の表記は小学校学習指導要領
※〈　〉の表記は中学校学習指導要領

	ア	イ	ウ	エ	オ
①	目標	内面	問題意識	教材	性格や特徴
②	ねらい	感性	問題意識	教材	発達の段階
③	ねらい	内面	道徳的実践意欲	資料	発達の段階
④	ねらい	感性	道徳的実践意欲	資料	性格や特徴
⑤	目標	内面	道徳的実践意欲	教材	発達の段階

16　次の文は，「『令和の日本型学校教育』の構築を目指して（答申）」（令和３年１月　中央教育審議会）「第Ⅱ部　各論」「2．9年間を見通した新時代の義務教育の在り方について」の一部を抜粋したものである。文中の（　ア　）～（　オ　）に当てはまる語句の正しい組合せを選びなさい。

○　義務教育は，憲法や教育基本法に基づき，全ての児童生徒に対し，各個人の有する能力を伸ばしつつ社会において（　ア　）に生きる基礎や，国際や社会の形成者として必要とされる基本的な資質を養うことを目的とするものである。（略）

○　また，児童生徒が多様化し学校が様々な課題を抱える中にあっても，義務教育において決して（　イ　），ということを徹底する必要がある。このため，一人一人の能力，適性等に応じ，その意欲を高めやりたいことを深められる教育を実現するとともに，学校を安全・安心な居場所として保障し，様々な事情を抱える多様な児童生徒が，実態として学校教育の外に置かれてしまわないように取り組むことが必要である。また，多様性を尊重する態度や互いのよさを生かして協働する力，持続可能な社会づくりに向けた態度，リーダーシップやチームワーク，感性，優しさや思いやりなどの人間性等を育むことも重要である。こうした観点からも，特別支援学校に在籍する児童生徒が居住する地域の学校に副次的な籍を置く取組を進めるなど，義務教育段階における特別支援教育のより一層の充実を図ることが重要である。（略）

○　また，新学習指導要領では，児童生徒の発達の段階を考慮し，言語能力，（　ウ　）能力，（　エ　）能力等の学習の基盤となる資質・能力を育成していくことができるよう，各教科等の特質を生かし，教科等横断的な視点から教育課程の編成を図るものとされており，その充実を図ることが必要である。（略）

○　また，発達の段階にかかわらず，児童生徒の実態を適切に捉え，その可能性を伸ばすことができるよう環境を整えていくことも重要である。例えば，児童生徒の学習意欲を向上する観点からは，教科等を学ぶ（　オ　）や学習状況を児童生徒に伝えること等が重要となる。

	ア	イ	ウ	エ	オ
①	自立的	誰一人取り残さない	情報処理	コミュニケーション	楽しさ
②	創造的	指導を諦めない	情報活用	コミュニケーション	本質的な意義
③	創造的	誰一人取り残さない	情報活用	コミュニケーション	楽しさ

④	自立的	指導を諦めない	情報処理	問題発見・解決	本質的な意義
⑤	自立的	誰一人取り残さない	情報活用	問題発見・解決	本質的な意義

17 次の文は，「生徒指導提要」（平成22年　文部科学省）「第7章　生徒指導に関する法制度等」「第1節　校則」の一部を抜粋したものである。文中の（ ア ）～（ オ ）に当てはまる語句の正しい組合せを選びなさい。

　　学校を取り巻く社会環境や児童生徒の状況は変化するため，校則の内容は，児童生徒の実情，（ ア ），地域の状況，社会の常識，時代の進展などを踏まえたものになっているか，絶えず積極的に見直さなければなりません。

　　校則の内容の見直しは，最終的には教育に責任を負う（ イ ）の権限ですが，見直しについて，児童生徒が話し合う機会を設けたり，PTAにアンケートをしたりするなど，児童生徒や保護者が何らかの形で参加する例もあります。校則の見直しに当たって，児童会・生徒会，学級会などの場を通じて児童生徒に主体的に考えさせる機会を設けた結果として，児童生徒が自主的に校則を守るようになった事例，その取組が児童生徒に自信を与える契機となり，自主的・自発的な行動につながり，学習面や部活動で成果を上げるようになった事例などがあります。校則の見直しを（ ウ ）に活かした取組といえます。

　　このように，校則の見直しは，校則に対する（ エ ），校則を自分たちのものとして守っていこうとする態度を養うことにつながり，児童生徒の（ オ ）を培う機会にもなります。

	ア	イ	ウ	エ	オ
①	学校の実態	校長	人間関係づくり	理解を深め	社会性
②	学校の実態	校長	人間関係づくり	考え方を広げ	主体性
③	保護者の考え方	校長	学校づくり	理解を深め	主体性
④	保護者の考え方	学校の設置者	人間関係づくり	考え方を広げ	社会性
⑤	保護者の考え方	学校の設置者	学校づくり	考え方を広げ	主体性

18 次の文は，小学校〈中学校〉学習指導要領解説　特別活動編（平成29年　文部科学省）「第2章　特別活動の目標」「第1節　特別活動の目標」「3　特別活動における『主体的・対話的で深い学び』〈の実現〉」の一部を抜粋したものである。文中の（ ア ）～（ オ ）に当てはまる語句の正しい組合せを選びなさい。

　　また，対話的な学びは，学級など（ ア ）の児童〈生徒〉同士の話合いにとどまるものではない。異年齢の児童生徒や障害のある幼児児童生徒等，多様な他者と対話しながら（ イ ）ことや地域の人との交流を通して自分の考えを広げたり，自分のよさやがんばり〈努力〉に気付き（ ウ ）を高めたりすること，自然体験活動を通して自然と向き合い，学校生活では得られない体験から新たな気付きを得ること，〈職場体験活動を通して働く人の思いに触れて自分の勤労観・職業感を高めること，〉（ エ ）に関する自分自身の意思決定の過程において，他者や教師との対話を通して自己の考えを発展させることなど，様々な関わりを通して感性を豊かにし〈感性や思考力，実践力を豊かにし〉，

福岡県／福岡市／北九州市

よりよい（　オ　）や意思決定ができるような資質・能力を育成する〈になる〉ことも，特別活動における対話的な学びとして重要である。

※＿＿＿の表記は小学校学習指導要領解説
※〈　　〉の表記は中学校学習指導要領解説

	ア	イ	ウ	エ	オ
①	同一集団	分かり合う	自己効力感	自己実現	合意形成
②	同一集団	協働する	自己肯定感	キャリア形成	合意形成
③	同一集団	協働する	自己効力感	キャリア形成	人間関係形成
④	同年齢	分かり合う	自己肯定感	自己実現	人間関係形成
⑤	同年齢	協働する	自己効力感	自己実現	合意形成

19 次の文は，小学校〈中学校〉学習指導要領解説　総合的な学習の時間編（平成29年文部科学省）「第6章　総合的な学習の時間の年間指導計画及び単元計画の作成」「第2節　年間指導計画の作成」の一部を抜粋したものである。文中の（　ア　）〜（　オ　）に当てはまる語句の正しい組合せを選びなさい。

　総合的な学習の時間を効果的に実践するには，保護者や地域の人，専門家などの多様な人々の協力，社会教育施設や社会教育団体等の施設・設備など，様々な教育資源を活用することが大切である。このことは，第3の2の(6)，〈(7)〉に示した通り〈とおり〉である。年間指導計画の中に児童〈生徒〉の学習活動を支援してくれる（　ア　）を想定し，学習活動の深まり具合に合わせていつでも連携・協力を求められるよう日ごろ〈頃〉から（　イ　）をしておくことが望まれる。学校外の教育資源の活用は，この時間の学習活動を一層充実したものにしてくれるからである。

　また，総合的な学習の時間の年間指導計画の中に，幼稚園や〈，認定こども園，〉保育所，中〈小〉学校や〈高等学校，〉特別支援学校等との連携や，幼児・児童・生徒が直接的な交流を行う単元を構成することも考えられる。異校種との連携や交流活動を行う際には，児童〈生徒〉にとって交流を行う（　ウ　）があること，交流を行う相手にも教育的な価値のある互恵的な関係であること，などに十分配慮しなければならない。教師，保育者が互いに目的をもって（　エ　）に進めることが大切である。

　なお，学校外の多様な人々の協力を得たり，異校種との連携や交流活動を位置付けたりして学習活動を充実させるには，（　オ　）を行うことが不可欠である。そのための適切な時間や機会の確保は，充実した学習活動を実施する上で配慮すべき事項である。

※＿＿＿の表記は小学校学習指導要領解説
※〈　　〉の表記は中学校学習指導要領解説

	ア	イ	ウ	エ	オ
①	地域の人材	関係づくり	必要感や必然性	協働的	綿密な打合せ
②	地域の人材	情報提供	目的や内容	協働的	綿密な打合せ
③	団体や個人	関係づくり	必要感や必然性	計画的・組織的	綿密な打合せ
④	団体や個人	情報提供	必要感や必然性	計画的・組織的	連絡・調整

福岡県／福岡市／北九州市

⑤	地域の人材	情報提供	目的や内容	計画的・組織的	連絡・調整

高等学校

20 次の文は，高等学校学習指導要領（平成30年3月告示）「第1章　総則」「第2款　教育課程の編成」「2　教科等横断的な視点に立った資質・能力の育成」を抜粋したものである。文中の（ ア ）～（ エ ）に当てはまる語句の正しい組合せを選びなさい。

(1) 各学校においては，生徒の発達の段階を考慮し，言語能力，（ ア ）能力（情報モラルを含む。），（ イ ）能力等の学習の基盤となる資質・能力を育成していくことができるよう，各教科・科目等の特質を生かし，教科等横断的な視点から教育課程の編成を図るものとする。

(2) 各学校においては，生徒や学校，地域の実態及び生徒の発達の段階を考慮し，（ ウ ）の実現や災害等を乗り越えて（ エ ）を形成することに向けた現代的な諸課題に対応して求められる資質・能力を，教科等横断的な視点で育成していくことができるよう，各学校の特色を生かした教育課程の編成を図るものとする。

	ア	イ	ウ	エ
①	情報処理	問題発見・解決	自己の目標	次代の社会
②	情報処理	コミュニケーション	豊かな人生	将来の自己
③	情報活用	問題発見・解決	豊かな人生	次代の社会
④	情報活用	コミュニケーション	自己の目標	将来の自己
⑤	情報処理	コミュニケーション	豊かな人生	次代の社会

21 次の文は，高等学校学習指導要領（平成30年3月告示）「第4章　総合的な探究の時間」「第2　各学校において定める目標及び内容」の一部を抜粋したものである。文中の（ ア ）～（ エ ）に当てはまる語句の正しい組合せを選びなさい。

3　各学校において定める目標及び内容の取扱い

（略）

(3) 各学校において定める目標及び内容については，（ ア ）との関わりを重視すること。

(4) 各学校において定める内容については，目標を実現するにふさわしい探究課題，探究課題の解決を通して育成を目指す具体的な（ イ ）を示すこと。

(5) 目標を実現するにふさわしい探究課題については，地域や学校の（ ウ ），生徒の特性等に応じて，例えば，国際理解，情報，環境，福祉・健康などの現代的な諸課題に対応する横断的・総合的な課題，地域や学校の特色に応じた課題，生徒の（ エ ）に基づく課題，職業や自己の進路に関する課題などを踏まえて設定すること。

	ア	イ	ウ	エ
①	外部機関	方針	実態	興味・関心

454

②	外部機関	資質・能力	教育資源	問題意識
③	地域や社会	資質・能力	教育資源	興味・関心
④	地域や社会	方針	教育資源	問題意識
⑤	地域や社会	資質・能力	実態	興味・関心

22 次の文は，高等学校学習指導要領（平成30年3月告示）「第5章 特別活動」「第3 指導計画の作成と内容の取扱い」の一部を抜粋したものである。文中の（ ア ）～（ オ ）に当てはまる語句の正しい組合せを選びなさい。

1 指導計画の作成に当たっては，次の事項に配慮するものとする。（略）

(3) ホームルーム活動における生徒の自発的，自治的な活動を中心として，各活動と学校行事を相互に関連付けながら，個々の生徒についての理解を深め，教師と生徒，生徒相互の信頼関係を育み，ホームルーム経営の充実を図ること。その際，特に，（ ア ）の未然防止等を含めた生徒指導との関連を図るようにすること。

(4) 障害のある生徒などについては，学習活動を行う場合に生じる（ イ ）に応じた指導内容や指導方法の工夫を計画的，組織的に行うこと。（略）

2 内容の取扱いに当たっては，次の事項に配慮するものとする。（略）

(3) 学校生活への適応や人間関係の形成，教科・科目や進路の選択などについては，主に集団の場面で必要な指導や援助を行うガイダンスと，個々の生徒の多様な実態を踏まえ，一人一人が抱える課題に個別に対応した指導を行うカウンセリング（教育相談を含む。）の双方の趣旨を踏まえて指導を行うこと。特に（ ウ ）においては，個々の生徒が学校生活に適応するとともに，希望や目標をもって生活をできるよう工夫すること。あわせて，（ エ ）との連絡を密にすること。

(4) （ オ ）による交流を重視するとともに，幼児，高齢者，障害のある人々などとの交流や対話，障害のある幼児児童生徒との交流及び共同学習の機会を通して，協働することや，他者の役に立ったり社会に貢献したりすることの喜びを得られる活動を充実すること。

	ア	イ	ウ	エ	オ
①	いじめ	個人差	進級時	生徒の家庭	学年全体
②	いじめ	困難さ	入学当初	生徒の家庭	異年齢集団
③	問題行動	個人差	進級時	中学校	学年全体
④	いじめ	困難さ	入学当初	中学校	学年全体
⑤	問題行動	困難さ	進級時	生徒の家庭	異年齢集団

23 次の文は，「今後の学校におけるキャリア教育・職業教育の在り方について（答申）」（平成23年1月 中央教育審議会）「第1章 キャリア教育・職業教育の課題と基本的方向性」「1．キャリア教育・職業教育の内容と課題」の一部を抜粋したものである。文中の（ ア ）～（ エ ）に当てはまる語句の正しい組合せを選びなさい。

○ 人は，専門性を身に付け，仕事を持つことによって，社会とかかわり，社会的な責任を果たし，（ ア ）を維持するとともに，自らの（ イ ）を発揮し，誇りを持ち，

自己を実現することができる。（略）
○ 職業教育を考える際に留意しなければならないことは、専門的な知識・技能の育成は学校教育のみで完成するものではなく、（ウ）の観点を踏まえた教育の在り方を考える必要があるということである。（略）
○ また、社会が大きく変化する時代においては、特定の専門的な知識・技能の育成とともに、多様な職業に対応し得る、社会的・（エ）自立に向けて必要な基盤となる能力や態度の育成も重要である。（略）

	ア	イ	ウ	エ
①	生計	才能	生涯教育	職業的
②	家計	才能	生涯学習	経済的
③	生計	個性	生涯学習	職業的
④	家計	個性	生涯教育	経済的
⑤	生計	個性	生涯教育	経済的

24 次の文は、「生徒指導提要」（平成22年　文部科学省）「第3章　児童生徒の心理と児童生徒理解」「第1節　児童生徒理解の基本」の一部を抜粋したものである。文中の（ア）～（オ）に当てはまる語句の正しい組合せを選びなさい。

生徒指導は、既に明らかにしてきたように、一人一人の児童生徒の健全な成長を促し、児童生徒自ら現在及び将来における（ア）を図っていくための（イ）の育成を目指すものです。これは児童生徒の（ウ）を尊重し、個性の伸長を図りながら、（エ）や行動力を高めるように指導、援助するものでなければなりません。

実際の指導においては複数の児童生徒や集団を対象にすることも多いのですが、最終のねらいはそこに含まれる個人の育成にあります。また実際の指導では問題行動などに直接対応する指導が多いのですが、最終のねらいは（オ）にあります。

	ア	イ	ウ	エ	オ
①	自己理解	自己管理能力	価値観	社会的資質	知性の段階的形成
②	自己理解	自己指導能力	価値観	判断力	人格の発達的形成
③	自己実現	自己指導能力	人格	社会的資質	人格の発達的形成
④	自己実現	自己管理能力	価値観	判断力	知性の段階的形成
⑤	自己実現	自己管理能力	人格	判断力	人格の発達的形成

解答＆解説

全校種共通

1 解答 ⑤

解説 (1)日本国憲法第16条を参照。「請願権」の規定。

(2)日本国憲法第19条を参照。「思想及び良心の自由」の規定。

(3)日本国憲法第29条第2項を参照。「財産権の保障」の規定。

(4)日本国憲法第97条を参照。「基本的人権の本質」の規定。

2 解答 ②

解説 学校施設の在り方に関する調査研究協力者会議「新しい時代の学びを実現する学校施設の在り方について　最終報告」(2022年3月)の「第2章　新しい時代の学びの実現に向けて解決すべき学校施設の課題」「(1)新しい時代の学びへの対応の必要性」「(学びのスタイルの変容への対応)」を参照。

3 解答 ④

解説 環境省「令和3年版　環境白書・循環型社会白書・生物多様性白書」の「令和3年度　生物の多様性の保全及び持続可能な利用に関する施策」「第3章　循環型社会の形成」「第1節　持続可能な社会づくりとの統合的取組」を参照。

4 解答 ⑤

解説 ア:消費者教育の推進に関する法律第3条第5項を参照。「基本理念」の規定。

イ・ウ:消費者教育の推進に関する法律第11条第3項を参照。「学校における消費者教育の推進」の規定。

エ:消費者教育の推進に関する法律第18条第2項を参照。「情報の収集及び提供等」の規定。

5 解答 ⑤

解説 ア・イ:学校教育法第11条を参照。「児童・生徒等の懲戒」の規定。

ウ・エ:学校教育法第12条を参照。「健康診断等」の規定。

オ:学校教育法第16条を参照。「義務教育年限」の規定。

6 解答 ③

解説 (1)いじめ防止対策推進法第15条第1項を参照。「学校におけるいじめの防止」の規定。

(2)学校図書館法第5条第1項を参照。「司書教諭」の規定。

(3)個人情報の保護に関する法律第3条を参照。「基本理念」の規定。

(4)地方公務員法第32条を参照。「法令等及び上司の職務上の命令に従う義務」の規定。

7 解答 ③

解説 (1)マス(ズ)ロー(1908～70)は、欲求を生理的欲求、安全の欲求、所属と愛情の欲求、自尊の欲求、自己実現の欲求からなる階層構造で捉え、低次の欲求から発達的に順に芽生えること、低次の欲求が満たされないとそれより高次の欲求の充足が困難になることを示した。

(2)オース(ズ)ベル(1918～2008)が提唱した有意味受容学習は、学習者に思考の枠組みとなるような先行オーガナイザーをあらかじめ導入しておくと、本学習で学習材料の理解が容易になり、現在の認知構造への受容が促進されるとしている。

(3)ヴィゴツキー(1896～1934)は、子どもの知的発達には、現在の能力で問題が解決できる発達水準と、他者からの援助やヒントが得られれば解決できる発達水

準の２つがあり，この水準の差を発達の最近接領域と呼んだ。

(4)ピグマリオン効果は，教師期待効果ともいわれ，親や教師に期待されると，子どもの能力がその方向に変化する現象をいう。成績が伸びるであろうというプラス方向の期待はピグマリオン効果で，伸びることはないであろうというマイナス方向の期待はゴーレム効果である。

8 解答 ②

解説 中央教育審議会答申「『令和の日本型学校教育』の構築を目指して　～全ての子供たちの可能性を引き出す，個別最適な学びと，協働的な学びの実現～」（2021年１月26日，４月22日更新）の「第Ⅱ部　各論」「２．９年間を見通した新時代の義務教育の在り方について」「(4)義務教育を全ての児童生徒等に実質的に保障するための方策」「①不登校児童生徒への対応」を参照。

ア：「高止まりの傾向にあり」ではなく「増加の一途を辿っており」。

イ：「登校刺激を与える」ではなく「学習環境の確保を図る」。

オ：「教育課程に応じた」ではなく「個々の状況に応じた」。

9 解答 ④

解説 文部科学省「いじめ防止対策推進法等に基づくいじめに関する対応について」（2021年９月21日）の「(いじめの積極的な認知と早期の組織的な対応)」「(いじめ防止対策推進法等に基づく適切な重大事態対応)」を参照。

10 解答 ①

解説 文部科学省「学校・教育委員会等向け虐待対応の手引き」（2020年６月改訂版）を参照。

ア：「【基礎編】」「１．虐待とは」を参照。「家族関係」ではなく「人格の形成」。

イ・ウ：「【基礎編】」「３．学校・教職員等の役割」「(1)学校・教職員の役割，責務」を参照。

エ・オ：「【対応編１　日頃の観察から通告まで】」「１．通告までの流れ」「(3)チームとしての早期対応」「①チームとしての対応」を参照。オは「民生委員」ではなく「学校医や学校歯科医」。

11 解答 ②

解説 中央教育審議会答申「『令和の日本型学校教育』の構築を目指して　～全ての子供たちの可能性を引き出す，個別最適な学びと，協働的な学びの実現～」（2021年１月26日，４月22日更新）の「第Ⅰ部　総論」「３．2020年代を通じて実現すべき『令和の日本型学校教育』の姿」「(1)子供の学び」「④特別支援教育」を参照。

12 解答 ④

解説 文部科学省「第３次学校安全の推進に関する計画」（2022年３月25日閣議決定）の「Ⅱ　学校安全を推進するための方策」「３．学校における安全に関する教育の充実」を参照。

ア：「学校生活全般」ではなく「日常生活全般」。

ウ：「クライシス・マネジメント」ではなく「カリキュラム・マネジメント」。

13 解答 ③

| 解説 | 人権教育の指導方法等に関する調査研究会議「人権教育の指導方法等の在り方について［第三次とりまとめ］」（2008年3月）を参照。

ア：「指導等の在り方編」「第1章　学校教育における人権教育の改善・充実の基本的考え方」「2．学校における人権教育」「(1)学校における人権教育の目標」を参照。

イ：「指導等の在り方編」「第2章　学校における人権教育の指導方法等の改善・充実」「第1節　学校としての組織的な取組と関係機関等との連携等」「1．学校の教育活動全体を通じた人権教育の推進」「(4)人権尊重の視点に立った学級経営等」を参照。

ウ：「実践編　～個別的な人権課題に対する取組～」「個別的な人権課題に対する取組」を参照。

エ・オ：部落差別の解消の推進に関する法律第1条を参照。この法律の「目的」の規定。

14 解答 ④

解説 人権教育及び人権啓発の推進に関する法律を参照。

ア：第2条を参照。人権教育，人権啓発の「定義」の規定。

イ・ウ：第3条を参照。「基本理念」の規定。

エ：福岡県部落差別の解消の推進に関する条例第2条を参照。「基本理念」の規定。

中養栄共通

15 解答 ②

解説 『小学校学習指導要領解説　特別の教科　道徳編』（2017年7月）の「第4章　指導計画の作成と内容の取扱い」「第2節　道徳科の指導」「3　学習指導の多様な展開」「(4)道徳科に生かす指導の工夫」，『中学校学習指導要領解説　特別の教科道徳編』（2017年7月）の「第4章　指導計画の作成と内容の取扱い」「第2節道徳科の指導」「3　学習指導の多様な展開」「(4)道徳科に生かす指導の工夫」を参照。

16 解答 ⑤

解説 中央教育審議会答申「『令和の日本型学校教育』の構築を目指して　～全ての子供たちの可能性を引き出す，個別最適な学びと，協働的な学びの実現～」（2021年1月26日，同年4月22日更新）の「第Ⅱ部　各論」「2．9年間を見通した新時代の義務教育の在り方について」を参照。

ア・イ：「(1)基本的な考え方」を参照。

ウ～オ：「(2)教育課程の在り方」「①学力の確実な定着等の資質・能力の育成に向けた方策」を参照。

17 解答 ③

解説 『生徒指導提要』（2010年3月）の「第7章　生徒指導に関する法制度等」「第1節校則」「2　校則の内容と運用」「(3)校則の見直し」を参照。

福岡県／福岡市／北九州市

18 解答 ②

解説 『小学校学習指導要領解説　特別活動編』（2017年7月）の「第2章　特別活動の目標」「第1節　特別活動の目標」「3　特別活動における『主体的・対話的で深い学び』」、『中学校学習指導要領解説　特別活動編』（2017年7月）の「第2章　特別活動の目標」「第1節　特別活動の目標」「3　特別活動における『主体的・対話的で深い学び』の実現」を参照。

19 解答 ③

解説 『小学校学習指導要領解説　総合的な学習の時間編』（2017年7月）の「第6章　総合的な学習の時間の年間指導計画及び単元計画の作成」「第2節　年間指導計画の作成」「2　作成及び実施上の配慮事項」「(4)外部の教育資源の活用及び異校種との連携や交流を意識すること」、『中学校学習指導要領解説　総合的な学習の時間編』（2017年7月）の「第6章　総合的な学習の時間の年間指導計画及び単元計画の作成」「第2節　年間指導計画の作成」「2　作成及び実施上の配慮事項」「(4)外部の教育資源の活用及び異校種との連携や交流を意識すること」を参照。

高等学校

20 解答 ③

解説 平成30年版高等学習指導要領（2018年3月30日告示）の「第1章　総則」「第2款　教育課程の編成」「2　教科等横断的な視点に立った資質・能力の育成」を参照。

21 解答 ⑤

解説 平成30年版高等学習指導要領（2018年3月30日告示）の「第4章　総合的な探究の時間」「第2　各学校において定める目標及び内容」「3　各学校において定める目標及び内容の取扱い」の(3)～(5)を参照。

22 解答 ②

解説 平成30年版高等学習指導要領（2018年3月30日告示）の「第5章　特別活動」「第3　指導計画の作成と内容の取扱い」の1(3)及び(4)、2(3)及び(4)を参照。

23 解答 ③

解説 中央教育審議会答申「今後の学校におけるキャリア教育・職業教育の在り方について」（2011年1月31日）の「第1章　キャリア教育・職業教育の課題と基本的方向性」「1．キャリア教育・職業教育の内容と課題」「(2)『職業教育』の内容と課題」を参照。

24 解答 ③

解説 『生徒指導提要』（2010年3月）の「第3章　児童生徒の心理と児童生徒理解」「第1節　児童生徒理解の基本」「1　生徒指導における児童生徒理解の重要性」「(1)生徒指導の目的と児童生徒理解」を参照。

佐賀県

実施日	2022(令和4)年7月10日	試験時間	50分（一般教養を含む）
出題形式	選択式	問題数	8題（解答数31）
パターン	法規・原理＋心理・時事	公開状況	問題:公開　解答:公開　配点:公開

傾向＆対策

●教育法規と教育時事で教職教養全体の約8割を占める。出題分野にかかわらず「特別支援教育」が必出の教育トピックで，今年度は教育法規で特別支援学校の目的，障害の程度，寄宿舎の設置（いずれも学校教育法）について出題された。●最も解答数の多い教育法規は，教育基本法，学校教育法，地方公務員法などの頻出条文の出典法規を問う問題と，空欄補充問題。●教育原理は，学習指導要領「総則」，『生徒指導提要』の空欄補充問題と，ペーターゼンが開発したイエナ・プランを選択させる問題。●教育心理は，ブルームの総括的評価，ピアジェの認知発達段階，アンダーアチーバー，ロールシャッハ・テストについて。●教育時事は，「教育の情報化に関する手引」（2019年12月）。

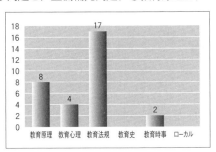

出題領域

領域	項目		項目		項目	
教育原理	教育課程・学習指導要領		総則	4	特別の教科　道徳	
	外国語・外国語活動		総合的な学習(探究)の時間		特別活動	
	学習指導	1	生徒指導	3	学校・学級経営	
	特別支援教育	↓法規	人権・同和教育		その他	
教育心理	発達	1	学習		性格と適応	1
	カウンセリングと心理療法		教育評価	2	学級集団	
教育法規	教育の基本理念	2	学校教育		学校の管理と運営	1
	児童生徒	6	教職員	2	特別支援教育	6
教育史	日本教育史		西洋教育史			
教育時事	答申・統計	2	ローカル			

※表中の数字は，解答数

全校種共通

☞解答&解説 p.465

1 次の(1)～(5)の**各条文が記載されている法令名を下の**(ア)～(ク)から**それぞれ1つずつ選び，その記号で答えなさい。**

(1) すべて国民は，ひとしく，その能力に応じた教育を受ける機会を与えられなければならず，人種，信条，性別，社会的身分，経済的地位又は門地によって，教育上差別されない。

(2) すべて国民は，法律の定めるところにより，その能力に応じて，ひとしく教育を受ける権利を有する。

(3) 学校においては，別に法律で定めるところにより，幼児，児童，生徒及び学生並びに職員の健康の保持増進を図るため，健康診断を行い，その他その保健に必要な措置を講じなければならない。

(4) 公立の小学校等の教諭等の任命権者は，当該教諭等に対して，その採用の日から一年間の教諭又は保育教諭の職務の遂行に必要な事項に関する実践的な研修を実施しなければならない。

(5) 校長は，当該学校に在学する児童等について出席簿を作成しなければならない。

(ア)日本国憲法　　　　　(イ)地方公務員法　　　　(ウ)教育基本法
(エ)学校教育法　　　　　(オ)学校教育法施行令　　(カ)学校教育法施行規則
(キ)教育公務員特例法　　(ク)学校保健安全法

2 次の(1)～(5)は，ある法令の条文を記したものである。**各条文の（　　）に入る語句を下の**(ア)～(ソ)から**それぞれ1つずつ選び，その記号で答えなさい。**

(1) 職員は，法律又は条例に特別の定がある場合を除く外，その勤務時間及び職務上の注意力のすべてをその（　　）遂行のために用い，当該地方公共団体がなすべき責を有する職務にのみ従事しなければならない。

(2) 学校においては，（　　）定期に，児童生徒等の健康診断を行わなければならない。

(3) 国及び地方公共団体は，障害者である児童及び生徒と障害者でない児童及び生徒との交流及び（　　）を積極的に進めることによつて，その相互理解を促進しなければならない。

(4) 経済的理由によつて，就学困難と認められる学齢児童又は学齢生徒の保護者に対しては，（　　）は，必要な援助を与えなければならない。

(5) 小学校，中学校，義務教育学校，中等教育学校及び特別支援学校の校長は，常に，その学校に在学する学齢児童又は学齢生徒の（　　）を明らかにしておかなければならない。

(ア)毎月　　　　(イ)毎学期　　　(ウ)毎学年　　　(エ)目的　　　(オ)職責　　　(カ)業務
(キ)出席状況　　(ク)健康状況　　(ケ)学習状況　　(コ)共同学習　(サ)支援学習
(シ)学びあい　　(ス)国　　　　　(セ)都道府県　　(ソ)市町村

3 次の文は，**ある法律から抜粋したものである。下の**(1)，(2)の**各問いに答えなさい。**

第72条　特別支援学校は，視覚障害者，聴覚障害者，知的障害者，（①）又は病弱者（身体虚弱者を含む。以下同じ。）に対して，幼稚園，小学校，中学校又は高等学校に

準ずる教育を施すとともに，障害による学習上又は生活上の困難を克服し（　②　）を図るために必要な知識技能を授けることを目的とする。

第75条　第72条に規定する視覚障害者，聴覚障害者，知的障害者，（　①　）又は病弱者の障害の程度は，（　③　）で定める。

第78条　特別支援学校には，（　④　）を設けなければならない。ただし，特別の事情のあるときは，これを設けないことができる。

(1)　この法律の名称を次の(ア)～(エ)から1つ選び，その記号で答えよ。

　　(ア)学校教育法　　(イ)社会教育法　　(ウ)教育基本法　　(エ)障害者基本法

(2)　（　①　）～（　④　）に入る語句を次の(ア)～(シ)からそれぞれ1つ選び，その記号で答えよ。

　　(ア)身体障害者　　(イ)政令　　(ウ)体育館　　(エ)心身の成長　　(オ)肢体不自由者

　　(カ)寄宿舎　　(キ)条例　　(ク)学習障害者　　(ケ)校舎　　(コ)自立

　　(サ)身体の安全　　(シ)法律

4　次の文は，「児童虐待の防止等に関する法律」から抜粋したものである。（　①　），（　②　）に入る語句を下の(ア)～(カ)からそれぞれ1つずつ選び，その記号で答えなさい。

第6条　児童虐待を受けたと思われる児童を（　①　）した者は，速やかに，これを市町村，都道府県の設置する福祉事務所若しくは（　②　）又は児童委員を介して市町村，都道府県の設置する福祉事務所若しくは（　②　）に通告しなければならない。

　　(ア)発見　　(イ)警察　　(ウ)教育委員会　　(エ)覚知　　(オ)認知　　(カ)児童相談所

5　次の文は，「生徒指導提要」（平成22年3月　文部科学省）の第5章　第4節　3スクールソーシャルワーカーとの連携」から抜粋したものである。下の（　①　）～（　③　）に入る語句を下の(ア)～(ク)からそれぞれ1つ選び，その記号で答えなさい。

　　スクールソーシャルワーカー活用事業においては，社会福祉士や（　①　）等の社会福祉に関する資格を有する者のほか，教育と福祉の両面に関して，専門的な知識・技術を有するとともに，過去に教育や福祉の分野において活動経験の実績のある者を，スクールソーシャルワーカーとして任用し，主に以下の職務を行っています。

• 問題を抱える児童生徒が置かれた（　②　）への働きかけ

• 関係機関とのネットワークの構築・連携・調整

• 学校内におけるチーム体制の構築・支援

• 保護者，教職員に対する支援・相談・情報提供

• 教職員への（　③　）活動　　など

　　(ア)介護福祉士　　(イ)臨床心理士　　(ウ)環境　　(エ)家庭　　(オ)研修　　(カ)広報

　　(キ)精神保健福祉士　　(ク)人間関係

6　次の文は，「中学校学習指導要領　第1章　総則　中学校教育の基本と教育課程の役割」から抜粋したものである。（　①　）～（　④　）に入る語句を下の(ア)～(シ)からそれぞれ1つ選び，その記号で答えなさい。

(1)　基礎的・基本的な知識及び技能を確実に習得させ，これらを活用して課題を解決するために必要な思考力，判断力，表現力等を育むとともに，主体的に学習に取り組む態度を養い，個性を生かし多様な人々との（　①　）を促す教育の充実に努めること。

その際，生徒の（　②　）を考慮して，生徒の言語活動など，学習の基盤をつくる活動を充実するとともに，家庭との連携を図りながら，生徒の学習習慣が確立するよう配慮すること。

(2)　道徳教育や体験活動，多様な表現や鑑賞の活動等を通して，豊かな心や（　③　）の涵養を目指した教育の充実に努めること。　（中略）

(3)　学校における体育・健康に関する指導を，生徒の発達の段階を考慮して，学校の教育活動全体を通じて適切に行うことにより，健康で安全な生活と豊かな（　④　）の実現を目指した教育の充実に努めること。特に，学校における食育の推進並びに体力の向上に関する指導，安全に関する指導及び心身の健康の保持増進に関する指導については，保健体育科，技術・家庭科及び特別活動の時間はもとより，各教科，道徳科及び総合的な学習の時間などにおいてもそれぞれの特質に応じて適切に行うよう努めること。

(ア)規範意識　　　(イ)主体性　　　(ウ)協働　　　(エ)人間性　　　(オ)発達の段階　　　(カ)創造性
(キ)生涯　　　(ク)交流　　　(ケ)議論　　　(コ)食生活　　　(サ)スポーツライフ
(シ)思考の過程

7　次の(1)～(5)が説明する内容を下の(ア)～(シ)からそれぞれ1つ選び，その記号で答えなさい。

(1)　ブルームによる評価類系のうち，単元終了時や学期末等，比較的長期間の学習成果や目標達成状況を明らかにする教育評価。

(2)　認知の発達は「感覚運動期」「前操作期」「具体的操作期」「形成的操作期」の4つの段階を経ながら進むと提唱したスイスの心理学者。

(3)　学力が，知能から期待される水準よりも低い状態の児童生徒。

(4)　左右対称のインクのしみの図版10枚からなり，何に見えるか，なぜそう見えたかを問い，人物を多面的に診断する検査。

(5)　ドイツのペーター・ペーターゼンが創始した教育法で，従来の年齢別学年学級制を廃止し，集団活動を基軸とした基幹集団を形成するもの。

(ア)フロイト　　　(イ)オーバーアチーバー　　　(ウ)総括的評価
(エ)イエナ・プラン　　　(オ)P-Fスタディ　　　(カ)個人内評価　　　(キ)スピアマン
(ク)アンダーアチーバー　　　(ケ)絶対評価　　　(コ)ピアジェ
(サ)ドルトン・プラン　　　(シ)ロールシャッハ・テスト

8　次の文は，「教育の情報化に関する手引」（令和元年12月　文部科学省）から抜粋したものである。（　①　），（　②　）に入る語句を，下の(ア)～(オ)からそれぞれ1つずつ選び，その記号で答えなさい。

○　インターネットの特性

インターネットには，「公開性」「記録性」「信憑性」「公共性」「流出性」等の特性があり，これらを児童生徒の発達段階に応じて理解を深めさせることで，これまでに発生している様々な事件やトラブルの本質を捉えさせることが必要である。

「（　①　）」について，インターネット上には誰でも情報を発信できるので，信用できない情報も多く，情報を取得する際には正しいかどうかを必ず確かめなければならない

という感覚を身に付けさせることが重要である。コミュニケーションを行う相手個人の確認方法だけでなく，セキュリティの意味から信頼できるサイトであることの確認方法を身につけさせることも必要である。

「（ ② ）」は最も危険で，接続しただけで，自分のコンピュータに侵入されることや，情報を取り出されるような危険な仕組みがあるため，信用できないサイトには接続しないことを理解させておく必要がある。

(ア)公開性　　(イ)記録性　　(ウ)信憑性　　(エ)公共性　　(オ)流出性

解答&解説

1 **解答** (1)―(ウ)　(2)―(ア)　(3)―(エ)　(4)―(キ)　(5)―(カ)
　解説 (1)教育基本法第4条第1項を参照。「教育の機会均等」の規定。
　(2)日本国憲法第26条第1項を参照。「教育を受ける権利」の規定。
　(3)学校教育法第12条を参照。「健康診断等」の規定。
　(4)教育公務員特例法第23条第1項を参照。「初任者研修」の規定。
　(5)学校教育法施行規則第25条を参照。「出席簿」の規定。

2 **解答** (1)―(オ)　(2)―(ウ)　(3)―(コ)　(4)―(ソ)　(5)―(キ)
　解説 (1)地方公務員法第35条を参照。「職務に専念する義務」の規定。
　(2)学校保健安全法第13条第1項を参照。「児童生徒等の健康診断」の規定。
　(3)障害者基本法第16条第3項を参照。「教育」の規定。
　(4)学校教育法第19条を参照。「経済的就学困難への援助義務」の規定。
　(5)学校教育法施行令第19条を参照。「校長の義務」の規定。

3 **解答** (1)―(ア)　(2)①―(オ)　②―(コ)　③―(イ)　④―(カ)
　解説 ①・②学校教育法第72条を参照。「特別支援学校の目的」の規定。
　①・③学校教育法第75条を参照。「障害の程度」の規定。
　④学校教育法第78条を参照。「寄宿舎の設置」の規定。

4 **解答** ①―(ア)　②―(カ)
　児童虐待の防止等に関する法律第6条第1項を参照。「児童虐待に係る通告」の規定。

5 **解答** ①―(キ)　②―(ウ)　③―(オ)
　解説 『生徒指導提要』（2010年3月）の「第5章　教育相談」「第4節　スクールカウンセラー，専門機関等との連携」「3　スクールソーシャルワーカーとの連携」を参照。

6 **解答** ①―(ウ)　②―(オ)　③―(カ)　④―(サ)
　解説 平成29年版中学校学習指導要領（2017年3月31日告示）の「第1章　総則」「第1　中学校教育の基本と教育課程の役割」の2を参照。

7 **解答** (1)―(ウ)　(2)―(コ)　(3)―(ク)　(4)―(シ)　(5)―(エ)
　解説 (1)(ウ)総括的評価は，単元・学期・学年の終了時などに実施される評価で，児童

生徒の成績を決定する資料を得ること，指導計画全体の反省と改善を行うために実施される。

(2)(コ)ピアジェ（1896〜1980）は，物の見方や捉え方の枠組みをシェマと呼び，そのシェマが変容していく過程こそが認知発達だと主張して，感覚運動期，前操作期，具体的操作期，形式的操作期という4つの認知発達段階に分けた。

(3)(ク)知能は普通以上であるにもかかわらず，健康，性格，環境その他の要因によって学業成績が不良である者をアンダーアチーバー（学業不振児）という。一方，知能と比較して学業成績が優秀である者をオーバーアチーバー（学業優良児）という。

(4)(シ)ロールシャッハ（1884〜1922）によって考案されたロールシャッハ・テストは投影法検査の一つで，表面的な性格ではなく深層部分の性格を知ることができる。

(5)(エ)ペーターゼン（1884〜1952）が開発したイエナ・プランは，学校は生活共同体の縮図でなければならないという観点から，従来の学年別の学級を廃して低学年・中学年・高学年の3集団に再編成し，児童生徒は指導的立場と指導される立場を経験しながら集団訓練を基調とする生活共同体として学習する。

8 **解答** ①—(ウ)　②—(オ)

解説 文部科学省「教育の情報化に関する手引」（2019年12月）の「第2章　情報活用能力の育成」「第4節　学校における情報モラル教育」「2．情報モラル教育の進め方」「(1)問題の本質」「②情報技術の仕組み」を参照。なお，同手引は2020年6月に追補版が発表されているので確認しておくこと。設問箇所は同様の記述あり。

佐賀県

長崎県

実 施 日	2022(令和4)年7月10日	試験時間	50分（一般教養を含む）
出題形式	マークシート式	問 題 数	7題（解答数35）
パターン	時事＋心理・法規・原理・教育史	公開状況	問題：公開　解答：公開　配点：公開

傾向&対策

●大問7題は、教育原理・教育心理・教育法規・教育史・教育時事各1題、教育心理・教育時事1題、「特別支援教育」「人権教育」1題で、小問は各5題。●教育時事は、「いじめの防止等のための基本的な方針」(2017年3月)、「障害のある子供の教育支援の手引」(2021年6月)、「令和の日本型学校教育」に関する中央教育審議会答申（2021年1月）と、ヤングケアラーについて。●必出の「人権教育」は「特別支援教育」と独立した大問を構成し、前者は人権教育及び人権啓発の推進に関する法律など人権に関する法律、後者は前述の手引。●教育原理は、必出の学習指導要領「総則」より、カリキュラム・マネジメントと学習評価に関する部分。●教育法規は、教育基本法などの空欄補充問題と正誤判定問題。

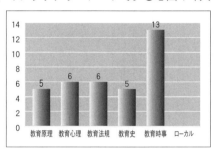

出題領域

教育原理	教育課程・学習指導要領		総　則	5	特別の教科　道徳
	外国語・外国語活動		総合的な学習(探究)の時間		特別活動
	学習指導		生徒指導	↓時事	学校・学級経営
	特別支援教育	↓時事	人権・同和教育	↓法規	その他
教育心理※	発　達	2	学　習	2	性格と適応
	カウンセリングと心理療法	2	教育評価	1	学級集団
教育法規※	教育の基本理念	2	学校教育		学校の管理と運営	1
	児童生徒	2	教職員	1	人権教育	1
教育史	日本教育史	4	西洋教育史	1		
教育時事	答申・統計	13	ローカル			

※表中の数字は、解答数
※選択肢の出題領域が複数にわたる場合は、それぞれの項目に加算するためグラフの数とは異なる

全校種共通

☞解答&解説 p.474

1 次の各問いに答えなさい。

問1　次の(1)～(4)は法規の条文である。 ☐1 ～ ☐4 に当てはまる語句を後の①～⑫の中からそれぞれ1つずつ選び，番号で答えよ。ただし， ☐4 は法規の名称である。

(1)　教育基本法　第13条

　　学校，家庭及び地域住民その他の関係者は，教育におけるそれぞれの ☐1 を自覚するとともに，相互の連携及び協力に努めるものとする。

(2)　日本国憲法　第14条第1項

　　すべて国民は，法の下に平等であつて，人種，信条，性別， ☐2 又は門地により，政治的，経済的又は社会的関係において，差別されない。

(3)　学校保健安全法　第20条

　　 ☐3 は，感染症の予防上必要があるときは，臨時に，学校の全部又は一部の休業を行うことができる。

(4)　 ☐4 　第42条

　　小学校は，文部科学大臣の定めるところにより当該小学校の教育活動その他の学校運営の状況について評価を行い，その結果に基づき学校運営の改善を図るため必要な措置を講ずることにより，その教育水準の向上に努めなければならない。

①社会的身分　　②権利と義務　　③校長　　④役割と責任　　⑤文部科学大臣
⑥学校教育法　　⑦年齢　　⑧生活環境　　⑨崇高な使命
⑩地方教育行政の組織及び運営に関する法律　　⑪学校の設置者　　⑫社会教育法

問2　次のA～Eは，学校教育及び教職員に関する法規の条文である。下線部が正しいものに○，誤っているものに×をつけたとき，正しい組合せを後の①～⑤の中から1つ選び，番号で答えよ。

A．教育公務員特例法　第21条第1項

　　教育公務員は，その職責を遂行するために，絶えず<u>研究と修養</u>に努めなければならない。

B．教育職員免許法　第1条

　　この法律は，教育職員の免許に関する基準を定め，<u>教育職員の資質の保持と向上</u>を図ることを目的とする。

C．学校保健安全法　第13条第1項

　　学校においては，毎学年定期に，児童生徒等（通信による教育を受ける学生を除く。）の<u>保健指導</u>を行わなければならない。

D．地方公務員法　第33条

　　職員は，その職の信用を傷つけ，又は職員の職全体の<u>不利益</u>となるような行為をしてはならない。

E．教育職員等による児童生徒性暴力等の防止等に関する法律　第4条第1項

　　教育職員等による児童生徒性暴力等の防止等に関する施策は，教育職員等による児童生徒性暴力等が全ての児童生徒等の<u>心身の健全な発達</u>に関係する重大な問題で

あるという基本的認識の下に行われなければならない。

① A：○　　B：×　　C：○　　D：○　　E：○
② A：○　　B：○　　C：×　　D：×　　E：○
③ A：○　　B：○　　C：○　　D：×　　E：×
④ A：×　　B：○　　C：×　　D：○　　E：×
⑤ A：×　　B：×　　C：○　　D：×　　E：○

2 小学校・中学校学習指導要領（平成29年3月告示），高等学校学習指導要領（平成30年3月告示），特別支援学校小学部・中学部学習指導要領（平成29年4月告示）及び特別支援学校高等部学習指導要領（平成31年2月告示）について，次の各問いに答えなさい。

問1　次の文は，小学校学習指導要領総則の「小学校教育の基本と教育課程の役割」，中学校学習指導要領総則の「中学校教育の基本と教育課程の役割」，高等学校学習指導要領総則の「高等学校教育の基本と教育課程の役割」，特別支援学校小学部・中学部学習指導要領総則の「小学部及び中学部における教育の基本と教育課程の役割」及び特別支援学校高等部学習指導要領総則の「高等部における教育の基本と教育課程の役割」に関する記述の一部である。 1 ～ 4 に当てはまる語句を後の①～⑫の中からそれぞれ1つずつ選び，番号で答えよ。ただし，同一番号には同一語句が入る。また，下線部については，中学校・高等学校・特別支援学校高等部においては《　　　》で読み替えることとする。

小学校，中学校，高等学校

　各学校においては，児童《生徒》や学校，地域の実態を適切に把握し， 1 の実現に必要な教育の内容等を教科等 2 な視点で組み立てていくこと，教育課程の実施状況を評価してその改善を図っていくこと，教育課程の実施に必要な 3 を確保するとともにその改善を図っていくことなどを通して，教育課程に基づき組織的かつ計画的に 4 を図っていくこと（以下「カリキュラム・マネジメント」という。）に努めるものとする。

特別支援学校小学部・中学部，特別支援学校高等部

　各学校においては，児童又は生徒《生徒》や学校，地域の実態を適切に把握し， 1 の実現に必要な教育の内容等を教科等 2 な視点で組み立てていくこと，教育課程の実施状況を評価してその改善を図っていくこと，教育課程の実施に必要な 3 を確保するとともにその改善を図っていくことなどを通して，教育課程に基づき組織的かつ計画的に 4 を図っていくこと（以下「カリキュラム・マネジメント」という。）に努めるものとする。

①心身の調和のとれた発達　　②継続的　　③横断的
④主体的・対話的で深い学びの実現　　⑤社会に開かれた教育課程　　⑥総合的
⑦人的又は物的な体制　　⑧教育の目的や目標　　⑨年間授業時数
⑩各学校の教育活動の質の向上　　⑪豊かな人生　　⑫健康・安全

問2　次の文は，小学校・中学校学習指導要領総則，高等学校学習指導要領総則，特別支援学校小学部・中学部学習指導要領総則及び特別支援学校高等部学習指導要領総則の「教育課程の実施と学習評価」に関する記述の一部である。（　ア　），（　イ　）に当

長崎県

てはまる語句の組合せとして正しいものを後の①～④の中から１つ選び，番号で答え
よ。ただし，同一記号には同一語句が入る。また，下線部については，中学校におい
ては〈 〉で，高等学校・特別支援学校高等部においては《 》で読み替えるこ
ととする。

小学校，中学校，高等学校

　児童〈生徒〉《生徒》が生命の有限性や自然の大切さ，主体的に（ ア ）してみる
ことや多様な他者と協働することの重要性などを実感しながら理解することができる
よう，各教科等《各教科・科目等》の特質に応じた（ イ ）を重視し，家庭や地域社
会と連携しつつ体系的・継続的に実施できるよう工夫すること。

特別支援学校小学部・中学部，特別支援学校高等部

　児童又は生徒《生徒》が生命の有限性や自然の大切さ，主体的に（ ア ）してみる
ことや多様な他者と協働することの重要性などを実感しながら理解することができる
よう，各教科等《各教科・科目等又は各教科等》の特質に応じた（ イ ）を重視し，
家庭や地域社会と連携しつつ体系的・継続的に実施できるよう工夫すること。

① ア：問題解決　　　　　　イ：日常生活や社会との関わり

② ア：自己を表現　　　　　イ：言語活動

③ ア：社会の形成に参画　　イ：新たな課題を見いだす過程

④ ア：挑戦　　　　　　　　イ：体験活動

3 **次の各問いに答えなさい。**

問１　相手を尊重しながら，自分の考えや気持ちを率直に伝えていくコミュニケーショ
ンの訓練法のことを何というか。次の①～④の中から１つ選び，番号で答えよ。

①ソーシャルスキルトレーニング　　②アンガーマネジメント

③アサーション・トレーニング　　　④リフレーミング

問２　次の文は，「いじめの防止等のための基本的な方針」（平成25年10月11日　文部科
学大臣決定，最終改定　平成29年３月14日）に示されている「いじめの防止等に関す
る基本的考え方」に関する記述の一部である。 1 ～ 4 に当てはまる語句を後
の①～⑫の中からそれぞれ１つずつ選び，番号で答えよ。ただし，同一番号には同一
語句が入る。

　いじめは，どの子供にも，どの学校でも起こりうることを踏まえ，より根本的ない
じめの問題克服のためには，全ての児童生徒を対象としたいじめの 1 の観点が重
要であり，全ての児童生徒を，いじめに向かわせることなく，心の通う対人関係を構
築できる社会性のある大人へと育み，いじめを生まない土壌をつくるために， 2
継続的な取組が必要である。

　このため，学校の 3 を通じ，全ての児童生徒に「いじめは決して許されない」
ことの理解を促し，児童生徒の豊かな情操や道徳心，自分の存在と他人の存在を等し
く認め，お互いの人格を尊重し合える態度など，心の通う人間関係を構築する能力の
素地を養うことが必要である。また，いじめの背景にあるストレス等の要因に着目し，
その改善を図り，ストレスに適切に対処できる力を育む観点が必要である。加えて，
全ての児童生徒が安心でき， 4 を感じられる学校生活づくりも 1 の観点から

重要である。

①教育活動全体　　②道徳教育　　③連帯感　　④学校を中心的役割とした
⑤包括的な対策　　⑥関係者が一体となった　　⑦未然防止　　⑧思いやりの心
⑨特別活動の授業　　⑩児童生徒の啓発に働きかける　　⑪自己有用感や充実感
⑫早期介入体制の確立

4 次の各問いに答えなさい。

問1　次の(1)～(4)の文と最も関係の深い人物を後の①～⑫の中からそれぞれ1つずつ選び，番号で答えよ。

(1)　室町時代の能楽者で「初心忘るべからず」の語で知られており，主著『風姿花伝』では独自の芸道教育論を展開した。

(2)　江戸時代の儒学者で花畠教場などの陽明学派の学校を設立したほか，池田光政の岡山藩政を指導した。

(3)　大正から昭和にかけて活躍した教育学者で成城小学校の主事を務め，全人教育論を主張して新教育運動の一角を担った。

(4)　明治時代の教育家で岩倉使節団の通訳としてアメリカやヨーロッパを視察後，「同志社英学校」を開設した。

①谷本富　　②新島襄　　③世阿弥元清　　④上杉憲実　　⑤沢柳政太郎
⑥津田梅子　　⑦荻生徂徠　　⑧岡倉天心　　⑨中江藤樹　　⑩小原國芳
⑪伊藤仁斎　　⑫熊沢蕃山

問2　西洋の教育に関係のある人物について述べた次の①～④の文のうち，誤っているものを1つ選び，番号で答えよ。

①　パーカーストはアメリカのマサチューセッツ州の学校において，「自由」と「協同」を基本原理とする授業方式としてドルトン・プランを実践した。

②　エレン・ケイは主著『児童の世紀』において，人間の精神は文字の書かれていない白紙のようなものであり，そこに書き込む教育の役割の重要性を提唱した。

③　シュタイナーは「自由ヴァルドルフ学校」を創設し，絵画や演劇といった芸術活動を重視する教育を実践した。

④　コメニウスは「近代教授学の祖」と呼ばれており，世界最初の絵入り教科書である『世界図絵』を著した。

5 次の各問いに答えなさい。

問1　次の文は，「障害のある子供の教育支援の手引　～子供たち一人一人の教育的ニーズを踏まえた学びの充実に向けて～」（令和3年6月　文部科学省）に示されている「就学に関する新しい支援の方向性」に関する記述の一部である。　1　～　4　に当てはまる語句を後の①～⑫の中からそれぞれ1つずつ選び，番号で答えよ。

　インクルーシブ教育システムの構築のためには，障害のある子供と障害のない子供が，可能な限り　1　共に学ぶことを目指すべきであり，その際には，それぞれの子供が，授業内容を理解し，学習活動に参加している実感・達成感をもちながら，充実した時間を過ごしつつ，　2　を身に付けていけるかどうかという最も本質的な視点に立つことが重要である。

そのための環境整備として，子供一人一人の自立と社会参加を見据えて，その時点での教育的ニーズに最も的確に応える指導を提供できる，多様で柔軟な仕組みを整備することが重要である。このため，小中学校等における通常の学級，通級による指導，特別支援学級や，特別支援学校といった，　3　のある「多様な学びの場」を用意していくことが必要である。

教育的ニーズとは，子供一人一人の障害の状態や特性及び心身の発達の段階等（以下「障害の状態等」という。）を把握して，具体的にどのような特別な指導内容や　4　を含む支援の内容が必要とされるかということを検討することで整理されるものである。そして，こうして把握・整理した，子供一人一人の障害の状態等や教育的ニーズ，本人及び保護者の意見，教育学，医学，心理学等専門的見地からの意見，学校や地域の状況等を踏まえた総合的な観点から，就学先の学校や学びの場を判断することが必要である。

①教育上の合理的配慮　②発達課題に応じた目標　③連続性　④各教科の場で
⑤同じ場で　⑥柔軟性　⑦特別な機会を設けて　⑧確かな学力　⑨専門性
⑩資質・能力　⑪生きる力　⑫個別の課題

問2　次のA，Bは，人権に関する法律の条文である。（ ア ），（ イ ）に当てはまる語句の組合せとして正しいものを後の①～④の中から1つ選び，番号で答えよ。

A．人権教育及び人権啓発の推進に関する法律　第2条

　　この法律において，人権教育とは，人権尊重の精神の涵養を目的とする教育活動をいい，人権啓発とは，国民の間に人権尊重の理念を普及させ，及びそれに対する（ ア ）を深めることを目的とする広報その他の啓発活動（人権教育を除く。）をいう。

B．本邦外出身者に対する不当な差別的言動の解消に向けた取組の推進に関する法律　第2条

　　この法律において「本邦外出身者に対する不当な差別的言動」とは，専ら本邦の域外にある国若しくは地域の出身である者又はその子孫であって適法に居住するもの（以下この条において「本邦外出身者」という。）に対する差別的意識を助長し又は誘発する目的で公然とその生命，身体，自由，名誉若しくは財産に危害を加える旨を告知し又は本邦外出身者を著しく侮蔑するなど，本邦の域外にある国又は地域の出身であることを理由として，（ イ ）を煽動する不当な差別的言動をいう。

①　ア：国民の理解　　イ：本邦外出身者に対する反感や憎悪

②　ア：実践的取組　　イ：本邦外出身者を地域社会から排除すること

③　ア：国民の理解　　イ：本邦外出身者を地域社会から排除すること

④　ア：実践的取組　　イ：本邦外出身者に対する反感や憎悪

6　次の各問いに答えなさい。

問1　次の(1)～(3)の文と最も関係の深い人物を後の①～⑨の中からそれぞれ1つずつ選び，番号で答えよ。

(1)　人間の発達には遺伝的要因と環境的要因のそれぞれが互いに独立を保って関与するという輻輳説を提唱した。

(2)　学習を効果的に行うための心身の準備性であるレディネスを重視し，発達を規定

する要因は主として成熟であるという成熟優位説を提唱した。

(3) 人間の遺伝的資質について，個々の特性の発現に必要な環境要因の質，量は異なり，環境が閾値要因として働くという環境閾値説を提唱した。

①ゲゼル　②スキナー　③シュテルン　④セリグマン　⑤ヴント
⑥ワトソン　⑦ヴィゴツキー　⑧ジェンセン　⑨アドラー

問2　相手の態度を自らの意図する方向に変化させようと説得した結果，相手がこちらの意図とは逆の方向に態度を変化させることを何というか。次の①～④の中から1つ選び，番号で答えよ。

①スリーパー効果　②ブーメラン効果　③ピグマリオン効果　④ホーソン効果

問3　次の①～④の文のうち，下線部が誤っているものを1つ選び，番号で答えよ。

① 他者の行動やその結果を観察することにより，新たな行動様式を習得することをモデリングという。

② カウンセリングにおいて，カウンセラーが相手の心情をあたかも自分のことであるかのように感じとり，相手に伝え返すことを共感的理解という。

③ 不快に感じる事態に対する論理的な考え方を理解させ，不快な感情を発生させる心理的原因を取り除くことをゲシュタルト療法という。

④ 自己暗示によって心身を調整し，不安や緊張を解消する治療技法を自律訓練法という。

7 次の各問いに答えなさい。

問1　次の文は，「『令和の日本型学校教育』の構築を目指して　～全ての子供たちの可能性を引き出す，個別最適な学びと，協働的な学びの実現～（答申）」（令和3年1月26日　中央教育審議会）に示されている「『令和の日本型学校教育』の構築に向けたICTの活用に関する基本的な考え方」に関する記述の一部である。　1 　～　4 　に当てはまる語句を後の①～⑫の中からそれぞれ1つずつ選び，番号で答えよ。

○ ICTが必要不可欠なツールであるということは，社会構造の変化に対応した教育の質の向上という文脈に位置付けられる。すなわち，　1 　が進む中で，個別最適な学びを実現する必要があること，情報化が加速度的に進むSociety5.0時代に向けて，　2 　など学習の基盤となる資質・能力を育む必要があること，少子高齢化，人口減少という我が国の人口構造の変化の中で，地理的要因や地域事情にかかわらず学校教育の質を保障すること，災害や感染症等の発生などの緊急時にも教育活動の継続を可能とすること，教師の長時間勤務を解消し　3 　を実現することなど，これら全ての課題に対し，ICTの活用は極めて大きな役割を果たし得るものである。

○ その一方で，ICTを活用すること自体が目的化してしまわないよう，十分に留意することが必要である。直面する課題を解決し，あるべき学校教育を実現するためのツールとして，いわゆる「　4 　」の陥穽に陥ることのないよう，ICTをこれまでの実践と最適に組み合わせて有効に活用する，という姿勢で臨むべきである。

①状況分析能力　②インターネットの急速な普及　③情報活用能力
④教師による指導の改善　⑤子供たちの多様化　⑥学校の働き方改革
⑦計画実行能力　⑧チームワークの向上　⑨知識偏重教育　⑩二項対立

長崎県

⑪ゆとりのある教育体制　　⑫固定観念

問2　「ヤングケアラー」について述べた次の①～④の文のうち，誤っているものを1つ選び，番号で答えよ。

① 「ヤングケアラー」とは，本来大人が担うと想定されている家事や家族の世話などを日常的に行っている18歳未満の子どもをいう。
② 「ヤングケアラー」には，年齢や成長の度合いに見合わない重い責任や負担を負うことで，本人の育ちや教育に影響があるといった課題がある。
③ 「ヤングケアラー」の背景には，少子高齢化や核家族化の進展，共働き世帯の増加，家庭の経済状況の変化といった要因がある。
④ 国の「ヤングケアラーの実態に関する調査研究」（令和3年3月）によると，世話をしている家族が「いる」と回答したものは，中学2年生で3割以上となっている。

解答＆解説

1 解答　問1　1—④　2—①　3—⑪　4—⑥　　問2　②

解説　問1　(1)教育基本法第13条を参照。「学校，家庭及び地域住民等の相互の連携協力」の規定。

(2)日本国憲法第14条第1項を参照。「法の下の平等」の規定。

(3)学校保健安全法第20条を参照。感染症予防のための「臨時休業」の規定。

(4)学校教育法第42条を参照。「学校運営評価」の規定。

問2　A：教育公務員特例法第21条第1項を参照。「研修」の規定。

B：教育職員免許法第1条を参照。「この法律の目的」の規定。

C：学校保健安全法第13条第1項を参照。「児童生徒等の健康診断」の規定。「保健指導」ではなく「健康診断」。

D：地方公務員法第33条を参照。「信用失墜行為の禁止」の規定。「不利益」ではなく「不名誉」。

E：教育職員等による児童生徒性暴力等の防止等に関する法律第4条1項を参照。「基本理念」の規定。同法は，「児童生徒性暴力等」などの定義のほか，児童生徒性暴力等の禁止，基本理念（学校の内外を問わず教育職員等による児童生徒性暴力等の根絶等），児童生徒性暴力等の防止・早期発見・対処に関する措置（データベースの整備等），特定免許状失効者等に対する免許状授与の特例等について規定されており，2021年6月4日公布，一部を除き2022年4月1日施行。

2 解答　問1　1—⑧　2—③　3—⑦　4—⑩　　問2　④

解説　問1　平成29年版小学校学習指導要領（2017年3月31日告示）の「第1章　総則」「第1　小学校教育の基本と教育課程の役割」の4，平成29年版中学校学習指導要領（2017年3月31日告示）の「第1章　総則」「第1　中学校教育の基本と教育課程の役割」の4，平成30年版高等学校学習指導要領（2018年3月30日告示）の「第1章　総則」「第1款　高等学校教育の基本と教育課程の役割」の5，平成29年版特別支援学校小学部・中学部学習指導要領（2017年4月28日告示）の「第

１章　総則」「第２節　小学部及び中学部における教育の基本と教育課程の役割」の４，平成31年版特別支援学校高等部学習指導要領（2019年２月４日告示）の「第１章　総則」「第２節　教育課程の編成」「第１款　高等部における教育の基本と教育課程の役割」の５を参照。

問２　平成29年版小学校学習指導要領（2017年３月31日告示）の「第１章　総則」「第３　教育課程の実施と学習評価」「１　主体的・対話的で深い学びの実現に向けた授業改善」の(5)，平成29年版中学校学習指導要領（2017年３月31日告示）の「第１章　総則」「第３　教育課程の実施と学習評価」「１　主体的・対話的で深い学びの実現に向けた授業改善」の(5)，平成30年版高等学校学習指導要領（2018年３月30日告示）の「第１章　総則」「第３款　教育課程の実施と学習評価」「１　主体的・対話的で深い学びの実現に向けた授業改善」の(5)，平成29年版特別支援学校小学部・中学部学習指導要領（2017年４月28日告示）の「第１章　総則」「第４節　教育課程の実施と学習評価」「１　主体的・対話的で深い学びの実現に向けた授業改善」の(5)，平成31年版特別支援学校高等部学習指導要領（2019年２月４日告示）の「第１章　総則」「第２節　教育課程の編成」「第３款　教育課程の実施と学習評価」「１　主体的・対話的で深い学びの実現に向けた授業改善」の(5)を参照。

3　解答　問１　③　　問２　１―⑦　２―⑥　３―①　４―⑪

解説　問１　③アサーション・トレーニングは，「主張訓練」と訳され，対人場面で自分の伝えたいことをしっかり伝えるためのトレーニング。「断る」「要求する」といった葛藤場面での自己表現や，「ほめる」「感謝する」「うれしい気持ちを表す」「援助を申し出る」といった他者とのかかわりをより円滑にする社会的行動の獲得を目指す。

問２　「いじめの防止等のための基本的な方針」（2013年10月11日文部科学大臣決定，2017年３月14日最終改定）の「第１　いじめの防止等のための対策の基本的な方向に関する事項」「７　いじめの防止等に関する基本的考え方」「(1)いじめの防止」を参照。

4　解答　問１　(1)―③　(2)―⑫　(3)―⑩　(4)―②　　問２　②

解説　問１　(1)③世阿弥元清（1363～1443）は，父である観阿弥清次（1333～84）の指導を受け，演技・能作・理論の各面に優れ，能楽を大成した。

(2)⑫熊沢蕃山（1619～91）は，岡山藩主池田光政（1609～82）に仕え，後に中江藤樹（1608～48）の門人となった。儒学のみでなく神道や仏教にもかかわり，現実の生活の中での実践を重んじた。

(3)⑩小原國芳（1887～1977）は，玉川学園を創設し，宗教と芸術を根底にした人格の全円的発展を目指す「全人教育」の理想実現に尽くした。

(4)②新島襄（1843～90）は，同志社英学校を創設し，キリスト教主義に基づく教育を志した。青年の精神と品行の陶冶を強調する彼の教育は，近代を迎えた日本の青年の精神的啓蒙に大きく貢献した。

問２　②「エレン・ケイ」（1849～1926）ではなく，「ジョン・ロック」（1632～

長崎県

1704)。彼の主著は『教育論（教育に関する一考察）』。

5 |解答|問1　1—⑤　2—⑪　3—③　4—①　問2　③

|解説|問1　文部科学省「障害のある子供の教育支援の手引　～子供たち一人一人の教育的ニーズを踏まえた学びの充実に向けて～」（2021年6月30日）の「第1編　障害のある子供の教育支援の基本的な考え方」「1　障害のある子供の教育に求められること」「(2)就学に関する新しい支援の方向性」を参照。

問2　A：人権教育及び人権啓発の推進に関する法律第2条を参照。人権教育，人権啓発の「定義」の規定。

B：本邦外出身者に対する不当な差別的言動の解消に向けた取組の推進に関する法律第2条を参照。「本邦外出身者に対する不当な差別的言動」の「定義」の規定。

6 |解答|問1　(1)—③　(2)—①　(3)—⑧　問2　②　問3　③

|解説|問1　(1)③シュテルン（1871～1938）は，人間は目的追求的，価値実現的な存在であるという考え方に基づく人格心理学を提唱。人間の発達は先天的資質と環境的影響のどちらかによるのではなく，両者の相互作用によって行われるとする輻輳説を唱えた。

(2)①ゲゼル（1880～1961）は，一卵性双生児を用いた階段昇りによる運動発達の実験から，発達と学習には一定の成熟状態が前提となるという成熟優位説を主張した。

(3)⑧ジェンセン（1923～2012）は，ある特性の形成に必要な環境の寄与が一定水準を超えたとき，初めてその特性が形成されるとする環境閾値説を唱えた。

問2　②説得的コミュニケーションの事態で，いわゆる「逆効果」になってしまうのがブーメラン効果。

問3　③「ゲシュタルト療法」ではなく「論理療法（合理情動行動療法）」。

7 |解答|問1　1—⑤　2—③　3—⑥　4—⑩　問2　④

|解説|問1　中央教育審議会答申「『令和の日本型学校教育』の構築を目指して　～全ての子供たちの可能性を引き出す，個別最適な学びと，協働的な学びの実現～」（2021年1月26日，同年4月22日更新）の「5．『令和の日本型学校教育』の構築に向けたICTの活用に関する基本的な考え方」を参照。

問2　④三菱UFJリサーチ＆コンサルティング「令和2年度　子ども・子育て支援推進調査研究事業　ヤングケアラーの実態に関する調査研究報告書」（2021年3月）の「第Ⅳ章　中高生の生活実態に関するアンケート調査結果」「2．中高生アンケート調査　調査結果」「(3)家庭や家族のことについて」「①世話をしている家族の有無」を参照。中学2年生で世話をしている家族が「いる」と回答した人の割合は「5.7％」。

①～③厚生労働省のHP「ヤングケアラーについて」などを参照。

熊本県

実施日	2022(令和4)年7月10日	試験時間	40分
出題形式	選択式	問題数	8題(解答数40)
パターン	法規・時事・ローカル＋心理・原理	公開状況	問題:公開　解答:公開　配点:公開

傾向&対策

●出題分野にかかわらず「人権教育」「特別支援教育」が必出の教育トピック。●最も解答数の多い教育法規は，くまもと家庭教育支援条例，熊本県部落差別の解消の推進に関する条例，人権教育及び人権啓発の推進に関する法律など，熊本県の条例及び人権に関する法規が必出。●教育時事は，「人権教育の指導方法等」に関する第三次とりまとめ（2008年3月），「第3期教育振興基本計画」に関する中央教育審議会答申（2018年3月），「特別支援教育の推進」に関する文部科学省通知（2007年4月）より。●必出のローカル問題は，前述の熊本県の条例のほか，7年連続の出題となる「熊本県人権教育・啓発基本計画【第4次改訂版】」（2020年12月），「熊本県教育大綱」（2021年3月）。

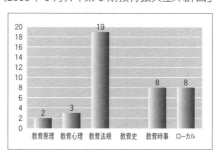

出題領域

領域							
教育原理	教育課程・学習指導要領		総則	2	特別の教科　道徳		
	外国語活動		総合的な学習(探究)の時間		特別活動		
	学習指導		生徒指導		学校・学級経営		
	特別支援教育	↓法規時事	人権・同和教育	↓法規,時事ローカル	その他		
教育心理	発達	1	学習	1	性格と適応		
	カウンセリングと心理療法	1	教育評価		学級集団		
教育法規	教育の基本理念	1	学校教育	2	学校の管理と運営	3	
	児童生徒	4	教職員	4	特別支援教育 人権教育	2	3
教育史	日本教育史		西洋教育史				
教育時事	答申・統計	8	ローカル	8			

※表中の数字は，解答数

全校種共通

☞ 解答＆解説 p.483

1 次の(1)～(6)は，法令の条文の一部である。該当する法令名を，下の①～⑨からそれぞれ１つずつ選び，番号で答えなさい。ただし，同じ番号を２度用いてはならない。

(1) 校長及び教員は，教育上必要があると認めるときは，文部科学大臣の定めるところにより，児童，生徒及び学生に懲戒を加えることができる。ただし，体罰を加えることはできない。

(2) 県費負担教職員の定数は，都道府県の条例で定める。ただし，臨時又は非常勤の職員については，この限りでない。

(3) 中学校の教育課程は，国語，社会，数学，理科，音楽，美術，保健体育，技術・家庭及び外国語の各教科，特別の教科である道徳，総合的な学習の時間並びに特別活動によって編成するものとする。

(4) 教育委員会は，別に法律の定めるところにより，学校その他の教育機関を管理し，学校の組織編制，教育課程，教科書その他の教材の取扱及び教育職員の身分取扱に関する事務を行い，並びに社会教育その他教育，学術及び文化に関する事務を管理し及びこれを執行する。

(5) 教育公務員は，教育に関する他の職を兼ね，又は教育に関する他の事業若しくは事務に従事することが本務の遂行に支障がないと任命権者において認める場合には，給与を受け，又は受けないで，その職を兼ね，又はその事業若しくは事務に従事することができる。

(6) 職員は，職務上知り得た秘密を漏らしてはならない。その職を退いた後も，また，同様とする。

①日本国憲法　　②地方公務員法　　③教育公務員特例法　　④教育基本法
⑤学校教育法　　⑥学校教育法施行規則　　⑦学校保健安全法
⑧地方教育行政の組織及び運営に関する法律　　⑨地方自治法

2 次の(1)～(6)は，法令の条文の一部である。各文中の空欄 □ に当てはまる語句を，下の①～⑤からそれぞれ１つずつ選び，番号で答えなさい。

(1) 学校においては，毎学年定期に，児童生徒等（通信による教育を受ける学生を除く。）の □ を行わなければならない。　　　　　　　　［関係法令：学校保健安全法第13条］
①健康観察　　②健康診断　　③健康相談　　④健康調査　　⑤保健指導

(2) 教育公務員は，その □ を遂行するために，絶えず研究と修養に努めなければならない。　　　　　　　　　　　　　　　　　　　［関係法令：教育公務員特例法第21条］
①業務　　②職務　　③目的　　④職責　　⑤計画

(3) 学校を設置しようとする者は，学校の種類に応じ，□ の定める設備，編制その他に関する設置基準に従い，これを設置しなければならない。

［関係法令：学校教育法第３条］
①文部科学大臣　　②都道府県知事　　③教育長　　④市町村長　　⑤教育委員会

(4) 保護者は，基本理念にのっとり，その子どもの教育について第一義的責任を有するものとして，子どもに愛情をもって接し，子どもの生活のために必要な習慣の確立並

熊本県

478

びに子どもの自立心の育成及び心身の調和のとれた発達を図るとともに，自らが
[   ]として成長していくよう努めるものとする。

[関係法令：くまもと家庭教育支援条例第6条]

①人　　②親　　③社会人　　④成人　　⑤責任者

(5)　地方公共団体は，その地域における教育の[   ]を図るため，その実情に応じた教育に関する施策を策定し，実施しなければならない。

[関係法令：教育基本法第16条第3項]

①充実　　　②発展　　　③振興　　　④相互の連携　　　⑤推進

(6)　国は，毎年度，各都道府県ごとに，公立の小学校，中学校，義務教育学校，中等教育学校の前期課程並びに特別支援学校の小学部及び中学部に要する経費のうち，次に掲げるものについて，その実支出額の[   ]を負担する。

[関係法令：義務教育費国庫負担法第2条]

①4分の1　　　②3分の1　　　③2分の1　　　④3分の2　　　⑤4分の3

3　次の文章は，「子どもの貧困対策の推進に関する法律（平成25年法律第64号）」の第2条である。空欄[   ]に当てはまる語句を，下の①～⑤から1つ選び，番号で答えなさい。

　子どもの貧困対策は，社会のあらゆる分野において，子どもの[   ]に応じて，その意見が尊重され，その最善の利益が優先して考慮され，子どもが心身ともに健やかに育成されることを旨として，推進されなければならない。

①現在及び将来　　　②年齢及び発達の程度　　　③生活及び取り巻く環境
④生まれ育った環境　　　⑤貧困の状況

4　次の(1)～(7)は，人権に関する文章である。各文中の空欄[   ]に当てはまる語句を，下の①～⑤からそれぞれ1つずつ選び，番号で答えなさい。

(1)　「世界人権宣言」の第2条第1項には，「すべて人は，人種，皮膚の色，性，言語，宗教，政治上その他の意見，国民的若しくは社会的出身，財産，門地その他の地位又はこれに類するいかなる事由による差別をも受けることなく，この宣言に掲げるすべての権利と自由とを[   ]することができる。」と示されている。

①享受　　②行使　　③享有　　④担保　　⑤保有

(2)　「日本国憲法」の第13条には，「すべて国民は，個人として尊重される。生命，自由及び幸福追求に対する国民の権利については，[   ]に反しない限り，立法その他の国政の上で，最大の尊重を必要とする。」と示されている。

①法令等　　　②人権尊重の精神　　　③公共の精神　　　④公序良俗　　　⑤公共の福祉

(3)　「教育基本法」の前文には，「我々日本国民は，たゆまぬ努力によって築いてきた民主的で文化的な国家を更に発展させるとともに，[   ]と人類の福祉の向上に貢献することを願うものである。」と述べられている。

①個人の価値の尊重　　　②人格の完成　　　③理想の実現　　　④新たな文化の創造
⑤世界の平和

(4)　「人権教育及び人権啓発の推進に関する法律」の第2条には，「この法律において，人権教育とは，人権尊重の精神の[   ]を目的とする教育活動をいい，人権啓発とは，

熊本県

479

国民の間に人権尊重の理念を普及させ，及びそれに対する国民の理解を深めることを目的とする広報その他の啓発活動（人権教育を除く。）をいう。」と示されている。

①育成　　②涵養　　③形成　　④醸成　　⑤体得

(5)　「人権教育の指導方法等の在り方について〔第三次とりまとめ〕（平成20年3月　文部科学省）」の「指導等の在り方編」にある「4．指導内容・方法に関する配慮事項」には，「学校における人権教育については，教育の□□□□を確保することが厳に求められる。」と述べられている。

①相当性　　②一貫性　　③中立性　　④有意性　　⑤系統性

(6)　「熊本県人権教育・啓発基本計画【第4次改定版】（令和2月12月）」には，人権の重要課題として新たに「□□□□」が加えられている。

①外国人の人権　　　②犯罪被害者等の人権

③拉致問題その他北朝鮮当局による人権侵害　　　④災害と人権

⑤インターネットによる人権侵害

(7)　「熊本県部落差別の解消の推進に関する条例（令和2年6月）」の第5条には，「県は，国及び市町村との適切な役割分担を踏まえて，地域の実情に応じ，部落差別の解消を推進するために必要な□□□□を行うものとする。」と示されている。

①施策及び教育　　　②施策及び支援　　　③支援及び啓発　　　④教育及び支援

⑤教育及び啓発

5　次の文章は，中央教育審議会「第3期教育振興基本計画について（答申）（平成30年3月）」の一部である。空欄　ア　～　エ　に当てはまる最も適当な語句を，下の語群の①～⑤からそれぞれ1つずつ選び，番号で答えなさい。

Ⅳ．今後の教育政策に関する基本的な方針

○　第3期計画においては，前述の生涯にわたる「可能性」と「チャンス」の　ア　に向けた視点と，教育政策を推進するための基盤に着目し，以下の5つの方針により取組を整理する。

1．夢と志を持ち，可能性に挑戦するために必要となる力を育成する

2．社会の　イ　な発展を牽引（けんいん）するための多様な力を育成する

3．生涯学び，　ウ　できる環境を整える

4．誰もが社会の担い手となるための学びの　エ　を構築する

5．教育政策推進のための基盤を整備する

ア　①実現化　　②最大化　　③多様化　　④一元化　　⑤安定化

イ　①永続的　　②恒常的　　③持続的　　④将来的　　⑤効果的

ウ　①活躍　　②成長　　③協働　　④活動　　⑤生活

エ　①イノベーション　　②PDCAサイクル　　③アクセス

　　④ロジックモデル　　⑤セーフティーネット

6　次の文章は，「熊本県教育大綱（令和3年3月）」の一部である。空欄　ア　～　オ　に当てはまる最も適当な語句を，下の語群の①～⑤からそれぞれ1つずつ選び，番号で答えなさい。

(1)　夢を実現するための"生きる力"を育成します

子供たちが自分の夢を持ち，夢の実現に向かって挑戦を続けるためには，知・徳・体をバランスよく成長させ，"生きる力"を身に付けることが必要です。

知については，" ア 教育日本一"を目指した ア の活用や イ 等により子供たちの学びを支える環境を整えて，基礎的・基本的な知識・技能の ウ を図るとともに，思考力・判断力・表現力，さらに自ら課題を発見・解決する力や エ 学習に取り組む力等の" オ "を育成します。

ア ①情報 ②NIE ③英語 ④ICT ⑤プログラミング

イ ①繰り返し指導 ②少人数指導 ③個別指導 ④一斉指導
　 ⑤グループ別指導

ウ ①定着 ②習得 ③涵養 ④獲得 ⑤理解

エ ①能動的に ②積極的に ③主体的に ④意欲的に ⑤自主的に

オ ①熊本の心 ②健やかな体 ③豊かな心 ④考える力 ⑤確かな学力

7 次の(1)〜(4)の各問いの答えとして最も適当なものを，下の①〜⑤からそれぞれ1つずつ選び，番号で答えなさい。

(1) 人間の道徳的判断に注目し，道徳的発達段階の理論を発表したアメリカの心理学者は誰か。

①ピアジェ ②コールバーグ ③フロイト ④エリクソン
⑤ハヴィガースト

(2) ケーラーが提唱した，学習者が学習場面の構造を見通すことが学習の成立にとって重要であるとする理論を何と言うか。

①古典的条件付け ②道具的条件付け ③試行錯誤学習 ④洞察学習
⑤潜在学習

(3) 臨床心理学の用語で，「心理療法を行う治療者とこれを受ける相談者との間に親密な信頼関係があり，心の通い合った状態にあること」を何と言うか。

①カウンセリング ②アセスメント ③コーピング ④ラポール
⑤アサーション

(4) 次のページの文章は，「いじめ防止対策推進法（平成25年法律第71号）」の一部である。空欄 ア 〜 エ に当てはまる語句の組み合わせとして正しいものを，次のページの①〜⑤から1つ選び，番号で答えなさい。

第3条 いじめの防止等のための対策は，いじめが全ての児童等に関係する問題であることに鑑み，児童等が ア 学習その他の活動に取り組むことができるよう，学校の内外を問わずいじめが行われなくなるようにすることを旨として行われなければならない。

2 いじめの防止等のための対策は，全ての児童等がいじめを行わず，及び他の児童等に対して行われるいじめを認識しながらこれを イ ことがないようにするため，いじめが児童等の心身に及ぼす影響その他のいじめの問題に関する児童等の理解を深めることを旨として行われなければならない。

3 いじめの防止等のための対策は，いじめを受けた児童等の ウ を保護することが特に重要であることを認識しつつ，国，地方公共団体，学校，地域住民，家

熊本県

庭その他の関係者の連携の下，いじめの問題を ｜ エ ｜ ことを目指して行われなけ
ればならない。

① ア 安心して イ 見過ごす ウ 生命及び心身 エ 解決する
② ア 安心して イ 放置する ウ 成長及び人格 エ 克服する
③ ア 安心して イ 放置する ウ 生命及び心身 エ 克服する
④ ア 安全に イ 見過ごす ウ 生命及び心身 エ 解決する
⑤ ア 安全に イ 放置する ウ 成長及び人格 エ 克服する

8 次の1～3の各問いに答えなさい。

1 「高等学校学習指導要領（平成30年告示）」には，「障害のある生徒などへの指導」
について，以下のように記されている。ただし，文中の「生徒」は，小学校学習指導
要領（平成29年告示）においては，「児童」と表記されている。また，文中の「各教科・
科目等」は，小学校学習指導要領（平成29年告示）及び中学校学習指導要領（平成29
年告示）においては，「各教科等」と表記されている。文中の空欄 ｜ ア ｜，｜ イ ｜ に
当てはまる語句を，下の語群の①～⑤からそれぞれ1つずつ選び，番号で答えなさい。

　　障害のある生徒などについては，家庭，地域及び医療や福祉，保健，労働等の業務
を行う関係機関との連携を図り，長期的な視点で生徒への教育的支援を行うために，
個別の ｜ ア ｜ を作成し ｜ イ ｜ とともに，各教科・科目等の指導に当たって，個々の生
徒の実態を的確に把握し，個別の指導計画を作成し ｜ イ ｜ ものとする。（後略）

ア ①教育支援計画 ②支援計画 ③サポートブック ④移行支援計画
　　⑤キャリアパスポート
イ ①共有することを検討する ②活用することを心掛ける
　　③周知することを心掛ける ④活用することに努める
　　⑤共有することに努める

2 「特別支援教育の推進について（通知）（平成19年4月1日　文部科学省）」で，「1.
特別支援教育の理念」及び「3. 特別支援教育を行うための体制の整備及び必要な取
組」において，それぞれ以下のように記されている。文中の空欄 ｜ ア ｜ ～ ｜ ウ ｜ に当
てはまる語句を，下の語群の①～⑤からそれぞれ1つずつ選び，番号で答えなさい。

1. 特別支援教育の理念

　　特別支援教育は，障害のある幼児児童生徒の自立や ｜ ア ｜ に向けた主体的な取組
を支援するという視点に立ち，幼児児童生徒一人一人の ｜ イ ｜ を把握し，その持て
る力を高め，生活や学習上の困難を改善又は克服するため，適切な指導及び必要な
支援を行うものである。

3. 特別支援教育を行うための体制の整備及び必要な取組

　　｜ ウ ｜ は，各学校における特別支援教育の推進のため，主に，校内委員会・校内
研修の企画・運営，関係諸機関・学校との連絡・調整，保護者からの相談窓口など
の役割を担うこと。

ア ①自己実現 ②集団参加 ③社会参加 ④就労 ⑤夢の実現
イ ①生活環境 ②教育的ニーズ ③学習環境 ④特性 ⑤個別のニーズ
ウ ①養護教諭 ②教務主任 ③教頭 ④特別支援教育支援員

⑤特別支援教育コーディネーター
3 次の文章は,「障害を理由とする差別の解消の推進に関する法律(平成25年法律第65号)」の第7条第2項である。文中の空欄　ア　,　イ　に当てはまる語句を,下の語群①～⑤からそれぞれ1つずつ選び,番号で答えなさい。

　行政機関等は,その事務又は事業を行うに当たり,障害者から現に　ア　障壁の除去を必要としている旨の意思の表明があった場合において,その実施に伴う負担が過重でないときは,障害者の権利利益を侵害とすることとならないよう,当該障害者の性別,年齢及び障害の状態に応じて,　ア　障壁の除去の実施について必要かつ　イ　配慮をしなければならない。

ア　①制度的　②物理的　③社会的　④文化的　⑤心理的
イ　①合理的な　②一般的な　③可能な　④十分な　⑤特別な

解答&解説

1 **解答** (1)—⑤　(2)—⑧　(3)—⑥　(4)—⑨　(5)—③　(6)—②
　解説 (1)学校教育法第11条を参照。「児童・生徒等の懲戒」の規定。
　　(2)地方教育行政の組織及び運営に関する法律第41条第1項を参照。「県費負担教職員の定数」の規定。
　　(3)学校教育法施行規則第72条を参照。中学校の「教育課程の編成」の規定。
　　(4)地方自治法第180条の8を参照。「教育委員会の職務権限等」の規定。
　　(5)教育公務員特例法第17条第1項を参照。「兼職及び他の事業等の従事」の規定。
　　(6)地方公務員法第34条第1項を参照。「秘密を守る義務」の規定。

2 **解答** (1)—②　(2)—④　(3)—①　(4)—②　(5)—③　(6)—②
　解説 (1)学校保健安全法第13条第1項を参照。「児童生徒等の健康診断」の規定。
　　(2)教育公務員特例法第21条第1項を参照。「研修」の規定。
　　(3)学校教育法第3条を参照。「学校の設置基準」の規定。
　　(4)くまもと家庭教育支援条例第6条を参照。「保護者の役割」の規定。
　　(5)教育基本法第16条第3項を参照。「教育行政」の規定。
　　(6)義務教育費国庫負担法第2条第1項を参照。「教職員の給与及び報酬等に要する経費の国庫負担」の規定。

3 **解答** ②
　解説 子どもの貧困対策の推進に関する法律第2条第1項を参照。「基本理念」の規定。

4 **解答** (1)—③　(2)—⑤　(3)—⑤　(4)—②　(5)—③　(6)—④　(7)—⑤
　解説 (1)世界人権宣言は,人権及び自由を尊重し確保するために,「すべての人民とすべての国とが達成すべき共通の基準」を宣言したものであり,1948年12月の国連総会において採択された。毎年12月10日を「人権デー」として,世界中で記念行事を行うことが決議されている。
　　(2)日本国憲法第13条を参照。「個人の尊重,生命・自由・幸福追求の権利の尊重」の規定。

熊本県

(3)教育基本法の前文を参照。

(4)人権教育及び人権啓発の推進に関する法律第2条を参照。人権教育，人権啓発の「定義」の規定。

(5)人権教育の指導方法等に関する調査研究会議「人権教育の指導方法等の在り方について［第三次とりまとめ］」（2008年3月）の「指導等の在り方編」「第2章　学校における人権教育の指導方法等の改善・充実」「第2節　人権教育の指導内容と指導方法」「4．指導内容・方法に関する配慮事項」「(1)教育の中立性の確保」を参照。

(6)熊本県「熊本県人権教育・啓発基本計画【第4次改定版】」（2020年12月）の「第1章　基本計画の位置づけ」「3．計画の構成」を参照。同計画の第4次改定版は，第3次改定以降の社会情勢の変化，新たな法律の制定・改正等に対応し，県において進めるべき人権教育・啓発に係る施策や具体的取組を整理したものである。「災害と人権」は，2016年4月に発生した「平成28年熊本地震」を踏まえ，避難指導や避難所の運営において，プライバシーの確保や，要配慮者の特性やニーズに応じた配慮，女性や子どもなど緊急時に弱い立場になる者の安全確保等の環境の整備，被災者の心のケア，外国人の避難状況把握の体制等といった課題についてまとめている。

(7)熊本県部落差別の解消の推進に関する条例第5条を参照。「教育及び啓発」の規定。

5 **解答** ア―②　イ―③　ウ―①　エ―⑤

解説 中央教育審議会答申「第3期教育振興基本計画について」（2018年3月8日）の「第1部　我が国における今後の教育政策の方向性」「Ⅳ．今後の教育政策に関する基本的な方針」を参照。

6 **解答** ア―④　イ―②　ウ―①　エ―③　オ―⑤

解説 熊本県「熊本県教育大綱」（2021年3月）の「2　基本方針」「子供たちの『夢』を育む（熊本の人づくり）」「(1)夢を実現するための"生きる力"を育成します」を参照。同大綱は，地方教育行政の組織及び運営に関する法律第1条の3の規定に基づき，知事が教育，学術及び文化の振興に関する総合的な施策を示したものである。

7 **解答** (1)―②　　(2)―④　　(3)―④　　(4)―③

解説 (1)②コールバーグ（1927〜87）は，道徳性を正義と公平さであると規定し，その考えを3水準6段階からなる発達段階の理論に集約した。

(2)④ケーラー（1887〜1967）は，チンパンジーを使った問題解決場面の実験から，学習の成立は「試行錯誤」によって漸進的に行われるのではなく，洞察（全体構造の見通し）によって突然に成就されるとした。

(3)④ラポールは，カウンセリングや心理療法，心理テストなどの心理的面接場面で必要とされる，面接者と被面接者との間の信頼関係。ラポールが十分に形成できていない場合，クライエントは自己が抱えている心の問題をカウンセラーに伝えにくい。

(4)いじめ防止対策推進法第3条を参照。「基本理念」の規定。

8 **解答** 1　ア—①　イ—④　　2　ア—③　イ—②　ウ—⑤　　3　ア—③　イ—①

解説 1：平成30年版高等学校学習指導要領（2018年3月30日告示）の「第1章　総則」「第5款　生徒の発達の支援」「2　特別な配慮を必要とする生徒への指導」「(1)障害のある生徒などへの指導」のウを参照。

2：文部科学省「特別支援教育の推進について（通知)」（2007年4月1日）を参照。

ア・イ：「1．特別支援教育の理念」を参照。

ウ：「3．特別支援教育を行うための体制の整備及び必要な取組」「(3)特別支援教育コーディネーターの指名」を参照。

3：障害を理由とする差別の解消の推進に関する法律第7条第2項を参照。「行政機関等における障害を理由とする差別の禁止」の規定。

熊本県

熊本市

実施日	2022(令和4)年7月10日	試験時間	40分
出題形式	選択式	問題数	14題（解答数30）
パターン	法規・原理・時事・ローカル＋教育史・心理	公開状況	問題：公開　解答：公開　配点：公開

傾向＆対策

●大問は「教育法規」「教育心理，教育原理，熊本市の施策」「人権教育」「特別支援教育」の4つにカテゴライズされ，「人権教育」は複数分野にまたがる必出の教育トピック。●教育原理は，学習指導要領「総則」，人権に関する法令等の年代順の並べ替え，KJ法。●教育時事は，「令和の日本型学校教育」に関する中央教育審議会答申（2021年1月），「学習評価の在り方」に関する中央教育審議会報告（2019年1月），「人権教育の指導方法等の在り方」に関する第三次とりまとめ（2008年3月），「発達障害」に関するガイドライン（2017年3月）。●ローカル問題は，昨年度と同じ「熊本市いじめ防止基本方針」（2018年1月），「熊本市教育大綱」（2020年7月），「熊本市人権教育の推進について」（2020年4月）。

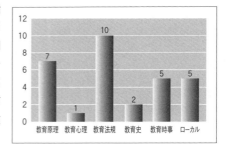

出題領域

教育原理	教育課程・学習指導要領		総則	4	特別の教科　道徳	
	外国語活動		総合的な学習(探究)の時間		特別活動	
	学習指導	1	生徒指導	↓ローカル	学校・学級経営	
	特別支援教育	↓法規時事	人権・同和教育	2	その他	
教育心理	発　達		学　習		性格と適応	1
	カウンセリングと心理療法		教育評価		学級集団	
教育法規	教育の基本理念	2	学校教育	1	学校の管理と運営	1
	児童生徒	1	教職員	4	特別支援教育	1
教育史	日本教育史	2	西洋教育史			
教育時事	答申・統計	5	ローカル	5		

※表中の数字は，解答数

全校種共通

☞解答＆解説 p.492

1 次の(1)～(6)は，法令の条文の一部である。それぞれに該当する法令を，下の①～⑨から一つずつ選び，記号で答えなさい。

(1) 公立の小学校等の校長及び教員の給与は，これらの者の職務と責任の特殊性に基づき条例で定めるものとする。

(2) 職員には，その勤務能率の発揮及び増進のために，研修を受ける機会が与えられなければならない。

(3) 校長は，児童等が進学した場合においては，その作成に係る当該児童等の指導要録の抄本又は写しを作成し，これを進学先の校長に送付しなければならない。

(4) 父母その他の保護者は，子の教育について第一義的責任を有するものであって，生活のために必要な習慣を身に付けさせるとともに，自立心を育成し，心身の調和のとれた発達を図るよう努めるものとする。

(5) すべて国民は，法律の定めるところにより，その能力に応じて，等しく教育を受ける権利を有する。

(6) 特別支援学校は，視覚障害者，聴覚障害者，知的障害者，肢体不自由者又は病弱者（身体虚弱者を含む。以下同じ。）に対して，幼稚園，小学校，中学校又は高等学校に準ずる教育を施すとともに，障害による学習上又は生活上の困難を克服し自立を図るために必要な知識技能を授けることを目的とする。

①日本国憲法　　②教育基本法　　③学校教育法　　④学校教育法施行令
⑤学校教育法施行規則　　⑥地方公務員法　　⑦児童福祉法　　⑧教育公務員特例法
⑨地方教育行政の組織及び運営に関する法律

2 次の(1)～(4)は，法令の条文の一部である。それぞれの（　　）に当てはまる語句を，下の①～⑤から一つずつ選び，番号で答えなさい。

(1) （　　）は，全ての児童生徒が豊かな学校生活を送り，安心して教育を受けられるよう，児童生徒と学校の教職員との信頼関係及び児童生徒相互の良好な関係の構築を図るための取組，児童生徒の置かれている環境その他の事情及びその意思を把握するための取組，学校生活上の困難を有する個々の児童生徒の状況に応じた支援その他の学校における取組を支援するために必要な措置を講ずるよう努めるものとする。

（義務教育の段階における普通教育に相当する教育の機会の確保等に関する法律第8条）

①教育委員会　　②校長　　③学校の設置者　　④国及び地方公共団体
⑤文部科学大臣

(2) （　　）は，危険等発生時対処要領の職員に対する周知，訓練の実施その他の危険等発生時において職員が適切にに対処するために必要な措置を講ずるものとする。

（学校保健安全法　第29条2）

①校長　　②養護教諭　　③教育委員会　　④学校の設置者　　⑤学校

(3) 学校には，学校図書館の（　　）を掌らせるため，司書教論を置かなければならない。

熊本市

487

（学校図書館法　第5条）

①運営の改善　　②利用の促進　　③整備及び充実　　④専門的，技術的な指導
⑤専門的職務

(4)　この法律は，公立の義務教育諸学校等の教育職員の職務と勤務態様の特殊性に基づき，その給与その他の（　　）について特例を定めるものとする。
（公立の義務教育諸学校等の教育職員の給与等に関する特別措置法　第1条）

①勤務条件　　②手当　　③教職調整額　　④正規の勤務時間　　⑤業務量

3　次の(1)，(2)の（　　）に当てはまる人物を，下の①〜⑥からそれぞれ一つずつ選び，番号で答えなさい。

(1)　（　　）は藩校造士館，開成所で学び，1865年薩摩藩留学生の一員として渡英。1885年初代文部大臣に就任。1886年に小学校令，中学校令，帝国大学令，師範学校令を制定して，従来の諸学校一括の教育令に対して，学校種別の目的と内容を明示した諸学校令によって，以後の学校制度の基本型を確立した。

(2)　（　　）は文政元年肥後熊本藩士の子として生まれ，藩校時習館に学んだ。明治維新後は藩知事細川護久の侍講となったが，のち宮中に出仕して明治天皇の侍講となり宮中顧問官・枢密顧問官を歴任した。その間修身教科書『幼学綱要』の編集にあたる一方，大日本帝国憲法・皇室典範の成案に参画し，また教育勅語の草案作成にもあずかった。

①井上毅　　②赤井米吉　　③元田永孚　　④福沢諭吉　　⑤倉橋惣三　　⑥森有礼

4　次の(1)，(2)は何を説明したものかを，それぞれ①〜⑤から一つ選び，番号で答えなさい。

(1)　教育現場においては，グループでの話し合いなどで，グループで出し合ったアイデアを整理し，観点をまとめるために用いられることが多い。この過程の中で，学習者たちは，情報を構造化し理解・整理することで，新しい見方を獲得していくことができる。

①描画法　　②作問法　　③概念地図法　　④ベン図法　　⑤KJ法

(2)　インクの染みが印刷された10枚の図版を被験者に刺激として提示し，その染みが何にみえるかを問う。あいまいな刺激を人がどのように知覚するのか，その個人差から人格特徴を把握しようとするものである。

①TAT　　②P-Fスタディ　　③ロールシャッハ・テスト　　④SCT
⑤ゲス・フー・テスト

5　次の文は，「『令和の日本型学校教育』の構築を目指して（答申）」（令和3年1月　中央教育審議会）の一部である。ア，イに当てはまる語句を，下の①〜⑥からそれぞれ一つずつ選び，番号で答えなさい。

○　全ての子供に基礎的・基本的な知識・技能を確実に習得させ，思考力・判断力・表現力等や，自ら学習を調整しながら粘り強く学習に取り組む態度等を育成するためには，教師が支援の必要な子供により重点的な指導を行うことなどで効果的な指導を実現することや，子供一人一人の特性や学習進度，学習到達度等に応じ，指導方法・教材や学習時間等の柔軟な提供・設定を行うことなどの「（　ア　）」が必要である。

○　基礎的・基本的な知識・技能等や，言語能力，情報活用能力，問題発見・解決能力等の学習の基盤となる資質・能力等を土台として，幼児期からの様々な場を通じての体験活動から得た子供の興味・関心・キャリア形成の方向性等に応じ，探究において課題の設定，情報の収集，整理・分析，まとめ・表現を行う等，教師が子供一人一人に応じた学習活動や学習課題に取り組む機会を提供することで，子供自身が学習が最適となるよう調整する「（　イ　）」も必要である。

①個に応じた指導　　②学習の個性化　　③個別最適な学び　　④孤立した学び
⑤協働的な学び　　　⑥指導の個別化

6　次の文は，「児童生徒の学習評価の在り方について（報告）」（平成31年1月　中央教育審議会初等中等教育分科会　教育課程部会）の「3．(2)ウ」『主体的に学習に取り組む態度』の評価の方法」の一部である。（　　）に当てはまる語句を，下の①〜⑤から一つ選び，番号で答えなさい。

○　それぞれの観点別学習状況の評価を行っていく上では，児童生徒の学習状況を適切に評価することができるよう（　　）を考えていくことは不可欠である。特に，「主体的に学習に取り組む態度」の評価に当たっては，児童生徒が自らの理解の状況を振り返ることができるような発問の工夫をしたり，自らの考えを記述したり話し合ったりする場面，他者との協働を通じて自らの考えを相対化する場面を単元や題材などの内容のまとまりの中で設けたりするなど，「主体的・対話的で深い学び」の視点からの授業改善を図る中で，適切に評価できるようにしていくことが重要である。

①個別の指導計画　　②ICT環境の整備　　③評価方法の工夫　　④学習のめあて
⑤授業デザイン

7　次の文は，「小学校学習指導要領（平成29年3月告示）」の「第1章　第4　(3)不登校児童への配慮」である。(1)，(2)の各問いに答えなさい。

ア　不登校児童については，（　a　）や関係機関と連携を図り，心理や福祉の専門家の助言又は援助を得ながら，社会的自立を目指す観点から，個々の児童の実態に応じた情報の提供その他の必要な支援を行うものとする。

イ　相当の期間小学校を欠席し引き続き欠席すると認められる児童を対象として，文部科学大臣が認める特別の教育課程を編成する場合には，児童の実態に配慮した教育課程を編成するとともに，個別学習や（　b　）など指導方法や指導体制の工夫改善に努めるものとする。

(1)　aに当てはまる語句を，①〜⑤から一つ選び，番号で答えなさい。

①保護者　　②教育委員会　　③地域　　④教育相談担当教師　　⑤民間の団体

(2)　bに当てはまる語句を，①〜⑤から一つ選び，番号で答えなさい。

①グループ別学習　　②プログラム学習　　③少人数学習　　④習熟度別学習
⑤オンライン学習

8　次の文は，「熊本市いじめ防止基本方針（平成30年1月改定）」の「第4　3　学校におけるいじめの防止等に関する取組」に関する記述である。「(1)　①いじめについての共通理解」に示されていないものを，①〜⑤から一つ選び，番号で答えなさい。

①　職員会議等で学校の基本方針に基づいて対応することを徹底する。そして，個々の

教職員がいじめの問題を一人で抱え込むことなく，学校が組織として一貫して対応する。

② 年間を通じて，適宜児童生徒がいじめの問題について学ぶ時間を設定する。

③ 発達障がいを含む，障がいのある児童生徒が加害や被害となるいじめについては，教職員が個々の児童生徒の障がいの特性への理解を深めるとともに，個別の教育支援計画や個別の指導計画を活用して情報を共有するとともに，当該児童生徒のニーズや特性，専門家の意見を踏まえた適切な指導及び必要な支援を行う。

④ 大規模災害等により被災し，避難している児童生徒については，非日常的な環境への不安感等を含めた心身への多大な影響を教職員が十分に理解し，心のケアを適切に行いながらいじめの未然防止・早期発見に努める。

⑤ SNS（ソーシャルネットワーキングサービス）をはじめとするインターネットを通じたいじめ問題を取り上げ，理論的な教職員への研修や家庭教育研修を実施する。また，情報モラル教育の研究を充実させるとともに，家庭への啓発に努める。

9 次の文は，「熊本市教育大綱」（令和2年7月）の「(2)子ども一人ひとりを大切にする教育の推進　現状と課題」である。(1)，(2)の各問いに答えなさい。

学校においては，すべての子どもの人権が大切にされ，子ども自身もその存在や思いが大切にされていると実感できる教育が推進されなければなりません。

「確かな学力」を育む上でも，児童生徒一人ひとりの個性や教育的ニーズを把握し，学習意欲を高め，指導の充実を図っていくことは重要な課題です。

また，いじめや不登校などの問題のほか，SNSを介した子ども同士のトラブルなど，新たな問題が顕在化しています。

不登校においても，現象面にとらわれず，児童生徒の意思を十分尊重し，支援を行うことが重要となっており，児童生徒の（　ア　）という結果のみを目標とするのではなく，児童生徒が自らの進路を主体的に捉えて，（　イ　）することを目指す必要があります。

さらに，特別支援学級や通常学級に在籍する発達障がいのある子どもたちの増加等に伴い，一人ひとりの状況に応じた適切な指導や支援が必要になっています。

本市においても，このような子どもたちの多様な状況やそれぞれが抱えている課題へ対応するために，教員の指導力の向上や専門家，関係機関との効果的な連携が求められています。

(1) アに当てはまる語句を，①～⑤から一つ選び，番号で答えなさい。
　①学校復帰　　②学ぶ意欲の向上　　③心理的安定　　④学力保障
　⑤ストレスの軽減

(2) イに当てはまる語句を，①～⑤から一つ選び，番号で答えなさい。
　①自己肯定感が向上　　②生活習慣を確立　　③精神的に自立　　④社会的に自立
　⑤健やかに成長

10 次のア～エは，人権に関する法令等である。年代順に正しく並べているものを，下の①～⑤から一つ選び，番号で答えなさい。

ア 「部落差別の解消の推進に関する法律」施行

イ 「地域改善対策特別措置法」施行

ウ　同和対策審議会答申

エ　「人権教育及び人権啓発の推進に関する法律」施行

① 　ア→イ→ウ→エ　　　② 　ア→ウ→エ→イ　　　③ 　ウ→ア→イ→エ

④ 　ウ→イ→エ→ア　　　⑤ 　エ→ウ→ア→イ

11 次の文は，「熊本市人権教育の推進について」（令和2年4月1日追補）の「Ⅰ　2　熊本市人権教育の目標」の一部である。⑴，⑵の各問いに答えなさい。

本市教育委員会は，これまでの成果を生かし，差別の現実に学ぶという姿勢を大切にしながら，学校教育及び社会教育を通じて，すべての人の人権が尊重されるための人権教育を推進していく。そのために，「熊本市人権教育の目標」を以下のように設定した。

「自分の（　ア　）とともに他の人の（　ア　）を認めること」ができるようになり，それが（　イ　）な態度や行動に現れるようにすること

⑴　アに当てはまる語句を，①～⑤から一つ選び，番号で答えなさい。

①存在　　②大切さ　　③権利　　④生き方　　⑤よさ

⑵　イに当てはまる語句を，①～⑤から一つ選び，番号で答えなさい。

①主体的　　②共感的　　③積極的　　④受容的　　⑤具体的

12 次の文は，「人権教育の指導方法等の在り方について［第三次とりまとめ］」（平成20年3月　文部科学省）の「実践編」の一部である。ア～ウに当てはまる語句の組合せとして適切なものを，下の①～⑥から一つ選び，番号で答えなさい。

人権教育の手法については，人権一般の普遍的な視点からのアプローチと，具体的な（　ア　）に即した個別的視点からのアプローチとがあり，この両者があいまって（　イ　）についての理解が深まっていくものと考えられる。（　ウ　）な視点からのアプローチに当たっては，地域の実情や対象者の発達段階などを踏まえつつ適切な取組を進めていく必要がある。

	ア	イ	ウ
①	人権課題	人権尊重	個別的
②	人権課題	基本的人権	普遍的
③	社会問題	基本的人権	普遍的
④	社会問題	人権尊重	個別的
⑤	差別事象	人権尊重	普遍的
⑥	差別事象	基本的人権	個別的

13 次の文は，「小学校学習指導要領（平成29年告示）」の「第1章　第4　2　⑴障害のある児童などへの指導」の一部である。⑴，⑵の各問いに答えなさい。

ウ　障害のある児童に対して，通級による指導を行い，特別の教育課程を編成する場合には，特別支援学校小学部・中学部学習指導要領第7章に示す（　a　）の内容を参考とし，具体的な目標や内容を定め，指導を行うものとする。その際，効果的な指導が行われるよう，各教科等と通級による指導との関連を図るなど，（　b　）に努めるものとする。

⑴　aに当てはまる語句を，①～⑤から一つ選び，番号で答えなさい。

①自立活動　　②自主活動　　③特別活動　　④生活単元学習　　⑤共同学習

熊本市

(2) bに当てはまる語句を，①〜⑤から一つ選び，番号で答えなさい。
　①管理職との連携　②保護者との連携　③学級間の連携　④学校間の連携
　⑤教師間の連携

14 次の文は，「発達障害を含む障害のある幼児児童生徒に対する教育支援体制整備ガイドライン」（平成29年3月　文部科学省）の「第1部　2．全ての学校・全ての学級で行う特別支援教育」の一部である。(1)，(2)の各問いに答えなさい。

　特に，小・中学校の通常の学級に，6.5％の割合で，学習面又は行動面において困難のある児童等が在籍し，この中には（ ア ）のある児童等が含まれている可能性があるという推計結果（平成24年文部科学省調査）もあり，全ての教員が，特別支援教育に関する一定の知識や技能を有することが求められます。
　また，特別支援教育を基盤として，障害の有無にかかわらず，全ての児童等が互いの（ イ ）や個性を認め合う学校・学級作り，そして，全ての児童等の成長を促進する基盤的な環境整備が進められることが，ひいては共生する社会の実現につながります。
(1) アに当てはまる語句を，①〜⑤から一つ選び，番号で答えなさい。
　①情緒障害　②知的障害　③発達障害　④学習障害　⑤身体障害
(2) イに当てはまる語句を，①〜⑤から一つ選び，番号で答えなさい。
　①存在　②違い　③よさ　④考え　⑤意見

熊本市

解答&解説

1 解答　(1)—⑧　(2)—⑥　(3)—⑤　(4)—②　(5)—①　(6)—③
　解説　(1)教育公務員特例法第13条第1項を参照。「校長及び教員の給与」の規定。
　　　　(2)地方公務員法第39条第1項を参照。「研修」の規定。
　　　　(3)学校教育法施行規則第24条第2項を参照。「指導要録」の規定。
　　　　(4)教育基本法第10条第1項を参照。「家庭教育」の規定。
　　　　(5)日本国憲法第26条第1項を参照。「教育を受ける権利」の規定。
　　　　(6)学校教育法第72条を参照。「特別支援学校の目的」の規定。

2 解答　(1)—④　(2)—①　(3)—⑤　(4)—①
　解説　(1)義務教育の段階における普通教育に相当する教育の機会の確保等に関する法律第8条を参照。「学校における取組への支援」の規定。
　　　　(2)学校保健安全法第29条第2項を参照。「危険等発生時対処要領の作成等」の規定。
　　　　(3)学校図書館法第5条第1項を参照。「司書教諭」の規定。
　　　　(4)公立の義務教育諸学校等の教育職員の給与等に関する特別措置法第1条を参照。この法律の「趣旨」の規定。

3 解答　(1)—⑥　(2)—③
　解説　(1)森有礼（1847〜89）は，第1次伊藤博文内閣で初代文部大臣。国家主義に立つ教育制度の改変を行い，近代学校体系の枠組みを確立した。
　　　　(2)元田永孚（1818〜91）は，教育勅語の起草に井上毅と協力，帝国憲法と教育勅

語による体制の構築や儒教による天皇制国家思想の形成に寄与した。

4 解答 (1)—⑤　　(2)—③

解説 (1)KJ法は，川喜田二郎（1920～2009）が考案した発想技法で，①カードの作成（1つのデータを1枚のカードに要約），②グループ編成（似通ったものをいくつかのグループにまとめ，それぞれのグループに見出しを付ける），③図解化，④叙述化という4つのステップからなる。

(2)ロールシャッハ（1884～1922）によって考案されたロールシャッハ・テストは投影法検査の一つで，表面的な性格ではなく深層部分の性格を知ることができる。

5 解答 ア—⑥　イ—②

解説 中央教育審議会答申「『令和の日本型学校教育』の構築を目指して　～全ての子供たちの可能性を引き出す，個別最適な学びと，協働的な学びの実現～」（2021年1月26日，同年4月22日更新）の「第Ⅰ部　総論」「3．2020年代を通じて実現すべき『令和の日本型学校教育』の姿」「(1)子供の学び」を参照。

6 解答 ⑤

解説 中央教育審議会「児童生徒の学習評価の在り方について（報告）」（2019年1月21日）の「3．学習評価の基本的な枠組みと改善の方向性」「(2)観点別学習状況の評価の改善について」「④『主体的に学習に取り組む態度』の評価について」「ウ）『主体的に学習に取り組む態度』の評価の方法」を参照。

7 解答 (1)—①　　(2)—①

解説 平成29年版小学校学習指導要領（2017年3月31日告示）の「第1章　総則」「第4　児童の発達の支援」「2　特別な配慮を必要とする児童への指導」「(3)不登校児童への配慮」を参照。

8 解答 ⑤

解説 熊本市「熊本市いじめ防止基本方針」（2014年3月，2018年1月改定）の「第4　いじめの防止等のための学校の取組」「3　学校におけるいじめの防止等に関する取組」「(1)いじめの防止のための取組」「①いじめについての共通理解」を参照。同方針は，いじめ防止対策推進法第12条の規定に基づき，児童生徒の尊厳を保持するという目的のもと，国・県・市・学校・家庭・地域その他の関係者が連携して，いじめの問題の克服に向けて取り組むよう，本市におけるいじめの防止等（いじめの防止，いじめの早期発見及びいじめへの対処）のための対策を総合的かつ効果的に推進するために策定するものである。

⑤同方針の「第3　いじめの防止等のために本市が実施する施策」「2　いじめの防止等のための取組」「(1)いじめ防止の対策」「⑩情報モラル教育の推進」に示されている。ただし，「理論的」ではなく「実践的」。「家庭教育研修」ではなく「社会教育研修」。

9 解答 (1)—①　　(2)—④

解説 熊本市「熊本市教育大綱」（2020年7月）の「5　施策の基本方針」「(2)子ども一人ひとりを大切にする教育の推進」「○現状と課題」を参照。同大綱は，「熊本市総合計画」に基づき，教育，文化及びスポーツに関する分野についての基本方針

と，2016年3月に策定された熊本市教育大綱の成果検証を反映させた重点的取組について定めたものである。

10 **解答**④

解説 ア：2016年，イ：1982年，ウ：1965年，エ：2000年。

11 **解答**(1)—②　(2)—⑤

解説 熊本市教育委員会「熊本市人権教育の推進について」(2020年4月1日追補)の「Ⅰ　これまでの経緯と目標」「2　熊本市人権教育の目標」を参照。同資料では，熊本市人権教育の目標について，「具体的には，自尊感情を高め，共感的に理解する力やコミュニケーションの力，人間関係を調整する力等を総合的に培う」こととし，「推進にあたっては，個人情報の保護が配慮されるとともに教育の中立性が確保され，地域の実情を踏まえて，市民に広く理解が得られる取組にしていかなければならない」としている。

12 **解答**①

解説 人権教育の指導方法等に関する調査研究会議「人権教育の指導方法等の在り方について［第三次とりまとめ］」(2013年3月)の別冊「実践編　〜個別的な人権課題に対する取組〜」の「個別的な人権課題に対する取組」を参照。

13 **解答**(1)—①　(2)—⑤

解説 平成29年版小学校学習指導要領(2008年3月31日告示)の「第1章　総則」「第4　児童の発達の支援」「2　特別な配慮を必要とする児童への指導」「(1)障害のある児童などへの指導」のウを参照。

14 **解答**(1)—③　(2)—②

解説 文部科学省「発達障害を含む障害のある幼児児童生徒に対する教育支援体制整備ガイドライン　〜発達障害等の可能性の段階から，教育的ニーズに気付き，支え，つなぐために」(2017年3月)の「第1部　概論(導入編)」「2．全ての学校・全ての学級で行う特別支援教育」を参照。

熊本市

大分県

実施日	2022(令和4)年7月10日	試験時間	50分（一般教養を含む）
出題形式	選択式	問題数	4題（解答数40）
パターン	時事・法規＋心理・原理・教育史・ローカル	公開状況	問題：公開　解答：公開　配点：公開

傾向&対策

●最も解答数の多い教育時事は，「障害のある子供の教育支援」「令和の日本型学校教育」「人権教育」「体罰の禁止」「学習指導要領の改訂」「道徳の教育課程の改善」「チームとしての学校」「第3次学校安全の推進に関する計画」「子供の貧困対策」「いじめ防止基本方針」と，多岐にわたる。このうち下線部は昨年度も出題されたもの（ローカル問題も同様）。●教育法規は，教育基本法，学校教育法など頻出条文のほか，環境教育等による環境保全の取組の促進に関する法律も問われた。すべて空欄補充問題。●必出のローカル問題は，「大分県長期教育計画」（2020年3月），「特別支援学級及び通級指導教室経営の手引」（2020年3月），「『芯の通った学校組織』推進プラン第3ステージ」（2020年3月）より。

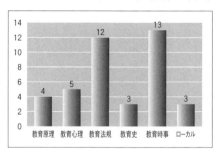

出題領域

教育原理	教育課程・学習指導要領	1	総則	1	特別の教科 道徳	
	外国語活動		総合的な学習(探究)の時間		特別活動	
	学習指導	1	生徒指導	1	学校・学級経営	
	特別支援教育	↓時事ローカル	人権・同和教育	↓時事	その他	
教育心理	発達	1	学習	1	性格と適応	1
	カウンセリングと心理療法		教育評価	2	学級集団	
教育法規	教育の基本理念	1	学校教育	2	学校の管理と運営	2
	児童生徒	4	教職員	2	その他	1
教育史	日本教育史	2	西洋教育史	1		
教育時事	答申・統計	13	ローカル	3		

※表中の数字は，解答数

全校種共通

☞解答＆解説 p.513

1 次の(1)～(15)の問いに答えよ。

(1) 次の文章は，小学校学習指導要領（平成29年3月告示），中学校学習指導要領（平成29年3月告示），高等学校学習指導要領（平成30年3月告示）の第1章　総則の「第3（高等学校では第3款）教育課程の実施と学習評価」の一部である。本文中の（　A　）～（　C　）に入る語句の正しい組合せを，下の1～5のうちから一つ選べ。ただし，中学校，高等学校においては，本文中の「児童」を「生徒」と読み替える。また，高等学校においては，「各教科等」を「各教科・科目等」と読み替える。

1　主体的・対話的で深い学びの実現に向けた授業改善

　各教科等の指導に当たっては，次の事項に配慮するものとする。

(1)～(3)略

(4)　児童が学習の見通しを立てたり学習したことを（　A　）活動を，計画的に取り入れるように工夫すること。

(5)　児童が生命の（　B　）や自然の大切さ，主体的に挑戦してみることや多様な他者と協働することの重要性などを実感しながら理解することができるよう，各教科等の特質に応じた（　C　）を重視し，家庭や地域社会と連携しつつ体系的・継続的に実施できるよう工夫すること。

	A	B	C
1	振り返ったりする	有限性	体験活動
2	振り返ったりする	連鎖性	集団学習
3	振り返ったりする	有限性	集団学習
4	復習したりする	連鎖性	体験活動
5	復習したりする	有限性	集団学習

(2) 次の①～⑤は，学習指導要領の改訂年とその時の改訂の趣旨を示したものである。（　A　）～（　C　）に入る趣旨の正しい組合せを，下の1～5のうちから一つ選べ。

① 昭和52～53年：ゆとりある充実した学校生活の実現＝学習負担の適正化

② 平成元年　　　：（　A　）

③ 平成10～11年：（　B　）

④ 平成20～21年：（　C　）

⑤ 平成29～30年：「生きる力」の育成を目指し資質・能力を三つの柱で整理，社会に開かれた教育課程の実現

（文部科学省：学習指導要領の変遷）

ア　「生きる力」の育成，基礎的・基本的な知識・技能の習得，思考力・判断力・表現力等の育成のバランス（授業時数の増，指導内容の充実，小学校外国語活動の導入）

イ　社会の変化に自ら対応できる心豊かな人間の育成（生活科の新設，道徳教育の充実）

ウ　基礎・基本を確実に身に付けさせ，自ら学び自ら考える力などの「生きる力」

の育成（教育内容の厳選，「総合的な学習の時間」の新設）

	A	B	C
1	ア	イ	ウ
2	ア	ウ	イ
3	イ	ウ	ア
4	イ	ア	ウ
5	ウ	ア	イ

⑶　次の書籍の名称とその著者名の組合せとして誤っているものを，次の1～5のうち
　から一つ選べ。

1　『翁問答』　　―　荻生徂徠　　　2　『和俗童子訓』　―　貝原益軒

3　『蘭学事始』　―　杉田玄白　　　4　『古事記伝』　―　本居宣長

5　『西洋事情』　―　福沢諭吉

⑷　次の文は，主な教育改革についてである。初代文部大臣森有礼が在任中に行ったも
　のではないものを，次の1～5のうちから一つ選べ。

1　明治18年（1885年）文部大臣に就任してすぐに教育令を廃止し，小学校令，中学
　校令など，学校種別の学校令を制定した。

2　高等教育については，東京大学を軸に，他の官省設立の専門教育機関を統合した
　帝国大学を設置した。

3　教員養成制度については，高等師範学校と尋常師範学校の2段階からなる師範学
　校制度を導入した。

4　儒教を核とする道徳教育を推し進め，「教育ニ関スル勅語」渙発につなげた。

5　日本の国際的地位を向上させるために，教育による愛国心の育成を重視し，その
　手段として学校における軍隊式教育や軍事訓練を奨励した。

⑸　19世紀から20世紀にかけて活躍した教育者・教育思想家の名前とその人物の著作の
　組合せとして誤っているものを，次の1～5のうちから一つ選べ。

1　ナトルプ　　―　『社会的教育学』　　2　モンテッソーリ　―　『子どもの発見』

3　デュルケム　―　『道徳教育論』　　4　ケイ　　　　　　―　『児童の世紀』

5　ケルシェンシュタイナー　―　『ドイツ国民に告ぐ』

⑹　プログラム学習の説明文として誤っているものを，次の1～5のうちから一つ選べ。

1　プログラム学習が考案された背景には，学校が行っている一斉授業では，児童生
　徒の一人ひとり異なる能力や適性に対応するには限界があるということがあった。

2　スキナー（Skinner, B. F.）は，動物実験で得たオペラント条件づけの知見を授業
　に直接導入することで，一斉授業の限界を超えようとした。それがプログラム学習
　である。

3　プログラム学習で使用するティーチング・マシンは1920年代からあったが，スキ
　ナーはこれに目を付け，児童生徒一人ひとりをティーチング・マシンに向かわせ，
　そこから提示される学習内容を個別に学ばせることで，一斉授業の欠点を解決しよ
　うとした。

4　教育内容は易から難へと系統的に小さなステップに分けられ，児童生徒は提示さ

大分県

れた課題をその場で解答し，その正誤が即時にフィードバックされる。理解できていれば次のステップに進み，できていなければそのステップを繰り返すという手順で進む。

5　スキナーが考案したプログラム学習は，理解できなかったステップに脇道を用意しておいて，個別指導などをすることで理解を促し，本道に戻すという工夫をした。

(7)　次の文章は，「障害のある子供の教育支援の手引　～子供たち一人一人の教育的ニーズを踏まえた学びの充実に向けて～」（令和3年6月　文部科学省初等中等教育局特別支援教育課）第1編　障害のある子供の教育支援の基本的な考え方の一部である。文中の（ A ）～（ C ）に入る語句の正しい組合せを，下の1～5のうちから一つ選べ。なお，同じ記号には同じ語句が入るものとする。

合理的配慮は，「（ A ）」第2条の定義において提唱された概念であり，その定義に照らし，我が国の（ B ）においては，中央教育審議会初等中等教育分科会報告において，合理的配慮とは，「障害のある子どもが，他の子どもと平等に『（ C ）』を享有・行使することを確保するために，学校の設置者及び学校が必要かつ適当な変更・調整を行うことであり，障害のある子供に対し，その状況に応じて，（ B ）を受ける場合に個別に必要とされるもの」であり，「学校の設置者及び学校に対して，体制面，財政面において，均衡を失した又は過度の負担を課さないもの」と定義されている。なお，（ A ）において，合理的配慮の否定は，障害を理由とする差別に含まれるとされていることに留意する必要がある。

	A	B	C
1	障害者の権利に関する条約	義務教育	学習権
2	障害者の権利に関する条約	学校教育	教育を受ける権利
3	障害者の権利に関する条約	学校教育	学習権
4	児童の権利に関する条約	義務教育	教育を受ける権利
5	児童の権利に関する条約	学校教育	学習権

(8)　次の文章は，「『令和の日本型学校教育』の構築を目指して　～全ての子供たちの可能性を引き出す，個別最適な学びと，協働的な学びの実現～（答申）」（令和3年1月26日　中央教育審議会）の第Ⅱ部　各論5．増加する外国人児童生徒等への教育の在り方についての一部である。文中の（　）に入る教育機関として正しい語句を，下の1～5のうちから一つ選べ。

母国等において日本の義務教育に当たる9年間の教育課程を修了せずに来日し，日本での学齢を超過した外国人についても，公立中学校において受入れを行うなど，引き続き弾力的な対応を進めるとともに，（　）における受入れが一層促進されるよう，外国人に対する（　）の入学案内の実施や，各都道府県における（　）の設置を促進することが必要である。

1　日本語学校　　2　専修学校　　3　専門学校　　4　夜間中学
5　外国語学校

(9)　次の文章は，「人権教育を取り巻く諸情勢について　～人権教育の指導方法等の在り方について〔第三次とりまとめ〕策定以降の補足資料～」（令和4年3月改訂　学

校教育における人権教育調査研究協力者会議）Ⅰ−2．(3)人権尊重の視点に立った学級経営や学校づくりの一部である。文中の（ A ）〜（ C ）に入る語句の正しい組合せを，下の1〜5のうちから一つ選べ。なお，同じ記号には同じ語句が入るものとする。

人権教育の推進を図る上では，もとより教育の場である学校が，人権が尊重され，安心して過ごせる場とならなければならず，学校生活全体において人権が尊重されるような環境づくりを進めていく必要がある。こうした学校・学級の雰囲気は，正規の教育課程と並び，「（ A ）」として児童生徒の人権感覚の育成の面で重要であることが，第三次とりまとめでも言及されている。

人権教育を行う上で理想的な学校や学級をつくるにあたっては，その担い手となる教職員が長時間勤務の中で疲弊している状況では実現が難しい。人権教育を推進する観点でも，学校における（ B ）を進めることが必要である。（中略）

また，学校において，人権教育を組織的に進めていくに当たっては，校長のリーダーシップの下，教職員が一体となって取り組む体制を整える必要がある。学校の組織運営に関しては，「新しい時代の教育に向けた持続可能な学校指導・運営体制の構築のための学校における（ B ）に関する総合的な方策について（答申）」（平成31年1月25日中央教育審議会）の中で，主幹教諭や指導教諭，事務職員等の（ C ）の重要性について指摘されている。

	A	B	C
1	隠れたカリキュラム	フレックスタイム制	中間管理職
2	隠れたカリキュラム	働き方改革	ミドルリーダー
3	隠れたカリキュラム	フレックスタイム制	ミドルリーダー
4	教科以外の活動	働き方改革	ミドルリーダー
5	教科以外の活動	フレックスタイム制	中間管理職

大分県

⑽ 次の文章は，「生徒指導提要」（平成22年3月 文部科学省）の第6章 Ⅱ 第12節不登校の一部である。文中の（ A ）〜（ C ）に入る語句の正しい組合せを，下の1〜5のうちから一つ選べ。

不登校の解決に当たっては，「（ A ）」としてのみとらえるのではなく，広く「進路の問題」としてとらえることが大切です。ここでいう「進路の問題」というのは，狭義の進路選択という意味ではなく，不登校の児童生徒が一人一人の個性を生かし社会へと参加しつつ充実した人生を過ごしていくための道筋を築いていく活動への援助をいいます。つまり「進路の問題」とは，「社会的自立に向けて自らの進路を主体的に形成していくための（ B ）」と言い換えることもできるでしょう。

他方，具体的な進路指導においては，不登校児童生徒が自らの進路を主体的にとらえるために，多様な中学・高等学校教育制度の情報を提供することも重要になっています。それと同時に，増加しつつある（ C ）に対しても，新たな進路を開拓するために多角的な視野からの援助や指導が必要とされます。このように学校には，社会に児童生徒を送り出していく準備をする機関としてのより広い役割が求められているといえます。

	A	B	C
1	心の問題	巣立ち支援	中途退学者
2	心の問題	巣立ち支援	非行少年・少女
3	心の問題	生き方支援	中途退学者
4	個人の問題	生き方支援	非行少年・少女
5	個人の問題	巣立ち支援	中途退学者

⑾　次の文章について，（　　）に入る語句として正しいものを，下の1～5のうちから一つ選べ。

　　ヴィゴツキーは（　　）という概念を提唱した。これは，子どもの知的発達の水準を自力で問題解決できる現在の発達水準と，他者からの援助などによって達成可能となる水準の2つに分け，この2つの水準間の範囲のことをいう。

　　1　保存性　　2　ソシオグラム　　3　一般化　　4　発達の最近接領域
　　5　正統的周辺参加

⑿　次の文章について，（　　）に入る語句として正しいものを，下の1～5のうちから一つ選べ。

　　セリグマンによって報告されたもので，回避したり対処したりすることが不可能な嫌悪事象を繰り返し経験することによって，その後，解決可能な課題を提示されても，課題に関する学習が妨げられる現象のことを（　　）という。

　　1　ピグマリオン効果　　2　学習性無力感　　3　洞察　　4　レディネス
　　5　自己効力感

⒀　次の文章について，（　　）に入る人名として正しいものを，下の1～5のうちから一つ選べ。

　　（　　）は，知能に関する57種の課題を因子分析し，知能には，一般知能（g因子）だけでなく，少なくとも空間，知覚，数，言語，語の流暢性，記憶，推理の7つの因子が存在するという，知能の多因子説を提唱した。

　　1　キャッテル　　2　サーストン　　3　オーズベル　　4　ビネー
　　5　ギルフォード

⒁　次の文章は，教育評価について述べたものである。文章に対応する語句として最も適当なものを，下の1～5のうちから一つ選べ。

　　授業や単元の途中で行う評価であり，教師にとっては，実施した授業がどの程度，学習者に理解されているかを把握し，授業の改善を図ることが目的となる。一方で，学習者にとっては，授業で行われたことの何が理解できているか，理解できていないかを把握することが目的である。

　　1　絶対評価　　2　他者評価　　3　診断的評価　　4　相互評価
　　5　形成的評価

⒂　次の文章は，ある精神疾患に関する記述である。記述から考えられる疾患名として最も適当なものを，下の1～5のうちから一つ選べ。

　　自宅など慣れ親しんだ場面では流暢に話すことができるにもかかわらず，学校などの特定の社会状況では一貫して話すことができなくなることが1か月以上続いている

状態。学校・園生活を含めて日常生活に支障をきたしていることも多い。

1　自閉症　　2　チック症　　3　選択性緘黙　　4　心的外傷後ストレス障害
5　統合失調症

2　次の(1)～(12)の問いに答えよ。

(1)　次の文章は，教育基本法の前文の一部である。文中の（　A　）～（　D　）に入る語句の正しい組合せを，下の1～5のうちから一つ選べ。

我々日本国民は，たゆまぬ努力によって築いてきた民主的で文化的な国家を更に発展させるとともに，（　A　）と人類の福祉の向上に貢献することを（　B　）である。

我々は，この理想を実現するため，個人の（　C　）を重んじ，真理と正義を希求し，公共の精神を尊び，豊かな人間性と創造性を備えた（　D　）の育成を期するとともに，伝統を継承し，新しい文化の創造を目指す教育を推進する。

	A	B	C	D
1	国家安寧	願うもの	価値	人格
2	国家安寧	誓うもの	尊厳	人間
3	世界の平和	願うもの	価値	人間
4	世界の平和	誓うもの	価値	人格
5	世界の平和	願うもの	尊厳	人間

(2)　次の文章は，教育基本法第5条である。文中の（　A　）～（　D　）に入る語句の正しい組合せを，下の1～5のうちから一つ選べ。なお，同じ記号には同じ語句が入るものとする。

第5条　国民は，その保護する（　A　）に，別に法律で定めるところにより，普通教育を受けさせる義務を負う。

2　義務教育として行われる普通教育は，各個人の有する能力を伸ばしつつ社会において自立的に生きる基礎を培い，また，国家及び社会の形成者として必要とされる基本的な（　B　）を養うことを目的として行われるものとする。

3　国及び（　C　）は，義務教育の機会を保障し，その水準を確保するため，適切な役割分担及び相互の協力の下，その実施に責任を負う。

4　国又は（　C　）の設置する学校における義務教育については，授業料を（　D　）。

	A	B	C	D
1	子女	態度	地方公共団体	無償とする
2	子女	資質	地方自治体	徴収しない
3	子	態度	地方公共団体	無償とする
4	子	資質	地方公共団体	徴収しない
5	子	態度	地方自治体	無償とする

(3)　次の文章は，学校教育法第11条である。文中の（　A　）～（　C　）に入る語句の正しい組合せを，下の1～5のうちから一つ選べ。

第11条　校長及び教員は，教育上（　A　）と認めるときは，（　B　）の定めるところにより，児童，生徒及び学生に（　C　）を加えることができる。ただし，体罰を加えることはできない。

	A	B	C
1	必要がある	文部科学大臣	懲罰
2	やむを得ない	法令	懲戒
3	必要がある	文部科学大臣	懲戒
4	やむを得ない	法令	懲罰
5	必要がある	法令	懲戒

(4) 次の文章は，学校教育法第21条の一部である。文中の（ A ）～（ D ）に入る語句の正しい組合せを，下の1～5のうちから一つ選べ。なお，同じ記号には同じ語句が入るものとする。

第21条　義務教育として行われる普通教育は，教育基本法（平成18年法律第120号）第5条第2項に規定する目的を実現するため，次に掲げる目標を達成するよう行われるものとする。

一　学校内外における（ A ）を促進し，自主，自律及び協同の精神，規範意識，公正な判断力並びに公共の精神に基づき主体的に社会の形成に参画し，その発展に（ B ）態度を養うこと。

二　学校内外における（ C ）を促進し，生命及び自然を尊重する精神並びに環境の保全に（ B ）態度を養うこと。

三　我が国と郷土の（ D ）について，正しい理解に導き，伝統と文化を尊重し，それらをはぐくんできた我が国と郷土を愛する態度を養うとともに，進んで外国の文化の理解を通じて，他国を尊重し，国際社会の平和と発展に（ B ）態度を養うこと。

	A	B	C	D
1	奉仕活動	寄与する	自然体験活動	過去と未来
2	奉仕活動	貢献しようとする	集団的活動	現状と歴史
3	社会的活動	貢献しようとする	集団的活動	過去と未来
4	社会的活動	寄与する	自然体験活動	現状と歴史
5	社会的活動	貢献しようとする	自然体験活動	過去と未来

(5) 次の文章は，学校教育法施行規則第24条の一部である。文中の（　　）に入る適切な語句を，下の1～5のうちから一つ選べ。

第24条　校長は，その学校に在学する児童等の（　　）（学校教育法施行令第31条に規定する児童等の学習及び健康の状況を記録した書類の原本をいう。以下同じ。）を作成しなければならない。

②　校長は，児童等が進学した場合においては，その作成に係る当該児童等の（　　）の抄本又は写しを作成し，これを進学先の校長に送付しなければならない。

1　通知表　　　2　教育要録　　　3　教育記録簿　　　4　指導要録

5　指導記録簿

(6) 次の文章は，学校教育法施行規則第49条である。文中の（　　）に入る適切な語句を，下の1～5のうちから一つ選べ。なお，この条文は小学校，中学校，義務教育学校，高等学校，中等教育学校および特別支援学校にも準用される。

第49条　小学校には，設置者の定めるところにより，（　　）を置くことができる。

　　2　（　　）は，校長の求めに応じ，学校運営に関し意見を述べることができる。

　　3　（　　）は，当該小学校の職員以外の者で教育に関する理解及び識見を有する
　　 もののうちから，校長の推薦により，当該小学校の設置者が委嘱する。

　　1　学校相談員　　　2　学校審議員　　　3　学校評議員　　　4　学校支援員

　　5　学校評価員

(7)　教育公務員特例法第18条で「公立学校の教育公務員の政治的活動の制限については，
当分の間，地方公務員法第36条の規程にかかわらず，国家公務員の例による」と定め
ている。次の文章は，その国家公務員法第102条である。文中の（　A　）～（　D　）
に入る語句の正しい組合せを，下の1～5のうちから一つ選べ。

第102条　職員は，政党又は政治的（　A　）のために，寄附金その他の利益を求め，
　　若しくは受領し，又は何らの方法を以てするを問わず，これらの行為に関与し，
　　あるいは選挙権の行使を除く外，（　B　）で定める政治的行為をしてはならない。

　　②　職員は，公選による公職の（　C　）となることができない。

　　③　職員は，政党その他の政治的団体の役員，政治的顧問，その他これらと同様な
　　役割をもつ（　D　）となることができない。

	A	B	C	D
1	目的	政令	推薦者	構成員
2	目的	人事院規則	候補者	構成員
3	目的	政令	推薦者	支援者
4	活動	人事院規則	候補者	構成員
5	活動	政令	推薦者	支援者

(8)　次の文章は，地方教育行政の組織及び運営に関する法律第3条～第5条の抜粋であ
る。文中の（　A　）～（　D　）に入る語句の正しい組合せを，下の1～5のうちから
一つ選べ。

第3条　教育委員会は，教育長及び（　A　）の委員をもつて組織する。

第4条

　　2　委員は，当該地方公共団体の長の被選挙権を有する者で，人格が高潔で，教育，
　　学術及び文化に関し識見を有するもののうちから，地方公共団体の長が，（　B　）
　　の同意を得て，任命する。

　　3　次の各号のいずれかに該当する者は，教育長又は委員となることができない。

　　一　（　C　）開始の決定を受けて復権を得ない者

　　二　禁錮以上の刑に処せられた者

第5条　教育長の任期は（　D　）とし，委員の任期は4年とする。

	A	B	C	D
1	3人	議会	刑事手続	3年
2	4人	議会	破産手続	3年
3	3人	本人	破産手続	3年
4	4人	本人	破産手続	5年

　　　　5　3人　　　議会　　　刑事手続　　　5年

(9) 次の文章は，教育職員免許法第4条の抜粋である。文中の（ A ）～（ C ）に入る語句の正しい組合せを，下の1～5のうちから一つ選べ。なお，同じ記号には同じ語句が入るものとする。

　　第4条　免許状は，（ A ），（ B ）及び（ C ）とする。

　　　2　（ A ）は，学校（義務教育学校，中等教育学校及び幼保連携型認定こども園を除く。）の種類ごとの教諭の免許状，養護教諭の免許状及び栄養教諭の免許状とし，それぞれ専修免許状，一種免許状及び二種免許状（高等学校教諭の免許状にあつては，専修免許状及び一種免許状）に区分する。

　　　3　（ B ）は，学校（幼稚園，義務教育学校，中等教育学校及び幼保連携型認定こども園を除く。）の種類ごとの教諭の免許状とする。

　　　4　（ C ）は，学校（義務教育学校，中等教育学校及び幼保連携型認定こども園を除く。）の種類ごとの助教諭の免許状及び養護助教諭の免許状とする。

	A	B	C
1	普通免許状	特別免許状	臨時免許状
2	普通免許状	臨時免許状	特別免許状
3	特別免許状	臨時免許状	普通免許状
4	特別免許状	普通免許状	臨時免許状
5	臨時免許状	普通免許状	特別免許状

(10) 次の文章は，いじめ防止対策推進法第23条（いじめに対する措置）の条文を学校が執るべき措置を中心にして要約したものである。誤っているものを，次の1～5のうちから一つ選べ。

　1　学校の教職員は，児童等からいじめに係る相談を受けて，いじめの事実があると思われるときは，その児童等が在籍する学校へ通報するものとする。

　2　通報を受けた学校は，当該児童等に係るいじめの事実の有無を速やかに確認するとともに，その結果を当該学校の設置者に報告するものとする。

　3　学校は，いじめがあったことが確認された場合には，いじめをやめさせ，その再発を防止するため，スクールカウンセラーなどの協力を得つつ，いじめを受けた児童等またはその保護者に対する支援と，いじめを行った児童等に対する指導またはその保護者に対する助言を継続的に行う。

　4　学校は，複数の教職員が同席する下で，いじめを行った児童等を，いじめを受けた児童等に対して直接に謝罪させ，二度といじめないことを誓わせるものとする。

　5　学校は，いじめが犯罪行為として取り扱われるべきものであると認めるときは，所轄警察署と連携してこれに対処するものとする。

(11) 次の文章は，学校保健安全法第19条～第21条の抜粋である。文中の（ A ）～（ C ）に入る語句の正しい組合せを，下の1～5のうちから一つ選べ。

　　第19条　（ A ）は，感染症にかかつており，かかつている疑いがあり，又はかかるおそれのある児童生徒等があるときは，政令で定めるところにより，出席を停止させることができる。

第20条 （ B ）は，感染症の予防上必要があるときは，臨時に，学校の全部又は一部の休業を行うことができる。

第21条 前2条及び感染症の予防及び感染症の患者に対する医療に関する法律その他感染症の予防に関して規定する法律に定めるもののほか，学校における感染症の予防に関し必要な事項は，（ C ）で定める。

	A	B	C
1	学校の設置者	校長	文部科学省令
2	校長	学校の設置者	条例
3	校長	学校の設置者	文部科学省令
4	学校の設置者	校長	条例
5	校長	学校の設置者	規則

⑿ 次の文章は，環境教育等による環境保全の取組の促進に関する法律第2条の一部である。文中の（ A ）～（ D ）に入る語句の正しい組合せを，下の1～5から一つ選べ。

第2条 この法律において「環境保全活動」とは，地球環境保全，（ A ），生物の多様性の保全等の自然環境の保護及び整備，（ B ）の形成その他の環境の保全（良好な環境の創出を含む。以下単に「環境の保全」という。）を主たる目的として（ C ）に行われる活動をいう。（中略）

3 この法律において「環境教育」とは，（ D ）の構築を目指して，家庭，学校，職場，地域その他のあらゆる場において，環境と社会，経済及び文化とのつながりその他環境の保全についての理解を深めるために行われる環境の保全に関する教育及び学習をいう。

	A	B	C	D
1	クリーンエネルギーの活用	循環型社会	組織的	持続可能な社会
2	クリーンエネルギーの活用	脱炭素社会	自発的	自然豊かな社会
3	公害の防止	脱炭素社会	組織的	持続可能な社会
4	公害の防止	脱炭素社会	自発的	自然豊かな社会
5	公害の防止	循環型社会	自発的	持続可能な社会

大分県

3 次の(1)～(10)の問いに答えよ。

(1) 次の文章は，「『令和の日本型学校教育』の構築を目指して ～全ての子供たちの可能性を引き出す，個別最適な学びと，協働的な学びの実現～（答申）」（令和3年1月26日 中央教育審議会）の第Ⅰ部 総論 2. 日本型学校教育の成り立ちと成果，直面する課題と新たな動きについての抜粋である。文中の（ A ）～（ D ）に入る語句の正しい組合せを，下の1～5のうちから一つ選べ。

学校が学習指導のみならず，（ A ）等の面でも主要な役割を担い，様々な場面を通じて，子供たちの状況を総合的に把握して教師が指導を行うことで，子供たちの知・徳・（ B ）を一体で育む「日本型学校教育」は，全ての子供たちに一定水準の教育を保障する平等性の面，（ C ）という面などについて諸外国から高く評価されている。

日本型学校教育が，世界に誇るべき成果を挙げてくることができたのは，子供たち

505

の学びに対する意欲や関心, （ D ）等によるものだけでなく, 子供のためであればと頑張る教師の献身的な努力によるものである。教育は人なりと言われるように, 我が国の将来を担う子供たちの教育は教師にかかっている。しかしながら, 学校の役割が過度に拡大していくとともに, 直面する様々な課題に対応するため, 教師は教育に携わる喜びを持ちつつも疲弊しており, 国において抜本的な対応を行うことなく日本型学校教育を維持していくことは困難であると言わざるを得ない。

	A	B	C	D
1	道徳教育	身	総合教育	学習習慣
2	道徳教育	体	全人教育	向上心
3	生徒指導	体	全人教育	学習習慣
4	生徒指導	身	総合教育	向上心
5	生徒指導	体	総合教育	学習習慣

(2) 次の文章は, 「『令和の日本型学校教育』の構築を目指して　～全ての子供たちの可能性を引き出す, 個別最適な学びと, 協働的な学びの実現～（答申）」（令和3年1月26日　中央教育審議会）のうち, 新時代の特別支援教育の在り方に関する基本的な考え方についての記述である。文中の（ A ）～（ D ）に入る語句の正しい組合せを, 下の1～5のうちから一つ選べ。なお, 同じ記号には同じ語句が入るものとする。

○　特別支援教育は, 障害のある子供の自立や社会参加に向けた主体的な取組を支援するという視点に立ち, 子供一人一人の（ A ）を把握し, その持てる力を高め, 生活や学習上の困難を（ B ）又は克服するため, 適切な指導及び必要な支援を行うものである。また, 特別支援教育は, 発達障害のある子供も含めて, 障害により特別な支援を必要とする子供が在籍する（ C ）において実施されるものである。

（中略）

○　また, 障害者の権利に関する条約に基づく（ D ）システムの理念を構築し, 特別支援教育を進展させていくために, 引き続き, 障害のある子供と障害のない子供が可能な限り共に教育を受けられる条件整備, 障害のある子供の自立と社会参加を見据え, 一人一人の（ A ）に最も的確に応える指導を提供できるよう, 通常の学級, 通級による指導, 特別支援学級, 特別支援学校といった, 連続性のある多様な学びの場の一層の充実・整備を着実に進めていく必要がある。

	A	B	C	D
1	個別の支援計画	改善	公立学校	インクルーシブ教育
2	教育的ニーズ	改善	全ての学校	インクルーシブ教育
3	個別の支援計画	軽減	全ての学校	ダイバーシティー
4	教育的ニーズ	軽減	公立学校	ダイバーシティー
5	教育的ニーズ	軽減	全ての学校	ダイバーシティー

(3) 次の文章は, 「体罰の禁止及び児童生徒理解に基づく指導の徹底について（通知）」（平成25年3月13日　文部科学省）のうち, 体罰の禁止についての記述である。文中の（ A ）～（ D ）に入る語句の正しい組合せを, 下の1～5のうちから一つ選べ。

体罰は, 学校教育法第11条において禁止されており, 校長及び教員（以下「教員等」

という。）は，児童生徒への指導に当たり，いかなる場合も体罰を行ってはならない。体罰は，（　А　）であるのみならず，児童生徒の心身に深刻な（　В　）を与え，教員等及び学校への信頼を失墜させる行為である。

　体罰により正常な（　С　）を養うことはできず，むしろ児童生徒に力による解決への志向を助長させ，いじめや暴力行為などの連鎖を生む恐れがある。もとより教員等は指導に当たり，児童生徒一人一人をよく理解し，適切な信頼関係を築くことが重要であり，このために日頃から自らの指導の在り方を見直し，指導力の向上に取り組むことが必要である。懲戒が必要と認める状況においても，決して体罰によることなく，児童生徒の（　D　）や社会性の育成を図るよう，適切に懲戒を行い，粘り強く指導することが必要である。

	А	В	С	D
1	人権侵害	悪影響	判断力	道徳心
2	違法行為	外傷	倫理観	道徳心
3	人権侵害	外傷	倫理観	道徳心
4	違法行為	悪影響	倫理観	規範意識
5	違法行為	外傷	判断力	規範意識

(4) 次の文章は，「幼稚園，小学校，中学校，高等学校及び特別支援学校の学習指導要領等の改善及び必要な方策等について（答申）」(平成28年12月21日　中央教育審議会)のうち，学校教育を通じて育てたい姿についての記述である。文中の（　А　）～（　D　）に入る語句の正しい組合せを，下の1～5のうちから一つ選べ。なお，同じ記号には同じ語句が入るものとする。

　教育基本法が目指す教育の目的や目標に基づき，先に見た子供たちの現状や課題を踏まえつつ，2030年とその先の社会の在り方を見据えながら，学校教育を通じて子供たちに育てたい姿を描くとすれば，以下のような在り方が考えられる。

- 社会的・職業的に自立した人間として，我が国や郷土が育んできた伝統や文化に立脚した（　А　）を持ち，理想を実現しようとする高い志や意欲を持って，主体的に学びに向かい，必要な情報を判断し，自ら知識を深めて個性や能力を伸ばし，人生を切り拓いていくことができること。
- 対話や議論を通じて，自分の考えを根拠とともに伝えるとともに，他者の考えを理解し，自分の考えを広げ深めたり，（　В　）としての考えを発展させたり，他者への思いやりを持って多様な人々と協働したりしていくことができること。
- 変化の激しい社会の中でも，（　С　）を豊かに働かせながら，よりよい人生や社会の在り方を考え，試行錯誤しながら問題を発見・解決し，新たな価値を創造していくとともに，新たな問題の発見・解決につなげていくことができること。

　こうした姿は，前章において述べたとおり，変化の激しい社会を生きるために必要な力である「（　D　）」を，現在とこれからの社会の文脈の中で改めて捉え直し，しっかりと発揮できるようにすることで実現できるものであると考えられる。言い換えれば，これからの学校教育においては，「（　D　）」の現代的な意義を踏まえてより具体化し，教育課程を通じて確実に育むことが求められている。

	A	B	C	D
1	広い視野	個人	想像力	生きる力
2	思考力	個人	想像力	生きる力
3	広い視野	個人	感性	確かな学力
4	思考力	集団	感性	確かな学力
5	広い視野	集団	感性	生きる力

(5) 次の文章は,「幼稚園,小学校,中学校,高等学校及び特別支援学校の学習指導要領等の改善及び必要な方策等について(答申)」(平成28年12月21日 中央教育審議会)のうち,社会とのつながりや,各学校の特色づくりに向けた課題についての記述である。文中の(A)~(D)に入る語句の正しい組合せを,下の1~5のうちから一つ選べ。

　　現在,保護者や地域住民が学校運営に参画する(A)・スクール(学校運営協議会制度)や,幅広い地域住民等の参画により地域全体で未来を担う子供たちの成長を支え地域を創生する地域学校協働活動等の推進により,学校と地域の連携・協働が進められてきている。こうした進展は,学校の設置者や管理職,地域社会の強いリーダーシップによるものであるが,今後,これらの取組を更に広げていくためには,学校教育を通じてどのような資質・能力を育むことを目指すのか,学校で育まれる資質・能力が社会とどのようにつながっているのかについて,地域と学校が認識を(B)することが求められる。

　　また,学校教育に「外の風」,すなわち,変化する社会の動きを取り込み,(C)と結び付いた授業等を通じて,子供たちがこれからの人生を前向きに考えていけるようにすることや,発達の段階に応じて積み重ねていく学びの中で,地域や社会と関わり,様々な職業に出会い,社会的・職業的(D)に向けた学びを積み重ねていくことが,これからの学びの鍵となる。

	A	B	C	D
1	コミュニティ	発展	家庭	自立
2	コミュニティ	共有	世の中	自立
3	コミュニティ	発展	家庭	成長
4	バウチャー	共有	世の中	成長
5	バウチャー	発展	世の中	自立

(6) 次の文章は,「道徳に係る教育課程の改善等について(答申)」(平成26年10月21日中央教育審議会)のうち,道徳教育の使命についての記述である。文中の(A)~(D)に入る語句の正しい組合せを,下の1~5のうちから一つ選べ。

　　道徳教育は,人が一生を通じて追求すべき(A)の根幹に関わるものであり,同時に,民主的な国家・社会の(B)を根底で支えるものでもある。

　　また,道徳教育を通じて育成される(C),とりわけ,内省しつつ物事の本質を考える力や何事にも主体性をもって誠実に向き合う意志や態度,豊かな情操などは,「(D)」だけでなく,「確かな学力」や「健やかな体」の基盤ともなり,「生きる力」を育むものである。学校における道徳教育は,児童生徒一人一人が将来に対する夢や

希望，自らの人生や未来を切り拓いていく力を育む源となるものでなければならない。

	A	B	C	D
1	成長	平和的発展	倫理観	優しい心情
2	人格形成	持続的発展	道徳性	豊かな心
3	人格形成	平和的発展	倫理観	豊かな心
4	成長	持続的発展	倫理観	優しい心情
5	成長	持続的発展	道徳性	豊かな心

(7) 次の文章は，「チームとしての学校の在り方と今後の改善方策について（答申）」（平成27年12月21日　中央教育審議会）のうち，生徒指導上の課題解決のための「チームとしての学校」の必要性についての記述である。文中の（ A ）～（ D ）に入る語句の正しい組合せを，下の1～5のうちから一つ選べ。

学校が，より困難度を増している生徒指導上の課題に対応していくためには，教職員が心理や福祉等の専門家や関係機関，地域と連携し，チームとして（ A ）に取り組むことが必要である。

例えば，子供たちの問題行動の背景には，多くの場合，子供たちの心の問題とともに，家庭，友人関係，地域，学校など子供たちの置かれている環境の問題があり，子供たちの問題と環境の問題は複雑に絡み合っていることから，単に子供たちの問題行動のみに着目して対応するだけでは，問題はなかなか解決できない。学校現場で，より（ B ）に対応していくためには，教員に加えて，心理の専門家であるカウンセラーや福祉の専門家であるソーシャルワーカーを活用し，子供たちの様々な情報を（ C ）し，（ D ）やプランニングをした上で，教職員がチームで，問題を抱えた子供たちの支援を行うことが必要である。

さらに，いじめなど，子供たちの生命・身体や教育を受ける権利を脅かすような重大事案においては，校内の情報共有や，専門機関との連携が不足し，子供たちのSOSが見過ごされていることがある。校長のリーダーシップの下，チームを構成する個々人がそれぞれの立場や役割を認識しつつ，情報を共有し，課題に対応していく必要がある。

	A	B	C	D
1	課題解決	迅速	整理統合	リサーチ
2	問題発見	迅速	整理統合	リサーチ
3	課題解決	効果的	整理統合	アセスメント
4	問題発見	効果的	収集	リサーチ
5	問題発見	効果的	収集	アセスメント

(8) 次の文章は，「第3次学校安全の推進に関する計画」（令和4年3月25日　文部科学省）のうち，学校安全に関する組織的取組の推進についての記述である。文中の（ A ）～（ D ）に入る語句の正しい組合せを，下の1～5のうちから一つ選べ。なお，同じ記号には同じ語句が入るものとする。

学校安全に関わる活動を校内全体として行うためには，安全教育・安全管理を担当する教職員にその重要性や進め方が（ A ）されていることが大切である。校長のリ

ーダーシップの下，（ B ）に基づく学校全体としての活動や適切な（ C ）に基づく事故・災害等発生時の対応ができるよう校内体制が整えられている環境下でなければ，実効的な取組を進めることは困難である。

このため，校長が学校安全を（ D ）に明確に位置付けることや，（ B ）に基づく組織的・計画的な活動を進められる環境が整えられるよう校内安全委員会を設置すること等により，学校安全に関する適切な（ C ）と（ A ）に基づく対応ができる校内体制を設けることが重要である。

国は，学校設置者等との連携を図り，各学校における取組の状況を把握するとともに，学校安全が各学校の（ D ）に位置付けられるよう周知啓発等の取組を推進する。

	A	B	C	D
1	合意	危険等発生時対処要領	校務分掌	学校経営
2	合意	学校安全計画	校務分掌	教育課程
3	共通理解	危険等発生時対処要領	役割分担	教育課程
4	合意	学校安全計画	役割分担	教育課程
5	共通理解	学校安全計画	役割分担	学校経営

(9) 次の文章は，「子供の貧困対策に関する大綱」（令和元年11月29日　閣議決定）のうち，地域に開かれた子供の貧困対策のプラットフォームとしての学校指導・運営体制の構築についての記述である。文中の（ A ）〜（ C ）に入る語句の正しい組合せを，下の1〜5のうちから一つ選べ。なお，同じ記号には同じ語句が入るものとする。

（スクールソーシャルワーカーやスクールカウンセラーが機能する体制の構築等）

児童生徒の（ A ）等を踏まえた指導体制の充実を図る。特に，貧困家庭の子供たち等を（ B ）生活支援や福祉制度につなげていくことができるよう，配置状況も踏まえ，スクールソーシャルワーカーの配置時間の充実等学校における専門スタッフとして相応しい配置条件の実現を目指すとともに，勤務体制や環境等の工夫等学校においてスクールソーシャルワーカーが機能する取組を推進する。このような体制構築等を通じて，ケースワーカー，医療機関，児童相談所，要保護児童対策地域協議会等の福祉部門や放課後児童クラブと教育委員会・学校等との連携強化を図る。

また，児童生徒の心理に関する支援を行うスクールカウンセラーについても，配置状況を踏まえ，配置時間の充実等専門スタッフとして相応しい配置条件の実現を目指す。

さらに，子育てに悩みや不安を抱える保護者等，地域における保護者に対する家庭教育支援を充実するため，学校等と連携し，家庭教育支援チーム等による学習機会の提供や情報提供，相談対応，地域の居場所づくり，訪問型家庭教育支援等の取組を推進する。

（学校教育による学力保障）

（ A ）や住んでいる地域に左右されず，学校に通う子供の学力が保障されるよう，少人数指導や習熟度別指導，放課後補習等の個に応じた指導を行うため，教職員等の指導体制を充実し，きめ細かな指導を推進する。

その際，子供が学校において安心して過ごし，悩みを教職員に相談できるよう，多様な視点からの（ C ）体制の充実を図る。

	A	B	C
1	経済状況	必要に応じて	生徒指導
2	家庭環境	必要に応じて	教育相談
3	経済状況	早期の段階で	生徒指導
4	家庭環境	早期の段階で	教育相談
5	家庭環境	必要に応じて	生徒指導

⑽ 次の文章は,「いじめの防止等のための基本的な方針」(平成29年3月14日最終改定　文部科学省)のうち,いじめの防止等に関する基本的考え方についての記述である。文中の（ A ）～（ D ）に入る語句の正しい組合せを,下の1～5のうちから一つ選べ。なお,同じ記号には同じ語句が入るものとする。

　いじめは,どの子供にも,どの学校でも起こりうることを踏まえ,より根本的ないじめの問題克服のためには,全ての児童生徒を対象としたいじめの（ A ）の観点が重要であり,全ての児童生徒を,いじめに向かわせることなく,心の通う対人関係を構築できる（ B ）のある大人へと育み,いじめを生まない土壌をつくるために,関係者が一体となった継続的な取組が必要である。

　このため,学校の教育活動全体を通じ,全ての児童生徒に「いじめは決して許されない」ことの理解を促し,児童生徒の豊かな情操や道徳心,自分の存在と他人の存在を等しく認め,お互いの（ C ）を尊重し合える態度など,心の通う人間関係を構築する能力の素地を養うことが必要である。また,いじめの背景にあるストレス等の要因に着目し,その改善を図り,ストレスに適切に対処できる力を育む観点が必要である。加えて,全ての児童生徒が安心でき,（ D ）や充実感を感じられる学校生活づくりも（ A ）の観点から重要である。

	A	B	C	D
1	未然防止	社会性	人格	自己有用感
2	早期発見	思いやり	人権	自己肯定感
3	未然防止	思いやり	人権	自己肯定感
4	早期発見	社会性	人権	自己有用感
5	未然防止	思いやり	人格	自己肯定感

4　次の(1)～(3)の問いに答えよ。

⑴ 次の文章は,「大分県長期教育計画（『教育県大分』創造プラン2016）2020改訂版」（令和2年3月　大分県教育委員会）のうち,計画の基本理念についての記述である。文中の（ A ）～（ C ）に入る語句の正しい組合せを,下の1～5のうちから一つ選べ。なお,同じ記号には同じ語句が入るものとする。

　本県の教育改革が実を結びつつある今,こうした教育を取り巻く時代の要請に対応し,更なる高みを目指すため,「（ A ）にわたる力と（ B ）を高める『教育県大分』の創造」という基本理念を掲げ,大分県の全ての子どもたちに（ C ）を切り拓く力と（ B ）を身に付けさせる教育を推進します。

	A	B	C
1	学校生活全体	生きる力	未来

2	生涯	意欲	未来
3	生涯	生きる力	人生
4	生涯	意欲	人生
5	学校生活全体	意欲	人生

(2) 次の文章は,「特別支援学級及び通級指導教室経営の手引（改訂版）」（令和2年3月　大分県教育委員会）の一部である。文中の（　A　）～（　C　）に入る語句の正しい組合せを，下の1～5のうちから一つ選べ。

　障がいのある児童生徒については，一人一人の（　A　）を最大限に伸ばし，可能な限り積極的に（　B　）と社会参加を目指し，障がいの状態及び発達の段階や特性等に応じて，よりよい環境を整え，特別の配慮のもとに適切な教育を行うことが必要です。

　特別支援学級及び通級指導教室は，一人一人の障がいの種類・程度に応じて，特別な配慮の下に適切な教育を行い，障がいによる学習上又は生活上の困難を（　C　）したり，障がいの状態を改善するための教育を行うために，小学校や中学校に設置された学級及び教室です。

　本県では，知的障がい，肢体不自由，自閉症・情緒障がい等の特別支援学級が，また，LD・ADHD，言語障がい，難聴の通級指導教室が設置されており，一人一人の障がいの状態等に応じたきめ細かな教育が行われています。

	A	B	C
1	能力	学習機会の保障	軽減
2	個性	自立	軽減
3	能力	自立	克服
4	能力	学習機会の保障	克服
5	個性	学習機会の保障	軽減

(3) 次の図は,「『芯の通った学校組織』推進プラン第3ステージ」（令和2年3月　大分県教育委員会）に示される第3ステージの方向性に関するものである。図中の（　　）に入る語句を，下の1～5のうちから一つ選べ。

1 確かな学力の育成　2 生きる力の養成　3 子どもたちの力と意欲の向上
4 組織的課題解決力　5 社会に開かれた教育課程の確立

解答&解説

1 解答 (1)—1　(2)—3　(3)—1　(4)—4　(5)—5　(6)—5　(7)—2
(8)—4　(9)—2　(10)—3　(11)—4　(12)—2　(13)—2　(14)—5
(15)—3

解説 (1)平成29年版小学校学習指導要領（2017年3月31日告示）の「第1章　総則」「第3　教育課程の実施と学習評価」「1 主体的・対話的で深い学びの実現に向けた授業改善」，平成29年版中学校学習指導要領（2017年3月31日告示）の「第1章　総則」「第3　教育課程の実施と学習評価」「1 主体的・対話的で深い学びの実現に向けた授業改善」，平成30年版高等学校学習指導要領（2018年3月30日告示）の「第1章　総則」「第3款　教育課程の実施と学習評価」「1 主体的・対話的で深い学びの実現に向けた授業改善」を参照。
(2)イ：平成元年版学習指導要領は，このほか中学校に習熟度別指導を導入，高等学校社会科を「地理歴史科」と「公民科」に分割・再編，高等学校家庭科の男女必修化，国旗・国歌の指導の強化，など。
ウ：平成10～11年版学習指導要領は，このほか授業時数の大幅削減，高等学校の要卒業単位数の削減，中・高の「特別活動」の中のクラブ活動を廃止，高等学校で「情報」を新設，高等学校で「学校設定教科・科目」を新設，盲・聾・養護学校の「養護・訓練」を「自立活動」に，など。
ア：平成20～21年版学習指導要領は，一部改正時に道徳の時間を「特別の教科　道徳」として教育課程上に位置付け。
(3)1：『翁問答』は中江藤樹（1608～48）の著。荻生徂徠（1666～1728）は『論語徴』『政談』など。
(4)4：「教育ニ関スル勅語」は，法規ではないが超法規の性格をもって日本教育の根本理念を規定したもの。主として元田永孚（1818～91）と井上毅（1844～95）の協力によって起草され，天皇を最高の存在とする国体に基づく教育理念を，忠孝の儒教的徳目を基本に，近代的倫理も取り入れて示した。
(5)5：「ケルシェンシュタイナー」（1854～1932）ではなく「フィヒテ」（1762～1814）の著。ケルシェンシュタイナーは『公民教育の概念』『労作学校の概念』など。
(6)5：スキナー（1904～90）が考案したプログラム学習は，オペラント条件づけの理論に基づき，ティーチング・マシンを用いた個別の学習方法。スモール・ステップ，積極的反応，即時確認，自己ペース，学習者検証という5つの原理がある。
(7)文部科学省「障害のある子供の教育支援の手引　～子供たち一人一人の教育的

ニーズを踏まえた学びの充実に向けて～」（2021年6月30日）の「第1編　障害のある子供の教育支援の基本的な考え方」「3　今日的な障害の捉えと対応」「(3)合理的配慮とその基礎となる環境整備」「②合理的配慮の定義等」を参照。

(8)中央教育審議会答申「『令和の日本型学校教育』の構築を目指して　～全ての子供たちの可能性を引き出す，個別最適な学びと，協働的な学びの実現～」（2021年1月26日，同年4月22日）の「第Ⅱ部　各論」「5．増加する外国人児童生徒等への教育の在り方について」「(4)就学状況の把握，就学促進」を参照。

(9)学校教育における人権教育調査研究協力者会議「人権教育を取り巻く諸情勢について　～人権教育の指導方法等の在り方について〔第三次とりまとめ〕策定以降の補足資料～」（2021年3月，2022年3月改訂）の「Ⅰ．学校における人権教育の推進」「2．人権教育の総合的な推進」「(3)人権尊重の視点に立った学級経営や学校づくり」を参照。

(10)『生徒指導提要』（2010年3月）の「第6章　生徒指導の進め方」「Ⅱ　個別の課題を抱える児童生徒への指導」「第12節　不登校」「1　不登校の定義とこれまでの変遷過程」「(1)不登校に対する基本的な考え方」「①不登校解決の最終目標は社会的自立」を参照。

(11)4：ヴィゴツキー（1896～1934）は，子どもの知的発達には，現在の能力で問題が解決できる発達水準と，他者からの援助やヒントが得られれば解決できる発達水準の2つがあり，この水準の差を発達の最近接領域と呼んだ。

(12)2：セリグマン（1942～）は，イヌを被験体として，どのような能動的で自発的な行動であっても，それが電気ショックという嫌悪刺激から逃れる術とはならないという経験を積むことが，無気力や絶望感を学習してしまう原因となるという「学習性無力感」を明らかにした。

(13)2：サーストン（1887～1955）は，知能の「多因子説」を主張し，その因子分析的研究によって，7つの独立した構成因子を抽出してこれを基本的精神能力と呼び，それに基づいた検査を作成した。

(14)3：形成的評価は，ブルーム（1913～99）が完全習得学習を提唱するに当たって最も重視した評価で，学習活動の進行中に実施され，進行中の学習の到達度・理解度を児童生徒に知らせるとともに，教師に対しては指導方法が適切であるかどうかをフィードバックする機能をもつ。

(15)3：話せない状態，あるいは話すことを拒否する状態を緘黙といい，このうち特定の場面でのみ発話できないものを選択性緘黙（場面緘黙）という。

2 **解答** (1)—5　　(2)—4　　(3)—3　　(4)—4　　(5)—4　　(6)—3　　(7)—2
(8)—2　　(9)—1　　(10)—4　　(11)—3　　(12)—5

解説 (1)教育基本法の前文を参照。

(2)教育基本法第5条を参照。「義務教育」の規定。

(3)学校教育法第11条を参照。「児童・生徒等の懲戒」を参照。

(4)学校教育法第21条第一号～第三号を参照。「義務教育の目標」を参照。

(5)学校教育法施行規則第24条第1項・第2項を参照。「指導要録」の規定。

(6)学校教育法施行規則第49条を参照。「学校評議員の設置」の規定。

(7)国家公務員法第102条を参照。「政治的行為の制限」の規定。

(8)地方教育行政の組織及び運営に関する法律第3条，第4条第二号・第三号，第5条第1項を参照。教育委員会の「組織」「任命」「任期」の規定。

(9)教育職員免許法第4条第1項〜第4項を参照。教員免許状の「種類」の規定。

(10)いじめ防止対策推進法第23条を参照。「いじめに対する措置」の規定。

4：設問にあるような条文はない。

1：第1項，2：第2項，3：第3項，5：第6項を参照。

(11)A：学校保健安全法第19条を参照。感染症予防のための「出席停止」の規定。

B：学校保健安全法第20条を参照。感染症予防のための「臨時休業」の規定。

C：学校保健安全法第21条を参照。「文部科学省令への委任」の規定。

(12)環境教育等による環境保全の取組の促進に関する法律第2条第1項・第3項を参照。環境保全活動，環境教育の「定義」の規定。

3 **解答** (1)—3　(2)—2　(3)—4　(4)—5　(5)—2　(6)—2　(7)—3

(8)—5　(9)—4　(10)—1

解説 (1)中央教育審議会答申「『令和の日本型学校教育』の構築を目指して　〜全ての子供たちの可能性を引き出す，個別最適な学びと，協働的な学びの実現〜」(2021年1月26日，同年4月22日更新)の「第Ⅰ部　総論」「2．日本型学校教育の成り立ちと成果，直面する課題と新たな動きについて」「(1)日本型学校教育の成り立ちと成果」「(3)変化する社会の中で我が国の学校教育が直面している課題」「②今日の学校教育が直面している課題」を参照。

(2)中央教育審議会答申「『令和の日本型学校教育』の構築を目指して　〜全ての子供たちの可能性を引き出す，個別最適な学びと，協働的な学びの実現〜」(2021年1月26日，4月22日更新)の「第Ⅱ部　各論」「4．新時代の特別支援教育の在り方について」「(1)基本的な考え方」を参照。

(3)文部科学省「体罰の禁止及び児童生徒理解に基づく指導の徹底について（通知）」(2013年3月13日)の「1　体罰の禁止及び懲戒について」を参照。

(4)中央教育審議会答申「幼稚園，小学校，中学校，高等学校及び特別支援学校の学習指導要領等の改善及び必要な方策等について」(2016年12月21日)の「第1部　学習指導要領等改訂の基本的な方向性」「第3章　『生きる力』の理念の具体化と教育課程の課題」「1．学校教育を通じて育てたい姿と『生きる力』の理念の具体化」を参照。

(5)中央教育審議会答申「幼稚園，小学校，中学校，高等学校及び特別支援学校の学習指導要領等の改善及び必要な方策等について」(2016年12月21日)の「第1部　学習指導要領等改訂の基本的な方向性」「第3章『生きる力』の理念の具体化と教育課程の課題」「2．『生きる力』の育成に向けた教育課程の課題」「(2)社会とのつながりや，各学校の特色づくりに向けた課題」を参照。

(6)中央教育審議会答申「道徳に係る教育課程の改善等について」(2014年10月21日)の「1　道徳教育の改善の方向性」「(1)道徳教育の使命」を参照。

大分県

515

(7)中央教育審議会答申「チームとしての学校の在り方と今後の改善方策について」（2015年12月21日）の「1.『チームとしての学校』が求められる背景」「(2)複雑化・多様化した課題を解決するための体制整備」「（生徒指導上の課題解決のための『チームとしての学校』の必要性）」を参照。

(8)文部科学省「第3次学校安全の推進に関する計画」（2022年3月25日）の「Ⅱ　学校安全を推進するための方策」「1.学校安全に関する組織的取組の推進」「(1)学校経営における学校安全の明確な位置付け」を参照。

(9)内閣府「子供の貧困対策に関する大綱　～日本の将来を担う子供たちを誰一人取り残すことがない社会に向けて～」（2019年11月閣議決定）の「第4　指標の改善に向けた重点施策」「1　教育の支援」「(2)地域に開かれた子供の貧困対策のプラットフォームとしての学校指導・運営体制の構築」「（スクールソーシャルワーカーやスクールカウンセラーが機能する体制の構築等）」及び「学校教育による学力保障」を参照。

(10)「いじめの防止等のための基本的な方針」（2013年10月11日文部科学大臣決定，2017年3月14日最終改定）の「第1　いじめの防止等のための対策の基本的な方向に関する事項」「7　いじめの防止等に関する基本的考え方」「(1)いじめの防止」を参照。

4 **解答** (1)—2　　(2)—3　　(3)—3

解説 (1)大分県教育委員会「大分県長期教育計画（『教育県大分』創造プラン2016）2020改訂版」（2020年3月）」の「第1章　『教育県大分』の創造に向けて」「3　計画の基本理念」を参照。同計画は，大分県長期総合計画「安心・活力・発展プラン2015」の教育部門の実施計画として，「生涯にわたる力と意欲を高める『教育県大分』の創造」という基本理念を掲げ，大分県の全ての子どもたちに未来を切り拓く力と意欲を身に付けさせる教育を推進し，最重点目標として設定した「全国に誇れる教育水準」の達成を目指して策定されたものである。

(2)大分県教育委員会「特別支援学級及び通級指導教室経営の手引（改訂版）」（2020年3月）の「はじめに」を参照。県教育委員会では，障がいの状態及び発達の段階や特性等に応じた適切な教育の場を配慮する就学支援の推進，一人一人の実態を踏まえた教育課程の編成・実施，将来の社会参加・自立の基盤を培う交流及び共同学習の推進，指導内容・方法の工夫・改善等，教育の整備・充実に努めている。

(3)大分県教育委員会「『芯の通った学校組織』の取組第3ステージ（令和2年度～4年度）」（2020年3月）の「第3章　第3ステージの方向性」を参照。大分県では，2012年から8年にわたり「芯の通った学校組織」の確立による学校改革を進めている。大分県長期教育計画「『教育県大分』創造プラン2016」中間見直し後の3カ年（2020～22年度）を「芯の通った学校組織」の取組に係る「第3ステージ」と位置付け，「『教育県大分』創造プラン2016」の目標達成に向けて，「芯の通った学校組織」を基盤とした取組の継続・深化を図る，としている。

宮崎県

実施日	2022(令和4)年7月9日	試験時間	50分
出題形式	マークシート	問題数	5題(解答数50)
パターン	小中高特:時事・法規+ローカル・原理・心理・教育史 養栄:法規+時事+ローカル・心理・教育史・原理	公開状況	問題:公開　解答:公開　配点:公開

傾向&対策

●共通問題47題+校種別問題3題。●教育時事は必出の「いじめ」「不登校」「令和の日本型学校教育」のほか,「自殺予防」「障害のある子供の教育支援」「人権教育」「学校における働き方改革」など,多岐にわたる。●教育原理は,『生徒指導提要』が必出。●ローカル問題は,昨年度と同じ「宮崎県いじめ防止基本方針」「みやざき特別支援教育推進プラン」「宮崎県教育振興基本計画」「宮崎県教育基本方針」「宮崎県人権教育基本方針」。●校種別問題は,学習指導要領または教育法規から出題。

【小学校・中学校・高等学校・特別支援学校】

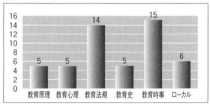

【養護教諭・栄養教諭】

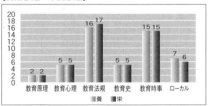

出題領域

教育原理	教育課程・学習指導要領		総則	1/1 1/1 1/1 1/1	特別の教科 道徳	
	外国語活動		総合的な学習(探究)の時間	1/1 1/1 1/1	特別活動	1/1 1/1 1/1 1/1
	学習指導		生徒指導	2/2 2/2 2/2	学校・学級経営	
	特別支援教育	↓時事ローカル	人権・同和教育	↓時事ローカル	その他	
教育心理	発達	2/2 2/2 2/2	学習	2/2 2/2 2/2	性格と適応	1/1 1/1 1/1 1/1
	カウンセリングと心理療法		教育評価		学級集団	
教育法規	教育の基本理念		学校教育	3/3 3/3 3/3	学校の管理と運営	1/1 1/1 1/3 1/4
	児童生徒	4/4 4/4 4/4	教職員	5/5 5/5 5/5	その他	1/1 1/1 1/1
教育史	日本教育史	5/5 5/5 5/5	西洋教育史			
教育時事	答申・統計	15/15 15/15 15/15	ローカル	6/6 6/6 6/7 6/6		

※表中の数字は、解答数

全校種共通　　☞解答＆解説 p.536

1　次の各条文の◻に当てはまる語句を，それぞれ下の選択肢から１つ選び，番号で答えなさい。

(1)　この憲法が日本国民に保障する◻は，人類の多年にわたる自由獲得の努力の成果であつて，これらの権利は，過去幾多の試錬に堪へ，現在及び将来の国民に対し，侵すことのできない永久の権利として信託されたものである。　〔日本国憲法第97条〕

　　1　平和　　　2　基本的人権　　　3　参政権　　　4　平等　　　5　公共の福祉

(2)　教育は，不当な◻に服することなく，この法律及び他の法律の定めるところにより行われるべきものであり，教育行政は，国と地方公共団体との適切な役割分担及び相互の協力の下，公正かつ適正に行われなければならない。　〔教育基本法第16条〕

　　1　慣習　　　2　支配　　　3　干渉　　　4　権力　　　5　要求

(3)　職員は，法律又は条例に特別の定がある場合を除く外，その勤務時間及び職務上の◻のすべてをその職責遂行のために用い，当該地方公共団体がなすべき責を有する職務にのみ従事しなければならない。　〔地方公務員法第35条〕

　　1　能力　　　2　指導力　　　3　資質　　　4　注意力　　　5　技能

(4)　法律に定める学校は，公の性質を有するものであって，国，地方公共団体及び法律に定める法人のみが，これを設置することができる。

　　2　前項の学校においては，教育の目標が達成されるよう，教育を受ける者の心身の発達に応じて，体系的な教育が組織的に行われなければならない。この場合において，教育を受ける者が，学校生活を営む上で必要な規律を重んずるとともに，自ら進んで学習に取り組む◻を高めることを重視して行われなければならない。

〔教育基本法第６条〕

　　1　意欲　　　2　環境　　　3　興味　　　4　関心　　　5　好奇心

(5)　校長及び教員は，◻，文部科学大臣の定めるところにより，児童，生徒及び学生に懲戒を加えることができる。ただし，体罰を加えることはできない。

〔学校教育法第11条〕

　　1　教育上必要があると認めるときは　　　　　2　法令の範囲内で
　　3　指導上やむを得ない場合は　　　　　　　4　生徒指導提要に従い
　　5　児童生徒の安全を確保する目的のときは

(6)　医療的ケア看護職員は，小学校における日常生活及び社会生活を営むために◻に医療的ケア（人工呼吸器による呼吸管理，喀痰吸引その他の医療行為をいう。）を受けることが不可欠である児童の療養上の世話又は診療の補助に従事する。

〔学校教育法施行規則第65条の２〕

　　1　緊急　　　2　臨時　　　3　特別　　　4　日常的　　　5　恒常的

(7)　スクールソーシャルワーカーは，小学校における児童の◻に関する支援に従事する。　〔学校教育法施行規則第65条の４〕

　　1　生活　　　2　家庭環境　　　3　経済的状況　　　4　就職　　　5　福祉

(8)　◻においては，児童生徒等の安全の確保を図るため，当該学校の実情に応じて，

危険等発生時において当該学校の職員がとるべき措置の具体的内容及び手順を定めた対処要領（次項において「危険等発生時対処要領」という。）を作成するものとする。

〔学校保健安全法第29条第1項〕

　　1　学校の設置者　　　　2　国または地方公共団体　　3　学校
　　4　市町村の教育委員会　　5　校長

⑼　いじめの防止等のための対策は，全ての児童等がいじめを行わず，及び他の児童等に対して行われるいじめを認識しながらこれを▢▢▢することがないようにするため，いじめが児童等の心身に及ぼす影響その他のいじめの問題に関する児童等の理解を深めることを旨として行われなければならない。〔いじめ防止対策推進法第3条第2項〕

　　1　拡大　　2　報告　　3　無視　　4　放置　　5　秘匿

⑽　教育職員等は，基本理念にのっとり，児童生徒性暴力等を行うことがないよう教育職員等としての▢▢▢の保持を図るとともに，その勤務する学校に在籍する児童生徒等が教育職員等による児童生徒性暴力等を受けたと思われるときは，適切かつ迅速にこれに対処する責務を有する。

〔教育職員等による児童生徒性暴力等の防止等に関する法律第10条〕

　　1　専門性　　2　倫理　　3　信頼　　4　信用　　5　遵法意識

⑾　子どもの貧困対策は，子ども等に対する教育の支援，生活の安定に資するための支援，職業生活の安定と向上に資するための就労の支援，経済的支援等の施策を，子どもの現在及び将来がその▢▢▢によって左右されることのない社会を実現することを旨として，子ども等の生活及び取り巻く環境の状況に応じて包括的かつ早期に講ずることにより，推進されなければならない。

〔子どもの貧困対策の推進に関する法律第2条第2項〕

　　1　家庭環境　　2　経済的環境　　3　生まれ育った環境　　4　学習環境
　　5　学歴

⑿　学校には，学校図書館の専門的職務を掌らせるため，▢▢▢を置かなければならない。〔学校図書館法第5条第1項〕

　　1　司書　　　　2　学校司書　　　　　3　図書館司書
　　4　司書教諭　　5　図書館ボランティア

2　次の各問いに答えなさい。

⑴　次の表の　①　～　⑤　に当てはまる，教育機関の名称を，下の選択肢から1つ選び，番号で答えなさい。

①	古代国家の成立にともなってそれを支える国家的官吏養成のための教育機関である。唐を倣った「大宝（養老）律令」の学令によって設置された。当初の明経道中心から平安時代初期には明法道，算道，文章道が加えられ，やがて文章道が隆盛となった。
②	庶民教化のために空海が開いた古代の教育機関である。すべての学芸を修め，真実の智恵を学ぶという総合的な全人教育をめざした。真言密教を旨とした空海の理論よりも実践重視の教育思想が脈うっていた。

宮崎県

③	上杉憲実によって再興され，戦国時代にその最盛期を迎える。学生には僧侶が多く，武士や俗人もいた。外典の習得を中心に内典も課され，天文・土木・医学なども教育されていた。
④	江戸幕府に仕えた儒学者，林羅山が上野忍ケ岡に開いた家塾に始まり，のちに幕府直轄の教育機関となった。幕末には，飫肥藩出身の儒学者，安井息軒が教鞭をとったことでも知られている。
⑤	江戸時代，庶民の子どもを対象に読・書・算の初歩を教えるために設置された民間の教育施設であり，手習所とも呼ばれた。往来物と総称される教材の読み書きを通して，学力や家職に応じて社会生活のもろもろの知識を習得する生活に即した教育であった。

1 寺子屋	2 芸亭	3 足利学校	4 郷学	5 金沢文庫
6 大学寮	7 藩校	8 昌平坂学問所	9 綜芸種智院	10 国民学校

(2) 次の文の記号に当てはまる語句の組合せを，下の選択肢から1つ選び，番号で答えなさい。

　認知説では，学習内容の意味理解が進み，心的構造（スキーマ）が形成されることによって学習が成立したととらえる。学習の認知説の代表者として，（ ア ）やトールマンが挙げられる。（ ア ）は，チンパンジーが2本の棒を組み合わせたり，箱を2段に重ねたりすることで，手の届かないところに置かれたバナナを取る場面を観察する実験を行った。このように，問題場面に対する認知が変化することで，一気に問題解決の見通しが立つことを（ イ ）学習という。一方，トールマンはネズミを使った迷路の実験で有名であり，途中からエサを置かれたネズミの成績が急によくなった実験結果から，たとえ報酬のエサが与えられていなくとも，ネズミはでたらめに迷路を学習していたのではなく，ゴールまでの道をしっかり把握していたという（ ウ ）学習を提唱した。

1　ア：コフカ　　　イ：洞察　　　ウ：観察
2　ア：ケーラー　　イ：潜在　　　ウ：洞察
3　ア：コフカ　　　イ：潜在　　　ウ：洞察
4　ア：ケーラー　　イ：観察　　　ウ：潜在
5　ア：ケーラー　　イ：洞察　　　ウ：潜在

(3) エリクソンの心理社会的発達理論における発達段階と発達課題の組合せについて，誤っているものを，次の選択肢から1つ選び，番号で答えなさい。

1　乳児期：基本的信頼 vs 不信
2　幼児前期：自律性 vs 恥・疑惑
3　幼児後期：自主性 vs 罪悪感
4　児童期：親密 vs 孤独
5　青年期：アイデンティティ vs アイデンティティ拡散

(4) 人間の発達に対する遺伝・環境両要因の立場について，誤っているものを，次の選択肢から1つ選び，番号で答えなさい。

1　ジェンセンは環境閾値説の立場から，個人がもつ潜在的な遺伝的素質が実際に発現するための環境要因の豊かさは特性によって異なると主張した。

2　行動主義心理学者であるワトソンは，ルクセンブルガーの図式を示し，人間の発達は生後の環境における経験によって規定されると考え，環境説の立場をとった。

3　発達は遺伝的に規定されたものが年齢に応じて展開されると主張し，遺伝的要因を重視したゲゼルは，一卵性双生児の階段登り実験を行った。

4　シュテルンは，ある特性の発達は遺伝と環境の両要因の効果が加算的に合わさってもたらされ，遺伝と環境の寄与する割合は特性によって異なるとする輻輳説を唱えた。

5　遺伝と環境の相互作用説は，ある遺伝的素質をもった個人と環境との動的な相互作用が個人の心身の発達を規定するという立場で，ピアジェの認知発達論が当てはまる。

(5)　次の文の記号に当てはまる語句の組合せを，下の選択肢から1つ選び，番号で答えなさい。

　　セリグマンらは，回避不能な電気ショックに長時間さらされた犬が，その後，回避可能な状況に置かれても回避行動をしなくなるという実験結果から（　ア　）を提唱した。（　ア　）に陥りやすいかどうかは，失敗の原因を「自分は能力がない」などと内的・（　イ　）な要因に求める傾向がかかわっている。これに関連して，ドエックは，算数が非常に苦手で無力感に陥っている子どもに対して，訓練で内的・（　ウ　）な要因である努力に原因帰属させることを促し，失敗経験への耐性を高められることを示した。

1　ア：負の強化　　　　イ：不安定　　　ウ：固定的
2　ア：学習性無力感　　イ：不安定　　　ウ：安定的
3　ア：学習性無力感　　イ：安定的　　　ウ：不安定
4　ア：負の強化　　　　イ：安定的　　　ウ：不安定
5　ア：学習性無力感　　イ：安定的　　　ウ：固定的

(6)　パーソナリティについて，誤っているものを，次の選択肢から1つ選び，番号で答えなさい。

1　精神分析理論によるとパーソナリティは，無意識の世界にあり快楽原則に基づいて機能するエス，意識と無意識の世界にまたがり，後天的に内在される道徳心や良心のことでもある超自我，意識の世界にあり，現実原則に基づいて機能する自我の3つの領域から構成されると考えられている。

2　ユングは，精神的エネルギーが向かう方向でパーソナリティを外向性と内向性に分類し，さらに，心的機能として思考，感情，感覚，直観の4つを仮定し，この4つと外向性，内向性の基本的態度を組み合わせて，8つのパーソナリティの類型を提唱したため，類型論の立場に分類される。

3　パーソナリティの特性論を最初に主張したオルポートは，辞書のなかから人間のパーソナリティを表現していると考えられる約1万8000語を抽出し，これを整理分類し，4504語を個人のパーソナリティを構成する重要な表現であると考えた。

4　キャッテルは，因子分析という手法を用いて，パーソナリティが「外向性－内向性」と「神経症傾向」の2つの基本的な因子にまとめられることを見出した。また，パーソナリティを測定する質問紙として，モーズレイ性格検査を開発した。

宮崎県

5 特性論に基づくパーソナリティの構造に関する研究で，繰り返し同じような5つの特性がみられることから，ゴールドバーグは人間のパーソナリティは大きく分けると5つに集約できるというビッグ・ファイブの考え方を提唱した。

3 次の各問いに答えなさい。

(1) 「生徒指導提要」（平成22年3月　文部科学省）「第1章　第4節　集団指導・個別指導の方法原理」で示されている内容について，誤っているものを，次の選択肢から1つ選び，番号で答えなさい。

1 集団指導とは，集団全体のみに焦点をあてた指導を意味することではなく，集団内の児童生徒一人一人についても考慮を払うことを重視するものとして意味をなす。

2 教員は集団指導を効果的に行うために，児童生徒の個性を十分に理解し，集団の場面で，児童生徒が活躍できる機会を作り，できる限り児童生徒の自主性を尊重した指導を行うことが必要である。

3 予防的な個別指導とは，一部の児童生徒を対象に，深刻な問題に発展しないように，初期段階で諸課題を解決することをねらいとしたものである。

4 個別指導を効果的に進めるためには，日常の学校生活を通して，児童生徒と教員の信頼関係をつくるように努めることが大切である。

5 個別指導は，教員が別室などを使用して，一定の時間を充てて必ず児童生徒と教員が1対1となって指導する実践形態のみを指す。

(2) 「生徒指導提要」（平成22年3月　文部科学省）「第8章　第2節　学校を中心とした家庭・地域・関係機関等との連携活動」で示されている内容について，誤っているものを，次の選択肢から1つ選び，番号で答えなさい。

1 学校が，家庭・地域・関係機関等と連携を図る場合，児童生徒の精神的発達を促し，問題行動等を未然に防止する側面からの連携と問題行動等に適切に対応していく側面からの連携と二つの側面がある。

2 学校教育全体において積極的に生徒指導の働きかけを行うことが重要であり，ボランティア活動や体験活動などの取組を進める上で，家庭・地域との連携が不可欠である。

3 都道府県警察本部（少年サポートセンター）や各警察署，少年補導センターなどは，少年の非行防止や保護を通じて少年の健全育成を図るための警察活動を行っている。

4 児童相談所は，児童福祉の専門機関であり，児童福祉に関する相談を受け，必要に応じて調査し，児童を家庭から一時的に離したり，児童福祉施設に入所させたりするなどの処遇を行う。

5 児童福祉施設は，家庭裁判所の保護処分により送致される施設であり，矯正教育その他の必要な処遇を行う施設である。

(3) 「いじめ防止対策推進法」（平成25年法律第71号）第1条について，次の文の記号に当てはまる語句の組合せを，下の選択肢から1つ選び，番号で答えなさい。

この法律は，いじめが，いじめを受けた児童等の（ ア ）を著しく侵害し，その心身の健全な成長及び（ イ ）の形成に重大な影響を与えるのみならず，その生命又は

身体に重大な危険を生じさせるおそれがあるものであることに鑑み，児童等の（　ウ　）を保持するため，いじめの防止等（いじめの防止，いじめの早期発見及びいじめへの対処をいう。以下同じ。）のための対策に関し，（　エ　）を定め，国及び地方公共団体等の（　オ　）を明らかにし，並びにいじめの防止等のための対策に関する基本的な方針の策定について定めるとともに，いじめの防止等のための対策の基本となる事項を定めることにより，いじめの防止等のための対策を総合的かつ効果的に推進することを目的とする。

1　ア：教育を受ける権利　　イ：性格　　ウ：威厳　　エ：基本理念　　オ：責務
2　ア：基本的人権　　　　　イ：人格　　ウ：人権　　エ：目的　　　　オ：役割
3　ア：教育を受ける権利　　イ：人格　　ウ：尊厳　　エ：基本理念　　オ：責務
4　ア：基本的人権　　　　　イ：気質　　ウ：尊厳　　エ：方向性　　　オ：役割
5　ア：教育を受ける権利　　イ：発育　　ウ：人権　　エ：基本理念　　オ：権限

(4)　「児童生徒の自殺予防に向けた困難な事態，強い心理的負担を受けた場合などにおける対処の仕方を身に付ける等のための教育の推進について（通知)」（29初児生第38号）（平成30年1月　文部科学省）で示されている内容について，誤っているものを，次の選択肢から1つ選び，番号で答えなさい。

1　SOSの出し方に関する教育は，繊細な内容であるため，児童生徒の最も身近な存在である学級担任やホームルーム担当の教員のみで行うことが望ましい。

2　SOSの出し方に関する教育は，命や暮らしの危機に直面したとき，誰にどうやって助けを求めればよいか具体的かつ実践的な方法を学ぶ教育である。

3　SOSの出し方に関する教育では，児童生徒からの悩みや相談（SOS）を広く受け止めることができるよう，「24時間子供SOSダイヤル」などの相談窓口の周知を行うことが望ましい。

4　SOSの出し方に関する教育では，健康問題について総合的に解説した啓発教材を必要に応じて活用するなど，各学校の実情に合わせて教材や授業方法を工夫することが考えられる。

5　SOSの出し方に関する教育では，心の危機に陥った友人の感情を受け止めて，考えや行動を理解しようとする姿勢などの傾聴の仕方についても教えることが望ましい。

(5)　「いじめの重大事態の調査に関するガイドライン」（平成29年3月　文部科学省）の「第1　学校の設置者及び学校の基本的姿勢」で示されている内容について，次の文の記号に当てはまる語句の組合せを，下の選択肢から1つ選び，番号で答えなさい。

○　学校の設置者及び学校は，いじめを受けた児童生徒やその保護者（以下「被害児童生徒・保護者」という。）のいじめの（　ア　）関係を明らかにしたい，何があったのかを知りたいという切実な思いを理解し，対応に当たること。

○　学校の設置者及び学校として，自らの対応にたとえ不都合なことがあったとしても，全てを明らかにして自らの対応を真摯に見つめ直し，被害児童生徒・保護者に対して調査の結果について適切に（　イ　）を行うこと。

○　重大事態の調査は，（　ウ　）上の責任追及やその他の争訟等への対応を直接の目

宮崎県

的とするものではなく，いじめの事実の（　エ　），当該いじめの事案への対処及び同種の事案の（　オ　）が目的であることを認識すること。学校の設置者及び学校として，調査により膿を出し切り，いじめの防止等の体制を見直す姿勢をもつことが，今後の（　オ　）に向けた第一歩となる。

　1　ア：因果　　イ：弁明　　ウ：民法　　　　　エ：全容解明
　　　オ：円滑な事後対応

　2　ア：事実　　イ：説明　　ウ：民事・刑事　エ：全容解明　　オ：再発防止

　3　ア：事実　　イ：釈明　　ウ：刑法　　　　エ：全面解決
　　　オ：円滑な事後対応

　4　ア：事実　　イ：説明　　ウ：民事・刑事　エ：全面解決　　オ：再発防止

　5　ア：因果　　イ：説明　　ウ：民法　　　　エ：全面解決　　オ：再発防止

(6)　「いじめの重大事態の調査に関するガイドライン」（平成29年3月　文部科学省）の「第6　調査の実施」で示されている内容について，誤っているものを，次の選択肢から1つ選び，番号で答えなさい。

　1　被害児童生徒，その保護者，他の在籍する児童生徒，教職員等に対して，アンケート調査や聴き取り調査等により，いじめの事実関係を把握する。

　2　被害児童生徒やいじめに係る情報を提供してくれた児童生徒を守ることを最優先とし，調査を実施することが必要である。

　3　調査では，加害児童生徒からも，調査対象となっているいじめの事実関係について意見を聴取し，公平性・中立性を確保する。

　4　個別の重大事態の調査に係る記録については，指導要録の保存期間に合わせて，少なくとも1年間保存することが望ましい。

　5　学校の設置者及び学校は，調査中であることを理由に，被害児童生徒・保護者に対して説明を拒むようなことがあってはならず，調査の進捗等の経過報告を行う。

(7)　「児童生徒の教育相談の充実について（通知）」（28文科初第1423号）（平成29年2月　文部科学省）で示されている内容について，誤っているものを，次の選択肢から1つ選び，番号で答えなさい。

　1　教育相談は，未然防止，早期発見，早期支援・対応，さらには，事案が発生した時点から事案の改善・回復，再発防止まで一貫した支援に重点を置いた体制づくりが重要である。

　2　学校内で，早期から組織として気になる事例を検討するための会議を定期的に実施し，解決すべき問題又は課題のある事案は，支援・対応策を検討するためのケース会議を実施することが必要である。

　3　学校において，組織的な連携・支援体制を維持するために，スクールロイヤーが教育相談コーディネーター役を担い，教育相談体制を構築する必要がある。

　4　教育相談体制が児童生徒の安心した学校生活，家庭生活の維持・改善に資するものであるかを評価するため，児童生徒や保護者から意見聴取等を行い，必要に応じて見直しを行うことが重要である。

　5　教育委員会は，学校や域内の教育支援センター等においてスクールカウンセラー

（SC）及びスクールソーシャルワーカー（SSW）が適切に活動でき，児童生徒の安心した学校生活及び適切な環境が構築されるような支援体制を構築する必要がある。

(8)　「不登校重大事態に係る調査の指針」（平成28年3月　文部科学省）の「第2　不登校重大事態に該当するか否かの判断」で示されている内容について，誤っているものを，次の選択肢から1つ選び，番号で答えなさい。

1　重大事態に該当するか否かを判断するのは，学校の設置者や学校ではなく，いじめの被害を申し出た当該児童生徒又はその保護者である。

2　不登校重大事態に該当するか否かの判断では，学校は，欠席期間が30日（目安）に到達する前から設置者に報告・相談し，情報共有を図り，協議するなど，丁寧に対応することが必要である。

3　調査を通じて，いじめはあったものの相当の期間の欠席（30日（目安））との因果関係は認められないとの判断に至った場合も，そのことにより遡及的に不登校重大事態に該当しないことになるわけではない。

4　学校又は学校の設置者が，いじめがあったと確認したり，いじめと重大被害の間の因果関係を肯定したりしていなくとも，学校又は設置者が重大事態として捉える場合がある。

5　不登校重大事態は早期の段階で予測できる場合も多いと思われることから，既に実施した定期的なアンケート調査の確認，いじめの事実確認のための関係児童生徒からの聴取の確認，指導記録の記載内容の確認などの踏み込んだ準備作業を行う必要がある。

(9)　「不登校重大事態に係る調査の指針」（平成28年3月　文部科学省）の「第3　不登校重大事態発生時の措置」で示されている内容について，誤っているものを，次の選択肢から1つ選び，番号で答えなさい。

1　不登校重大事態発生時の報告は，重大事態が発生したと判断した後，「直ちに」行うものとされており，不登校重大事態の場合は7日以内に行うことが望ましい。

2　設置者と学校のいずれが調査を行うかは，個別の不登校重大事態ごとに，設置者が決定する。だが，不登校という課題の性質上，学校の設置者が調査に当たることを原則とする。

3　調査の実施方法については，主として，対象児童生徒，保護者，教職員（学級・学年・部活動関係等），関係する児童生徒等を対象とした聴取による調査を実施する。

4　調査を実施する前提として，各教員が，日常からいじめの疑いがある行為をいじめ対策組織へ報告し，組織的に共有した上で記録することが重要である。

5　調査中の関係資料について，アンケートの質問票の原本等の一次資料の保存期間は最低でも当該児童生徒が卒業するまでとし，二次資料及び調査報告書は，保存期間を5年とすることが望ましい。

(10)　「義務教育の段階における普通教育に相当する教育の機会の確保等に関する法律」（平成28年法律第105号）第3条について，次の文の記号に当てはまる語句の組合せを，下の選択肢から1つ選び，番号で答えなさい。

教育機会の確保等に関する施策は，次に掲げる事項を基本理念として行われなけれ

ばならない。

一　全ての児童生徒が豊かな（　ア　）を送り，安心して教育を受けられるよう，学校における（　イ　）の確保が図られるようにすること。

二　不登校児童生徒が行う多様な学習活動の実情を踏まえ，個々の不登校児童生徒の状況に応じた必要な支援が行われるようにすること。

三　不登校児童生徒が安心して教育を十分に受けられるよう，学校における（　イ　）の整備が図られるようにすること。

四　義務教育の段階における（　ウ　）に相当する教育を十分に受けていない者の意思を十分に尊重しつつ，その年齢又は国籍その他の置かれている事情にかかわりなく，その能力に応じた教育を受ける機会が確保されるようにするとともに，その者が，その教育を通じて，社会において（　エ　）に生きる基礎を培い，豊かな人生を送ることができるよう，その教育水準の維持向上が図られるようにすること。

五　国，地方公共団体，教育機会の確保等に関する活動を行う民間の団体その他の関係者の相互の密接な（　オ　）の下に行われるようにすること。

1　ア：学校生活　　イ：環境　　　ウ：初等教育　　エ：協力的
　　オ：コミュニケーション

2　ア：学習生活　　イ：ICT　　　ウ：中等教育　　エ：協力的
　　オ：コミュニケーション

3　ア：学校生活　　イ：ICT　　　ウ：普通教育　　エ：自立的　　オ：連携

4　ア：学校生活　　イ：環境　　　ウ：普通教育　　エ：自立的　　オ：連携

5　ア：学習生活　　イ：環境　　　ウ：初等教育　　エ：協力的　　オ：連携

4　次の文は，「障害のある子供の教育支援の手引　～子供たち一人一人の教育的ニーズを踏まえた学びの充実に向けて～」（令和3年6月　文部科学省）の一部である。次の各問いに答えなさい。

学校教育は，障害のある子供の（　ア　）を目指した取組を含め，（　イ　）に向けて，重要な役割を果たすことが求められている。そのためにも（　イ　）に向けたインクルーシブ教育システム構築のための特別支援教育の推進が必要とされている。

インクルーシブ教育システム構築のためには，障害のある子供と障害のない子供が，可能な限り同じ場で共に学ぶことを目指すべきであり，その際には，それぞれの子供が，授業内容を理解し，学習活動に参加している実感・達成感をもちながら，充実した時間を過ごしつつ，生きる力を身に付けていけるかどうかという最も本質的な視点に立つことが重要である。

そのための環境整備として，子供一人一人の（　ア　）を見据えて，その時点での教育的ニーズに最も的確に応える指導を提供できる，多様で柔軟な仕組みを整備することが重要である。このため，小中学校等における（　ウ　）といった，連続性のある「多様な学びの場」を用意していくことが必要である。

　エ教育的ニーズとは，子供一人一人の障害の状態や特性及び心身の発達の段階等（以下「障害の状態等」という。）を把握して，具体的にどのようなオ特別な指導内容や教育上の合理的配慮を含む支援の内容が必要とされるかということを検討することで整理

されるものである。

(1) （　ア　）に当てはまる語句を，次の選択肢から1つ選び，番号で答えなさい。

 1　心身の調和的発達と社会参加　 2　心身の調和的発達と社会的自立

 3　生活の自立と社会参加　 4　生活の自立と社会的自立

 5　自立と社会参加

(2) （　イ　）に当てはまる語句を，次の選択肢から1つ選び，番号で答えなさい。

 1　「ノーマライゼーション」の実現　 2　「共生社会」の形成

 3　「持続可能な社会」の形成　 4　「バリアフリー」の実現

 5　「個別最適化」の教育の推進

(3) （　ウ　）に当てはまる「多様な学びの場」の組合せとして正しいものを，次の選択肢から1つ選び，番号で答えなさい。

 1　通常の学級，適応教室，特別支援学級や，特別支援学校

 2　通級による指導，適応教室，特別支援学級や，特別支援学校

 3　通常の学級，通級による指導，特別支援学級や，特別支援学校

 4　通常の学級，適応教室，通級による指導や，特別支援学級

 5　通常の学級，通級による指導，適応教室や，特別支援学校

(4) 下線部エ「教育的ニーズ」を整理するために踏まえることが大切だとして示されている三つの観点として正しいものを，次の選択肢から1つ選び，番号で答えなさい。

 1　①障害の状態等，②心身の発達の段階，③生活上の合理的配慮を含む必要な支援の内容

 2　①障害の特性等，②心身の発達の段階，③生活上の合理的配慮を含む必要な支援の内容

 3　①障害の状態等，②特別な指導内容，③生活上の合理的配慮を含む必要な支援の内容

 4　①障害の特性等，②心身の発達の段階，③教育上の合理的配慮を含む必要な支援の内容

 5　①障害の状態等，②特別な指導内容，③教育上の合理的配慮を含む必要な支援の内容

(5) 下線部オの「特別な指導内容や教育上の合理的配慮を含む支援」に関して，特別支援教育コーディネーターに関する説明して，誤っているものを，次の選択肢から1つ選び，番号で答えなさい。

 1　主幹教諭の職務として位置づけられている。

 2　学校内の教職員全体の特別支援教育に対する理解のもと学校内の協力体制を構築する。

 3　小・中学校の特別支援教育コーディネーターは，特別支援学校や医療・福祉機関との連携協力が大切である。

 4　小・中学校の特別支援教育コーディネーターは，学校内の関係者や関係機関との連絡調整，及び，保護者に対する学校の窓口の役割を担う者として位置づけられる。

 5　特別支援学校の特別支援教育コーディネーターは，これらの地域支援の機能とし

宮崎県

て，小中学校等への支援が加わることを踏まえ，地域内の特別支援教育の核として関係機関とのより密接な連絡調整が期待される。

5 次の各問いに答えなさい。

(1) 「『令和の日本型学校教育』の構築を目指して　～全ての子供たちの可能性を引き出す，個別最適な学びと，協働的な学びの実現～（答申）」（令和3年1月　中央教育審議会）『第I部　3．2020年代を通じて実現すべき「令和の日本型学校教育」の姿』で示されている内容について，次の文の（　　）に当てはまる語句を，下の選択肢から1つ選び，番号で答えなさい。

新型コロナウイルス感染症の感染拡大による臨時休業の長期化により，多様な子供一人一人が自立した学習者として学び続けていけるようになっているか，という点が改めて焦点化されたところであり，これからの学校教育においては，子供がICTも活用しながら自ら学習を調整しながら学んでいくことができるよう，「（　　）」を充実することが必要である。

1　個性を重視した指導　　2　学習の個別化　　3　指導の個別化
4　教科等横断的な視点　　5　個に応じた指導

(2) 「宮崎県いじめ防止基本方針」（平成29年7月13日最終改定　宮崎県）「はじめに」について，次の文の（　　）に当てはまる語句を，下の選択肢から1つ選び，番号で答えなさい。

いじめは深刻な人権侵害であり，いじめを受けた児童生徒の教育を受ける権利を著しく侵害し，その心身の健全な成長及び人格の形成に長期に渡って重大な影響を与えるのみならず，その生命又は身体に重大な危険を生じさせるおそれがあるものである。

宮崎県いじめ防止基本方針（以下「県の基本方針」という。）は，児童生徒の尊厳を保持する目的のため，県・国・市町村・学校・地域住民・家庭その他の関係者の連携の下，いじめの問題の（　　）に向けて取り組むよう，いじめ防止対策推進法（平成25年法律第71号。以下「法」という。）第12条の規定に基づき，いじめの防止等（いじめの防止，いじめの早期発見及びいじめへの対処をいう。以下同じ。）のための対策を総合的かつ効果的に推進するために策定するものである。

1　軽減　　2　解決　　3　克服　　4　啓発　　5　対処

(3) 「みやざき特別支援教育推進プラン（改定版）　～共生社会の形成に向けた特別支援教育の推進～」（平成30年11月　宮崎県教育委員会）「第2章　3　本県の動向」で示されている内容について，次の文の（　　）に当てはまる語句を，下の選択肢から1つ選び，番号で答えなさい。

本県では，「特殊教育」から「特別支援教育」へ転換した時期に「みやざき特別支援教育プラン」を策定し，平成18年以降のおおむね5年間に推進する教育施策の方向性を示しました。その後，本プランに改定し，平成25年から平成34年度までの10年間における本県の特別支援教育を推進するための主な施策と方向性を示しました。

前期（平成25年度～平成29年度）では，「一人一人を（　　）続ける」，「多様な学びを支える」，「社会との絆をつなぐ」の3つのビジョンのもと，6つの施策の柱に基づき，様々な施策を行ってきました。

今後は，東京オリンピック・パラリンピック（2020年），本県で開催される国民文化祭，全国障害者芸術・文化祭（2020年），国民体育大会，全国障害者スポーツ大会（2026年）や障がいのある方の生涯学習を踏まえた施策が必要となります。

 1　見守り　　2　大切にし　　3　支援し　　4　指導し　　5　信じ

⑷　「人権教育を取り巻く諸情勢について　～人権教育の指導方法等の在り方について〔第三次とりまとめ〕策定以降の補足資料～」（令和３年３月　文部科学省）で示されている内容について，次の文の（　　）に当てはまる語句を，下の選択肢から１つ選び，番号で答えなさい。

　　人権教育は，学校の教育活動全体を通じて推進することが大切であり，そのためには，人権尊重の（　　）に立つ学校づくりを進め，人権教育の充実を目指した教育課程の編成や，人権尊重の理念に立った生徒指導，人権尊重の視点に立った学級経営等が必要である。

 1　精神　　2　理念　　3　原理　　4　認識　　5　考え方

⑸　「宮崎県教育振興基本計画（令和元年策定）」において，本計画のスローガンの推進に向け，基本目標で設定されている内容について，次の文の（　　）に当てはまる語句を，下の選択肢から１つ選び，番号で答えなさい。

　　本計画のスローガン「未来を切り拓く　心豊かでたくましい　宮崎の人づくり」の推進に向け，次の４つの「基本目標」を設定し，各施策の推進を図ることとします。

 1　県民が生涯を通じて学び，教育に参画する社会づくりの推進

 2　社会を生き抜く基盤を培い，未来を担う（　　）を育む教育の推進

 3　教育を支える体制や環境の整備・充実

 4　文化やスポーツに親しむ社会づくりの推進

　 1　人財　　2　主権者　　3　住民　　4　構成員　　5　こども

⑹　「宮崎県教育振興基本計画（令和元年策定）」の「施策８　郷土を愛し地域社会に参画する態度を育む教育の推進」で示されている内容について，次の文の（　　）に当てはまる語句を，下の選択肢から１つ選び，番号で答えなさい。

　　今後も引き続き，学校や地域において，ふるさとを知り，ふるさとにふれ，ふるさととの関わりを深める中で，ふるさと宮崎に学び，誇りや愛着を育む取組のより一層の充実に努めます。

　　また，教科等の学習や総合的な学習の時間，特別活動など，学校における様々な教育活動を通して，子どもたちに，集団づくりや地域活動に取り組む意識・態度を育成し，地域社会の一員としての自覚や（　　）として必要な資質を養い，地域社会に参画する態度を育む教育を推進します。

　　さらに，地域には，生きた課題が多く存在し，生徒が社会とのつながりを実感しながら探究を深める貴重な学習機会を提供できることから，特に高等学校において，身近な存在である地域と学校が手を携え，体験と実践を伴った探究的な学びが展開されるよう取組を推進します。

 1　地域住民　　2　県民　　3　市民　　4　主権者　　5　社会の形成者

⑺　「宮崎県教育基本方針」で示されている内容について，次の文の（　　）に当ては

まる語句を，下の選択肢から1つ選び，番号で答えなさい。

本県は，教育基本法にうたわれている人間尊重の精神を基調として，あらゆる教育の場を通じ，「たくましいからだ　豊かな心　すぐれた知性」を育む教育を推進します。

さらに，郷土を愛し新たな時代を切り拓いていく気概と広い視野を持ち，地域や社会の発展に主体的に参画するとともに，夢や希望を抱き生涯にわたって（　　），心身ともに調和のとれた人間の育成をめざします。

　1　努力し続ける　　　2　学び続ける　　　3　地域を愛することができる

　4　自己実現を図れる　　5　多様な他者と協働できる

(8)　「宮崎県人権教育基本方針」で示されている内容について，次の文の（　　）に当てはまる語句を，下の選択肢から1つ選び，番号で答えなさい。

宮崎県教育委員会では，これまでの取組の成果や課題，「宮崎県人権教育・啓発推進方針」の趣旨などを踏まえ，次のように人権教育を推進し，県民一人一人が人権について正しい理解を深め，人権を相互に尊重し合い，共に生きる社会の実現を目指します。

　1　学校教育においては，幼児児童生徒の発達段階及び学校や地域の実情を踏まえ幼稚園（保育所），小学校，中学校，高等学校，特別支援学校等が相互に連携を図り，（　　）をとおして人権についての正しい知識を身に付け，人権を尊重する意識や態度を育成し，実践力を養うことに努めます。

　1　道徳教育　　2　生徒指導　　3　特別活動　　4　学校教育

　5　全教育活動

(9)　「新しい時代の教育に向けた持続可能な学校指導・運営体制の構築のための学校における働き方改革に関する総合的な方策について（答申）」（平成31年1月25日　中央教育審議会）で示されている内容について，次の文の（　　）に当てはまる語句を，下の選択肢から1つ選び，番号で答えなさい。

学校における働き方改革を進めるに当たっては，「社会に開かれた教育課程」の理念も踏まえ，家庭や地域の人々とともに子供を育てていくという視点に立ち，地域と学校の連携・協働の下，幅広い地域住民等（多様な専門人材，高齢者，若者，PTA・青少年団体，企業・NPO等）とともに，（　　）子供たちの成長を支え，地域を創生する活動（地域学校協働活動）を進めながら，学校内外を通じた子供の生活の充実や活性化を図ることが大切である。

　1　学校全体で　　　2　地域全体で　　　3　国が総力を挙げて

　4　学校が率先して　　5　教員の専門性を発揮して

(10)　「道徳に係る教育課程の改善等について（答申）」（平成26年10月21日　中央教育審議会）で示されている内容について，次の文の（　　）に当てはまる語句を，下の選択肢から1つ選び，番号で答えなさい。

道徳教育においては，人間尊重の精神と（　　）に対する畏敬の念を前提に，人が互いに尊重し協働して社会を形作っていく上で共通に求められるルールやマナーを学び，規範意識などを育むとともに，人としてよりよく生きる上で大切なものとは何か，自分はどのように生きるべきかなどについて，時には悩み，葛藤しつつ，考えを深め，

自らの生き方を育んでいくことが求められる。

1　万物　　2　自然　　3　環境　　4　生命　　5　人権

小学校

6 次の各問いに答えなさい。

(1) 次の文は,「小学校学習指導要領」（平成29年告示）の「第1章　総則　第3　教育課程の実施と学習評価」の一部である。文中の記号に当てはまる語句の組合せを，下の選択肢から1つ選び，番号で答えなさい。

　児童の（　ア　）などを積極的に評価し，学習したことの意義や価値を実感できるようにすること。また，各教科等の目標の実現に向けた学習状況を把握する観点から，単元や題材など内容や時間のまとまりを見通しながら評価の場面や方法を工夫して，（　イ　）を評価し，指導の改善や学習意欲の向上を図り，（　ウ　）に生かすようにすること。

1　ア：学習の過程や成果　　イ：よい点や進歩の状況　　ウ：個別の教育支援

2　ア：よい点や進歩の状況　　イ：学習の過程や成果　　ウ：資質・能力の育成

3　ア：よい点や進歩の状況　　イ：学習の過程や成果　　ウ：個別の教育支援

4　ア：学習の過程や成果　　イ：よい点や進歩の状況　　ウ：資質・能力の育成

5　ア：よい点や進歩の状況　　イ：学習の過程や成果

　　ウ：思考力，判断力，表現力等の育成

(2) 次の文は,「小学校学習指導要領」（平成29年告示）の「第5章　総合的な学習の時間　第1　目標」の一部である。文中の（　　）に当てはまる語句を，下の選択肢から1つ選び，番号で答えなさい。

(3) 探究的な学習に主体的・協働的に取り組むとともに，（　　）を生かしながら，積極的に社会に参画しようとする態度を養う。

1　個性　　2　自分のよさや可能性　　3　互いのよさ　　4　多様性

5　学びの成果

(3) 次の文は,「小学校学習指導要領」（平成29年告示）の「第6章　特別活動　第2　各活動・学校行事の目標及び内容」の一部である。文中の記号に当てはまる語句の組合せを，下の選択肢から1つ選び，番号で答えなさい。

1　目標

　（　ア　）をよりよくするための課題を見いだし，解決するために話し合い，合意形成し，（　イ　）して実践したり，学級での話合いを生かして自己の課題の解決及び（　ウ　）を描くために意思決定して実践したりすることに，自主的，実践的に取り組むことを通して，第1の目標に掲げる資質・能力を育成することを目指す。

1　ア：学級や学校での生活　　イ：役割を分担して協力　　ウ：将来の生き方

2　ア：学級内の組織　　イ：役割を分担して協力　　ウ：生活様式

3　ア：学級や学校での生活　　イ：男女相互に理解　　ウ：将来の生き方

4　ア：学級内の組織　　イ：役割を分担して協力　　ウ：将来の生き方

宮崎県

5　ア：学級や学校での生活　　イ：男女相互に理解　　　　ウ：生活様式

中学校

7　次の各問いに答えなさい。

(1)　次の文は,「中学校学習指導要領」(平成29年告示)の「第1章　総則　第3　教育課程の実施と学習評価」の一部である。文中の記号に当てはまる語句の組合せを,下の選択肢から1つ選び,番号で答えなさい。

　　生徒の（　ア　）などを積極的に評価し,学習したことの意義や価値を実感できるようにすること。また,各教科等の目標の実現に向けた学習状況を把握する観点から,単元や題材など内容や時間のまとまりを見通しながら評価の場面や方法を工夫して,（　イ　）を評価し,指導の改善や学習意欲の向上を図り,（　ウ　）に生かすようにすること。

1　ア：学習の過程や成果　　イ：よい点や進歩の状況　　ウ：個別の教育支援
2　ア：よい点や進歩の状況　　イ：学習の過程や成果　　ウ：資質・能力の育成
3　ア：よい点や進歩の状況　　イ：学習の過程や成果　　ウ：個別の教育支援
4　ア：学習の過程や成果　　イ：よい点や進歩の状況　　ウ：資質・能力の育成
5　ア：よい点や進歩の状況　　イ：学習の過程や成果
　　ウ：思考力,判断力,表現力等の育成

(2)　次の文は,「中学校学習指導要領」(平成29年告示)の「第4章　総合的な学習の時間　第1　目標」の一部である。文中の（　　）に当てはまる語句を,下の選択肢から1つ選び,番号で答えなさい。

(3)　探究的な学習に主体的・協働的に取り組むとともに,（　　）を生かしながら,積極的に社会に参画しようとする態度を養う。

1　個性　　2　自分のよさや可能性　　3　互いのよさ　　4　多様性
5　学びの成果

(3)　次の文は,「中学校学習指導要領」(平成29年告示)の「第5章　特別活動　第2　各活動・学校行事の目標及び内容」の一部である。文中の記号に当てはまる語句の組合せを,下の選択肢から1つ選び,番号で答えなさい。

1　目標

　　（　ア　）をよりよくするための課題を見いだし,解決するために話し合い,合意形成し,（　イ　）して実践したり,学級での話合いを生かして自己の課題の解決及び（　ウ　）を描くために意思決定して実践したりすることに,自主的,実践的に取り組むことを通して,第1の目標に掲げる資質・能力を育成することを目指す。

1　ア：学級や学校での生活　　イ：役割を分担して協力　　ウ：将来の生き方
2　ア：学級内の組織　　イ：役割を分担して協力　　ウ：生活様式
3　ア：学級や学校での生活　　イ：男女相互に理解　　ウ：将来の生き方
4　ア：学級内の組織　　イ：役割を分担して協力　　ウ：将来の生き方
5　ア：学級や学校での生活　　イ：男女相互に理解　　ウ：生活様式

高等学校

8 次の各問いに答えなさい。

(1) 次の文は,「高等学校学習指導要領」(平成30年告示)の「第1章　総則　第3款　教育課程の実施と学習評価」の一部である。文中の記号に当てはまる語句の組合せを,下の選択肢から1つ選び,番号で答えなさい。

　　生徒の（　ア　）などを積極的に評価し,学習したことの意義や価値を実感できるようにすること。また,各教科・科目等の目標の実現に向けた学習状況を把握する観点から,単元や題材など内容や時間のまとまりを見通しながら評価の場面や方法を工夫して,（　イ　）を評価し,指導の改善や学習意欲の向上を図り,（　ウ　）に生かすようにすること。

　　1　ア：学習の過程や成果　　イ：よい点や進歩の状況　　ウ：個別の教育支援

　　2　ア：よい点や進歩の状況　　イ：学習の過程や成果　　ウ：資質・能力の育成

　　3　ア：よい点や進歩の状況　　イ：学習の過程や成果　　ウ：個別の教育支援

　　4　ア：学習の過程や成果　　イ：よい点や進歩の状況　　ウ：資質・能力の育成

　　5　ア：よい点や進歩の状況　　イ：学習の過程や成果
　　　　ウ：思考力,判断力,表現力等の育成

(2) 次の文は,「高等学校学習指導要領」(平成30年告示)の「第4章　総合的な探究の時間　第1　目標」の一部である。文中の（　　）に当てはまる語句を,下の選択肢から1つ選び,番号で答えなさい。

　(3) 探究に主体的・協働的に取り組むとともに,（　　）を生かしながら,新たな価値を創造し,よりよい社会を実現しようとする態度を養う。

　　1　個性　　2　自分のよさや可能性　　3　互いのよさ　　4　多様性
　　5　学びの成果

(3) 次の文は,「高等学校学習指導要領」(平成30年告示)の「第5章　特別活動　第2　各活動・学校行事の目標及び内容〔学校行事〕　2　内容」の一部である。文中の記号に当てはまる語句の組合せを,下の選択肢から1つ選び,番号で答えなさい。

　　1の資質・能力を育成するため,（　ア　）又はそれらに準ずる集団を単位として,次の各行事において,学校生活に（　イ　）を与え,学校生活の充実と発展に資する（　ウ　）な活動を行うことを通して,それぞれの学校行事の意義及び活動を行う上で必要となることについて理解し,主体的に考えて実践できるよう指導する。

　　1　ア：全校若しくは学年　　　　　　イ：秩序と変化　　ウ：体験的

　　2　ア：全校　　　　　　　　　　　　イ：規律と連帯　　ウ：協働的

　　3　ア：全校若しくはホームルーム　　イ：秩序と変化　　ウ：体験的

　　4　ア：全校若しくは学年　　　　　　イ：秩序と変化　　ウ：協働的

　　5　ア：全校若しくはホームルーム　　イ：規律と連帯　　ウ：協働的

宮崎県

特別支援学校

9 次の各問いに答えなさい。

(1) 次の文は，「特別支援学校小学部・中学部学習指導要領」（平成29年告示）の「第1章　総則　第4節　教育課程の実施と学習評価」の一部である。文中の記号に当てはまる語句の組合せを，下の選択肢から1つ選び，番号で答えなさい。

児童又は生徒の（　ア　）などを積極的に評価し，学習したことの意義や価値を実感できるようにすること。また，各教科等の目標の実現に向けた学習状況を把握する観点から，単元や題材など内容や時間のまとまりを見通しながら評価の場面や方法を工夫して，（　イ　）を評価し，指導の改善や学習意欲の向上を図り，（　ウ　）に生かすようにすること。

1　ア：学習の過程や成果　　イ：よい点や進歩の状況
　　ウ：主体的・対話的で深い学びの実現

2　ア：よい点や可能性，進歩の状況　　イ：学習の過程や成果
　　ウ：資質・能力の育成

3　ア：よい点や可能性，進歩の状況　　イ：学習の過程や成果
　　ウ：主体的・対話的で深い学びの実現

4　ア：学習の過程や成果　　イ：よい点や進歩の状況　　ウ：資質・能力の育成

5　ア：よい点や可能性，進歩の状況　　イ：学習の過程や成果
　　ウ：思考力，判断力，表現力等の育成

(2) 「特別支援学校小学部・中学部学習指導要領」（平成29年告示）の「第5章　総合的な学習の時間」の「目標」については小学校学習指導要領又は中学校学習指導要領に示すものに準ずると記されている。次の文は，「小学校学習指導要領」（平成29年告示）の「第5章　総合的な学習の時間　第1　目標」の一部である。文中の（　　）に当てはまる語句を，下の選択肢から1つ選び，番号で答えなさい。

(3) 探究的な学習に主体的・協働的に取り組むとともに，（　　）を生かしながら，積極的に社会に参画しようとする態度を養う。

1　個性　　2　自分のよさや可能性　　3　互いのよさ　　4　多様性
5　学びの成果

(3) 「特別支援学校小学部・中学部学習指導要領」（平成29年告示）の「第6章　特別活動」の「目標」については小学校学習指導要領又は中学校学習指導要領に示すものに準ずるとされている。次の文は，「小学校学習指導要領」（平成29年告示）の「第6章　特別活動　第2　各活動・学校行事の目標及び内容」の一部である。文中の記号に当てはまる語句の組合せを，下の選択肢から1つ選び，番号で答えなさい。

1　目標

（　ア　）をよりよくするための課題を見いだし，解決するために話し合い，合意形成し，（　イ　）して実践したり，学級での話合いを生かして自己の課題の解決及び（　ウ　）を描くために意思決定して実践したりすることに，自主的，実践的に取り組むことを通して，第1の目標に掲げる資質・能力を育成することを目指す。

1　ア：学級や学校での生活　　イ：役割を分担して協力　　ウ：将来の生き方

2　ア：学級内の組織　　　　　イ：役割を分担して協力　　ウ：生活様式

3　ア：学級や学校での生活　　イ：男女相互に理解　　　　ウ：将来の生き方

4　ア：学級内の組織　　　　　イ：役割を分担して協力　　ウ：将来の生き方

5　ア：学級や学校での生活　　イ：男女相互に理解　　　　ウ：生活様式

養護教諭

10 次の各条文及びガイドラインの ☐ に当てはまる語句を，それぞれ下の選択肢から1つ選び，番号で答えなさい。

(1) 学校においては，児童生徒等及び職員の心身の健康の保持増進を図るため，児童生徒等及び職員の健康診断， ☐ ，児童生徒等に対する指導その他保健に関する事項について計画を策定し，これを実施しなければならない。〔学校保健安全法第5条〕

1　安全点検　　2　環境衛生検査　　3　健康相談　　4　健康観察

5　保健指導

(2) 学校の設置者は，この法律の規定による健康診断を行おうとする場合その他政令で定める場合においては， ☐ と連絡するものとする。〔学校保健安全法第18条〕

1　学校保健技師　　2　学校医　　3　保健所　　4　医療機関　　5　保健主事

(3) 本県教育委員会においては，特別支援学校医療的ケア実施教員等研修（法定研修）を年2回実施しています。研修を完了して「認定特定行為業務従事者」となった教員が，口腔内の喀痰吸引，胃ろう又は腸ろうによる経管栄養，経鼻経管栄養の3行為について， ☐ と協力しながら対応することが可能となります。

〔宮崎県医療的ケアガイドライン　令和2年3月　宮崎県教育委員会〕

1　看護師　　2　医師　　3　養護教諭　　4　特別支援学校教員　　5　学校医

栄養教諭

11 次の各条文の ☐ に当てはまる語句を，それぞれ下の選択肢から1つ選び，番号で答えなさい。ただし，同じ番号には同じ語句が入るものとする。

(1) 子どもたちが豊かな ① をはぐくみ，生きる力を身に付けていくためには，何よりも「食」が重要である。今，改めて，食育を，生きる上での基本であって，知育，徳育及び体育の基礎となるべきものと位置付けるとともに，様々な経験を通じて「食」に関する知識と「食」を選択する力を習得し，健全な食生活を実践することができる人間を育てる食育を推進することが求められている。もとより，食育はあらゆる世代の国民に必要なものであるが，子どもたちに対する食育は，心身の成長及び人格の形成に大きな影響を及ぼし，生涯にわたって健全な心と身体を培い豊かな ① をはぐくんでいく基礎となるものである。〔食育基本法前文〕

1　情操　　2　人間性　　3　完成　　4　感情　　5　教養

(2) 文部科学大臣は，児童又は生徒に必要な栄養量その他の学校給食の ☐ 及び学校

宮崎県

535

給食を適切に実施するために必要な事項（次条第1項に規定する事項を除く。）について維持されることが望ましい基準（次項において「学校給食実施基準」という。）を定めるものとする。　　　　　　　　　　　　　〔学校給食法第8条第1項〕
　　1　材料　　2　提供方法　　3　内容　　4　指導　　5　調理
(3) 栄養教諭が前項前段の指導を行うに当たつては，当該義務教育諸学校が所在する地域の産物を学校給食に活用することその他の創意工夫を地域の実情に応じて行い，当該地域の□，食に係る産業又は自然環境の恵沢に対する児童又は生徒の理解の増進を図るよう努めるものとする。　　　　　　　　　　　　〔学校給食法第10条第2項〕
　　1　食文化　　2　食習慣　　3　食材　　4　郷土料理　　5　特産物

解答&解説

1 解答 (1)─2　(2)─2　(3)─4　(4)─1　(5)─1　(6)─5　(7)─5
(8)─3　(9)─4　(10)─2　(11)─3　(12)─4

解説 (1)日本国憲法第97条を参照。「基本的人権の本質」の規定。
(2)教育基本法第16条第1項を参照。「教育行政」の規定。
(3)地方公務員法第35条を参照。「職務に専念する義務」の規定。
(4)教育基本法第6条を参照。「学校校育」の規定。
(5)学校教育法第11条を参照。「児童・生徒等の懲戒」の規定。
(6)学校教育法施行規則第65条の2を参照。「医療的ケア看護職員」の規定。同法施行規則は，第65条の2から65条の7までが改訂・新設され，2021年8月23日に公布，同日施行された。
(7)学校教育法施行規則第65条の4を参照。「スクールソーシャルワーカー」の規定。
(8)学校保健安全法第29条第1項を参照。「危険等発生時対処要領の作成等」の規定。
(9)いじめ防止対策推進法第3条第2項を参照。「基本理念」の規定。
(10)教育職員等による児童生徒性暴力等の防止等に関する法律第10条を参照。「教育職員等の責務」の規定。同法は，「児童生徒性暴力等」などの定義のほか，児童生徒性暴力等の禁止，基本理念（学校の内外を問わず教育職員等による児童生徒性暴力等の根絶等），児童生徒性暴力等の防止・早期発見・対処に関する措置（データベースの整備等），特定免許状失効者等に対する免許状授与の特例等について規定されており，2021年6月4日公布，一部を除き2022年4月1日施行。
(11)子どもの貧困対策の推進に関する法律第2条第2項を参照。「基本理念」の規定。
(12)学校図書館法第5条第1項を参照。「司書教諭」の規定。

2 解答 (1)①─6　②─9　③─3　④─8　⑤─1　(2)─5　(3)─4　(4)─2
(5)─3　(6)─4

解説 (1)①大学寮は，律令制による公的教育機関で，中央・地方官僚養成のための中国の制を模して制度化された。中央（都）に置かれ，入学は五位以上の子弟と東西史部の子を原則とした。

②空海（774〜835）が開いた綜芸種智院は，大学寮や国学に入れない「貧賤の子弟」などの教育を意図し，三教一致の総合的学習（綜芸）により最高仏智（種智）への到達を目指した。

③上杉憲実（1410〜66）が再興した足利学校は，いわば高等僧侶養成機関で，修学者は全国から参集。儒典や詩文を主体に究極に易学があり，後には和書，兵，医，天文なども学ばれ，「坂東の大学」と称された。

④林羅山（1583〜1657）の家塾に端を発する昌平坂学問所は，寛政改革の一環として幕府直轄の旗本・御家人を教育する学校となり，主として朱子学を教えた。後には書生寮も設置され，直参の武士の子弟以外の教育も行われた。

⑤寺子屋は，庶民のための私的な教育機関で，往来物を教科書として使用し，読・書・算の手習いを教育内容とした。明治初年の調査では1万5000を超え，これが近代の小学校の基礎となった。

(2)見通しを得ることで事態を解決できるとしたのがケーラー（1887〜1967）の洞察説。迷路を走っていただけのように見えるが，実際はその周囲を含めた全体的な配置も知らず知らずのうちに学習できていたからこそ解決できるというのがトールマン（1886〜1959）の潜在学習説。

(3)4：児童期の発達課題（心理社会的危機）は，勤勉性対劣等感。

(4)2：ルクセンブルガーの図式は輻輳説を説明するために用いられるものである。

(5)能力は，容易に変化させることはできないので安定要因でもある。一方，努力は，日々どのようなことをするかによって変化するものでることから不安定要因といえる。

(6)4：「キャッテル」（1905〜88）ではなく「アイゼンク」（1916〜97）。外向性―内向性という特性と神経症傾向という特性の2つから性格を診断するのがモーズレイ性格検査（MPI）である。

宮崎県

3 **解答** (1)―5 　(2)―5 　(3)―3 　(4)―1 　(5)―2 　(6)―4 　(7)―3 　(8)―1 　(9)―2 　(10)―4

解説 (1)『生徒指導提要』（2010年3月）の「第1章　生徒指導の意義と原理」「第4節　集団指導・個別指導の方法原理」を参照。

5：「3　個別指導の方法原理」「(2)個別指導の目的」を参照。「教員が別室で一定の時間を充てて児童生徒と1対1で指導をすることと考えられがちですが，必ずしもそうであるとは限りません」と示されている。

1：「1　集団指導と個別指導の意義」「(2)集団指導を通した『個の育成』」を参照。

2：「2　集団指導の方法原理」の冒頭を参照。

3：「3　個別指導の方法原理」「(2)個別指導の目的」「『予防的な個別指導』」を参照。

4：「3　個別指導の方法原理」の冒頭を参照。

(2)『生徒指導提要』（2010年3月）の「第8章　学校と家庭・地域・関係機関との連携」「第2節　学校を中心とした家庭・地域・関係機関等との連携活動」を参照。

537

5：「2　家庭・地域・関係機関等の役割」「(3)関係機関の役割」「①刑事司法関係の機関」を参照。「児童福祉施設」ではなく「少年院」の説明文。

1：「1　家庭・地域・関係機関等との連携の意義」の冒頭を参照。

2：「1　家庭・地域・関係機関等との連携の意義」「(1)児童生徒の発達を促すための連携」に同様の表現あり。

3：「2　家庭・地域・関係機関等の役割」「(3)関係機関の役割」「①刑事司法関係の機関」を参照。

4：「2　家庭・地域・関係機関等の役割」「(3)関係機関の役割」「②福祉関係の機関」を参照。

(3)いじめ防止対策推進法第1条を参照。この法律の「目的」の規定。

(4)文部科学省「児童生徒の自殺予防に向けた困難な事態，強い心理的負担を受けた場合などにおける対処の仕方を身に付ける等のための教育の推進について（通知）」(2018年1月23日) を参照。

1：1を参照。「保健師，社会福祉士，民生委員等を活用することも有効である」と示されている。

2・3：2を参照。

4：3を参照。

5：4を参照。

(5)文部科学省「いじめの重大事態の調査に関するガイドライン」(2017年3月) の「第1　学校の設置者及び学校の基本的姿勢」「(基本的姿勢)」を参照。

(6)文部科学省「いじめの重大事態の調査に関するガイドライン」(2017年3月) の「第6　調査の実施」「(1)調査実施に当たっての留意事項【共通】」を参照。

4：「(記録の保存)」を参照。「1年間」ではなく「5年間」。

1・2・3：「(児童生徒等に対する調査)」を参照。

5：「(調査実施中の経過報告)」を参照。

(7)文部科学省「児童生徒の教育相談の充実について（通知)」(2017年2月3日) を参照。

3：「(3)教育相談コーディネーターの配置・指名」を参照。「教育相談コーディネーター役の教職員が必要であり，教育相談コーディネーターを中心とした教育相談体制を構築する必要がある」と示されている。なお，スクールロイヤーは法的観点から継続的に学校に助言を行う弁護士のことで，この通知に記載はない。

1：「(1)未然防止，早期発見及び支援・対応等への体制構築」を参照。

2：「(2)学校内の関係者がチームとして取り組み，関係機関と連携した体制づくり」を参照。

4：「(4)教育相談体制の点検・評価」を参照。

5：「(5)教育委員会における支援体制の在り方」を参照。

(8)文部科学省「不登校重大事態に係る調査の指針」(2016年3月) の「第2　不登校重大事態に該当するか否かの判断」を参照。

1：「1　判断主体」を参照。「重大事態に該当するか否かを判断するのは，学校

の設置者又は学校である」と示されている。

2：「1　判断主体」を参照。

3・5：「2　基準時」を参照。

4：「3　『認める』の意味」を参照。

⑼文部科学省「不登校重大事態に係る調査の指針」（2016年3月）の「第3　不登校重大事態発生時の措置」を参照。

2：「2　調査の実施」「(1)調査主体の決定」を参照。正しくは「学校が調査に当たることを原則とする」と示されている。

1：「1　発生の報告」「(3)報告時期等」を参照。

3：「2　調査の実施」「(3)調査の実施方法」を参照。

4：「2　調査の実施」「(3)調査の実施方法」「オ　平素からの報告及び記録の重要性についての意識涵養」を参照。

5：「2　調査の実施」「(3)調査の実施方法」「キ　資料の保管」を参照。

⑽義務教育の段階における普通教育に相当する教育の機会の確保等に関する法律第3条を参照。「基本理念」の規定。

4 **解答** (1)―5　　(2)―2　　(3)―3　　(4)―5　　(5)―1

解説 (1)・(2)文部科学省「障害のある子供の教育支援の手引　〜子供一人一人の教育的ニーズを踏まえた学びの充実に向けて〜」（2021年6月）の「第1編　障害のある子供の教育支援の基本的な考え方」「1　障害のある子供の教育に求められること」「(2)就学に関する新しい支援の方向性」を参照。

(3)「適応教室」とは，「適応指導教室」とも呼ばれ，不登校児童生徒の集団生活への適応，情緒の安定，基礎学力の補充，基本的生活習慣の改善等のための相談・適応指導を行うことにより，その学校復帰を支援し，もって不登校児童生徒の社会的自立に資することを基本とする。

(4)「教育的ニーズを整理するために」を参照。「対象となる子供の教育的ニーズを整理する際，最も大切にしなければならないことは，子供の自立と社会参加を見据え，その時点でその子供に最も必要な教育を提供することである」とし，三つの観点が示されている。

(5)1：文部科学省「特別支援教育の推進について（通知）」（2007年4月1日）の「3．特別支援教育を行うための体制の整備及び必要な取組」「(3)特別支援教育コーディネーターの指名」を参照。校長が指名し校務分掌に位置付けるが，主幹教諭の職務としては位置付けられていない。

2・3・5：資料「特別支援教育コーディネーター養成研修について　〜その役割，資質・技能，及び養成研修の内容例〜」「1．特別支援教育コーディネーターの役割」を参照。※同資料の「盲・聾・養護学校」は「特別支援学校」と読み替える。

4：文部科学省「発達障害を含む障害のある幼児児童生徒に対する教育支援体制整備ガイドライン　〜発達障害等の可能性の段階から，教育的ニーズに気付き，支え，つなぐために〜」（2017年3月）の「第3部　学校用」「特別支援教育コー

宮崎県

539

ディネーター用」「1．学校内の関係者や関係機関との連絡調整」「(1)学校内の関係者との連絡調整」及び「(4)外部の関係機関との連絡調整」を参照。

5 **解答** (1)—5　　(2)—3　　(3)—1　　(4)—1　　(5)—1　　(6)—4　　(7)—4
(8)—5　　(9)—2　　(10)—4

解説 (1)中央教育審議会答申「『令和の日本型学校教育』の構築を目指して　～全ての子供たちの可能性を引き出す，個別最適な学びと，協働的な学びの実現～」(2021年1月26日，同年4月22日更新）の「第1部　総論」「3．2020年代を通じて実現すべき『令和の日本型学校教育』の姿」「(1)子供の学び」を参照。
(2)宮崎県「宮崎県いじめ防止基本方針」(2014年2月10日，2017年7月13日最終改定）の「はじめに」を参照。同方針は，児童生徒の尊厳を保持する目的のため，県・国・市町村・学校・地域住民・家庭その他の関係者の連携の下，いじめの問題の克服に向けて取り組むよう，いじめの防止，いじめの早期発見及びいじめへの対処のための対策を総合的かつ効果的に推進するために策定するものである。
(3)宮崎県教育委員会「みやざき特別支援教育推進プラン（改定版）　～共生社会の形成に向けた特別支援教育の推進～」(2018年11月）の「第2章　障がい者施策及び特別支援教育に関する国内外の動向」「3　本県の動向」「(2)特別支援教育に関する施策について」を参照。同プランでは，子ども一人一人の学びのニーズに応じた質の高い教育の実現を目指し，3つのビジョンにより6つの施策の柱を立て，施策の柱ごとの内容と展開する主な取組を示している。
(4)学校教育における人権教育調査研究協力者会議「人権教育を取り巻く諸情勢について　～人権教育の指導方法等の在り方について〔第三次とりまとめ〕策定以降の補足資料～」(2021年3月，2022年3月改訂）の「Ⅰ．学校における人権教育の推進」「2．人権教育の総合的な推進」を参照。2022年3月の改訂版は，「ビジネスと人権」に関する行動計画の策定，子どもの人権にかかる動向（「こども家庭庁設置法案」など），ハンセン病問題にかかる動向，新型コロナウイルス感染症による偏見・差別への対応にかかる動向，学校における働き方改革などについて追記したもの。
(5)宮崎県・宮崎県教育委員会「宮崎県教育振興基本計画（令和元年策定）　未来を切り拓く　心豊かでたくましい　宮崎の人づくり」の「第3章　計画の基本理念」「第3節　基本目標」を参照。同計画では，長く本県が受け継いできた「宮崎県教育基本方針」の具現化を図るため，スローガン「未来を切り拓く心豊かでたくましい宮崎の人づくり」の下，4つの基本目標を掲げ，15の施策と3つの重点取組を示している。
(6)宮崎県・宮崎県教育委員会「宮崎県教育振興基本計画（令和元年策定）　未来を切り拓く　心豊かでたくましい　宮崎の人づくり」の「第4章　施策の展開」「第1節　施策と取組」「施策8　郷土を愛し地域社会に参画する態度を育む教育の推進」「現状と課題及び今後の方向性」を参照。
(7)宮崎県教育委員会「宮崎県教育基本方針」の囲みを参照。同方針は，宮崎県の教育の推進を図るため，教育関係者に県教育委員会の基本方針を示し，広く県民

宮崎県

の理解と協力を得ることを目的として，1977（昭和52）年に制定されたものである。制定当初から掲げる「たくましいからだ　豊かな心　すぐれた知性」をそなえ，「心身ともに調和のとれた人間の育成」を目指すという，同方針の根幹部分は改正後も変えることなく，不易の方針として，長く受け継がれている。

(8)宮崎県教育委員会「宮崎県人権教育基本方針」（2005年4月1日）を参照。同方針では，設問の「学校教育」以外に，「社会教育」「家庭教育」がそれぞれ目指すもの，「指導者の養成や研修の充実」について計4項目が示されている。

(9)中央教育審議会答申「新しい時代の教育に向けた持続可能な学校指導・運営体制の構築のための学校における働き方改革に関する総合的な方策について」（2019年1月25日）の「第1章　学校における働き方改革の目的」「3．学校における働き方改革と子供，家庭，地域社会」を参照。

⑩中央教育審議会答申「道徳に係る教育課程の改善等について」（2014年10月21日）の「1　道徳教育の改善の方向性」「(1)道徳教育の使命」を参照。学習指導要領の総則にも「人間尊重の精神と生命に対する畏敬の念」は記されている。

小学校

6 [解答] (1)— 2　　(2)— 3　　(3)— 1

[解説] (1)平成29年版小学校学習指導要領（2017年3月31日告示）の「第1章　総則」「第3　教育課程の実施と学習評価」「2　学習評価の充実」の(1)を参照。

(2)平成29年版小学校学習指導要領（2017年3月31日告示）の「第5章　総合的な学習の時間」「第1　目標」の(3)を参照。

(3)平成29年版小学校学習指導要領（2017年3月31日告示）の「第6章　特別活動」「第2　各活動・学校行事の目標及び内容」「〔学級活動〕」「1　目標」を参照。

中学校

7 [解答] (1)— 2　　(2)— 3　　(3)— 1

[解説] (1)平成29年版中学校学習指導要領（2017年3月31日告示）の「第1章　総則」「第3　教育課程の実施と学習評価」「2　学習評価の充実」の(1)を参照。

(2)平成29年版中学校学習指導要領（2017年3月31日告示）の「第4章　総合的な学習の時間」「第1　目標」の(3)を参照。

(3)平成29年版中学校学習指導要領（2017年3月31日告示）の「第5章　特別活動」「第2　各活動・学校行事の目標及び内容」「〔学級活動〕」「1　目標」を参照。

高等学校

8 [解答] (1)— 2　　(2)— 3　　(3)— 1

[解説] (1)平成30年版高等学校学習指導要領（2018年3月30日告示）の「第1章　総則」

宮崎県

「第3款　教育課程の実施と学習評価」「2　学習評価の充実」の(1)を参照。

(2)平成30年版高等学校学習指導要領（2018年3月30日告示）の「第4章　総合的な探究の時間」「第1　目標」の(3)を参照。

(3)平成30年版高等学校学習指導要領（2018年3月30日告示）の「第5章　特別活動」「第2　各活動・学校行事の目標及び内容」「〔学校行事〕」「2　内容」を参照。

特別支援学校

9 **解答** (1)— 2　　(2)— 3　　(3)— 1

解説 (1)平成29年版特別支援学校小学部・中学部学習指導要領」（2017年4月28日告示）の「第1章　総則」「第4節　教育課程の実施と学習評価」「3　学習評価の充実」の(1)を参照。

(2)平成29年版小学校学習指導要領（2017年3月31日告示）の「第5章　総合的な学習の時間」「第1　目標」の(3)を参照。

(3)平成29年版小学校学習指導要領（2017年3月31日告示）の「第6章　特別活動」「第2　各活動・学校行事の目標及び内容」「〔学級活動〕」「1　目標」を参照。

養護教諭

10 **解答** (1)— 2　　(2)— 3　　(3)— 1

解説 (1)学校保健安全法第5条を参照。「学校保健計画の策定等」の規定。

(2)学校保健安全法第18条を参照。「保健所との連絡」の規定。

(3)宮崎県教育委員会「宮崎県医療的ケアガイドライン」（2020年3月）の「Ⅰ　医療的ケアとは」を参照。同ガイドラインでは，教育委員会，学校，保護者，看護師等の役割分担のほか，吸引，経管栄養（経鼻胃管），経管栄養（胃ろう），導尿，ネブライザー等による吸入，酸素療法，気管カニューレ，人工呼吸器ケアについて，具体的な手順や留意事項等が示されている。

栄養教諭

11 **解答** (1)— 2　　(2)— 3　　(3)— 1

解説 (1)食育基本法の前文を参照。

(2)学校給食法第8条第1項を参照。「学校給食実施基準」の規定。

(3)学校給食法第10条第2項を参照。「学校給食を活用した食に関する指導」の規定。

鹿児島県

実施日	2022(令和4)年7月10日	試験時間	50分（一般教養を含む）
出題形式	選択＋記述式	問題数	11題（解答数28）
パターン	法規・時事＋ローカル・原理・心理・教育史	公開状況	問題：公開　解答：公開　配点：公開

傾向＆対策
●出題分野にかかわらず，「特別支援教育」「人権教育」が必出の教育トピック。●最も解答数の多い教育法規は，教育基本法，学校教育法，いじめ防止対策推進法の空欄補充問題と出典法規を問う問題。2022年4月施行の教育職員等による児童生徒性暴力等の防止等に関する法律も問われた。●教育時事は，特別支援教育の「通級による指導」に関する調査結果や「早期支援」に関する文部科学省通知（2013年10月）のほか，「学習指導要領の改訂」に関する中央教育審議会答申（2016年12月），「教育進化のための改革ビジョン」（2022年2月）など。●必出のローカル問題は，4年連続の出題となる「鹿児島県教育振興基本計画」（2019年2月）と，「鹿児島県人権教育・啓発基本計画」（2020年3月）より。

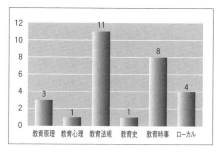

出題領域

教育原理	教育課程・学習指導要領	1	総則		特別の教科　道徳	
	外国語活動		総合的な学習(探究)の時間		特別活動	
	学習指導		生徒指導		学校・学級経営	
	特別支援教育	2	人権・同和教育	↓ローカル	その他	
教育心理※	発達	1	学習	1	性格と適応	
	カウンセリングと心理療法	1	教育評価		学級集団	
教育法規	教育の基本理念	2	学校教育		学校の管理と運営	1
	児童生徒	4	教職員	4	その他	
教育史	日本教育史	1	西洋教育史			
教育時事	答申・統計	8	ローカル	4		

※表中の数字は，解答数
※選択肢の出題領域が複数にわたる場合は，それぞれの項目に加算するためグラフの数とは異なる

全校種共通

☞解答＆解説 p.548

1 特別支援教育について，後の問に答えよ。

問1　特別支援教育について述べた次の文の下線部について，それぞれ正しい場合は〇で，誤っている場合は×で答えよ。

(1) 『特別支援学校教育要領・学習指導要領解説総則編』（幼稚部・小学部・中学部平成30年3月告示）によると，障害が重度であるか又は重複しており，医療上の規制や生活上の規制を受けている児童生徒に教師を派遣して教育を行う場合（<u>訪問教育</u>）には，弾力的な教育課程を編成することが必要である。

(2) 「令和元年度　通級による指導実施状況調査（文部科学省）」によると，国公私立の小・中・高等学校において，通級による指導を受けている児童生徒の中で，前年度よりも最も増加人数が多い障害種別は，<u>自閉症</u>である。

(3) 「障害のある児童生徒等に対する早期からの一貫した支援について（通知）」（平成25年10月4日　文部科学省初等中等教育局長）によると，小学校，中学校又は中等教育学校の前期課程に特別支援学級を置く場合の障害の種類は，<u>知的障害者，肢体不自由者，病弱者及び身体虚弱者，弱視者，難聴者，言語障害者，自閉症・情緒障害者，学習障害者，注意欠陥多動性障害者</u>である。

(4) 「公立義務教育諸学校の学級編制及び教職員定数の標準に関する法律」（昭和33年法律第116号）によると，公立の小・中・義務教育学校及び中等教育学校前期課程の特別支援学級の1学級の児童生徒の数の標準は<u>8人</u>である。

問2　各学校において特別支援教育を実施するため，主に校内委員会・校内研修の企画・運営，関係諸機関・学校との連絡・調整，保護者からの相談窓口などの役割を担う教員の名称として正しいものを，次のア～エから一つ選び，記号で答えよ。

ア　特別支援教育コーディネーター　　　イ　特別支援教育巡回相談員

ウ　特別支援教育支援員　　　　　　　　エ　特別支援学校就労支援コーディネーター

2 次のA～Dは，それぞれ，ある人物について説明している。説明文と人物の組合せとして正しいものを，次のア～カから一つ選び，記号で答えよ。

A　カウンセリングにおける指示的療法に対抗してクライエントの自己治癒力を信頼し，クライエント中心の非指示療法を提唱した。

B　道徳判断の発達段階説を提唱し，道徳的判断を3つのレベルと6つの発達段階に分類した。

C　動物は試行錯誤の過程を通して，最終的には正しい行動形式を学習するという「試行錯誤法理論」を唱えた。

D　条件づけに基づく社会的学習理論を，認知過程を重視することにより発展させ，模倣，同一視等を代理的観察学習とみなし，モデリングと命名した。

	ア	イ	ウ	エ	オ	カ
A	ロジャーズ	ウィリアムソン	ロジャーズ	ウィリアムソン	ロジャーズ	ウィリアムソン
B	ピアジェ	コールバーグ	コールバーグ	ピアジェ	コールバーグ	ピアジェ

C	パブロフ	ソーンダイク	ソーンダイク	ソーンダイク	パブロフ	パブロフ
D	バンデューラ	ケーラー	バンデューラ	ケーラー	ケーラー	バンデューラ

3 次の文章は，現行の学習指導要領等の基本的な方向性を示した「幼稚園，小学校，中学校，高等学校及び特別支援学校の学習指導要領等の改善及び必要な方策等について（答申）」（平成28年12月21日 中央教育審議会）の一部抜粋である。①～③に入る語句として正しいものを，次のア～クからそれぞれ一つずつ選び，記号で答えよ。

○ 学校での学びは，個々の教員の指導改善の工夫や教材研究の努力に支えられている。こうした工夫や努力は，子供たちが「（ ① ）」を追究することに向けられたものである。

○ 学びの成果として，生きて働く「知識・技能」，未知の状況にも対応できる「思考力・判断力・表現力等」，学びを人生や社会に生かそうとする「（ ② ）」を身に付けていくためには，学びの過程において子供たちが，主体的に学ぶことの意味と自分の人生や社会の在り方を結び付けたり，多様な人との対話を通じて考えを広げたりしていることが重要である。また，単に知識を記憶する学びにとどまらず，身に付けた資質・能力が様々な課題の対応に生かせることを実感できるような，学びの深まりも重要になる。

○ こうした学びの質に着目して，授業改善の取組を活性化しようというのが，今回の改訂が目指すところである。平成26年11月の諮問において提示された「アクティブ・ラーニング」については，子供たちの「（ ③ ）」を実現するために共有すべき授業改善の視点として，その位置付けを明確にすることとした。

　　ア　知識伝達型の授業　　イ　society5.0の実現　　ウ　どのように学ぶか
　　エ　カリキュラム・マネジメント　　オ　学びに向かう力・人間性等
　　カ　インクルーシブ教育　　キ　主体的・対話的で深い学び　　ク　豊かな人生

4 次のA～Cは，それぞれ，ある教育機関について説明している。A～Cを，設置された時代が古い順に並べかえ，解答欄に合わせて，記号で答えよ。

A　有力氏族が中央の官僚養成機関である大学寮に通う一族の子弟を寄宿させ，試験や講義を受けるのに便利なように設けた大学寮の付属施設

B　幕臣の子弟に向けた蘭学や英学等の洋学教育並びに翻訳事業などを扱っていた，幕府直轄の洋学研究教育機関

C　岡山藩主池田光政が，閑谷村に創立し，武士だけでなく庶民の子弟の入学を認めた岡山藩の郷学

5 次のA～Cは，それぞれ，ある教育課程の類型について説明している。説明文と類型の組合せとして正しいものを，次のア～カから一つ選び，記号で答えよ。

A　知識の学問性や科学性を保ちながらも情意・情緒・感情の発達や内発的意欲の動機付けを重視するカリキュラム

B　児童・生徒の側から学習内容をみて，必要な経験を体系化して構成されるカリキュラム

C　授業を通じての教育内容の習得により，児童・生徒が次の発達段階に誘い込まれる

ような科学的概念と学問的知識によって構成されるカリキュラム

	ア	イ	ウ	エ	オ	カ
A	経験カリキュラム	経験カリキュラム	学問中心カリキュラム	学問中心カリキュラム	人間中心カリキュラム	人間中心カリキュラム
B	学問中心カリキュラム	人間中心カリキュラム	経験カリキュラム	人間中心カリキュラム	経験カリキュラム	学問中心カリキュラム
C	人間中心カリキュラム	学問中心カリキュラム	人間中心カリキュラム	経験カリキュラム	学問中心カリキュラム	経験カリキュラム

6 次のA～Cは，それぞれ，ある法律等の条文の一部抜粋である。後の問に答えよ。

A	第2条　この法律において「いじめ」とは，児童等に対して，当該児童等が在籍する学校に在籍している等当該児童等と一定の人的関係にある他の児童等が行う心理的又は物理的な影響を与える行為（インターネットを通じて行われるものを含む。）であって，当該行為の対象となった児童等が（　①　）の苦痛を感じているものをいう。
B	第11条　校長及び教員は，教育上必要があると認めるときは，文部科学大臣の定めるところにより，児童，生徒及び学生に懲戒を加えることができる。ただし，（　②　）を加えることはできない。
C	第4条　すべて国民は，ひとしく，その能力に応じた（　③　）を受ける機会を与えられなければならず，人種，信条，性別，社会的身分，経済的地位又は門地によって，（　③　）上差別されない。

問1　A～Cが規定されている法律等の名称として正しいものを，次のア～クからそれぞれ一つずつ選び，記号で答えよ。

ア　日本国憲法　　　イ　教育基本法　　　　　ウ　地方公務員法

エ　学校教育法　　　オ　いじめ防止対策推進法　　カ　児童福祉法

キ　社会教育法　　　ク　教育公務員特例法

問2　①～③に入る語句として正しいものを，次のア～クからそれぞれ一つずつ選び，記号で答えよ。

ア　教育　　　イ　精神　　　ウ　支援　　　エ　身体　　　オ　体罰　　　カ　談論

キ　心身　　　ク　社会生活

7 次の文章は，「鹿児島県人権教育・啓発基本計画」（2次改定　令和2年3月）の一部抜粋である。A，Bに入る語句として正しいものを，次のア～クからそれぞれ一つずつ選び，記号で答えよ。

② 子どもの人権を保障する教育・啓発の推進

・　すべての子どもが差別や権利の侵害を受けることなく，一人の人間として尊重されるよう，あらゆる機会や媒体を活用した啓発活動を推進します。

・　子どもの（　A　）の人権を尊重する態度や行動力を育成するため，教職員に人権教育の理念を浸透させる研修等の取組を行います。

・　子どもが虐待やいじめ，体罰等の暴力や性的被害を受けた時，又は受ける恐れがある時に，それらの責任は自分にないことを理解し，身近な人に相談するなどの自分の心と体を守るための行動を取ることができるよう，家庭や教育現場等における幼少期からの（　B　）に応じた教育を促進します。

ア　教育課程　　　イ　地域の実情　　　ウ　自他　　　エ　相手　　　オ　自分自身

カ　興味関心　　　キ　他者　　　　　ク　発達段階

8 令和4年2月25日に文部科学省から，初等中等教育段階の教育政策の改革方針を示すものとして「教育進化のための改革ビジョン」が公表され，以下の施策の方向性がまとめられている。下線部①～③を実現するための施策として示されているものを，次のア～カからそれぞれ一つずつ選び，記号で答えよ。

- ①個別最適な学びと協働的な学びの日常化
- 特別な指導や支援が必要な子供への学びの場の提供
- ②全ての生徒の能力を伸長する高校教育の提供
- 質の高い教職員集団の形成
- ③地域や企業の力を巻き込んだ学校運営や「リアルな体験」機会の充実
- 教員研修の高度化，働き方改革の実効性を高める観点からの環境整備

　ア　教職課程の見直し，教員養成大学・教職大学院の機能強化・高度化

　イ　授業時数の弾力化や，学年を超えた学びの検証・開発

　ウ　地域や企業と学校が連携した形での学習支援や，起業家との触れ合い，豊かな体験機会の提供

　エ　デジタル技術の活用を含めた教員研修の更なる高度化や教師のICT活用技術の向上

　オ　特別なニーズのある子供やへき地の子供を対象としたオンライン等を活用した教育・支援の充実

　カ　普通科改革等による地域・大学・企業等と連携した探究・STEAM教育

9 次の1，2は，「鹿児島県教育振興基本計画」（平成31年2月　鹿児島県教育委員会）の一部抜粋である。後の問に答えよ。

1【「本県の子どもたちを取り巻く現状と課題」から】

　これまで，本県に数多く残っている地域の郷土芸能や伝統行事など，文化資産の保存・継承，新たな文化財指定による文化財の保護に努めてきました。このことによって，子どもたちをはじめ，県民が郷土の歴史や身近な文化財に触れ，学び，親しむことなどによって（　①　）の醸成が図られてきています。今後も，文化資産や文化財等の学校活動や地域活動への更なる活用を推進する必要があります。

2【「基本目標」から】

　互いに支え合い協力し合う（　②　）の精神に基づき，個人の主体的な意思により，自分の能力や時間を他人や地域社会のために役立てようとする意識を高めることが重要です。そして，自らが国づくり，社会づくりの主体であるという自覚と行動力，社会正義を行うために必要な勇気，公共の精神，社会規範を尊重する意識や態度などを育成していく必要があります。

問1　①に入る語句として正しいものを，次のア～エから一つ選び，記号で答えよ。

　　ア　物を大切にする心　　イ　学習意欲　　ウ　豊かな感性

　　エ　郷土を愛する心

問2　②に入る語として正しいものを，次のア～エから一つ選び，記号で答えよ。

　　ア　自助　　イ　互助　　ウ　扶助　　エ　公助

10 次の文章は，令和元年に改正された「教育職員免許法」（昭和24年法律第百147号）の

鹿児島県

547

一部抜粋である。①〜③に入る語の組合せとして正しいものを，次のア〜カから一つ選び，記号で答えよ。

第4条　免許状は，（　①　）免許状，（　②　）免許状及び（　③　）免許状とする。

　2　（　①　）免許状は，学校（義務教育学校，中等教育学校及び幼保連携型認定こども園を除く。）の種類ごとの教諭の免許状，養護教諭の免許状及び栄養教諭の免許状とし，それぞれ専修免許状，一種免許状及び二種免許状（高等学校教諭の免許状にあつては，専修免許状及び一種免許状）に区分する。

　3　（　②　）免許状は，学校（幼稚園，義務教育学校，中等教育学校及び幼保連携型認定こども園を除く。）の種類ごとの教諭の免許状とする。

　4　（　③　）免許状は，学校（義務教育学校，中等教育学校及び幼保連携型認定こども園を除く。）の種類ごとの助教諭の免許状及び養護助教諭の免許状とする。

	ア	イ	ウ	エ	オ	カ
①	臨時	普通	特別	臨時	普通	特別
②	普通	臨時	臨時	特別	特別	普通
③	特別	特別	普通	普通	臨時	臨時

11　次の文は，「教育職員等による児童生徒性暴力等の防止等に関する法律」（令和3年法律第57号）の一部抜粋である。①〜③に入る語句として正しいものを，次のア〜カからそれぞれ一つずつ選び，記号で答えよ。

第1条　この法律は，教育職員等による児童生徒性暴力等が児童生徒等の権利を著しく侵害し，児童生徒等に対し生涯にわたって回復し難い（　①　）その他の心身に対する重大な影響を与えるものであることに鑑み，児童生徒等の（　②　）を保持するため，児童生徒性暴力等の禁止について定めるとともに，教育職員等による児童生徒性暴力等の防止等に関し，基本理念を定め，国等の責務を明らかにし，基本指針の策定，教育職員等による児童生徒性暴力等の防止に関する措置並びに教育職員等による児童生徒性暴力等の（　③　）及び児童生徒性暴力等への対処に関する措置等について定め，あわせて，特定免許状執行者等に対する教育職員免許法（昭和24年法律第147号）の特例等について定めることにより，教育職員等による児童生徒性暴力等の防止等に関する施策を推進し，もって児童生徒等の権利利益の擁護に資することを目的とする。

　ア　再発　　イ　信頼　　ウ　心理的外傷　　エ　性的羞恥心　　オ　早期発見
　カ　尊厳

鹿児島県

解答＆解説

1　**解答**　問1　(1)○　(2)×　(3)×　(4)○　　問2　ア

　　解説　問1　(1)平成29年版特別支援学校小学部・中学部学習指導要領（2017年4月28日告示）の「第1章　総則」「第8節　重複障害者等に関する教育課程の取扱い」の5を参照。

(2)文部科学省「令和元年度　通級による指導実施状況調査について」の「4　調査結果の主な概要」を参照。前年度より11,090名増加しており，障害種別では言語障害937名，自閉症1,460名，情緒障害3,083名，学習障害2,096名，注意欠陥多動性障害（ADHD）3,409名の増となっている。

(3)文部科学省「障害のある児童生徒等に対する早期からの一貫した支援について（通知）」（2013年10月4日）の「第1　障害のある児童生徒等の就学先の決定」「3　小学校，中学校又は中等教育学校の前期課程への就学」「(1)特別支援学級」「1　障害の種類及び程度」を参照。学習障害者，注意欠陥多動性障害者は含まれない。学校教育法第81条第2項「特別支援学級」の規定も参照。

(4)公立義務教育諸学校の学級編制及び教職員定数の標準に関する法律第3条第2項を参照。「学級編制の標準」の規定。

問2　文部科学省「特別支援教育の推進について（通知）」（2007年4月1日）の「3．特別支援教育を行うための体制の整備及び必要な取組」「(3)特別支援教育コーディネーターの指名」を参照。

2 解答 ウ

解説 A：ロジャーズ（1902～87）によって提唱されたカウンセリング技法は，非指示的カウンセリング（来談者中心カウンセリング）といわれる。カウンセラーは純粋性（自己一致性）を保ち，相手に対して無条件の肯定的関心を注ぎ，共感的理解をもって臨むべきであるとされる。

B：コールバーグ（1927～87）は，道徳性を正義と公平さであると規定し，その考えを3水準6段階からなる発達段階の理論に集約した。

C：ソーンダイク（1874～1949）は，「問題箱」と呼ばれる複雑な仕掛けがある装置の中にネコを閉じ込め，脱出するまでの行動を観察した結果，経験とともに脱出時間が短くなったことから試行錯誤説を唱えた。

D：バンデューラ（1925～2021）は，子どもは直接的経験をもたなくても，他者の行動を観察することによって，攻撃性や性役割などさまざまな行動規範を獲得することができるとする「モデリング（学習）」を提唱した。

3 解答 ①―ウ　②―オ　③―キ

解説 中央教育審議会答申「幼稚園，小学校，中学校，高等学校及び特別支援学校の学習指導要領等の改善及び必要な方策等について」（2016年12月21日）の「第1部　学習指導要領等改訂の基本的な方向性」「第7章　どのように学ぶか　―各教科等の指導計画の作成と実施，学習・指導の改善・充実―」「1．学びの質の向上に向けた取組」「(学びの質の重要性と『アクティブ・ラーニング』の視点の意義)」を参照。

4 解答 A→C→B

解説 A：別曹（大学別曹）＝9世紀末から10世紀。

B：洋学所＝1855～56年。

C：閑谷学校＝1670年。

5 解答 オ

解説 A：人間中心カリキュラムは，1960年代の学問中心カリキュラムへの批判から主

鹿児島県

549

張された人間中心主義に立つカリキュラムの考え方。

B：経験中心カリキュラムは，児童生徒の興味・関心・欲求などから学習内容をみるもので，20世紀初期の児童中心主義の教育運動において試みられた。

C：学問中心カリキュラムは，「学問の構造」を教育内容の中心に据え，最先端の諸科学の成果を学校の教科へ反映させて，それら諸科学への理解を進めようとしたもの。一方で，学習内容の高度化をもたらし，授業についていけない子どもを多数生み出したとの批判が高まり，その後「教育の人間化」運動が盛んになった。

6 解答 問1　A―オ　B―エ　C―イ　　問2　①―キ　②―オ　③―ア

解説 問1　A：いじめ防止対策推進法第2条第1項を参照。いじめの「定義」の規定。
B：学校教育法第11条を参照。「児童・生徒等の懲戒」の規定。
C：教育基本法第4条第1項を参照。「教育の機会均等」の規定。

7 解答 A―ウ　B―ク

解説 鹿児島県「鹿児島県人権教育・啓発基本計画（2次改定）」（2020年3月）の「第5章　人権課題別の人権教育・啓発の推進方策」「2　子ども」「(3)施策の基本方向」「②子どもの人権を保障する教育・啓発の推進」を参照。同計画は，「令和」の時代が人権尊重の精神で満たされるよう，人権教育・啓発を推進するため，これまでの取組の成果と課題を検証し，2018年度に実施した「人権についての県民意識調査」の結果を踏まえて改定されたものである。

8 解答 ①―イ　②―カ　③―ウ

解説 「教育進化のための改革ビジョン」（2022年2月25日）の「〇今後の施策の方向性」を参照。同ビジョンは，中央教育審議会答申「『令和の日本型学校教育』の構築を目指して　～全ての子供たちの可能性を引き出す，個別最適な学びと，協働的な学びの実現～」（2021年1月26日，同年4月22日更新）の具体的な進め方など，教育進化のための改革方針として位置付けられている。具体的な内容としては「2つの基本理念」「と「4つの柱」が示されている。

〈2つの基本理念〉
・誰一人取り残さず個々の可能性を最大限に引き出す教育
・教職員が安心して本務に集中できる環境

〈4つの柱〉
①「リアル」×「デジタル」の最適な組合せによる価値創造的な学びの推進
②これまでの学校では十分な教育や支援が行き届かない子供への教育機会の保障
③地域の絆を深め共生社会を実現するための学校・家庭・地域の連携強化
④教職員が安心して本務に集中できる環境整備

9 解答 問1　エ　　問2　イ

解説 鹿児島県教育委員会「鹿児島県教育振興基本計画　夢や希望を実現し未来を担う鹿児島の人づくり　～あしたをひらく心豊かでたくましい人づくり～」（2019年2月）を参照。同計画では，基本目標に「夢や希望を実現し未来を担う鹿児島の人づくり　～あしたをひらく心豊かでたくましい人づくり」を掲げ，「知・徳・

体の調和がとれ，主体的に考え行動する力を備え，生涯にわたって意欲的に自己実現を目指す人間」「伝統と文化を尊重し，それらをはぐくんできた我が国と郷土を愛する態度を養い，これからの社会づくりに貢献できる人間」の育成を目指すことを示すとともに，その実現に向け今後5年間に取り組む施策として，5つの方向性に基づき36の施策を体系化した

問1　「第2章　本県教育を取り巻く環境」「3　本県の子どもたちを取り巻く現状と課題」「⑿子どもたちの文化活動」を参照。

問2　「第3章　基本目標」「2　伝統と文化を尊重し，それらを育んできた我が国と郷土を愛する態度を養い，これからの社会づくりに貢献できる人間」を参照。

10 解答 オ

解説 教育職員免許法第4条第1項〜第4項を参照。免許状の「種類」の規定。

11 解答 ①—ウ　②—カ　③—オ

解説 教育職員等による児童生徒性暴力等の防止等に関する法律第1条を参照。この法律の「目的」の規定。同法は，対象となる児童生徒等や児童生徒性暴力等の定義等のほか，児童生徒性暴力等の禁止，学校の設置者，学校及び教育職員等の責務，児童生徒性暴力等を理由として教員免許状が失効した者のデータベースの整備，教育職員等による児童生徒性暴力等の防止・早期発見・対処に関する措置等が規定されている。2021年6月4日公布，2022年4月1日施行。

鹿児島県

沖縄県

実施日	2022(令和4)年7月10日	試験時間	50分（一般教養を含む）
出題形式	マークシート式	問題数	午前：11題（解答数30） 午後：12題（解答数30）
パターン	午前：法規・ローカル・原理＋教育史・時事・心理 午後：法規・原理・ローカル＋教育史・時事・心理	公開状況	問題：公開　解答：公開　配点：公開

傾向＆対策
●新型コロナウイルス感染症の拡大防止対策で午前・午後に分かれて実施。別問題ではあるが，ローカル問題を含む全分野から出題され，出題構成はほぼ同じ。●教育原理は，学習指導要領「総則」と『生徒指導提要』が必出。学習指導要領は，小・中・高すべての校種から出題され，解説書からも問われる。●教育時事は，「令和の日本型学校教育」に関する中央教育審議会答申（2021年1月）＝午前，「医療的ケア実施支援資料」（2021年6月）＝午後。●必出のローカル問題は，「沖縄21世紀ビジョン基本計画」（2017年5月），「学校教育における指導の努力点」，「沖縄県いじめ防止基本方針」（2018年6月）＝以上午前。「『問いが生まれる授業サポートガイド』」（2022年3月），「沖縄県教育振興基本計画」（2017年）＝以上午後。

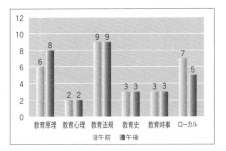

出題領域

教育原理	教育課程・学習指導要領		総則	4	6	特別の教科　道徳	
	外国語・外国語活動		総合的な学習(探究)の時間			特別活動	
	学習指導		生徒指導	2	2	学校・学級経営	
	特別支援教育	↓法規 ↓法規時事	人権・同和教育			その他	
教育心理	発達	1	学習	1		性格と適応	
	カウンセリングと心理療法		教育評価	1		学級集団	1
教育法規	教育の基本理念		学校教育		2	学校の管理と運営	1
	児童生徒	5　2	教職員	2	2	特別支援教育	2　3
教育史	日本教育史	1　2	西洋教育史	2	1		
教育時事	答申・統計	3　3	ローカル	7	5		

※表中の数字は，解答数　午前｜午後

全校種共通（午前）

☞解答＆解説 p.565

1 次の文章は，学校教育法の一部である。文中の ┃ 1 ┃～┃ 3 ┃にあてはまる語を，次の①から⑤までの中から一つずつ選び，記号で答えよ。

第35条 ┃ 1 ┃は，次に掲げる行為の一又は二以上を繰り返し行う等┃ 2 ┃不良であつて他の児童の教育に妨げがあると認める児童があるときは，その保護者に対して，児童の出席停止を命ずることができる。

一 他の児童に傷害，心身の苦痛又は財産上の損失を与える行為
二 職員に傷害又は心身の苦痛を与える行為
三 施設又は設備を損壊する行為
四 ┃ 3 ┃その他の教育活動の実施を妨げる行為

┃ 1 ┃ ①文部科学大臣 ②文部科学省 ③市町村の教育委員会 ④校長
⑤市町村長
┃ 2 ┃ ①性行 ②素行 ③行動 ④生活態度 ⑤規範遵守
┃ 3 ┃ ①学級経営 ②授業 ③学習指導 ④生徒指導 ⑤学校運営

2 次の文章は，教育公務員特例法，地方教育行政の組織及び運営に関する法律の一部である。文中の ┃ 1 ┃～┃ 2 ┃にあてはまる語を，次の①から⑤までの中から一つずつ選び，記号で答えよ。

教育公務員特例法
第1条 この法律は，教育を通じて国民全体に奉仕する教育公務員の職務とその責任の┃ 1 ┃に基づき，教育公務員の任免，人事評価，給与，分限，懲戒，服務及び研修等について規定する。

地方教育行政の組織及び運営に関する法律
第43条 市町村委員会は，県費負担教職員の┃ 2 ┃を監督する。

┃ 1 ┃ ①特殊性 ②専門性 ③重要性 ④可能性 ⑤永続性
┃ 2 ┃ ①勤務 ②職務 ③職責の遂行 ④業務 ⑤服務

3 次の文章は，小学校学習指導要領（平成29年告示）解説 総則編（平成29年7月）の「まえがき」の一部である。文中の ┃ 1 ┃～┃ 4 ┃にあてはまる語を，次の①から⑤までの中から一つずつ選び，記号で答えよ。

文部科学省では，平成29年3月31日に┃ 1 ┃の一部改正と小学校学習指導要領の改訂を行った。新小学校学習指導要領等は平成32年度から全面的に実施することとし，平成30年度から一部を移行措置として先行して実施することとしている。

今回の改訂は，平成28年12月の中央教育審議会答申を踏まえ，

① 教育基本法，学校教育法などを踏まえ，これまでの我が国の学校教育の実績や蓄積を生かし，子供たちが未来社会を切り拓くための資質・能力を一層確実に育成することを目指すこと。その際，子供たちに求められる資質・能力とは何かを┃ 2 ┃と共有し，連携する「┃ 2 ┃に開かれた教育課程」を重視すること。

② 知識及び技能の習得と思考力，判断力，表現力等の育成のバランスを重視する平成20年改訂の学習指導要領の枠組みや教育内容を維持した上で，知識の理解の質を更に

沖縄県

553

高め，　3　を育成すること。

③　先行する特別教科化など　4　教育の充実や体験活動の重視，体育・健康に関する指導の充実により，豊かな心や健やかな体を育成すること。

を基本的なねらいとして行った。

本書は，大綱的な基準である学習指導要領の記述の意味や解釈などの詳細について説明するために，文部科学省が作成するものであり，　1　の関係規定及び小学校学習指導要領第1章「総則」について，その改善の趣旨や内容を解説している。

1　①教育基本法　　②学校教育法　　③学校教育法施行令
　　④学校教育法施行規則　　⑤小学校設置基準
2　①国民　　②社会　　③地域　　④コミュニティ　　⑤世界
3　①生きる力　　②主体的に学習に取り組む態度
　　③基礎的・基本的な知識・理解　　④学びに向かう力と人間性
　　⑤確かな学力
4　①道徳　　②人権　　③キャリア　　④特別支援　　⑤情報

4　次の文章は，障害者基本法，および，障害者の権利に関する条約の一部である。文中の　1　～　2　にあてはまる語を，それぞれ次の①から⑤までの中から一つずつ選び，記号で答えよ。

障害者基本法

第4条2項　社会的障壁の除去は，それを必要としている障害者が現に存し，かつ，その実施に伴う負担が過重でないときは，それを怠ることによつて前項の規定に違反することとならないよう，その実施について必要かつ　1　配慮がされなければならない。

障害者の権利に関する条約

第7条1項　締約国は，障害のある児童が他の児童との平等を基礎として全ての　2　及び基本的自由を完全に享有することを確保するための全ての必要な措置をとる。

1　①不可欠な　　②十分な　　③合理的な　　④最善の　　⑤最大限の
2　①尊厳　　②権利　　③選択　　④人権　　⑤機会

5　次の文章は，「令和の日本型学校教育」の構築を目指して　～全ての子供たちの可能性を引き出す，個別最適な学びと，協働的な学びの実現～（令和3年1月26日　中央教育審議会答申）　第Ⅱ部　4(3)　特別支援教育を担う教師の専門性向上　の一部である。文中の　1　～　3　にあてはまる語を，それぞれ次の①から⑤までの中から一つずつ選び，記号で答えよ。

全ての教師には，障害の特性等に関する理解と指導方法を工夫できる力や，個別の教育支援計画・個別の指導計画などの特別支援教育に関する基礎的な知識，合理的配慮に対する理解等が必要である。加えて，障害のある人や子供との触れ合いを通して，障害者が日常生活又は社会生活において受ける制限は障害により起因するものだけでなく，社会における様々な障壁と相対することによって生ずるものという考え方，いわゆる「社会モデル」の考え方を踏まえ，障害による学習上又は生活上の困難について　1　に立って捉え，それに対する必要な支援の内容を一緒に考えていくような経験や態度の育成

が求められる。また，こうした経験や態度を，多様な 2 のある子供がいることを前提とした学級経営・授業づくりに生かしていくことが必要である。

　また，目の前の子供の障害の状態等により，障害による学習上又は生活上の困難さが異なることを理解し，3 分かりやすい指導内容や指導方法の工夫を検討し，子供が意欲的に課題に取り組めるようにすることが重要である。その際，困難さに対する配慮等が明確にならない場合などは，専門的な助言又は援助を要請したりするなどして，主体的に問題を解決していくことができる資質や能力が求められる。

　1 　①専門的見地　　②教員としての立場　　③保護者の立場　　④本人の立場
　　　　⑤教育的・医療的見地
　2 　①特性　　②障害種　　③合理的配慮　　④学習上の困難
　　　　⑤教育的ニーズ
　3 　①個に応じた　　②学習指導要領に準じた　　③単元計画に応じた
　　　　④障害の程度に応じた　　⑤クラスの特性に応じた

6 　次の文章は，沖縄21世紀ビジョン基本計画【改定計画】（沖縄振興計画　平成24年度～平成33年度）（平成29年5月　沖縄県）の一部である。文中の 1 ～ 3 にあてはまる語を，それぞれ次の①から⑤までの中から一つずつ選び，記号で答えよ。

（3）　自ら学ぶ意欲を育む教育の充実

【基本施策の展開方向】

　子どもたちの「生きる力」を育み，社会の変化に柔軟に対応できる資質や能力を身につけられるよう，確かな学力，豊かな心，健やかな体の育成等を図るほか，子どもたちの意欲や時代に対応した教育環境の整備を推進します。

【施策展開】

ア　確かな学力を身につける教育の推進

　社会で生きて働く実践的な力を育成するため，幼児児童生徒の発達段階に応じたカリキュラム等を充実し，基礎的・基本的な知識・技能の確実な習得と，これらを活用して様々な課題を解決する上で必要な思考力，判断力，表現力，1 等を育むとともに，2 の視点を踏まえた取組や学習習慣を確立する取組を推進することで学習意欲を高めるなど，主体的・対話的で深い学びの実現を図る授業改善を推進し，確かな学力の向上を図ります。

　このため，学校教育においては，学力向上推進のための地域指定，少人数学級の導入や習熟の程度に応じた指導，学習支援ボランティアの活用など指導体制の充実，問題解決的な学習や 3 などにおける指導方法の工夫等により，幼児児童生徒の学習意欲を高め，一人ひとりの学習の定着状況に基づいたきめ細かな指導の充実を図ります。特に，小学校低学年においては基礎学力の定着を強化し，小学校中学年以降の理解力等の向上を図ります。

　また，学力の定着状況を定期的に把握し，授業改善に生かすため，学力到達度調査や達成度テストを実施するほか，家庭学習については，授業の予習・復習の習慣化を促進します。

　さらに，教職員研修の充実を図り，指導力・授業力の向上を図ります。

沖縄県

1	①コミュニケーション力　②読解力　③計算力　④記述力
	⑤分析力
2	①道徳教育　②キャリア教育　③教育学　④人権教育　⑤心理学
3	①体験的な学習　②個に応じた指導　③繰り返し学習
	④グループ学習　⑤総合的な学習

7 次の文章は，令和４年度版　学校教育における指導の努力点（沖縄県教育委員会）の一部である。文中の　1　～　2　にあてはまる語を，それぞれ次の①から⑤までの中から一つずつ選び，記号で答えよ。

　　高度情報通信ネットワーク社会においては，児童生徒がコンピュータやインターネットを活用し情報化社会に主体的に対応できる「情報　1　能力」の育成と情報　2　に関する指導の充実が重要である。

　　このため，学校においては，ICTの活用や情報　2　の指導のための校内研修を充実させ，児童生徒の情報を適切に活用する基礎的な能力等を系統的に育成する。また，市町村教育委員会と連携しICT環境整備を推進する。

1	①選択　②活用　③アクセス　④処理　⑤認知
2	①セキュリティ　②モラル　③発信　④安全　⑤伝達

8 次の各文の　1　～　5　にあてはまる語を，それぞれ次の①から⑤までの中から一つ選び，記号で答えよ。

(1)　18世紀〜19世紀のスイスの教育家　1　は，貧民学校や孤児院を設立して，子供達の教育に当たり，近代教育学の諸原理を提唱した。『隠者の夕暮』『シュタンツだより』『メトーデ』などを書き，人間の陶冶を，知的陶冶，身体的陶冶，道徳的宗教的陶冶に分け，頭と手と心臓の調和的発達を教育の目標とした。「生活が陶冶する」というのが，彼の有名な言葉である。

1	①コメニウス　②ソクラテス　③コンドルセ　④ペスタロッチー
	⑤モンテッソーリ

(2)　19世紀〜20世紀のドイツの教育者　2　は，新教育の主要概念の一つである労作主義を理論化し，大成した。労作や労作教育には，手仕事などの身体的活動による子供の自発的活動や人格の陶冶が期待された。彼は，学校に調理，栽培，飼育，工作，実験などを行う施設を設置し，協同的に労作活動を行うことを通じて，子供に社会性を育成することを目指した。

2	①ナトルプ　②ケルシェンシュタイナー　③ツィラー
	④ヴァーゲンシャイン　⑤シュプランガー

(3)　記憶は，経験や情報を取り込む　3　，保持，想起の３つの段階からなる心的機能である。

3	①貯蔵　②記銘　③検索　④連合　⑤洞察

(4)　学習者のレディネスを理解するために，指導に先立って行う評価のことを　4　という。

4	①診断的評価　②形成的評価　③総括的評価
	④ポートフォリオ評価　⑤自己評価

(5) ⬚5⬚ は，仮説に基づき，その予想を実物に当たって調べる授業方法である仮説実験授業を提唱した。

⬚5⬚ ①板倉聖宣　②三隅二不二　③内田勇三郎　④福来友吉
　　　⑤相良守次

9 次の文章は，沖縄県いじめ防止基本方針（平成26年9月30日　沖縄県　最終改定平成30年6月14日）第2　いじめの防止等のための対策の内容に関する事項の一部である。文中の ⬚1⬚ ～ ⬚2⬚ にあてはまる語を，それぞれ次の①から⑤までの中から一つずつ選び，記号で答えよ。

3　重大事態への対処

(1) 学校の設置者又は学校による調査

　　いじめの重大事態については，本基本方針及び「いじめの重大事態の調査に関するガイドライン（平成29年3月文部科学省）」により適切に対応する。

　　i)　重大事態の発生と調査

(学校の設置者又はその設置する学校による対処)
第28条　学校の設置者又はその設置する学校は，次に掲げる場合には，その事態（以下「重大事態」という。）に対処し，及び当該重大事態と同種の事態の発生の防止に資するため，速やかに，当該学校の設置者又はその設置する学校の下に組織を設け，質問票の使用その他の適切な方法により当該重大事態に係る事実関係を明確にするための調査を行うものとする。 　　一　いじめにより当該学校に在籍する児童等の生命，心身又は財産に重大な被害が生じた疑いがあると認めるとき。 　　二　いじめにより当該学校に在籍する児童等が相当の期間学校を欠席することを余儀なくされている疑いがあると認めるとき。 (以下略) 　　　　　　　　　　　　　　　　　　　　　　　　【いじめ防止対策推進法】

① 重大事態の意味について

　　法28条第1項第1号の「生命，心身又は財産に重大な被害」については，いじめを受ける児童生徒の状況に着目して判断する。例えば，

　○　児童生徒が ⬚1⬚ を企図した場合
　○　身体に重大な傷害を負った場合
　○　金品等に重大な被害を被った場合
　○　精神性の疾患を発症した場合

などのケースが想定される。

　　法28条第1項第2号の「相当の期間」については，不登校の定義を踏まえ，年間 ⬚2⬚ 日を目安とする。

　　　　　　　　　　　　【注】文中の「法」とは，いじめ防止対策推進法を指す。

⬚1⬚ ①万引き　②集団暴行　③器物破損　④家出　⑤自殺
⬚2⬚ ①10　②20　③30　④40　⑤50

10 次の文章は，生徒指導提要（平成22年3月　文部科学省）の生徒指導に関する法制度

の一部である。文中の　1　～　2　にあてはまる語を，それぞれ次の①から⑤までの中から一つずつ選び，記号で答えよ。

1　校則の根拠法令

　　校則について定める法令の規定は特にありませんが，判例では，学校が教育目的を達成するために必要かつ合理的範囲内において校則を制定し，児童生徒の行動などに一定の制限を課することができ，校則を制定する権限は，学校運営の責任者である校長にあるとされています。

　　裁判例によると，校則の内容については，学校の専門的，技術的な判断が尊重され，幅広い　1　が認められるとされています。　2　上合理的と認められる範囲で，校長は校則などにより児童生徒を規律する包括的な権能を持つと解されています。

　　1　①自由　　②裁量　　③選択権　　④主体性　　⑤役割

　　2　①法律　　②道徳　　③社会常識　　④社会規範　　⑤社会通念

11　次の文章は，いじめ防止対策推進法（平成25年法律第71号）の一部である。文中の　1　～　2　にあてはまる語を，それぞれ次の①から⑤までの中から一つずつ選び，記号で答えよ。

第11条　　1　は，関係行政機関の長と連携協力して，いじめの防止等のための対策を総合的かつ効果的に推進するための基本的な方針（以下「いじめ防止基本方針」という。）を定めるものとする。

第16条　学校の設置者及びその設置する学校は，当該学校におけるいじめを早期に発見するため，当該学校に在籍する児童等に対する　2　その他の必要な措置を講ずるものとする。

　　1　①内閣総理大臣　　②文部科学大臣　　③警察庁長官　　④都道府県知事
　　　　⑤市町村教育長

　　2　①定期的なアンケート　　②定期的な調査　　③定期的な教育相談
　　　　④毎日の健康観察　　⑤毎日の行動観察

全校種共通（午後）

1　次の文章は，日本国憲法，教育基本法の一部である。文中の　1　～　3　にあてはまる語を，次の①から⑤までの中から一つずつ選び，記号で答えよ。

日本国憲法

第26条2項　すべて国民は，法律の定めるところにより，その保護する子女に　1　を受けさせる義務を負ふ。義務教育は，これを無償とする。

教育基本法

第4条2項　国及び地方公共団体は，障害のある者が，その障害の状態に応じ，十分な教育を受けられるよう，教育上必要な　2　を講じなければならない。

第9条1項　法律に定める学校の教員は，自己の　3　使命を深く自覚し，絶えず研究と修養に励み，その職責の遂行に努めなければならない。

　　1　①基礎的な教育　　②学校教育　　③教育　　④社会教育　　⑤普通教育

| 2 | ①援助 | ②教育 | ③措置 | ④支援 | ⑤配慮 |

| 3 | ①重要な | ②特別の | ③指導上の | ④崇高な | ⑤社会的な |

2 次の文章は，学校教育法施行規則，学校保健安全法の一部である。文中の | 1 | ～ | 2 | にあてはまる語を，次の①から⑤までの中から一つずつ選び，記号で答えよ。

学校教育法施行規則

第52条　小学校の教育課程については，この節に定めるもののほか，教育課程の | 1 | として文部科学大臣が別に公示する小学校学習指導要領によるものとする。

学校保健安全法

第27条　学校においては，児童生徒等の安全の確保を図るため，当該学校の施設及び設備の安全点検，児童生徒等に対する通学を含めた学校生活その他の日常生活における安全に関する指導，職員の研修その他学校における安全に関する事項について | 2 | を策定し，これを実施しなければならない。

| 1 | ①手引き | ②基準 | ③目安 | ④到達目標 | ⑤参考 |

| 2 | ①方針 | ②指針 | ③対処要領 | ④計画 | ⑤目標 |

3 次の文章は，中学校学習指導要領（平成29年告示）解説　総則編（平成29年7月）第3章　教育課程の編成及び実施　第3節　教育課程の実施と学習評価　2　学習評価の充実　の一部である。文中の | 1 | ～ | 4 | にあてはまる語を，次の①から⑤の中から一つずつ選び，記号で答えよ。

学習評価は，学校における教育活動に関し，生徒の学習状況を評価するものである。「生徒にどういった力が身に付いたか」という学習の成果を的確に捉え，教師が指導の改善を図るとともに，生徒自身が自らの学習を振り返って次の学習に向かうことができるようにするためにも，学習評価の在り方は重要であり，教育課程や | 1 | の改善と一貫性のある取組を進めることが求められる。

評価に当たっては，いわゆる評価のための評価に終わることなく，教師が生徒のよい点や進歩の状況などを積極的に評価し，生徒が学習したことの意義や価値を実感できるようにすることで，自分自身の目標や課題をもって学習を進めていけるように，評価を行うことが大切である。

実際の評価においては，各教科等の目標の実現に向けた学習の状況を把握するために，指導内容や生徒の特性に応じて，単元や題材など内容や時間のまとまりを見通しながら評価の場面や方法を工夫し，学習の過程の適切な場面で評価を行う必要がある。その際には，学習の成果だけでなく，学習の過程を一層重視することが大切である。特に，他者との比較ではなく生徒一人一人のもつよい点や可能性などの多様な側面，進歩の様子などを把握し，学年や学期にわたって生徒がどれだけ成長したかという視点を大切にすることも重要である。

また，教師による評価とともに，生徒による学習活動としての相互評価や | 2 | などを工夫することも大切である。相互評価や | 2 | は，生徒自身の学習意欲の向上にもつながることから重視する必要がある。

今回の改訂では，各教科等の目標を資質・能力の三つの柱で再整理しており，平成28年12月の中央教育審議会答申において，目標に準拠した評価を推進するため，観点別評

沖縄県

価について，「知識・技能」，「思考・判断・表現」，「　3　に学習に取り組む態度」の3観点に整理することが提言されている。

　その際，ここでいう「知識」には，個別の事実的な知識のみではなく，それらが相互に関連付けられ，さらに社会の中で生きて働く知識となるものが含まれている点に留意が必要である。

　また，資質・能力の三つの柱の一つである「学びに向かう力，人間性等」には①「　3　に学習に取り組む態度」として観点別評価（学習状況を分析的に捉える）を通じて見取ることができる部分と，②観点別評価や評定にはなじまず，こうした評価では示しきれないことから個人内評価（個人のよい点や可能性，進歩の状況について評価する）を通じて見取る部分があることにも留意する必要がある。

　このような資質・能力のバランスのとれた学習評価を行っていくためには，指導と評価の　4　を図る中で，論述やレポートの作成，発表，グループでの話合い，作品の制作等といった多様な活動を評価の対象とし，ペーパーテストの結果にとどまらない，多面的・多角的な評価を行っていくことが必要である。

1	①学級経営	②授業	③学習・指導方法	④教育方法	⑤進路指導
2	①自己評価	②診断的評価	③形成的評価	④学習状況評価
	⑤集団準拠評価
3	①自発的	②自立的	③能動的	④主体的	⑤意欲的
4	①総合化	②一体化	③統一	④融合	⑤調和

4 次の文章は，高等学校学習指導要領（平成30年告示）解説　総則編（平成30年7月）第3章　教育課程の編成　第2節　教育課程の編成　4　学校段階等間の接続　の一部である。文中の　1　にあてはまる語を，次の①から⑤までの中から一つ選び，記号で答えよ。

　中学校においては，義務教育を行う最後の教育機関として，教育基本法第5条第2項が規定する「各個人の有する能力を伸ばしつつ社会において自立的に生きる基礎」及び「国家及び社会の形成者として必要とされる基本的な資質」を卒業までに育むことができるよう，小学校教育の基礎の上に，中学校教育を通して身に付けるべき資質・能力を明確化し，その育成を高等学校教育等のその後の学びに円滑に接続させていくことが求められている。

　このため，今回の改訂では，平成28年12月の中央教育審議会答申を踏まえて平成29年に改訂された中学校学習指導要領との接続を含め，　1　を見通した改善・充実の中で，高等学校教育の充実を図っていくことが重要となる。

| 1 | ①義務教育過程 | ②小中一貫教育 | ③中高一貫教育 | ④小・中学校 |
| | ⑤小・中・高等学校 |

5 次の文章は，高等学校学習指導要領（平成30年告示）解説　総則編（平成30年7月）第6章　生徒の発達の支援　第1節　生徒の発達を支える指導の充実　2　生徒指導の充実（第1章総則第5款1(2)）の一部である。文中の　1　にあてはまる語を，次の①から⑤までの中から一つ選び，記号で答えよ。

　また，学校教育は，集団での活動や生活を基本とするものであり，　1　や学校での

沖縄県

560

生徒相互の人間関係の在り方は，生徒の健全な成長と深く関わっている。生徒一人一人が自己の存在感を実感しながら，共感的な人間関係を育み，自己決定の場を豊かにもち，自己実現を図っていける望ましい集団の実現は極めて重要である。すなわち，自他の個性を尊重し，互いの身になって考え，相手のよさを見付けようと努める集団，互いに協力し合い，主体的によりよい人間関係を形成していこうとする集団，言い換えれば，好ましい人間関係を基礎に豊かな集団生活が営まれる　1　や学校の教育的環境を形成することは，生徒指導の充実の基盤であり，かつ生徒指導の重要な目標の一つでもある。単位制による課程をはじめとして，教育課程における選択の幅の大きい高等学校にあっては，日常の授業の集団と　1　集団とが一致しない場合も多いだけに，このことはとりわけ重要である。

　　1　　①グループ　　②学級　　③ホームルーム　　④クラスメート　　⑤生徒会

6 次の文章は，障害を理由とする差別の解消の推進に関する法律，および，発達障害者支援法の一部である。文中の　1　〜　2　にあてはまる語を，それぞれ次の①から⑤までの中から一つずつ選び，記号で答えよ。

障害を理由とする差別の解消の推進に関する法律

第4条　　1　は，第1条に規定する社会を実現する上で障害を理由とする差別の解消が重要であることに鑑み，障害を理由とする差別の解消の推進に寄与するよう努めなければならない。

発達障害者支援法

第2条の2　発達障害者の支援は，全ての発達障害者が社会参加の機会が確保されること及びどこで誰と生活するかについての選択の機会が確保され，地域社会において他の人々と　2　することを妨げられないことを旨として，行われなければならない。

　　1　　①教育委員会　　②国民　　③国　　④地方公共団体　　⑤学校
　　2　　①活動　　②行動　　③交流　　④共生　　⑤居住

7 次の文章は，小学校等における医療的ケア実施支援資料　〜医療的ケア児を安心・安全に受け入れるために〜（令和3年6月　文部科学省初等中等教育局特別支援教育課）第2編　第1章　3　教職員の役割　の一部である。文中の　1　〜　3　にあてはまる語を，それぞれ次の①から⑤までの中から一つずつ選び，記号で答えよ。

　小学校等において看護師等が医療的ケアを行うに当たって，教職員は，医療的ケアを小学校等において行う　1　や必要な衛生環境などについて理解するとともに，学級担任をはじめ教職員により行われる日常的な子供の健康状態の把握を通じて，看護師等と必要な　2　を行い，緊急時にはあらかじめ定められた役割分担に基づき対応することが，特に重要である。

　また，教職員が，看護師等の管理下において，医療的ケア以外の　3　，例えば，医療機械・器具の装着時に衣服の着脱を手伝ったり，医療的ケアを受けやすい姿勢保持等の補助を行ったりすることは可能であり，教職員と看護師等とが連携して医療的ケア児の　3　に当たることが重要である。

　　1　　①必要性　　②重要性　　③教育的意義　　④目的　　⑤手順

沖縄県

561

| 2 | ①打ち合わせ　　②計画立案　　③協力態勢　　④共同作業　　⑤情報共有 |
| 3 | ①保護　　②支援　　③教育　　④指導　　⑤療育 |

8 次の文章は，令和4年度版「問い」が生まれる授業サポートガイド（令和4年3月　沖縄県教育委員会）の一部である。文中の　1　～　3　にあてはまる語を，それぞれ次の①から⑤までの中から一つずつ選び，記号で答えよ。

新たな時代への対応

　沖縄県は沖縄県学力向上推進5か年プラン・プロジェクトⅡのなかで，「　1　と関わりながら課題解決に向かい『問い』が生まれる授業」をめざす授業像として示しています。新たな時代へ対応する視点をもった授業改善を推進していく必要があると考えたからです。

なぜ「問い」なのか

　なぜ「『問い』が生まれる授業」としたのでしょうか。子供たちが　2　を発揮している授業では共通して，子供たちが追求したいと思う「問い」が生まれています。「問い」をもつということは，授業で学ぶ内容について，子供たちが与えられた情報を単に受け入れるだけでなく，それをもとに，論理的，客観的で合理的な思考を展開させるということだと捉えており，価値観が多様化し，正解や不正解が明快に導き出せない社会では，必要な力であると考えています。

「問い」が生まれる場面

　では，どんな場面で「問い」は生まれるのでしょうか。悩んでいる教員も少なくないようですが，難しく考える必要はないと考えています。授業のさまざまな場面で「問い」は生まれます。特に授業終末の「振り返り」は，「問い」を引き出すのに有効な場面だと考えます。授業で学習したことを振り返り，次の学習について見通しを持つことで，新たな「問い」が生まれやすくなります。

　子供たちが　3　をする場面でも「問い」は生まれます。友達の考えや作者の主張に対して，あるいは仲間が作成した作品などに対して，「私ならこうする」「なぜこうしなかったのだろう」「なぜそうしたのだろう」といった意見や疑問は「問い」そのものでしょう。

　根拠を考えることや比較することも「問い」につながります。根拠を考えることは，「どうして～といえるのか？」と「問い」を発することになります。また，比較の視点を持つことで，「○○は△△なのに，□□はどうして☆☆になるの？」という「問い」が生まれやすくなります。

1	①問題　　②社会　　③地域　　④生活　　⑤他者
2	①自主性　　②好奇心　　③自立性　　④意欲　　⑤主体性
3	①家庭学習　　②相互評価　　③自学自習　　④自己評価　　⑤試行錯誤

9 次の文章は，沖縄県教育振興基本計画　～沖縄の未来を拓く人づくり～【後期改訂版】（平成29年　沖縄県教育委員会）の一部である。文中の　1　～　2　にあてはまる語を，それぞれ次の①から⑤までの中から一つずつ選び，記号で答えよ。

6　教育の目標（平成24年）

　県は，個性の尊重を基本とし，国及び郷土の自然と文化に誇りをもち，創造性・国際

性に富む人材の育成と生涯学習の振興を期して，次のことを目標に教育施策を推進する。

　自ら学ぶ意欲を育て，学力の向上を目指すとともに，豊かな表現力と　1　をもつ幼児児童生徒を育成する。

　平和で安らぎと活力ある社会の形成者として，郷土文化の継承・発展に寄与し，国際社会・　2　社会等で活躍する心身ともに健全な県民を育成する。

　学校・家庭・地域社会の相互の連携及び協力のもとに，時代の変化に対応し得る教育の方法を追究し，生涯学習社会の実現を図る。

　幅広い教養と専門的能力を培うとともに，高い公共性・倫理性を保持しつつ，時代の変化に合わせて積極的に社会を支え，改善していく資質を有する人材を育成する。

　1　①柔軟性　　②ねばり強さ　　③社会性　　④主体性
　　　⑤コミュニケーション力

　2　①地域　　②共生　　③情報　　④競争　　⑤少子高齢化

10 次の各文の　1　～　5　にあてはまる語を，それぞれ次の①から⑤までの中から一つ選び，記号で答えよ。

(1) 中学生，特に女子に顕著にみられる同性及び同質性で結び付いた排他的な関係のことを　1　という。

　1　①フォーマル・グループ　　②ピア・グループ　　③Tグループ
　　　④ギャング・グループ　　⑤チャム・グループ

(2) エリクソンは児童期の発達課題として，　2　を取り上げた。

　2　①自律性　対　恥・疑惑　　②積極性　対　罪悪感
　　　③勤勉性　対　劣等感　　④親密性　対　孤立
　　　⑤同一性　対　役割拡散

(3) 20世紀のアメリカの認知心理学者　3　は，ウッヅ・ホール会議の報告書の『教育の過程』をまとめ，学問中心教育課程を提案した。彼は，教育の現代化運動を進め，学問の構造を反映する形で教育課程を構成するよう主張した。授業とは，学問の構造を発見的探究的に学習させることであり，教育内容としての構造に対応する授業方策が発見学習と探究学習であるとした。

　3　①モリソン　　②スキナー　　③ブルーム　　④キルパトリック
　　　⑤ブルーナー

(4) 初代文部大臣として日本の近代教育制度の基礎をつくった　4　は，イギリス留学を経て，明治維新後，新政府の官僚となった。アメリカの教育制度を視察して帰国後，福沢諭吉らと明六社を結成して国民啓蒙の担い手として活躍した。文部大臣就任後，学校制度の全面改正を行い，大学令や小学校令などの学校令を公布した。特に師範教育の大幅な改善を図った。

　4　①森有礼　　②林羅山　　③井上毅　　④伊沢修二　　⑤田中不二麿

(5) 大正時代に千葉師範学校附属小学校主事になった　5　は，1921年，東京で開催された教育学術研究大会において，後に「八大教育主張」とよばれる自由教育論を主張した。彼は，教育とは人を援助して，その自由を実現させる作用であると述べ，「自己が自己を教育する立場に児童を立たせるところの自己教育又は自教育」こそが自由

沖縄県

教育であるとした。後に私立自由ヶ丘学園を創設した。

5 ①及川平治 ②小原国芳 ③手塚岸衛 ④樋口勘次郎
⑤小砂丘忠義

11 次の文章は，生徒指導提要（平成22年3月文部科学省）の不登校に対する基本的な考え方の一部である。文中の 1 ～ 2 にあてはまる語を，それぞれ次の①から⑤までの中から一つずつ選び，記号で答えよ。

① 不登校解決の最終目標は社会的 1

不登校の解決に当たっては，「心の問題」としてのみとらえるのではなく，広く「進路の問題」としてとらえることが大切です。ここでいう「進路の問題」というのは，狭義の進路選択という意味ではなく，不登校の児童生徒が一人一人の個性を生かし社会へと参加しつつ充実した人生を過ごしていくための道筋を築いていく活動への援助をいいます。つまり「進路の問題」とは，「社会的 1 に向けて自らの進路を主体的に形成していくための生き方支援」と言い換えることもできるでしょう。

他方，具体的な進路指導においては，不登校児童生徒が自らの進路を主体的にとらえるために，多様な中学・高等学校教育制度の情報を提供することも重要になっています。それと同時に，増加しつつある 2 に対しても，新たな進路を開拓するために多角的な視野からの援助や指導が必要とされます。このように学校には，社会に児童生徒を送り出していく準備をする機関としてのより広い役割が求められているといえます。

1 ①成長 ②自律 ③自立 ④自活 ⑤独立
2 ①無職少年 ②転学者 ③退学処分者 ④中途退学者
⑤長期欠席者

12 次の文章は，いじめ防止対策推進法（平成25年法律第71号）の一部である。文中の 1 ～ 2 にあてはまる語を，それぞれ次の①から⑤までの中から一つずつ選び，記号で答えよ。

第3条 いじめの防止等のための対策は，いじめが全ての児童等に関係する問題であることに鑑み，児童等が安心して学習その他の活動に取り組むことができるよう， 1 いじめが行われなくなるようにすることを旨として行われなければならない。

第8条 学校及び学校の教職員は，基本理念にのっとり，当該学校に在籍する児童等の保護者，地域住民，児童相談所その他の関係者との連携を図りつつ，学校全体でいじめの防止及び 2 に取り組むとともに，当該学校に在籍する児童等がいじめを受けていると思われるときは，適切かつ迅速にこれに対処する責務を有する。

1 ①学校内で ②学校外でも ③学校の内外を問わず
④教室の内外を問わず ⑤地域でも
2 ①早期発見 ②早期解決 ③解決 ④克服 ⑤根絶

解答&解説

全校種共通（午前）

1 解答 1—③ 2—① 3—②
  解説 学校教育法第35条第1項を参照。「児童の出席停止」の規定。

2 解答 1—① 2—⑤
  解説 1：教育公務員特例法第1条を参照。「この法律の趣旨」の規定。
  2：地方教育行政の組織及び運営に関する法律第43条第1項を参照。「服務の監督」の規定。

3 解答 1—④ 2—② 3—⑤ 4—①
  解説 『小学校学習指導要領解説 総則編』（2017年7月）の「まえがき」を参照。

4 解答 1—③ 2—④
  解説 1：障害者基本法第4条第2項を参照。「差別の禁止」の規定。
  2：障害者の権利に関する条約第7条第1項を参照。「障害のある児童」の規定。

5 解答 1—④ 2—⑤ 3—①
  解説 中央教育審議会答申「『令和の日本型学校教育』の構築を目指して ～全ての子供たちの可能性を引き出す，個別最適な学びと，協働的な学びの実現～」（2021年1月26日，同年4月22日更新）の「第Ⅱ部 各論」「4．新時代の特別支援教育の在り方について」「(3)特別支援教育を担う教師の専門性向上」「①全ての教師に求められる特別支援教育に関する専門性」を参照。

6 解答 1—① 2—② 3—①
  解説 沖縄県「沖縄21世紀ビジョン基本計画【改定計画】（沖縄振興計画 平成24年度～平成33年度）」（2017年5月）の「第3章 基本施策」「5 多様な能力を発揮し，未来を拓く島を目指して」「(3)自ら学ぶ意欲を育む教育の充実」を参照。同計画は，これまでの沖縄振興分野を包含する総合的な基本計画であって，沖縄21世紀ビジョンで示された県民が描く将来像の実現に向けた取組の方向などを踏まえ，沖縄の福利を最大化すべく，計画における「基本方向」や「基本施策」などを明らかにしたものある。同時に，沖縄振興特別措置法に位置付けられた沖縄振興計画としての性格を持ち合わせている。

7 解答 1—② 2—②
  解説 沖縄県教育委員会「令和4年度 学校教育における指導の努力点」の「Ⅱ 小学校・中学校・高等学校・特別支援学校における指導の努力点」「19 情報教育の充実（小・中） ─情報活用能力の育成と情報モラル指導の充実─」を参照。同資料は，沖縄県学校教育の現状と課題に基づき，学校教育における実践上の指針としての3つの「努力点」及び具体策としての「努力事項」を，幼稚園等，小学校・中学校，高等学校，特別支援学校の各校種ごとに示すことで，各学校における教育活動の改善・充実に資するためのものである。

8 解答 1—④ 2—② 3—② 4—① 5—①

沖縄県

解説 (1)④ペスタロッチ（一）（1746〜1827）は，すべての人間は共通に平等の人間性を有するという認識に立ち，人間に共通の能力を頭，心，手に分け，その調和的発達を教育の目標とした。

(2)②ケルシェンシュタイナー（1854〜1932）は，労作教育では，学校は「労作」を通じて職業的訓練や職業的陶冶の道徳化を課題とすべきであるとし，公民教育では，社会生活に参加し社会に貢献できる青年を育成するために職業教育を通じた公民教育を提言した。

(3)②記憶には記銘，保持，再現（想起）の3過程があり，記銘は提示された情報を処理して長期記憶に転送することである。

(4)①診断的評価は，教育活動の開始に先立って行われるもので，教育目標に照らし合わせた学習活動に入ることが可能かどうかという児童生徒の適性，及びレディネスの有無を調べることを目的とした評価である。

(5)①板倉聖宣（1930〜2018）は，「科学的認識の成立条件」の発見，仮説実験的認識論の発見と仮説実験授業による具体化と実証によって「授業の科学的研究」を確立した。

9 **解答** 1—⑤　　2—③

解説 沖縄県「沖縄県いじめ防止基本方針」（2014年9月30日策定，2018年6月14日最終改定）の「第2　いじめの防止等のための対策の内容に関する事項」「3　重大事態への対処」「(1)学校の設置者又は学校による調査」を参照。同方針は，いじめ防止対策推進法第12条の規定に基づき，「いじめの未然防止」「早期発見」「いじめに対する措置」を総合的かつ効果的に推進するために策定された。

10 **解答** 1—②　　2—⑤

解説 『生徒指導提要』（2010年3月）の「第7章　生徒指導に関する法制度等」「第1節　校則」「1　校則の根拠法令」を参照。

11 **解答** 1—②　　2—②

解説 1：いじめ防止対策推進法第11条を参照。「いじめ防止基本方針」の規定。
2：いじめ防止対策推進法第16条第1項を参照。「いじめの早期発見のための措置」の規定。

全校種共通（午後）

1 **解答** 1—⑤　　2—④　　3—④

解説 1：日本国憲法第26条第2項を参照。「教育を受けさせる義務，義務教育の無償」の規定。
2：教育基本法第4条第2項を参照。「教育の機会均等」の規定。
3：教育基本法第9条第1項を参照。「教員」の規定。

2 **解答** 1—②　　2—④

解説 1：学校教育法施行規則第52条を参照。「教育課程の基準」の規定。
2：学校安全保健法第27条を参照。「学校安全計画の策定等」の規定。

3 |解答| 1—③　　2—①　　3—④　　4—②

|解説|『中学校学習指導要領解説　総則編』（2017年7月）の「第3章　教育課程の編成及び実施」「第3節　教育課程の実施と学習評価」「2　学習評価の充実」「(1)指導の評価と改善（第1章第3の2の(1)）」を参照。

4 |解答| 1—⑤

|解説|『高等学校学習指導要領解説　総則編』（2018年7月）の「第3章　教育課程の編成」「第2節　教育課程の編成」「4　学校段階等間の接続」「(1)中学校教育との接続及び中等教育学校等の教育課程（第1章総則第2款4(1)）」を参照。

5 |解答| 1—③

|解説|『高等学校学習指導要領解説　総則編』（2018年7月）の「第6章　生徒の発達の支援」「第1節　生徒の発達を支える指導の充実」「2　生徒指導の充実（第1章総則第5款1(2)）」を参照。

6 |解答| 1—②　　2—④

|解説|1：障害を理由とする差別の解消の推進に関する法律第4条を参照。「国民の責務」の規定。

2：発達障害者支援法第2条の2第1項を参照。「基本理念」の規定。平成28年6月3日に公布され，同年8月1日から施行された改正法によってできた条文。改正された障害者基本法に示された理念を整理し，前条（第2条）とあわせて整理し「基本理念」を明記した。

7 |解答| 1—③　　2—⑤　　3—②

|解説|「小学校等における医療的ケア実施支援資料　～医療的ケア児を安心・安全に受け入れるために～」（2021年6月）の「第2編　小学校等における受け入れ体制の構築」「第1章　実施体制の整備」「3　教職員の役割」を参照。

8 |解答| 1—⑤　　2—⑤　　3—②

|解説|沖縄県教育委員会「令和4年度版『問い』が生まれる授業サポートガイド」（2022年3月）の「はじめに」を参照。同ガイドは，「問い」が生まれる授業に向けて，その基盤となる「授業における基本事項」や「問い」が生まれる授業のあり方について解説したものである。

9 |解答| 1—②　　2—③

|解説|沖縄県教育委員会「沖縄県教育振興基本計画　～沖縄の未来を拓く人づくり～【後期改訂版】」（2017年）の「6　教育の目標」を参照。同計画は，「沖縄21世紀ビジョン」及び2012年5月に策定された「沖縄21世紀ビジョン基本計画」に沿い，新たに長期的・総合的観点に立って将来の展望を拓き，効率的かつ効果的な施策展開を図るために策定された。

10 |解答| 1—⑤　　2—③　　3—⑤　　4—①　　5—③

|解説|(1)⑤チャム・グループは，同性の少数者によって類同性という条件で構成され，結束力が非常に強く，成員以外の者の介入を許さないという特徴がある。

(2)③エリクソン（1902～94）は，乳児期から老年期に至るまでを8つの段階に分け，それぞれで体験する心理社会的危機を挙げた。①幼児期前期，②幼児期後期，

沖縄県

④成人前期, ⑤青年期の発達課題。

(3)⑤ブルーナー（1915〜2016）は，教師は子どもの知的潜在能力を引き出すことを目指すべきだとし，教師が一方的に指導するのではなく，学習者が自らの直感・想像を働かせて学習者自身に知識の生成過程をたどらせ，知識を「構造」として学習させる発見学習を唱えた。

(4)①森有礼（1847〜89）は，第1次伊藤博文内閣で初代文部大臣。国家主義に立つ教育制度の改変を行い，近代学校体系の枠組みを確立した。

(5)③手塚岸衛（1880〜1936）は，「自然の理性化」を唱え，子どもの自学・自治・自育のために学級自治会を組織し，テストや通知簿を廃止するとともに，訓練には自治，教育には自学という方法を掲げた。

11 解答 ①—③　　②—④

解説 『生徒指導提要』（2010年3月）の「第6章　生徒指導の進め方」「Ⅱ　個別の課題を抱える児童生徒への指導」「第12節　不登校」「1　不登校の定義とこれまでの変遷過程」「(1)不登校に対する基本的な考え方」「①不登校解決の最終目標は社会的自立」を参照。

12 解答 1—③　　2—①

解説 1：いじめ防止対策推進法第3条第1項を参照。「基本理念」の規定。
2：いじめ防止対策推進法第8条を参照。「学校及び学校の教職員の責務」の規定。

沖縄県

■読者の皆さんへ──お願い──

　時事通信出版局教育事業部では，本書をより充実させ，これから教員を目指す人の受験対策に資するため，各県の教員採用試験の試験内容に関する情報を求めています。

①受験都道府県市名と小・中・高・養・特の別
　（例／東京都・中学校・国語）
②論文・作文のテーマ，制限時間，字数
③面接試験の形式，時間，質問内容
④実技試験の実施内容
⑤適性検査の種類，内容，時間
⑥受験の全般的な感想，後輩へのアドバイス

　ご提出にあたっては，形式，用紙などいっさい問いませんので，下記の住所またはメールアドレスにお送りください。また，下記サイトの入力フォームからもお送りいただけます。

◆〒104-8178　東京都中央区銀座5-15-8
　　　　　　時事通信ビル8F
　　時事通信出版局　教育事業部　教員試験係
　　　　　workbook@book.jiji.com
◆時事通信出版局　教員採用試験対策サイト
　　https://book.jiji.com/research/

〈Hyper 実戦シリーズ②〉

教職教養の過去問

発行日	2023年1月15日
編　集	時事通信出版局
発行人	花野井道郎
発行所	株式会社　時事通信出版局
発　売	株式会社　時事通信社
	〒104-8178
	東京都中央区銀座5-15-8
	販売に関する問い合わせ　電話　03-5565-2155
	内容に関する問い合わせ　電話　03-5565-2164
印刷所	株式会社　太平印刷社

Printed in Japan　　　　© Jijitsushinshuppankyoku
ISBN978-4-7887-1841-8　C2337
落丁・乱丁はお取り替えいたします。無断複製・転載を禁じます。

教員採用試験合格に向けて筆記試験対策はこれで万全!!

@じぶんゼミ
合格に必要な教材＋情報をすべて集めた
合格ワンパック講座

開講コース
教職教養／一般教養／小学校全科／中高国語／中高社会
中高英語／中高保健体育／特別支援教育／養護教諭

おうちでコツコツ、「じぶん」でコツコツ。
セルフ・マネジメント型の講座です。

STEP1 主テキストで知識の整理とインプット
採用試験の頻出事項を分かりやすくまとめた、参考書＆問題集で徹底的に知識の定着を図ります。

合格ワンパック講座 学習の流れ

STEP2 主テキストと完全にリンクした「フォローアップテスト」にチャレンジ
主テキスト（全10章）の各章に準拠した「フォローアップテスト」は、各章につき30題で成績分析付き（総問題数300題）。各章の学習が終わるたびに解けば、章ごとの模試を受けるように実力チェックが可能です。答案を提出すると、弱点領域がひと目で分かる成績分析票と「弱点補強テスト」をセットでお届けします。

STEP3 「弱点補強テスト」や過去問演習でさらなる実力アップ
「フォローアップテスト」の成績分析票と一緒に届く「弱点補強テスト」は間違いやすいポイントをまとめたもの。各章のフォローアップテストを提出すれば、さらに10題の問題演習ができます（総問題数100題）。

全国模試で実力チェック
受講コースに該当する教科の2023年4月・6月模試をご自宅で受験できます。

自治体対策も万全
志望自治体（3つまで）の過去問が教職教養・一般教養各コースは3年分、専門教養コースは5年分付きます。
出題分析をする、問題演習をする…など、試験直前までフル活用できます。

最新情報は雑誌＆SNSで
毎月届く月刊誌「教員養成セミナー」とtwitter「The 教師塾 (@the_kyoushijuku)」で情報収集も完璧。

■@じぶんゼミについての詳しい内容は https://book.jiji.com/ をご覧ください。
■パンフレットのご請求は下記あてにご連絡ください。

時事通信出版局 教育事業部
〒104-8178 東京都中央区銀座5-15-8 時事通信ビル tel.03-5565-2165